KB264576

누림강해시리즈❽

열왕기상 강해
이스라엘 자손 가운데 거하시는 하나님

지은이	곽면근
초판발행	2017년 7월 12일
펴낸이	배용하
본문디자인	윤순하
등록	제364-2008-000013호
펴낸곳	도서출판 대장간
	www.daejanggan.org
등록한곳	대전광역시 동구 우암로 75-21
편집부	전화 (042) 673-7424
영업부	전화 (042) 673-7424 전송 (042) 623-1424
ISBN	978-89-7071-419-6
	978-89-7071-261-1 04230(세트)

값 18,000원

곽면근 목사의 누림강해 시리즈 ⑧

열왕기상 강해

이스라엘 자손 가운데 거하시는 하나님

곽 면 근

차례

서문

'기독교는 역사의 종교다'라는 표현처럼 성경은 이스라엘의 역사에서 일어난 많은 사건들을 포함하고 있습니다. 이스라엘의 역사를 다루고 있지만 이스라엘이 행한 일이 아니라 하나님께서 행하신 일을 다루고 있습니다. 이스라엘은 하나님께 부름을 받았고, 하나님께 거룩하게 구별되었고, 하나님의 백성이 되었습니다. 그러나 이스라엘은 하나님과의 관계를 거부하였습니다. 스스로 하나님을 버리고, 하나님의 백성과 거룩한 나라됨을 버리고 다른 나라와 같이 또는 모든 나라와 같이 되어버린 이스라엘은 과연 어떻게 될 것인지 궁금했습니다. 하나님 대신 자신들을 다스리게 하자고 왕을 세웠는데 과연 왕들은 어떻게 행동했는지 궁금했습니다. 자기 백성들에게 버림받은 하나님은 이제 이스라엘을 어떻게 대하실지 궁금했습니다.

'열왕기'는 이스라엘의 여러 왕들의 이야기입니다. 그러나 여러 왕들이 등장하고, 각 왕들이 다양한 사역을 행하였음에도 불구하고 성경은 왕들의 업적을 언급하지 않습니다. 왕들이 행한 모든 일은 유대 왕 역대지략과 이스라엘 왕 역대지략에 기록되었다고 알려줄 뿐입니다. 결국 열왕기는 이스라엘의 왕이심을 포기하지 않으신 하나님의 사역이야기입니다. 그래서 열왕기상 강해의 부제목을 '이스라엘 자손 가운데 거하시는 하나님'6:13으로 정했습니다. 솔로몬이 건축한 성전 가운데 계시지 않으시며, 엘리야가 기대한 바람 가운데 여호와께서 계시지 아니하며, 지진 가운데에도 여호와께서 계시지 아니하며, 불 가운데에도 여호와께서 계시지 아니하며 '내 백성 이스라엘을 버리지 아니하시며' 이스라엘 자손 가운데 거하셨습니다. 하나님은 이스라엘의 왕의 역할을 신실하게 감당하셨습니다.

하나님은 열왕들과는 다르게 이스라엘을 통치하셨습니다. 왕들은 나라의 통일을 지키려 노력할 것인데 하나님은 친히 이스라엘을 북과 남으로 나누셨습니다. 나라가 분열되면 왕들은 가능한 빨리 나라를 재통일하려고 시도할 것인데 하나님은 나라를 통일시키려는 시도를 하지 않으십니다. 왕들은 가능한 나라의 독립을 유지하려고 애쓸 것인데 하나님은 도리어 나라가 망할 것과 백성들이 포로로 잡혀갈 것을 예언하십니다. 왕들의 정치와 하나님의 통치는 근본 목적부터 방법에 이르기까지 전혀 다른 것을 발견하게 됩니다. 세상은 준비된 지도자를 기대하고 지도자의 리더쉽을 강조하거나, 체계화된 제도를 마련하고 원활한 제도의 운영을 강조하곤 합니다. 그러나 열왕기는 왕의 자세, 태도, 역할을 강조하지 않고 좋은 제도의 마련과 운영을 언급하지도 않습니다. 언제나 '하나님의 법도를 따르며 율례를 행하며 계명을 지킬 것'을 강조할 뿐입니다. 성경 전체에서 동일하게 지속적으로 강조하는 내용을 열왕기에서도 발견할 수 있습니다. 인간의 활약이 풍성한 열왕기에서도 하나님의 말씀은 언제나 진리임을 확인할 수 있었고 오늘의 삶을 사는 성도들이 따라야 할 본을 배울 수 있어 감사했습니다.

　열왕기상을 강해하는 동안 함께 은혜를 나누었던 누림 성도님들께 감사드리며, 말로 행한 설교를 글로 된 책으로 만들어준 도서출판 대장간에 감사드리며, 책이 출판되도록 후원해주신 정성옥, 홍성순 장로님 가정에 감사드립니다. 하나님 백성의 삶을 멋지게 누리시기를 바랍니다.

2017년 5월

하나님의 은혜를 누리는 The누림교회에서 곽면근

다윗 왕이

열왕기상 1:1~4

1 다윗 왕이 나이가 많아 늙으니 이불을 덮어도 따뜻하지 아니한지라 2 그의 시종들이 왕께 아뢰되 우리 주 왕을 위하여 젊은 처녀 하나를 구하여 그로 왕을 받들어 모시게 하고 왕의 품에 누워 우리 주 왕으로 따뜻하시게 하리이다 하고 3 이스라엘 사방 영토 내에 아리따운 처녀를 구하던 중 수넴 여자 아비삭을 얻어 왕께 데려왔으니 4 이 처녀는 심히 아름다워 그가 왕을 받들어 시중들었으나 왕이 잠자리는 같이 하지 아니하였더라

열왕기상의 위치

성경의 구조

예전에 성경에 관한 넌센스 퀴즈가 있었습니다. 산부인과 의사들이 가장 좋아하는 책은 '에베소서', 익스프레스 센타 직원들이 가장 좋아하는 책은 '이사야'였습니다. 또 열왕기에 등장하는 왕은 몇 명이냐는 질문에 정답은 '열 명'이라고 대답하기도 했습니다. 열왕기서의 '열왕'列王은 왕의 숫자가 아니라 '왕들을 열거했다'는 의미입니다. 실제로는 40여명의 왕이 등장합니다. 성경을 읽을 때 가장 먼저 해야 하는 일은 그 책이 성경 전체에서 어느 위치에 있는지를 파악하는 것입니다. 물론 책이 기록되어 있는 순서도 중요합니다. 사무엘상하 다음에 열왕기상하가 있고 그 뒤에는 역대기상하가 위치하고 있습니다. 위치상으로는 떨어져 있지만 시대상으로는 시가서

와 예언서의 여러 책들이 열왕기와 동시대를 다루고 있습니다. 열왕기가 다윗의 죽음부터 이스라엘의 패망까지를 기록하고 있기에 열일곱 권의 예언서 중에 열 세권과 시대가 겹치고, 다섯 권의 시가서 중에 네 권과 시대가 겹칩니다. 구약 성경의 내용 중 가장 많은 분량을 차지하는 부분이 바로 열왕기상하입니다. 하지만 가장 안 읽혀지고, 성도님들이 가장 모르고 있는 부분이기도 하고 동시에 가장 왜곡이 심각한 부분이기도 합니다.

책의 위치와 더불어 반드시 파악해야 하는 것이 바로 하나님의 사역과 관련된 내용입니다. 하나님은 인간을 창조하셨고, 안타깝게도 인간이 하나님의 은혜를 누리지 못하고 타락하여 죄인이 되자 곧바로 죄인의 구원을 위한 사역을 펼치셨습니다. 이 하나님의 구원사역에는 하나님의 경륜 즉 하나님의 계획이 있고 사역을 진행하는 순서가 있습니다. 창세기 3장에서 인간이 범죄하자 바로 4장에서 예수님을 보내시고 5장에서 십자가를 지신 것이 아닙니다. 그렇다고 4장에서 당장 아브라함을 부르시고 5장에서 이삭이 탄생하고 6장에서 이스라엘 민족이 형성된 것도 아닙니다. 창세기 전체를 통해 아브라함, 이삭, 야곱의 삼대에 걸쳐 겨우 한 부족이 형성되고, 출애굽기부터 여호수아를 거쳐 겨우 땅을 차지하는 등의 시간이 흘렀습니다. 이렇게 민족이 형성되고 국가가 형성되는 과정이 펼쳐지자 사람들이 모두 성경을 오해했습니다. 하나님의 일하심의 내용은 알지 못하고 모두 이스라엘이라는 국가가 만들어지는 과정에 주목한 것입니다. 그러니 열왕기에서는 이스라엘이라는 나라가 패망하는 것에 주목합니다.

하나님의 사역

성경은 이스라엘 나라의 흥망성쇠를 설명하려는 것이 아닙니다. 성경은 하나님께서 죄인을 구원하시는 사역을 알려주고 있습니다. 그러므로 성경에 어떤 인물이 등장하든, 어떤 사건이 등장하든, 어떤 지역이 등장하든, 어떤 나라가 등장하든 모든 이야기는 죄인을 구원하시는 하나님의 사역에 집중되어 있습니다. 다윗이 등장한다고 다윗의 이야기가 아니고, 이스라엘이 등장한다고 이스라엘에 관한 이야기가 아닙니다. 성경을 읽는 성도들은 다윗을 통해 죄인의 실상을 보고, 이스라엘을 통해 죄인들이 만들고 운영하는 조직과 단체들의 실체를 보고, 죄인들과 달리 하나님께서는 어떻게 삶의 원리를 가르쳐주시고 인간의 행복한 삶을 만들어내시고 보장해주시는지 분별해야 합니다.

성경에는 죄인의 문제를 해결하는 과정이 크게 두 가지 방향으로 전개됩니다. 하나는 하나님의 구원사역이고 다른 하나는 인간의 자체 해결입니다. 먼저 하나님의 구원사역을 보여주는 내용이 창세기부터 여호수아서까지입니다. 여기에는 하나님이 사역의 주체자로 등장합니다. 하나님이 계획을 세우시고, 사람을 부르시고, 이적과 기적을 행하시고 마침내 하나님의 약속대로 완성하십니다. 이 과정에서 인간의 문제의 본질과 해답을 알려주고, 하나님의 성품과 속성을 알려주는 계시가 펼쳐집니다. 다른 하나인 인간의 자체 해결 시도는 사사기부터 역대하까지입니다. 여기서는 인간이 행동의 주체자로 등장합니다. 인간이 먼저 제안하고, 인간이 새로운 방법을 시도하고, 인간이 이런저런 인물과 제도와 대책을 수립하고 진행합니다. 인간이 문제 해결의 방안으로 시도한 것이 대표적으로 왕을 세우는 것과 나라를 세우는 것이었습니다. 그래서 열왕기서는 하나님이 주도하는 사역이 아니라 인간이 주도하는 일들이 등장합니다. 물론 결론이 이미 나와 있습니다. 죄인들이 주도하는 일들이 좋은 결과를 만들어 내지 못하고 결국은 나라가 패망하고 인간들의 모든 시도와 제안들이 실패할 것입니다.

저와 여러분은 이러한 내용을 아시고 열왕기서를 보셔야 합니다. 열왕기서에 등장하는 인물들은 모두 죄인의 대표들입니다. 열왕기서에서 인간이 시도하는 모든 행동들은 하나님의 뜻과는 다릅니다. 이제부터 열왕기서에 등장하는 인물들과 행동들을 볼 때에는 감동하시거나 좋게 이해하려고 하시면 안 됩니다. 도리어 아주 냉철한 마음으로, 예리하고 날카로운 시선으로 그 사람의 속내를 파헤치셔야 하고, 그 행동의 은밀한 음모를 까발려야 하고, 그 과정의 교활한 모략을 들추어내야 합니다. 앞으로 제가 이 작업을 해 드릴 것인데 너무 심하다고 저를 말리시면 안 됩니다. 대신 그 죄인들을 다루어 가시는 하나님의 일하심에 감동하시면 됩니다. 죄인들과 극명하게 대조되는 하나님의 자상하심에 감격하면 되고, 하나님의 은혜주심에 위로 받으시면 되고, 하나님의 가르쳐주심을 통해 배우시면 됩니다.

다윗에 대한 묘사

왕이 되기까지

열왕기상 1장 1절은 "다윗 왕이 나이가 많아 늙으니"로 시작합니다. 그렇다면 당연히 다윗이 나이가 들기 전에, 늙기 전에는 어떤 모습이었는지를 확인하는 것부터 시작해야 합니다. 사무엘 상하에 나온 이야기를 아주 간략하게 정리하면서 열왕기상을 시작하겠습니다. 다윗에 관한 이야기는 왕이 되기 전과 왕이 된 후로 나누어집니다. 단순히 왕이냐 아니냐가 아니라 다윗과 왕을 연결지어서 행동의 주체가 누구냐로 나누어집니다. 조금 자세히 설명하면 다윗이 왕이 되기까지의 과정은 전적인 하나님의 역사입니다. 다윗이 성경에 등장하는 첫 장면이 아주 인상적입니다. 사무엘상 16장 13절 "사무엘이 기름 뿔병을 가져다가 그의 형제 중에서 그에게 부었더니 이날 이후로 다윗이 여호와의 영에게 크게 감동되니라"입니다. 다윗은 이름이 알려지지도 않은 채 일단 기름 부음을 받고, 그 후에 이 사람의 이름이 다윗이라고 소개됩니다. 다윗의 이름이 처음 등장할 때 표현이 '여호와의 영에게 크게 감동되니라'입니다. 즉 다윗은 철저하게 하나님에 의해서 등장합니다. 다윗의 능력, 자질, 성품, 취향, 스펙 등 어느 것도 알려지지 않은 상태에서 오직 하나님에 의해서 등장합니다.

이후부터 다윗은 승승장구, 만사형통의 길을 걷습니다. 이때 사람들은 다윗을 주목합니다. 제일 먼저 사울이 사무엘상 17장 55절에 "사울은 다윗이 블레셋 사람을 향하여 나아감을 보고 군사령관 아브넬에게 묻되 아브넬아 이 소년이 누구의 아들이냐"고 묻고 58절에서는 직접 "사울이 그에게 묻되 소년이여 누구의 아들이냐 하니"입니다. 사울은 다윗의 출신, 다윗의 가문, 다윗의 집안을 궁금해 했습니다. 그 다음은 사람들의 반응으로 사무엘상 18장 6절 "무리가 돌아올 때 곧 다윗이 블레셋 사람을 죽이고 돌아올 때에 여인들이 이스라엘 모든 성읍에서 나와서 노래하며 춤추며 소고와 경쇠를 가지고 왕 사울을 환영하는데 여인들이 뛰놀며 노래하여 이르되 사울이 죽인 자는 천천이요 다윗은 만만이로다 한지라"입니다. 사람들은 다윗의 경력, 다윗의 업적에 주목했습니다.

그러나 성경의 묘사는 사람들의 반응과는 전혀 다릅니다. 사무엘상 18장 14절 "다윗이 그의 모든 일을 지혜롭게 행하니라 여호와께서 그와 함께 계시니라", 28절 "여호와께서 다윗과 함께 계심을 사울이 보고 알았고", 23장 14절 "사울이 매일 찾되 하나님이 다윗을 그의 손에 넘기지 아니하시니라", 사무엘하 8장 6절과 14절에 "다윗이 어디로 가든지 여호와께서 이기게 하셨더라"입니다. 성경은 다윗의 출신을 강조하지 않고, 다윗의 업적을 과시하지 않고, 다윗의 인품이나 리더십이나 지도력을 드러내지 않습니다. 다윗이 전쟁에서 이기고, 다윗이 사람들에게 알려지고, 다윗이 백성들에게 신망을 얻는 일련의 과정은 다윗의 수고와 노력의 결과가 아니라 철저하게 하나님이 도우시고 섭리하신 결과입니다. 하나님께서는 다윗의 이런 저런 행동을 지켜보고 난 후에 왕으로 기름을 부은 것이 절대로 아닙니다.

만약 순서가 바뀌었다면 즉 다윗이 골리앗을 무찌르고 블레셋과의 전투에서 거듭 승리를 한 후에 기름 부음을 받았다면 다윗이 수고한 결과라고 말할 수 있습니다. 다윗을 칭찬하고 추앙할 수 있습니다. 그러나 성경은 순서가 정반대입니다. 다윗은 아예 이름조차 등장하지 않았을 때에 기름 부음을 받았습니다. 다윗이 어떻게 왕으로 기름부음을 받을 수 있었느냐고 질문한다면 대답할 내용이 아예 없습니다. 다윗의 존재도, 행적도, 활동도 알려지지 않았을 때에 기름 부음을 받았기 때문입니다. 하나님이 다윗을 부르셨고, 하나님이 기름을 부으셨습니다. 그러므로 기름 부으신 하나님이 책임을 지셔야 합니다. 그래서 다윗이 왕이 되는 순간까지 실제로 하나님이 책임을 지십니다. 사울이 아무리 죽이려 해도 다윗은 잡히지도 않습니다. 다윗이 당시 철천지원수인 블레셋으로 도망가도 블레셋은 다윗을 죽이지 않고 도리어 피난처를 제공하고 보호해 줍니다. 하나님이 다윗을 지키시는 것입니다. 하나님이 기름 부으셨기 때문입니다. 마침내 다윗이 왕으로 등극하고 왕권을 견고히 합니다. 하나님이 약속을 지키셨기 때문입니다. 결국 한마디로 표현하면 '다윗의 왕됨은 하나님의 은혜로다' 입니다.

왕이 된 후에

다윗이 왕이 된 이후에는 다윗에 대한 성경의 묘사가 백팔십도 달라집니다. 다윗이 왕이 된 이후부터는 왕으로서 다윗의 행동을 집중적으로 묘사합니다. 즉 왕이 되기 전에는 다윗에 대한 하나님의 일하심을 설명했는데, 왕이 된 후에는 하나님의 일하심이 사라지고 왕 다윗의 활동이 부각된다는 의미입니다. 아마 여러분은 과연 성경이 왕으로서 다윗의 행동을 어떻게 기록하고 있을지 궁금하실 것입니다. 왕으로서 백성들을 위해서 어떤 선정을 베풀었는지, 국가의 안정을 위해서 어떤 적절한 조치를 취했는지, 당시 주변국들과의 관계에서 국격을 높이기 위해서 어떤 활약을 했는지 그리고 가장 중요하게 자신을 왕 삼아주신 하나님을 위해 어떤 신앙적 모습을 보였는지 관심을 가지실 것입니다. 여러분이 성경을 읽어보시면 가장 정확하게 아실 수 있지만, 많은 이야기들을 기록해 놓았기 때문에 핵심을 놓치실 것 같아서 제가 정리를 해 드리겠습니다.

성경에서 다윗이 왕이 된 이후의 행적에 대해 가장 많이, 가장 자주, 가장 길게, 반복적으로 언급되는 주제는 백성을 위한 선정도 아니고, 국가를 위한 조치도 아니고, 하나님을 위한 헌신도 아니고 바로 왕권 쟁탈전입니다. 이것을 조금 우아하게 표현하면 왕권 강화이고 조금 선정적으로 표현하면 아내들과 자녀들의 권력암투입니다. 다윗은 왕이 되기 전에 이미 아내가 일곱이었습니다. 사무엘하 3장 2절 "다윗이 헤브론에서 아들들을 낳았으되 맏아들은 암논이라 이스르엘 여인 아히노암의 소생이요 둘째는 길르압이라 갈멜 사람 나발의 아내였던 아비가일의 소생이요 셋째는 압살롬이라 그술 왕 달매의 딸 마아가의 아들이요 넷째는 아도니야라 학깃의 아들이요 다섯째는 스바댜라 아비달의 아들이요 여섯째는 이드르암이라 다윗의 아내 에글라의 소생이니"이고, 여기에 첫 번째 부인 사울의 딸 미갈까지 포함하여 일곱이고, 그 외에 처첩들을 많이 두었습니다. 이 명단은 다윗의 아들만을 알려주는 것이 아니라 아내의 숫자도 알려주고 있습니다. 다윗이 헤브론에서 칠 년 동안 유다 족속의 왕을 거쳐 마침내 예루살렘에서 온 이스라엘의 왕이 되었고, 나라의 기반을 든든히 다진 후에 행한 일이 그 유명한 밧세바 사건 즉 여자문제입니다.

성경은 밧세바 사건을 단순하게 윤리적 주제로 다루지 않고 아주 엄정하게 신앙적 문제로 다룹니다. 표현이 매우 신랄합니다. 사무엘하 12장 7절 중간부터 "이스라엘의 하나님 여호와께서 이와 같이 이르시기를 내가 너를 이스라엘 왕으로 기름 붓기 위하여 너를 사울의 손에서 구원하고 네 주인의 집을 네게 주고 네 주인의 아내들을 네 품에 두고 이스라엘과 유다 족속을 네게 맡겼느니라 만일 그것이 부족하였을 것 같으면 내가 네게 이것저것을 더 주었으리라 그러한데 어찌하여 네가 여호와의 말씀을 업신여기고 나 보기에 악을 행하였느냐"입니다. 이 사건의 마무리는 밧세바에게서 솔로몬이라는 아들이 출생하는 것입니다. 그리고 다윗의 아들 암논이 이복누이 다말을 겁탈하고, 이에 다말의 오라비 압살롬이 복수하여 암논을 죽이고, 다음 사건으로 압살롬이 아버지에게 반역하여 왕권을 탈취하는 내용이 길게 이어집니다. 거기에 베냐민 사람 비그리의 아들 세바의 반역이 추가되고, 다윗의 왕으로서의 마지막은 자신의 왕권을 자랑하기 위한 인구조사로 인해 백성 칠만 명이 죽는 사건입니다. 그리고 왕이 죽기 직전의 행적이 열왕기상 1장입니다.

하나님과 다윗

성경을 읽으실 때 강조점을 혼동하시면 안 됩니다. 성경이 다윗을 등장시키는 이유는 '다윗 같은 사람이면 된다는 것이 아니라 다윗 같은 사람도 안 된다'입니다. 개인 다윗이 아니라 하나님과 연계된 다윗 이야기입니다. 즉 업적은 고사하고 활동도 없고 아예 존재조차도 드러나지 않았을 때에 하나님에 의해 왕으로 선택되어 기름 부음을 받고 지속적으로 하나님의 도움을 받아 전적으로 하나님에 의해 왕이 되는 어마어마한 은혜, 무지막지한 은혜, 말로다 형언할 수 없는 은혜, 하나님의 은혜를 빼놓고는 한 마디도 말 할 것이 없을 정도로 은혜를 받은 다윗도 왕이 되더니, 자기가 권력과 힘을 가지더니, 자기가 스스로를 지키고 자기 의지로 일을 꾸려나갈 능력을 가지더니 하나님을 버린 이야기입니다.

절대로 반대로 생각하시면 안 됩니다. 하나님을 향한 신실한 믿음을 가지고, 하나님을 위해 죽음을 불사하며 충성을 다해 하나님에게서 왕이라는 큰 상을 받은 다윗 이야기가 아닙니다. 그렇게 말하면 하나님의 역할은 하나도 없고, 하나님의 은혜는 어디에도 없습니다. 성경은 다윗을 신앙의 영웅이요 믿음의 모델로 제시하려는 것이 아닙니다. 도리어 죄인이 얼마나 어쩔 수 없는가, 죄인이 얼마나 교활하고 비열하고 하나님에 대하여 무지하며 은혜를 저버릴 수 있는가를 보여주려는 것입니다. 혹시 하나님께 받은 것이 적은 사람은 하나님을 잊을 수도 있습니다. 은혜는 고사하고 하나님께 작은 상이라도 받아보려고 죽을 고생한 사람은 하나님을 떠날 수도 있습니다. 또는 하나님께 은혜를 받은 것은 분명하지만 대신 하나님이 여러 가지 일을 시켜서 왕이 되기는 했지만 왕권을 누려보지도 못하고 하나님이 맡긴 일을 하느라 세월 다 보낸 사람은 하나님에 대해서 정나미가 떨어질 수도 있습니다.

그래서 하나님이 다윗에 대해서는 아예 어떤 핑계도 댈 수 없도록 은혜를 베푸셨습니다. 아예 어떤 면접도 없고 시험도 없고 조건도 없이 왕이 되게 하시는 은혜를 주셨고, 왕에게 어떤 수고로운 일이나 힘든 과업을 맡기지도 않으셨고, 단 하나도 하나님께 드리거나 바치라고 요구하신 것이 없습니다. 다윗이 왕 노릇하고 개인의 삶을 사는데 하나님이 불편하게 만들거나 간섭하신 일이 전혀 없습니다. 하나님에 대한 어떤 불평이나 원망을 할 근거가 전혀 없습니다. 하나님께서 인간에게 해 줄 수 있는 최상의 은혜를 베푸셨습니다. 그런데 다윗이, 그런데 인간이, 그런데 죄인이 하나님을 부인하고 떠나고 죄의 원리를 따르더라는 것입니다. 성경은 영웅 다윗이 아니라 어쩔 수 없는 한 죄인의 모습을 보여주고 있습니다.

왕의 평가

저는 다윗에 대해 이야기를 하는 것이 아니라 왕에 대해 이야기를 하고 있습니다. 다윗 뿐만이 아니라 성경에 등장하는 모든 왕에 대해 평가하려면 기준이 있어야 합니다. 그리고 왕을 평가하는 기준은 저와 여러분이 정하는 것이 아니라 성경이 정해준 대로 해야 합니다. 신명기 17장에 나옵니다. 그런데 왕에 대한 하나님의 말씀이 아주 독특합니다. 왜냐하면 '어떻게 하면 왕이 될 수 있는가?', '누가 왕이 되는가?' 즉 왕의 자격, 왕의 조건, 왕이 갖추어야 할 요소, 왕으로서 준비해야할 덕목 등이 전혀 언급되지 않기 때문입니다. 결국 왕은 인간의 자격과 조건에 의해서 선발되는 것이 아니라는 의미입니다. 다윗에게서 아주 분명하게 확인되었습니다. 하나님은 인간에게 무엇인가 말씀을 하시거나 권고를 하실 때는 언제나 은혜부터 주고 시작하십니다. 은혜도 주지 않은 상태에서는 이래라저래라 할 명분이 없습니다. 은혜를 주신 후에도 이거해라 저거해라 간섭하는 것이 아니라 주신 은혜를 잘 누리며 지속할 수 있도록 안내해주고 권면해 주십니다. 하나님의 말씀 한마디 한마디, 하나님의 사역 하나하나가 인간에게 온전히 은혜 그 자체입니다.

그런 하나님께서 왕에게 부탁하신 두 가지 말씀이 있습니다. 하나는 '하지 말라'는 금지 조항이고 다른 하나는 '이렇게 하라'는 권고 조항입니다. 첫 번째, 금지 조항은 신명기 17장 16절과 17절입니다. "왕은 병마를 많이 두지 말 것이요 병마를 많이 얻으려고 그 백성을 애굽으로 돌아가게 하지 말 것이니 이는 여호와께서 너희에게 이르시기를 너희가 이 후에는 그 길로 다시 돌아가지 말 것이라 하셨음이며 그에게 아내를 많이 두어 그의 마음이 미혹되게 하지 말 것이며 자기를 위하여 은금을 많이 쌓지 말 것이니라"입니다. 두 번째, 권고 조항은 18절과 19절 "그가 왕위에 오르거든 이 율법서의 등사본을 레위 사람 제사장 앞에서 책에 기록하여 평생에 자기 옆에 두고 읽어 그의 하나님 여호와 경외하기를 배우며 이 율법의 모든 말과 이 규례를 지켜 행할 것이라"입니다.

제가 금지조항이라고 표현했지만 하나님께서 왕을 통제하거나 억압하는 것이 아닙니다. 도리어 그 내용은 '왕 스스로 왕권을 유지하려고 몸부림치지 마라. 하나님이 네 왕권을 책임지고 지켜주겠다'는 뜻입니다. 또 권고조항이라고 표현했지만 하나님께서 왕에게 지시하고 명령하는 것이 아닙니다. 도리어 그 내용은 '어려운 일 하려고 하지 말고 가장 쉽고 가장 편하고 가장 확실한 원리를 따르라'는 뜻입니다. 여러분에게 여쭤보겠습니다. 하나님의 금지조항을 들으시고 억울하게 느껴지시는 분 계십니까? 하나님의 권고조항을 들으시고 부담되는 분 계십니까? 아마도 없을 것입니다. 이렇게 전적으로 하나님이 왕이 되게 해주시고, 하나님이 왕의 자리를 지켜주신다면 다른 마음을 가질 이유가 없고, 다른 방법을 간구할 필요가 없습니다. 그런데 실제로는 어떻게 되었습니까? 하나님은 말씀대로 온전하게 행하셨는데 죄인은 하나님의 말씀을 따르지 않았습니다. 그 증인이 바로 다윗입니다.

다윗이 처음 등장하는 사무엘상 16장부터 다윗이 사라지는 열왕기상 2장까지의 기록을 샅샅이 살펴보면 왕에 대한 하나님의 사역과 다윗의 행동이 완벽하게 대조됩니다. 우선 하나님은 왕에 대한 약속을 철저하게 지키셨습니다. 앞서 말씀드린 대로 존재도 없는 다윗을 부르시고 이스라엘의 가장 강력한 왕이 되도록 만들어 주셨습니다. 그러나 다윗은 왕에 대한 하나님의 말씀을 완벽하게 불순종합니다. 금지 조항에 대해서는 병마 즉 군사력에 의지하지 말라고 하셨는데 이스라엘 최초로 용병제도를 도입하여 군사력에 의지했고, 은금을 많이 두지 말라고 하셨는데 헤아릴 수 없는 은금을 두었고, 아내를 많이 두지 말라고 하셨는데 기록된 대로만 확인해도 여덟 명의 아내와 많은 처첩들을 두었습니다. 또 권고조항에 대해서도 사무엘상하와 열왕기상에는 다윗이 율법을 등사하고 평생에 옆에 두고 읽었다는 기록이 없습니다. 제가 다윗 왕을 비난하는 것이 아닙니다. 다윗에 대해 너무 부정적으로 몰아가는 것이 아닙니다. 성경의 의도가 무엇인지를 분별하자는 호소입니다.

그 결과

다윗 왕에 관한 이야기에서 '하나님이' 다윗을 도와 왕이 되도록 일하시는 내용과, 왕이 된 '다윗이' 하나님의 기대와 다르게 행동하는 것을 구분하셔야 합니다. 이것을 반대로 말씀하시면 안 됩니다. '다윗이' 믿음과 열심과 충성을 다하여 왕이 되었고, 다윗이 몇 가지 실수를 하자 '하나님이' 벌을 주셨다고 말하면 안 됩니다. 은혜의 하나님은 온데간데없고 심판과 진노의 하나님으로 왜곡하시면 안 됩니다. 하나님의 권고를 듣지 않은 사람의 결론이 무엇입니까? 하나님의 말씀대로 행하였다면 안정과 평화와 안식과 자유와 행복이었을 것입니다. 그러나 하나님의 말씀대로 행하지 않았기에 그 결과는, 왕권의 강화를 위해 자기의 방식대로 행하였기에 그 결과는 도리어 왕권의 불안과 여러 아내들에게서 출생한 자녀들의 음모와 투쟁과 살인과 아버지와 아들간의 왕권쟁탈의 다툼뿐입니다. 다윗 왕과 자녀들은 행복한 가정이 아니라 골육상쟁의 싸움을 벌이고, 백성들도 덩달아 불안과 두려움과 왕의 실정으로 인한 살육을 당하는 등의 불행한 삶을 살았습니다. 성경은 다윗을 통해 죄인의 한계와 죄인의 실체와 죄의 결과를 적나라하게 드러내주고 있습니다. 그 마지막 장면이 열왕기상 1장에서 펼쳐지고 2장 10절에서 다윗은 성경에서 사라집니다.

정치 이야기

궁중의 암투

열왕기상 1장 1절로 4절에는 다윗의 말년의 한 이야기가 기록되어 있습니다. 우선 이 사람이 왕이라는 것을 기억하셔야 합니다. 다윗이라는 인물에 치중해서 무조건 온건하게 이해하려고 애쓰지 마시고 왕임을 아시고 상황을 정확하고 분명하게 파악하셔야 합니다. 지금 어떤 왕이 있습니다. 왕이 된 후에 왕권을 유지하기 위해서 각양의 방법을 총동원했던 왕입니다. 불행하게도 아들에 의해 왕권을 빼앗길 뻔 했었고, 피난 길과 돌아오는 길에 온갖 수모를 겪기도 했고, 심지어는 불량배 세바의 반역 때문에 곤욕을 치르기도 한 왕입니다. 왕의 최대의 관심사는 왕권이고, 왕이 행하는 일은 모두 정치적인 사건이고, 왕의 주변에 있는 사람들도 모두 정치적으로 생각하고, 정치적으로 행동하고, 정치적으로 이합집산을 반복하는 사람들입니다. 그러므로 1절로 4절을 믿음의 사람 다윗의 이야기나 어느 연약한 노인의 이야기로 생각하시면 안 됩니다. 아주 리얼하게 왕권 말기에 왕권에 집착하는 왕과 주변사람들의 정치 이야기로 읽으셔야 합니다. 그렇게 읽으셔야 바로 그 다음 5절부터 나오는 왕권 찬탈 시도와 왕권 이양에 관한 이야기와 연결이 될 수 있습니다.

성경이 아주 재미있습니다. 표현이 아주 기기묘묘합니다. 어찌 보면 웃기고, 어찌 보면 신랄하고, 어찌 보면 매우 스릴이 있습니다. 이 사건이 정치적이라는 것을 기억하시면서 1절을 보겠습니다. "다윗 왕이 나이가 많아 늙으니 이불을 덮어도 따뜻하지 아니한지라"입니다. 이 말이 건강에 관한 표현이 아닙니다. 노인의 체온에 관계된 표현이 아닙니다. 2절 "그의 시종들이 왕께 아뢰되 우리 주 왕을 위하여 젊은 처녀 하나를 구하여 그로 왕을 받들어 모시게 하고 왕의 품에 누어 우리 주 왕으로 따뜻하시게 하리이다 하고"입니다. 1절이 건강에 관한 표현이 아니었듯 2절도 체온을 높이려는 의료적 처방이 아닙니다. 주인공은 왕이고 주변사람들은 관료들입니다. 얼마 전에 아들에 의해서 왕권을 빼앗길 뻔했고 불량배에 의해서 왕권을 빼앗길 뻔하기도 했습니다. 왕 주변에 있는 사람들의 관심은 온통 왕권뿐입니다. 왕 주변에는 왕권을 이으려는 사람, 왕권을 빼앗으려는 사람, 새로 왕권 쟁탈전에 끼어들려는 사람들로 가득 차 있습니다. 이미 왕에게는 여덟 명의 부인과 많은 처첩들이 있지만 왕이 나이가 들었다고 끝이 아닙니다.

3절 "이스라엘 사방 영토 내에 아리따운 처녀를 구하던 중 수넴 여자 아비삭을 얻어 왕께 데려왔으니 이 처녀는 심히 아름다워"입니다. 성경이 재미있다는 것이 바로 이것입니다. 만약 이 이야기가 왕의 체온에 관한 것, 건강에 관한 것이라면 그래서 왕의 몸을 따뜻하게 하려는 계획이라면 사람들이 구해야하는 여인은 당연히 '몸이 따뜻한 여인'이어야 합니다. 건강이나 체온에 관해서는 여인이 아름다운지는 상관이 없고, 처녀인지는 상관이 없습니다. 그런데 본문은 느닷없이 그 여인에 대해 '처녀'이고 '심히 아름다워'라고 합니다. 어디에도 '몸이 따뜻한 여인'이나 '늘 열이 나는 처자'라고 언급하지 않습니다. 에둘러 표현하고 있음을 눈치 채셔야 합니다. 그리고 결정적인 히트가 4절 마지막 "왕이 잠자리는 같이 하지 아니하였더라"입니다. 표현대로만 이해한다면 1절과 4절은 도무지 연결이 되지 않습니다. 물론 이 이야기는 왕이 먼저 자기 문제를 이야기하고 신하들에게 처녀를 구해오라고 명령한 것이 아닙니다. 왕은 이미 바로 앞 사무엘하 24장의 인구조사를 통하여 자기의 왕권이 다한 것을 알고 있습니다. 왕의 주변에 있는 눈치 빠른 사람들도 이미 왕의 통치가 끝나가고 있음을 알아차렸습니다. 왕위 쟁탈전이 절정에 다다르고 있습니다. 그때 왕에게 억지로 자기들이 선택한 여인을 붙여준 것입니다. 그러나 모든 것을 마무리하려는 왕이 잠자리를 같이 하지 않음으로써 간신들의 교활한 술책을 거부한 것입니다.

열왕기상의 전개

신약의 사도행전에서는 하나님이 역사하신 결과로서의 사도들의 삶, 하나님이 은혜주시고 변화시켜준 열매로서의 사도들의 삶을 보여주고 있습니다. 사도행전은 사도들의 삶에 초점을 맞추는 것이 맞습니다. 그러나 사도들 스스로의 수고나 노력이나 헌신이라는 관점이 아니라 하나님의 열매와 결실이라는 관점입니다. 복음서에 예수님의 사역이 있었고 사도행전 2장에 성령이 임하여 성령의 사역이 있었기에 하나님의 사역으로 인한 결과로서 사도들의 삶이 조명되어야 하는 것이 정상입니다. 즉 사도행전이 성경에 기록된 위치에 맞게 풀이되어야 합니다.

마찬가지로 열왕기상도 성경에 기록된 위치에 맞게 풀이되어야 합니다. 열왕기상은 아직 구약입니다. 예수님이 오신 것도 아니고, 죄의 문제가 해결된 것도 아니고, 성령이 오신 것도 아니고, 하나님 말씀에 대해 이해가 된 것도 아닙니다. 그럼 당연히 열왕기상에 등장하는 인물들은 죄인입니다. 죄인들은 죄적으로 생각하고, 죄적으로 판단하고, 죄적으로 행동합니다. 죄인의 행동을 보고 죄를 따랐다고 말하는 것이 정상이고, 하나님을 떠났다고 말하는 것이 정상입니다. 그래서 저와 여러분은 열왕기상에서 사람들을 통해서는 배울 것이 없습니다. 등장인물이 누구이든 그 사람들을 통해서 가르침을 받을 것이 없습니다. 그 사람들을 모델로 삼아서도 안 됩니다. 대신 죄인들을 사랑하시고, 죄인들을 품어주시고, 죄인들을 도와주시는 하나님을 만나게 될 것입니다. 성경을 통해 진리를 배우시고, 하나님의 일하심을 통해 성도에게 이루어진 하나님의 구원하심을 알아 자유와 평화와 안식을 누리는 행복한 삶 되시기를 주님의 이름으로 축원합니다.

2

내가, 내가, 내가

열왕기상 1:22~53

22 밧세바가 왕과 말할 때에 선지자 나단이 들어온지라 23 어떤 사람이 왕께 말하여 이르되 선지자 나단이 여기 있나이다 하니 그가 왕 앞에 들어와서 얼굴을 땅에 대고 왕께 절하고 24 이르되 내 주 왕께서 이르시기를 아도니야가 나를 이어 왕이 되어 내 왕위에 앉으리라 하셨나이까 25 그가 오늘 내려가서 수소와 살찐 송아지와 양을 많이 잡고 왕의 모든 아들과 군사령관들과 제사장 아비아달을 청하였는데 그들이 아도니야 앞에서 먹고 마시며 아도니야 왕은 만세수를 하옵소서 하였나이다 26 그러나 왕의 종 나와 제사장 사독과 여호야다의 아들 브나야와 왕의 종 솔로몬은 청하지 아니하였사오니 27 이것이 내 주 왕께서 정하신 일이니이까 그런데 왕께서 내 주 왕을 이어 그 왕위에 앉을 자를 종에게 알게 하지 아니하셨나이다 28 다윗 왕이 명령하여 이르되 밧세바를 내 앞으로 부르라 하매 그가 왕의 앞으로 들어가 그 앞에 서는지라 29 왕이 이르되 내 생명을 모든 환난에서 구하신 여호와께서 살아 계심을 두고 맹세하노라 30 내가 이전에 이스라엘의 하나님 여호와를 가리켜 네게 맹세하여 이르기를 네 아들 솔로몬이 반드시 나를 이어 왕이 되고 나를 대신하여 내 왕위에 앉으리라 하였으니 내가 오늘 그대로 행하리라 31 밧세바가 얼굴을 땅에 대고 절하며 내 주 다윗 왕은 만세수를 하옵소서 하니라 32 다윗 왕이 이르되 제사장 사독과 선지자 나단과 여호야다의 아들 브나야를 내 앞으로 부르라 하니 그들이 왕 앞에 이른지라 33 왕이 그들에게 이르되 너희는 너희 주의 신하들을 데리고 내 아들 솔로몬을 내 노새에 태우고 기혼으로 인도하여 내려가고 34 거기서 제사장 사독과 선지자 나단은 그에게 기름을 부어 이스라엘 왕으로 삼고 너희는 뿔나팔을 불며 솔로몬 왕은 만세수를 하옵소서 하고 35 그를 따라 올라오라 그가 와서 내 왕위에 앉아 나를 대신하여 왕이 되리라 내가 그를 세워 이스라엘과 유다의 통치자로 지명하였느니라 36 여호야다의 아들 브나야가 왕께 대답하여 이르되 아멘 내 주 왕의 하나님 여호와께서도 이렇게 말씀하시기를 원하오며 37 또 여호와께서 내 주 왕과 함께 계심 같이 솔로몬과 함께 계셔서 그의 왕위를 내 주 다윗 왕의 왕위보다 더 크게 하시기

를 원하나이다 하니라 38 제사장 사독과 선지자 나단과 여호야다의 아들 브나야와 그렛 사람과 블렛 사람이 내려가서 솔로몬을 다윗 왕의 노새에 태우고 인도하여 기혼으로 가서 39 제사장 사독이 성막 가운데에서 기름 담은 뿔을 가져다가 솔로몬에게 기름을 부으니 이에 뿔나팔을 불고 모든 백성이 솔로몬 왕은 만세수를 하옵소서 하니라 40 모든 백성이 그를 따라 올라와서 피리를 불며 크게 즐거워하므로 땅이 그들의 소리로 말미암아 갈라질 듯하니 41 아도니야와 그와 함께 한 손님들이 먹기를 마칠 때에 다 들은지라 요압이 뿔나팔 소리를 듣고 이르되 어찌하여 성읍 중에서 소리가 요란하냐 42 말할 때에 제사장 아비아달의 아들 요나단이 오는지라 아도니야가 이르되 들어오라 너는 용사라 아름다운 소식을 가져오는도다 43 요나단이 아도니야에게 대답하여 이르되 과연 우리 주 다윗 왕이 솔로몬을 왕으로 삼으셨나이다 44 왕께서 제사장 사독과 선지자 나단과 여호야다의 아들 브나야와 그렛 사람과 블렛 사람을 솔로몬과 함께 보내셨는데 그들 무리가 왕의 노새에 솔로몬을 태워다가 45 제사장 사독과 선지자 나단이 기혼에서 기름을 부어 왕으로 삼고 무리가 그 곳에서 올라오며 즐거워하므로 성읍이 진동하였나니 당신들에게 들린 소리가 이것이라 46 또 솔로몬도 왕좌에 앉아 있고 47 왕의 신하들도 와서 우리 주 다윗 왕에게 축복하여 이르기를 왕의 하나님이 솔로몬의 이름을 왕의 이름보다 더 아름답게 하시고 그의 왕위를 왕의 위보다 크게 하시기를 원하나이다 하매 왕이 침상에서 몸을 굽히고 48 또한 이르시기를 이스라엘의 하나님 여호와를 찬송하리로다 여호와께서 오늘 내 왕위에 앉을 자를 주사 내 눈으로 보게 하셨도다 하셨나이다 하니 49 아도니야와 함께 한 손님들이 다 놀라 일어나 각기 갈 길로 간지라 50 아도니야도 솔로몬을 두려워하여 일어나 가서 제단 뿔을 잡으니 51 어떤 사람이 솔로몬에게 말하여 이르되 아도니야가 솔로몬 왕을 두려워하여 지금 제단 뿔을 잡고 말하기를 솔로몬 왕이 오늘 칼로 자기 종을 죽이지 않겠다고 내게 맹세하기를 원한다 하나이다 52 솔로몬이 이르되 그가 만일 선한 사람일진대 그의 머리털 하나도 땅에 떨어지지 아니하려니와 그에게 악한 것이 보이면 죽으리라 하고 53 사람을 보내어 그를 제단에서 이끌어 내리니 그가 와서 솔로몬 왕께 절하매 솔로몬이 이르기를 네 집으로 가라 하였더라

아도니야 파

정치이야기

역사를 기록할 때는 대상이 매우 다양합니다. 그래서 단순히 역사라고 말하지 않고 언제나 주제를 선정해서 '음악사, 미술사, 경제사' 등으로 부릅니다. 예전에는 학교에 단순하게 '세계사'라는 과목이 있었습니다. 제목은 세계사이지만 내용은 다분히 정치사였습니다. 주로 서양을 중심으로,

왕이나 권력을 중심으로 세계의 역사를 섭렵했습니다. 정치는 원래 '바르게 다스리는 것'을 의미하는 용어인데, 인류역사에서는 정치가 바르게 다스리는 일보다 힘을 가지고 자기 뜻대로 다스리는 것으로 이해되었고 그래서 권력을 잡으려는 세력과 빼앗으려는 세력의 대결이 되어버렸습니다. 그래서 정치계에는 유명한 명언들이 많습니다. '권력에는 피도 눈물도 없다', '정치에는 영원한 적군도 아군도 없다', '권력은 절대로 나누어지지 않는다' 등입니다. 정치에 관한 명언에 바른 다스림을 의미하는 표현은 하나도 없고 모두 힘을 강조하는 표현만 가득 차 있습니다. 물론 바른 정치를 안내하고 권고하는 책들도 있습니다. 하지만 그 책들은 모두 그 정치가가 정치에서 물러난 후에, 정치와는 무관하게 책상머리에서 기록된 책들에 불과합니다. 저자에 의해서도 적용되거나 실천된 적이 없는 내용들 뿐입니다.

정치는 세상의 정치에만 국한되는 것이 아닙니다. 성경의 정치에도 동일하게 적용되고 오늘날 교회의 정치에도 동일하게 적용됩니다. 성경에도 정치 이야기가 나옵니다. 주로 구약에 나옵니다. 신약에는 이스라엘이 로마의 속국이었기에 특별히 왕이 되기 위한 경쟁이나 갈등 이야기가 없습니다. 물론 권력의 암투는 존재합니다. 유대교 지도자들의 권위에 대한 집착과 로마 총독과 유대 분봉 왕 사이의 알력싸움이 존재합니다. 또 국가권력만이 아니라 인간이 모인 곳에는 언제나 권력다툼이 있기에 사도행전에서도 약간의 주도권 다툼이 있습니다. 상대적으로 구약에는 국가가 등장하고 왕이 등장하기에 정치투쟁 이야기가 많이 나옵니다. 열왕기서가 대표적입니다. 그러므로 여러분은 열왕기서를 읽으실 때에 우선적으로는 정치적 관점을 가지셔야 합니다. 다윗은 무조건 성군이고, 다윗의 후계자는 무조건 솔로몬이어야 하고, 그래서 다윗과 솔로몬이 관계된 이야기가 나오면 이 두 사람의 편이 아니면 모두 나쁜 사람이요, 반역자요, 죄인이라고 생각하시면 절대로 안 됩니다.

앞으로 열왕기상하 총 47장을 상고할 예정인데 미리 한 가지 결론을 말씀드리겠습니다. 열왕기서의 결론은 '인간은 실패했다'는 것입니다. 하나님을 버리고 대신 스스로 선택한 제도가 왕이었는데 왕은 인간의 문제를 해결하지 못했고, 왕은 인간의 삶을 평안하게 해 주지 못했고, 왕은 다른 사람을 유익하게 해 준 것이 없습니다. 사무엘상부터 열왕기하에 등장하는 약 40여명의 왕 중에 모델이 될 만큼 선정을 베푼 왕은 없습니다. 제가 내리는 결론이 아니라 성경이 내리는 결론입니다. 만약 선한 왕이 등장하고, 정치를 통하여 국태민안을 이룰 수 있다면 예수 그리스도가 오지 않아도 됩니다. 그러면 인간의 문제가 죄라는 기독교의 선언과 예수가 죄에서 인간을 구원한 그리스도라는 기독교의 선포는 모두 거짓이 됩니다. 성경은 이렇게 스스로 모순에 빠지지 않습니다. 저와 여러분은 열왕기서에 등장하는 왕과 정치의 면면들을 통해서 인간의 적나라한 속내와 죄인의 비열하고 극악한 실체를 확인하시면 됩니다. 동시에 과연 하나님은 이러한 죄인들을 어떻게 치유하시기로 계획하시고 진행하시는가를 확인하시면 됩니다. 오늘도 재미있는 정치적 상황 속으로 들어가 보겠습니다.

아도니야

6절에 아도니야에 대한 소개가 나옵니다. "그는 압살롬 다음에 태어난 자요 용모가 심히 준수한 자라 그의 아버지가 네가 어찌하여 그리 하였느냐고 하는 말로 한 번도 그를 섭섭하게 한 일이 없었더라"입니다. 우선 아도니야에 대해 살펴보겠습니다. 다윗 왕의 아들과 부인에 대한 묘사는 성경이 조금 재미있게 기록해 놓았습니다. 사무엘하 3장 2절은 "다윗이 헤브론에서 아들들을 낳았으되"로 시작하고 5절 끝은 "이들은 다윗이 헤브론에서 낳은 자들이더라"로 마무리됩니다. 단순히 '다윗의 아들은 이러하니'라고 시작하지 않고 군이 헤브론을 언급했습니다. 헤브론은 다윗이 피난 갔던 블레셋에서 돌아와 유다지파의 왕으로 등극한 곳입니다. 다윗의 생애에서 초창기가 아니며, 떠돌아다니던 시기가 아니며 왕이 되었을 때입니다. 그렇다고 시기적으로 꼭 왕이 된 이후나, 장소적으로 헤브론만을 지적하는 것은 아닙니다. 근거는 두 번째 아들이 길르압인데 갈멜 사람 나발의 아내였던 아비가일의 소생이라는 설명입니다. 다윗이 아비가일을 아내로 맞은 것은 왕이 된 이후가 아니라 사울에게 피난 다니던 시절입니다. 여하튼 다윗이 어느 정도 유명해지고 세력이 생긴 후에 얻은 부인에게서 출생한 아들이 아도니야입니다.

아도니야에 대한 6절의 설명이 아주 멋있습니다. 여러분은 성경의 표현 양식에 어느 정도 익숙해지셨을 것입니다. 그래서 이런 표현이 말 그대로 칭찬이 아닌 것을 아시고, 도리어 역설인 것을 아십니다. 이렇게 아버지의 말을 잘 들었으면 아버지에 대한 반역이 등장하면 안 되고, 아무리 억울하고 분해도 여전히 아버지의 편을 들고 아버지의 말씀에 순종하는 모습이 나와야 합니다. 그런데 기껏 소개는 순진무구하게 했는데 행동은 반역으로, 소개와 행동이 일치하지 않습니다. 이럴 때 쓰는 표현이 '오죽하면'입니다. 이렇게 착한 아들이 반역할 정도면 다윗의 말년이 오죽이나 엉망진창이었는지 상상할 수 있다는 의미입니다.

이스라엘이 왕을 구한 것은 하나님을 거부하는 행위였습니다. 그렇다면 성경에서 왕이 이스라엘을 잘 다스리고 왕으로 인해 백성이 태평성대를 누리는 모습이 등장할 것 같습니까, 아니면 잠깐은 괜찮은 것 같았는데 결과적으로는 도움이 안 되는 모습이 등장할 것 같습니까? 당연히 후자입니다. 하나님의 심정을 아시고 성경의 전개를 파악하시면 그 다음에 무슨 이야기가 나올지 충분히 알아차릴 수 있습니다. 사울이 왕이 되었을 때 처음에는 블레셋을 물리쳐주고 나라의 기틀을 잡아주었습니다. 왕이 있어 참으로 다행이었습니다. 그런데 후에는 왕이 미쳐서 날뛰었습니다. 국사를 돌볼 생각은 안 하고 충신 다윗을 잡으러 이산으로 가고 저산으로 가고 헤매고 다녔습니다. 그 세월이 하루 이틀이 아니고 한 두 해가 아닙니다. 다윗이 왕이 될 때에 백성들로부터 절대적인 지지를 받을 수 있었던 배경에는 이러한 사울의 미친 행적이 있었습니다.

다윗이라고 크게 다르지 않습니다. 다윗의 등장 초기나 왕으로 등극한 초기에는 그야말로 영웅이었습니다. 단지 이스라엘에만 국한된 이야기가 아니라 가나안 지역에 최초로 국가다운 국가를 세운 대단한 인물입니다. 정치, 경제, 국방 등 다방면에서 번영을 이루었습니다. 그런데 결정적으로 '수신제가'修身齊家에 실패했습니다. 사울이 개인적인 일로 백성을 힘들게 했다면 다윗은 집안 일로 백성을 힘들게 했습니다. 백성은 별다른 말썽을 부리지 않았는데 다윗의 집안이 조용한 날이 없었습니다. 백성 때문에 왕권이 위험해진 것이 아니라 왕과 왕족 때문에 백성의 삶이 위험에 빠지곤 했습니다. 백성의 입장에서는 사울이 왕일 때나 다윗이 왕일 때나 삶이 곤고하고 피폐하기는 매한가지였습니다.

왕에게 넌더리를 낸 것은 백성이 아니라 왕의 아들들이었습니다. 집안 문제를 우유부단하게 다루는 아버지 다윗에게 답답함을 느낀 압살롬이 반역을 일으켰습니다. 다윗에게 지친 많은 백성들이 압살롬에게 호응을 해서 상당기간 세력을 확장했었습니다. 가까스로 다윗이 반역을 진압하였지만 왕권으로 인한 백성의 피해는 여전했습니다. 다윗은 인구조사로 인해 백성을 죽음으로 몰아갔고, 말년에는 신하들이 선발해준 여인과 가까이 지내고 있었습니다. 그래서 이번에는 압살롬의 동생 아도니야가 들고 일어나려고 합니다. 반역이 일어날 때에는 반역이 일어날만한 불안한 시대적 상황이 있었음을 기억해야 합니다.

동참자, 불참자

7절에는 아도니야의 반역에 동참한 자들과 불참한 자들이 소개됩니다. 먼저 "아도니야가 스루야의 아들 요압과 제사장 아비아달과 모의하니 그들이 따르고 도우나"입니다. 대부분의 성도님들은 이런 구절을 읽을 때 별로 느끼는 것이 없습니다. 왜냐하면 스루야가 누군지, 요압이 누군지, 아비아달이 누군지 모르기 때문입니다. 대단한 사람인지 하찮은 사람인지 모르고, 이 사람들이 함께 한 것이 어느 정도의 영향력을 발휘하는지도 모릅니다. 그래서 제가 조금 설명을 드리겠습니다. 우선은 놀래시기 바랍니다. 이 명단은 아도니야의 반역이 단지 한 두 사람이 모였거나, 넷째 아들의 정권에 대한 욕망으로 즉흥적이고 감정적으로 벌인 일이 아님을 보여줍니다. 동참한 사람과 불참한 사람이 어느 정도 나뉘어 있는 것은 아도니야의 세력도 만만치 않았음을 보여주는 자료입니다. 과연 아도니야가 아버지에게 순종하는 아들이었고, 그러한 모습이 아버지의 동료들이나 신하들에게도 인정을 받을 만한 모습이었음을 설명해 줍니다.

아도니아의 계열에 선 신료를 간략히 살펴보겠습니다. 첫 번째, 스루야의 아들 요압입니다. 스루야에게는 요압, 아비새, 아사헬이라는 세 아들이 있었습니다. 세 사람 모두 다윗의 장수들인데 가장 먼저 아사헬이 사울의 군대장관이었던 아브넬과 전투하던 중에 죽고, 아비새와 요압은 다윗의 말년까지 충성을 다합니다. 왕 또는 정치가의 입장에서 충신은 한편으로 가장 고마운 사람이고 다른 한편으로 가장 위험한 사람입니다. 다윗은 스루야의 아들과의 관계에 대해 사무엘하 3장 39절에서 "내가 기름 부음을 받은 왕이 되었으나 오늘 약하여서 스루야의 아들인 이 사람들을 제어하기가 너무 어려우니"라고 심정을 고백한 적이 있습니다. 충신은 왕의 말을 가장 잘 듣는 사람이며 동시에 왕의 말을 과감하게 어기는 사람입니다. 요압은 다윗이 왕으로 등극한 초기에 왕에게 대적한 적이 있습니다. 사울의 아들 이스보셋의 군대장관인 아브넬이 다윗과 화친을 하려고 방문을 하였다가 돌아갔습니다. 이때 요압은 다윗 왕 몰래, 다윗이 돌려보낸 아브넬을 쫓아가 죽여버렸습니다. 또 요압은 다윗의 왕권 말기에 왕에게 저항하기도 했습니다. 다윗이 인구조사를 하려고 할 때 결사적으로 왕의 조치를 막아섰던 사람이 요압입니다. 특히 다윗의 인구조사가 요압으로 하여금 더 이상 다윗을 도울 수 없는 동기가 되었고 결국 다윗의 편이 아닌 아들 아도니아의 편에 섰습니다.

두 번째 인물이 제사장 아비아달입니다. 아비아달도 다윗이 왕이 되기 전부터 왕의 최측근에서 왕을 도왔던 인물입니다. 다윗이 사울을 피해 도 망가다가 배가 고파서 제단에 드린 거룩한 빵을 얻어먹은 적이 있는데 그 때 제사장이 아비아달의 아버지 아히멜렉이고 그 사건으로 아히멜렉이 죽 고 겨우 피난하여 살아난 사람이 아비아달입니다. 또 다윗이 도망 다닐 때 에 다윗에게 에봇을 가져다주어 하나님께 기도할 수 있도록 도와준 사람이 아비아달이고, 다윗이 법궤를 예루살렘으로 옮겼을 때에도 함께 동역했습 니다. 이와 같이 요압이나 아비아달은 다윗과 무관한 채 단지 젊은 아도니 야에게 달라붙은 간신배가 아닙니다. 그리고 요압은 장군이고 아비아달은 제사장으로 아도니야 파는 정치, 종교, 군사적 인사들이 균형을 맞추었습 니다. 나름 명분도 있고 모양새도 있습니다. 8절에 보면 아비아달의 거사 에 참여하지 않은 사람들이 있습니다. 하지만, 이 사람들은 아비아달이 아 닌 또 다른 세력인 솔로몬 파에 참여한 사람들입니다. 잠시 후에 확인해 드 리겠습니다.

내가 왕이 되리라

아도니야에 관한 내용에서 가장 핵심되는 단어는 5절 서두에 있습니다. "그 때에 학깃의 아들 아도니야가 스스로 높여서 이르기를 내가 왕이 되 리라"입니다. 그 중에 '내가 왕이 되리라'가 핵심입니다. 그 중에서도 핵심 단어를 고르라고 하면 '내가'입니다. 아도니야가 말한 '내가 왕이 되리라' 는 말은 구약의 흐름에서 획을 그을만한, 획기적인 전환을 이루는 어마어 마한 새로운 말입니다. 구약 성경을 차분히 살펴보시면, 창세기부터 열왕 기상 1장까지 정말 찬찬히 이야기를 더듬어보시면 사람이 '내가 하겠다'고 자처하는 내용이 등장하지 않습니다. 실상은 정반대로, '내가 어떻게 하느 냐?'고 거절하고 망설이는 내용은 나온 적이 있습니다. 하나님께서 출애굽을 위해 모세를 부르시고 애굽으로 보내려고 할 때 모세는 출애굽기 3장 11절에서 "모세가 하나님께 아뢰되 내가 누구이기에 바로에게 가며 이스라엘 자손을 애굽에서 인도하여 내리이까"라고 합니다.

사사기에서 하나님께서 이스라엘을 미디안의 손에서 구원하시려고 기드온을 부르시고 보내려고 할 때 기드온은 사사기 6장 15절에서 "기드온이 그에게 대답하되 오 주여 내가 무엇으로 이스라엘을 구원하리이까 보소서 나의 집은 므낫세 중에 극히 약하고 나는 내 아버지 집에서 가장 작은 자니이다"라고 합니다. 사무엘상에서 하나님께서 사울을 왕으로 세우려고 하실 때에 사울은 9장 21절에서 "사울이 대답하여 이르되 나는 이스라엘 지파의 가장 작은 지파 베냐민 사람이 아니니이까 또 나의 가족은 베냐민 지파 모든 가족 중에 가장 미약하지 아니하니이까 당신이 어찌하여 내게 이같이 말씀하시나이까"라고 합니다. 다윗도 마찬가지였습니다. 사울이 다윗을 사위로 삼으려고 할 때에 다윗이 사무엘상 18장 18절에서 "다윗이 사울에게 이르되 내가 누구며 이스라엘 중에 내 친속이나 내 아버지의 집이 무엇이기에 내가 왕의 사위가 되리이까"라고 합니다.

구약에는 스스로 하나님이나 백성들 앞에서 '내가 무엇이 되겠다', '내가 무엇을 하겠다'고 자처하는 사람이 없었고, 그런 일이 없었습니다. 그런 의미에서 열왕기상 1장은 대단히 중요한 이야기가 전개되고 있습니다. 아도니야만 이런 말을 한 것이 아닙니다.

솔로몬 파

다윗의 아들

열왕기상 1장에는 왕권과 관련된 다윗의 두 아들의 이야기가 등장하고 있습니다. 이때 아도니야는 반역을 일으키는 나쁜 아들이고 솔로몬은 왕권을 이어받는 좋은 아들이라고 생각하시면 큰 오해입니다. 열왕기상 1장은 이스라엘에서 왕으로 선발되고 왕으로 등극하는 성경의 예와는 아주 다릅니다. 이 사건 이전에 이스라엘에서 왕으로 선발되고 등극하는 경우가 두 번 있었습니다. 사울과 다윗입니다. 누가 왕으로 선발되었습니까? 정답은 하나님이 부르시고 세우시는 사람입니다. 스스로 왕이 되겠다고 세력을 모아서 된 것이 아닙니다. 특정 지역의 사람들이나 특정 부족의 사람들이나 특정 계층의 사람들이 추대해서 된 것이 아닙니다. 그런데 이스라엘의 상황이 모두 변했습니다. 사울 왕의 40년 통치에는 별다른 일이 없었습니다. 국가적 기틀이 견고해지지도 않았고, 왕권이 강화되지도 못했기에 여상하게 세월이 흘렀습니다. 모든 전환은 다윗의 통치 40년과 말년에 일어납니다. 그 내용은 뒷부분에서 하겠습니다.

한쪽에서 아도니야가 반란의 조짐을 보이자 다른 한쪽에서 역반란의 조짐을 보입니다. 그것이 솔로몬파의 움직임입니다. 아도니야파의 행동과 솔로몬파의 행동은 하나도 차이가 나지 않습니다. 먼저, 솔로몬은 다윗과 밧세바 사이에서 출생하였습니다. 성경은 다윗의 자손에 대해서 두 군데에 기록하고 있습니다. 하나는 사무엘하 3장 2절로 5절인데 여기에는 헤브론에서 나은 자녀들로 여섯 부인에게서 한 아들씩 여섯 아들이 소개됩니다. 여기에는 솔로몬이 없습니다. 두 번째가 사무엘하 5장 13절로 16절 "다윗이 헤브론에서 올라온 후에 예루살렘에서 처첩들을 더 두었으므로 아들과 딸들이 또 다윗에게서 나니 예루살렘에서 그에게서 난 자들의 이름은 삼무아와 소밥과 나단과 솔로몬과 입할과 엘리수아와 네벡과 야비아와 엘리사마와 엘랴다와 엘리벨렛이었더라"입니다. 11명이 등장하는데 모두 아들인지, 아들과 딸이 섞여있는지는 모르겠습니다. 여하튼 처음에는 '헤브론'에서 얻은 자식들의 명단이고 두 번째는 '예루살렘'에서 얻은 자식들의 이름입니다. 밝혀진 것만 부인이 8명, 처첩들이 있고, 자식이 17명입니다.

솔로몬의 이름은 여기에 나오고 실제로 출생하는 사건은 사무엘하 12장 24절에 나옵니다. 그 후에 솔로몬의 성장과정이나 활약상은 일체 언급이 되지 않다가 느닷없이, 정말로 갑자기 열왕기상 1장에 다시 등장합니다. 잘 생겼다는 설명도 없고 용모가 준수하다는 말도 없고, 아버지 말을 잘 들었다는 기록도 없고, 형제들과 우애가 좋았다는 표현도 없고 정말 아무 말도 없습니다. 그래서 솔로몬이 어떤 사람이었는지 파악할 만한 정보가 전혀 없습니다. 형제간에 서열이 몇 위인지도 모릅니다. 아도니야는 넷째였는데 첫째 형 암논과 셋째형 압살롬은 죽었고, 둘째 형 길르압은 이름 외에는 언급이 없어서 생사를 모릅니다. 아도니야가 '내가 왕이 되겠다'고 말한 것으로 보아 아마도 왕위 계승 서열 1위였던 것 같습니다. 그에 비해 솔로몬은 몇째인지도 모릅니다. 아주 단순하게 기록된 순서대로라면 열 번째 아들입니다.

솔로몬파의 행동

아도니야파와 솔로몬파는 행동의 목적은 같은데 양식은 참 대조적입니다. 아도니야는 직접 행동합니다. 스스로 왕이 되겠다고 말도 하고, 스스로 요압 장군과 아비아달 제사장과 모의도 합니다. 그런데 본문에서 솔로몬은 전혀 등장하지도 않고 말도 하지도 않고 계획도 없습니다. 투명인간입니다. 실제로 솔로몬이 말하는 것은 모든 상황이 다 끝난 후인 52절입니다. 솔로몬파는 솔로몬이 주도적으로 행동하지 않고 참모들이 모든 것을 진행합니다. 8절에 의하면 솔로몬파의 핵심은 제사장 사독과 여호야다의 아들 브나야와 선지자 나단과 시므리와 레이 그리고 다윗의 용사들이었습니다. 역시 두 계파는 세력이 양분되어있었습니다. 양쪽에 각각 제사장 대표, 장군 대표, 선지자 대표가 포석되어 있습니다.

참 아이러니한 것이, 사독과 아비아달은 다윗에 의해 동시에 제사장으로 임명받은 사람들입니다. 일종의 제사장 동기생입니다. 그런데 다윗의 아들과 관련해서 갈라섰습니다. 사독은 이스라엘 역사에서 아주 중요한 인물입니다. 사독의 후예들이 세월이 흘러서 신약에 '사두개인'으로 등장하니다. 사독은 다윗이 왕으로 등극하고 통치하는 과정에 계속 동행했고, 선지자 나단은 솔로몬과 밀접한 연관이 있습니다. 다윗이 밧세바 사건을 일으켰을 때 직접 다윗에게 나아와 다윗을 책망했던 선지자였고, 밧세바가 솔로몬을 낳았을 때 하나님의 보냄을 받아 솔로몬에게 '여디디아'라는 이름을 지어준 사람이 바로 나단이었습니다. 아마 그때부터 솔로몬에 대한 각별한 사랑이 있었던 것 같습니다.

아도니야는 자신이 왕위 계승 서열이 가장 앞섰기에 아주 당연하게 행동합니다. 그래서 막후에서 모략을 행하지 않고 대놓고 다이렉트로 행합니다. 왕이 될 것을 선포하고, 호위무사도 고용하고, 동생들과 신료들을 초청해서 잔치도 행합니다. 이렇게 행동할 때에는 이렇게 행동할 만한 근거가 있습니다. 9절 하반부에 의하면 특별히 잔치에 초대된 신료들이 "왕의 신하 된 유다 모든 사람을 다 청하였으나"입니다. 아도니야가 유다 지파의 지지를 얻었다는 것은 의미하는 바가 많습니다. 왜냐하면 다윗이 유다 지파이고, 다윗도 위기 때마다 유다 지파의 도움을 받았기 때문입니다. 헤브론에서 처음 왕이 될 때에도 유다 지파의 왕이 되었고, 압살롬에게 도망을 갔다가 돌아올 때에도 유다 지파를 선봉에 세웁니다. 사무엘하 19장 11절부터 등장인물을 잘 살피면서 읽어보시면 "다윗 왕이 사독과 아비아달 두 제사장에게 소식을 전하여 이르되 너희는 유다 장로들에게 말하여 이르기를 왕의 말씀이 온 이스라엘이 왕을 왕궁으로 도로 모셔오자 하는 말이 왕께 들렸거늘 너희는 어찌하여 왕을 궁으로 모시는 일에 나중이 되느냐 너희는 내 형제요 내 골육이거늘 너희는 어찌하여 왕을 도로 모셔오는 일에 나중에 되리요 하셨다 하고 너희는 또 아마사에게 이르기를 너는 내 골육이 아니냐 네가 요압을 이어서 항상 내 앞에서 지휘관이 되지 아니하면 하나님이 내게 벌 위에 벌을 내리시기를 바라노라 하셨다 하라 하여 모든 유다 사람들의 마음을 하나 같이 기울게 하매 그들이 왕께 전갈을 보내어 이르되 당신께서는 모든 부하들과 더불어 돌아오소서 한지라 왕이 돌아와 요단에 이르매 유다 족속이 왕을 맞아 요단을 건너가게 하려고 길갈로 오니라"입니다. 이렇게 다윗 왕의 총애를 받던 유다 지파의 지지를 얻었으니 아도니야 파는 당당하게 행동했습니다.

그러나 솔로몬파는 전혀 다릅니다. 말 그대로 정치를 합니다. 나단이 밧세바를 찾아가서 상황을 보고하고, 다음으로 밧세바가 다윗을 찾아가서 상황을 보고하고, 그 자리에서 나단과 밧세바가 협력해서 다윗 왕에게 왕권 이양을 선언하게 하고 실행하게 합니다. 이 일이 진행되는 동안 솔로몬은 어디에도 나타나지 않습니다. 솔로몬이 마마보이의 원조이든지, 캥거루족의 원조인 것 같습니다.

내가, 내가

솔로몬에 관한 내용에서 핵심이 되는 단어는 30절과 35절에 있습니다. 두 구절 모두 말하는 사람은 다윗이고 듣는 사람은 30절은 밧세바이고 35절은 신료들입니다. 먼저 다윗이 밧세바에게 하는 말이 30절 "내가 이전에 이스라엘의 하나님 여호와를 가리켜 네게 맹세하여 이르기를 네 아들 솔로몬이 반드시 나를 이어 왕이 되고 나를 대신하여 내 왕위에 앉으리라 하였으니 내가 오늘 그대로 행하리라"이고, 신료들에게 하는 말이 35절 "그를 따라 올라가라 그가 와서 내 왕위에 앉아 나를 대신하여 왕이 되리라 내가 그를 세워 이스라엘과 유다의 통치자로 지명하였느니라"입니다. 두 구절의 공통된 핵심단어, 더 나아가 아도니야가 한 말과 공통되는 단어가 무엇인지 아시겠습니까? 바로 '내가'입니다. 아도니야는 '내가 왕이 되리라'고 하였고, 솔로몬파의 다윗은 '내가 왕으로 세우리라'입니다. 양쪽 모두 '내가'하겠다는 차원에서 똑같습니다. 양쪽 모두 하나님이 언급되지 않는 차원에서 똑같습니다.

스토리에 나오는 이런 저런 표현에 미혹당하시면 안됩니다. 예를 들면 36절 "여호야다의 아들 브나야가 왕께 대답하여 이르되 아멘 내 주 왕의 하나님 여호와께서도 이렇게 말씀하시기를 원하오며 또 여호와께서 내 주 왕과 함께 계심같이 솔로몬과 함께 계셔서 그의 왕위를 내 주 다윗 왕의 왕위보다 더 크게 하시기를 원하나이다"입니다. 이것은 하나님의 말씀이 아니라 그냥 정쟁의 상태에 있는 한쪽 편 신료의 말입니다. 이렇게 말하는 것이 당연합니다. 기록이 되어 있지 않지만 아도니야파는 이런 말을 안했겠습니까? 39절 "제사장 사독이 성막 가운데에서 기름 담은 뿔을 가져다가 솔로몬에게 기름을 부으니 이에 뿔나팔을 불고 모든 백성이 솔로몬 왕은 만세수를 하옵소서 하니라"입니다. 솔로몬 지지세력이 모였으니 이렇게 말하는 것입니다. 아도니야 지지세력도 이렇게 연호하며 소리 질렀습니다.

두 파벌의 왕권쟁탈 투쟁은 솔로몬파의 승리로 끝이 납니다. 아도니야는 아직 다윗이 살아있으니 왕으로 등극하지 않고 장차 등극할 날을 기다리며 단지 미리 즐거워하면서 단합대회를 하고 있는데 솔로몬파는 왕후를 동원하여 왕의 명령을 받아 아예 왕의 대관식 즉 기름붓는 행사를 해 버립니다. 상황적으로 보면 솔로몬이 반역입니다.

이스라엘의 변화

사람들은 인간의 문제를 인물의 부재, 제도의 미비 또는 정치나 경제나 국방이나 다양한 분야의 불안정한 상황이라고 판단합니다. 그래서 상황이 개선되거나 제도가 보완되거나 탁월한 지도자가 등장하면 문제가 해결될 것으로 기대합니다. 그러나 성경은 전혀 다릅니다. 성경은 인간의 문제를 죄라고 선언하고, 죄를 이기고 평화와 안식과 행복을 누리려면 하나님을 알고 하나님의 마음과 심정과 원리로 죄를 이겨야 한다고 선언합니다. 그래서 창세기부터 여호수아서까지 죄인들에게 하나님을 알리는 계시를 행하셨습니다. 하나님은 이스라엘에 아브라함이나 모세나 여호수아 같은 걸출한 지도자가 있으면 안심이 된다고 생각하지 않으셨습니다. 그래서 아브라함에게 하신 약속이 모두 이루어진 여호수아서 이후에는 따로 지도자를 세우지 않았습니다.

또 하나님은 제도를 잘 정착시키면 나라가 안정될 것으로 기대하지 않으셨습니다. 하나님이 이스라엘에게 여러 절기와 제도를 주셨지만 사사기부터 사무엘하를 거쳐 열왕기까지 오는 동안에 절기와 제도는 전혀 영향력을 갖지 못했습니다. 그랬는데 갑자기 하나님께서 왕의 등극에 집중하실 리가 없습니다. 하나님은 아도니야가 왕이 되면 나라가 불안하고 솔로몬이 왕이 되면 나라가 번성할 것으로 기대하지 않습니다. 하나님은 아도니야의 편이 되지도 않고 솔로몬의 편이 되지도 않습니다. 열왕기상 1장에는 하나님이 아예 등장하지 않습니다. 하나님이 나타나지도 않으시고 말씀하지도 않습니다.

그런데 더 희한한 것은 아도니야파나 솔로몬파나 똑같이 하나님을 찾지도 않았다는 사실입니다. 어느 누구도 '하나님이 누구를 세우시는가?'를 묻지 않았습니다. 솔로몬파도 상황이 급해지자 달려간 대상이 하나님이 아니라 다윗 왕이었습니다. 열왕기상 1장에서 저와 여러분을 가장 당황하게 만드는 사람이 바로 다윗입니다. 왜냐하면 다윗조차도 왕권이양에 관하여 하나님께 의지하지 않기 때문입니다. 다윗은 두 번에 걸쳐 '내가 왕을 세워'라고 선언했습니다. 하나님의 뜻도 아니고 일반적인 왕의 계승의 절차도 아니고 단지 '내가 왕을 세워' 그 자체였습니다. 다윗도 왕이 되는 것과 왕권을 유지하는 것과 나라와 백성이 평화와 안식을 누리는 것이 '하나님을 의지하는 것'에 달려있다고 생각하지 않은 것입니다. 다음 주 열왕기상 2장에 보면 다윗이 솔로몬에게 부탁하는 내용이 나옵니다. 이것을 보시면 다윗의 사고방식을 확인하실 수 있습니다.

성경을 읽으실 때는 이야기 전개의 주체를 잘 파악하셔야 합니다. 하나님이 주도하시는 상황인가 아니면 인간이 주도하는 상황인가? 이 사건이 모범적 사례로 등장하는가 아니면 실패적 사례로 등장하는가? 열왕기상은 인간이 주도하는 상황이고 실패 사례로 등장하고 있습니다. 이스라엘은, 다윗 왕은, 제사장과 선지자와 신하들은 모두 하나님의 가르침과는 멀리 떨어져 있습니다. 죄가 문제라는 하나님의 가르침, 하나님의 계명대로 행하여 죄를 이겨야 한다는 하나님의 말씀은 온데간데 없습니다. 하나님의 사람들이 모여서 행하는 일에 이방나라와의 차이점이 전혀 보이지 않습니다. 서로가 '내가'를 주장하고 있을 뿐입니다. 하나님은 인간의 사고, 판단, 결정을 금하시거나 반대하지 않으십니다. '내가' 생각해서, '내가' 판단해서, '내가' 행동하게 두십니다. 이때 '하나님의 뜻'을 외면한 '내가'는 곧 '죄의 생각, 죄의 판단'이 되어버립니다. 그래서 하나님은 그동안 하나님의 뜻이 얼마나 인간을 위하는가, 하나님의 말씀과 가치와 방법과 원리가 얼마나 인간에게 유익한가를 가르쳐 왔습니다. 그리고 인간이 하나님의 말씀을 선택하고 순종하기를 기대하셨습니다. 지금도 하나님은 기대하십니다.

이 두 가지를 혼동하시면 안 됩니다. 인간이 해야 할 생각과 판단과 행동을 무작정 하나님께 맡기는 것은 어리석은 것입니다. 생각, 판단, 행동은 '내가' 해야 합니다. 이때 하나님을 따른다는 것은 '나를 포기한다'는 의미가 아니라 '죄를 포기한다'는 것입니다. 죄를 포기하는 결정, 하나님을 따르겠다는 선택은 본인이 하는 것입니다. 하나님을 아시고 하나님의 뜻대로 행하셔서 하나님의 은혜와 분복을 풍성히 누리시기를 주님의 이름으로 축원합니다.

3

네 지혜대로 행하여

열왕기상 2:1~12

1 다윗이 죽을 날이 임박하매 그의 아들 솔로몬에게 명령하여 이르되 2 내가 이제 세상 모든 사람이 가는 길로 가게 되었노니 너는 힘써 대장부가 되고 3 네 하나님 여호와의 명령을 지켜 그 길로 행하여 그 법률과 계명과 율례와 증거를 모세의 율법에 기록된 대로 지키라 그리하면 네가 무엇을 하든지 어디로 가든지 형통할지라 4 여호와께서 내 일에 대하여 말씀하시기를 만일 네 자손들이 그들의 길을 삼가 마음을 다하고 성품을 다하여 진실히 내 앞에서 행하면 이스라엘 왕위에 오를 사람이 네게서 끊어지지 아니하리라 하신 말씀을 확실히 이루게 하시리라 5 스루야의 아들 요압이 내게 행한 일 곧 이스라엘 군대의 두 사령관 넬의 아들 아브넬과 예델의 아들 아마사에게 행한 일을 네가 알거니와 그가 그들을 죽여 태평 시대에 전쟁의 피를 흘리고 전쟁의 피를 자기의 허리에 띤 띠와 발에 신은 신에 묻혔으니 6 네 지혜대로 행하여 그의 백발이 평안히 스올에 내려가지 못하게 하라 7 마땅히 길르앗 바르실래의 아들들에게 은총을 베풀어 그들이 네 상에서 먹는 자 중에 참여하게 하라 내가 네 형 압살롬의 낯을 피하여 도망할 때에 그들이 내게 나왔느니라 8 바후림 베냐민 사람 게라의 아들 시므이가 너와 함께 있나니 그는 내가 마하나임으로 갈 때에 악독한 말로 나를 저주하였느니라 그러나 그가 요단에 내려와서 나를 영접하므로 내가 여호와를 두고 맹세하여 이르기를 내가 칼로 너를 죽이지 아니하리라 하였노라 9 그러나 그를 무죄한 자로 여기지 말지어다 너는 지혜 있는 사람이므로 그에게 행할 일을 알지니 그의 백발이 피 가운데 스올에 내려가게 하라 10 다윗이 그의 조상들과 함께 누워 다윗 성에 장사되니 11 다윗이 이스라엘 왕이 된 지 사십 년이라 헤브론에서 칠 년 동안 다스렸고 예루살렘에서 삼십삼 년 동안 다스렸더라 12 솔로몬이 그의 아버지 다윗의 왕위에 앉으니 그의 나라가 심히 견고하니라

다윗의 조치

사건, 사고

한때 사람들은 성경을 의심했습니다. 성경에 기록된 사건들에 대해 실제 사건이기 보다는 신화적으로 조작되었거나, 현실적 사건이기 보다는 신앙적으로 해석되었다고 주장했습니다. 이런 주장이 발생한 이유는 성경을 문자 그대로 납득할 수 없었기 때문입니다. 구약에서 대표적 예는 광야에서 40년간 만나가 내린 사건, 반석을 명하여 물을 낸 사건, 기름을 부었는데 준비한 그릇에 다 찰 때까지 멈추지 않은 사건들이 있고 신약에서 대표적 예는 오병이어 사건, 서너 번 등장하는 죽은 사람이 살아나는 사건, 예수님이 바다를 걷는 사건들이 있습니다. 이런 사건들에 대해 납득하기 힘든 이유는 '기준'이 인간에게 있기 때문입니다. 이 사건들을 행한 주체가 하나님이라는 사실을 인식하지 못하기 때문입니다. 사람의 관점, 사람의 기준에서는 당연히 행할 수도 없고 이해할 수도 없습니다. 인간에게 없는 개념이요 능력이기 때문입니다. 그러나 하나님의 관점, 하나님의 기준에서는 너무나 쉬운 것입니다. 하나님은 이런 것을 기적이나 이적이라고 표현하지도 않습니다. 사람들은 자기가 이해하지 못하면 그런 일을 불가능하다고 말하거나, 그런 기록은 모두 조작이라고 말합니다. 그것 밖에는 할 말이 없습니다.

이때 기독교가 정말 대응을 잘해야 합니다. 제가 말씀드린 것처럼 '하나님이 하셨다'고 말해야 합니다. 그런데 세상 사람들이 성경을 의심하자 기독교에서는 성경이 역사적 사실임을 증명하려고 다방면으로 노력했습니다. 진화론이 생겨나자 창조과학으로 방어했고, 역사성이 의심받자 고고학으로 증명하려고 했습니다. 결과적으로 모두 실패했습니다. 성경의 내용이 틀린 것이 아니라 성경을 과학적으로 입증하려고 했던 기독교의 시도가 실패했습니다. 기독교가 하나님을 너무 모르고 성경을 너무 모릅니다.

만약 사람들이 요구하는 방식대로 하나님이나 성경이 증명되면 사람들이 믿을까요? 아닙니다. 사람들은 믿지 않습니다. 만약 사람들이 요구하는 방식대로 증명하지 못하면 기독교가 망할까요? 아닙니다. 기독교는 망하지 않습니다. 하나님은 사람들에게 이적과 표적을 통해 하나님의 하나님되심을 증명하려고 하지 않았습니다. 단지 하나님이 은혜를 주셨고, 하나님의 은혜를 받은 사람이 하나님을 깨닫게 되는 것입니다. 안타깝게도 세상 사람들도 여전히 이적과 표적을 요구하고 있고, 성도들도 여전히 이적과 표적으로 증명하고 싶어 합니다.

작은 정보들

그런데 어이없는 것은 기독교가 성경 내용의 사실성을 강조하려고 노력하면서도 정작 성경의 내용을 별로 알지도 못하고 알려고 하지도 않는다는 사실입니다. 성경의 내용을 알면 성경의 이해가 아주 풍성해 질 수 있습니다. 성경에는 '뭐 이런 것을 기록해 놓았나?'라고 여길만한 사소한 이야기들이 있습니다. 평상시에는 전혀 신경쓰지 않는데 정작 사건들을 이해하려고 할 때 아주 요긴하게 사용할 수 있는 정보 또는 힌트들이 되는 경우가 많습니다. 사람의 일생에 대해서 나이와 연관된 것을 몇 가지만 확인해 보겠습니다. 아브람이 하나님의 부르심을 받고 약속을 받은 것은 칠십 오세였고 실제로 아들을 얻은 것은 백세입니다. 그러므로 아브람이 창세기 15장에서 아들이 생기지 않는 것에 대해 하나님께 불평을 한 것이 어느 정도 이해가 됩니다. 아마 모든 사람이 아들이 생긴다는 약속을 받았으면 곧 이루어질 것으로 기대했을 것입니다. 그런데 수년, 더 나아가 십 수 년이 지나도 아들이 생기지 않자 하나님께 불평을 했습니다. 아브람이 단지 부정적인 사람이거나 의심이 많은 사람이거나 약속을 믿지 못한 사람이기보다는 불평을 할만 했다고 이해할 수 있습니다.

이삭은 아브라함의 나이 백세에 태어났습니다. 이삭이 사십 세에 결혼을 하는데 그 후에 아버지 아브라함이 후처를 얻습니다. 아브라함은 백사십 세인데 아들과 아버지가 모두 부인을 얻고 자식을 낳은 진기한 사건입니다. 이삭이 결혼하고 이십 년 후인 육십 세에 에서와 야곱을 낳을 때 아브라함이 백육십 세 할아버지로 손자들의 재롱을 십오 년 정도 보다가 백칠십오 세에 죽습니다. 이삭의 쌍둥이 아들 중에 큰 아들 에서는 이삭의 나이 백 세, 에서의 나이 사십 세에 결혼을 하는데 야곱은 팥죽 사건으로 외삼촌 집으로 갈 때 나이가 칠십칠 세인데 그때까지 미혼입니다. 팥죽 사건 때 이삭이 눈이 어두웠다고 했는데 그때 이삭의 나이가 백삼십삼 세였습니다. 야곱이 외삼촌 집에서 산 기간이 적어도 이십년 이상인데 다시 고향 집으로 돌아왔을 때 아버지 이삭이 아직 살아있습니다. 결국 이삭이 백팔십 세에 죽었으니 에서의 부인이 시아버지의 병수발을 적어도 오십 년간 했습니다. 착한 며느리 상이라도 주어야 합니다.

이삭이 죽었을 때 야곱이 백이십 세였고, 야곱이 기근으로 인해 요셉이 총리로 있는 애굽으로 옮겨간 것이 백삼십 세 되었을 때입니다. 야곱의 생애를 돌아보면 결혼을 못한 노총각으로 오래 살았고, 외삼촌 집으로 옮겨간 후에 결혼하는 과정이 순탄치 않았고, 열심히 일했지만 외삼촌이 품삯을 열 번이나 속였고, 외삼촌 집으로 떠날 때 어머니를 보고 그 이후로는 어머니를 보지 못했으며, 또 늙어서는 아예 타국으로 이주를 했으니 야곱이 애굽의 바로 왕을 만났을 때 자신의 삶이 험악한 세월이라고 표현한 것이 이해가 됩니다. 그렇게 애굽에서 십칠 년 정도를 살다가 백사십칠 세에 세상을 떠납니다. 요셉은 형들에 의해 팔려간 것이 십칠 세였고, 애굽의 총리가 된 것이 삼십 세였고, 죽은 것이 백십 세였으니 자그마치 팔십 년을 애굽의 고위인사로 있었습니다. 아마 최장수 총리였을 것으로 생각됩니다. 재미있지요?

열왕기상 1장 1절은 "다윗 왕이 나이가 많아 늙으니"로 시작하는데 혹시 몇 살인지 아십니까? 2장 1절은 "다윗이 죽을 날이 임박하매"이고 10절은

"다윗이 그의 조상들과 함께 누어 다윗 성에 장사되니"라고 나오는데 이때가 몇 살인지 아십니까? 성경에 다윗이 처음 등장하는 것이 사무엘에게 기름부음을 받을 때인데 몇 살인지 모릅니다. 사무엘하 5장 4절을 보면 "다윗이 나이가 삼십 세에 왕위에 올라 사십 년 동안 다스렸으되 헤브론에서 칠 년 육 개월 동안 유다를 다스렸고 예루살렘에서 삼십삼 년 동안 온 이스라엘과 유다를 다스렸더라"고 나옵니다. 그리고 다윗은 칠십 세에 죽었으니, 열왕기상 1장과 2장의 다윗은 육십구 세 내지 칠십 세일 것입니다. 아브라함이나 이삭, 야곱, 요셉 등은 모두 백 세 이상을 살았으니 조상들과 비교하면 비교적 단명하였고, 우리나라 조선시대 왕들의 평균 수명이 사십오 세 정도였으니 그들보다는 조금 오래 살았고, 오늘날의 남자들의 평균연령이 팔십 세쯤 되니까 조금 일찍 죽은 경우가 될 것 같습니다. 여하튼 열왕기상 2장의 다윗은 칠십 세 어르신입니다.

사람의 배경

다윗의 통치 말년에 레임덕이 심각했습니다. 넷째 아들 아도니야의 세력과 열 번째 아들 솔로몬의 세력 간에 권력다툼이 있었습니다. 1장에 의하면 다윗은 솔로몬에게 왕권을 물려주기로 약속을 한 것 같습니다. 다만 공개적인 발표가 아니라 최측근 몇 사람에게만 말한 비밀이었던 것 같습니다. 아도니야가 자신이 왕위를 물려받을 것으로 기대했다는 사실과, 나단이 아도니야의 행동을 정당하게 막지 못하고 다윗도 아닌 밧세바에게 먼저 달려가서 밧세바를 다윗에게 나아가게 하는 일련의 과정을 볼 때에 다윗의 약속은 왕의 권위에 근거한 공포가 아니었던 것이 분명합니다. 다윗도 나단도 밧세바도 어느 누구도 하나님이 솔로몬을 왕으로 선택했다는 언급을 일체 하지 않습니다. 다윗조차도 하나님이 솔로몬을 선택했다고 말하지 않고 도리어 자신이 여호와를 두고 솔로몬을 왕으로 세우기로 맹세하였다고 말할 뿐입니다. 왕이라고, 특히 다윗의 아들이라고 너무 쉽게 '하나님이 세우셨다'고 말하는 것은 성경의 근거가 없는 개인적 의견을 성경의 내용으로 착각하는 것입니다.

혹시 너무 당연해서 기록을 안 했을 뿐 하나님께서 솔로몬을 왕으로 선택하셨을 수도 있지 않느냐고 질문할 수 있습니다. 예, 그럴 수도 있습니다. 만약 그렇다면 왜 다른 아들이 아니라 솔로몬이었을까요? 정답은 '그냥'입니다. 굳이 설명을 요구하신다면 '다른 아들들보다 상황적으로 입지가 적었기 때문'이라고 말할 수 있습니다. 또 다른 표현으로 하면 솔로몬의 경우는 하나님을 언급하지 않으면 아무 말도 할 것이 없다는 의미이기도 합니다. 성경의 의도는 언제나 동일합니다. 하나님이 하시면 누구라도, 무엇이라도 가능하다는 것을 강조합니다. 그래서 사건이 전개되는 과정을 통해 사람들로 하여금 하나님을 알도록 계시합니다. 당연히 결론이 '하나님'으로 나야 합니다. 절대로 '위대한 성군 다윗, 이상적 왕으로서의 다윗'이라는 표현이 등장하면 안 됩니다. 솔로몬도 마찬가지입니다. '지혜의 왕 솔로몬, 평화의 왕 솔로몬'이라는 표현이 등장하면 안 됩니다.

그래서 다윗과 솔로몬의 등장이 아주 재미있습니다. 다윗과 솔로몬이 과연 어떤 인물이었는가? 과연 왕다운 기품이 있고, 어린 시절부터 왕이 될 만한 자질이 보였는가? 이런 면에서 다윗과 솔로몬을 관찰하면 일체의 흔적이 없고 힌트가 없습니다. 이것이 성경의 패턴입니다. 가끔 힌트를 주는 경우가 있습니다. 등장인물에 대한 약간의 정보를 주는 경우가 있습니다. 하지만 그런 경우는 긍정적인 면보다는 부정적인 면이 많습니다. 대표적인 경우가 모세와 사무엘입니다. 모세의 경우 왕궁 사십 년과 광야 사십 년의 편린들이 등장합니다. 그런데 그 모습 중에 하나님을 섬기는 장면이 전혀 없습니다. 왕궁에서는 자신의 젊음과 권력을 과시하는 장면이 등장하고 상대적으로 광야에서는 자신의 가장 큰 무기였던 젊음과 권력을 상실한 무기력한 모습이 등장하고, 게다가 이방 제사장의 사위로 전락되어 있는 모습이 등장합니다. 여러분은 이런 장면들을 통해서 이 사람이 이스라엘을 출애굽시키는 주역이 될 만한 자질을 발견하실 수 있습니까? 사무엘도 마찬가지입니다. 한나가 기도로 얻은 아들이라는 이야기에 너무 감동받으시면 안 됩니다. 엄밀하게 말하면 한나가 질투해서 얻은 아들이고, 아버지 엘가나와 어머니 한나의 모습이 썩 모범적이지 않았고, 사무엘이 성장한 여호와의 전의 모습은 과연 사무엘이 건강하게 자랐는지 확신할 수 없게 만듭니다.

솔로몬의 모습

열왕기상이 총 스무 두 장인데 솔로몬에 관한 내용이 1장부터 11장까지입니다. 학자들은 열왕기상 1장부터 11장까지 나오는 솔로몬의 모습을 보고 매우 당황합니다. 어떤 분은 '지킬 박사와 하이드'의 원조라고도 했습니다. 왜냐하면 왕정 초기의 솔로몬과 왕정 후기의 솔로몬이 너무나 대조적이라고 생각하기 때문입니다. 3장에서 하나님께 지혜를 구하고 5장부터 성전을 건축하고 8장에서 하나님께 성전 봉헌기도를 거창하게 하고 10장에서 주변에 지혜를 자랑하는데 갑자기 11장에서 솔로몬의 극악한 타락의 모습이 나오고 죽어버립니다. 그래서 사람들이 솔로몬의 실체에 대해 감을 잡지 못합니다. 기록된 대로라면 초기에는 신실한 신앙이었으나 후기에는 이방여인들을 끌어들인 결과로 타락했다고 생각하는데 이런 생각이 착각입니다. 성경이 솔로몬의 생애를 대조적으로 보여주는 것이 아니라 성경의 묘사를 사람들이 대조라고 오해하고 있습니다.

여기서 성경의 패턴을 생각해 보시기 바랍니다. 성경의 특정한 사건을 근거로 전체를 왜곡하지 말고 가능한 다양한 경우를 근거로 특정한 사건을 바르게 이해해야 합니다. 앞에서 설명 드린 것과 같이 하나님께 부름 받은 사람은 특별한 자질과 능력이 있는 것이 아닙니다. 그래서 부족하고 연약할 뿐 믿음직하고 신실한 모습이 없습니다. 그런 인물을 하나님이 도와주셔서 그 사람이 변화됩니다. 저와 여러분이 기억하는 성경인물의 신앙적인 모습, 믿음직한 모습, 충성스런 모습은 그 사람의 원래 모습이나 그 사람이 노력하여 성취한 것이 절대로 아닙니다. 오직 하나님이 일하시고, 하나님이 도우시고, 하나님이 역사하시어 만들어낸 하나님의 사역의 열매, 하나님의 수고의 결실입니다. 혹시 그 사람이 나중에 변하거나 타락하면 그것은 그 사람이 하나님의 은혜를 잊은 것이요 하나님을 떠난 것입니다. 정리하면 하나님께서 부족한 사람을 불러서 은혜를 주시고 복을 주셨는데, 은혜를 받고 복을 받은 그 사람이 교만해져서 하나님을 멀리했고 그 결과 받은 복을 차버리고 곤고한 상황에 빠지게 된 것입니다.

반대의 경우는 없습니다. 즉 어떤 사람이 처음에 너무 신실해서 당연히 하나님께 상을 받았는데, 나중에는 한두 가지 실수를 했고 그러자 하나님께서 크게 진노하여 저주하셔서 망하게 된 경우는 없습니다. 하나님 때문에 부족한 인간이 도움을 받은 경우는 있지만, 잘난 인간이 하나님 때문에 망한 경우는 절대로 없습니다. 하나님은 오직 인간을 도우시는 분이시지 절대로 인간의 삶을 해코지 하시는 분이 아니기 때문입니다. 열왕기상 1장부터 솔로몬이 왕으로 등극하는 과정을 살펴보면서 솔로몬이 어려서부터 왕이 될 만한 그릇이었다거나, 하나님께서 솔로몬을 왕으로 세웠다거나, 솔로몬이 왕이 된 후 신실하게 하나님을 섬겼다고 생각하는 것이 오해라는 것을 밝혀가고 있습니다. 다윗이 등장하고 나단 선지자가 등장한다고 그들의 행위가 모두 정당하다고 생각하는 것이 오해라는 것을 확인하고 있습니다. 실상은 두 아들의 권력암투 중에 다윗이 비정상적으로, 비공식적으로, 비신앙적으로, 지극히 편파적으로 행동하고 있으며 솔로몬은 혼란가운데 졸지에 온 나라의 왕이 아니라 한쪽 세력에 의해 왕이 되었습니다.

다윗의 언변

2장 12절까지는 솔로몬보다는 다윗의 행동이 많이 나옵니다. 솔로몬이 왕이 되는 과정에는 다윗의 공로가 컸습니다. 다윗이 직접 '내가' 왕으로 세운다고 강조했습니다. 2장 1절로 9절에는 다윗이 새로 왕이 된 솔로몬에게 마지막으로 유언을 남기는 장면이 나옵니다. 물론 많은 분들이 여기에서도 오해를 하십니다. 하나님에 관한 말만 나오면 무조건 좋은 말이라고 생각하는 습관이 작동합니다. 그러나 다윗이 정치가임을 생각하셔야 합니다. 예를 들어, 이사를 하면 부동산 중개소를 통해 임대인과 임차인이 만나게 됩니다. 임대인쪽과 임차인쪽의 부동산 중개인이 만나서 대화를 하는데 부동산 중개인은 부동산을 소개하는 사람이며 동시에 장사하는 사람입니다. 두 사람의 말이 극과 극입니다. 서로 자기 쪽 고객의 편을 들어주기 위해서 동일한 장면에 대해 이해가 다르고 설명이 다릅니다. 중개인의 입장에서는 진실이 중요한 것이 아니라 이익이 중요하기 때문입니다.

너무나 당연한 이야기를 성경을 읽을 때에는 잊어버립니다. 다윗은 정치가입니다. 물론 시작은 목동이었습니다. 어느 날 우연히 전쟁에 참여했다가 골리앗을 무찌른 이후에는 정치의 길에 들어서게 되었습니다. 정치 여정이 결코 탄탄대로가 아니었습니다. 전쟁에서 이기고 돌아온 것이 화근이었고, 사울의 아들 요나단과 친하게 지낸 것이 화근이었고, 사울의 딸 미갈과 결혼한 것이 화근이었습니다. 결국 수년 동안 국내와 해외로 도피생활을 했고 그 와중에 환난 당한 모든 자와 빚진 모든 자와 마음이 원통한 자들과 어울려 다녔고, 마침내 왕이 되었지만 온 이스라엘의 왕이 아니라 헤브론이라는 작은 지역에서 열두 지파 중에 유다 지파만의 아주 하찮은 왕이 되었습니다. 왕으로 기름부음을 받지도 않은 사울의 아들 이스보셋이 왕이 된 것과 비교할 때 기름부음을 받은 자신의 모습이 너무도 왜소하고 초라해 보였을 것입니다.

결국에는 예루살렘에서 온 이스라엘을 통치하는 왕이 되었습니다. 시작은 미약하였으나 나중은 창대하여져서 가나안 지역에 최초로 강력한 통일 국가를 건설하고 왕이 된 것입니다. 이렇게 어렵게 어렵게 왕이 된 사람의 경우는 왕이 된 이후에도 아주 겸손하게 통치하는 왕이 있고, 반대로 그 동안의 서러움을 보상이라도 받으려는 듯 아주 호의호식하며 왕권을 남용하고 왕권에 집착하는 왕이 있는데 아마도 다윗은 후자였던 것 같습니다. 분명히 하나님의 은혜로 왕이 되었음에도 불구하고 하나님의 말씀을 모두 불순종하고 하나님의 말씀과는 정반대로 많은 부인과 은금과 말을 많이 두었습니다. 이런 말씀을 드리는 이유는 다윗의 정치 여정을 알고 계셔야 열왕기상 2장에 나오는 다윗의 말이 얼마나 정치적인지를 분별할 수 있기 때문입니다.

2절 이하를 보시면 "내가 이제 세상 모든 사람이 가는 길로 가게 되었노니 너는 힘써 대장부가 되고 네 하나님 여호와의 명령을 지켜 그 길로 행하여 그 법률과 계명과 율례와 증거를 모세의 율법에 기록된 대로 지키라 그리하면 네가 무엇을 하든지 어디로 가든지 형통할지라 여호와께서 내 일에 대하여 말씀하시기를 만일 네 자손들이 그들의 길을 삼가 마음을 다하고 성품을 다하여 진실히 내 앞에서 행하면 이스라엘 왕위에 오를 사람이 네게서 끊어지지 아니하리라 하신 말씀을 확실히 이루게 하시리라"입니다. 여기서 은혜 받으시면 안 됩니다. 여기서 감동받으시면 안 됩니다. 여기서 과연 다윗은 신실하다고 생각하시면 안 됩니다.

우선 4절은 하나님이 하신 말씀이 맞습니다. 하나님이 그렇게 말씀하셨습니다. 다윗은 4절까지만 말했어야 합니다. 그랬으면 다윗이 말년에 비록 인구조사를 해서 하나님을 의지하지 않는 듯한 모습을 보였을지라도 그 사건을 통해 하나님을 의지하는 사람으로 돌아섰다고 인정받을 수 있었고, 솔로몬을 왕으로 세우는 과정에 '내가 세우리라'고 말했을지라도 아마도 하나님께서 다윗에게 은밀하게 솔로몬을 세우라고 말씀하셨을 것이라고 이해해 줄 수도 있었을 것입니다. 그런데 다윗은 일단 2절로 4절을 말해 놓고 실제적으로는 더 길게 5절부터 9절을 말했습니다. 다윗의 핵심, 다윗의 강조점은 2절로 4절이 아니라 5절로 9절이었습니다. 다윗이 2절로 4절을 말한 것은 자기에게 유리한 말, 자기에게 필요한 말, 자기에게 좋은 말이 있었기 때문입니다. 또 이렇게 말하는 것이 정치적 연설의 순서입니다. 정치적 연설에는 자기가 하고 싶은 말을 절대로 먼저 말하면 안 됩니다. 핵심이 쉽게 드러나면 안 되고, 강조점이 너무 빨리 드러나도 안 됩니다. 앞에는 의례적인 말을 던져놓고, 뒤에서 자기의 의도를 은근하게 표현해야 합니다.

다윗의 논리

5절로 9절은 세상에서 말하는 '인과응보'의 논리 또는 '논공행상'의 논리입니다. 행한 대로 갚아주어야 한다는 논리로 다윗은 자신의 주장이 마땅하다고 말합니다. 먼저 징계를 주어야 할 대상은 5절과 6절의 요압입니다. "스루야의 아들 요압이 내게 행한 일 곧 이스라엘 군대의 두 사령관 넬의 아들 아브넬과 예델의 아들 아마사에게 행한 일을 네가 알거니와 그가 그들을 죽여 태평 시대에 전쟁의 피를 흘리고 전쟁의 피를 자기의 허리에 띤 띠와 발에 신은 신에 묻혔느니 네 지혜대로 행하여 그의 백발이 평안히 스올에 내려가지 못하게 하라"입니다. 요압의 행위와 요압과 다윗의 관계에 대해서는 지난 주 설교에서 설명을 드렸습니다. 두 번째 징계의 대상은 8절로 9절의 시므이입니다. "바후림 베냐민 사람 게라의 아들 시므이가 너와 함께 있나니 그는 내가 마하나임으로 갈 때에 악독한 말로 나를 저주하였느니라 그러나 그가 요단에 내려와서 나를 영접하므로 내가 여호와를 두고 맹세하여 이르기를 내가 칼로 너를 죽이지 아니하리라 하였노라 그러나 그를 무죄한 자로 여기지 말지어다 너는 지혜 있는 사람이므로 그에게 행할 일을 알지니 그의 백발이 피 가운데 스올에 내려가게 하라"입니다.

　얼핏 보면 다윗의 주장이 일리가 있습니다. 그러나 다윗은 이러한 주장을 절대로 내세울 수 없는 사람입니다. 왜냐하면 다윗의 논리대로 행한다면 가장 먼저 죽어야 할 사람이 다윗이기 때문입니다. 특히나 왕이 된 이후에 다윗이 행한 행동은 비논리적이며 비윤리적인 경우가 허다했습니다. 남의 가정을 파괴한 것도 밝혀진 것만 두 번입니다. 하나는 유명한 밧세바 사건으로 자신의 탐욕으로 인해 무죄한 장수 우리아를 죽였습니다. 또 하나는 미갈 사건입니다. 다윗이 사울을 피해 도망감으로 미갈이 버림을 받았고, 그래서 미갈은 발디엘과 재혼을 했습니다. 그런데 다윗이 헤브론에서 왕이 된 후에 가장 먼저 한 조치가 사울의 딸 미갈을 데려오는 것이었습니다. 미갈을 데려와야 자기가 사울의 사위가 되어 왕의 정통성을 인정받을 수 있을 것으로 생각했습니다. 그래서 재가하여 잘 살고 있는 무죄한 가정을 파탄냈고, 더 고약한 것은 그렇게 데려온 미갈을 전혀 가까이 하지 않았다는 사실입니다. 그래서 미갈은 아이가 없습니다. 한 여인의 삶을 이렇게 송두리째 망쳐놓은 고약한 행동이었습니다.

　또 다윗 자신이 얼마나 비논리적으로 행동했는지를 보여주는 사건이 자신의 자식들 즉 암논과 다말 사건입니다. 이복 남매간에 벌어진 불의한 일입니다. 다말의 말에 의하면 '이런 일은 이스라엘에서 행하지 못할 것'이었습니다. 그런데 다윗은 그 사건에 대해 어떤 조치도 취하지 않았습니다. 아버지요 왕인 다윗의 조치를 기다리다 지친 압살롬이 대신 암논을 죽여 버렸는데, 이때에도 다윗은 압살롬에 대해 어떤 조치도 취하지 않았습니다. 다윗의 행동에서 정의, 법률, 계명, 율례를 찾아볼 수 없습니다. 마땅한 행동을 기대할 수 없습니다. 그런 다윗이 지금 새로운 왕이 된 아들에게 '행한 대로 갚으라'고 말하고, '마땅히' 행하라고 부탁하고 있습니다. 전혀 정당성이 없습니다.

　반대로 상을 주어야 하는 사람은 7절의 바르실래의 아들들입니다. "마

땅히 길르앗 바르실래의 아들들에게 은총을 베풀어 그들이 네 상에서 먹는
자 중에 참여하게 하라 내가 네 형 압살롬의 낯을 피하여 도망할 때에 그들
이 내게 나왔느니라”입니다. 지극히 개인적인 주장입니다. 자고로 정치인
들에게 공사를 구분하여 행동할 것이나, 사사로이 행동하지 말 것을 기대
하는 것이 얼마나 어리석은 일인지를 이미 삼천년 전에 다윗이 보여주고
있습니다.

네 지혜대로 행하여

열왕기상 2장의 다윗의 마지막 유언, 아들 솔로몬 또는 새로운 왕 솔로몬
에게 선대 왕으로서 남기는 마지막 말속에서 과연 다윗이 그동안 어떤 마
음으로 왕 노릇을 해왔으며, 과연 솔로몬이 장차 어떤 마음으로 왕 노릇을
할 것인지에 대한 힌트가 담겨있습니다. 다윗이 왕이 되기까지는 하나님의
은혜였고, 왕이 된 이후의 다윗의 행동이 다윗의 본 모습입니다. 다윗의 유
언의 가장 핵심적인 내용은 다윗의 말 중에 두 번 반복되는 표현입니다. 6
절 “네 지혜대로 행하여”와 9절 “너는 지혜 있는 사람이므로”입니다. 솔로
몬의 어린 시절에 대한 설명이 없지만 이런 구절에 근거할 때 솔로몬은 지
혜가 탁월했던 것 같습니다. 왕권계승 서열에서 한참 뒤에 있는 솔로몬이
서열을 무시하고 다윗의 눈에 들 때에는 나름의 이유가 있었을 것인데 아
마도 솔로몬의 지혜였던 것 같습니다.

다윗이 솔로몬에게 거듭 강조하여 ‘지혜대로 행할 것’을 언급하는 것은
다윗 자신도 왕으로서 가장 중요한 덕목을 ‘지혜’라고 생각하고 있다는 증
거입니다. 단지 솔로몬에게 지혜롭게 행할 것을 기대하는 것이 아니라 지
금 다윗 자신도 지혜롭게 행하고 있는 것입니다. 이스라엘의 왕이 될 사람
에 대해 ‘하나님이 세우실 것이다’, ‘누구라도 하나님이 도우시는 자가 왕
이 될 것이다’라고 말하지 않고 본인이 ‘내가 세우리라’고 한 것이 다윗의
입장에서는 지혜롭게 행동하는 것입니다. 비록 본인은 하나님에 의해 기름

부음을 받았지만 말년에 생각해보니 기름부음을 받은 것이 순탄한 행로를 보장한 것이 아니었고, 탄탄대로가 열린 것이 아니었습니다. 기름부음이 없었던 이스보셋이 한 때는 자기보다 더 큰 나라를 이루었고, 기름부음을 받은 자기는 왕이 되기까지 정말 많은 어려움과 난관이 있었습니다. 그래서 중요한 것은 기름부음이 아니며, 하나님이 아니라 정적을 제거하며 왕권이 안정될 수 있는 기반을 구축하고, 왕권을 지속할 수 있는 세력을 장악하는 것이라고 생각한 것입니다. 이것이 '왕은 지혜롭게 행해야 한다'는 결론에 도달한 것입니다.

일반적으로 사람은 나이가 들거나 죽을 때가 가까워지면 힘이 빠지고 그 동안 가졌던 집착을 내려놓게 됩니다. 주변에서 이런 모습을 많이 보셨을 것입니다. 그런데 이것은 '일반적인 경우'입니다. 즉 별 볼일 없는 사람들의 경우입니다. 왜냐하면 어차피 가지고 있는 것이 별로 없기에 그것을 놓아도 잃을 것이 별로 없기 때문에 내려놓는 것입니다. 결코 사람이 온순해지거나 욕심을 버려서가 아니라 계산해보니 남을 것이 없기 때문일 뿐입니다. 일반적이지 않은 경우 즉 특별한 경우, 돈이 많거나 권세가 많거나 여하튼 가진 것이 많은 사람은 아무리 나이가 들어도, 아무리 죽을 때가 가까워져도 절대로 힘을 빼지 않고 집착을 내려놓지 않습니다. 왜냐하면 그것을 내려놓는 순간 자신의 가치가 상실될 것을 알고 있기 때문입니다. 죄인이 나이가 든다고 죄성이 줄어들 것으로 착각하시면 안 됩니다. 사람 중에 대부분이 일반인들이기 때문에 사람들은 일반적인 경우만 알고 있고 특수한 경우를 잘 모릅니다. 본문에서는 특수한 경우 즉 왕의 권세와 위엄을 맛본 사람의 모습을 보여주고 있습니다.

성도의 삶

행여 성군 다윗에 대한 환상을 깨뜨린 것 같아 죄송합니다. 그러나 실제로는 다윗에 대한 허상을 깨뜨리고 그 동안 잊었던 하나님과 하나님의 말씀에 대한 경각심을 일깨운 것으로 이해해 주시기 바랍니다. 열왕기서를 강해할 때에 언제나 기억하고 계셔야 하는 결론을 이미 말씀드렸습니다. '인간은 실패했다'입니다. 하나님의 은혜를 받은 사람도 결국 하나님을 붙잡고 의지하는 것이 아니라 인간이 가질 수 있는 알량한 것을 의지한다는 사실입니다. 가장 대표적인 것이 힘 또는 세력이고 오늘 다윗이 강조하는 것이 지혜입니다. 저와 여러분은 앞으로 솔로몬이 어떻게 행동할 것인지를 다 예측할 수 있습니다. 과연 솔로몬이 지혜롭게 행동할까요? 그래서 솔로몬의 지혜로 말미암아 국태민안이 이루어질까요?

하나님은 아브라함을 부르시는 순간부터 지금까지 인간의 문제를 죄라고 선언하시고 죄를 이기기 위해서는 하나님을 알고 하나님의 말씀대로 살아야 한다고 가르치셨습니다. 이것 말고 다른 것이 없습니다. 그런데 사람들은 계속하여 다른 것을 말합니다. 다윗도 엉뚱한 것을 말했습니다. 하나님을 아는 것이 가장 지혜롭고, 하나님의 말씀대로 행하는 것이 안전하고, 하나님의 말씀대로 사는 것이 가장 형통합니다. 성경을 통해 하나님을 배우고 하나님의 뜻대로 행하여 하나님이 주신 분복을 풍성히 누리며 사는 성도의 삶이 되시기를 주님의 이름으로 축원합니다.

솔로몬의 손에

열왕기상 2:10~46

10 다윗이 그의 조상들과 함께 누워 다윗 성에 장사되니 11 다윗이 이스라엘 왕이 된 지 사십 년이라 헤브론에서 칠 년 동안 다스렸고 예루살렘에서 삼십삼 년 동안 다스렸더라 12 솔로몬이 그의 아버지 다윗의 왕위에 앉으니 그의 나라가 심히 견고하니라 13 학깃의 아들 아도니야가 솔로몬의 어머니 밧세바에게 나아온지라 밧세바가 이르되 네가 화평한 목적으로 왔느냐 대답하되 화평한 목적이니이다 14 또 이르되 내가 말씀드릴 일이 있나이다 밧세바가 이르되 말하라 15 그가 이르되 당신도 아시는 바이거니와 이 왕위는 내 것이었고 온 이스라엘은 다 얼굴을 내게로 향하여 왕으로 삼으려 하였는데 그 왕권이 돌아가 내 아우의 것이 되었음은 여호와께로 말미암음이니이다 16 이제 내가 한 가지 소원을 당신에게 구하오니 내 청을 거절하지 마옵소서 밧세바가 이르되 말하라 17 그가 이르되 청하건대 솔로몬 왕에게 말씀하여 그가 수넴 여자 아비삭을 내게 주어 아내를 삼게 하소서 왕이 당신의 청을 거절하지 아니하리이다 18 밧세바가 이르되 좋다 내가 너를 위하여 왕께 말하리라 19 밧세바가 이에 아도니야를 위하여 말하려고 솔로몬 왕에게 이르니 왕이 일어나 영접하여 절한 후에 다시 왕좌에 앉고 그의 어머니를 위하여 자리를 베푸니 그가 그의 오른쪽에 앉는지라 20 밧세바가 이르되 내가 한 가지 작은 일로 왕께 구하오니 내 청을 거절하지 마소서 왕이 대답하되 내 어머니여 구하소서 내가 어머니의 청을 거절하지 아니하리이다 21 이르되 청하건대 수넴 여자 아비삭을 아도니야에게 주어 아내로 삼게 하소서 22 솔로몬 왕이 그의 어머니에게 대답하여 이르되 어찌하여 아도니야를 위하여 수넴 여자 아비삭을 구하시나이까 그는 나의 형이오니 그를 위하여 왕권도 구하옵소서 그뿐 아니라 제사장 아비아달과 스루야의 아들 요압을 위해서도 구하옵소서 하고 23 여호와를 두고 맹세하여 이르되 아도니야가 이런 말을 하였은즉 그의 생명을 잃지 아니하면 하나님은 내게 벌 위에 벌을 내리심이 마땅하니이다 24 그러므로 이제 나를 세워 내 아버지 다윗의 왕위에 오르게 하시고 허락하신 말씀대로 나를 위하여 집을 세우신 여호와께서 살아 계심을 두고 맹세하노니 아도니야는 오늘 죽임을

당하리라 하고 25 여호야다의 아들 브나야를 보내매 그가 아도니야를 쳐서 죽였더라 26 왕이 제사장 아비아달에게 이르되 네 고향 아나돗으로 가라 너는 마땅히 죽을 자이로되 네가 내 아버지 다윗 앞에서 주 여호와의 궤를 메었고 또 내 아버지가 모든 환난을 받을 때에 너도 환난을 받았은즉 내가 오늘 너를 죽이지 아니하노라 하고 27 아비아달을 쫓아내어 여호와의 제사장 직분을 파면하니 여호와께서 실로에서 엘리의 집에 대하여 하신 말씀을 응하게 함이더라 28 그 소문이 요압에게 들리매 그가 여호와의 장막으로 도망하여 제단 뿔을 잡으니 이는 그가 다윗을 떠나 압살롬을 따르지 아니하였으나 아도니야를 따랐음이더라 29 어떤 사람이 솔로몬 왕에게 아뢰되 요압이 여호와의 장막으로 도망하여 제단 곁에 있나이다 솔로몬이 여호야다의 아들 브나야를 보내며 이르되 너는 가서 그를 치라 30 브나야가 여호와의 장막에 이르러 그에게 이르되 왕께서 나오라 하시느니라 그가 대답하되 아니라 내가 여기서 죽겠노라 브나야가 돌아가서 왕께 아뢰어 이르되 요압이 이리이리 내게 대답하더이다 31 왕이 이르되 그의 말과 같이 하여 그를 죽여 묻으라 요압이 까닭 없이 흘린 피를 나와 내 아버지의 집에서 네가 제하리라 32 여호와께서 요압의 피를 그의 머리로 돌려보내실 것은 그가 자기보다 의롭고 선한 두 사람을 쳤음이니 곧 이스라엘 군사령관 넬의 아들 아브넬과 유다 군사령관 예델의 아들 아마사를 칼로 죽였음이라 이 일을 내 아버지 다윗은 알지 못하셨나니 33 그들의 피는 영영히 요압의 머리와 그의 자손의 머리로 돌아갈지라도 다윗과 그의 자손과 그의 집과 그의 왕위에는 여호와께로 말미암는 평강이 영원히 있으리라 34 여호야다의 아들 브나야가 곧 올라가서 그를 쳐죽이매 그가 광야에 있는 자기의 집에 매장되니라 35 왕이 이에 여호야다의 아들 브나야를 요압을 대신하여 군사령관으로 삼고 또 제사장 사독으로 아비아달을 대신하게 하니라 36 왕이 사람을 보내어 시므이를 불러서 이르되 너는 예루살렘에서 너를 위하여 집을 짓고 거기서 살고 어디든지 나가지 말라 37 너는 분명히 알라 네가 나가서 기드론 시내를 건너는 날에는 반드시 죽임을 당하리니 네 피가 네 머리로 돌아가리라 38 시므이가 왕께 대답하되 이 말씀이 좋사오니 내 주 왕의 말씀대로 종이 그리 하겠나이다 하고 이에 날이 오래도록 예루살렘에 머무니라 39 삼 년 후에 시므이의 두 종이 가드 왕 마아가의 아들 아기스에게로 도망하여 간지라 어떤 사람이 시므이에게 말하여 이르되 당신의 종이 가드에 있나이다 40 시므이가 그 종을 찾으려고 일어나 그의 나귀에 안장을 지우고 가드로 가서 아기스에게 나아가 그의 종을 가드에서 데려왔더니 41 시므이가 예루살렘에서부터 가드에 갔다가 돌아온 일을 어떤 사람이 솔로몬에게 말한지라 42 왕이 사람을 보내어 시므이를 불러서 이르되 내가 너에게 여호와를 두고 맹세하게 하고 경고하여 이르기를 너는 분명히 알라 네가 밖으로 나가서 어디든지 가는 날에는 죽임을 당하리라 하지 아니하였느냐 너도 내게 말하기를 내가 들은 말씀이 좋으니이다 하였거늘 43 네가 어찌하여 여호와를 두고 한 맹세와 내가 네게 이른 명령을 지키지 아니하였느냐 44 왕이 또 시므이에게 이르되 네가 네 마음으로 아는 모든 악 곧 내 아버지에게 행한 바를 네가 스스로 아나니 여호와께서 네 악을 네 머리로 돌려보내시리라 45 그러나 솔로몬 왕은 복을 받고 다윗의 왕위는 영원히 여호와 앞에서 견고히 서리라 하고 46 여호야다의 아들 브나야에게 명령하매 그가 나가서 시므이를 치니 그가 죽은지라 이에 나라가 솔로몬의 손에 견고하여지니라

지혜의 사람

아도니야의 지혜

다윗 왕이 나이가 많아졌을 때 각 사람의 생각이 각각 달랐습니다. 왕자들은 왕자들 나름대로 생각이 달랐고, 장수들은 장수들 나름대로 생각이 달랐고, 제사장들은 제사장들 나름대로 생각이 달랐습니다. 세력은 아도니야와 솔로몬의 두 그룹으로 나뉘었고 일차 왕자의 전쟁은 솔로몬파의 승리로 끝이 났습니다. 이 장면에 하나님은 전혀 등장하지 않습니다. 그러므로 아도니야를 반역자로 생각하거나 솔로몬을 정통자로 생각하는 것은 모두 성경을 오해하는 것입니다. 다윗 왕도 하나님을 언급하지 않은 채 자신이 후계자를 지명한다고 선언하고, 제사장도 하나님을 언급하지 않은 채 양대 세력으로 나누어져 있고, 선지자도 하나님께 달려가는 대신 왕비에게 달려가서 모사를 꾸며대고 있습니다. 다윗이 솔로몬에게 왕권을 물려주면서 부탁하는 것이 '네 지혜대로 행하여'입니다. 하나님이 직접 나서지도 않고, 사람들 중에 하나님을 찾는 사람도 없으니 다윗이 죽고 솔로몬이 왕으로 등극하는 일련의 과정은 하나님과는 무관한, 단지 사람들 간의 권력투쟁일 뿐입니다.

다윗이 왕위 계승 서열을 무시하고 솔로몬을 선택한 것이 솔로몬의 지혜 때문이었고, 왕이 되는 솔로몬에게 '네 지혜대로 행할 것'을 부탁하였으니 이제 솔로몬의 이야기는 전적으로 지혜와 연관되어 전개가 될 것입니다. 물론 솔로몬의 지혜가 '무슨 지혜'인지, '어떤 차원의 지혜'인지는 점차 밝혀질 것입니다. 솔로몬의 지혜가 등장하는 첫 번째 장면이 열왕기상 2장입니다. 열왕기상 2장에는 두 사람의 지혜가 대결을 펼칩니다. 1차 왕자의 전쟁에서 패한 아도니야파가 왕권을 찬탈하기 위한 모략을 세우고 이에 대해

솔로몬파가 힘겹게 얻은 왕권을 지키기 위한 전략을 세웁니다. 이 지혜대결은 단지 누가 승리하는가만을 보여주는 것이 아니라 과연 얼마나 지혜로운가를 입증하여 줍니다.

먼저 아도니야의 지혜가 등장합니다. 이미 세력을 잃은 아도니야가 의지할 것은 딱 하나 정통성입니다. 밧세바를 찾아가서 하는 말 한마디 한마디에 의미가 팍팍 담겨있습니다. 2장 15절 "그가 이르되 당신도 아시는 바이거니와 이 왕위는 내 것이었고 온 이스라엘은 다 얼굴을 내게로 향하여 왕으로 삼으려 하였는데"입니다. 아도니야는 애시당초 '왕이 되리라'고 했던 향연이 반역을 시도한 것이 아니었으며, 백성의 신임을 받지 못한 자격없는 사람이 아니었음을 강력하게 표현합니다. 그러나 이미 솔로몬이 왕위에 올랐으니 일단은 받아들여야 합니다. 그래서 하는 말이 15절 중간에 "그 왕권이 돌아가 내 아우의 것이 되었음은 여호와께로 말미암음이니이다"입니다. 이 말 중에 '돌아가'는 '바뀌다, 변하다, 넘겨주다'라는 의미입니다. 원래는 자기의 것이었는데 바뀌었고, 원래는 자기가 차지해야 했는데 넘겨주었다는 것입니다. 솔로몬을 인정하는듯하면서도 가시가 담겨있고 억울함이 사무쳐있습니다. 자기의 무능함이나 세력이 약해서 당했다고 말하기가 싫기에 '여호와께로 말미암음이니이다'라고 둘러대고 있습니다.

그리고 은근히 속셈을 드러내는 것이 17절 "그가 이르되 청하건대 솔로몬 왕에게 말씀하여 그가 수넴 여자 아비삭을 내게 주어 아내를 삼게 하소서"입니다. 아비삭은 다윗의 말년에 신하들이 다윗에게 시중을 들라고 들여보낸 여인이었습니다. 이미 설명드린 대로 열왕기상 1장 1절로 4절은 건강상의 문제나 의료적인 처방이 아니었습니다. 아비삭은 단지 노인을 봉양하기 위한 시녀가 아니라 다윗의 첩으로 바쳐진 여인입니다. 그래서 아도니야는 단순하게 아비삭을 달라고 하지 않고 구체적으로 아비삭을 '아내로 삼게 해달라'고 요청합니다. 만약 아비삭을 아내로 얻게 되면 아도니야는 서열이 솔로몬보다 높아지게 됩니다. 그렇게 되면 왕권을 탈환할 수 있습니다. 어차피 솔로몬이 왕에 등극한 것도 하나님의 선택이나 기름부음이 아니라 왕의 결정에 의한 결과였기 때문에, 자신이 솔로몬보다 권세가 높아지면 높은 권세자의 결정으로 왕권을 가져올 수 있다는 생각입니다. 처음부터 하나님의 의도나 정해진 순서와 무관하게 진행된 사건이었기에 아도니야가 하나님께 구하거나 당위성을 통해서 일을 할 필요가 없다는 생각입니다. 아도니야로서는 매우 지혜로운 전략입니다.

솔로몬의 지혜

이제부터 솔로몬의 지혜가 등장합니다. 솔로몬은 아도니야의 속셈을 모두 알아차립니다. 열왕기상 2장 22절 "솔로몬이 그의 어머니에게 대답하여 이르되 어찌하여 아도니야를 위하여 수넴 여자 아비삭을 구하시니아까 그는 나의 형이오니 그를 위하여 왕권도 구하옵소서 그뿐 아니라 제사장 아비아달과 스루야의 아들 요압을 위해서도 구하옵소서"입니다. 열왕기상 1장에 의하면 솔로몬은 왕에 등극하였지만 아도니야를 비롯하여 제사장 아비아달이나 장군 요압 등 어느 한 사람도 죽이지 않았습니다. 그렇다면 아도니야가 아비삭을 달라고 요청한 것은 아비삭을 향한 개인적 연정이 아니라 왕권을 갖기 위한 시도이며, 당연히 아비아달이나 요압등과 재기를 모의하였을 것으로 생각하였습니다. 정확한 판단이요, 지혜로운 상황분석입니다.

솔로몬의 지혜는 상황을 판단하는 모습보다 이 상황을 처리하는 과정에서 더욱 극명하게 드러납니다. 솔로몬은 아버지 다윗이 살아있는 동안에는 아무도 죽이지 않았습니다. 아도니야는 아버지 다윗의 아들이요, 아비아달과 요압은 아버지 다윗과 오랜 세월을 함께한 동료였기 때문입니다. 만약 솔로몬이 아도니야나 아비아달이나 요압을 죽이면 아버지 다윗에 대한 반역으로 여겨지기 때문입니다. 왕위 계승 서열에서 나중이었던 솔로몬이 왕권을 차지하자마자 아버지의 동료들을 죽이면 스스로 반역을 입증하는 것일 뿐입니다. 그래서 기다렸고, 그것을 알고 있던 다윗이 죽으면서 선대 왕의 유언으로 살생부를 만들어주었고, 솔로몬은 살생부를 집행하는 것도 상대방이 자충수를 두도록 기다렸습니다. 드디어 아도니야가 솔로몬의 덫에 걸려들었고 이제 솔로몬은 정적들을 제거할 명분을 얻게 되었습니다. 이제부터 솔로몬은 정정당당히 반역자를 처단할 수 있게 되었고, 더 나아가 모든 행동을 '하나님의 이름으로' 시행합니다. 과연 지혜롭습니다. 그것이 23절로 24절 "여호와를 두고 맹세하여 이르되 아도니야가 이런 말을 하였은즉 그의 생명을 잃지 아니하면 하나님은 내게 벌 위에 벌을 내리심이 마땅하니이다 그러므로 이제 나를 세워 내 아버지 다윗의 왕위에 오르게 하시고 허락하신 말씀대로 나를 위하여 집을 세우신 여호와께서 살아 계심을 두고 맹세하노니 아도니야는 오늘 죽임을 당하리라 하고"입니다. 이 말이 얼마나 지혜로운지 이때로부터 오늘날까지 거의 모든 사람들이 솔로몬의 말과 행동이 모두 정당한 것으로 속고 있습니다.

솔로몬은 가장 먼저 아도니야를 죽입니다. 25절 "여호야다의 아들 브나야를 보내매 그가 아도니야를 쳐서 죽였더라"이고, 이후로 솔로몬의 정적을 제거하는 역할은 모두 브나야가 담당합니다. 브나야는 일종의 솔로몬의 살인청부를 담당한 요원입니다. 솔로몬은 아도니야의 행동을 개인적으로 보지 않았기에 아도니야를 죽이는 것으로 그치지 않고 아도니야의 세력들을 모두 제거합니다. 그래서 26절로 27절에 제사장 아비아달을 쫓아내고 여호와의 제사장 직분을 파면합니다. 그 다음이 28절로 34절에 다윗의 장수이던 요압의 제거입니다. 요압은 궁여지책으로 여호와의 장막으로 도망하는데 솔로몬은 이번에도 살인청부업자 브나야를 보내어 여호와의 장막에서 요압을 죽입니다. 물론 이번에도 정당한 명분을 내세웁니다. 그것이 31절 이하 "왕이 이르되 그의 말과 같이 하여 그를 죽여 묻으라 요압이 까닭없이 흘린 피를 나와 내 아버지의 집에서 제거하리라 여호와께서 요압의 피를 그의 머리로 돌려보내실 것은 그가 자기보다 의롭고 선한 두 사람을 쳤음이니”입니다.

이 사건을 읽는 분들이 모두 솔로몬의 말에 설득당합니다. 솔로몬이 정적을 제거하는 장면이 아니라 여호와의 뜻을 수행하는 것으로 받아들입니다. 참으로 지혜롭습니다. 35절 이하에 시므이를 죽이는 것은 솔로몬의 지혜를 보여주는 보너스입니다. 우선 솔로몬은 시므이를 죽이지 않고 살려 두었음을 강조합니다. 그것이 37절 “너는 분명히 알라 네가 나가서 기드론 시내를 건너는 날에는 반드시 죽임을 당하리니 네 피가 네 머리로 돌아가리라”이고 결과가 43절과 44절 “네가 어찌하여 여호와를 두고 한 맹세와 내게 네게 이른 명령을 지키지 아니하였느냐 왕이 또 시므이에게 이르되 네가 네 마음으로 아는 모든 악 곧 내 아버지에게 행한 바를 네가 스스로 아나니 여호와께서 네 악을 네 머리로 돌려보내시리라”입니다. 어디에도 솔로몬의 악행은 없고, 솔로몬의 모든 행동은 여호와의 뜻을 이루는 것으로 소개됩니다. 정말 지혜롭습니다. 드디어 아버지 다윗의 유언대로 모든 것이 이루어졌습니다. 과연 성경은 솔로몬의 왕권을 어떻게 평가할까요?

왕에 관하여

성경의 패턴

솔로몬이 왕으로 등극하는 과정을 바르게 분별하기 위해서는 성경에서 하나님이 사람을 세우시는 장면들을 점검해서 비교해야 합니다. 하나님은 사람이 없어도 모든 일을 다 하실 수 있습니다. 그러나 하나님이 행하시는 사역의 대상이 인간이기에 혼자 일을 하지 않고 사람을 통해서 일을 하십니다. 이때 하나님이 세우는 사람은 자격이나 능력이나 지혜나 재주가 있기에 선발되는 것이 아닙니다. 하나님의 일을 위해 준비된 사람이나, 하나님의 사역을 위해 헌신하고 충성된 모습을 갖춘 사람을 뽑는 것이 아닙니다. 성경 전체에서 하나님의 사역의 궁극적 목적은 죄인들에게 하나님을 알게 하는 것 즉 계시입니다. 하나님이 행하시는 일이 계시가 되기 위해서는 죄인들의 사고방식과는 달라야 합니다. 그래서 하나님은 철저하게 죄인들의 기대, 죄인들의 예상, 죄인들의 방식, 죄인들의 인식과 다르게 행하십니다. 가능한 죄인들의 생각에 가능성이 없는 사람, 죄인들의 생각에 가능성이 없는 사건, 죄인들의 생각에 가능성이 없는 방법을 사용하십니다. 왜냐하면 그래야 그 일을 행하신 분이 하나님이요, 하나님은 죄인들의 생각과 지혜와 능력을 넘어서는 분임을 알게 되기 때문입니다.

그래서 하나님이 세우신 사람들은 죄인들 중에 가장 그럴듯한, 딱 봐도 인재인 사람이 아니라 반대로 '저 사람이면 안 된다, 저 사람이라면 일말의 희망도 사라진다'고 느낄만한 사람이었습니다. 대표적으로 우상장수의 아들 아브라함, 살인자요 도망자인 모세, 전쟁터에서 전쟁과 무관한 여인 드보라, 소심하고 불신의 아이콘인 기드온, 한 나라의 왕이 되는 것과는 상관없이 생활한 목동 다윗 등이었습니다. 저와 여러분이 이런 사람들의 일면을 보는 순간, '아! 하나님이 하셨구나!'라는 고백이 나오게 되어있습니다. 더 나아가 '하나님이 하시면 저런 삼류들을 데리고도 모든 것을 이루어내실 수 있구나!'라고 하나님을 찬양하게 되어 있습니다. 이것이 하나님의 방법입니다. 성경을 읽으면서 절대로 놓치지 않아야 할 것이 바로 하나님의 목적입니다. 하나님은 인간의 문제를 죄라고 선언하셨기에, 죄를 이길 수 있도록 하나님을 알리는 계시가 주요 사역입니다. 하나님의 모든 사역의 최종 결론은 죄인들이 하나님을 아는 것입니다. 절대로 사역과 계시가 바뀌면 안 됩니다.

하나님께서 아브람에게 나타나셔서 아들을 주시겠다고 약속하셨을 때 중요한 것은 아들이 아닙니다. 아브람은 아들을 얻는 과정을 통해 하나님을 알아야 합니다. 하나님께서 모세에게 나타나셔서 이스라엘을 출애굽시켜 주시겠다고 약속하셨을 때 중요한 것은 이스라엘이 애굽에서 나오는 것이 아닙니다. 중요한 것은 출애굽의 전과정을 통해 이스라엘이 하나님을 배우는 것입니다. 하나님께서 여호수아에게 나타나셔서 가나안을 주시겠다고 약속하셨을 때 중요한 것은 이스라엘이 드디어 정착지를 얻는 것이 아닙니다. 중요한 것은 가나안 정복의 과정을 통해 하나님을 알아야 하는 것입니다. 하나님께서 다윗에게 나타나셔서서 기름을 붓고 왕으로 세워주겠다고 약속하셨을 때 중요한 것은 과연 다윗이 왕이 되는가, 과연 다윗이 영토를 확장하는가, 과연 다윗이 왕권을 유지하는가가 절대로 아닙니다. 핵심은 다윗이 왕이 되는 과정과 통치하는 모든 과정을 통해 다윗과 가족과 온 이스라엘 백성이 하나님을 배워야 하는 것입니다. 하나님에게 사건들은 모두 계시를 드러내기 위한 수단입니다.

이스라엘의 지도자

하나님이 사람을 세우는 이러한 패턴을 완벽하게 변질시킨 사람이 바로 다윗입니다. 다윗은 전적으로 하나님에 의하여 왕이 되었던 사람입니다. 그랬다면 다윗은 이후의 모든 과정도 전적으로 하나님께 의지했어야 합니다. 다윗이 죽고 '누가 왕이 되느냐?'에 대하여 다윗은 '누구라도 하나님을 의지하는 자가 왕이 될 것이다!'라고 선언했어야 하고, 왕권의 안정에 대하여도 정적을 제거하라고 유언을 할 것이 아니라 '하나님을 의지하면 하나님이 가장 강력한 보호자가 되어주실 것이다!'라고 선언했어야 합니다. 그런데 다윗은 '내가 왕을 세우리라!'고 선언했고, 아들의 왕권을 강화하기 위한 조치들을 스스로 만들었습니다. 다윗은 두 번에 걸쳐 손수 솔로몬을 왕으로 삼는다고 선언합니다. 열왕기상 1장 30절에서 밧세바에게 말할 때에 "내가 이전에 이스라엘의 하나님 여호와를 가리켜 네게 맹세하여 이르기를 네 아들 솔로몬이 반드시 나를 이어 왕이 되고 나를 대신하여 내 왕위에 앉으리라"이고, 35절에서 나단에게 말할 때에 "그가 와서 내 왕위에 앉아 나를 대신하여 왕이 되리라 내가 그를 세워 이스라엘과 유다의 통치자로 지명하였느니라"입니다. 이것이 하나님의 일하심과 얼마나 다른지 다른 각도에서 비교해 드리겠습니다.

성경에서 이스라엘에 왕을 세우는 장면에 아주 독특한 것이 있습니다. 분명히 이스라엘은 '왕'을 요구했습니다. 사무엘상 8장 5절 "모든 나라와 같이 우리에게 왕을 세워 우리를 다스리게 하소서", 19절 "우리도 우리 왕이 있어야 하리니 우리도 다른 나라들 같이 되어 우리의 왕이 우리를 다스리며 우리 앞에 나가서 우리의 싸움을 싸워야 할 것이니이다"입니다. 백성들이 정확하게 '왕'을 구했고, 히브리어의 왕을 의미하는 단어가 사용되었습니다. 그래서 저와 여러분은 너무나 당연한 듯 '왕'이라는 표현을 사용합니다. 하지만 성경은 전혀 다릅니다. 초대 왕 사울에게 기름을 붓는 장면인 사무엘상 9장 16절은 "내일 이맘때에 내가 베냐민 땅에서 한 사람을 네게로 보내리니 너는 그에게 기름을 부어 내 백성 이스라엘의 지도자로 삼으라"입니다. 하나님은 사울에게 기름을 부으면서 '왕'이라는 표현을 사용하지 않고 '지도자'라는 표현을 사용합니다. 사무엘상 10장 1절에는 "이에 사무엘이 기름병을 가져다가 사울의 머리에 붓고 입 맞추며 이르되 여호와께서 네게 기름을 부으사 그의 기업의 지도자로 삼지 아니하셨느냐"고 합니다. 이때에도 '왕'이 아니라 '지도자'입니다. 히브리어로 '왕'이라는 단어 '멜렉'이 아니라 '지도자'를 의미하는 '나기드'라는 전혀 다른 단어를 사용합니다.

다윗에게도 동일한 표현이 사용됩니다. 사울이 미쳐 날뛸 때 사무엘이 다윗에 대해 사울에게 하는 말이 사무엘상 13장 14절 "지금은 왕의 나라가 길지 못할 것이라 여호와께서 왕에게 명령하신 바를 왕이 지키지 아니하였으므로 여호와께서 그의 마음에 맞는 사람을 구하여 여호와께서는 그를 그의 백성의 지도자로 삼으셨느니라", 나발의 아내 아비가일이 다윗에 대해 하는 말도 사무엘상 25장 30절 "여호와께서 내 주에 대하여 하신 말씀대로 모든 선을 내 주에게 행하사 내 주를 이스라엘의 지도자로 세우실 때에"입니다. '지도자'라는 단어는 종종 '주권자'로 번역되기도 했습니다. 사무엘하 6장 21절 "다윗이 미갈에게 이르되 이는 여호와 앞에서 한 것이니라 그가 네 아버지와 그의 온 집을 버리시고 나를 택하사 나를 여호와의 백성 이스라엘의 주권자로 삼으셨으니", 사무엘하 7장 8절 "그러므로 이제 내 종 다윗에게 이와 같이 말하라 만군의 여호와께서 이와 같이 말씀하시기를 내가 너를 목장 곧 양을 따르는 데에서 데려다가 내 백성 이스라엘의 주권자로 삼고"입니다. 사울과 다윗뿐만이 아니라 북 이스라엘의 초대 왕 여로보암에게도 마찬가지입니다. 열왕기상 14장 7절 "가서 여로보암에게 말하라 이스라엘의 하나님 여호와의 말씀이 내가 너를 내 백성 중에서 들어 내 백성 이스라엘의 주권자가 되게 하고", 바아사에게 대하여도 열왕기상 16장 2절 "내가 너를 티끌에서 들어 내 백성 이스라엘 위에 주권자가 되게 하였거늘"입니다.

정리해드리면, 이스라엘 백성들은 '왕'이 없음을 국가의 위기로 생각하고 '왕'을 요구했습니다. 그러나 하나님은 친히 이스라엘의 '왕'이셨기에 이스라엘에는 왕이 있어야할 이유가 없다고 여기셨기에 왕을 세우신 것이 아니라 단지 '지도자' 또는 '주권자'를 세우셨을 뿐입니다. 그러므로 성경에서 왕에 대하여 누가 선한 왕이었는가, 악한 왕이었는가를 구분할 것이 아닙니다. 하나님에게는 선한 왕이나 악한 왕을 가리기 전에 아예 왕이란 존재하지 않는 것이요, 그들의 역할이 이스라엘의 번영을 위해서, 백성들의 안정을 위해서 어떤 특별한 의미를 갖지 않습니다.

내 백성

하나님과 왕의 관계에 대한 하나님의 입장을 설명해보겠습니다. 조금 전에 읽었던 구절들에는 아주 중요한 포인트가 담겨있습니다. 같은 구절을 다시 읽어볼 텐데 이번에는 하나님께서 왜 왕을 세우지 않는지 그 근거를 찾으시는 심정으로 들어보시기 바랍니다. 각 구절마다 공통된 표현, 반복되는 표현이 있는데 그걸 찾으시면 됩니다. 사무엘상 9장 16절 "내일 이맘

때에 내가 베냐민 땅에서 한 사람을 네게로 보내리니 너는 그에게 기름을 부어 내 백성 이스라엘의 지도자로 삼으로”입니다. 사무엘상 10장 1절 “이에 사무엘이 기름병을 가져다가 사울의 머리에 붓고 입맞추며 이르되 여호와께서 네게 기름을 부으사 그의 기업의 지도자로 삼지 아니하셨느냐”입니다. 사무엘상 13장 14절 “지금은 왕의 나라가 길지 못할 것이라 여호와께서 왕에게 명령하신 바를 왕이 지키지 아니하였으므로 여호와께서 그의 마음에 맞는 사람을 구하여 여호와께서는 그를 그의 백성의 지도자로 삼으셨느니라”, 사무엘하 6장 21절 “다윗이 미갈에게 이르되 이는 여호와 앞에서 한 것이니라 그가 네 아버지와 그의 온 집을 버리시고 나를 택하사 나를 여호와의 백성 이스라엘의 주권자로 삼으셨으니”, 사무엘하 7장 8절 “그러므로 이제 내 종 다윗에게 이와 같이 말하라 만군의 여호와께서 이와 같이 말씀하시기를 내가 너를 목장 곧 양을 따르는 데에서 데려다가 내 백성 이스라엘의 주권자로 삼고”입니다. 열왕기상 14장 7절 “가서 여로보암에게 말하라 이스라엘의 하나님 여호와의 말씀이 내가 너를 내 백성 중에서 들어 내 백성 이스라엘의 주권자가 되게 하고”, 열왕기상 16장 2절 “내가 너를 티끌에서 들어 내 백성 이스라엘 위에 주권자가 되게 하였거늘”입니다. 반복되는 표현은 ‘내 백성’이었습니다.

하나님께서는 이스라엘을 ‘내 백성’ 즉 하나님의 백성이라고 선언하십니다. 이스라엘이 하나님의 백성이면 하나님은 이스라엘의 왕이십니다. 성경에서 말하는 ‘왕과 백성’은 지배자와 피지배자의 관계가 아닙니다. 통치하고 지배하고 다스리는 자와 지배받고 복종하는 관계가 아닙니다. 그것은 세상의 원리, 죄의 원리입니다. 하나님과 이스라엘, 하나님과 인간의 관계에서 왕과 백성은 지배자와 피지배자의 관계가 아니라 ‘책임지는 자와 보호받는 자’의 관계입니다. 하나님은 왕으로 책임지고 돌보고 관리하고 공급하고 보살피는 존재입니다. 백성은 하나님의 소유 또는 하나님의 것으로서 하나님의 영역 안에 존재하고 하나님의 일하심 안에서 자유와 평화와 안식을 누리는 존재입니다. 이스라엘이 하나님을 멀리하고 떠나면서 하나님 대신 왕을 달라고 요구하였지만 하나님은 계속하여 이스라엘에 대해 '내 백성'이라고 선언하시면서 하나님의 책임을 결코 내려놓지 않으십니다. 하나님이 이스라엘의 왕이요, 하나님이 이스라엘의 책임자요, 하나님이 이스라엘의 보호자이시기 때문에, 하나님보다 더 나은 왕, 하나님을 대신할 만한 책임자, 하나님보다 뛰어난 보호자는 존재하지 않기에 이스라엘에는 왕이 존재할 이유가 없고, 존재할 수 없습니다. 그래서 하나님은 이스라엘에게 단 한번도 '왕'을 기름부어 세운 적이 없습니다.

설령 왕이 아니라 지도자나 주권자를 세울지라도 그에게 하나님의 역할을 위임하거나 하나님이 하실 일을 부탁하는 개념이란 원천적으로 존재하지 않습니다. 사울을 세운다고 사울의 전쟁수행능력을 기대하신 것이 아니며, 다윗을 세운다고 다윗의 온유함이 백성들을 평안하게 해 줄 것으로 기대하신 것이 아니며, 솔로몬을 세운다고 솔로몬의 지혜가 국가번영의 중요한 축이 될 것으로 기대하신 것이 절대로 아닙니다. 이후에 세워지는 어떤 왕에게도 각자의 재능과 달란트에 따라 이스라엘의 발전에 어느 정도 기여할 것을 일체 기대하지 않으십니다. 왜냐하면 이스라엘은 '하나님의 백성'이요, 하나님은 이스라엘의 책임자요 관리자요 보호자이기 때문입니다.

하나님은 동일하게 일해 오셨는데 성경을 읽는 사람들이 스스로 오해했습니다. 하나님께서 모세를 세우실 때 모세에게 전권을 위임하거나 모세에게 백성을 위탁하지 않았습니다. 하나님께서 모세를 통해 이스라엘을 책임지셨습니다. 하나님께서 여호수아를 세우실 때 가나안 정복 전쟁 일체를 여호수아에게 일임하지 않았습니다. 하나님께서 여호수아를 통해 이스라엘에게 가나안에서 살아갈 땅을 차지하게 하셨습니다. 하나님께서 옷니엘이나 에훗이나 드보라나 기드온을 세우실 때 사사들에게 이스라엘의 보호자 역할을 맡긴 것이 아니었습니다. 하나님께서 사사들을 통해 이스라엘을 구출하시고 평안을 제공하셨습니다. 왕도 마찬가지입니다. 그런데 사람들은 왕이라는 단어에 모두 속습니다. 왕에 대해 성경적 개념이 아닌 세상적 개념, 죄적 개념을 가지고 있기에 이스라엘의 왕이 이스라엘의 책임자요 보호자인줄로 착각합니다. 다른 사람은 다 그렇게 오해하여도 저와 여러분은 오해하면 안 됩니다.

솔로몬의 손에

그의 나라

성경을 많이 읽으셔서 성경의 표현이 어떻게 달라지는지, 더 나아가 그렇게 달라진 표현이 무슨 의미를 담고 있는지를 분별하는 것이 성경연구의 묘미요, 성경에 대한 이해가 성숙해지는 것이 신앙이 성숙하는 과정입니다. 이제 마지막으로 솔로몬의 왕권에 대해 성경이 어떻게 평가하는지 확인해 보겠습니다. 열왕기상 2장 12절을 보시면 "솔로몬이 그의 아버지 다윗의 왕위에 앉으니 그의 나라가 심히 견고하니라"입니다. 유사한 표현이 2장 46절 마지막에 "이에 나라가 솔로몬의 손에 견고하여지니라"입니다. 얼핏 보면 마치 솔로몬이 왕으로 등극한 것을 축하하는 것 같고, 솔로몬이 아도니야와 요압과 시므이를 죽인 것과 아비아달을 추방한 것을 나라의 안정을 위한 적절한 조치로 인정해 주고 그 결과로 나라가 견고해 졌다고 칭찬해주는 것처럼 보입니다. 그러나 전혀 그렇지 않습니다. 성경의 표현이 어떤 의미인지를 분별하기 위해서는 절대로 한 구절만 보아서는 안 되고 성경의 다른 구절들을 점검하고 비교해 보아야 합니다. 2장 12절과 46절에는 아주 독특한 표현이 있습니다. 사람들은 '심히 견고하니라'만 보는데 제 눈에는 12절의 '그의 나라'와 46절의 '솔로몬의 손에'가 보입니다.

앞에서 설명드린 대로 하나님은 이스라엘에 대하여 언제나 '내 백성'이라고 선언하셨습니다. 동시에 이스라엘은 언제나 고대 근동의 나라들 중의 하나가 아니라 하나님에게 '내 나라'입니다. 하나님의 나라요 하나님의 백성이기에, 하나님이 친히 왕이시기에 인간 왕조차도 세우시지 않는 분이셨습니다. 그런데 성경에서 하나님께서 이스라엘에 대하여 이상한 표현을 사용하신 것이 바로 '왕'이 세워진 다음부터입니다. 사울과 다윗과 솔로몬이 왕이 되었다고 스스로 이스라엘의 왕이라고 착각하고 왕처럼 행동하는 순간부터 하나님은 이스라엘을 '내 나라'가 아니라 '그의 나라'라고 하시고, '내 백성'이 아니라 '너의 백성'이라고 부르십니다. 이 작은 차이를 눈치 채셔야 합니다. 이스라엘이 하나님의 마음을 모르고 하나님을 떠나고 버리자 하나님께서 답답하고 안타까운 속내를 아주 신묘막측하게 표현하신 적이 있습니다. 하나님께서 말씀을 아주 예리하게 하시면서 동시에 매우 의미있게 하십니다.

출애굽기 32장에는 출애굽한 이스라엘이 시내산에 도착해서 모세가 산에 올라가 있는 동안에 백성들이 금 신상을 만드는 사건이 기록되어 있습니다. 그때 산 위에서 하나님께서 모세에게 하시는 말씀이 7절인데 잘 들어보시기 바랍니다. "여호와께서 모세에게 이르시되 너는 내려가라 네가 애굽 땅에서 인도하여 낸 네 백성이 부패하였도다"입니다. 의미심장한 표현이 '네가 애굽 땅에서 인도하여 낸 네 백성'입니다. 원래 출애굽기 3장에서 하나님께서 모세를 애굽에 보내실 때에는 '내가' 이스라엘 백성을 애굽에서 인도하여 내겠다고 선언하셨고, 바로에게 출애굽을 선언할 때에도 출애굽기 4장 22절에 "이스라엘은 내 아들 내 장자"라고 단언하셨고 5장 1절에서는 "이스라엘의 하나님 여호와께서 이렇게 말씀하시기를 내 백성을 보내라"고 하셨습니다. 언제나 '내 백성, 내 나라'입니다. 그런데 지금 솔로몬이 왕이 된 나라에 대해서는 '그의 나라가'입니다. 열왕기상 2장 12절은 칭찬이 아니라 조롱입니다.

솔로몬의 손에

동일한 표현양식이 46절 "이에 나라가 솔로몬의 손에 견고하여지니라"입니다. 강조점이 '견고하다'가 아니라 '솔로몬의 손에'입니다. 이것도 칭찬이 아니라 조롱입니다. 이스라엘 나라는 '솔로몬의 손에' 흥망성쇠가 달려있으면 안되고 오직 '여호와의 손에' 달려있어야 합니다. 이스라엘이 광야에서 음식 때문에 불평한 적이 있습니다. 만나만 먹기에 지쳤는지 고기가 먹고 싶다고 아우성을 쳤고 하나님이 고기를 주신다고 했을 때 모세조차도 그 말씀을 믿지 못했습니다. 그때 하나님께서 하신 말씀이 민수기 11장 23절 "여호와께서 모세에게 이르시되 여호와의 손이 짧으냐"입니다. 하나님의 능력, 하나님의 권세, 하나님의 책임이 부족한 것 같으냐는 호소입니다. 동일한 의미가 이사야 50장 2절에도 "내가 왔어도 사람이 없었으며 내가 불러도 대답하는 자가 없었음은 어찌 됨이냐 내 손이 어찌 짧아 구속하지 못하겠느냐 내게 어찌 건질 능력이 없겠느냐"입니다. 이스라엘은 '하나님의 나라'이어야 하고, 이스라엘은 '여호와의 손에' 견고하여져야 합니다. 그것이 최상입니다. 그런데 솔로몬이 왕위에 오르자 이스라엘은 '그의 나라'가 되었고, '솔로몬의 손에' 달려있습니다. 하나님과는 단절되었고, 하나님과는 멀어졌고, 하나님과는 별개가 되어버렸습니다. 과연 이 나라가 어떻게 될까요?

오늘날의 교회에 적용해 보겠습니다. 교회는 철저하게 '하나님의 교회'이어야 하고, 온전하게 '하나님의 손에' 있어야 합니다. 절대로 하나님 이외의 것에 영향을 받아서는 안 됩니다. '어떤 탁월한 목사'의 교회가 되어서도 안 되고, '어떤 유능한 사람들의 손에' 맡겨져도 안 됩니다. 하나님이 아닌 무엇인가에 의한 부흥이나 성장이나 견고함에 안도하여서는 안 됩니다. 오직 하나님의 교회로 존재하고, 하나님의 손에 성숙하고 견고해지는 신실한 성도, 신실한 교회가 되기를 주님의 이름으로 축원합니다.

듣는 마음을

1 솔로몬이 애굽의 왕 바로와 더불어 혼인 관계를 맺어 그의 딸을 맞이하고 다윗 성에 데려다가 두고 자기의 왕궁과 여호와의 성전과 예루살렘 주위의 성의 공사가 끝나기를 기다리니라 2 그 때까지 여호와의 이름을 위하여 성전을 아직 건축하지 아니하였으므로 백성들이 산당에서 제사하며 3 솔로몬이 여호와를 사랑하고 그의 아버지 다윗의 법도를 행하였으나 산당에서 제사하며 분향하더라 4 이에 왕이 제사하러 기브온으로 가니 거기는 산당이 큼이라 솔로몬이 그 제단에 일천 번제를 드렸더니 5 기브온에서 밤에 여호와께서 솔로몬의 꿈에 나타나시니라 하나님이 이르시되 내가 네게 무엇을 줄꼬 너는 구하라 6 솔로몬이 이르되 주의 종 내 아버지 다윗이 성실과 공의와 정직한 마음으로 주와 함께 주 앞에서 행하므로 주께서 그에게 큰 은혜를 베푸셨고 주께서 또 그를 위하여 이 큰 은혜를 항상 주사 오늘과 같이 그의 자리에 앉을 아들을 그에게 주셨나이다 7 나의 하나님 여호와여 주께서 종으로 종의 아버지 다윗을 대신하여 왕이 되게 하셨사오나 종은 작은 아이라 출입할 줄을 알지 못하고 8 주께서 택하신 백성 가운데 있나이다 그들은 큰 백성이라 수효가 많아서 셀 수도 없고 기록할 수도 없사오니 9 누가 주의 이 많은 백성을 재판할 수 있사오리이까 듣는 마음을 종에게 주사 주의 백성을 재판하여 선악을 분별하게 하옵소서 10 솔로몬이 이것을 구하매 그 말씀이 주의 마음에 든지라 11 이에 하나님이 그에게 이르시되 네가 이것을 구하도다 자기를 위하여 장수하기를 구하지 아니하며 부도 구하지 아니하며 자기 원수의 생명을 멸하기도 구하지 아니하고 오직 송사를 듣고 분별하는 지혜를 구하였으니 12 내가 네 말대로 하여 네게 지혜롭고 총명한 마음을 주노니 네 앞에도 너와 같은 자가 없었거니와 네 뒤에도 너와 같은 자가 일어남이 없으리라 13 내가 또 네가 구하지 아니한 부귀와 영광도 네게 주노니 네 평생에 왕들 중에 너와 같은 자가 없을 것이라 14 네가 만일 네 아버지 다윗이 행함 같이 내 길로 행하며 내 법도와 명령을 지키면 내가 또 네 날을 길게 하리라 15 솔로몬이 깨어 보니 꿈이더라 이에 예루살렘에 이르러 여호와의 언약궤 앞에 서서 번제와 감사의 제물을 드리

고 모든 신하들을 위하여 잔치하였더라 16 그 때에 창기 두 여자가 왕에게 와서 그 앞에
서며 17 한 여자는 말하되 내 주여 나와 이 여자가 한집에서 사는데 내가 그와 함께 집에
있으며 해산하였더니 18 내가 해산한 지 사흘 만에 이 여자도 해산하고 우리가 함께 있
었고 우리 둘 외에는 집에 다른 사람이 없었나이다 19 그런데 밤에 저 여자가 그의 아들
위에 누우므로 그의 아들이 죽으니 20 그가 밤중에 일어나서 이 여종 내가 잠든 사이에
내 아들을 내 곁에서 가져다가 자기의 품에 누이고 자기의 죽은 아들을 내 품에 뉘었나
이다 21 아침에 내가 내 아들을 젖 먹이려고 일어나 본즉 죽었기로 내가 아침에 자세히
보니 내가 낳은 아들이 아니더이다 하매 22 다른 여자는 이르되 아니라 산 것은 내 아들
이요 죽은 것은 네 아들이라 하고 이 여자는 이르되 아니라 죽은 것이 네 아들이요 산
것이 내 아들이라 하며 왕 앞에서 그와 같이 쟁론하는지라 23 왕이 이르되 이 여자는 말
하기를 산 것은 내 아들이요 죽은 것은 네 아들이라 하고 저 여자는 말하기를 아니라 죽
은 것이 네 아들이요 산 것이 내 아들이라 하는도다 하고 24 또 이르되 칼을 내게로 가
져오라 하니 칼을 왕 앞으로 가져온지라 25 왕이 이르되 산 아이를 둘로 나누어 반은 이
여자에게 주고 반은 저 여자에게 주라 26 그 산 아들의 어머니 되는 여자가 그 아들을
위하여 마음이 불붙는 것 같아서 왕께 아뢰어 청하건대 내 주여 산 아이를 그에게 주시
고 아무쪼록 죽이지 마옵소서 하되 다른 여자는 말하기를 내 것도 되게 말고 네 것도 되
게 말고 나누게 하라 하는지라 27 왕이 대답하여 이르되 산 아이를 저 여자에게 주고 결
코 죽이지 말라 저가 그의 어머니이니라 하매 28 온 이스라엘이 왕이 심리하여 판결함
을 듣고 왕을 두려워하였으니 이는 하나님의 지혜가 그의 속에 있어 판결함을 봄이더라

솔로몬의 행적

하나님이 없다

종교는 인간의 행복을 위한 도구이어야 합니다. 인간의 분쟁이 종교 때
문에 해결되어야지, 인간의 평화가 종교 때문에 파괴되어서는 안 됩니다.
기독교가 배타적이라고 알려지는 것은 정말 오해입니다. 또 기독교가 신神
중심으로 알려지는 것도 정말 오해입니다. 기독교는 하나님께서 수고하고
무거운 짐을 진 인간들에게 쉼을 주는 종교입니다. 절대로 인간이 신을 위
해 희생하고 헌신하는 양식이어서는 안 됩니다. 성경에서 하나님으로 말미
암아 인간이 자유와 평화와 안식을 얻는 모습을 발견하고 감격해야 합니
다. 성경에서 신을 위해 인간이 고난당하고 압제당하는 모습을 신실한 신

앙이나 모범적 신앙의 모델이라고 생각하면 절대로 안 됩니다. 마치 인간이 신이 해야 할 일을 대신 감당하거나, 신이 맡기신 일을 죽을 고생을 감수하면서까지 이루어낼 때에 신에게 상이나 복을 받는 것처럼 말하는 것은 기독교를 완벽하게 왜곡하는 것이며, 하나님을 참람하게 모욕하는 것입니다. 성경에서 솔로몬의 등장과 행적도 크게 오해되고 있습니다.

솔로몬이 왕으로 등극하는 과정은 여러 가지 측면에서 매우 특이합니다. 가장 중요한 것이 하나님이 등장하지 않는 점입니다. 그동안은 언제나 하나님이 사람을 세우셨습니다. 사람들이 누구를 세울까 고민할 것도 없었고, 어떤 자격과 기준을 가지고 사람을 선발할지 구상할 것도 없었습니다. 하나님이 먼저 나타나셨고, 하나님이 먼저 부르셨고, 하나님이 먼저 세우셨습니다. 이것은 사람들이 하나님께 왕을 구했을 때에도 동일하게 적용되었습니다. 사람들이 먼저 사울을 찾아내고 이 사람을 왕으로 삼아달라고 요구한 것이 아니었습니다. 또 사람들이 숨은 인재인 다윗을 찾아내고 이 사람을 새로운 지도자로 세워달라고 요구한 것이 아니었습니다. 족장도, 이스라엘의 지도자도, 가나안 전쟁의 장수도, 사사도, 왕도 언제나 하나님이 세워주셨습니다. 이때 하나님이 세우는 사람은 주로 사람들의 생각에 자격이 없고 가능성이 없고 부족한 사람이었습니다. 그런데 이 방식이 솔로몬 때부터 바뀝니다. 그것도 다윗에 의해서 바뀝니다.

솔로몬이 왕이 되는 과정에 하나님은 아예 등장하지 않으며, 다윗 왕도 하나님이 솔로몬을 왕으로 지명하였다고 선언하지 않으며, 선지자나 제사장 중에 어느 누구도 하나님이 솔로몬을 왕으로 세웠다고 말하지 않습니다. 제사장과 선지자와 장수들이 두 그룹으로 나뉘어져 있었다는 것 자체가 솔로몬이 하나님에 의해 왕으로 선택받은 것으로 알려져 있지 않았다는 증거입니다. 다윗이 하나님을 언급하기는 하지만 하나님이 솔로몬을 세웠다는 의미가 아니라 반대로 자신이 솔로몬을 왕으로 지명하였다는 것을 하나님의 이름으로 맹세하며 확인해줄 뿐입니다. 그리고 다윗이 왕위 계승 서열에서 순서가 뒤처지는 솔로몬을 선택한 이유에 대해서도 '솔로몬이 지혜로운 사람이기 때문'이라고 힌트를 줍니다. 하나님의 방식과 완전히 다릅니다. 사람들은 하나님이 솔로몬을 선택하여 세운 줄로 알기에 솔로몬의 행적에 대해 무조건 잘한 일이라고 칭찬을 하려고 합니다. 성경의 흐름을 파악하고 성경이 말하려고 하는 대로 말해야 합니다.

솔로몬이 왕이 된 것은 이십 세 쯤 되었을 때입니다. 아버지 다윗이 '지혜롭게 행할 것'을 요청한 대로 솔로몬이 왕이 된 후 가장 먼저 한 조치가 정적들을 제거하여 왕권을 강화하는 것이었습니다. 이때 제거한 사람들이 단지 반역자들이나 사회 불순세력이 아니었습니다. 솔로몬이 제거한 사람 중에는 심지어 제사장도 있었습니다. 이미 이스라엘이 얼마나 하나님과 분리되어 있는가를 보여주는 장면입니다. 그래서 솔로몬의 행동에 대해 성경은 '그의 나라'가 '솔로몬의 손에' 견고하여졌다고 조롱하였습니다.

솔로몬의 조치

솔로몬이 왕권의 기초를 확보한 후에 드디어 자신의 권세를 드러내기 위해 행한 조치가 바로 열왕기상 3장 1절로 4절인데 우선 1절은 "솔로몬이 애굽의 왕 바로와 더불어 혼인 관계를 맺어 그의 딸을 맞이하고 다윗 성에 데려다가 두고 자기의 왕궁과 여호와의 성전과 예루살렘 주위의 성의 공사가 끝나기를 기다리니라"입니다. 여기에 보면 두 가지 조치를 취했는데 하나는 아내를 취한 것이고 다른 하나는 건축공사를 행한 것입니다. 모두 왕권을 과시하는 조치입니다. 먼저 바로의 딸과 혼인 관계를 맺은 것을 어떤 명분으로 선한 일이라고 칭찬할 수 있습니까? 물론 나라의 안정을 위해서는 전통적 강대국인 바로와 동맹을 맺는 것이 지혜로운 일일 수 있습니다. 성경은 솔로몬이 신실했다고 말하는 것이 아니라 지혜로웠을 뿐이라고 말하는 것입니다. 얼마나 지혜로운지 왕권의 안정을 위해 제사장도 파면하여 추방하고, 대신 애굽과는 동맹을 맺을 정도로 지혜롭다고 조롱하고 있습니다.

이 한 구절이 얼마나 솔로몬과 이스라엘을 비웃는 것인지 실감이 나도록 설명해 보겠습니다. 이스라엘이 생각하는 자신들의 조상은 아브라함인데 창세기에는 아브라함과 이삭과 야곱이 일개 족장에 불과합니다. 야곱이 애굽으로 이주할 때에도 숫자가 겨우 칠십 명이니까 가족이라고 하기에는 많고 부족이라고 하기에는 적은 매우 작은 집단 또는 단체입니다. 그러다가 민족이라고 부를 수 있는 큰 규모로 성장한 것이 애굽에서였는데 노예가 되어버렸고, 드디어 독립된 민족, 스스로의 주권을 가진 민족의 출발점이 바로 출애굽사건이었습니다. 열왕기상 6장 1절에도 출애굽 사건을 중요하게 여기는 언급을 합니다. "이스라엘 자손이 애굽 땅에서 나온 지 사백팔십 년이요"입니다. 출애굽이후로 이스라엘은 애굽과는 거의 교류를 하지 않습니다. 그런데 솔로몬은 왕이 된 후 첫 번째 취한 조치가 바로 애굽과 동맹을 맺은 것입니다. 이것이 얼마나 아이러니입니까! 더 나아가 솔로몬이 죽을 때에 북왕국을 세우게 되는 여로보암이 솔로몬을 피해 애굽으로 피난 가서 보호를 받고 있다가 돌아오고, 심지어 이스라엘이 패망할 때에 백성들 중의 일부가 바벨론으로 잡혀가자 백성들 중의 일부는 선지자 예레미야의 적극적인 만류에도 불구하고 스스로 애굽으로 이민을 갑니다. 그래서 이스라엘의 피난처, 이스라엘의 보호자가 여호와가 아니라 애굽이 되어버립니다. 그 시작점이 바로 솔로몬입니다. 이스라엘의 국가적 출발점이 출애굽인데, 이스라엘의 국가적 패망의 도피처가 바로 애굽이라니 역사의 아이러니요, 이 아이러니의 시작이 바로 지혜로운 왕 솔로몬부터라니 이게 지혜로운 것입니까!

두 번째가 건축을 하는 일인데 순서가 아주 재미있습니다. '자기 왕궁과 여호와의 성전과 예루살렘 주의 성의 공사'입니다. 히브리 문장에서는 순서가 중요한데 하나님이 우선이 아니었습니다. 건축에 관해서는 5장부터 자세하게 나오니까 그때 설명해 드리겠습니다. 하나 더 추가하면 제사에 관한 것으로 물론 솔로몬이 하나님과 관계된 행동을 합니다. 3절과 4절인데 이것도 솔로몬을 칭찬하는 모습이 아닙니다. 4절을 보시면 "이에 왕이 제사하러 기브온으로 가니 거기는 산당이 큼이라 솔로몬이 그 제단에 일천 번제를 드렸더니"입니다. 여기서 말하는 일천 번제는 제사를 천 번을 드렸다는 의미가 아니라 한 번에 천 마리를 드렸다는 의미입니다. 왜 이렇게 많이 드렸을까요? 이것도 과시용입니다. 왕권을 자랑하는 퍼포먼스입니다.

제가 자주 성경의 다른 장면을 끌어와서 비교를 해 드립니다. 그래야 상황을 바르게 판단할 수 있기 때문입니다. 솔로몬의 이 행동이 특이한 것은 이전에는 이런 일이 전혀 없었기 때문입니다. 하나님이 사람을 세우실 때에 어느 누구도 '전시용 예식'을 행하지 않았습니다. 하나님이 세우시면 그 날로 그냥 된 것입니다. 따로 임직식이 있거나 따로 거창한 행사가 있는 것이 아닙니다. 단 한 사람도, 단 한 번도 그런 일이 없습니다. 왜냐하면 하나님이 사람을 세우는 것은 그 사람이 탁월했기 때문이 아니요 당연히 그 사람에게 존귀함이나 명예나 권세를 부여하는 것이 아니었기 때문입니다. 그런데 솔로몬부터 이런 행사가 시작됩니다. 왜냐하면 솔로몬은 다른 사람보다 지혜로워서 선택되었고, 왕이 되었으니 명예와 권세를 가진 것으로 생각하였기 때문에 그 명예와 권세는 드러나야 빛이 나고 과시되어야 입증이 되기 때문입니다. 이미 이스라엘 나라는 하나님의 백성이라는 신앙적 의미가 아니라 하나의 국가, 하나의 제국, 하나의 세력, 하나의 권력으로 전락해 버렸습니다. 그래서 온통 세상 국가의 양식과 동일한 행사들을 벌이고 있습니다. 솔로몬이 왕으로 등극한 것이 하나님과 얼마나 무관한지를 보여주고 있습니다.

하나님의 기대

꿈에서

솔로몬에 관한 이야기 중에 가장 오해되고 왜곡되는 것이 바로 기브온 사건입니다. 드디어 열왕기상에 하나님이 처음으로 등장합니다. 5절 "기브온에서 밤에 여호와께서 솔로몬의 꿈에 나타나시니라"입니다. 5절 이하에 어떤 내용이 나오는지를 파악하기 전에 지금 이 상황이 '꿈'이라는 것을 꼭 기억하셔야 합니다. 3장을 오해하는 가장 본질적인 이유가 이 모든 것이 꿈이라는 것을 전혀 고려하지 않기 때문입니다. 꿈은 사람이 잘 때 일어나는 현상입니다. 멀쩡한 상태에서 꿈을 꾸는 사람은 없습니다. 당사자는 잠을 자고 있을 때에 꿈을 꿉니다. 당연히 솔로몬도 자고 있습니다. 그래서 15절 "솔로몬이 깨어보니 꿈이더라"입니다. 그러므로 5절부터 14절의 내용은 모두 사실이 아닙니다. 모두 실제로 벌어진 일이 아닙니다. 하나님이 직접 물어보고 솔로몬이 직접 대답한 것이 아닙니다. 모두 꿈입니다. 5절로 14절의 이야기가 진행되는 동안에 솔로몬이 행한 일이라곤 딱 하나 잠을 잔 것뿐입니다.

성경에 꿈 이야기가 여러 군데 나옵니다. 그때 꿈을 꾸고 있는 사람이 움직이고 말하고 행동하는 경우는 없습니다. 창세기 28장에 야곱이 눈이 어두운 아버지를 속이고 외삼촌 라반의 집으로 도망가는 장면이 나오는데 11절 "한 곳에 이르러는 해가 진지라 거기서 유숙하려고 그 곳의 한 돌을 가져다가 베게로 삼고 거기 누워 자더니 꿈에 본즉 사닥다리가 땅 위에 서 있는데 그 꼭대기가 하늘에 닿았고"이고 16절에 "야곱이 잠이 깨어 이르되"입니다. 사닥다리가 나오고 천사가 오르락내리락 하는 동안에 야곱이 한 일은 딱 하나 잠을 잔 것입니다. 야곱이 사닥다리를 오른 적이 없고, 야곱이 하나님의 천사들과 대화한 적이 없습니다. 또 꿈과 관련된 유명한 인물이 요셉입니다. 창세가 37장 5절 "요셉이 꿈을 꾸고 자기 형들에게 말하매"인데 그 내용이 7절 "우리가 밭에서 곡식 단을 묶더니 내 단은 일어서고 당신들의 단은 내 단을 둘러서서 절하더이다"입니다. 모두 꿈입니다. 실제로 요셉이 형들에게서 절을 받은 것이 아닙니다. 또 9절 "요셉이 다시 꿈을 꾸고 그의 형들에게 말하여 이르되 내가 또 꿈을 꾼즉 해와 달과 열한별이 내게 절

하더이다"입니다. 이것도 꿈입니다. 요셉이 실제로 해와 달과 열한 별에게 절을 받은 적이 없습니다.

여러분들도 종종 꿈을 꾸실 것입니다. 신앙과는 무관한 개꿈을 꾸시는 적도 있을 것이고, 어떤 때는 운 좋게 로또에 당첨되는 꿈을 꾸기도 하고, 재수 없을 때는 지옥에 갔다 오는 꿈을 꾸기도 하실 것입니다. 그렇게 꿈을 꾸다가 잠에서 깨어난 후에 자기 지갑에 실제로 수십억이 들어있는 것으로 착각하는 분이 없고, 진짜 지옥에 갔다 왔다고 주장하는 사람이 없습니다. 꿈은 말 그대로 꿈입니다. 이렇게 지극히 당연한 것을 놓치니까 오해가 발생합니다. 솔로몬이 왕으로 등극하는 과정에는 일체 나타나지 않으셨던 하나님께서 드디어 솔로몬의 꿈에 나타나셨습니다. 실제로 솔로몬에게 나타난 것이 아니라 꿈입니다. 꿈에서 하나님과 솔로몬이 대화를 합니다. 이것이 진짜가 아니라 꿈입니다. 이것이 실제가 아니라 꿈입니다. 이때 솔로몬은 진짜 잠을 자고 있습니다.

하나님의 기대

하나님이 꿈을 주셨기 때문에 솔로몬이 꿈을 꾼 것은 맞습니다. 그러나 꿈에 등장한 사건들은 실제가 아니라 하나님이 꿈으로 각색한 것입니다. 그러므로 중요한 것은 꿈에서 솔로몬이 무엇을 구했느냐가 아니라 하나님께서 왜 이런 내용의 꿈을 주셨느냐는 것입니다. 초점은 꿈속에서 솔로몬이 어떤 행동을 했느냐가 아니라 하나님이 이런 대화를 구성하신 이유, 이런 내용의 꿈을 통해 솔로몬이나 저와 여러분에게 알리고 싶은 것이 무엇인가에 맞추어져야 합니다. 다시 정리해 보겠습니다. 이제 5절부터 14절까지의 내용은 실제로 일어난 사건이 아니라 하나님이 기대하고 바라고 원하는 모습을 각색해서 꿈으로 그린 것입니다. 하나님께서는, 솔로몬이 이런 것을 구했으면 좋겠다는 것입니다. 제발 솔로몬이 이런 것을 구하고, 이런 마음과 이런 태도와 이런 자세를 가졌으면 좋겠다는 하나님의 바람을 보여주고 있습니다. 이것이 왜 꿈으로 등장하는지 아십니까? 이것을 꿈으로 보여주지 않고 만약 하나님께서 직접 솔로몬에게 나타나서 직접 물어봤다면 어떤 대답이 나올 것 같습니까? 하나님이 꿈으로 보여주신 것과 유사한 상황이 벌어질까요, 아니면 아주 리얼하게 완전 딴판이 벌어질까요? 정답은 완전 딴판이 벌어집니다. 그것은 안 봐도 비디오입니다. 그래서 실제라면 솔로몬이 절대로 하지 않을 것, 그러나 하나님은 꼭 이랬으면 하고 바라시는 것을 꿈으로 보여주신 것입니다.

그런데 성경을 읽는 대부분의 사람들이 이 꿈이 사실인 줄로 알고, 이 꿈 속의 솔로몬이 실제로 이렇게 말한 줄로 알고 모두 솔로몬을 칭찬하고, 솔로몬이 대단하다고 추켜세우고, 온통 솔로몬을 향한 용비어천가를 불러댑니다. 성경에 대한 이해가 너무 가볍습니다. 그래놓고는 뒤에 나오는 솔로몬의 타락에 대해서는 모든 책임을 솔로몬의 이방 아내들에게로 돌려버립니다. 사람들의 설명에 의하면 솔로몬은 정말로 대단한 사람입니다. 그런 설명에는 하나님이 특별히 하시는 일이 없습니다. 워낙 솔로몬이 뛰어나니까 하나님조차도 깜짝 놀라셔서, 세상에 이런 위대한 인물이 있는 것을 감탄하면서 하나님이 주실 수 있는 모든 복을 부어주시는 분으로 여겨집니다. 제가 그런 설명을 들을 때 가장 먼저 드는 생각은 '솔로몬은 죄인이 아닌가? 하나님의 은혜가 없는데도 죄인이 이렇게 말하고 행동하는 것이 가능한가? 만약 가능하다면 예수님이 왜 오셨지?'입니다. 제가 궁금해 하는 것이 바로 이것입니다. 기독교는 예수를 믿어야 한다고 강조합니다. 그런데 예수를 안 믿어도 이미 훌륭한 사람들이 너무 많고, 우리는 그 사람들을 본받아야 하고, 그 사람처럼 행동해야 그 사람들 같은 복을 받을 수 있다고 합니다. 그러면 예수 안 믿어도 되네요? 이게 말이 됩니까? 기독교 스스로 얼마나 모순에 빠져있는지 충분히 공감하실 수 있을 것입니다.

무엇을 줄꼬

본문의 꿈이 하나님의 기대, 하나님의 소망을 보여주는 것임을 기억하면서 본문을 읽어보면 그 내용이 너무나 쉽게, 너무나 분명하게 이해가 되고 성경 전체의 메시지와 그 동안 하나님께서 행하시고 말씀하신 내용과 장차 하나님께서 행하시고 말씀하실 내용과 일치함을 분별할 수 있습니다. 하나님은 언제나 동일한 기대를 가지셨고 동일한 말씀을 해 오셨기 때문에 하나님의 기대를 파악하는 것이 너무나 쉽습니다. 마찬가지로 죄인은 언제나 동일한 생각을 가졌고 동일한 행동을 해왔기 때문에 죄인이 원하는 것을 파악하는 것도 너무나 쉽습니다.

하나씩 차근히 상고해 보겠습니다. 가장 먼저 등장하는 것이 5절 중간에 나오는 하나님의 제안입니다. "하나님이 이르시되 내가 네게 무엇을 줄꼬 너는 구하라"입니다. 열왕기상을 상고하면서 여러분은 성경에서 처음 만나는 장면들을 계속 접하고 계십니다. 다윗이 스스로 이스라엘의 후계자를 세우는 것도 처음이고, 이스라엘에서 사람이 등장하면서 성대한 임직식을 행하는 것도 처음이고, 하나님께서 사람에게 나타나 '내가 네게 무엇을 줄꼬 너는 구하라'라고 물으시는 것도 처음입니다. 창세기부터 지금까지 하나님은 인간에게 이런 것을 물으신 적이 없습니다. 아브라함에게 '무엇을 줄꼬 너는 구하라'를 묻지 않았고, 모세에게 '어떻게 해줄까 너는 구하라'를 묻지 않았고, 여호수아나 사사들이나 다윗 왕에게도 '무엇을 줄꼬 너는 구하라'를 묻지 않았습니다. 왜냐하면 이런 질문을 해서 올바른 대답이 나올 가능성이 없기 때문입니다. 인간은 자신이 죄인이 된 것을 모르고 있기에, 죄인에게 필요한 것이 무엇인 줄을 모르고, 당연히 하나님이 '무엇을 줄꼬'라고 물었을 때 적절한 것을 구하지 못할 것이 너무나 뻔합니다. 반대로 하나님은 인간에게 필요한 것을 알고 계셨고, 하나님이 주실 것을 이미 계획하셨고 작정하셨기 때문에 '무엇을 줄꼬'라고 물은 적이 없습니다.

신약으로 가보면 예수님께서 이런 질문을 하신 적이 있습니다. 예를 들어 마태복음 20장 29절 이하에서 맹인을 보시고 "너희에게 무엇을 하여 주기를 원하느냐"고 물으셨습니다. 그때 그들의 대답이 '주여 우리의 눈 뜨기를 원하니이다'라고 했습니다. 잘 구한 것입니까? 아닙니다. 그들이 눈을 뜨면 여러분처럼 되는 것입니다. 여러분은 눈을 뜨고 계시니까 아무 문제가 없습니까? 모든 문제를 해결할까요? 아닙니다. 그래서 예수님께서 '불쌍히 여기셨다'고 나옵니다. 사람들은 예수님께서 맹인의 처지를 불쌍히 여겼다고 설명하는데 저는 맹인의 구한 것이 너무 안타까워서 불쌍히 여겼다고 생각합니다. 그 사람의 결론이 '그들의 눈을 만지시니 곧 보게 되어 그들이 예수를 따르니라'입니다. 눈을 뜨고는 예수를 따라 다녔습니다. 눈 뜨기 전에도 따라다녔으니 눈 뜨기 전과 후가 별 차이가 없습니다.

또 예수님이 묻기도 전에 제자들이 먼저 구한 적도 있습니다. 기껏 구한다는 것이 마태복음 17장에서 변화 산에 올라가 예수가 변화되었을 때에 베드로가 '우리가 여기 있는 것이 좋사오니 초막 셋을 짓겠다'는 것이었습니다. 산꼭대기에 집을 지어서 무엇을 하겠습니까! 또 세배대의 아들들이 자기 어머니까지 동원해서 구한 것이 '나의 두 아들을 주의 나라에서 하나는 주의 우편에, 하나는 주의 좌편에 앉게 명하소서'였습니다. 두 번 모두 예수님은 저들이 구한 것을 들어주시지 않았습니다. 왜냐하면 말도 안 되는 소리였기 때문입니다. 죄인은 구해야 할 것이 무엇인지를 모릅니다. 그래서 하나님은 묻지 않고, 그래서 하나님은 그냥 은혜로, 선물로 주십니다. 그런데 구약에서 솔로몬에게 그런 질문을 하면 솔로몬이 너무 멋있는 대답, 마치 죄인이 아닌 듯한 모습으로, 하나님 마음에 쏙 드는 대답을 할 것으로 생각하십니까? 전혀 그렇지 않습니다.

하나님의 대답

하나님이 주신 꿈에서 실제로 묻는 분은 하나님이고 실제로 대답하는 분도 하나님이십니다. 하나님은 5절에서 인간에게 '내가 무엇을 줄꼬 너는 구하라'고 물으셨습니다. 그때 하나님은 솔로몬이, 인간이, 죄인이 6절 이하처럼 대답해 주기를 기대하셨습니다. 물론 실제로 그런 대답은 나오지 않을 것이지만 하나님은 이렇게 기대하셨다는 의미입니다. 6절 "주의 종 내 아버지 다윗이 성실과 공의와 정직한 마음으로 주와 함께 주 앞에서 행하므로 주께서 그에게 큰 은혜를 베푸셨고 주께서 또 그를 위하여 이 큰 은혜를 항상 주사 오늘과 같이 그의 자리에 앉을 아들을 그에게 주셨나이다"입니다. 하나님의 은혜를 받은 인간이 당연히 이래야 합니다. 그러나 실제로는 하나님께 은혜 받은 인간 중에 이렇게 대답한 사람이 하나도 없습니다.

그 다음에 이스라엘의 백성 위에 세워지는 사람이 가져야 할 기본자세 또는 태도가 7절로 8절 "나의 하나님 여호와여 주께서 종으로 종의 아버지 다윗을 대신하여 왕이 되게 하셨사오나 종은 작은 아이라 출입할 줄을 알지 못하고 왕께서 택하신 백성 가운데 있나이다 그들은 큰 백성이라 수효가 많아서 셀 수도 없고 기록할 수도 없사오니"입니다. 족장이든, 지도자든, 장군이든, 사사이든, 왕이든 하나님께 부름 받은 모든 사람이 이렇게 말해야 하는데 실제로는 이렇게 말한 사람이 하나도 없습니다. 여기에 우리말로는 표현이 되어있지 않지만 중요한 표현이 하나있는데 바로 '당신의 백성'입니다. 8절에는 '왕께서 택하신 백성'으로 번역되어 있지만 원문에는 '당신이 선택하신 당신의 백성'입니다. 2장 12절에서 '그의 나라'라고 표현되어 있는데 하나님이 원하시는 것은 솔로몬이 이스라엘을 향해 '당신의 백성'이라고 고백하는 것이고, 이어서 당연히 하나님 백성이기에 감히 자신이 어찌하기에 너무 감당이 되지 않는다는 태도를 보여주기를 기대하십니다. 물론 현실에는, 죄인에게는 가능성이 없는 기대입니다.

듣는 마음을

이 꿈이 불가능한 현실에 대한 역설적 하나님의 기대임을 확인하기 위해서 꿈을 현실로 가정해보겠습니다. 여러분이 솔로몬이라고 생각하고 하나님께서 오셔서 '무엇을 줄꼬 구하라'고 물으셨다면 뭐라고 대답하시겠습니까? 11절이 그 대답인데, 물론 역설적 대답입니다. "네가 이것을 구하도다 자기를 위하여 장수를 구하지 아니하며 부도 구하지 아니하며 자기 원수의 생명을 멸하기도 구하지 아니하고 오직 송사를 듣고 분별하는 지혜를 구하였으니"입니다. 정확하게 반대로 표현되어 있습니다. 만약 이 이야기가 실제였다면 인류의 모든 죄인은 한 사람도 예외없이 똑같이 '장수를 구하고 부도 구하고 자기 원수의 생명을 멸하기를 구할 것'입니다. 심지어는 인간의 문제가 죄라는 것을 듣고 배워서 알고 있는 성도마저도, 그것을 가르치는 교회마저도, 오직 하나님을 믿으며 의지한다고 자부하는 기독교마저도 모두 '부와 장수와 권력'을 구하고 있는 실정입니다. 그래서 이 이야기가 꿈인 것입니다.

하나님께서 '무엇을 줄꼬 너는 구하라'고 하실 때 진정 인간이 구해야 할 것, 하나님이 가장 듣고 싶은 대답, 하나님이 직접 예수 그리스도의 십자가 사역을 통해서라도 기어코 인간에게 주시려는 것이 9절입니다. 솔로몬이 대답한 것이 아니라 하나님이 스스로 묻고 스스로 대답하신 것이 바로 9절입니다. "누가 주의 이 많은 백성을 재판할 수 있사오리이까 듣는 마음을 종에게 주사 주의 백성을 재판하여 선악을 분별하게 하옵소서"입니다. 핵심단어가 '듣는 마음'의 '듣는'입니다. 물론 여기서도 본문에 대한 너무나 어이없는 인간적인 해석들이 동원되기도 합니다. 예를 들면 설교제목 '경청!' 본문에 대한 오해 또는 왜곡을 예로 드는 것이니까 아멘하시면 안 됩니다. "인간문제의 80%는 오해이고, 오해를 해결하는 방식은 상대방의 말을 잘 들어주는 것입니다. 부부간의 문제, 남녀간의 문제, 상사와 부하의 문제의 최상의 해결책은 바로 '들어주는 것 바로 경청'입니다. 그리고 하나 더 '아~ 그랬구나!'라고 동의해주는 것입니다." 물론 남의 말을 잘 들어주 자는 것이 틀린 말은 아닙니다. 다만 본문의 의도와는 다르다는 것입니다.

지금 하나님은 솔로몬에게 말하는 것이 아니라 모든 인간에게, 왕에게 말하는 것이 아니라 모든 인간에게 말씀하십니다. 그래서 본문에서 강조하 는 '듣는 것'은 백성들의 말을 들으라, 상대방의 말을 들으라는 것이 아닙 니다. 남편은 아내의 말을 들으라는 것이 아니고, 부모는 자녀의 말을 들으 라는 것이 아니고, 목사는 성도의 말을 들으라는 것이 아니고, 왕은 백성의 말을 들으라는 것이 아닙니다. 좀 심하게 말하면 인간은 상대방의 말을 아 무리 경청해도 아무 소용이 없습니다. 왜냐하면 첫째, 인간은 누구라도 자 기의 입장에서 말하기 때문입니다. 남편이 아내 말을 들을 때 아내는 객관 적으로 말하는 것이 아니고, 왕이 백성의 말을 들을 때 백성이 합리적으로 말하는 것이 아니고, 사장이 사원의 말을 들을 때 사원이 중립적 입장에서 말하는 것이 아닙니다. 죄인은 모두 자기의 입장에서만 말합니다. 둘째, 모 든 인간은 말을 할 때 자기에게 유리하게 말하기 때문입니다. 어느 누구도 상대방에게 유익하게 말하는 죄인은 없습니다. 하나님은 죄인의 실체, 죄 인의 심리, 죄인의 심보, 죄인의 교활함을 모두 아시기에 죄인들에게 상대 방의 말을 경청하라는 쓸데없는 권고를 하지 않습니다.

이 모든 것

하나님께서 모든 인간이 구하기를 원하는 것, 모든 사람이 가지기를 원 하는 대답이 '듣는 것'이었고, 하나님이 말씀하신 '듣는 것'은 모든 인간들, 모든 죄인들을 향하여 '하나님의 말씀을 들으라'는 강조입니다. 아마 '듣 으라'에 해당하는 히브리어를 들으시면 바로 이해가 되실 터인데 바로 '쉐 마'입니다. 가장 대표적인 경우가 신명기에 나오는 것으로 6장 4절 이하로

"이스라엘아 들으라 우리 하나님 여호와는 오직 유일한 여호와시니 너는 마음을 다하고 뜻을 다하고 힘을 다하여 네 하나님 여호와를 사랑하라", 27장 9절 "이스라엘아 잠잠하여 들으라 오늘 네가 네 하나님 여호와의 백성이 되었으니 그런즉 네 하나님 여호와의 말씀을 청종하여 내가 오늘 네게 명령하는 그 명령과 규례를 행할지니라"입니다. 하나님의 기대는 사람들이 '하나님의 말씀, 하나님의 진리, 하나님의 계시, 하나님의 뜻을 듣는 것'입니다. 본문에는 동일한 단어가 두 번 나오는데 하나는 9절의 '듣는 마음을'이고 또 하나가 11절 마지막의 '듣고'입니다. 강조점이 지혜가 아니라 '듣는 것'입니다.

열왕기상 1장부터 이스라엘은 전에 없이 새로운 상황을 맞이하였습니다. 다윗에 의하여 국가적으로 이스라엘 역사상 가장 강대한 나라가 되어 있고, 나라의 안녕과 번영을 위하여 다윗은 자녀들 중에 가장 지혜로와 보이는 솔로몬을 손수 왕으로 세웠고, 과연 솔로몬은 왕으로 등극하지마자 정적을 제거하고, 이방 나라와 동맹을 통해 안보를 강화하고, 건축공사와 종교예식을 통해 새로운 왕의 권세를 대내외적으로 과시하고 있습니다. 인간의 입장에서는 다 필요한 조치라고 생각하겠지만 하나님이 보시기에는 다 쓸데없는 짓만 행하고 있습니다. 그때 하나님은 기고만장하고 의기양양하게 나대고 있는 솔로몬에게 꿈을 통해 진정으로 인간에게 필요한 것, 진정으로 하나님이 기대하시는 것, 진정으로 하나님이 모든 은혜를 총동원하여 인간에게 알려주고 싶은 것, 왕으로부터 백성까지 모든 인간이 자유와 평화와 안식을 누리며 살 수 있는 것을 계시하여 주셨습니다. 그것이 바로 '하나님의 말씀을 듣고 하나님의 마음과 뜻과 원리와 방법으로 사는 것'입니다.

더 나아가 하나님께서 인간에게 베풀어 주고 싶은 복이 13절 "내가 또 네가 구하지 아니한 부귀와 영광도 네게 주노니", 14절 중간부 "내 길로 행하며 내 법도와 명령을 지키면 내가 또 네 날을 길게 하리라"입니다. 인간이 하나님의 말씀을 들을 때에 인간의 삶에 자동적으로 따라오는 열매, 하나님의 말씀대로 행하면 자동적으로 사람들의 삶에 저절로 이루어지는 결실입니다. 이스라엘은 하나님의 말씀을 듣지 않았고, 하나님의 질문에 바른 대답을 하지 못했습니다. 이 시간에 제가 하나님을 대신해서 여러분에게 질문해 보겠습니다. "내가 네게 무엇을 줄꼬 너는 구하라!" 저와 여러분 모두가 하나님 말씀을 듣고, 하나님 말씀을 배우고 하나님의 마음과 뜻과 법도와 규례대로 행하셔서 하나님이 약속하신 모든 복락을 풍성히 누리며 사시기를 주님의 이름으로 축원합니다.

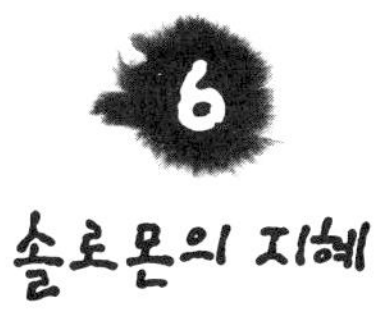

솔로몬의 지혜

열왕기상 4:1~34

1 솔로몬 왕이 온 이스라엘의 왕이 되었고 2 그의 신하들은 이러하니라 사독의 아들 아사리아는 제사장이요 3 시사의 아들 엘리호렙과 아히야는 서기관이요 아힐룻의 아들 여호사밧은 사관이요 4 여호야다의 아들 브나야는 군사령관이요 사독과 아비아달은 제사장이요 5 나단의 아들 아사리아는 지방 관장의 두령이요 나단의 아들 사붓은 제사장이니 왕의 벗이요 6 아히살은 궁내대신이요 압다의 아들 아도니람은 노동 감독관이더라 7 솔로몬이 또 온 이스라엘에 열두 지방 관장을 두매 그 사람들이 왕과 왕실을 위하여 양식을 공급하되 각기 일 년에 한 달씩 양식을 공급하였으니 8 그들의 이름은 이러하니라 에브라임 산지에는 벤훌이요 9 마가스와 사알빔과 벧세메스와 엘론벧하난에는 벤데겔이요 10 아룹봇에는 벤헤셋이니 소고와 헤벨 온 땅을 그가 주관하였으며 11 나밧 돌 높은 땅 온 지방에는 벤아비나답이니 그는 솔로몬의 딸 다밧을 아내로 삼았으며 12 다아낙과 므깃도와 이스르엘 아래 사르단 가에 있는 벧스안 온 땅은 아힐룻의 아들 바아나가 맡았으니 벧스안에서부터 아벨므홀라에 이르고 욕느암 바깥까지 미쳤으며 13 길르앗 라못에는 벤게벨이니 그는 길르앗에 있는 므낫세의 아들 야일의 모든 마을을 주관하였고 또 바산 아르곱 땅의 성벽과 놋빗장 있는 육십 개의 큰 성읍을 주관하였으며 14 마하나임에는 잇도의 아들 아히나답이요 15 납달리에는 아히마아스이니 그는 솔로몬의 딸 바스맛을 아내로 삼았으며 16 아셀과 아롯에는 후새의 아들 바아나요 17 잇사갈에는 바루아의 아들 여호사밧이요 18 베냐민에는 엘라의 아들 시므이요 19 아모리 사람의 왕 시혼과 바산 왕 옥의 나라 길르앗 땅에는 우리의 아들 게벨이니 그 땅에서는 그 한 사람만 지방 관장이 되었더라 20 유다와 이스라엘의 인구가 바닷가의 모래 같이 많게 되매 먹고 마시며 즐거워하였으며 21 솔로몬이 그 강에서부터 블레셋 사람의 땅에 이르기까지와 애굽 지경에 미치기까지의 모든 나라를 다스리므로 솔로몬이 사는 동안에 그 나라들이 조공을 바쳐 섬겼더라 22 솔로몬의 하루의 음식물은 가는 밀가루가 삼십 고르요 굵은 밀가루가 육십 고르요 23 살진 소가 열 마리요 초장의 소가 스무 마리요 양이 백 마

리이며 그 외에 수사슴과 노루와 암사슴과 살진 새들이었더라 24 솔로몬이 그 강 건너편을 딥사에서부터 가사까지 모두, 그 강 건너편의 왕을 모두 다스리므로 그가 사방에 둘린 민족과 평화를 누렸으니 25 솔로몬이 사는 동안에 유다와 이스라엘이 단에서부터 브엘세바에 이르기까지 각기 포도나무 아래와 무화과나무 아래에서 평안히 살았더라 26 솔로몬의 병거의 말 외양간이 사만이요 마병이 만 이천 명이며 27 그 지방 관장들은 각각 자기가 맡은 달에 솔로몬 왕과 왕의 상에 참여하는 모든 자를 위하여 먹을 것을 공급하여 부족함이 없게 하였으며 28 또 그들이 각기 직무를 따라 말과 준마에게 먹일 보리와 꼴을 그 말들이 있는 곳으로 가져왔더라 29 하나님이 솔로몬에게 지혜와 총명을 심히 많이 주시고 또 넓은 마음을 주시되 바닷가의 모래 같이 하시니 30 솔로몬의 지혜가 동쪽 모든 사람의 지혜와 애굽의 모든 지혜보다 뛰어난지라 31 그는 모든 사람보다 지혜로워서 예스라 사람 에단과 마홀의 아들 헤만과 갈골과 다르다보다 나으므로 그의 이름이 사방 모든 나라에 들렸더라 32 그가 잠언 삼천 가지를 말하였고 그의 노래는 천다섯 편이며 33 그가 또 초목에 대하여 말하되 레바논의 백향목으로부터 담에 나는 우슬초까지 하고 그가 또 짐승과 새와 기어다니는 것과 물고기에 대하여 말한지라 34 사람들이 솔로몬의 지혜를 들으러 왔으니 이는 그의 지혜의 소문을 들은 천하 모든 왕들이 보낸 자들이더라

솔로몬의 조치

개념의 차이

제가 고등학교 때 친구를 한 명 교회에 전도했습니다. 저는 교회 생활과 용어에 익숙하니까 모든 것이 당연한데 그 친구는 하나부터 열까지를 신기해했고, 저에게 하나부터 열까지를 물어봤는데 그때 제가 생각한 것이 '이 사람에게는 이런 것이 모두 새로운 것이구나!'였습니다. 신앙에 대해 저 스스로 놀랜 적도 있습니다. 한번은 '세계 종교사'라는 책을 읽고 있었습니다. 그 책에서 조로아스터교, 유대교, 기독교, 이슬람교 등에 대해 소개하고 있었습니다. 한 단원을 읽으면서, 너무 좋은 내용을 잘 정리해 놓아서 감동이 되어서 밑줄을 치면서 아주 은혜를 받았습니다. 체계적으로 설명해 놓아서 내 신앙을 점검하고 참 많이 배웠습니다. 그런데 그 단원을 다 읽고 다음 단원을 읽으려고 하는데 내가 읽어야할 단원의 제목이 '기독교'입니다. 제가 깜짝 놀랐습니다. 지금까지 기독교를 읽는다고 읽어서 감동받고

은혜 받았는데 이제 읽으려는 단원이 기독교라면 제가 읽고 감동받고 은혜 받은 단원이 기독교에 대한 내용이 아니란 말인가? 화들짝 놀라서 확인을 해보니 제가 읽은 단원은 '유대교'였습니다. 그러니 그동안 제가 알고 있던 신앙 개념은 기독교적인 것이 아니라 유대교적이었고, 목사아들로 신앙생활을 수십 년 했던 저는 그 동안 기독교인이면서도 유대교적인 신앙관을 가지고 있었고, 심지어는 그것이 유대교적인지 기독교적인지 조차도 분별을 하지 못했던 것입니다.

제가 설교하는 내용 중에는 타종교와 비교하는 내용 또는 죄인들의 종교, 우상종교, 이방종교와 비교하는 경우가 많습니다. 기독교의 기독교다움을 알지 못하고 누리지 못하는 것이 너무 안타깝기 때문입니다. 열왕기상을 함께 상고하면서 혹시 어떤 분이 제가 처음부터 다윗이나 솔로몬에 대해 너무 강경하게 선언을 해서 걱정하시는 분도 있을 것입니다. 이번에 그 염려를 풀어드리겠습니다.

행정 조직

열왕기상 1장에는 다윗을 이어 이스라엘의 왕이 될 사람을 선택하는 장면이 기록되어 있는데 그 동안 하나님이 이스라엘의 지도자를 세우는 과정과는 아주 판이하게 하나님은 전혀 등장하지 않고 오직 다윗이, 자신의 기준에 근거하여 선택하는 모습이 소개되었습니다. 2장에서는 선대 왕 다윗과 후계자 솔로몬이 왕권의 안정을 위해 자신들이 지혜롭다고 생각하는 대로 조치를 취하는 모습이 소개되었습니다. 3장에서는 왕위에 오른 솔로몬이 최초로 행한 조치가 애굽과 동맹을 맺는 것이며, 왕권을 과시하기 위하여 건축공사를 시작하고, 제사를 통해 자신의 위엄을 자랑하는 모습이 소개되었습니다. 다윗과 솔로몬이 계획한대로 모든 것이 착착 진행되고 그 결과로 '솔로몬의 나라'가 '솔로몬의 손'에 견고하여졌다고 소개합니다. 3장 중간에 잠깐 하나님이 꿈에 나타나셨다는 이야기가 언급되고 이어서 4

장에는 다시 솔로몬의 행적이 나옵니다. 지금 열왕기상은 다윗 왕이 지혜로운 아들로 인정하여 뽑은 솔로몬이 과연 지혜롭게 행동하고 그 지혜의 결과로 나라가 강성하여 가는 모습을 보여주고 있습니다. 성경을 읽는 여러분은 지금 열왕기상이 다윗과 솔로몬을 잘했다고 칭찬하려고 이렇게 묘사해 가는지, 잘못했다고 책망하려고 이렇게 역설적으로 묘사해 가는지를 분별하셔야 합니다.

4장 1절부터 보시면 "솔로몬 왕이 온 이스라엘의 왕이 되었고 그의 신하들은 이러하니라"입니다. 이스라엘이 국가적 틀을 갖춘 것은 다윗부터입니다. 그래서 다윗시대부터 국가의 정치, 행정, 조세, 국방, 종교의 조직과 인사조치가 등장합니다. 재미있게도 다윗의 시대에는 군대 장관이 맨 먼저 나옵니다. 다윗 정권의 초기인 사무엘하 8장 16절 "스루야의 아들 요압은 군사령관이 되고 아힐룻의 아들 여호사밧은 사관이 되고 아히둡의 아들 사독과 아비아달의 아들 아히멜렉은 제사장이 되고"이고, 말기인 사무엘하 20장 23절은 "요압은 이스라엘 온 군대의 지휘관이 되고 여호야다의 아들 브나야는 그렛 사람과 블렛 사람의 지휘관이 되고"입니다. 많은 전쟁을 통해 영토를 확장하고 국가를 형성하던 시대이니 당연히 장군이 강조됩니다. 다윗 왕의 그런 공로 덕분에 나라가 안정되었기에 솔로몬의 조직에는 행정조직이 먼저 나옵니다. 더불어 다양한 직제가 등장하는데 3절의 '서기관'과 '사관', 4절의 '군사령관'과 '제사장', 5절의 '지방 관장의 두령', 6절의 '궁내대신'과 '노동 감독관'이 나오고, 7절부터 19절까지는 '지방 관장'으로 왕궁의 물품을 조달하는 업무가 소개됩니다. 누가 봐도 나라가 아주 튼튼해졌다는 것을 느낄 수 있습니다. 이렇게 조직이 잘 되어있다면 그 안에서는 어떤 일이 벌어지고 있을까요? 그 모습을 소개하는 것이 20절로 28절입니다.

부국강병

대체적으로 나라들은 위기를 강조하는 경향이 있는데 본문은 너무 대조가 되어서 읽기가 부담스럽기까지 합니다. 서로 이 나라로 이민가고 싶어할지도 모르겠습니다. 여하튼 20절 이하에 "유다와 이스라엘의 인구가 바닷가의 모래 같이 많게 되매 먹고 마시며 즐거워하였으며 솔로몬이 그 강에서부터 블레셋 사람의 땅에 이르기까지와 애굽 지경에 미치기까지의 모든 나라를 다스리므로 솔로몬이 사는 동안에 그 나라들이 조공을 바쳐 섬겼더라"입니다. 솔로몬의 나라가 단지 국내적으로만이 아니라 국제적으로도 강성한 위력을 떨치고 있습니다. 먹을 것도 풍성합니다. 22절은 "솔로몬의 하루의 음식물은 가는 밀가루가 삼십 고르요 굵은 밀가루가 육십 고르요 살진 소가 열 마리요 초장의 소가 스무 마리요 양이 백 마리이며 그 외에 수사슴과 노루와 암사슴과 살진 새들이었더라"입니다. 지금 본문이 솔로몬을 찬양하는 것일까요 조롱하는 것일까요?

사람들이 오해하게도 할 만한 표현들이 이어집니다. 24절로 28절 "솔로몬이 그 강 건너편을 딥사에서부터 가사까지 모두, 그 강 건너편의 왕을 모두 다스리므로 그가 사방에 둘린 민족과 평화를 누렸으니 솔로몬이 사는 동안에 유다와 이스라엘이 단에서부터 브엘세바에 이르기까지 각기 포도나무 아래와 무화과나무 아래에서 평안히 살았더라 솔로몬의 병거의 말 외양간이 사만이요 마병이 만 이천 명이며 그 지방 관장들은 각각 자기가 맡은 달에 솔로몬 왕과 왕의 상에 참여하는 모든 자를 위하여 먹을 것을 공급하여 부족함이 없게 하였으며 또 그들이 각기 직무를 따라 말과 준마에게 먹일 보리와 꼴을 그 말들이 있는 곳으로 가져왔더라"입니다. 참 대단합니다. 지금 본문이 솔로몬을 치하하는 것일까요 비웃는 것일까요?

사람이든 상황이든 무엇을 판단하려면 가장 먼저 정해야 하는 것이 기준입니다. 예를 들어 군인들이 행하는 열병식을 보면 무슨 생각이 드십니까? 위풍당당함, 일사 분란함, 멋지고 화려함이 느껴지십니까? 저는 개인적으로 대규모 집단행사를 보면 '억압과 통제'가 가장 먼저 떠오릅니다. 특히나 종교집단에서 단체로 나와서 일사분란하게 움직이는 모습을 보면 종교왜곡의 극치를 보는 것 같습니다. 가끔 어느 교회 홈페이지의 사진을 보면 예배를 드리는데 성도들이 줄을 칼같이 맞추어서 앉아있고 자세도 모두가 '차렷!' 자세입니다. 사진으로는 참 질서있고 멋있습니다. 그런데 저는 그런 사진을 보면 슬픕니다. 종교의 가장 본질은 인간의 자유와 평화와 안식입니다. 더 나아가 기독교의 본질, 성경에 나타난 하나님의 종교의 본질은 죄를 이기고 하나님의 은혜와 원리에 근거한 인간의 행복입니다. 그것도 특정인만의 행복이 아니고, 특정 민족이나 국가만의 행복이 아닙니다. 그래서 성경은 당연히 인간이 얼마나 번성하였는가, 인간의 공동체가 얼마나 부유하고 강성한가를 강조하지 않습니다.

4장 1절로 28절까지를 얼핏 살펴보았는데 솔로몬의 모든 정책이 백성을 위하는 것 같다는 생각이 드십니까? 솔로몬의 부귀영화가 백성들과 공유된 것이라는 느낌이 드십니까? 신명기 17장에서 하나님이 정해주신 왕의 제도와 일치하는 것 같습니까? 다윗은 통치 말년에 자신의 국가가 부국강성한 모습에 뿌듯함을 느꼈습니다. 그래서 직접 나라의 모습을 확인하기 위해 인구조사를 실시하였습니다. 다윗이 이루어 놓고 확인하고 싶어했던 모습에 대해 하나님은 함께 기뻐하신 것이 아니라 진노하셨습니다. 그 이유는 다윗이 하나님의 기준이 아니었고, 하나님의 기대하는 것과는 다른 것을 기대했기 때문입니다. 열왕기상 4장에서 솔로몬의 조치들과 업적들을 소개한 내용들은 세상 사람들이 생각하는 부국강병이요 국태민안입니다. 만약 성경이 이것을 강조하려고 했다면 진즉에 애굽을 칭찬했어야 합니다. 애굽은 훨씬 이전에 훨씬 더 크고 강성하고 문화적인 나라를 건설하였기 때문입니다. 또 장차 앗수르와 바벨론과 바사도 칭찬해야 합니다. 앗수르와 바벨론과 바사는 일개 국가의 규모를 넘어 전 세계를 상대하는 제국을 형성했기 때문입니다. 안타깝게도 솔로몬은 하나님으로 말미암아 행복한 나라가 아니라 자신의 지혜로 하나님이 없어도 되는 나라를 만들었습니다. 솔로몬의 나라와 솔로몬 왕을 조롱하는 성경의 절정이 29절 이하에 등장합니다.

솔로몬의 지혜

열왕기상의 위치

솔로몬의 지혜가 무엇인지, 솔로몬이 지혜롭게 행동하고 조치를 취한 사항들이 과연 칭찬인지 조롱인지를 분별하려면 솔로몬에 관한 내용이 기록되어 있는 열왕기상이 성경 내에서 어디에 위치하고 있는지를 파악해야 합니다. 열왕기상은 성경에 맨 처음에 나오는 책이 아니고 그렇다고 맨 나중에 나오는 책도 아닙니다. 맨 처음에는 당연히 창세기가 나오고 이어서 출애굽기와 레위기, 민수기, 신명기, 여호수아가 나오고 그 다음으로 사사기와 사무엘상하가 나오고 그 다음이 열왕기상입니다. 그렇다면 창세기부터 사무엘하까지에는 어떤 내용들이 있었는지를 알아야 하고, 과연 솔로몬이 앞의 내용들과 같은 선상에 있는지 아니면 다른 선상에 있는지를 알아야 합니다.

창세기의 가장 본질적인 내용은 1장과 2장에 나오는 하나님의 창조, 하나님의 은혜, 하나님의 축복입니다. 그런데 창세기 3장에서 인간이 범죄하여 창조의 모든 상황이 뒤틀어져 버립니다. 인간이 죄인이 되었습니다. 성경이 선언한 인간 문제의 본질은 바로 '죄'이고, 성경이 말하는 '죄'는 법적 용어가 아니라 하나님과의 관계에 관한 용어입니다. 죄인은 하나님에 대하여 모르는 사람입니다. 그래서 하나님이 죄인에게 취하신 조치가 징계나 형벌이 아니라 '계시'였습니다. 죄인의 문제가 바로 '하나님을 모르는 것'이기 때문에 죄 문제의 해결은 바로 '하나님을 아는 것'이기 때문입니다. 이때 죄인은 스스로 하나님을 알 수 없습니다. 하나님을 찾아나갈 수도 없고, 세상 어디에서도 하나님에 대하여 배울 수 있는 곳이 없습니다. 그러므로 당연히 죄인에게 하나님을 알게 하는 사역을 하나님이 담당하셨습니다.

하나님에 대하여 말이나 글로 설명해도 죄인이 알아들을 수가 없기에 하나님은 사건을 사용하셨습니다. 그 사건을 '계시 사건'이라고 하고, 계시 사건에는 세 가지 특징이 있었습니다. 첫 번째는 죄인들이 생각하기에 불가능해 보이는 일을 행하시는 것, 두 번째는 그 일을 죄인들이 생각하기에 불가능해 보이는 방법을 통해서 행하시는 것, 세 번째는 그 일을 그 방법으로 죄인들이 생각하기에 불가능해 보이는 사람을 통해서 행하시는 것입니다. 이와 같이 삼중으로 불가능해 보이는 일이 실제로 이루어질 때에 죄인들로 하여금 '아! 하나님은 말씀대로 행하실 수 있는 분이구나!'라는 것을 알게 하는 것입니다. 동시에 그 과정에 하나님의 성품, 하나님의 원리, 하나님의 마음, 기준, 가치, 개념 등을 풍성하게 드러내는 것입니다.

이러한 계시사역의 시작이 창세기 12장에서 하나님께서 아브람을 찾아와 세 가지 사역 즉 복이 되는 것, 민족을 이루는 것, 땅을 주는 것을 맹세로 선언하시는 것이고 그 완성이 여호수아 24장에서 드디어 이스라엘 민족이 가나안 땅에 정착하여 사는 것입니다. 여호수아서가 보여주는 이스라엘의 모습은 고대 근동에서 가장 큰 나라가 아니며, 가장 번성한 나라가 아니며, 가장 부유한 나라가 아니며, 가장 왕권이 강력한 나라가 아니며, 주변의 모든 나라로부터 조공을 받는 나라가 아니며, 행정조직과 조세 제도와 군사 체계가 정교하게 확립된 나라가 아닙니다. 하나님의 계시를 배운 이스라엘의 특징은 하나님을 아는 사람들이 하나님의 마음과 심정과 원리로 행동하여 자유와 평화와 안식가운데 하나님의 분복을 누리며 사는 모습입니다. 하나님이 없어도 될 만큼 강성한 나라가 아니라 하나님으로만 설명이 가능한 나라의 모습입니다.

하나님의 지혜

여기서 저와 여러분이 하나 꼭 점검해야 할 사항이 있습니다. 하나님께서 죄인들에게 하나님을 알려주셨고, 인간이 상호간에 행복하게 살 수 있는 원리를 알려주셨습니다. 이렇게 하나님이 알려주신 것 즉 하나님의 계시사건을 통해 나타난 하나님에 대한 지식, 인간의 행복의 원리 등 하나님이 주신 모든 내용을 통 털어 무엇이라고 부를까요? 성경에 이것에 해당하는 표현이 있을까요? 인간이 탐구하는 신에 관한 지식 말고, 인간이 만들어내고 경험으로 축적한 삶에 관한 교훈 말고, 인간이 꿈꾸고 기대하고 바라는 소망 말고 하나님이 알려주신 하나님에 대한 내용을 표현하는 기독교적 용어가 창세기 12장부터 여호수아 24장까지에 나올까요? 예, 나옵니다, 있습니다. 그런데 원래 성경이 사용한 용어를 사람들이 사용하면서 그 의미가 변질되어 버렸습니다. 잘못 사용한 것입니다. 그래서 사람들이 엉뚱하게 알고 있습니다. 하나님의 가르침을 히브리어로 읽으면 '토라'라고 합니다.

'토라'라는 말은 원래 '가르치다'라는 뜻의 동사에서 확장된 것으로 '가르쳐진 것'을 의미하고, 풀이하면 '지시, 교훈, 법령, 태도, 계명, 규례, 원리' 등이 됩니다. 이 '토라'를 유대교에서는 번역하지 않고 그냥 발음 그대로 '토라'라고 불렀고, 그 의미도 조금 변경했습니다. 우선 범위를 창세기부터 신명기까지의 다섯 권으로 축소시켰고, 그 개념도 하나님을 알리신 모든 내용이 아니라 하나님이 시내산에서 주신 십계명을 포함한 율법으로 축소시켰고, 그 용도도 하나님을 알게 된 하나님의 백성이 살아가는 삶의 원리를 하나님의 은혜를 받을 수 있는 방법으로 변질시켰습니다. 안타깝게도 많은 성도님들도 '토라'라고 하면 성경의 원래적 의미보다는 유대인들이 사용하는 토라의 용례를 먼저 떠 올립니다. 이것을 바로 잡아야 솔로몬에게 주신 지혜가 과연 어떤 차원인지를 바르게 분별할 수 있습니다.

가장 먼저 용어를 정리하겠습니다. 저와 여러분이 새로운 용어를 만들어

낼 수는 없습니다. 이미 성경에 자주, 많이 등장하는 용어 즉 '토라'를 그대로 사용하겠습니다. 우리 말 성경에는 '토라'라고 음역되어있지 않고 대표적으로는 '율법'으로, 기타로는 '계명, 규례' 등으로 번역되어 있습니다. 만약 저에게 번역하라고 한다면 문자적이기 보다는 의미적으로 번역해서 하나님의 가르침임이 드러날 수 있도록 '계시 또는 진리'라고 하겠습니다. 그러나 저에게 번역할 수 있는 기회가 오지 않을 것이 분명하기에 용어는 '토라'라고 부르겠지만 지금부터 저와 여러분은 '토라'의 의미, 토라의 개념을 바르게 정리하기를 원합니다. 지금까지 무의식적으로 사용하던 유대교적 개념이 아니라 성경적 개념으로 전환하셔야 합니다. 토라는 유대인들이 말하는 창세기부터 신명기까지의 책을 의미하는 것이 아니라, 십계명 등 하나님이 지키라고 주신 명령이나 규례를 의미하는 것이 아니라, 지키면 복을 받고 어기면 벌을 받는 수단이 아니라, 토라는 '하나님이 계시하신 하나님에 관한 내용과 인간이 행복을 누리며 살아가는 하나님의 원리'입니다.

토라의 특징

토라의 특징을 간단하게 세 가지만 살펴보면 첫째, 당연히 이 토라는 하나님으로 기인한 것입니다. 하나님의 계시요 하나님의 진리이기 때문에 하나님이 주신 것입니다. 하나님 이외에 어떤 인간도 첨가한 것이 없고 시대나 상황이 달라졌다고 개정한 적이 없습니다. 예수님조차도 토라를 개정하거나 추가하지 않고 온전히 완성하러 오셨다고 선언하셨습니다. 둘째, 토라는 죄를 이기는 것입니다. 참으로 많은 사람이 이것을 놓칩니다. 토라를 순종하면, 토라대로 살면 부자가 되는 것이 아니라 죄를 이기게 됩니다. 토라는 하나님의 말씀이기에 하나님의 말씀으로 죄를 이기고, 하나님의 말씀으로 살았기에 하나님의 열매 즉 사랑과 희락과 화평과 오래참음과 자비와 양선과 충성과 온유와 절제가 맺어지게 됩니다. 이것이 행복한 삶의 모습입니다. 제발 엉뚱한 것을 구하지 말고, 미련한 것을 기대하지 마시기 바랍니다.

셋째, 토라는 완성된 것입니다. 하나님의 계시와 진리는 이미 온전하고 충분하게 주어졌습니다. 이와 관련해서 가장 중요한 구절이 신명기의 말씀입니다. 4장 1절로 2절에 "이스라엘아 이제 내가 너희에게 가르치는 규례와 법도를 듣고 준행하라 그리하면 너희가 살 것이요 너희 조상의 하나님 여호와께서 너희에게 주시는 땅에 들어가서 그것을 얻게 되리라 내가 너희에게 명령하는 말을 너희는 가감하지 말고 내가 너희에게 내리는 너희 하나님 여호와의 명령을 지키라"입니다. 또 5절로 6절에 "내가 나의 하나님 여호와께서 명령하신 대로 규례와 법도를 너희에게 가르쳤나니 이는 너희가 들어가서 기업으로 차지할 땅에서 그대로 행하게 하려 함인즉 너희는 지켜 행하라 이것이 여러 민족 앞에서 너희의 지혜요 너희의 지식이라 그들이 모든 규례를 듣고 이르기를 이 큰 나라 사람은 과연 지혜와 지식이 있는 백성이로다 하리라"입니다. 이어서 8절 "오늘 내가 너희에게 선포하는 이 율법과 같이 그 규례와 법도가 공의로운 큰 나라가 어디 있느냐 오직 너는 스스로 삼가며 네 마음을 힘써 지키라 그리하여 네가 눈으로 본 그 일을 잊어버리지 말라 네가 생존하는 날 동안에 그 일들이 네 마음에서 떠나지 않도록 조심하라 너는 그 일들을 네 아들들과 네 자손들에게 알게 하라"입니다.

이미 하나님은 이스라엘에게, 죄인들에게, 온 인류에게 토라를 주셨습니다. 그리고 선언하기를 이것이 '너희의 지혜요 너희의 지식'이라, '가감하지 말라', '행하며 살라'고 선언하셨습니다. 이미 주셨기에, 완성하셨기에, 가감하지 말라고 하셨기에 실제로 하나님은 더 이상의 말씀을 주신 적이 없습니다. 또 당연히 더 이상 말씀을 주실 이유가 없고, 만약 더 이상의 말씀을 주시면 이미 주어진 토라가 완성되지 않은 것이요, 부족한 것이요, 모자란 것이요, 결핍된 것이 되어버립니다. 그렇다면 진리가 될 수 없습니다. 하나님은 이미 인간이 죄를 이길 수 있는 계시, 진리, 말씀, 가르침, 지혜,

지식을 주셨습니다.

솔로몬의 지혜

이제 열왕기상 1장부터 4장까지의 이야기가 정리가 될 수 있습니다. 다윗이 하나님의 뜻과는 무관하게 솔로몬을 후계자로 선택한 이유는 솔로몬이 '지혜로운 사람'이었기 때문입니다. 그래서 솔로몬의 모든 일들은 지혜와 연관되어 전개가 되었습니다. 다윗과 솔로몬의 의도와 대조되는 것이 바로 하나님의 꿈 사건입니다. 하나님은 꿈을 통해 솔로몬이 지혜롭기를 원한 것이 아니며, 부하거나 장수하거나 강건하기를 원하신 것이 아니라 단 하나 '듣기를' 즉 '하나님의 말씀을 듣기'를 기대하셨습니다. 이미 다윗과 솔로몬이 자신들이 생각하는 가장 지혜로운 방법을 동원하고 있기에 하나님은 꿈을 통해 하나님의 기대와 바람을 표현하셨습니다. 이미 하나님께서 토라를 주셨기에 토라를 따라 행하면 왕권이 강건하고 나라가 부강하고 백성이 화평할 것이기에 그 하나님의 말씀을 듣기를 간절히 바라셨습니다. 그런데 솔로몬의 조치들은 하나님의 나라에 걸맞지 않게, 하나님의 왕에 걸맞지 않게, 하나님의 기대에 걸맞지 않게 온통 자기의 지혜로 가득찼습니다. 바로 이때 하나님이 행하신 일이 29절입니다.

4장 29절을 보시면 "하나님이 솔로몬에게 지혜와 총명을 심히 많이 주시고 또 넓은 마음을 주시되 바닷가의 모래 같이 하시니"입니다. 이런 구절이 있으니까 많은 사람들이 '솔로몬이 하나님으로부터 지혜를 받았다'고 생각합니다. 물론 솔로몬이 지혜를 받았습니다. 그런데 그 지혜가 무엇인지를 꼭 분별해야 합니다. 하나님은 이미 인간에게 필요한 계시를 주셨습니다. 단지 주신 정도가 아니라, 일부분만 주신 것이 아니라 완전하게 주셨습니다. 더 이상이 없습니다. 그러니 지금 솔로몬에게 주신 지혜는 그 동안 하나님이 인간에게 주셨던 지혜에 추가하여 더 풍성하게, 더 온전하게, 특별히 솔로몬에게 주신 것이 절대로 아닙니다. 다윗을 이어 왕이 되었으니 더 나라를 잘 다스리라고, 온 백성을 더 평안하고 행복하게 해 주라고, 어려운 난관을 더 쉽게 극복하라고 하나님이 특별히 솔로몬에게 신앙적 지혜를 선물로 주신 것이 절대로 아닙니다. 단지 안 주신 것이 아니라 이미 인간에게 필요한 모든 지혜를 알려 주셨기에 그런 것 자체가 존재하지 않습니다.

그럼 여러분은 '도대체 솔로몬이 받은 지혜가 무엇이냐?'를 궁금해 하실 것입니다. 하나님이 솔로몬에게 주신 지혜에 대하여 설명해주는 것이 30절 이하입니다. "솔로몬의 지혜가 동쪽 모든 사람의 지혜와 애굽의 모든 지혜보다 뛰어난지라 그는 모든 사람보다 지혜로워서 예스라 사람 에단과 마홀의 아들 헤만과 갈골과 다르다보다 나으므로 그의 이름이 사방 모든 나라에 들렸더라"입니다. 첫째, 솔로몬의 지혜가 다른 나라의 지혜 그리고 다른 사람의 지혜와 비교되고 있습니다. 애굽은 전통적으로 강대국입니다. 특별히 이미 애굽은 정치, 문화, 종교, 학술 등 다양한 분야에서 강대국입니다. 솔로몬이 활동하기 약 500년 전 즉 모세가 애굽에 있을 때에도 이미 교육이 발달했습니다. 그래서 사도행전 7장 22절 "모세가 애굽 사람의 모든 지혜를 배워 그의 말과 하는 일들이 능하더라"고 했습니다. 동쪽은 일반적으로 갈대아 지역 또는 메소포타미아 지역으로 전통적으로 지혜가 발달한 곳입니다. 유사한 패턴으로 솔로몬의 지혜가 다른 사람의 지혜와 비교되고 있습니다. 에단, 헤만, 갈골, 다르다는 당시 최고의 현자로 알려진 사람들입니다. 애굽이나 동쪽의 나라들과 비교되는 지혜라면 세상의 지혜와 다른 차원이겠습니까 동등차원이겠습니까? 당연히 동등차원입니다. 동등한 차원이 아니면 비교가 되지 않습니다. 용어를 분별하셔야 하는데, 하나님이 죄인들에게 주신 계시나 진리는 '토라'라고 부르고, 인간들이 알아내고 연구하고 경험하고 모으는 지식이나 정보는 '지혜'라고 부릅니다. 열왕기상 4장에서 하나님이 솔로몬에게 주신 것은 바로 그 '지혜'일 뿐입니다.

하나님은 창세기부터 여호수아서에 이르기까지 계시적 사건을 통해 죄를 이기는 토라를 주셨는데, 다윗과 솔로몬이 하나님의 말씀을 따르지 않고 지혜로운 사람을 선택하고 지혜로운 조치들을 행하자 하나님께서는 3장에서 지혜가 아니라 '하나님 말씀을 듣는 것'을 기대하셨고, 그래도 3장에서 솔로몬이 자신의 지혜를 따라 행동하자 4장에서 솔로몬이 좋아하고 강조하고 의지하는 '지혜와 총명'을 심히 많이 주시되 바닷가의 모래 같이 주시는 것입니다. 축복의 선물이 아니라 조롱의 선물입니다. '그래 네가 원하는 것을 다 가져봐라. 지혜가 있으면 부국강병과 국태민안을 이룰 수 있을 것이라고? 그렇다면 한번 세상에서 가장 지혜를 많이 가져봐라. 과연 그 지혜로 부국강병과 국태민안을 이룰 수 있는지 해봐라?'는 의미입니다. 그래서 이전에 주신 토라는 '하나님의 지혜'이고 솔로몬이 받은 것은 '솔로몬의 지혜'입니다. 솔로몬의 지혜 즉 사람의 지혜이기에 다른 나라와 다른 사람과 비교가 되는 것입니다.

박학다식의 지혜

솔로몬의 지혜에 대한 설명 두 번째가 32절입니다. "그가 잠언 삼천 가지를 말하였고 그의 노래는 천다섯 편이며 그가 또 초목에 대하여 말하되 레바논의 백향목으로부터 담에 나는 우슬초까지 하고 그가 또 짐승과 새와 기어 다니는 것과 물고기에 대하여 말한지라"입니다. 솔로몬의 지혜에 대한 차원이 매우 단순합니다. 말 그대로 백과사전식이요 박학다식입니다. 34절도 마찬가지입니다. "사람들이 솔로몬의 지혜를 들으러 왔으니 이는 그의 지혜의 소문을 들은 천하 모든 왕들이 보낸 자들이더라"입니다. 여러분, 천하의 모든 왕들이 솔로몬에게 사람을 보내서 무슨 가르침을 배우겠습니까? 예를 들어, 솔로몬이 왕의 덕목 세 가지에 대하여 가르치면서 신명기 17장의 규례 즉 '왕은 왕권의 강화를 위하여 아내를 많이 두지 말고, 말을 많이 두지 말고, 은금을 많이 두지 말라'고 말하면 사신들이 잘 배워서 자기네 나라의 왕들에게 전달하고, 왕들은 과연 지혜로운 왕의 지혜로운 가르침이라고 따를까요? 어림도 없는 소리입니다. 그렇다면 반대로 사람들이 솔로몬에게 와서 묻는 내용이 무엇이겠습니까? 하나님에 관한 것일까요 아닐까요? 당연히 아닙니다. 솔로몬의 잠언으로 죄를 이길 수 있습니까? 초목에 대해, 짐승과 새와 기어 다니는 것과 물고기에 대한 지혜로 죄를 이길 수 있습니까? 당연히 아닙니다.

하나님이 솔로몬에게 기대하셨던 지혜와 솔로몬의 의지하고 강조한 지혜가 어떻게 다른지를 대조하여 보여주는 것이 3장과 4장입니다. 3장에서 하나님이 꿈을 통해 하나님의 말씀을 들을 것 즉 하나님의 지혜, 계시, 진리, 토라를 들을 것을 기대하셨습니다. 하나님의 말씀을 들으면 그 결과가 3장 16절로 28절의 재판입니다. 28절에 "하나님의 지혜가 그의 속에 있어" 입니다. 하나님의 지혜를 따르니까 백성의 갈등과 분쟁을 해결하고 억울함을 풀어주고 평화와 안식을 줍니다. 대조적으로 4장 30절 '솔로몬의 지혜가', 34절 '사람들이 솔로몬의 지혜를 들으러'입니다. 그 결과가 4장 전체의 조치 즉 왕권의 강화, 왕궁의 풍성함, 왕의 자랑 등 백성은 온데 갖데 없고 오직 왕만 드러나는 것입니다. 과연 이 백성이 자유와 평안과 행복을 누릴까요? 솔로몬의 생애가 앞으로도 5장부터 11장까지 이어질 것인데 저와 여러분은 이미 그 결과를 다 예상할 수 있습니다.

종종 오늘날의 기독교가 참 어이없다는 생각이 듭니다. 말씀은 온통 하나님의 말씀이라고 강조하고, 하나님의 말씀대로 살라고 강조하면서 정작 그 결과는 하나님의 열매가 아니라 세상의 기준을 들이댑니다. 그래서 솔로몬의 부귀영화를 그렇게 좋아합니다. 최소한 저와 여러분은 엉뚱한 소리 하지 말고, 엉뚱한 판단 하지말고, 엉뚱한 기대 하지말고 하나님의 말씀대로 살아서 죄를 이기고 하나님의 은혜와 분복을 누리기를 원합니다. 솔로몬의 지혜를 갖게 해달라는 이상한 기도하지 말고 이미 주신 하나님의 지혜로 자유와 평화와 안식을 누리는 성도의 삶을 구현하시기를 주님의 이름으로 축원합니다.

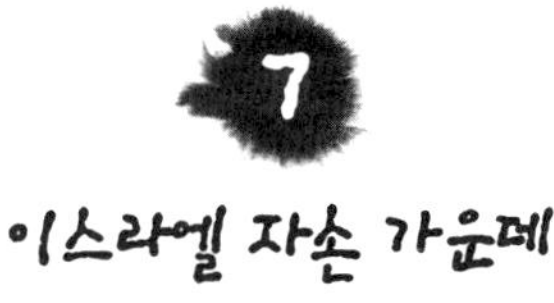

이스라엘 자손 가운데

열왕기상 6:1~13

1 이스라엘 자손이 애굽 땅에서 나온 지 사백팔십 년이요 솔로몬이 이스라엘 왕이 된 지 사 년 시브월 곧 둘째 달에 솔로몬이 여호와를 위하여 성전 건축하기를 시작하였더라 2 솔로몬 왕이 여호와를 위하여 건축한 성전은 길이가 육십 규빗이요 너비가 이십 규빗이요 높이가 삼십 규빗이며 3 성전의 성소 앞 주랑의 길이는 성전의 너비와 같이 이십 규빗이요 그 너비는 성전 앞에서부터 십 규빗이며 4 성전을 위하여 창틀 있는 붙박이 창문을 내고 5 또 성전의 벽 곧 성소와 지성소의 벽에 연접하여 돌아가며 다락들을 건축하되 다락마다 돌아가며 골방들을 만들었으니 6 하층 다락의 너비는 다섯 규빗이요 중층 다락의 너비는 여섯 규빗이요 셋째 층 다락의 너비는 일곱 규빗이라 성전의 벽 바깥으로 돌아가며 턱을 내어 골방 들보들로 성전의 벽에 박히지 아니하게 하였으며 7 이 성전은 건축할 때에 돌을 그 뜨는 곳에서 다듬고 가져다가 건축하였으므로 건축하는 동안에 성전 속에서는 방망이나 도끼나 모든 철 연장 소리가 들리지 아니하였으며 8 중층 골방의 문은 성전 오른쪽에 있는데 나사 모양 층계로 말미암아 하층에서 중층에 오르고 중층에서 셋째 층에 오르게 하였더라 9 성전의 건축을 마치니라 그 성전은 백향목 서까래와 널판으로 덮었고 10 또 온 성전으로 돌아가며 높이가 다섯 규빗 되는 다락방을 건축하되 백향목 들보로 성전에 연접하게 하였더라 11 여호와의 말씀이 솔로몬에게 임하여 이르시되 12 네가 지금 이 성전을 건축하니 네가 만일 내 법도를 따르며 내 율례를 행하며 내 모든 계명을 지켜 그대로 행하면 내가 네 아버지 다윗에게 한 말을 네게 확실히 이룰 것이요 13 내가 또한 이스라엘 자손 가운데에 거하며 내 백성 이스라엘을 버리지 아니하리라 하셨더라

솔로몬의 행동

하나님의 지혜

솔로몬은 교회를 다니는 사람이나 안 다니는 사람이나 관계없이 모든 인류에게 지혜의 사람으로 알려져 있습니다. 이때 솔로몬에 대해서는 교회 안 다니는 사람들이 더 정확하게 알고 있습니다. 일반인들에게 솔로몬은 박학다식한 사람이요, 현명하고 똑똑하고 지혜로운 사람입니다. 여기까지가 맞습니다. 성경도 여기까지만 이야기합니다. 하나님이 솔로몬에게 지혜를 주셨는데 그 지혜는 세상의 이런 저런 주제에 관한 내용이었습니다. 그래서 성경은 솔로몬의 지혜를 동쪽 모든 사람의 지혜와 애굽의 모든 사람의 지혜와 비교하여 뛰어나다고 설명하고, 그가 잠언 즉 삶의 교훈에 대해 삼천 가지를 말하였고 노래를 지었다고 설명하고, 또 초목에 대하여, 짐승과 새와 기어 다니는 것과 물고기에 대하여 말하였다고 소개합니다. 실제로 솔로몬이 지은 잠언 삼천 가지 중의 일부가 잠언서에 나오는데 읽어 보면 세상의 지혜, 카네기의 처세술, 성공하는 사람의 몇 가지 법칙과 다를 것이 없습니다. 그런데 성도들은 밑도 끝도 없이 솔로몬은 '하나님에 대한 지혜', '신앙이나 믿음과 관계된 지혜'도 가지고 있는 것으로 착각합니다. 말 그대로 착각입니다.

인간이 죄인이 되었을 때 하나님은 이미 모든 인류에게 지혜롭게 사는 원리, 행복하게 사는 지혜, 자유롭게 사는 교훈을 알려주셨습니다. 그것을 히브리어로는 '토라'라고 하고, 신학적으로는 '계시 또는 진리'라고 하는데 성경에는 '율법, 규례, 법도' 등으로 번역되어 있습니다. 이미 하나님이 진리를 주셨기에 계속하여 '율법을 따르라, 규례를 지켜라, 법도대로 행하라'고 권면해 오셨습니다. 만약 하나님이 진리를 주시지 않았다면 '하나님의 말씀에 순종하라'고 하실 수가 없고, 이스라엘이 '하나님을 떠났다'거나 '하나님을 버렸다'고 나무라실 수가 없습니다. 솔로몬은 하나님에 대하여,

신앙에 대하여 특별한 것을 받은 적이 없고, 새로운 것을 받은 적이 없습니다. 당연히 없어야 합니다.

하나님은 한 때는 일을 하실 때에 사람을 세우셨습니다. 아브라함을 부르셨고 모세를 세우셨고 여호수아를 세우셨습니다. 하나님이 아브라함에게 약속하신 내용이 여호수아와 함께 이스라엘이 가나안에 정착함으로 완성되었습니다. 그래서 여호수아가 죽은 다음에는 후계자를 세우지 않습니다. 다만 사사기에서 이스라엘이 하나님을 떠나 어리석은 결과를 당하고 있을 때에 '하나님이 하시면 된다'는 것을 가르치기 위해서 사람들의 생각에 가장 가능성이 없어 보이는 사람을 사사로 세워서 잠깐 하나님의 일하심을 보여주셨을 뿐입니다. 사사기의 마지막에서 이스라엘 백성들은 '왕이 없음'을 문제로 인식하고 드디어 사무엘시대에 하나님께 왕을 요구했습니다. 하나님은 이스라엘이 왕을 요구하는 것에 대해 '하나님을 버리는 것'이라고 선언하셨습니다. 그러므로 하나님은 하나님대신 왕을 세워주신 것이 아닙니다. 이제 하나님이 손을 떼시고 대신하여 쓸 만하고 똑똑한 왕이 세워지면 이스라엘이 좋은 나라, 번성한 나라, 행복한 나라가 될 것으로 기대하신 것이 아닙니다.

하나님의 사람

하나님은 사무엘이 사사가 되면, 다윗이 왕이 되면 마음이 놓이신 것이 아닙니다. 하나님은 태초부터 지금까지 하나님이 인간의 책임자요 보호자라고 선언하셨지 어떤 특정한 인물이 있으면 그에게 하나님의 사역을 맡기고 믿음직스러워 하신 적이 없습니다. 인간이 죄인이 된 이후 모든 인간이 죄인이라는 차원에서 동일하기에 하나님이 맡기실 만한 특정한 인물, 탁월한 사람, 훌륭한 인간이 존재하지 않기 때문입니다. 그래서 하나님께서 사람을 세우신 적이 있지만 단 한번도 '그 사람을 의지하라, 그 사람을 따르라, 그 사람이면 하나님도 안심이 된다'고 말씀하신 적이 없습니다.

다른 한편으로 하나님은 하나님이 세우신 사람의 특성에 대해서 강조하신 적이 없습니다. 모세를 세우시면서 모세가 애굽에서 사십 년간 왕자로서 당시의 고등교육을 받은 인재임을 칭찬하신 적이 없고, 광야에서 미디안 종교 제사장의 사위로서 다양한 종교경험을 쌓은 것이 장차의 사역에 유용하게 사용될 스펙이라고 격려하신 적이 없습니다. 여호수아를 세우실 때에도 모세와 비교하여 젊음과 용감함이 장점이라고 말씀하신 적이 없으며, 기드온을 세우신 후에도 너무하다 싶을 정도로 하나님께 시험에 시험을 요구하는 신중함과 차분함이 장차 큰일을 할 만한 자질을 갖춘 것으로 인정해 주신 적이 없으며, 삼손을 세우신 후에도 힘 하나 만큼은 세상 어디에 내놓아도 뒤지지 않으니 블레셋이 아무리 쳐들어와도 걱정이 되지 않는다고 마음 든든해하신 적이 없습니다.

이렇게 사역을 진행해 오신 하나님께서 갑자기 솔로몬에게는 돌변하실 리가 없습니다. 하나님께서 특정한 사람 솔로몬에게 특정한 지혜를 주시면서 그 사람이 그 지혜로 백성을 잘 다스릴 것으로 기대하실 리가 없습니다. 만약 하나님께서 그렇게 기대하시고 그렇게 행하셨다면 그 동안 하나님이 해 오신 일들은 모두 헛것이며, 이전에 하나님께서 인간에게 주신 계시나 진리는 가치가 소멸되어 버리고 맙니다. 그러면 저와 여러분도 성경을 읽고 배우려고 애쓸 필요가 없고, 말씀대로 살려고 마음먹을 필요도 없습니다. 대신 백향목부터 우슬초에 대한 지혜와 짐승과 새와 기어 다니는 것과 물고기에 대하여 배우는 것이 나을 것입니다. 하나님은 이미 토라 즉 '계시와 진리'를 주셨기에 솔로몬에게 꿈으로 나타나서 이미 주신 '하나님의 말씀을 듣기'를 간절히 기대하심을 알려주셨을 뿐입니다.

하나님이 솔로몬에게 지혜를 주신 것의 전후 문맥을 잘 파악해야 합니다. 다윗이 자신의 후계자로 '지혜로운 아들'을 선택했을 때에 하나님은 너무나 세상적이고 인간적인 선택에 대해 안타까워하시면서, 과연 인간의 기준에 의한 행동이 얼마나 어리석고 미련한 결과를 낳게 될 것인지를 보여

주기 위해서 역설적으로 인간이 원하고 바라는 지혜를 듬뿍 부어주셨고, 솔로몬의 행동은 온통 세상 지혜 또는 인간적인 지혜와 연결되어 소개가 되는 것입니다. 성경이 솔로몬에 대하여 지혜라는 표현을 사용하는 것은 이스라엘의 어리석은 선택에 대한 조롱입니다. 대신 조롱을 너무 우아하게 해서 사람들이 조롱인 줄 눈치 채지 못할 정도입니다.

지혜로운 사람

오늘 본문이 열왕기상 5장부터 7장인데 5장에 성전 건축을 준비하는 과정에서 하이 코메디가 하나 등장하고, 6장과 7장에서 성전을 건축하는 과정에서 하이 코메디가 또 하나 등장합니다. 이미 결론을 말씀드렸습니다. 하이 코메디이기 때문에 아주 우아한 조롱이라는 것을 아시고 어디에서 어떻게 표현되어 있는지를 발견해 보시기 바랍니다. 먼저 5장에는 성전 건축을 위해서 솔로몬이 두로의 히람 왕과 협상하는 내용이 소개되어 있습니다. 2절에 보면 "이에 솔로몬이 히람에게 사람을 보내어 이르되"이고 3절로 6절까지가 솔로몬이 제안한 내용입니다. 7절에 보면 "히람이 솔로몬의 말을 듣고 크게 기뻐하여 이르되"이고 7절로 9절까지가 히람의 대답입니다. 히람이 하는 말의 서두는 솔로몬에 대해 '다윗의 지혜로운 아들'입니다. 지혜로운 사람 솔로몬과 평범한 사람 히람의 협상에서 누가 주도권을 잡을까요?

여기서 정말 재미있는 것은 지혜의 왕 솔로몬이 제안한 내용이 전혀 지혜롭다고 소개되지 않는 히람에 의해서 철저하게 조정된다는 사실입니다. 벌목하는 작업에 대해서 솔로몬이 6절에서 '레바논에서 백향목을 베어내게 하소서 내 종과 당신의 종이 함께 할 것이요'라고 제안하는데 히람은 9절에 '내 종이 레바논에서 바다로 운반하겠고 내가 그것을 바다에서 뗏목으로 엮어 당신이 지정하는 곳으로 보내서'입니다. 솔로몬은 사람을 보내겠다고 하는데 히람은 이스라엘 사람을 받지 않겠다고 한 것입니다. 히람은 솔로몬의 제안에 대해 이스라엘 백성을 자기 나라로 침투시키는 것으로 간주하고 미리 차단한 것 같습니다. 벌목 작업을 하는 비용에 대해서도 솔로몬이 6절에 '당신의 종의 삯을 당신에게 드리리이다'라고 제안하는데 히람은 9절에서 '나의 궁정을 위하여 음식물을 주소서'라고 합니다. 두로 지역은 이스라엘에 비해 곡식이 부족하였기 때문에 돈보다는 식량을 요구한 것입니다. 협상과 거래가 이루어져서 그 결과 솔로몬이 받은 것은 10절 "솔로몬의 모든 원대로 백향목 재목과 잣나무 재목을 주매"이고 히람이 받은 것은 11절 "솔로몬이 히람에게 그의 궁정의 음식물로 밀 이만 고르와 맑은 기름 이십 고르를 주고 해마다 그와 같이 주었더라"입니다. 누가 남는 장사를 했을까요? 12절을 보시면 "여호와께서 그의 말씀대로 솔로몬에게 지혜를 주신 고로"라고 나옵니다. 솔로몬이 천하의 가장 지혜로운 자이니까 거래할 때도 가장 남는 장사를 했을 것 같습니다.

계산서를 확인해 보겠습니다. 무턱대고 계산서를 보면 도대체 얼마를 주고받았는지 가늠이 되지 않으니까 비교를 해드리면 도움이 될 것입니다. 4장 22절에 보면 "솔로몬의 하루의 음식물은 가는 밀 가루가 삼십 고르요 굵은 밀가루가 육십 고르요"이기에 그것을 일 년치로 따져보면 일 년에 밀이 '3만 3천 고르'입니다. 그런데 솔로몬이 히람에게 준 밀가루가 매년 '2만 고르'입니다. 자기 수입의 삼분의 이에 해당하는 분량입니다. 솔로몬이 이것을 자기의 소득에서 주었을까요? 아마도 자기의 생활에 드는 것은 그것대로 거두어들이고 히람에게 주어야 할 것은 또 거두었을 것이기에 백성들은 왕궁에 매년 밀 오만 고르를 바쳐야 했을 것입니다. 솔로몬 덕분에 두로는 식량문제를 해결했습니다. 과연 누가 남는 장사를 했습니까? 과연 누가 백성을 위한 정책을 시행하였습니까? 과연 누가 지혜로운 것입니까? 성경은 솔로몬에 대해서 '솔로몬의 지혜가 고작 이거냐!'라고 말하고 있습니다.

지혜로운 조치

5장 13절을 보면 "이에 솔로몬이 온 이스라엘 가운데서 역군을 불러일으키니 그 역군의 수가 삼만 명이라 솔로몬이 그들을 한 달에 만 명씩 번갈아 레바논으로 보내매 그들이 한 달은 레바논에 있고 두 달은 집에 있으며"입니다. 이 역군들의 신분에 대해 열왕기상 9장 22절에는 "다만 이스라엘 자손은 솔로몬이 노예를 삼지 아니하였으니"라고 나옵니다. 그래서 학자들은 이스라엘 백성들은 노역에 동원되어 한 달 일하고 두 달 집에 있는 출퇴근 노역을 했고, 이방 사람들은 노예의 신분으로 공사기간 내내 일한 것으로 판단하고 있습니다. 여하튼 백성들의 상당수가 상당기간 동안 노역에 동원되었습니다. 이 건축물이 지어짐으로 인해 백성들에게 유익한 것은 하나도 없습니다. 그럼에도 불구하고 전적으로 남을 위한 건축 공사에 동원되었고, 그 기간이 성전을 짓는데 칠년 그리고 왕궁을 짓는데 십삼 년 총 자그마치 이십 년입니다. 아무리 출퇴근으로 노역을 했다고 하지만 삼 개월마다 한 달씩 이십 년 동안 노역을 하면 이 상황을 좋다고, 괜찮다고, 견딜만하다고, 지혜로운 왕 덕분에 너무 행복하다고 여길 사람은 하나도 없습니다. 과연 솔로몬이 지혜로운 왕이요, 지혜로운 정책을 시행하고 있습니까? 이렇게 지혜로운 왕에 의해 백성들이 자유와 평화와 안식을 누리고 있습니까?

건축 공사

성전 공사

6장에는 성전에 대하여 그리고 7장에는 왕궁에 대하여 건축하는 장면이 묘사되어 있습니다. 이것도 아주 재미있습니다. 열왕기상 1장부터 3장까지는 솔로몬이 왕으로 등극한 초기의 상황이고, 6장은 솔로몬이 왕이 된지 사년이라고 알려줍니다. 약 삼 년의 시간이 흘렀는데 하나님은 3장에서 솔로몬이 왕위 등극을 과시하기 위하여 종교적 축제를 행할 때 잠깐 꿈으로만 나타나셨을 뿐입니다. 초기 왕권의 안정과 국가적 안정을 위한 행정조직 개편을 다 완료한 후에 솔로몬이 드디어 성전 건축을 시작합니다. 2절에 의하면 성전의 규모는 '길이가 육십 규빗, 너비가 이십 규빗, 높이가 삼십 규빗'입니다. 규빗은 팔꿈치에서 손가락까지를 의미하는데 대략적으로 짧게는 삼십 센티미터부터 길게는 사십오 센티미터 정도라고 알려져 있습니다.

성경의 표현대로만 보면 아마 규모가 가늠이 안 되실 것 같아서 이것도 비교할 만한 자료를 제공해 드리겠습니다. 성경에서 성전이 처음으로 짓는 건물이 아닙니다. 솔로몬이 성전을 짓기 전과 지은 후에 여러 차례 무엇인가를 짓는 것에 관한 기록이 있습니다. 성경에 등장하는 몇 가지 건축물 또는 조각물의 규모를 예를 들어보겠습니다. 맨 처음 등장하는 것이 노아의 방주인데 '길이는 삼백 규빗, 너비는 오십 규빗, 높이는 삼십 규빗'입니다. 두 번째가 성막인데, 성막 자체로는 '길이가 삼십 규빗, 너비는 십 규빗, 높이는 십 규빗'으로 아주 조그마하고, 안뜰을 포함하면 '길이가 백 규빗, 너비가 오십 규빗, 높이가 십 규빗'입니다. 세 번째가 솔로몬의 성전으로 이미 말씀드린 대로 '길이가 육십 규빗, 너비가 이십 규빗, 높이가 삼십 규빗'입니다. 네 번째가 솔로몬의 왕궁인데 '길이가 백 규빗, 너비가 오십 규빗, 높이가 삼십 규빗'입니다. 그리고 건축물에 대한 언급은 있지만 규모가 언급되지 않은 것으로 에스겔의 환상에 등장하는 성전과 이스라엘이 포로에서 돌아온 후에 건축한 스룹바벨 성전 그리고 신약에 등장하는 헤롯이 지은 성전 등이 있습니다.

규모가 언급된 것에 대해서만 비교를 해보면 방주가 가장 컸고 그 다음이 솔로몬의 왕궁이었고 그 다음이 성전이었고 가장 작은 것이 성막이었습니다. 성막보다 두 배 정도 큰 것이 성전이고, 성전보다 네 배 정도 큰 것이 왕궁이었습니다. 성전을 오늘날의 도량형으로 환산을 해보면 가로 27미터, 세로 9미터, 높이 13.5미터가 됩니다. 하지만 성전 앞에 현관이 있고, 삼층으로 지어졌고, 성전을 돌아가면서 전체에 방들이 있었기에 성전과 관계된 전체 건축물은 꽤 컸을 것으로 보입니다. 물론 고대 그리스의 여러 신전들과 비교하면 솔로몬의 성전은 아주 작습니다. 하지만 시대와 지형과 건축 양식을 고려해야 할 것이고, 분명한 것은 성전보다는 왕궁이 훨씬 컸다는 사실입니다. 왕궁이 컸으니 당연히 건축하는 시기도 오래 걸립니다. 성전을 건축하는 데는 칠년 반이 걸렸고, 왕궁을 건축하는 데는 십삼 년이 걸렸습니다. 7장 8절에 의하면 솔로몬의 왕궁에는 바로의 딸을 위한 집도 포함되어 있는 것 같습니다.

성경의 묘사

성경을 자주 보면 성경이 사건을 묘사하는 일정한 패턴이 있다는 것을 발견할 수 있습니다. 솔로몬의 건축이 5장부터 7장에 기록되어 있고 그 중간인 6장에 하나님이 등장하여 한 말씀을 하십니다. 이러한 배열 또는 구조가 의미가 있습니다. 성전 건축에 관한 성경의 강조점이나 하나님의 강조점을 파악하기 위해서는 출애굽기에 등장하는 성막의 건축을 성경이 묘사하는 방식을 통해 도움을 받을 수 있습니다. 출애굽기에는 성막에 관한 기사가 길게 그리고 두 번에 나누어 소개됩니다. 먼저 출애굽기 25장부터 31장까지에는 성막을 지으라는 설계도와 청사진을 주시는 내용이 나옵니다. 두 번째인 출애굽기 35장부터 40장까지에는 앞에서 주어진 내용에 따라 실제 성막이 건축되고 봉헌되는 내용이 나옵니다. 그런데 성막에 관한 첫 번째 기사와 두 번째 기사에는 공통점이 있습니다. 첫 번째 기사의 맨 마지막이 '안식일을 지키라'는 말씀으로 끝이 나고, 반대로 두 번째 기사의 맨 처음은 '안식일을 지키라'는 말씀으로 시작됩니다. 이것을 정리하면 성막 건축에 관계된 기사의 중간에 '안식일을 지키라'는 말씀이 반복적으로 강조되어 있는 것입니다.

성막에 관계된 기록에서 외형적으로는 성막이 중요한 사건처럼 보입니다. 그러나 성막의 강조점은 인간이 하나님의 집을 지어드리는 것이나, 인간이 하나님을 위해 일하는 것이 아닙니다. 성막 기사의 중간에 '안식일을 지키라'는 말씀이 있고, 안식일을 지키는 가장 중요한 내용이 바로 '아무 일도 하지 말라'입니다. 그러면 성막의 강조점은 인간의 수고나 헌신이 아니라 도리어 안식일을 통하여 하나님이 인간을 위해 일하시며, 하나님이 인간의 자유와 평화와 안식을 제공하고 보장하여 주심을 강조하며, 인간은 하나님의 말씀을 지킴으로 하나님의 축복과 은혜를 누리는 것이 핵심이라는 의미가 됩니다. 이것이 당연한 이유는 하나님은 이미 성막이 있기 전부터 인간과 함께 계셨기 때문입니다. 하나님은 그 동안은 거처가 없어서 방황하시다가 드디어 성막을 지은 후에 안정을 취하신 것이 아닙니다.

또한 이스라엘이 성막을 지었다고 해서 달라진 것이 전혀 없습니다. 성막을 짓느라고 헌신과 충성과 수고를 했으니 그 대가로 하나님이 갑절의 축복이나 상급을 주신 것이 일체 없습니다. 그러므로 하나님에게도 성막을 짓기 전과 지은 후에 변화된 것이 없고, 백성에게도 성막을 짓기 전과 지은 후에 변화된 것이 없습니다. 그러므로 성막을 짓는 것이 핵심이 아니고, 성막의 존재여부가 강조점이 아니었습니다. 이러한 포인트는 성막기사의 중간에 '안식일을 지키라'는 말씀을 위치시킴으로 내용적으로뿐만 아니라 문장의 배열이나 구조적으로도 적절하게 안배한 것입니다. 성경은 정말 멋있고 우아하고 정교한 책입니다.

성막에 관한 묘사와 동일한 패턴이 솔로몬의 건축에 관한 묘사에도 적용됩니다. 그래서 5장부터 6장 10절까지 솔로몬의 성전 건축을 위한 준비와 건축하는 과정의 묘사가 등장하고 6장 11절로 13절에는 하나님의 말씀이 등장하고, 그 다음 6장 14절로 7장 51절까지에는 다시 성전의 내부 장식과 솔로몬의 왕궁 건축에 대한 묘사가 등장합니다. 외형적으로는 성전과 왕궁의 건축이 길게 앞뒤로 나뉘어서 설명되고 있지만 정작 중요한 핵심 포인트는 바로 6장 11절로 13절이 되는 것입니다. 솔로몬이 하나님을 위해 성전을 지은 것의 여부, 성전이나 왕궁의 규모가 어떠했으며, 재료가 백향목이었는지의 여부, 내부가 온통 금으로 장식되어 있었는지의 여부가 전혀 중요하지 않습니다. 정작 중요한 것은 성전을 대하는 하나님의 말씀입니다.

이스라엘 백성 가운데

하나님의 등장

6장 11절을 보시면 "여호와의 말씀이 솔로몬에게 임하여 이르시되"입니다. 건축이 시작된 것이 솔로몬이 왕에 등극한지 사년이므로, 하나님이 지난 번 꿈에 나타나시고 다시 등장하시는 것도 사년만입니다. 솔로몬이 건축을 준비하고 시작하는 시점에 하나님이 나타나셔서 하시는 말씀이 12절로 13절입니다. 우선 12절을 보시면 "네가 지금 이 성전을 건축하니 네가 만일 내 법도를 따르며 내 율례를 행하며 내 모든 계명을 지켜 그대로 행하면 내가 네 아버지 다윗에게 한 말을 네게 확실히 이룰 것이요"입니다. 솔로몬은 성전을 중요하게 생각했습니다. 그래서 5장에서 히람에게 사람을 보내어 하는 말이 온통 성전에 관계된 말이었습니다. 3절 이하에 "당신도 알거니와 내 아버지 다윗이 사방의 전쟁으로 말미암아 그의 하나님 여호와의 이름을 위하여 성전을 건축하지 못하고 여호와께서 그의 원수들을 그의 발바닥 밑에 두시기를 기다렸나이다 이제 내 하나님 여호와께서 내게 사방의 태평을 주시매 원수도 없고 재앙도 없도다 여호와께서 내 아버지 다윗에게 하신 말씀에 내가 너를 이어 네 자리에 오르게 할 네 아들 그가 내 이름을 위하여 성전을 건축하리라 하신 대로 내가 내 하나님 여호와의 이름을 위하여 성전을 건축하려 하오니"입니다.

그런데 하나님은 6장 12절에서 성전에 대해 말씀하시는 것이 아니라 하나님의 법도, 하나님의 율례, 하나님의 계명을 강조하십니다. 성전을 짓는 착한 마음에 대한 칭찬도, 하나님을 위하려는 충성스러움에 대한 표현도, 노역을 하는 수고와 금을 바치는 희생에 대한 언급도 일체 없습니다. 성전이 건축되면 장차 성전에서 드려질 영광스러운 예배에 대한 기대도 없고, 앞으로 백성들이 죄를 지었을 때 성전에 와서 기도하면 들어주시겠다는 약속도 없고, 온 이스라엘이 성전에 나와 한 마음 한뜻이 될 것이라는 연합과 일치에 대한 소망도 없고, 날마다 드려지는 찬양을 통해 하나님이 받으실 칭송에 대한 묘사도 없습니다. 솔로몬은 성전을 건축하는데 하나님은 성전에 대해 언급하지 않으십니다. 왜냐하면 성전의 존재여부가 하나님에게는 전혀 중요하지 않기 때문입니다.

성전은 다윗과 솔로몬이 짓겠다고 자원하고 나선 것이지만 그전에 이미 하나님은 성막을 지으라고 친히 말씀하신 적이 있습니다. 하나님은 친히 성막에 대해 말씀하시면서도 성막에는 별다른 의미를 부여하지 않으셨습니다. 성막이 있으면 어떤 유익이 있고, 성막을 짓는 사람이 어떤 상급을 받고, 성막을 통해 하나님에게 어떤 도움이 되는지 전혀 가치를 부여하지 않으셨습니다. 하나님이 친히 지으라고 하신 성막에도 의미가 없었는데, 하나님이 지으라고 하신 것도 아니요 사람이 스스로 짓겠다고 나서는 성전에 하나님께서 별다른 의미를 부여하실 리가 없습니다. 그래서 하나님은 성전에 대해서가 아니라 하나님의 말씀을 거듭 강조하셨습니다. 12절을 풀이하면 성전이 중요한 것이 아니라 '내 법도를 따르는 것'이 중요하며, 성전을 지으면 복을 받는 것이 아니라 '내 율례를 행하면' 이미 받은 복을 누리게 될 것이며, 성전을 짓는 수고와 충성을 하면 상을 받는 것이 아니라 '내 모든 계명을 지켜 그대로 행하면' 하나님의 약속이 이루어진다는 것입니다. 하나님의 말씀 중에 성전의 필요, 성전의 유익, 성전의 효과에 대한 말씀은 단 한마디도 없습니다. 12절을 부모와 자녀의 관계로 설정해서 말해보면 '넌 왜 내가 말하는 대로는 하나도 안하고 맨날 엉뚱한 짓만 하냐?, 누가 집 지으래? 내 말 들으랬지!'입니다.

이스라엘 백성 가운데

하나님께서 성전의 의미에 대해 결정타를 날리신 것이 13절입니다. "내가 또한 이스라엘 자손 가운데에 거하며 내 백성 이스라엘을 버리지 아니하리라 하셨더라"입니다. 하나님이 거하시는 곳에 초점을 맞추어 보시면 솔로몬은 '하나님을 위하여 하나님이 거하실 집'을 짓고 있는데 정작 하나님은 그 '집'에 거하시는 것이 아니라 '이스라엘 자손 가운데' 거하신다고 하십니다. 그러면 그 집은 하나님과는 아무 상관이 없는 그냥 건물일 뿐입니다. 하나님은 처음부터 일관되게 말씀하셨습니다. 하나님의 집 또는 성전에 대한 계획을 처음으로 드러낸 사람이 다윗인데 하나님은 성전에 관한 계획을 듣는 맨 처음부터 하나님에게는 성전이 필요 없으며 성전이 아무 의미가 없음을 강조하셨습니다. 하나님은 성막이 없을 때에 거처가 없어서 쓸쓸하다고 말씀하신 적이 없고, 성막을 지었을 때에도 좁아서 불편하다고 불평하지 않으셨고, 다윗이 백향목 궁에 살 때에도 왜 하나님의 집보다 더 좋은 곳에 사느냐고 책망하지 않으셨고, 왜 하나님을 위하여 집을 짓지 않느냐고 따지신 적이 없습니다. 왜냐하면 하나님은 언제나 '이스라엘 자손 가운데'에 거하시기 때문입니다. 13절도 굳이 부모와 자녀의 관계로 설정해서 말해보면 '나를 위해 백층짜리 빌딩을 지어봐라 내가 들어가나? 나는 그냥 흙에 살란다!'입니다.

하나님은 사 년 만에 나타나셔서 솔로몬의 행동을 조롱하셨습니다. 성전을 짓는 행동에 대해서는 조롱하셨지만 실제로는 엄청난 은혜를 선포하신 것입니다. 왜냐하면 하나님은 성전과 관계없이 예전과 동일하게 앞으로도 계속하여 이스라엘 가운데 거하실 것을 선언하셨기 때문입니다. 만약 하나님께서 성전에 의미를 부여하셨다면, 그래서 장차 성전을 잘 보존하고 하나님의 집이기에 하나님의 영광에 걸맞게 관리하라고 말씀하셨다면, 그렇게 성전을 잘 보존하면 그 전에 거하시고 만약 그렇지 못하면 성전을 떠날 뿐만 아니라 이스라엘을 떠나겠다고 하셨다면 큰일 나는 것입니다. 실제로 앞으로 펼쳐질 이스라엘 역사에서 이스라엘의 왕들은 주변 나라들의 침략을 당할 때에 견디지 못하고 조약을 체결하기 위하여 조공을 바치는데 필요한 금을 모두 성전에서 털어갔습니다. 이스라엘의 행동에 따라 하나님이 반응하셨다면 이스라엘은 아예 흔적도 없이 사라졌어야 합니다.

그러나 하나님은 사람들이 조금 비싼 것으로 전을 짓는다고 좋아라 하지도 않으셨고, 하나님의 집이라고 말한 곳의 금을 털어가서 그 집의 가치를 하락시킬 때에도 슬퍼라 하지 않으셨습니다. 이스라엘이 어찌하든, 죄인들이 어찌하든 하나님은 늘 죄인들을 불쌍히 여기셔서 언제나 은혜와 긍휼로 인간을 대해주셨습니다. 그것이 천만다행입니다.

기독교의 본질

여러분에게 질문해 보겠습니다. 하나님께서 하나님의 영광이나 존귀를 위해서 인간을 힘들게 하거나 불편하게 하신 적이 있습니까? 단 한 번도 없습니다. 하나님을 위해 인간을 제한한 적이 없고, 하나님을 위해 인간을 동원한 적이 없고, 하나님을 위해 시간적으로나 물질적으로나 재능적으로나 노동력으로나 어느 측면으로도 인간의 것을 빼앗아간 적이 없습니다. 이런 하나님의 성품과 사역에 비추어볼 때 과연 솔로몬의 행동들이 하나님의 마음이며, 하나님의 원리이며, 하나님의 방식일까요? 이러한 솔로몬의 행동들을 하나님이 잘했다고 칭찬하며 기뻐하실까요?

실제로 성전을 건축하기 전이나 성전을 건축한 후나 하나님과 인간의 관계가 달라지는 것이 없습니다. 그러나 하나님이 말씀하신 대로 행하면 즉 하나님의 법도를 따르며 율례를 행하며 모든 계명을 지켜 행하면 인간은 자유와 평화와 안식과 기쁨을 누리며 살 수 있습니다. 무엇이 중요할까요? 안타깝게도 오늘날 너무나 소중한 하나님의 말씀을 따르는 삶은 소홀히 취급당하고 마치 인간이 하나님을 위해서 무엇을 해드리는 듯한 행사들과 열심들이 판을 치고 있습니다. 안타까운 현실입니다. 기독교의 본질을 기억하시기 바랍니다. 기독교는 인간이 신을 위하는 종교가 아니라 하나님이 인간을 위해 주시는 종교입니다. 인간으로 말미암아 신이 영광을 받는 종교가 아니라 하나님으로 말미암아 인간이 자유와 평화와 안식을 누리는 종교입니다. 하나님으로 인해 즐겁고 복된 삶을 누리시기를 주님의 이름으로 축원합니다.

성전을 향하여

열왕기상 8:22~53

22 솔로몬이 여호와의 제단 앞에서 이스라엘의 온 회중과 마주서서 하늘을 향하여 손을 펴고 23 이르되 이스라엘의 하나님 여호와여 위로 하늘과 아래로 땅에 주와 같은 신이 없나이다 주께서는 온 마음으로 주의 앞에서 행하는 종들에게 언약을 지키시고 은혜를 베푸시나이다 24 주께서 주의 종 내 아버지 다윗에게 하신 말씀을 지키사 주의 입으로 말씀하신 것을 손으로 이루심이 오늘과 같으니이다 25 이스라엘의 하나님 여호와여 주 께서 주의 종 내 아버지 다윗에게 말씀하시기를 네 자손이 자기 길을 삼가서 네가 내 앞 에서 행한 것 같이 내 앞에서 행하기만 하면 네게서 나서 이스라엘의 왕위에 앉을 사람 이 내 앞에서 끊어지지 아니하리라 하셨사오니 이제 다윗을 위하여 그 하신 말씀을 지 키시옵소서 26 그런즉 이스라엘의 하나님이여 원하건대 주는 주의 종 내 아버지 다윗에 게 하신 말씀이 확실하게 하옵소서 27 하나님이 참으로 땅에 거하시리이까 하늘과 하늘 들의 하늘이라도 주를 용납하지 못하겠거든 하물며 내가 건축한 이 성전이오리이까 28 그러나 내 하나님 여호와여 주의 종의 기도와 간구를 돌아보시며 이 종이 오늘 주 앞에 서 부르짖음과 비는 기도를 들으시옵소서 29 주께서 전에 말씀하시기를 내 이름이 거기 있으리라 하신 곳 이 성전을 향하여 주의 눈이 주야로 보시오며 주의 종이 이 곳을 향 하여 비는 기도를 들으시옵소서 30 주의 종과 주의 백성 이스라엘이 이 곳을 향하여 기 도할 때에 주는 그 간구함을 들으시되 주께서 계신 곳 하늘에서 들으시고 들으시사 사 하여 주옵소서 31 만일 어떤 사람이 그 이웃에게 범죄함으로 맹세시킴을 받고 그가 와서 이 성전에 있는 주의 제단 앞에서 맹세하거든 32 주는 하늘에서 들으시고 행하시되 주 의 종들을 심판하사 악한 자의 죄를 정하여 그 행위대로 그 머리에 돌리시고 의로운 자 를 의롭다 하사 그의 의로운 바대로 갚으시옵소서 33 만일 주의 백성 이스라엘이 주께 범죄하여 적국 앞에 패하게 되므로 주께로 돌아와서 주의 이름을 인정하고 이 성전에서 주께 기도하며 간구하거든 34 주는 하늘에서 들으시고 주의 백성 이스라엘의 죄를 사하 시고 그들의 조상들에게 주신 땅으로 돌아오게 하옵소서 35 만일 그들이 주께 범죄함

으로 말미암아 하늘이 닫히고 비가 없어서 주께 벌을 받을 때에 이 곳을 향하여 기도하며 주의 이름을 찬양하고 그들의 죄에서 떠나거든 36 주는 하늘에서 들으사 주의 종들과 주의 백성 이스라엘의 죄를 사하시고 그들이 마땅히 행할 선한 길을 가르쳐 주시오며 주의 백성에게 기업으로 주신 주의 땅에 비를 내리시옵소서 37 만일 이 땅에 기근이나 전염병이 있거나 곡식이 시들거나 깜부기가 나거나 메뚜기나 황충이 나거나 적국이 와서 성읍을 에워싸거나 무슨 재앙이나 무슨 질병이 있든지 막론하고 38 한 사람이나 혹 주의 온 백성 이스라엘이 다 각각 자기의 마음에 재앙을 깨닫고 이 성전을 향하여 손을 펴고 무슨 기도나 무슨 간구를 하거든 39 주는 계신 곳 하늘에서 들으시고 사하시며 각 사람의 마음을 아시오니 그들의 모든 행위대로 행하사 갚으시옵소서 주만 홀로 사람의 마음을 다 아심이니이다 40 그리하시면 그들이 주께서 우리 조상들에게 주신 땅에서 사는 동안에 항상 주를 경외하리이다 41 또 주의 백성 이스라엘에 속하지 아니한 자 곧 주의 이름을 위하여 먼 지방에서 온 이방인이라도 42 그들이 주의 크신 이름과 주의 능한 손과 주의 펴신 팔의 소문을 듣고 와서 이 성전을 향하여 기도하거든 43 주는 계신 곳 하늘에서 들으시고 이방인이 주께 부르짖는 대로 이루사 땅의 만민이 주의 이름을 알고 주의 백성 이스라엘처럼 경외하게 하시오며 또 내가 건축한 이 성전을 주의 이름으로 일컫는 줄을 알게 하옵소서 44 주의 백성이 그들의 적국과 더불어 싸우고자 하여 주께서 보내신 길로 나갈 때에 그들이 주께서 택하신 성읍과 내가 주의 이름을 위하여 건축한 성전이 있는 쪽을 향하여 여호와께 기도하거든 45 주는 하늘에서 그들의 기도와 간구를 들으시고 그들의 일을 돌아보옵소서 46 범죄하지 아니하는 사람이 없사오니 그들이 주께 범죄함으로 주께서 그들에게 진노하사 그들을 적국에게 넘기시매 적국이 그들을 사로잡아 원근을 막론하고 적국의 땅으로 끌어간 후에 47 그들이 사로잡혀 간 땅에서 스스로 깨닫고 그 사로잡은 자의 땅에서 돌이켜 주께 간구하기를 우리가 범죄하여 반역을 행하며 악을 지었나이다 하며 48 자기를 사로잡아 간 적국의 땅에서 온 마음과 온 뜻으로 주께 돌아와서 주께서 그들의 조상들에게 주신 땅 곧 주께서 택하신 성읍과 내가 주의 이름을 위하여 건축한 성전 있는 쪽을 향하여 주께 기도하거든 49 주는 계신 곳 하늘에서 그들의 기도와 간구를 들으시고 그들의 일을 돌아보시오며 50 주께 범죄한 백성을 용서하시며 주께 범한 그 모든 허물을 사하시고 그들을 사로잡아 간 자 앞에서 그들로 불쌍히 여김을 얻게 하사 그 사람들로 그들을 불쌍히 여기게 하옵소서 51 그들은 주께서 철 풀무 같은 애굽에서 인도하여 내신 주의 백성, 주의 소유가 됨이니이다 52 원하건대 주는 눈을 들어 종의 간구함과 주의 백성 이스라엘의 간구함을 보시고 주께 부르짖는 대로 들으시옵소서 53 주 여호와여 주께서 우리 조상을 애굽에서 인도하여 내실 때에 주의 종 모세를 통하여 말씀하심 같이 주께서 세상 만민 가운데에서 그들을 구별하여 주의 기업으로 삼으셨나이다

여호와의 영광이

솔로몬의 건축

외형상으로 볼 때 열왕기상 8장은 매우 엄청난 사건이 기록되어있는 중요한 곳입니다. 일종의 성전봉헌식과 같습니다. 아주 간략히 내용을 요약하면 6장과 7장에서 이스라엘 역사상 최초로 성전이 건축되었고 8장 1절로 11절에 여호와의 언약궤를 성전의 내소 곧 지성소로 옮겨 놓습니다. 이어서 솔로몬의 경과보고가 12절부터 21절까지에 등장하고, 그 다음에 너무너무 유명한 솔로몬의 기도가 22절부터 53절까지 장장 스물 두절에 걸쳐 나옵니다. 많은 성도님들이 이 기도에 은혜를 받습니다. 그리고 54절부터 61절까지에는 솔로몬이 이스라엘 백성을 축복하는 내용이 이어지고 마지막 하이라이트에는 62절로 65절에서 성전봉헌식과 연계해서 십사 일간 절기와 잔치를 행하는 모습이 소개되고 있습니다. 목사님들이 아주 좋아하는 구절이고, 목회기간 동안에 꼭 재현해보고 싶어하는 장면들입니다. 그러나 엄밀하게 말하면 성경에서 가장 오해되고 있는 대표적인 장면입니다. 성경의 문맥들을 차분히 살펴보면서 눈여겨 보지 않았던 부분들을 통해 저와 여러분이 성경이 보여주려는 것을 보고 성경이 말하려고 하는 것을 듣고 있는지 아니면 우리가 보고 싶고 듣고 싶고 알고 싶은 대로, 우리 방식대로 성경을 오해하고 있는지 확인해 보겠습니다.

솔로몬에게 있어서 건축은 성전과 왕궁이 분리된 것이 아니었습니다. 어차피 건축을 시작한 이유가 자신의 왕권을 대내외적으로 과시하기 위한 것이었습니다. 6장 38절에 의하면 칠 년 동안 성전을 건축하였다고 나오고, 7장 1절에 의하면 십삼 년 동안 왕궁을 건축하였다고 나오기에 총 이십 년이 걸렸습니다. 이렇게 이십년에 걸쳐 성전과 왕궁이 다 지어진 후에 8장의 성전 봉헌식이 등장합니다. 즉 솔로몬은 왕위에 등극하여 가장 먼저 자신을 왕으로 세우신 하나님께 감사하여 왕으로서 취한 조치 중 최우선적으로 하나님을 위하여 성전을 지은 것이 아닙니다. 칠년에 걸쳐 성전을 완성한 후 너무나 기쁘고 감사하여 온 백성이 하나님을 찬양하며 경배하며 성전 봉헌식을 행한 것이 아닙니다. 열왕기상 8장의 이야기는 이미 성전이 지어진 지 십삼 년이 지난 후의 사건입니다. 즉 성전 봉헌식은 성전이 지어진 직후에 행해진 것이 아니라 성전이 지어졌음에도 불구하고 왕궁이 지어질 때까지 자그마치 십삼 년이나 기다렸다가 시행되었습니다. 물론 건축 작업이 순서적으로 성전을 완전히 완공하고 그 다음에 왕궁을 지었는지 어느 정도 공유된 기간이 있었는지는 정확히 알 수 없습니다. 다만 분명한 것은 성전을 완공한 직후에 성전 봉헌식을 행한 것은 아니라는 사실입니다.

솔로몬의 행동을 통해 솔로몬의 심중을 파악할 수 있습니다. 솔로몬에게 성전은 그 자체로서 소중한 것이 아니라 왕궁의 일부로서 존재하는 것이었습니다. 솔로몬이 지은 건물들인 성전과 왕궁 중에 왕궁이 훨씬 크고 웅장했기에 대내외적으로 왕권을 과시하기 위해서는 성전만으로는 폼이 나지 않을 것으로 생각했습니다. 어차피 성전과 왕궁이 각각 멀리 떨어진 별도의 공간에 지어진 것이 아니라 왕의 처소를 중심으로 연결되어 있기에 성전이 있는 곳에 왕궁이 있는 것이 아니라 왕궁의 한쪽에 성전이 있었습니다. 또한 성전만 거룩하게 구별되어 신성한 곳으로 여겨진 것이 아니라 왕궁과 성전 주변에는 솔로몬이 장가든 바로의 딸을 위하여 지은 집도 함께 있었습니다. 당연히 건축의 중심은 성전이 아니라 왕궁이었고, 봉헌식은 성전이 지어진 후가 아니라 왕궁이 지어진 후에 시행되었습니다.

여호와의 영광이

8장 1절로 9절에 여호와의 언약궤가 성전으로 옮겨지는 장면이 나옵니다. 아마도 사람들은 1절로 9절까지를 하나의 영화처럼 각 장면을 상상하면서 읽어나갈 것입니다. 그러나 성경의 강조점은 11절 "제사장이 그 구름으로 말미암아 능히 서서 섬기지 못하였으니 이는 여호와의 영광이 여호와의 성전에 가득함이었더라"입니다. 11절이 중요한 이유는 사람이든, 사건이든, 장소이든 모든 것의 가치를 결정하는 것이 바로 하나님임을 선언하기 때문입니다. 여호와 신앙에서는 어떤 사람이 워낙 탁월하고 신실하고 경건하고 충성스럽기 때문에 하나님이 그 사람을 구별하여 세우는 것이 절대로 아닙니다. 어떤 장소가 그 자체로 너무나 웅장하고 신령하고 영험해서 하나님이 그곳을 구별하여 특별한 곳으로 정하는 것이 절대로 아닙니다. 어떤 건물이 너무 화려하고 광대하고 귀중하고 성스럽기 때문에 하나님이 그 건물을 지정하여 거룩하다고 인정하는 것이 절대로 아닙니다. 어느 민족이 경건하고 정의롭고 신앙심이 투철해서 하나님이 특별히 선택해서 하나님의 백성이나 민족으로 삼는 것이 절대로 아닙니다. 어떤 사건이 너무 경이롭고 신비롭고 놀랍고 불가사의해서 하나님이 그 사건을 이적이나 기적이라고 여겨주는 것이 절대로 아닙니다. 이런 것은 모두 세상의 방식이요, 죄의 방식일 뿐입니다.

기독교는 하나님이 천지를 창조하셨고, 하나님이 세상을 창조하셨고, 하나님이 역사를 주관하신다고 선포하는 종교입니다. 그러므로 세상 중에 특별히 신령한 장소란 존재하지 않으며, 특별히 경건한 사람이란 존재하지 않으며, 특별한 거룩한 건물이란 존재하지 않으며, 특별히 성스러운 사건이란 존재하지 않는다고 여기는 것이 올바른 것입니다. 세상과는 정반대로, 죄의 원리와는 정반대로 하나님으로 말미암아 모든 것이 가치를 가지며, 의미를 갖는 것입니다. 솔로몬이 자그마치 칠 년에 걸쳐 하나님을 위하여 온갖 금은보화를 동원하여 웅대한 성전을 지었기에 그 건물이 특별하고 거룩한 것이 절대로 아닙니다. 외형으로만 따지자면, 건축학적인 가치나 경제적인 가치나 세상의 모든 가치를 동원해서 비교해보면 성전보다는 왕궁이 더욱 웅장합니다. 성전은 왕궁보다 못한 그냥 어떤 건축물에 불과합니다. 중요한 것은 솔로몬이 하나님을 위해 성전을 지었다는 사실이 아니라 11절 마지막에 나오는 대로 '여호와의 영광이 여호와의 성전에 가득하였다'는 사실입니다. 즉 성전의 의미, 성전의 가치를 결정하는 것은 바로 '여호와의 영광'이 임한다는 사건입니다.

사람의 경우를 예를 든다면 하나님은 탁월한 사람을 선발하신 적이 없습니다. 도리어 언제나 죄인들의 생각에 도무지 가능성이 없어 보이는 사람만 선택하셨습니다. 그리고는 그 사람에게 '여호와의 영'이 임하게 하셨습니다. 여호와의 영이 임하였기에 그 사람은 저와 여러분이 알고 있는 여러 가지 사건들을 시행할 수 있었습니다. 그러므로 중요한 것은 '그 사람'이 아니라 '여호와의 영'입니다. 그 사람이었기에 그 일을 할 수 있었던 것이 아니라 여호와의 영이 임하면 아무라도, 누구라도, 어떤 일이라도 할 수 있게 되는 것입니다. 그래서 성경은 지혜로운 사람, 능력있는 사람, 준비된 사람을 언급하는 적이 없습니다. 쓸 만한 사람이 없다고 탄식하는 경우도 없고, 오랜만에 인재가 나왔다고 반가워하는 경우도 없습니다. 또 여호와의 영이 임한 사람이라고 그 사람을 특별대우 해준 적이 없고, 다른 사람에게는 주지 않는 상이나 복을 수여한 적도 없습니다. 강조점이 그 사람이 아니라 여호와이기 때문입니다.

시내산과 성막

사람의 경우에는 인격체이기에 '여호와의 영'이 임하였습니다. 그러나 장소나 건물의 경우에는 여호와의 영이 임하는 것이 아니라 '여호와의 영광'이 나타났다고 표현하고 있습니다. 대표적인 것 두 가지를 소개하면 하나는 시내산입니다. 출애굽한 백성이 시내산에 도착한 후에 출애굽기 24장 16절에 의하면 '여호와의 영광이 시내 산 위에 머무르고', 17절 '산 위의 여호와의 영광이 이스라엘 자손의 눈에 맹렬한 불 같이 보였고' 입니다. 시내 산은 출애굽한 이스라엘 백성이 만든 산이 아닙니다. 여호와를 위하여 이스라엘 백성들이 자신들의 금과 은을 바쳐서 신령하도록 만들어낸 산이 아닙니다. 그냥 산입니다. 이전부터 있었던 산입니다. 여호와가 임할 만한 존귀와 가치와 의미와 신령함이 깃든 산이 아닙니다. 그런데 여호와의 영광이 임했습니다. 그 순간 그 산은 하나님의 산이라고, 하나님이 임재한 산이라고 불리는 것입니다. 그리고 여호와의 영광이 떠나면 그 산은 또 그냥 산입니다. 한번 여호와의 영광이 임했다고 영원한 것이 아니고, 그 순간부터 그 산은 다른 산과는 구별되어 특별한 대접을 받는 것이 아닙니다. 산은 그냥 산이고 중요한 것은 하나님입니다. 제가 너무나 당연한 말을 하고 있다고 생각하시는 분은 이스라엘이 지은 성막도, 솔로몬이 지은 성전도 그와 같은 방식으로 생각하셔야 합니다.

두 번째가 성막인데 성막도 전혀 특별한 것이 아닙니다. 이스라엘은 성막을 지을 계획도 없었습니다. 막상 하나님의 말씀에 근거하여 성막을 지은 후에도 그 자체로는 어디에도 내놓을 만한 것이 되지 못합니다. 규모나 재료의 측면에서 애굽의 만신전에 비해 아예 비교자체가 되지 않습니다. 주변의 어떤 나라도 성막이 지어졌다는 소식을 듣고 놀라지 않았고 구경하러 오지도 않았습니다. 그런데 출애굽기 40장 34절에 의하면 ‘구름이 회막에 덮이고 여호와의 영광이 성막에 충만하매’, 35절 ‘여호와의 영광이 성막에 충만함이었으며’라고 합니다. 보잘것없는 헝겊뭉치가 여호와의 영광이 임하므로 가치가 생기고 의미가 부여된 것입니다. 중요한 것은 성막이 아니라 여호와의 임재입니다. 더 나아가 한 번 여호와의 영광이 임했다고 그 순간부터 성막은 특별한 대접을 받는 것이 아닙니다. 실제로 이스라엘 백성은 성막을 전혀 소중하게 다루지 않았고 심지어는 성경도 성막을 전혀 중요하게 다루지 않습니다. 그래서 성막이 지어졌다는 기록 이후에는 성막에 대한 언급이 거의 없습니다. 이스라엘이 가나안에 입성한 후에는 성막이 어디에 놓여 졌는지도 알려지지 않은 채 단지 성경 여기저기에 불쑥불쑥 언급될 뿐입니다.

그런데 더 놀라운 것은 하나님도 성막에 대해 전혀 말씀하지 않는다는 사실입니다. 이스라엘 백성이 성막을 소홀하게 다루는 것에 대해 책망하지 않으셨습니다. 하나님 자체도 늘 성막을 찾아 그것의 존귀함을 유지하고, 백성들에게 칭송을 받으려는 어떠한 행동도 취하신 적이 없습니다. 하나님의 성막이 모욕을 당했다고, 하나님의 영광이 굴욕을 당했다고, 하나님의 존귀가 불명예를 당했다고 화를 내시거나 난감해 하신 적이 단 한 번도 없습니다. 왜냐하면 어차피 시내산이 거룩한 산이 아니었고, 성막이 거룩한 장소나 신령한 물건이 아니었기 때문입니다. 시내산을 대하는 태도와 성막을 대하는 태도가 성전에 대해서도 동일하게 적용되는 것이 맞습니다.

솔로몬의 즉위 사 년에 성전을 건축하기 시작할 때에 하나님이 나타나셨습니다. 그러나 하나님은 성전에 대해서는 아무 말씀도 하지 않으셨습니다. 정확하게 말하면 성전은 언급하셨지만 어떤 의미도 부여하지 않으셨습니다. 그것이 열왕기상 6장 12절 "네가 지금 이 성전을 건축하니 네가 만일 내 법도를 따르며 내 율례를 행하며 내 모든 계명을 지켜 그대로 해하면 내가 네 아버지 다윗에게 한 말을 네게 확실히 이를 것이요 내가 또한 이스라엘 자손 가운데 거하며 내 백성 이스라엘을 버리지 아니하리라 하셨더라"입니다. 하나님은 성전의 유무를 중요하게 여긴 것이 아니라 하나님의 법도와 율례와 계명을 지키며 행하는 것을 강조하셨을 뿐입니다.

하나님의 뜻과 무관하게 어떤 건물이 지어졌습니다. 사람들이 그 건물을 하나님을 위해 짓는다고 해서 그 건물이 존귀해지는 것이 아닙니다. 사람들이 그 건물의 이름을 성전이라고 부른다고 해서 그 건물이 소중해지는 것이 아닙니다. 사람들이 그 건물에서 예물을 드리고 제사를 드린다고 해서 그 건물이 신령해지는 것이 아닙니다. 건물은 처음이나 나중이나 그냥 건물일 뿐입니다. 그 건물에 '여호와의 영광'이 임했습니다. 중요한 것은 건물이 아니라 '여호와의 영광'입니다. 처음에는 평범한 건물이었으나 여호와의 영광이 임하매 소중한 건물이 되는 것도 아닙니다. 건물은 처음이나 중간이나 마지막이나 그냥 건물일 뿐입니다. 중요한 것은 오직 '여호와'입니다. 나중에 저와 여러분은 그 건물이 얼마나 의미가 없는 지, 이스라엘 백성들의 삶에 얼마나 영향력이 없는 지를 확인하게 되실 것입니다. 하나님께서 별 의미를 부여하지 않는 사건에 사람들은 엄청난 의미를 부여하고 있습니다. 모두 성경을 오해하고 하나님의 뜻과는 무관한 신앙생활을 하고 있는 것 같습니다.

솔로몬의 기도

솔로몬의 연설

열왕기상 8장 12절부터 21절까지는 솔로몬의 연설입니다. 부탁드리기는 솔로몬 왕의 감언이설에 속아 넘어가지 마시기 바랍니다. 제가 두 가지만 지적해 드리겠습니다. 우선 12절과 13절을 보시면 "그 때에 솔로몬이 이르되 여호와께서 캄캄한데 계시겠다 말씀하셨사오나 내가 참으로 주를 위하여 계실 성전을 건축하였사오니 주께서 영원히 계실 처소로소이다 하고" 입니다. 사람들이 신앙에서 가장 실수하는 것이 바로 이것입니다. 하나님의 뜻을 이기는 것을 자기가 잘한 줄로 착각하는 것입니다. 마치 자기가 하나님을 더 잘 알고, 하나님을 더 위할 줄로 생각하는 것이 신앙왜곡의 절정입니다. 솔로몬이 스스로 말한 것처럼 하나님께서 캄캄한데 계시겠다고 말씀하셨습니다. 다윗이 성전을 계획할 때 하나님께서 분명하게 사무엘하 7장 5절에서 "네가 나를 위하여 내가 살 집을 건축하겠느냐 내가 이스라엘 자손을 애굽에서 인도하여 내던 날부터 오늘까지 집에 살지 아니하고 장막과 성막 안에서 다녔나니 이스라엘 자손과 더불어 다니는 모든 곳에서 내가 내 백성 이스라엘을 먹이라고 명령한 이스라엘 어느 지파들 가운데 하나에게 내가 말하기를 너희가 어찌하여 나를 위하여 백향목 집을 건축하지 아니하였느냐고 말하였느냐"고 하셨습니다. 하나님께서 뜻을 밝히셨으면 인간이 할 수 있는 최상 최고의 일은 하나님의 뜻을 따르는 것입니다. 왜냐하면 하나님이 언제나 옳으시기 때문입니다.

그런데 솔로몬은 하나님의 말씀을 들었고, 하나님의 의도를 알았음에도 불구하고 바득바득 우겨서 기어코 건물을 지었습니다. 그리고는 자화자찬에 빠지기를 '하나님은 이렇게 말씀하셨으나 내가 참으로 주를 위하여 계실 성전을 건축하였다'는 것입니다. 자기가 하나님의 뜻과 다르게 행동했고, 자기가 하나님의 뜻을 꺾었고, 자기가 하나님의 의도와 다르게 일했는데 그게 하나님을 위한 것이었다고 항변하는 것입니다. 이런 억지가 어디 있습니까? 사람이 이렇게 하나님에 대하여 억지를 부리면 하나님이 어떻게 하십니까? 하나님은 그냥 져주시고, 그냥 받아주십니다. 이런 것을 '울며 겨자먹기'라고 합니다. 그 원조가 하나님이십니다. 죄인하고 하나님하고 싸우면 주로 죄인이 이깁니다. 왜냐하면 하나님이 져주시기 때문입니다. 하나님이 져주신 것을 자기가 이겼다고 자랑하면 안 되고, 하나님이 져주신 것을 하나님이 인정해 주셨다고 우겨대면 안 됩니다. 어쨌거나 솔로몬이 지은 성전에 여호와의 영광이 임했으니 여호와께서도 결국에는 솔로몬의 성전을 받으신 것이라고 억지를 쓰시면 안 됩니다. 강조점은 '하나님이 져주시고, 하나님이 받아주실 정도로 인간을 사랑하신다'는 사실입니다.

솔로몬의 연설에 나타난 억지 주장 두 번째는 15절 끝에서부터 16절입니다. "이르시기를 내가 내 백성 이스라엘을 애굽에서 인도하여 낸 날부터 내 이름을 둘 만한 집을 건축하기 위하여 이스라엘 모든 지파 가운데에서 아무 성읍도 택하지 아니하고 다만 다윗을 택하여 내 백성 이스라엘을 다스리게 하였노라 하신지라"입니다. 솔로몬이 하나님의 말씀을 인용하여 자기를 정당화하는 말입니다. 솔로몬은 왕위 계승 서열에서 아도니야보다 늦었습니다. 그런데 다윗의 지극히 인간적인 기준에 근거한 선택으로 분쟁 가운데 왕이 되었습니다. 그래서 왕이 되면서 취한 조치가 제사장과 군대장관 등 정적들을 제거하는 것이었고, 이번에는 왕궁보다 작은 성전을 건축해놓고 그 성전을 봉헌할 때에 여호와의 말씀을 통해 자신의 왕권을 정당화하는 것입니다. 이것이 죄인들이 하나님의 말씀과 사역을 왜곡하는 가장 전형적인 수법입니다. 하나님이 특별히 자신만을 선택했다는 주장입니다. 물론 하나님이 사람을 선택한 적이 있고, 장소를 선택한 적이 있고, 사건을 선택한 적이 있습니다. 그러나 하나님의 사역의 의미는 지금 솔로몬이 주장하는 의도와는 전혀 다릅니다.

만약 여러분께서 솔로몬의 이 주장에 동의하신다면 여러분은 모두 유대인들의 주장도 동의하셔야 합니다. 그래서 하나님은 단지 이스라엘만의 하나님이라는 사실에도 동의하셔야 하고 그래서 하나님은 여러분의 하나님이 아니라는 사실에도 동의하셔야 합니다. 동의하시겠습니까? 저와 여러분은 불과 세장 뒤 열왕기상 11장에서 하나님께서 다윗의 가문이 아닌 사람, 다윗의 아들도 아니요 손자도 아닌 사람, 전혀 다른 사람을 이스라엘의 왕으로 세우시는 장면을 만나게 되십니다. 솔로몬의 말에 은혜 받으시면 안 되고 하나님 말씀의 의미를 바르게 분별하셔야 합니다.

솔로몬의 기도

열왕기상 8장에서 가장 긴 솔로몬의 기도에 대해서 점검해야할 순서입니다. 또 부탁드리기는 솔로몬의 감언이설 같은 기도에 속아 넘어가지 마시기 바랍니다. 솔로몬의 기도를 들으시면서 솔로몬의 강조점이 어디에 있는가를 분별하시고, 솔로몬의 강조점이 과연 여호와께서 하신 말씀과 같은지, 다른지를 분별하셔야 합니다. 만약 솔로몬의 기도가 여호와의 말씀과 같다면 솔로몬은 바른 기도를 한 것이고, 만약 솔로몬의 기도가 여호와의 말씀과 다르다면 솔로몬은 어리석은 기도, 쓸데없는 기도, 무익한 기도, 왜곡하는 기도를 한 것에 불과하기 때문입니다.

기도의 서문은 8장 27절로 30절입니다. "하나님이 참으로 땅에 거하시리이까 하늘과 하늘들의 하늘이라도 주를 용납하지 못하겠거든 하물며 내가 건축한 이 성전이오리이까 그러나 내 하나님 여호와여 주의 종의 기도와 간구를 돌아보시며 이 종이 오늘 주 앞에서 부르짖음과 비는 기도를 들으시옵소서 주께서 전에 말씀하시기를 내 이름이 거기 있으리라 하신 곳 이 성전을 향하여 주의 눈이 주야로 보시오며 주의 종이 이곳을 향하여 비는 기도를 들으시옵서서 주의 종과 주의 백성 이스라엘이 이곳을 향하여 기도할 때에 주는 그 간구함을 들으시되 주께서 계신 곳 하늘에서 들으시고 들으시사 사하여 주옵소서"입니다. 멋진 기도 같습니까? 여기에도 우선 억지가 등장합니다. '하나님이 참으로 땅에 거하시리이까 하늘과 하늘들의 하늘이라도 주를 용납하지 못하겠다'고 생각했으면 그대로 행동해야합니다. 그런데 말과 생각은 그렇게 해놓고 기어코 억지로 성전을 짓는 것은 무슨 심보입니까? 그래놓고는 자기가 지은 건물이 중요하다고 항변하고, 그래서 그 건물에서 기도하면 들어주어야 한다고 우겨대는 것은 무슨 망동입니까? 하나님은 솔로몬에게 하나님의 말씀을 '들을 것을' 기대하셨는데 솔로몬은 하나님이 자기의 기도를 '들을 것을' 요구하고 있습니다.

솔로몬이 기도하는 구체적인 내용이 일곱 가지입니다. 이스라엘이 장차 당할 수 있는 어려움이나 곤란한 상황을 설명하고 그때 자신들을 도와주기를 바라는 근거를 제시하는 방식입니다. 그래서 유사한 패턴의 기도가 일곱 번 반복됩니다. 첫 번째, 31절 "만일 어떤 사람이 그 이웃에게 범죄함으로 맹세시킴을 받고 그가 와서 이 성전에 있는 주의 제단 앞에서 맹세하거든"입니다. 강조점이 '이 성전에 있는 주의 제단 앞에서'입니다. 두 번째, 33절 "만일 주의 백성 이스라엘이 주께 범죄하여 적국 앞에 패하게 되므로 주께로 돌아와서 주의 이름을 인정하고 이 성전에서 주께 기도하며 간구하거든"입니다. 강조점이 '이 성전에서'와 '주께 기도하며 간구하거든'입니다. 세 번째, 35절 "만일 그들이 주께 범죄함으로 말미암아 하늘이 닫히고 비가 없어서 주께 벌을 받을 때에 이곳을 향하여 기도하며"입니다. 강조점이 '이곳을 향하여 기도하며'입니다. 네 번째, 37절 "만일 이 땅에서 기근이나 전염병이 있거나 곡식이 시들거나 깜부기가 나거나 메뚜기나 황충이 나거나 적국이 와서 성읍을 에워싸거나 무슨 재앙이나 무슨 질병이 있든지 막론하고 한 사람이 혹 주의 백성 이스라엘이 다 각각 자기의 마음에 재앙을 깨닫고 이 성전을 향하여 손을 펴고 무슨 기도나 무슨 간구를 하거든”입니다. 강조점이 ‘이 성전을 향하여’, ‘무슨 기도나 모슨 간구를 하거든’입니다.

다섯 번째, 41절 “또 주의 백성 이스라엘에 속하지 아니한 자 곧 주의 이름을 위하여 먼 지방에서 온 이방인이라도 그들이 주의 크신 이름과 주의 능한 손과 주의 펴신 팔의 소문을 듣고 와서 이 성전을 향하여 기도하거든”입니다. 강조점이 ‘이 성전을 향하여 기도하거든’입니다. 여섯 번째, 44절 “주의 백성이 그들의 적국과 더불어 싸우고자 하여 주께서 보내신 길로 나갈 때에 그들이 주께서 택하신 성읍과 내가 주의 이름을 위하여 건축한 성전이 있는 쪽을 향하여 여호와께 기도하거든”입니다. 강조점이 ‘내가 주의 이름을 위하여 건축한 성전이’와 ‘기도하거든’입니다. 일곱 번째, 46절 “범죄하지 아니하는 사람이 없사오니 그들이 주께 범죄함으로 주께서 그들에게 진노하사 그들을 적국에게 넘기시매 적국이 그들을 사로잡아 원근을 막론하고 적국의 땅으로 끌어간 후에 그들이 사로잡혀 간 땅에서 스스로 깨닫고 그 사로잡은 자의 땅에서 돌이켜 주께 간구하기를 우리가 범죄하여 반역을 행하며 악을 지었나이다 하며 자기를 사로잡아 간 적국의 땅에서 온 마음과 온 뜻으로 주께 돌아와서 그들의 조상들에게 주신 땅 곧 주께서 택하신 성읍과 내가 주의 이름을 위하여 건축한 성전 있는 쪽을 향하여 주께 기도하거든”입니다. 강조점이 ‘내가 주의 이름을 위하여 건축한 성읍’과 ‘기도하거든’입니다.

죄의 방식

솔로몬은 이스라엘이 당할 수 있는 위기상황 일곱 가지를 설정했고, 그때 하나님께서 들어주기를 간청하는 조건이 바로 ‘성전을 향하여 기도하거든’입니다. 그러면서 일곱 번 반복되는 내용이 ‘주는 계신 곳 하늘에서 들으시고 주의 백성을 돌보아 달라'는 것입니다. 구구절절이 너무나 간절하고 너무나 신앙적인 것처럼 보입니다. 온전히 하나님을 의지하고, 모든 것을 하나님께 구하는 듯한, 매우 신실한 것처럼 보입니다. 기도의 마지막에는 하나님과 이스라엘의 관계를 천명하는데 너무 감동적입니다. 51절 이하 "그들은 주께서 철 풀무 같은 애굽에서 인도하여 내신 주의 백성, 주의 소유가 됨이니이다 원하건대 주는 눈을 들어 종의 간구함과 주의 백성 이스라엘의 간구함을 보시고 주께 부르짖는 대로 들으시옵소서 주 여호와여 주께서 우리 조상을 애굽에서 인도하여 내실 때에 주의 종 모세를 통하여 말씀하심 같이 주께서 세상 만민 가운데에서 그들을 구별하여 주의 기업으로 삼으셨나이다"입니다. 막 아멘이 하고 싶으시죠?

솔로몬은 자신이 성전을 지었기에 어떻게든 성전의 의미를 부각시켜야 했습니다. 그래서 내 세운 것이 '성전을 향해 기도하거든'입니다. 그런데 이 기도를 듣는 순간 타종교의 종교행위와 종교방식이 떠오르실 것입니다. 대부분의 타종교는 특정한 장소를 신령한 곳으로 지정합니다. 그리고 그곳을 향하여 일정한 종교의식을 행하는 것이 효력을 발생한다고 주장합니다. 그래서 기도를 해도 그곳을 향하여 해야 하고, 일 년에 한번 또는 평생에 한번은 꼭 그곳을 방문하는 순례를 해야 한다고 규정하기도 합니다. 솔로몬의 방식은 하나님의 방식과 달랐고, 결코 쉬운 것이 아닙니다.

솔로몬이 성전 지은 것을 나쁘다고 말하는 것이 아니라, 솔로몬이 기도를 강조하는 것을 나쁘다고 말하는 것이 아니라 솔로몬의 이러한 행동이 하나님의 뜻을 왜곡하는 것이며, 하나님의 뜻을 왜곡하면 인간에게 절대로 좋을 리가 없다고 설명드리는 것입니다. 왜냐하면 하나님은 가장 인간을 위해 주시는 분이시며, 이미 하나님은 인간이 어려운 일을 당할 때 어떻게 행동해야 할지 모두 말씀해 주셨기 때문입니다. 그래서 지금 솔로몬의 이러한 행동들은 사실은 다 쓸데없는 행동이며, 무익한 행동에 불과합니다. 어쨌든 솔로몬이 그래도 '하나님을 위하려고 했던 것 아니냐?'는 식으로 말하면 절대로 안 됩니다. 솔로몬을 부각시키는 것이 나쁜 것이 아니라 마치 하나님이 아무 것도 알려주지 않은 것처럼 여기는 것이 나쁜 것입니다. 솔로몬의 성전 건축과 기도는 모두 이미 충분하게 알려주신 하나님의 말씀은 온데간데없고 오직 자신만의 업적과 자신만의 방식을 더 부각시키는 것이기에 위험한 것입니다. 하나님의 말씀과 하나님의 원리보다 더 좋은 것은 세상에 없습니다.

하나님의 말씀

이미, 벌써, 진즉에 하나님이 알려주신 말씀을 확인해 보면서 솔로몬의 기도와 비교해 보겠습니다. 하나님께서는 일곱 가지의 곤고한 상황을 나열하신 것이 아니라 아예 통 털어 한 가지를 언급하셨습니다. 그리고 고난에서 벗어나는 방법도 알려주셨습니다. 신명기 30장 1절은 문제 상황입니다. "내가 네게 진술한 모든 복과 저주가 네게 임하므로 네가 네 하나님 여호와로부터 쫓겨간 모든 나라 가운데서 이 일이 마음에서 기억이 나거든"입니다. 여기서 언급한 '모든 저주가 네게 임하므로'가 솔로몬이 제시한 일곱 가지의 상황을 포함하는 것입니다. 그리고 2절은 해결방식입니다. "너와 네 자손이 네 하나님 여호와께로 돌아와 내가 오늘 네게 명령한 것을 온전히 따라 마음을 다하고 뜻을 다하여 여호와의 말씀을 청종하면 네 하나님 여호와께서 마음을 돌이키시고 너를 긍휼히 여기사 포로에서 돌아오게 하시되 네 하나님 여호와께서 흩으신 그 모든 백성 중에서 너를 모으시리니 네 쫓겨 간 자들이 하늘가에 있을 지라도 네 하나님 여호와께서 거기서 너를 모으실 것이며 거기서부터 너를 이끄실 것이라"입니다.

하나님은 시내산에 여호와의 영광으로 임하신 후에 '시내산을 향하여 기도하면'이라고 지시하신 적이 없고, 하나님은 성막을 지으라고 하신 후에도 '성막을 향하여 기도하면'이라고 지정하신 적이 없습니다. 하나님은 특정한 장소에서 기도하면 더 잘 응답하신다고 언급하신 적이 일체 없으시고, 더 나아가 하나님은 '너희가 기도하면'이라고 수단이나 방법을 제안하신 적이 없습니다. 창세기부터 여호수아서까지를 통해 하나님이 계시하시면서 토라 또는 율법, 또는 계명이나 규례를 주셨는데 그곳에는 기도에 대한 언급이 단 한마디도 없습니다. 솔로몬은 이스라엘 백성의 신앙을 위해 '기도'라는 좋은 방식을 제안한 것이 절대로 아닙니다. 솔로몬은 하나님도 언급하지 않은 종교방식, 죄인이나 이방인들이 행하는 종교방식을 끌어들여 하나님의 말씀을 왜곡시킨 것 밖에 되지 않습니다.

하나님께서 신명기에서 강조하신 것은 예배나 찬양이나 기도나 예물이나 일체의 종교행위가 아니라 너무나 당연하게 인간을 위하여 알려주신 '하나님의 말씀을 온전히 따라 행하라'는 것이었습니다. 솔로몬이 성전을 짓겠다고 시작할 때에도 하나님은 나타나셔서 열왕기상 6장 12절에서 '네가 만일 내 법도를 따르며 내 율례를 행하며 내 모든 계명을 지켜 그대로 행하면'이라고 신명기의 말씀과 동일한 말씀을 하셨습니다. 그리고 다음에 살펴볼 것인데 성전 봉헌식이 끝난 후에도 하나님은 다시 나타나셔서 열왕기상 9장에서 '하나님의 말씀대로 행할 것'을 말씀하셨습니다. 그러므로 여호와 신앙에서 가장 중요한 것은 '하나님 말씀을 알고, 하나님의 말씀대로 행하며, 지키며, 사는 것'입니다. 그리고 하나님이 첨부하신 명언이 신명기 30장 11절 "내가 오늘 네게 명령한 이 명령은 네게 어려운 것도 아니요 먼 것도 아니라"입니다.

세상의 원리, 죄의 종교, 인간의 사고방식은 '자신이 행한 일을 자랑하는 것'입니다. 그러나 여호와 신앙은 '하나님이 행하신 일을 알고 감사함으로 누리는 것'입니다. 하나님을 위해 무엇을 할까 고민하지 마시고 하나님이 나를 위해 해 놓으신 일 때문에 즐겁고 신나고 행복한 삶을 누리시기를 주님의 이름으로 축원합니다.

행하며, 지키며

열왕기상 9:1~28

1 솔로몬이 여호와의 성전과 왕궁 건축하기를 마치며 자기가 이루기를 원하던 모든 것을 마친 때에 2 여호와께서 전에 기브온에서 나타나심 같이 다시 솔로몬에게 나타나사 3 여호와께서 그에게 이르시되 네 기도와 네가 내 앞에서 간구한 바를 내가 들었은즉 나는 네가 건축한 이 성전을 거룩하게 구별하여 내 이름을 영원히 그 곳에 두며 내 눈길과 내 마음이 항상 거기에 있으리니 4 네가 만일 네 아버지 다윗이 행함 같이 마음을 온전히 하고 바르게 하여 내 앞에서 행하며 내가 네게 명령한 대로 온갖 일에 순종하여 내 법도와 율례를 지키면 5 내가 네 아버지 다윗에게 말하기를 이스라엘의 왕위에 오를 사람이 네게서 끊어지지 아니하리라 한 대로 네 이스라엘의 왕위를 영원히 견고하게 하려니와 6 만일 너희나 너희의 자손이 아주 돌아서서 나를 따르지 아니하며 내가 너희 앞에 둔 나의 계명과 법도를 지키지 아니하고 가서 다른 신을 섬겨 그것을 경배하면 7 내가 이스라엘을 내가 그들에게 준 땅에서 끊어 버릴 것이요 내 이름을 위하여 내가 거룩하게 구별한 이 성전이라도 내 앞에서 던져버리리니 이스라엘은 모든 민족 가운데에서 속담거리와 이야기거리가 될 것이며 8 이 성전이 높을지라도 지나가는 자마다 놀라며 비웃어 이르되 여호와께서 무슨 까닭으로 이 땅과 이 성전에 이같이 행하셨는고 하면 9 대답하기를 그들이 그들의 조상들을 애굽 땅에서 인도하여 내신 그들의 하나님 여호와를 버리고 다른 신을 따라가서 그를 경배하여 섬기므로 여호와께서 이 모든 재앙을 그들에게 내리심이라 하리라 하셨더라 10 솔로몬이 두 집 곧 여호와의 성전과 왕궁을 이십 년 만에 건축하기를 마치고 11 갈릴리 땅의 성읍 스무 곳을 히람에게 주었으니 이는 두로 왕 히람이 솔로몬에게 그 온갖 소원대로 백향목과 잣나무와 금을 제공하였음이라 12 히람이 두로에서 와서 솔로몬이 자기에게 준 성읍들을 보고 눈에 들지 아니하여 13 이르기를 내 형제여 내게 준 이 성읍들이 이러한가 하고 이름하여 가불 땅이라 하였더니 그 이름이 오늘까지 있느니라 14 히람이 금 일백이십 달란트를 왕에게 보내었더라 15 솔로몬 왕이 역군을 일으킨 까닭은 이러하니 여호와의 성전과 자기 왕궁과 밀로와 예루

살렘 성과 하솔과 므깃도와 게셀을 건축하려 하였음이라 16 전에 애굽 왕 바로가 올라와서 게셀을 탈취하여 불사르고 그 성읍에 사는 가나안 사람을 죽이고 그 성읍을 자기 딸 솔로몬의 아내에게 예물로 주었더니 17 솔로몬이 게셀과 아래 벧호론을 건축하고 18 또 바알랏과 그 땅의 들에 있는 다드몰과 19 자기에게 있는 모든 국고성과 병거성들과 마병의 성들을 건축하고 솔로몬이 또 예루살렘과 레바논과 그가 다스리는 온 땅에 건축하고자 하던 것을 다 건축하였는데 20 이스라엘 자손이 아닌 아모리 사람과 헷 사람과 브리스 사람과 히위 사람과 여부스 사람 중 남아 있는 모든 사람 21 곧 이스라엘 자손이 다 멸하지 못하므로 그 땅에 남아 있는 그들의 자손들을 솔로몬이 노예로 역군을 삼아 오늘까지 이르렀으되 22 다만 이스라엘 자손은 솔로몬이 노예를 삼지 아니하였으니 그들은 군사와 그 신하와 고관과 대장이며 병거와 마병의 지휘관이 됨이었더라 23 솔로몬에게 일을 감독하는 우두머리 오백오십 명이 있어 일하는 백성을 다스렸더라 24 바로의 딸이 다윗 성에서부터 올라와 솔로몬이 그를 위하여 건축한 궁에 이를 때에 솔로몬이 밀로를 건축하였더라 25 솔로몬이 여호와를 위하여 쌓은 제단 위에 해마다 세 번씩 번제와 감사의 제물을 드리고 또 여호와 앞에 있는 제단에 분향하니라 이에 성전 짓는 일을 마치니라 26 솔로몬 왕이 에돔 땅 홍해 물 가의 엘롯 근처 에시온게벨에서 배들을 지은지라 27 히람이 자기 종 곧 바다에 익숙한 사공들을 솔로몬의 종과 함께 그 배로 보내매 28 그들이 오빌에 이르러 거기서 금 사백이십 달란트를 얻고 솔로몬 왕에게로 가져왔더라

솔로몬의 활동

왕정국가

시월의 마지막 날에 사람들은 이용의 '잊혀진 계절'을 떠올리지만 저는 '루터의 95개조 반박문'을 떠올립니다. 종교개혁은 사실 부끄러운 역사입니다. 기독교에 의해 세상이 변화된 날이 아니라 세상의 흐름에 의해 종교가 구조조정 당한 사건입니다. 이러한 현상은 오늘날에도 반복되고 있습니다. 종교개혁의 핵심은 종교의 모습, 종교의 행위, 종교의 예식을 바꾸는 것이 아닙니다. 외형적인 모습은 모두 결과입니다. 본질은 '성경에 대한 이해, 성경의 의미에 대한 바른 해석'입니다. 성경이 그 동안과 다르게 이해되자, 그 동안 해오던 종교행위들에 대한 변화가 자연적으로 따라온 것입니다. 그래서 오늘날의 기독교 개혁도 이런저런 제도개혁으로가 아니라 '성

경을 읽고, 성경을 이해하는 것'으로부터 진행됩니다. 근래에 저와 여러분은 열왕기상의 솔로몬의 지혜와 성전에 대한 새로운 이해를 함께 나누고 있습니다. 종교개혁의 길을 걷고 있는 것입니다.

열왕기상에서 솔로몬에 관한 내용은 1장부터 11장까지입니다. 솔로몬이 이스라엘의 왕으로 통치한 기간이 총 사십 년이니까 기간에 비해 분량이 매우 적고, 당연히 매 장마다 시간이 빨리 지나간 셈이 됩니다. 지난주까지 이미 이십 년이 지났습니다. 이십 년간 솔로몬이 한 일은 딱 하나 '건축'이었습니다. 솔로몬의 행적을 이해하시려면 이스라엘의 역사와 주변국들과의 관계를 아시는 것이 좋습니다. 그동안 이스라엘은 강대국이었던 때가 없었습니다. 창세기에서는 일개 부족이었고, 애굽에서는 처음에는 총리의 가족으로 입국했으나 나중에는 노예의 신분으로 전락했습니다. 출애굽한 후에는 유랑하는 민족이었고, 가나안에 정착한 후에는 사사시대를 통해 알 수 있듯이 계속하여 주변의 나라들에 의해 침략을 받고 압제를 받는 상황이었습니다. 사무엘 시대에는 법궤를 빼앗기기까지 했습니다.

이스라엘의 상황이 역전된 것은 왕정시대부터입니다. 사울이 왕으로 등극한 이후부터 이스라엘은 전쟁에서 승승장구하였고, 영토를 확장하였으며, 국가의 최소한의 형태를 갖추기 시작합니다. 천만다행으로 그 시대에 주변의 나라들은 상대적으로 세력이 약화되었기에 가능했던 일입니다. 사울에 이어 왕으로 등극한 다윗은 군계일학입니다. 용병들을 데려와 상비군제도를 설립하였고, 정치, 경제, 종교, 외교, 문화 등 다양한 분야에서 강력한 나라의 위상을 높여갑니다. 이스라엘이 민족이 된 이후로 가장 번성한 시대가 되었습니다. 단 하나 아쉬운 것은 이 번성함을 대내외적으로 과시할 만한 자랑거리가 없다는 것입니다. 그래서 시작한 것이 건축이었고 드디어 솔로몬은 모든 것이 잘 준비된 상태에서 왕권과 국권을 상징하는 성전과 왕궁을 건축함으로 절정에 다다르게 됩니다. 다윗과 솔로몬이 건축에 집중하는 이유가 있습니다.

여기서 정말 아이러니한 것을 발견할 수 있습니다. 여러분은 성경을 읽으면서 의아하게 느끼셔야 합니다. 왜냐하면 사무엘 시대에 이스라엘은 하나님이 이스라엘의 왕 되심을 거부하고, 자신들이 하나님의 백성임을 거부하고, '모든 나라와 같이 왕을 세워달라'고 요청했기 때문입니다. 당연히 하나님은 그것을 싫어하셨습니다. 다만 백성들이 하도 간청하기에 어쩔 수 없이 저들의 소원을 들어주셨을 뿐입니다. 그랬다면 이스라엘에 왕이 등장한 이후로 이스라엘은 번성해야 할까요, 몰락해야 할까요? 하나님을 부인하고 주변의 모든 나라와 같게 해 달라고 했으니 당연히 몰락해야 할 것입니다. 하나님을 대신해서 하나님이 세우시는 사람이 아니라 자신들의 기준에 맞는 사람을 스스로 골라서 왕으로 세웠으니 당연히 되는 일이 없어야 할 것입니다. 단지 불순종만 할 뿐 하나님에게 대들지는 않았던 사사시대보다 적극적으로 하나님과 맞장 떠서 하나님의 기대와 전혀 다른 제도를 스스로 만들어 낸 시대였으니 왕정시대는 당연히 사사시대보다 더 주변국들에게 패해야 하고, 더 오랜 기간 동안 더 심한 압제를 받아야 마땅할 것입니다.

이스라엘의 생각

그런데 이게 어떻게 된 일입니까? 이스라엘은 패망하기보다는 번성합니다. 주변나라들에게 압제를 받기는커녕 도리어 조공까지 받고 있습니다. 이상하지 않습니까? 가나안에 도착한 후에 적극적으로 자신들의 의견을 표출하지 않았을 때에는 겨우 겨우 목숨만 연명했는데, 사사들이 등장했을지라도 경우 압제에서만 풀어졌을 뿐 나라를 번성시키지는 못했는데 자신들이 적극적으로 방법을 요구해서 자신들의 주장대로 왕이 세워진 이후에는 나라가 전대미문의 번성함을 구가하고 있습니다. 이스라엘 백성들의 생각에 하나님께 왕을 요구하기를 잘한 것입니까, 잘못한 것입니까? 왕을 요구하는 것을 반대하신 하나님이 옳았습니까, 왕을 세워달라고 요구한 이스라엘이 옳았습니까? 이스라엘 사람들이 하나님 앞에 회개를 할까요, 거드름을 피울까요? 사울이 왕으로 등극한 이후부터 솔로몬이 등극할 때까지 이스라엘은 의기양양합니다. 강대국이 되었으니, 주변 나라들로부터 조공을 받으니 으스대고 있는 것은 당연하고요, 그 거만함이 하나님 앞에서까지 행해지는 것입니다.

솔로몬에 관한 기록에서 가장 자주 등장하는 것이 바로 숫자입니다. 즉 '많다, 풍성하다, 넘친다'는 것입니다. 열왕기상 3장에서 솔로몬이 기브온 산당에서 번제를 드렸는데 자그마치 '일천 번제'입니다. 하나님께서 몇 마리를 드리라고 했는지가 중요한 것이 아니라 이렇게 드려도 될 만큼 부유하다는 자랑입니다. 4장에는 22절에 "솔로몬의 하루의 음식물은 가는 밀가루가 삼십 고르요 굵은 밀가루가 육십 고르요 살진 소가 열 마리요 초장의 소가 스무 마리요 양이 백 마리이며 그 외에 수사슴과 노루와 암사슴과 살진 새들이었다"라고 나옵니다. 이런 기록은 성경에 처음이자 마지막입니다. 이만큼 풍성하다고 과시하는 것입니다. 26절은 "솔로몬의 병거의 말 외양간이 사만이요 마병이 만 이천 명이며"입니다. 이만큼 강력하다는 뻐김입니다. 이런 모습은 성전 봉헌식에도 나옵니다. 8장 63절 "솔로몬이 화목제의 희생제물을 드렸으니 곧 여호와께 드린 소가 이만 이천 마리요 양이 십이만 마리라"입니다. 여기저기에 자신들의 풍성함을 마음껏 나열하며 하나님 보시라고, 하나님 들으시라고 시위하고 있습니다. 현재 이스라엘의 상태가 자신들이 옳았다는 명백한 증거입니다.

그러니 이스라엘의 교만함은 극에 달해 있습니다. 왕뿐 아니라 이스라엘 모든 백성의 이러한 당당함과 거만함의 극치가 바로 주변의 나라들이나 하나님을 향해서 건축으로 드러나는 것입니다. 자신들이 옳았다는 것을 보여 줄만한 표적이 필요했던 것입니다. 그때 당연히 성전과 왕궁 중에 왕궁이 더 크고 화려해야 합니다. 왜냐하면 하나님이 옳았던 것이 아니라 자신들이 옳았기 때문입니다. 이스라엘의 번성함은 하나님의 도우심 때문이 아니라 왕의 전투와 지혜로 말미암았기 때문입니다. 성전을 중심으로 왕궁을 짓는 것이 아니라, 왕궁을 중심으로 성전을 지음으로 하나님을 향해서도 한껏 위세를 부리고 있습니다. 이제는 하나님 때문이 이스라엘이 존재하는 것이 아니라 이스라엘이 하나님을 모셔주고 있다는 의미입니다. 하나님이 이스라엘을 번성하게 해 주시는 것이 아니라 이스라엘이 오갈 곳 없는 하나님 또는 다 헐어버린 천막 안에 계시던 하나님을 위해 집까지 지어드리면서 공양하고 있다고 생각하는 것입니다. 이미 자신들이 옳았다는 것이 증명되었으니 앞으로는 더욱더 하나님의 말씀대로 살아야겠다는 다짐이 필요하지 않습니다.

이러한 사고방식이 성전 봉헌식 기도에 고스란히 담겨있는 것입니다. 행여 자기들에게 어떤 어려움이 닥치고 고난과 시련이 닥치면 하나님께서 자신들을 불쌍히 여겨서 긍휼한 마음으로 은혜를 베풀어달라는 간절한 기도가 아닙니다. 정반대로 자신들의 공로, 자신들의 업적을 들고 나옵니다. 이스라엘 백성들이 자기들이 지은 '성전을 향하여 기도하거든' 들어달라는 것입니다. 강조점이 성전입니다. 자기들이 먼저 하나님을 위해 드렸다는 주장입니다. 하나님이 받아먹은 것이 있다는 주장입니다. 자기들이 하나님께 제공한 것이 있고 하나님은 자신들에게 받은 것이 있으니 하나님은 들어주셔야 한다는 것입니다. 그 증거물이 '성전'입니다. 하나님이 백성들의 요구를 거절할 수 없는 명백한 증거물이 바로 성전이기에 '성전을 향하여 기도하거든' 하나님은 의무적으로 들어주셔야 하는 빚이 있다는 주장입니다. 죄인들의 생각이 얼마나 교활하게 변질될 수 있는지 확인할 수 있는 장면입니다.

솔로몬의 축복

열왕기상 8장 54절부터는 솔로몬의 축복입니다. 지금까지 설명 드린 이스라엘과 솔로몬의 태도를 전제하고 본문을 들어보시기 바랍니다. 언제나 처음에는 공손하게 시작합니다. 54절 "솔로몬이 무릎을 꿇고 손을 펴서 하늘을 향하여 이 기도와 간구로 여호와께 아뢰기를 마치고 여호와의 제단 앞에서 일어나 서서 큰 소리로 이스라엘의 온 회중을 위하여 축복하며 이르되 여호와를 찬송할지로다 그가 말씀하신 대로 그의 백성 이스라엘에게 태평을 주셨으니 그 종 모세를 통하여 무릇 말씀하신 그 모든 좋은 약속이 하나도 이루어지지 아니함이 없도다"입니다. 언제나 서두에 나오는 감언이설이나 의례적인 인사치례에 속으시면 안 됩니다. 구체적인 내용이 57절 이하인데 이것이 간구 즉 간절한 부탁인지 요구 즉 당당한 청구인지 분별해 보시기 바랍니다. "우리 하나님 여호와께서 우리 조상들과 함께 계시던 것 같이 우리와 함께 계시옵고 우리를 떠나지 마시오며 버리지 마시옵고 우리의 마음을 주께로 향하여 그의 모든 길로 행하게 하시오며 우리 조상들에게 명령하신 계명과 법도와 율례를 지키게 하시기를 원하오며 여호와 앞에서 내가 간구한 이 말씀이 주야로 우리 하나님 여호와께 가까이 있게 하시옵고 또 주의 종의 일과 주의 백성 이스라엘의 일을 날마다 필요한 대로 돌아보사 이에 세상 만민에게 여호와께서만 하나님이시고 그 외에는 없는 줄을 알게 하시기를 원하노라"입니다. 이 구절이 다른 곳에 나오면 간절한 기도입니다. 그러나 여기서는 간구가 아니라 요구이며, 하나님께 읍소하는 것이 아니라 조롱입니다. 자기들의 업적을 다 드러내고, 이제 하나님이 해야 할 일을 지정한 것입니다. 그리고는 62절부터 끝까지 십사 일간 성대한 잔치를 행합니다. 완전히 자화자찬입니다.

예를 들면 이런 것입니다. 참으로 성실한 목사님께 아들이 있었습니다. 바르게만 살다보니 어찌되었는지 사는 것이 넉넉하지는 않습니다. 목사님은 늘 아들에게 바르게 살라고 가르치셨는데 아들은 사고만 치고 다닙니다. 고등학교 때까지는 그냥 아버지 말을 안들었는데, 고등학교 졸업하자마자 이제는 아버지처럼 살지 않겠다고, 자기 방식대로 살겠다고 집을 나갔습니다. 집을 나갔으면 개고생을 해야 하는데 깜짝 놀랍게도 대박이 났습니다. 아주 부자가 되었고, 명성도 얻었습니다. 어느 해 명절에 금의환향을 합니다. 아버지에게 오면서 우선 선물공세를 펼칩니다. 한우 갈비 세트가 일천 개입니다. 다 낡은 집에 사시는 것을 안타까워하면서 기와집을 한 채 지어드리겠다고 합니다. 그러면서 동시에 옆에 마을 회관도 지어줍니다. 왜냐하면 마을 회관을 지어야 준공식 때 이장, 면장, 군수님도 오시고 폼이 나기 때문입니다. 아버지 집은 칠 개월만에 완공이 되었는데 열세 달을 기다려 회관이 완성 되서야 아버지 집 준공식을 행합니다. 이때에도 성대한 마을 잔치를 행합니다. 자식들과 온 동네 사람들이 다 보는 앞에서 아버지에게 큰 절을 하면서 하는 말이 이것입니다.

57절을 패러디해보겠습니다. '아버지 오래 사셔야죠. 우리와 함께 계시고 우리를 떠나지 마세요. 또 아버님이 살아계시면서 우리를 바르게 살라고, 참되게 살라고 가르쳐 주셔야죠. 손주 놈들도 있는데 행여 잘못하면 꾸지람도 주셔야죠. 애들아, 할아버지 말씀 잘 들어야 한다.' 입니다. 장면이 상상이 되시죠? 이 말은 다 맞는 말인데 아버지를 존경하는 것이 아니라 아버지를 조롱하는 것입니다. 자신은 지금까지도 그랬지만 앞으로도 아버지의 뜻대로 살려는 의지가 없습니다. 물론 자기 자식들도 할아버지처럼 살면 기껏해야 할아버지처럼 될 것이기에, 집에 가서는 자기방식을 가르칠 것입니다. 고향에 가서 한바탕 자랑질을 하고 온 것입니다. 제 하고 싶은 대로 한 것입니다.

그래서 열왕기상 9장 1절은 "솔로몬이 여호와의 성전과 왕궁 건축하기를 마치며 자기가 이루기를 원하던 모든 것을 마친 때에"라고 말합니다. 강조점이 '자기가 이루기를 원하던 모든 것'입니다. '하나님이 원하시는 대로, 하나님이 기대하시는 대로, 하나님이 뜻하시는 대로'가 아니라 '자기가 원하는 대로, 자기가 하고 싶은 대로, 자기의 의도대로' '행했다'는 것입니다. 하나님은 솔로몬이 '하나님의 말씀을 듣기'를 원하셨는데, 솔로몬은 '자신이 행한 것'을 자랑하고 있습니다.

지켜, 행하며

다시 나타나사

이제 하나님의 반응을 보겠습니다. 9장 2절 "여호와께서 전에 기브온에서 나타나심 같이 다시 솔로몬에게 나타나사"입니다. 2절이 매우 의미심장합니다. 지금 세월이 이십 년이 흘렀습니다. 그 이십 년 동안 이스라엘과 솔로몬의 자랑거리인 성전과 왕궁이 건축되었습니다. 이때 하나님이 나타나셨는데 그 시기와 장소와 내용이 너무나 특이합니다. 첫째, 하나님이 나타나신 시기가 자그마치 십육 년만입니다. 열왕기상에 의하면 솔로몬의 통치 사십년 동안 하나님은 딱 세 번 등장하시는데 9장 2절이 세 번째이자 마지막입니다. 처음은 열왕기상 3장으로 하나님께서 솔로몬의 꿈에 나타나셔서 하나님의 기대, 하나님의 바람, 하나님의 소원을 알려주셨습니다. 그러나 솔로몬은 하나님의 기대대로 행한 것이 아니라 자신이 하고 싶은 대로 행했습니다. 왕이 된지 사년 째에 성전을 건축하기 시작했습니다.

바로 그때 하나님께서 두 번째 솔로몬에게 나타나신 것이 열왕기상 6장 11절 이하입니다. 솔로몬은 성전을 강조하는데 하나님은 성전에 대한 기대와 관심은 일체 보이지 않고 전혀 다른 말씀만 하셨습니다. 그것이 12절 "네가 지금 이 성전을 건축하니 네가 만일 내 법도를 따르며 내 율례를 행하며 내 모든 계명을 지켜 그대로 행하면"이고, 13절 "내가 또한 이스라엘 자손 가운데 거하며"이었습니다. 그리고 하나님께서 마지막이자 세 번째 나타나셨는데 그 시기가 성전공사가 다 끝나고 게다가 왕궁 공사도 다 끝나고 십사 년 만에, 게다가 성전 봉헌식이 진행되는 과정에 **VIP**로 등장하신 것도 아니고 성전 봉헌식이 다 끝난 후에, 정확하게 말하면 '솔로몬이 저 하고 싶은 대로 다 행한 후에' 나타나셨습니다.

하나님이 '다시' 십사 년 만에 나타나셨는데 또 하나 특이한 것은 바로 하나님이 나타나신 장소가 '기브온'이라는 점입니다. 아마도 대부분의 성도님들은 열왕기상 8장이 성전 봉헌에 대해 길게 묘사하고 있기 때문에 바로 이어지는 9장의 하나님의 나타나심이 성전 봉헌식 때에 성전에 나타나신 것으로 생각하실 것입니다. 그러나 사실은 그렇지 않습니다. 9장 1절은 아주 의도적으로 그 시기에 대하여 '솔로몬이 자기가 이루기를 원하던 모든 것을 마친 때'라고 정확하게 설명하고, 그 장소에 대하여 2절에서 '전에 기브온에 나타나심과 같이 다시 솔로몬에게 나타나사'라고 굳이 '기브온'을 언급하고 있습니다. 즉 하나님은 성전이 지어지기 전에 나타나신 장소에 나타나심으로 성전과 무관함을 강조하시는 것이며, 이미 그때에 하나님께서 밝히셨던 하나님의 기대, 하나님의 바람은 성전에 의하여 달라진 것이 아니라는 것을 강조하고 계십니다. 성전이 있든지 없든지 하나님의 뜻은 예전과 동일하다는 것입니다.

일반적으로 하나님이 '다시' 나타나셨다고 표현하면 바로 직전에 이어지는 것으로 설명하는 것이 보통입니다. 만약 특별한 언급이 없었다면 이번이 세 번째면 '다시 나타나사'는 당연히 두 번째에 이어지는 것으로 생각해야 합니다. 하지만 성경은 일부러, 의도적으로 '전에 기브온에서 나타나심과 같이 다시 솔로몬에게 나타나사'라고 언급함으로 두 번째에 이은 '다시'가 아니라 첫 번째에 이은 '다시'라고 강조하고 있습니다. 왜냐하면 두 번째 나타나신 시기가 바로 성전 건축을 시작할 때였기 때문입니다. 성전 건축을 시작할 때 나타나신 하나님이 '다시' 성전 건축이 끝날 때 나타나시면 마치 하나님의 관심이 온통 성전에 모아지는 것으로 오해될 수 있습니다. 그래서 하나님은 의도적으로 두 번째에 이은 '다시'가 아니라 첫 번째에 이은 '다시'요, 왕궁 옆에 조그마하게 지어진 성전으로 나타나신 것이 아니라 아예 성전과 무관한 기브온에 '다시' 나타나신 것입니다.

여호와의 말씀

세 번째, 이렇게 하나님께서 다시 나타나사 솔로몬에게 하신 말씀이 3절로 9절입니다. 아마도 여러분은 이미 하나님께서 어떤 말씀을 하실지 충분히 예상하실 수 있을 것입니다. 먼저 3절로 5절을 보실 텐데 말씀하시는 패턴이 두 번째 나타나셔서 말씀하셨던 6장 12절과 똑같습니다. 6장에서는 12절에 한 절로 말씀하신 것을 9장에서는 3절로 5절까지 세 절로 확장해서 말씀하셨을 뿐입니다. 비교를 위해서 6장 12절을 먼저 보시면 시작은 성전으로 합니다. "네가 지금 이 성전을 건축하니"이고 이어서 핵심이 "네가 만일 내 법도를 따르며 내 율례를 행하며 내 모든 계명을 지켜 그대로 행하면"이고, 그에 따른 결과가 "내가 네 아버지 다윗에게 한 말을 네게 확실히 이룰 것이요 내가 또한 이스라엘 자손 가운데에 거하며 내 백성 이스라엘을 버리지 아니하리라"입니다. 9장도 똑같습니다. 시작은 성전으로 합니다. 3절 "여호와께서 그에게 이르시되 네 기도와 네가 내 앞에서 간구한 바를 내가 들었은즉 나는 네가 건축한 이 성전을 거룩하게 구별하여 내 이름을 영원히 그곳에 두며 내 눈길과 내 마음이 항상 거기에 있으리니"입니다. 그러나 이것이 핵심이 아닙니다.

핵심은 4절입니다. "네가 만일 네 아버지 다윗이 행함 같이 마음을 온전히 하고 바르게 하여 내 앞에서 행하며 내가 네게 명령한 대로 온갖 일에 순종하여 내 법도와 율례를 지키며"입니다. 이것이 아주 의미심장한 이유는 8장에서 솔로몬이 장장 일곱 번에 걸쳐서 기도한 내용에 대해서는 전혀 언급하지도 않고 연관성도 없기 때문입니다. 솔로몬의 강조점은 '이 성전을 향하여 기도하거든'이었습니다. 3절만 보면 마치 하나님도 성전을 귀하게 여기신 것 같습니다. 그러나 4절에는 성전에 대한 언급도, 기도에 대한 언급도 일체 없습니다. 하나님이 성전을 기뻐하셨다면, 하나님이 성전을 중요하게 여기셨다면, 하나님이 솔로몬의 기도에 응답하셨다면 '네가 이 성전을 향하여 기도할 때에 내가 응답하리라'고 말씀하셨어야 합니다. 그런데 하나님은 가깝게는 성전 건축이 시작될 때인 열왕기상 6장에서 말씀하신 것과 똑같은 말씀을 하시고, 조금 멀게는 아예 성전 건축을 시작조차

하지도 않았을 때에 기브온에서 꿈에 나타나셔서 하신 말씀 즉 '내 말을 듣기를 원한다'는 것과 똑같은 말씀을 하시고, 아주 멀게는 신명기에서 온 이스라엘 백성들에게 말씀하셨던 것과 똑같은 말씀을 하시고 계십니다. 하나님에게는 '성전의 존재유무', '성전을 향하여 기도하는 것'은 전혀 상관이 없습니다.

5절로 9절은 결과인데 새로운 내용이 아니라 이것도 이미 전에 하신 말씀과 같습니다. 다만 아주 의미심장한 내용이 담겨있습니다. 그동안 관심도 두지 않으시던 성전에 관한 내용이 포함되어 있습니다. 6절로 8절 "만일 너희나 너희의 자손이 아주 돌아서서 나를 따르지 아니하며 내가 너희 앞에 둔 나의 계명과 법도를 지키지 아니하고 가서 다른 신을 섬겨 그것을 경배하면 내가 이스라엘을 내가 그들에게 준 땅에서 끊어 버릴 것이요 내 이름을 위하여 내가 거룩하게 구별한 이 성전이라도 내 앞에서 던져버리리니 이스라엘은 모든 민족 가운데에서 속담거리와 이야기 거리가 될 것이며 이 성전이 높을지라도 지나가는 자마다 놀라며 비웃어 이르되 여호와께서 무슨 까닭으로 이 땅과 이 성전에 이같이 행하셨는고 하면"입니다. 하나님께서 성전에 대해 언급하시기는 했는데 긍정적인 의미가 아니라 아주 부정적인 의미입니다. 이스라엘이 어찌하든지 성전은 여호와의 집이기에 어떻게든 성전을 보호하시겠다는 의미가 아니라 여차하면 성전을 던져버리실 것이며, 이스라엘이 고난에 처할 때에 '성전을 향하여 기도해야' 하니까 성전을 지켜주시겠다는 것이 아니라 비웃음거리가 되게 하시겠다는 의미입니다. 솔로몬은 하나님을 위해 성전을 지어드린 것으로 어지간히 생색을 냈는데 여호와께서는 본인의 전에 대해 애착이 전혀 없으십니다.

좀 더 신랄하게 표현하면 '솔로몬의 사고방식대로 솔로몬에게 갚아주는 방법'입니다. 지금 솔로몬과 이스라엘은 자신의 행동에 의해 여호와의 성전이 거룩하여 지고 존귀해질 수 있다고 생각합니다. 그러자 하나님께서는 사람들의 행동에 의해 성전이 비웃음거리가 될 수도 있다고 받아치는 것입니다. 즉 인간의 행동에 의해 여호와의 성전이나 여호와의 존귀와 영광이 달라질 수 있다는 생각은 전적인 인간들의 착각이요 오해일 뿐이라는 설명입니다. 하나님은 인간들의 행동에 의해, 즉 하나님의 계명과 법도를 지키지 않는 행동에 의해 기꺼이 성전을 버릴 수 있으며 비웃음거리가 되게 만들 수 있다고 자처하십니다. 왜냐하면 솔로몬과 이스라엘이 성전을 지었다고 해서 하나님의 영광과 존귀가 높아진 것이 아닌 것처럼 솔로몬과 이스라엘이 하나님을 버리고 부인한다고 해서, 성전이 무너질지라도 하나님의 영광과 존귀가 작아지거나 천해지는 것이 전혀 아니기 때문입니다.

지켜, 행하며

9장을 끝으로 성전이야기는 사라집니다. 1절에 '솔로몬이 여호와의 성전과 왕궁 건축하기를 마치며', 10절에 '솔로몬이 두 집 곧 여호와의 성전과 왕궁을 이십 년 만에 건축하기를 마치고'라고 선언합니다. 성경에는 성전을 건축하였다는 설명은 나오는데 그 결과가 무엇인지는 전혀 말하지 않습니다. 즉 여호와를 위하여 성전을 건축하여 솔로몬이 큰 상을 받았다는 설명이 없고, 이스라엘 백성의 신앙이 성숙해졌다는 내용도 없고, 왕과 백성이 평안을 누렸다는 표현도 없습니다. 성전의 영향력이 전무합니다. 열왕기상에는 성전이 지어졌다는 설명만 나옵니다. 물론 건물이 지어졌으니 그와 관련된 활동이 있기 마련인데 역대기에 참고자료가 등장합니다. 역대상 23장 3절부터 보면 "레위 사람은 삼십 세 이상으로 계수하니 모든 남자의 수가 삼만 팔천 명인데 그 중의 이만 사천 명은 여호와의 성전의 일을 보살피는 자요 육천 명은 관원과 재판장이요 사천 명은 문지기요 사천 명은 그가 여호와께 찬송을 드리기 위하여 만든 악기로 찬송하는 자들이라"입니다.

이들이 하는 일을 조금 자세하게 설명하면 28절 이하에 "그 직분은 아론의 자손을 도와 여호와의 성전과 뜰과 골방에서 섬기고 또 모든 성물을 정결하게 하는 일 곧 하나님의 성전에서 섬기는 일과 또 진설병과 고운 가루의 소제물 곧 무교전병이나 과자를 굽는 것이나 반죽하는 것이나 또 모든 저울과 자를 맡고 아침과 저녁마다 서서 여호와께 감사하고 찬송하며 또 안식일과 초하루와 절기에 모든 번제를 여호와께 드리되 그가 명령하신 규례의 정한 수효대로 항상 여호와 앞에 드리며 또 회막의 직무와 성소의 직무와 그들의 형제 아론 자손의 직무를 지켜 여호와의 성전에서 수종드는 것이더라"입니다. 이어서 역대상 24장부터 26장까지 성전과 관계된 사람들의 명단이 나옵니다. 그 숫자가 자그마치 삼만 팔천입니다. 과연 이것을 여호와를 경배하는 일이라고 좋아해야 합니까?, 아니면 일자리 창출의 의미에서 환영해야 합니까? 하나님이 이런 것을 기대하셨을까요? 전혀 그렇지 않습니다. 이렇게 많은 종교인이, 이렇게 많은 종교 활동을 하는데 이스라엘은 망합니다. 왜냐하면 하나님의 뜻과 달랐기 때문입니다.

솔로몬의 생애에 세 번 나타나신 하나님의 공통적인 말씀은 언제나 '내 율례를 행하고, 법도를 지키고, 계명을 따르면'입니다. 한마디로 하면 '하나님의 말씀을 따라 살라'입니다. 이것이 기독교의 본질입니다. 하나님은 인간에게 '먼저' 은혜를 베푸시고, 그 인간이 하나님의 말씀대로 살아 은혜를 누리기를 기대하는 것입니다. 그 이상이 없습니다. 하나님이 더 주시겠다는 내용이 없고, 하나님이 내 놓으라는 내용이 원천적으로 없습니다. 당연히 '복 받는 조건, 은혜 받는 방법, 상 받는 비결'이란 존재하지 않습니다. 세상은, 타종교는 온통 '내놓으라, 바치라, 드리라'고 난리입니다. 세상은, 타종교는 계속하여 '무엇을 행하라'고 닦달을 합니다. 왜냐하면 세상의 종교는 '목적'으로 움직이기 때문입니다. 되어 진 일은 하나도 없고, 나를 대신 해줄 존재도 없으며, 모든 것이 당사자에게 달려있고, 모든 것이 장차 이루어지기를 소망하는 것뿐입니다. 그래서 타종교에는 의무와 조건이 강조되게 되어 있습니다. 그러나 기독교는 '목적'으로 움직이는 종교가 아니라 '결과'로 움직이는 종교입니다. 하나님이 먼저 주신 은혜가 있고, 인간이 하나님께 받은 구원이라는 은혜가 있기에 성도는 이미 이루어진 결과에 근거하여 살아가는 것입니다. 그래서 기독교에는 의무가 아니라 '반응', 조건이 아니라 '열매'가 강조되는 것입니다.

하나님은 오늘도 저와 여러분에게 '하나님의 말씀대로 살라!'고 하십니다. 왜냐하면 하나님의 말씀이 인간에게 가장 좋기 때문입니다. 하나님의 말씀대로 사는 삶에 대해 기독교는 '상, 복, 면류관' 등의 표현을 사용하는 대신 '열매'라는 표현을 사용합니다. 열매란 행동에 따른 자연스러운 결과를 의미합니다. 행동과 열매가 따로 분리되어 있지 않고 행동 속에 내포되어 있습니다. 하나님의 말씀대로 살려면 우선 하나님의 말씀을 알아야 합니다. 하나님의 말씀을 알려면 하나님의 말씀을 읽어야 합니다. 성경에 대한 바른 이해를 추구하며, 한 주간도 하나님의 은혜에 감격하며 사시기를 주님의 이름으로 축원합니다.

정의와 공의를 행하며

열왕기상 10:1~29

1 스바의 여왕이 여호와의 이름으로 말미암은 솔로몬의 명성을 듣고 와서 어려운 문제로 그를 시험하고자 하여 2 예루살렘에 이르니 수행하는 자가 심히 많고 향품과 심히 많은 금과 보석을 낙타에 실었더라 그가 솔로몬에게 나아와 자기 마음에 있는 것을 다 말하매 3 솔로몬이 그가 묻는 말에 다 대답하였으니 왕이 알지 못하여 대답하지 못한 것이 하나도 없었더라 4 스바의 여왕이 솔로몬의 모든 지혜와 그 건축한 왕궁과 5 그 상의 식물과 그의 신하들의 좌석과 그의 시종들이 시립한 것과 그들의 관복과 술 관원들과 여호와의 성전에 올라가는 층계를 보고 크게 감동되어 6 왕께 말하되 내가 내 나라에서 당신의 행위와 당신의 지혜에 대하여 들은 소문이 사실이로다 7 내가 그 말들을 믿지 아니하였더니 이제 와서 친히 본즉 내게 말한 것은 절반도 못되니 당신의 지혜와 복이 내가 들은 소문보다 더하도다 8 복되도다 당신의 사람들이여 복되도다 당신의 이 신하들이여 항상 당신 앞에 서서 당신의 지혜를 들음이로다 9 당신의 하나님 여호와를 송축할지로다 여호와께서 당신을 기뻐하사 이스라엘 왕위에 올리셨고 여호와께서 영원히 이스라엘을 사랑하시므로 당신을 세워 왕으로 삼아 정의와 공의를 행하게 하셨도다 하고 10 이에 그가 금 일백이십 달란트와 심히 많은 향품과 보석을 왕에게 드렸으니 스바의 여왕이 솔로몬 왕에게 드린 것처럼 많은 향품이 다시 오지 아니하였더라 11 오빌에서부터 금을 실어온 히람의 배들이 오빌에서 많은 백단목과 보석을 운반하여 오매 12 왕이 백단목으로 여호와의 성전과 왕궁의 난간을 만들고 또 노래하는 자를 위하여 수금과 비파를 만들었으니 이같은 백단목은 전에도 온 일이 없었고 오늘까지도 보지 못하였더라 13 솔로몬 왕이 왕의 규례대로 스바의 여왕에게 물건을 준 것 외에 또 그의 소원대로 구하는 것을 주니 이에 그가 그의 신하들과 함께 본국으로 돌아갔더라 14 솔로몬의 세입금의 무게가 금 육백육십육 달란트요 15 그 외에 또 상인들과 무역하는 객상과 아라비아의 모든 왕들과 나라의 고관들에게서도 가져온지라 16 솔로몬 왕이 쳐서 늘인 금으로 큰 방패 이백 개를 만들었으니 매 방패에 든 금이 육백 세겔이며 17 또 쳐서 늘인 금으로 작은 방

패 삼백 개를 만들었으니 매 방패에 든 금이 삼 마네라 왕이 이것들을 레바논 나무 궁에 두었더라 18 왕이 또 상아로 큰 보좌를 만들고 정금으로 입혔으니 19 그 보좌에는 여섯 층계가 있고 보좌 뒤에 둥근 머리가 있고 앉는 자리 양쪽에는 팔걸이가 있고 팔걸이 곁에는 사자가 하나씩 서 있으며 20 또 열두 사자가 있어 그 여섯 층계 좌우편에 서 있으니 어느 나라에도 이같이 만든 것이 없었더라 21 솔로몬 왕이 마시는 그릇은 다 금이요 레바논 나무 궁의 그릇들도 다 정금이라 은 기물이 없으니 솔로몬의 시대에 은을 귀히 여기지 아니함은 22 왕이 바다에 다시스 배들을 두어 히람의 배와 함께 있게 하고 그 다시스 배로 삼 년에 한 번씩 금과 은과 상아와 원숭이와 공작을 실어 왔음이더라 23 솔로몬 왕의 재산과 지혜가 세상의 그 어느 왕보다 큰지라 24 온 세상 사람들이 다 하나님께서 솔로몬의 마음에 주신 지혜를 들으며 그의 얼굴을 보기 원하여 25 그들이 각기 예물을 가지고 왔으니 곧 은 그릇과 금 그릇과 의복과 갑옷과 향품과 말과 노새라 해마다 그리하였더라 26 솔로몬이 병거와 마병을 모으매 병거가 천사백 대요 마병이 만이천 명이라 병거성에도 두고 예루살렘 왕에게도 두었으며 27 왕이 예루살렘에서 은을 돌 같이 흔하게 하고 백향목을 평지의 뽕나무 같이 많게 하였더라 28 솔로몬의 말들은 애굽에서 들여왔으니 왕의 상인들이 값주고 산 것이며 29 애굽에서 들여온 병거는 한 대에 은 육백 세겔이요 말은 한 필에 백오십 세겔이라 이와 같이 헷 사람의 모든 왕과 아람 왕들에게 그것들을 되팔기도 하였더라

<h1 align="center">스바의 여왕</h1>

부유함

사람들이 성경에 등장하는 인물들에 대해 가지고 있는 이미지가 있습니다. 아브라함은 믿음의 아버지, 모세는 출애굽의 영웅, 삼손은 힘의 대명사, 다윗은 이스라엘 최고의 성군, 솔로몬은 지혜, 다니엘은 꿈 등입니다. 이것은 그 사람과 관련된 사건일 뿐이지 성경이 그것을 강조하는 것은 아닙니다. 가장 대표적으로 솔로몬은 모든 사람에게 지혜의 사람으로 알려져 있습니다. 그러나 솔로몬에 관한 기록에서 가장 많은 분량을 차지하는 것 또는 두드러지게 반복되는 것은 지혜가 아니라 '부유함'입니다. 사람들이 솔로몬에 대해 '지혜로운 사람'이라고 알고 있는 것은 성경의 강조점을 오해한 결과일 뿐입니다.

하나님은 솔로몬보다 훨씬 전에, 어느 특정한 한 사람에게가 아니라 온

이스라엘에게 하나님의 지혜, 하나님의 진리 즉 토라를 주셨습니다. 인간이 죄를 이기고 서로 자유와 평화와 안식과 연합과 일치를 누리며 행복하게 살 수 있는 참된 지혜를 이미 하나님께서 주셨습니다. 그렇게 진리를 주셨기에 솔로몬의 꿈에 나타나 솔로몬이 하나님의 말씀 또는 하나님의 진리를 잘 듣고 하나님의 말씀대로 행하기를 기대하셨습니다. 그리고 더 나아가 하나님은, 인간들이 행복하게 살기를 간절히 바라고 계심을 증명이라도 하듯 솔로몬에게 이런 저런 지혜까지 더 해 주신 것입니다. 그 동안은 중요한 지혜를 감추어 두었다가 이제사 값진 것을 딱 한 사람 솔로몬에게 내어놓은 것이 아니라 정반대로 진즉에 중요한 것을 다 주었고, 이제는 다소 하찮은 것까지도 모두 내어주신 것입니다. 솔로몬의 지혜가 결코 새로운 것이 아니며, 결코 이미 주신 지혜보다 소중한 것이 아닙니다. 예를 들면, 어머니가 시집가는 딸에게 이미 모든 혼수를 다 장만하여 주었음에도 불구하고 딸이 친정에 와서 과일을 먹으면서 '이 포크가 참 이쁘네!'라고 하자 포크 가지고 가라고 포장해 주는 것과 같은 모습입니다.

성경이 강조하는 솔로몬의 특징은 지혜가 아니라 '부유함'입니다. 그래서 솔로몬과 만나는 사람도 모두 부유한 사람들입니다. 대표적 인물이 열왕기상 10장의 스바의 여왕입니다. 성경이 묘사하는 것이 아주 재미있습니다. 대체적으로 책들에서 '여왕'이 등장하면 가장 강조되는 것이 바로 '아름다움'입니다. 역사나 소설에 등장하는 '여왕'치고 아름답지 않은 사람이 없습니다. 모두가 '절세미인'이나 '경국지색'입니다. 성경에도 비슷한 표현이 나오는데 바로 아브라함의 부인 사라와 이삭의 부인 리브가입니다. 이 여자들은 '여왕'도 아니고 그냥 동네 아줌마입니다. 그런데 애굽의 바로가 미혹될 만큼 예쁩니다. 또 에스더입니다. 자기 나라 백성도 아니고 포로로 잡혀온 이스라엘 여인, 그렇다고 이스라엘의 왕족 출신도 아니고 평범한 여인, 그렇다고 부모에게 사랑을 받고 귀하게 자란 여인도 아닌 일찍 부모를 여의고 삼촌 밑에서 자란 여인에 불과한 에스더인데 대 바사제국의 아하수에로 왕이 반해버릴 만큼 아름답습니다. 평민도 이정도인데 한 나라의 여왕이라면 당연히 '빼어난 미모' 그리고 '아이큐 170이 넘는 엄청난 지적 수준'이 수반되어 '미모와 지성'을 겸비하는 것이 일반적입니다.

그런데 스바의 여왕의 경우는 완전히 예상을 빗나갑니다. 한 나라의 여왕이면 예의상이라도 아름답다고 해 주어야 하는데 성경에는 미모에 대한 언급이 아예 없고, 추가적으로 현명하고 총명하다는 표현도 없고 도리어 '궁금한 것 투성이'인 별로 지혜롭지 못한 여인으로 묘사되고 있습니다. 대신 재력에 관해서는 둘째가라면 서운함을 느낄 정도로 부자입니다. 2절을 읽어보면 "예루살렘에 이르니 수행하는 자가 심히 많고 향품과 심히 많은 금과 보석을 낙타에 실었더라"입니다. 솔로몬의 상대로 지혜있는 사람이 등장하는 것이 아니라 부유한 사람이 등장하였습니다. 즉 솔로몬의 특성은 지혜로움이 아니라 부유함이라는 표시입니다.

물론 솔로몬이 하나님께 지혜를 받은 것은 사실입니다. 그러나 열왕기상 1장부터 11장까지를 자세히 읽어보면 솔로몬이 정말 지혜롭다고 감탄할 만한 내용이 거의 나오지 않습니다. 딱 하나 3장의 창기의 아들에 관한 재판뿐입니다. 그것마저 없었다면 아마 솔로몬의 지혜는 다만 전설 속의 이야기로 전해질 뻔했습니다. 지혜와 관련된 일화가 적다는 것이 솔로몬에 관한 내용의 강조점이 '지혜'가 아님을 증명하는 표현양식입니다. 다니엘과 비교를 해보면 보다 정확하게 알 수 있습니다. 다니엘도 성경에 나오는 지혜의 또 다른 대명사입니다. 1장 17절에 보면 "하나님이 이 네 소년에게 학문을 주시고 모든 서적을 깨닫게 하시고 지혜를 주셨으니 다니엘은 또 모든 환상과 꿈을 깨달아 알더라"입니다. 이렇게 다니엘이 소개되기에 이어지는 내용도 주로 '지혜, 환상, 꿈'과 연관되어 있습니다.

이와 같이 성경이 만약 솔로몬의 지혜를 강조하려면 솔로몬에 관한 내용이 등장인물이나 연관된 사건이 주로 지혜와 관련되어 있어야 합니다. 1장부터 9장까지 등장한 내용들과 오늘 10장과 마지막 11장은 거의 지혜와 관련이 없습니다. 스바의 여왕이 부유하게 행차를 했지만 온갖 질문을 해 대고 솔로몬이 대답하는 것을 소개하고 있으니 10장은 솔로몬의 지혜를 강조하는 것처럼 보일 수 있습니다. 과연 그러한지 확인해 보겠습니다.

어려운 문제

여왕이 솔로몬을 찾아온 이유는 1절에 나오는 대로 "스바의 여왕이 여호와의 이름으로 말미암은 솔로몬의 명성을 듣고 와서 어려운 문제로 그를 시험하고자 하여"입니다. 솔로몬이 지혜롭다는 소문이 두루두루 퍼졌습니다. 열왕기상 4장 30절에서 '동쪽 모든 사람의 지혜와 애굽의 모든 지혜보다 뛰어난지라'로 소개되고 있으니 당시의 기준으로 보면 전세계적으로 알려진 것입니다. 스바라는 지역이 어디인지에 대해서는 아라비아 지역이라는 설과 아프리카라는 설이 있지만 정확하게는 모릅니다. 여하튼 솔로몬의 지혜가 주변에 알려진 것만은 사실입니다. 이때 스바의 여왕이 가져온 질문이 재미있습니다. 본문에는 '어려운 문제'라고 되어있는데, 다른 번역에는 '까다로운 문제'라고도 되어 있습니다. 사전적으로는 '교묘함, 난해함, 수수께끼, 속임수'라는 의미입니다.

일반적으로 똑똑하다고 알려진 사람도 모든 분야에 똑똑하기보다는 전공이 있기 마련입니다. 하지만 솔로몬은 특별합니다. 4장 32절에 의하면 "그가 잠언 삼천 가지를 말하였고 그의 노래는 천다섯 편이며 그가 또 초목에 대하여 말하되 레바논의 백향목으로부터 담에 나는 우슬초까지 하고 그가 또 짐승과 새와 기어 다니는 것과 물고기에 대하여 말한지라"입니다. 흔히 말하는 대로 모르는 것이 없습니다. 당연히 34절 "사람들이 솔로몬의 지혜를 들으러 왔으니 이는 그의 지혜의 소문을 들은 천하 모든 왕들이 보낸 자들이러라"입니다. 주변의 나라들에서는 왕이 사절을 보냈는데 스바의 여왕은 직접 찾아왔습니다. 아마도 사신들을 통해 전달받는 것으로는 양이 차지 않았던 것 같습니다.

여왕은 관광을 온 것이 아니라 솔로몬을 시험하러 왔고 그 내용이 '어려운 문제'인데 이 '어려운 문제'란 삶의 목적에 관한 것이나 진리에 관한 것이나 신과 인간의 관계에 관한 내용들이 전혀 아닙니다. 또 나라가 강성해지는 법, 백성을 잘 다스리는 원리, 정치나 외교나 문화적으로 형통하는 지혜에 관한 내용이 전혀 아닙니다. 왜냐하면 스바의 여왕은 이미 한 나라의 왕이기 때문입니다. 다른 표현으로 '성공한 사람, 권세가 있는 사람'이기 때문입니다. 성공한 사람은 이미 원리를 알고 있고, 방법을 알고 있고, 실제로 그 원리와 방법으로 결과를 소유한 사람들입니다. 스바의 여왕이 부와 권세의 측면에서 전혀 솔로몬에게 꿀리지 않습니다. 겸손한 마음으로 한 수 배우러 온 것이 전혀 아닙니다. 여왕이 어려운 문제에 대한 솔로몬의 해답을 받고 장차 자신의 통치에 활용하려는 계획이 전혀 없고, 솔로몬을 자신의 멘토로 삼을 의지도 전혀 없습니다.

스바의 여왕이 가져온 '어려운 문제'란 단지 까다로운 문제, 골치 아픈 문제 또는 수수께끼 같은 재미있는 이야기를 의미합니다. 알아도 그만, 몰라도 그만인데 궁금한 이야기입니다. 꼭 풀어야 하는 문제가 아니라 가능하면 지혜롭다고 하는 사람을 골탕 먹일 수 있는 문제입니다. 동서양에 지혜로운 사람에 관한 전설이나 소설이야기가 있습니다. 그 내용은 모두 '진리'에 관한 것이 아니라 단지 '까다로운 일'에 관한 것들입니다. 우리나라에는 조선시대의 한 지혜로운 어린이 이야기가 있습니다. 신동이라고 소문이 나서 하루는 마을의 사또가 불러서 시험을 합니다. 새를 손에 잡고 있으면서 '살았느냐, 죽었느냐'고 묻습니다. 궁금한 것이 아닙니다. 만약 지혜로운 어린이가 살았다고 하면 꼭 눌러서 죽일 것이고, 죽었다고 하면 그냥 손을 펴서 살았다고 할 것입니다. 새가 살거나 죽거나 아무 상관이 없습니다. 그 문제를 맞춘다고 그 어린이를 관리로 등용할 것도 전혀 아닙니다.

또 지혜에 관한 대표적인 이야기가 베니스의 상인에 나오는 판결이야기입니다. 심장에 가장 가까운 살을 담보로 돈을 빌렸는데 갚지 못하자 살을

떼어내게 생겼는데 그 때 판사가 계약대로 살만 떼어갈 뿐 피는 단 한 방울
도 흘리면 안 된다고 판결했다는 내용입니다. 그 판사가 너무 지혜로워서
그 나라의 교육을 담당하는 책임자로 임명된 것이 아닙니다. 허다한 사람
이 그 판사에게 와서 삶의 지혜를 배우겠다고 자원하지도 않았습니다. 그
냥 까다로운 일을 잘 슬기롭게 처리했다는 내용일 뿐입니다.

어려운 문제를 가지고 온 여왕이 2절 마지막에 보면 "그가 솔로몬에게
나아와 자기 마음에 있는 것을 다 말하매"입니다. 이것도 당연히 진리에 관
한, 국사에 관한, 백성의 안위에 관한 내용이 아니라 그냥 이런저런 잡다한
애매모호한 내용들일 뿐입니다. 한 나라의 왕이 자신의 속내를 절대로 남
에게 내놓지 않습니다. 한 나라의 지도자가 개인적으로나 국가적으로나 해
결해야할 본질적인 문제를 다른 나라의 왕에게 털어놓지 않습니다. 게다가
이스라엘은 오랜 역사를 자랑하는 전통적인 강대국도 아니고, 지혜를 가르
치고 배우는 체계가 잘 잡혀있는 나라도 아닙니다. 겨우 수십 년 전에 나라
의 기틀이 잡혔고, 어쩌다 지혜로운 왕이 한 명 등장해서 알려진 것뿐입니
다. 스바의 여왕이 이런 신흥 국가 이스라엘을 방문해서 솔로몬 왕에게 진
리와 국사를 질문하고 해답을 받을 가능성은 거의 없습니다.

여왕의 칭찬

2절에서 여왕이 질문하고 3절에서 솔로몬이 답을 하고 4절 이하에는 여
왕의 기자회견이 나옵니다. 7절까지 읽어볼 때에 강조점이 어디 있는지 파
악해 보시기 바랍니다. "스바의 여왕이 솔로몬의 모든 지혜와 그 건축한 왕
궁과 그 상의 식물과 그의 신하들의 좌석과 그의 시종들이 시립한 것과 그
들의 관복과 술 관원들과 여호와의 성전에 올라가는 층계를 보고 크게 감
동되어 왕께 말하되 내가 내 나라에서 당신의 행위와 당신의 지혜에 대하
여 들은 소문이 사실이로다 내가 이 말들을 믿지 아니하였더니 이제 와서
친히 본즉 내게 말한 것은 절반도 못되니 당신의 지혜와 복이 내가 들은 소

문보다 더하도다"입니다. 여왕의 감탄은 주로 두 가지에 집중되어 있습니다. 하나는 예상대로 지혜이고 다른 하나는 건축으로 대변되는 번성함입니다. 하지만 이미 설명드린 대로 여왕이 가져온 어려운 질문들은 실제적인 내용이나 구체적인 내용이나 본질적인 내용이 전혀 아니었습니다. 그래서 솔로몬의 대답에 감탄하고 신기해하고 정말 지혜롭다고 칭찬하기는 해도 전혀 부럽거나 닮으려고 노력할 의지는 아예 없습니다. 그것 없어도 이미 왕이 되었고 나라를 통치하고 있기 때문입니다.

여왕이 정말 놀랐고 정말 관심이 있었던 것은 바로 솔로몬의 부귀영화였습니다. 그렇다고 여왕이 솔로몬의 부귀영화에 기가 죽지는 않았습니다. 자기도 한 부귀 한다고 뻐깁니다. 그래서 처음에 예루살렘에 올 때에 2절에 나오는 대로 다양한 물품들을 가지고 왔었고, 10절에는 다시 한 번 솔로몬에게 드리는 예물이 등장합니다. "이에 그가 금 일백이십 달란트와 심히 많은 향품과 보석을 왕에게 드렸으니 스바의 여왕이 솔로몬 왕에게 드린 것처럼 많은 향품이 다시 오지 아니하였더라"입니다. 단지 여왕뿐만 아니라 솔로몬에 관한 성경의 초점은 모두 부유함에 맞추어져 있습니다. 그래서 11절 이하에 "오빌에서 금을 실어온 히람의 배들이 오빌에서 많은 백단목과 보석을 운반하여"이고 14절부터는 아예 솔로몬의 재산 목록이 등장하고 있습니다. 23절은 "솔로몬 왕의 재산과 지혜가 세상의 그 어느 왕보다 큰지라"이고, 26절은 "솔로몬이 병거와 마병을 모으매 병거가 천사백 대요 마병이 만 이천 명이라"입니다.

정의와 공의를

성경연구

이제 여러분은 궁금해 하실 것입니다. 솔로몬의 이야기가 온통 부유함에 관한 내용이라면 왜 성경이 굳이 솔로몬의 지혜에 대해서 언급했는지에 관한 이유에 대해서 말입니다. 지금부터 솔로몬에 관한 내용 중에 지혜가 등장하는 이유와 스바의 여왕까지 찾아와 솔로몬의 지혜에 감탄하는 듯한 내용이 등장하는 이유를 설명해 보겠습니다. 먼저 제가 늘 말씀드리는 두 가지를 기억해 주시기 바랍니다. 첫째, 성경을 전체적으로 보아야 한다는 점입니다. 성경의 어느 한 곳에, 단지 한 구절에 나오는 것이 마치 전체적인 내용인양 오해해서는 안 됩니다. 너무나 당연한 말입니다. 만약 어느 한 구절의 내용을 과도하게 강조하면 다른 곳의 다른 구절에는 정반대의 내용이 나오기도 해서 마치 성경이 모순되고 충돌되는 것처럼 보입니다. 이런 사례가 너무너무 많아서 안티기독교가 비난하는 주장들이 대부분 이런 것입니다. 성경은 마치 정신분열적인 책 같다는 둥, 하나님은 지적 기본이 안 되었다는 둥, 자기가 무슨 말 하는지도 모른다는 조롱을 당하게 됩니다. 제가 한편으로는 안티 기독교인들의 주장을 인정합니다. 내용이 옳다는 것이 아니라 주장이 일리가 있다는 것입니다. 그동안 기독교가 성경을 너무 단편적으로, 앞뒤도 안 맞게, 말도 안 되게, 자기 멋대로, 아전인수격으로, 이현령비현령으로 사용한 적이 너무 많습니다.

두 번째, 성경은 글로 기록된 책이라는 점입니다. 다양한 문학적 장르가 사용되었고, 더 다양한 수사적 양식이 사용되었다는 사실입니다. 하나님의 뜻을 계시하기 위하여 때로는 직접 말씀으로, 때로는 사건으로, 때로는 다른 사람의 입을 통하여 역사하셨습니다. 또 하나님의 뜻을 전달하기 위하여 때로는 이야기로, 때로는 노래로, 때로는 계명으로, 때로는 제도를 사용하기도 하셨습니다. 그러므로 성경의 표현들을 볼 때에는 하나님의 말씀인지 사람의 말인지, 그 내용이 사실인지 과장인지 역설인지, 또 그 의도가 긍정적인 관점인지 부정적인 관점인지 정말 다양하고 세밀하게 관찰해야 합니다. 이것을 구분하지 않으니 단지 성경에 기록된 표현이라는 이유만으로 이방신이 한 말을 진리처럼 여기기도 하고, 역설을 직설로 착각하여 이상한 주장을 펼치기도 하고, 버려야할 행동을 모범적인 행동으로 따라 하기도 하는 우스꽝스러운 일들이 벌어지곤 합니다. 기독교인이나 비기독교 인에게 솔로몬이 지혜의 왕으로 알려져 있는 것이 바로 모든 사람들이 성경을 전체적으로 읽지 않으며, 문학적으로 읽지 않는다는 증거입니다.

하나님의 지혜

하나님은 인간이 죄인이 되었을 때 진리 즉 죄를 이길 수 있는 것, 죄를 이김으로 인간이 하나님의 복락을 누리며 살 수 있는 지혜를 주셨습니다. 히브리어로는 '토라'이고 신학적으로는 계시 또는 진리이고 성경에는 율법, 계명, 규례, 법도 또는 하나님의 지혜 등으로 표현되어 있습니다. 지금부터는 '하나님의 지혜'라고 표현하겠습니다. 이렇게 하나님은 죄인들에게 '하나님의 지혜'를 주셨습니다. 하나님께서 인간에게 기대하고 바라시고 원하시는 것이 딱 하나 바로 이 하나님의 지혜를 듣고, 알고, 행하라는 것입니다. 그래야 죄를 이기고, 그래야 인간이 행복을 누릴 수 있기 때문입니다. 그런데 성경에는 매우 놀라운 장면이 숨겨져 있습니다. 그것은 바로 '아무도 하나님의 지혜에 관심을 갖지 않는다'는 사실입니다.

하나님의 지혜는 창세기부터 여호수아서까지 시간적으로나 사건적으로나 상황적으로나 엄청난 분량을 할애하면서 인간에게 주어졌습니다. 가치 면으로는 '죄를 이길 수 있는 지혜, 모든 인류가 행복을 누리며 살 수 있는 지혜'라는 엄청나게 귀중한 진리입니다. 그런데 인간은 아무도 하나님의 지혜에 관심이 없습니다. 하나님의 지혜를 계시하는 역사에 동참한 이스라엘조차도 하나님의 지혜에 무관심합니다. 그래서 하나님의 지혜가 완성된 이후 사사시대에 이스라엘이 '하나님의 지혜를 들었다, 하나님의 지혜에 순종했다, 하나님의 지혜대로 행했다'는 표현이 거의 없습니다. 도리어 사사시대의 특징은 하나님을 버리고, 하나님을 떠났다는 사실입니다. 하나님의 지혜를 직접 듣고, 보고, 배우고, 체험한 이스라엘조차도 하나님의 지혜를 따르지 않고 버렸으니 주변 나라들이 하나님의 지혜에 관심을 보이지 않은 것은 너무나 당연합니다. 심지어 이스라엘은 단지 하나님의 지혜를 버린 정도가 아니라 아예 주변의 모든 나라와 같아지기를 추구했습니다. 다른 나라에서 이스라엘을 배우러 찾아온 것이 아니라 이스라엘이 다른 나라를 배우러 따라갔습니다. 그래서 하나님의 지혜를 따르지 않고 주변 나라가 채택하고 있는 '왕정' 제도를 선택했습니다. 하나님의 지혜가 완전히 잊혀져 버렸습니다.

솔로몬의 지혜

바로 이때 이스라엘뿐만 아니라 모든 인간들이 하나님의 지혜에 일체 관심을 갖지 않고 있으며, 모든 인간들이 하나님의 지혜를 모르고 있다는 사실을 극대화하기 위해 등장시키는 것이 바로 '솔로몬의 지혜' 입니다. 사람들은 '하나님의 지혜' 라는 용어도 어색하고, 내용에 대해서도 거의 모릅니다. 그런데 '솔로몬의 지혜' 라는 용어는 매우 익숙하고 내용에 대해서도 다 알고 있고, 심지어는 관심을 보이고 솔로몬의 지혜를 닮고 싶어 하고, 가지고 싶어 하기까지 합니다. 정작 인간에게 중요한 것은 '하나님의 지혜' 이고 모든 인간에게 주셨습니다. 이미 '하나님의 지혜' 를 주신 상태에서 행여라도 인간에게 도움이 될 수도 있을 것 같은 잡다한 내용에 관한 일반적인 지식인 '솔로몬의 지혜' 를 주셨습니다. 그런데 '하나님의 지혜' 에는 모두 무관심하고 진리도 아닌 것, 별로 중요하지도 않은 것, 알면 재미있지만 몰라도 자유와 평화와 안식과 행복에 거의 영향을 미치지 못하는 솔로몬의 지혜에는 모든 사람이 관심을 가지고 칭찬을 하고 난리법석입니다. 솔로몬의 소문을 들은 천하 모든 왕들이 사신들을 보내고, 심지어 스바의 여왕은 직접 찾아와서 라이브로 듣고 칭찬을 하기도 합니다.

성경은 '솔로몬의 지혜' 를 존중하고 높여주려는 의도가 아니라 사람들이 '하나님의 지혜' 에 대해 얼마나 무관심한지를 보여주기 위해 '솔로몬의 지혜' 를 등장시키고 있을 뿐입니다. 솔로몬이 지혜롭다는 의미가 아니고, 솔로몬의 지혜를 배우라는 이야기가 아니고, 솔로몬의 지혜 덕분에 이스라엘이 부귀영화를 누리고 있다는 의미가 절대로 아닙니다. 사람들이 '솔로몬의 지혜'에 관심을 갖는 만큼 대조적으로 '하나님의 지혜'에는 얼마나 무관심한지가 증명되는 것입니다. 성경의 역설이 너무나 멋있습니다. 솔로몬의 지혜와 더불어 사람들이 관심을 갖는 것이 무엇입니까? 바로 솔로몬의 부귀영화입니다. 즉 대부분의 사람들은 솔로몬이 지혜가 있었기에 그 결과로 솔로몬의 부귀영화가 있었다고 생각합니다. 이것을 반대로 설명하면 사람들은 '하나님의 지혜'에 관심을 갖지 않았습니다. 왜냐하면 하나님의 지혜를 따르면 부귀영화가 오지 않을 것이기 때문입니다. 실제로 하나님의 지혜에는 부귀영화를 약속하는 내용이 일체 없습니다.

그런데 성경은 인간들의 이러한 생각과 이러한 행동들이 죄인의 한계라고 지적하고 있습니다. 왜냐하면 인간에게는 부귀영화가 중요한 것이 아니라 죄를 이겨서 자유와 평화와 안식을 누리는 것이 중요하다는 것을 너무 쉽게 놓치고 있기 때문입니다. 이러한 사고방식이 죄의 교활한 속임수에 모든 죄인이 속고 있는 내용입니다. 모든 죄인들이 궁극적 목적은 '자유와 평화와 안식과 행복'이라고 말은 합니다. 그런데 그 방식에 대해서는 '하나님의 지혜는 죄를 이겨야 한다'고 가르치고, '솔로몬의 지혜는 부귀영화가 있어야 한다'고 가르치고 있을 때에 모두 솔로몬의 지혜를 따라가고 있습니다. 하나님이 옳았고 인간들이 틀렸다는 것이 열왕기상 11장에서 솔로몬으로 인한 백성들의 고난과 압제와 탄식으로 증명이 될 것입니다.

여왕의 역할

솔로몬에 관한 내용이 11장까지 나오는데 사람들이 1장부터 10장까지는 솔로몬의 업적이 나오고 11장 한 장에 솔로몬에 대한 비난이 나오는 줄로 착각합니다. 지금까지는 솔로몬이 잘했는데 11장에서 안타깝게 솔로몬이 이방여인들과 결혼하고 그 여인들에 의해 하나님을 떠난 실수를 범함 것으로 대단히 심한 착각을 합니다. 10장에서 스바의 여왕이 등장한 것은 솔로몬의 지혜를 칭찬하기 위해서가 아니라 정반대로 솔로몬의 지혜를 조롱하기 위해서입니다. 스바의 여왕 예루살렘을 방문한 하이라이트는 엄청난 부귀영화가 아니고, 솔로몬과 어려운 문제를 내고 해답을 받은 진지한 토론이 아니고, 여왕이 솔로몬을 향해 쏟아놓은 찬사가 아닙니다. 성경이 강조하는 것은 바로 9절입니다. "당신의 하나님 여호와를 송축할지로다 여호와께서 당신을 기뻐하사 이스라엘 왕위에 올리셨고 여호와께서 영원히 이스라엘을 사랑하시므로 당신을 세워 왕으로 삼아 정의와 공의를 행하게 하셨도다"입니다. 10장 전체의 핵심은 9절이고, 9절중에도 핵심은 바로 '정의와 공의를 행하게 하셨도다'입니다. 이것이 왜 핵심인지 그리고 이 말을 스바의 여왕이 한다는 것이 얼마나 역설이요 조크인지 분별하셔야 합니다.

결론부터 말하자면 이 말은 솔로몬이 말했어야 합니다. 10장의 이야기를 재구성하고, 1장부터 10장까지를 재구성해보겠습니다. 스바의 여왕이 금은보화를 많이 싣고 예루살렘에 도착해서 솔로몬을 찾아왔습니다. 그리고는 이런저런 잡다한 꽤 까다로운 질문들을 던집니다. 그때 솔로몬은 차분히 다 대답을 해 줍니다. 지혜를 자랑하지도 않고, 꽤나 많이 알고 있는 척도 하지 않습니다. 여왕이 놀라는 시늉을 하고 정말 대단한 지혜라고 찬사를 보내고 솔로몬의 건축과 신하들에 대해 부러워하는 모습을 보여도 솔로몬은 시큰 둥 해야 하고, 별것 아니라는 표정을 지어야 합니다. 모든 만찬이 끝나고 여왕이 가려고 할 때 솔로몬이 한마디 하기를 '많은 지혜를 가지는 것도 중요하지 않고, 부귀영화를 가지는 것도 중요하지 않습니다. 정작 중요한 것은 제가 왕으로서 정의와 공의를 행하고 있느냐는 것입니다. 왜냐하면 왕이 정의와 공의를 행해야 왕이나 백성이 모두 행복하기 때문입니다'라고 했어야 합니다. 아마 솔로몬이 그렇게 말했다면 스바의 여왕은 뿌로통했을 것입니다. 죄인들의 관심은 자기만의 부귀영화지 다른 사람의 행복에는 관심이 없고, 특별히 권세를 가진 자들은 더하기 때문입니다.

그런데 안타깝게도 본문의 상황은 정반대입니다. 역사도 없고 전통도 없는 신흥국가의 솔로몬이라는 왕이 지혜가 대단하다는 소문을 들은 스바의 여왕은 어려운 문제를 가지고 와서 솔로몬을 난처하게 만들고 싶었는데 진짜로 솔로몬이 모든 묻는 것에 알지 못하여 대답하지 못한 것이 하나도 없습니다. 정말 똑똑합니다. 그러자 약이 오른 스바의 여왕이 조롱하듯하는 말이 바로 9절입니다. 5절을 섞어서 해석을 하면 '아이고 어지간히 똑똑하네, 그런데 헛 똑똑이네. 정작 중요한 것은 왕이 정의와 공의를 행하는 것인데 솔로몬 당신은 온통 건축과 식물과 신하들의 관복 따위에만 정신을 팔고 있으니 이 나라도 앞날이 뻔하네!'입니다. 성경이 스바의 여왕의 이야기를 기록한 것은 솔로몬을 칭찬하는 것이 아니라 스바의 여왕도 아는 것을 왜 지혜의 대표라고 하는 솔로몬은 모르고 있느냐고 탄식하는 것입니다.

하나님의 강조

더 나아가 솔로몬은 한 마디를 더 했어야 합니다. 여왕에게 '정의와 공의를 행해야 한다'고 말을 한 후에 '여왕이여, 중요한 것은 여왕이 질문한 어려운 내용들이 아니고 내가 대답한 내 지혜가 아닙니다. 제가 가장 중요한 것을 하나 알려드리자면 그것은 바로 하나님의 지혜입니다. 왕으로서 정의와 공의를 행하려면 잡다한 지식이 필요한 것이 아니라 하나님의 지혜 즉 진리를 알아야 합니다. 하나님의 진리를 알고 하나님의 마음과 심정과 원리로 행할 때에 정의와 공의가 펼쳐지고, 그래야 모든 사람이 행복할 수 있습니다'라고 했어야 합니다. 그런데 솔로몬은 자기 지식자랑만 했을 뿐 하나님의 지혜에 대해서는 한마디도 언급하지 않았습니다. 솔로몬도 이렇게 어리석었고, 솔로몬을 찾아온 여왕도 어리석었고, 솔로몬의 지혜가 대단한 줄 알고 온통 솔로몬의 지혜만 부러워할 뿐 하나님의 지혜에 대해서는 전혀 무관심한 이스라엘과 오늘날의 성도들도 모두 어리석다고 성경이 지적하고 있습니다. 그래서 성경에 등장하는 솔로몬의 지혜에 관한 내용을 읽을 때마다 저와 여러분은 모두 부끄러워해야 합니다. 혹시라도 세상 사람들이 솔로몬이 지혜롭다고 한마디 하면 참으로 안타까워하고 민망해 해야 합니다. 그런데 정반대로 예나 지금이나 솔로몬이나 우리나 모두 세상의 조롱을 받고 있습니다. 더 속상한 것은 조롱받고 있다는 것도 모르고 있다는 점입니다.

'정의와 공의를 행하는 것'은 법 집행을 잘하는 것이 아니라 '하나님의 마음과 심정으로 행하는 것'을 의미합니다. 스바의 여왕이 처음으로 강조한 것이 아니라 하나님께서 창세기부터 현재까지 계속하여 반복적으로 강조하는 말씀입니다. 하나님께서 아브라함을 부르신 후에 창세기 18장 19절 "내가 그로 그 자식과 권속에게 명하여 여호와의 도를 지켜 공의와 정의를 행하게 하려고 그를 택하였나니"이고, 솔로몬에게 나타나셔서 계속 반복하신 말씀도 '내 법도와 규례를 지키며 행하며'이고, 예언서인 미가서 6장 8절에도 "사람아 주께서 선한 것이 무엇임을 네게 보이셨나니 여호와께서 네게 구하시는 것은 오직 정의를 행하며 인자를 사랑하며 겸손하게 네 하나님과 함께 행하는 것"이며, 스가랴 8장 16절에도 "너희가 행할 일은 이러하니라 너희는 이웃과 더불어 진리를 말하며 너희 성문에서 진실하고 화평한 재판을 베풀고 마음에 서로 해하기를 도모하지 말며 거짓 맹세를 좋아하지 말라"이고, 신약으로 와서는 '네 이웃을 네 몸과 같이 사랑하라'입니다.

기독교의 자랑은 지혜로움이 아니며, 부유함이 아니며, 강성함이 아닙니다. 오직 성도들이 하나님의 마음을 알고 다른 사람을 행하여 하나님의 심정과 원리로 행하는 것, 그래서 본인이 하나님의 복락을 누리고 성도로 인하여 모든 사람이 하나님의 은혜를 알게 하는 것이 바로 기독교의 자랑, 교회의 자랑이어야 합니다. 솔로몬의 지혜가 아닌 하나님의 지혜를 풍성히 알아 공의와 정의를 행함으로 이 세상에서 하나님의 나라를 멋지게 살아가시기를 주님의 이름으로 축원합니다.

마음을 돌려

열왕기상 11:1~25

1 솔로몬 왕이 바로의 딸 외에 이방의 많은 여인을 사랑하였으니 곧 모압과 암몬과 에돔과 시돈과 헷 여인이라 2 여호와께서 일찍이 이 여러 백성에 대하여 이스라엘 자손에게 말씀하시기를 너희는 그들과 서로 통혼하지 말며 그들도 너희와 서로 통혼하게 하지 말라 그들이 반드시 너희의 마음을 돌려 그들의 신들을 따르게 하리라 하셨으나 솔로몬이 그들을 사랑하였더라 3 왕은 후궁이 칠백 명이요 첩이 삼백 명이라 그의 여인들이 왕의 마음을 돌아서게 하였더라 4 솔로몬의 나이가 많을 때에 그의 여인들이 그의 마음을 돌려 다른 신들을 따르게 하였으므로 왕의 마음이 그의 아버지 다윗의 마음과 같지 아니하여 그의 하나님 여호와 앞에 온전하지 못하였으니 5 이는 시돈 사람의 여신 아스다롯을 따르고 암몬 사람의 가증한 밀곰을 따름이라 6 솔로몬이 여호와의 눈앞에서 악을 행하여 그의 아버지 다윗이 여호와를 온전히 따름 같이 따르지 아니하고 7 모압의 가증한 그모스를 위하여 예루살렘 앞 산에 산당을 지었고 또 암몬 자손의 가증한 몰록을 위하여 그와 같이 하였으며 8 그가 또 그의 이방 여인들을 위하여 다 그와 같이 한지라 그들이 자기의 신들에게 분향하며 제사하였더라 9 솔로몬이 마음을 돌려 이스라엘의 하나님 여호와를 떠나므로 여호와께서 그에게 진노하시니라 여호와께서 일찍이 두 번이나 그에게 나타나시고 10 이 일에 대하여 명령하사 다른 신을 따르지 말라 하셨으나 그가 여호와의 명령을 지키지 않았으므로 11 여호와께서 솔로몬에게 말씀하시되 네게 이러한 일이 있었고 또 네가 내 언약과 내가 네게 명령한 법도를 지키지 아니하였으니 내가 반드시 이 나라를 네게서 빼앗아 네 신하에게 주리라 12 그러나 네 아버지 다윗을 위하여 네 세대에는 이 일을 행하지 아니하고 네 아들의 손에서 빼앗으려니와 13 오직 내가 이 나라를 다 빼앗지 아니하고 내 종 다윗과 내가 택한 예루살렘을 위하여 한 지파를 네 아들에게 주리라 하셨더라 14 여호와께서 에돔 사람 하닷을 일으켜 솔로몬의 대적이 되게 하시니 그는 왕의 자손으로서 에돔에 거하였더라 15 전에 다윗이 에돔에 있을 때에 군대 지휘관 요압이 가서 죽임을 당한 자들을 장사하고 에돔의 남자를 다 쳐서 죽였는데 16 요

압은 에돔의 남자를 다 없애기까지 이스라엘 무리와 함께 여섯 달 동안 그 곳에 머물렀더라 17 그 때에 하닷은 작은 아이라 그의 아버지 신하 중 에돔 사람 몇몇과 함께 도망하여 애굽으로 가려 하여 18 미디안을 떠나 바란에 이르고 거기서 사람을 데리고 애굽으로 가서 애굽 왕 바로에게 나아가매 바로가 그에게 집과 먹을 양식을 주며 또 토지를 주었더라 19 하닷이 바로의 눈 앞에 크게 은총을 얻었으므로 바로가 자기의 처제 곧 왕비 다브네스의 아우를 그의 아내로 삼으매 20 다브네스의 아우가 그로 말미암아 아들 그누밧을 낳았더니 다브네스가 그 아이를 바로의 궁중에서 젖을 떼게 하매 그누밧이 바로의 궁에서 바로의 아들 가운데 있었더라 21 하닷이 애굽에 있어서 다윗이 그의 조상들과 함께 잔 것과 군대 지휘관 요압이 죽은 것을 듣고 바로에게 아뢰되 나를 보내어 내 고국으로 가게 하옵소서 22 바로가 그에게 이르되 네가 나와 함께 있어 무슨 부족함이 있기에 네 고국으로 가기를 구하느냐 대답하되 없나이다 그러나 아무쪼록 나를 보내옵소서 하였더라 23 하나님이 또 엘리아다의 아들 르손을 일으켜 솔로몬의 대적자가 되게 하시니 그는 그의 주인 소바 왕 하닷에셀에게서 도망한 자라 24 다윗이 소바 사람을 죽일 때에 르손이 사람들을 자기에게 모으고 그 무리의 괴수가 되어 다메섹으로 가서 살다가 거기서 왕이 되었더라 25 솔로몬의 일평생에 하닷이 끼친 환난 외에 르손이 수리아 왕이 되어 이스라엘을 대적하고 미워하였더라

<h2 style="text-align:center">말씀하시기를</h2>

억울한 사람들

성경에 등장하는 사람들 중에는 한편으로는 과분하게 칭찬과 존경을 받는 인물이 있습니다. 실상은 모두 죄인이라는 차원에서 동일한데, 어이없게도 죄인의 기준에 근거하여 탁월한 인물, 바람직한 인물로 추앙받고 심지어는 그 이름을 본떠서 부르기도 하는 일들이 벌어지기도 합니다. 다른 한편으로는 과도하게 비난과 조롱을 받는 인물이 있습니다. 실상은 죄인이라는 차원에서 동일한데, 어이없게도 죄인의 기준에 근거하여 파렴치한 인물, 패역한 인물로 매도되고 심지어는 불신의 상징으로 불려지기도 하는 일들이 벌어지기도 합니다. 두 경우 모두 성경에 대한 오해에서 발생한 우스꽝스러운 현상입니다. 그 중에 제가 생각하기에 억울하게 오해를 받는 남자와 여자를 한 명 또는 한 그룹을 상고해 보겠습니다.

억울하게 기억되고 있는 남자의 대표는 베드로입니다. 베드로는 세 번이

나 예수님을 부인한 것으로 알려져 있습니다. 제자들 중에 가장 강력하게 예수를 부인했습니다. 한 번은 그냥 부인하고, 또 한 번은 맹세하고 부인하고, 또 한 번은 저주하며 맹세하여 부인했습니다. 제가 베드로를 억울한 사람으로 생각하는 이유는 만약 베드로가 예수님이 잡히시던 순간에 다른 제자들처럼 아예 도망을 갔으면 예수님을 직접 부인하거나 심지어는 세 번이나 부인하는 불상사는 없었을 것이라고 생각하기 때문입니다. 그런데 다른 제자들이 모두 도망갈 때 베드로는 도망가지 않고 예수가 잡혀가는 뒤를 따라갔습니다. 어떤 여종이 베드로에게 '너도 갈릴리 사람 예수와 함께 있었도다'라는 말을 듣고 부인했지만 그래도 또 예수를 따라갔습니다. 만약 그때 예수를 떠났으면 세 번 부인했다는 낙인이 찍히지는 않았을 것입니다. 그렇게 두 번째도 부인하였지만 예수를 떠나지 않고 또 따라갔습니다. 엄밀하게 말하면 베드로는 예수를 세 번 부인한 사람이 아니라 끝까지 예수를 따라간 유일한 제자였습니다. 나머지 제자들은 예수를 부인하지 않은 것이 아니라 애초에 도망가서 부인할 기회조차 없었던 사람들입니다. 베드로는 세 번째 부인을 하고 나서는 밖에 나가서 심히 통곡했습니다. 제자들 중에 유일하게 자기 행동을 반성하고 울었던 사람입니다. 이 모든 일은 베드로가 예수를 계속하여 따라갔기 때문에 발생한 것입니다. 열 한명의 제자 중에 그래도 가장 의리가 있고, 가장 양심적인 사람은 베드로이고 나머지 제자들은 베드로에 비하면 아예 언급할 가치도 없습니다. 나중에 베드로가 저를 만나면 누명을 벗겨주어 고맙다고 할지도 모릅니다.

억울하게 기억되고 있는 여자는 한 명이 아니라 단체입니다. 바로 열왕기상 11장에 나오는 솔로몬의 아내들입니다. 사람들은 솔로몬이 지혜있고 신실한 믿음의 왕이었는데 나중에 이방에서 데려온 여자들이 솔로몬을 미혹하고 마음을 흘려서 타락하게 만든 것으로 생각하는 경향이 있습니다. 모든 원인을 솔로몬의 아내들에게 전가하는 것이고, 솔로몬의 아내들은 말 한마디 못하고 왕의 마음을 뒤흔든 요부라는 누명을 뒤집어쓰고 있습니다.

과연 그러한지 실상을 파헤쳐 보겠습니다.

하나님의 말씀

다윗과 솔로몬의 시대를 정확하게 판단하려면 하나님의 말씀과 이스라엘의 역사를 관찰해야 합니다. 먼저 하나님은 이미 신앙에 관한 모든 지침을 이스라엘 백성에게 주셨습니다. 하나님에 대하여 어떻게 행동할지, 사람에 대하여 어떻게 행동할지 율법을 통해 분명하고 정확하게 말씀해주셨습니다. 이미 하나님께서 모든 것을 알려주셨기에 인간에게 시대를 초월하여 동일하게 기대하는 것이 '말씀대로 행하라'입니다. 다른 표현으로 하면 하나님이 알려주신 내용에 '더하려고 하지 말고, 빼려고도 하지 말라'입니다. 그 의미는 '하나님의 말씀이 온전하다'는 것입니다. 사람들은 나쁜 경우에만 '하나님의 말씀대로 하지 않은 것'을 문제 삼으려는 경향이 있습니다. 예를 들면 십일조를 내라고 했는데 내지 않았다든가, 안식일을 지키라고 했는데 지키지 않았다든가, 살인하지 말라고 했는데 살인을 한 경우들입니다. 반대의 경우 즉 사람들의 생각에 좋은 경우에는 '하나님의 말씀대로 하지 않은 것'을 문제 삼지 않습니다. 예를 들면 십일조를 내라고 했는데 십의 이조를 내었다든가, 일 년에 세 번씩 하나님 앞에 나아와 절기를 지키라고 했는데 열 번을 지켰다든가, 형상을 만들지 말라고 했는데 당연히 형상을 만들지 않는 정도가 아니라 남이 만든 형상을 부셔버린 경우는 좋은 의도라고, 더 잘하려고 그랬다고 생각하면서 칭찬과 격려를 하기도 합니다.

그러나 나쁜 경우이든, 좋은 경우이든 하나님은 '하나님의 말씀대로' 하라고 강조하셨습니다. 나쁜 경우는 당연히 나쁜 결과를 만들어 내기에 하지 않아야 합니다. 동시에 좋은 경우에도 말씀대로 하는 것이 가장 좋습니다. 사람들은 시작할 때는 좋은 의도로 하지만, 하나님의 말씀대로 하지 않은 경우에는 반드시 탈이 나게 되어있습니다. 하나님의 기준을 넘어서면 인간은 교만해지고, 교만해지만 다른 사람을 무시하게 되고 결국은 연합과 화해와 일치를 무너지게 합니다. 하나님은 '더 좋은 것'을 몰라서 하나님의 말씀대로 행하라고 강조하신 것이 아닙니다. '더 좋은 것'이 결코 '더 좋은 결과'를 만들어내지 않을 것을 아시기에 아무리 좋아도 하나님이 말씀하신 대로 행하라고 거듭 권고하셨습니다. 성경에 나타난 사건들을 확인해보면 아무리 좋은 의도라도 하나님의 말씀을 넘어선 경우에는 반드시 부작용이 발생했습니다.

그 대표적인 인물이 바로 다윗과 솔로몬에 의해 지어진 성전입니다. 수차례 반복해서 말씀드린 것처럼 하나님은 성전에 대해 아무 관심이 없었습니다. 솔로몬이 아무리 자랑하고 강조하여도 하나님은 성전에 일체의 의미를 부여하지 않고 계속하여 '하나님의 율례를 행하며, 규례를 지키며, 법도를 따르라'고만 하십니다. 대부분의 성도님들이 성전건축에 대해 착각하는 것은 다윗과 솔로몬 시대가 번성했기 때문입니다. 만약 성전건축이 하나님의 말씀을 불순종한 것이요 잘못한 종교행위였다면 다윗과 솔로몬 시대가 번성했겠느냐고 생각하는 것입니다. 만약 그런 논리를 편다면 앞으로 살펴볼 왕정시대에 대해서는 평가가 모두 달라져야 합니다. 북 왕국의 일곱 번째 왕 아합은 온 나라를 완전히 바알숭배로 바뀌어 놓았는데 다윗과 솔로몬보다 훨씬 부유하고 강성한 나라를 만들었습니다. 또 남 왕국의 열네 번째 왕이요 히스기야의 아들인 므낫세는 아버지 히스기야가 행한 종교개혁을 완전히 뒤집어서 여호와 신앙에 관계된 것을 모두 제거하고 온통 산당과 이방신당을 세우는데 전념하였습니다. 그런데도 므낫세는 이스라엘의 모든 왕들 중에 가장 오랜 세월 자그마치 오십오 년이나 왕 노릇을 했습니다. 과연 이스라엘의 부유함과 강성함을 근거로 아합 왕이 잘했다고, 므낫세 왕이 잘했다고 말할 수 있을까요?

사사시대, 왕정시대

　성경에 나타난 이스라엘의 역사에서 출애굽한 이스라엘이 가나안에 살던 초기가 사사시대입니다. 사사시대에 이스라엘은 하나님의 말씀대로 행하지 않았습니다. 그 결과 이스라엘은 수차례 이방의 압제를 받았습니다. 그리고 이스라엘이 하나님의 말씀에 불순종한 가장 큰 사건, 하나님에 대한 가장 큰 도전이 바로 '왕을 요구한 것'이었습니다. 그렇다면 이스라엘에 왕이 세워진 다음에는 사사시대보다 더 힘들고 어려운 고난을 당했어야 합니다. 그런데 이스라엘은 왕정시대에 사사시대에는 꿈도 못 꾸던 부귀영화를 누리고 있습니다. 이게 어떻게 된 일입니까? 사무엘서를 설교할 때에는 왕을 구하는 것이 하나님을 버리는 파렴치한 행동으로 비난하고, 열왕기서를 설교할 때에는 왕 때문에 나라가 평안하다고 하면 안 됩니다. 왕을 구한 것이 하나님을 버린 불순종인 것이 분명합니다. 그런데도 다윗과 솔로몬 왕 시대가 번성하다면 저와 여러분은 좋은 왕이어서 좋은 결과가 있다고 스스로 모순에 빠져들 것이 아니라 과연 하나님께서 왜 왕정시대에 번성함을 주시는가에 대해 고민해야 합니다.

　사사시대와 왕정시대의 본질적인 차이점이 하나 있습니다. 사사시대는 단순히 하나님께 불순종하는 시대였습니다. 그러나 왕정시대는 단순히 불순종하는 시대가 아니라 의도적으로, 구체적으로, 적극적으로 하나님께 저항하는 시대, 더 나아가 하나님의 말씀과 뜻과 원리와 방법을 왜곡하는 시대라는 사실입니다. 사사시대에는 아예 하나님을 떠나고 하나님을 버렸습니다. 고민하지도 않고 절충하지도 않고 쿨하게 하나님을 잊어버리고 살았습니다. 그래서 사사시대는 불순종은 있을지언정 왜곡이나 변질은 없습니다. 하지만 왕정시대는 전혀 다릅니다. 하나님을 따른다고 하는데 하나님의 말씀대로 하지 않습니다. 하나님을 믿는다고 하는데 하나님의 원리대로 하지 않습니다. 하나님께 순종한다고 하는데 하나님의 방법대로 하지 않습니다. 그래서 마치 불순종이 없는 것 같은데 실제적으로 온통 왜곡과 변질로 가득 차 있습니다. 성경은 두 시대를 비교해주면서 인간들이 어떻게 하나님의 말씀을 오해하고, 어떻게 신앙과 상황을 왜곡하고, 어떻게 믿음을 변질시켜 나가는 지를 보여주려는 것입니다. 결과적으로 사사시대는 수 십 년간 이방에 압제를 받으나 하나님의 은혜로 회복되고 평안을 누립니다. 그러나 정반대로 왕정시대는 수십 년간 번성함을 누리지만 잠시 후 나라가 분열되어 버리고, 아예 나라가 망해버립니다. 그 이후로 아예 회복되지 못합니다. 사사시대와 왕정시대 중에 어느 때가 더 패역합니까? 당연히 왕정시대입니다.

왕, 왕, 왕

이스라엘이 하나님께 도전한 결과로 만들어낸 제도가 왕정이었고, 초대 왕이 사울이요 두 번째가 다윗, 세 번째가 솔로몬입니다. 물론 사울 왕의 아들 이스보셋이 잠시 왕으로 재위한 적도 있습니다. 왕정시대에 대해서는 '누가 왕이었나, 누가 선정을 베풀었나'를 구별하기 전에 왕정제도 자체가 하나님께 대적한 방식임을 반드시 기억하셔야 합니다. 혹시 성경이 어떤 왕에 대해서 '선한 왕'이라는 후한 평가를 내릴지라도 그것은 왕정제도를 인정해 주는 것이거나, 그 왕을 칭찬하는 내용이 전혀 아니라는 것도 반드시 기억하셔야 합니다. 그런데 많은 분들은 사울은 하나님께 불순종해서 왕에서 쫓겨났고, 다윗은 하나님께 순종하여 부귀와 번성을 누렸고 더 나아가 왕의 가문으로 보장을 받았고, 솔로몬은 처음에는 순종했으나 나중에서 불순종한 왕으로 생각들을 하십니다. 그러나 실상은 전혀 그렇지 않습니다.

실제적으로는 왕 중에 가장 먼저, 가장 적극적으로, 가장 장기적으로, 더 나아가 아예 제도적으로 하나님의 말씀에 불순종한 왕이 바로 다윗입니다. 하나님께서 왕을 세워달라는 이스라엘 백성의 요청에 의해 왕을 허락하시면서 왕에 대한 규정을 두신 것이 '아내를 많이 두지 말라, 은금을 많이 두지 말라, 병마를 많이 두지 말라'였습니다. 이것을 가장 먼저, 가장 적극적으로, 가장 장기적으로 어긴 왕이 바로 다윗입니다. 아내와 관련하여 다윗의 이름이 밝혀진 부인 여덟 명과 많은 처첩들이고, 말 즉 군사력과 관련하여 이스라엘에 용병을 두어 상비군 제도를 창설하여 운영한 왕이 바로 다윗입니다. 은금과 관련하여 자신의 왕권강화와 대내외적 과시용으로 경제력을 사용한 것도 바로 다윗입니다. 다윗은 사울 왕도 하지 않았던 제도 즉 이스라엘에서 최초로 왕을 세습한 당사자입니다. 또 아들에게 왕권을 물려주면서 아들의 왕권에 걸림돌이 될 만한 정적들을 제거하라고 살생부를 만들어준 최초의 왕입니다. 그 살생부 명단에는 심지어 제사장도 포함되어 있었습니다. 솔로몬은 다윗의 아들로서 아버지가 행하던 대로, 관례를 따라 행한 것이나 아버지가 시작해 놓은 것을 이어서 행한 것으로 볼 수도 있습니다. 제가 다윗 왕에 대한 반감이 있거나, 편향적으로 성경을 읽고 이스라엘의 역사에 대해 바르게 배우지 못해 혼이 비정상인 것이 아닙니다.

솔로몬의 정책

마음을 돌려

열왕기상 11장에는 아주 희한한 내용이 기록되어 있습니다. 1절부터 4절까지는 솔로몬의 부인과 관계된 내용인데 저는 어떤 남자가 부인을 몇 명이나 두었는지에 별로 관심이 없습니다. 그래도 읽어보겠습니다. "솔로몬왕이 바로의 딸 외에 이방의 많은 여인을 사랑하였으니 곧 모압과 암몬과 에돔과 시돈과 헷 여인이라 여호와께서 일찍이 이 여러 백성에 대하여 이스라엘 자손에게 말씀하시기를 너희는 그들과 서로 통혼하지 말며 그들도 너희와 서로 통혼하지 말라 그들이 반드시 너희의 마음을 돌려 그들의 신들을 따르게 하리라 하셨으나 솔로몬이 그를 사랑하였더라 왕은 후궁이 칠백 명이요 첩이 삼백 명이라 그의 여인들이 왕의 마음을 돌아서게 하였더라 솔로몬의 나이가 많을 때에 그의 여인들이 그의 마음을 돌려 다른 신들을 따르게 하였으므로 왕의 마음이 그의 아버지 다윗의 마음과 같지 아니하여 그의 하나님 여호와 앞에 온전하지 못하였으니”입니다. 과연 여인들이 솔로몬의 마음을 돌렸을까요?

본문에는 하나님의 말씀이 정확하게 밝혀져 있고, 솔로몬의 행동도 정확하게 밝혀져 있습니다. 하나님의 말씀은 ‘너희는 서로 그들과 통혼하지 말라’입니다. 하나님께서는 ‘나쁜 의도로는 통혼하지 말고 좋은 의도로는 통혼해도 된다’고 말씀하신 것이 아닙니다. 인간 중에 나쁜 의도를 가지고 행동하는 경우는 그리 많지 않습니다. 대부분의 사람들은 모두 좋은 의도로, 자기의 생각에는 그렇게 하는 것이 좋은 결과를 얻을 것이라는 좋은 기대감을 가지고 행동합니다. 솔로몬도 아예 작정하고 하나님 말씀에 불순종하겠다고 많은 아내를 둔 것이 아닐 것입니다. 역대 최고로 패역한 왕이 되어 보겠다고 많은 후궁을 둔 것이 아닐 것입니다. 과연 내가 아내들에 의해 마음이 돌아서는지 시험해 보겠다고 하나님 말씀에 불순종한 것이 아닐 것입니다. 솔로몬은 가장 좋은 의도로, 가장 지혜로운 판단으로, 스스로, 자원하여 아내를 많이 두었습니다. 그 여인들이 이방의 여인이라는 것을 이미 알고 있었고, 각자 자기 나라의 신들을 섬기고 있다는 것도 모두 알고 있었습니다.

그렇다고 솔로몬이 이방의 여인들을 데리고 올 때에 각자의 신을 버리고 온전히 하나님만을 섬기겠다는 다짐을 받은 것도 아닙니다. 솔로몬 스스로도 ‘그들과 서로 통혼하지 말라’는 하나님 말씀에 불순종하고 있는데, 이방 여인들에게 하나님을 섬기라고 요청했을 리가 없습니다. 솔로몬 스스로도 하나님의 말씀보다는 자신의 종교적 열정을 강조하고, 하나님의 규례와 법도보다는 자신이 건축한 성전에 더 큰 의미를 부여하고 있는데, 자기가 자발적으로 데리고 온 여인들에게 오직 하나님의 말씀에 순종하라고 강조했을 리가 없습니다. 그렇다면 그동안 일반적으로 생각해온 방식 즉 솔로몬이 하나님을 잘 섬겼는데 많은 이방여인들이 솔로몬의 마음을 유혹해서 돌려놓았다는 것은 모두 오해입니다. 실상은 정반대입니다. 이미 솔로몬은 하나님에게서 마음이 떠나있었습니다.

그렇게 하나님을 떠나고 하나님의 말씀을 소중하게 생각하지 않았기 때문에 하나 둘이 아니라 많은 이방 여인, 이미 다른 신들을 섬기고 있던 이방 여인들을 아내로 맞이했던 것입니다. 그래도 성경은 어떻게든 솔로몬을 변호해주려고 애를 씁니다. 3절 후반부 '그의 여인들이 왕의 마음을 돌아서게 하였더라', 4절 '솔로몬의 나이가 많을 때에 그의 여인들이 그의 마음을 돌려 다른 신들을 따르게 하였으므로'라고 합니다. 차마 저처럼 '솔로몬은 원래부터 마음이 떠나있었다'고 말하지 않고 있습니다. 저보다 온유하기 때문입니다. 하지만 9절에서는 "솔로몬이 마음을 돌려 이스라엘의 하나님 여호와를 떠나므로"라고 모든 결정과 행동의 책임이 솔로몬에게 있음을 선언하고 있습니다.

종교의 수입

본문에서 가장 주목해야 할 부분은 5절과 7절입니다. 5절을 보시면 "이는 시돈 사람의 여신 아스다롯을 따르고 암몬 사람의 가증한 밀곰을 따름이라", 7절을 보시면 "모압의 가증한 그모스를 위하여 예루살렘 앞 산에 산당을 지었고 또 암몬 자손의 가증한 몰록을 위하여 그와 같이 하였으며"입니다. 이 본문은 단순히 솔로몬이 우상을 숭배했다는 것과는 차원이 다릅니다. 그 동안 이스라엘이 우상을 섬긴 적이 있습니다. 창세기부터 여호수아서까지는 하나님이 계시를 하는 과정이었기 때문에, 아직 이스라엘이 하나님에 대해 온전히 몰랐기 때문에 우상을 섬겼다고 넘어갈 수 있습니다. 그러나 하나님의 계시가 완성되었고 이스라엘이 하나님에 대해 온전히 배운 다음인 사사기부터는 이야기가 달라져야 합니다.

사사시대에 이스라엘이 하나님을 버리고 떠난 것은 맞습니다. 그러나 이스라엘이 주변 이방나라들의 신을 수입해서 섬긴 적은 거의 없습니다. 가나안 정착생활이 처음이고, 농사와 관련된 생활이 처음이라 풍요와 다산을 상징하는 바알을 섬기기는 했습니다. 하지만 이것도 새로운 환경에 대한 막막함에 근거한 것이라고 변호해 줄 수도 있습니다. 그러나 솔로몬 시대는 전혀 다른 상황입니다. 여호와가 일체 나타나지 않아서, 도무지 하나님의 임재와 역사를 체험할 수가 없어서, 너무나 불안해서 다른 신을 섬기는 상황이 아닙니다. 하나님은 솔로몬에게 이미 세 번이나 나타나셨고, 다윗부터 따지자면 하나님을 대적하여 왕을 구했음에도 불구하고 하나님은 그 왕정제도 중에 다윗을 세우심으로 이스라엘의 번성함을 이루어주심으로 하나님이 능력이 없거나, 이스라엘을 징계하는 것이 아님을 밝혀주셨습니다. 솔로몬이 성전을 건축하였을 때에도 친히 여호와의 영광으로 임재하셔서 하나님이 이스라엘을 지켜보고 계심을 명백하게 알려주셨습니다. 그런데 솔로몬은 이방의 신들을 수입했습니다.

또 이스라엘이 주변 강대국에게 패하여 압제를 받으면서 억지로 종교를 강요받고 있는 상황도 아닙니다. 도리어 이스라엘은 다윗과 솔로몬 시대에 가나안 지역에 최초로 가장 강력한 국가를 건설하였습니다. 압제를 받거나 핍박을 받은 것이 아닙니다. 열왕기상 4장 21절에 의하면 "솔로몬이 그 강에서부터 블레셋 사람의 땅에 이르기까지와 애굽 지경에 미치기까지의 모든 나라를 다스리므로 솔로몬이 사는 동안에 그 나라들이 조공을 바쳐 섬겼더라"입니다. 그러므로 솔로몬은 시돈이나 암몬이나 모압에게 지배를 받으며, 약소국으로서 살아남기 위해서 어쩔 수 없는 선택을 한 것이 아닙니다. 솔로몬은 철저하게 자발적으로 이방 나라들의 신을 수입한 것입니다. 이방출신의 아내들에게 미혹을 당했다고 핑계를 댈 수 있는 상황이 아니라 자진하여, 스스로, 먼저, 의도적으로 우상을 직수입한 것이 분명합니다. 그렇다면 솔로몬이 왜 이런 행동을 했는지가 궁금합니다.

왕의 권세

솔로몬의 행동이 정말 어이가 없는 것은 성경에 나오는 기록대로라면 당시의 강대국들은 주변 나라를 정복하면 자기 나라의 종교를 전파하거나 강요했었기 때문입니다. 이런 추세대로라면 솔로몬은 모압, 암몬, 에돔과 시돈, 헷 등에 여호와신앙을 전파했어야 합니다. 그런데 이스라엘은 구약에서 여호와 신앙을 전파한 적은 단 한 번도 없고, 도리어 다른 신을 따라갔으며, 솔로몬 시대에는 아예 이방 나라의 우상 신을 수입하기까지 한 것입니다. 당시의 일반적인 추세와는 정반대였습니다. 왜 이렇게 했을까요? 그 힌트는 여호와 신앙에서의 왕의 위치와 이방 나라의 왕의 위치에 대한 개념의 차이에서 찾을 수 있습니다.

우선 당시 고대 근동에서 왕은 주로 신으로 간주되었거나, 신의 아들 또는 신의 대행자로 여겨졌습니다. 왕이 최고의 권위자였고, 왕의 말은 곧 법이었습니다. 나라의 부유함과 강성함이 곧 왕의 권세와 권위와 능력과 명예를 증거하는 표시였습니다. 너무나 자연스럽게 자기 나라와 주변의 모든 속국들에게 자신의 말을 따르라고 공포하였습니다. '내 말을 들으면 내가 지켜준다, 내 말을 듣지 않으면 내가 징계한다'고 왕의 권위로 선포하였습니다. 종종 발견되는 고대 유물에서 전형적으로 나타나는 왕의 법령에서 확인할 수 있습니다. 왕은 신적인 존재였기에 속국들에게 이렇게 왕의 명령을 내리는 것이 저절로 자신들의 종교를 전파하는 것과 같은 효력이 있었습니다.

그런데 솔로몬은 강대국이면서도 종교를 전파하기 보다는 도리어 종교를 수입했습니다. 첫 번째는 왜 여호와의 신앙을 전파하지 않았을까를 상고해 보겠습니다. 솔로몬은 여호와의 신앙을 주변 나라에 전파하고 싶지 않았습니다. 왜냐하면 여호와의 신앙을 전파하면 솔로몬이 낮아지기 때문입니다. 앞서 말씀드린 대로 당시 주변의 나라들에서는 왕이 곧 신이거나 신의 아들이거나 신의 대행자로서 왕이 지존자요 최고의 권세자였으며, 왕의 말이 곧 법이었습니다. 그런데 여호와의 말씀에 따르면 왕은 신도 아니고 신의 아들도 아니고 신의 대행자도 아니고, 왕은 지존자도 아니고 권세자도 아니고, 왕의 말이 법도 아닙니다. 왕은 법을 선포하는 존재가 아니라 왕도 여호와의 말씀에 순종해야 하는 많은 사람들 중의 하나에 불과합니다. 여호와의 말씀에 의하면 솔로몬은 자기에게 조공을 바치는 이방 속국의 왕들에게 '내 말을 들으라'고 말할 자격이 없고 권세가 없습니다. 만약 말을 하려면 '우리 모두 다 같이 여호와의 말씀에 순종합시다'라고 해야 합니다. 솔로몬은 이것이 싫은 것입니다. 왜요? 자기가 왕이니까! 자기가 이방 나라를 정복해서 조공을 받고 있는데 그들 위에 군림할 명분이 없어지기 때문입니다. 여호와를 말하지 않으면 자신이 '왕'인데 여호와를 말하면 자신이 여호와의 '종'이 되어버리는 것입니다. 당연히 솔로몬은 주변에 여호와를 알리고 싶지 않은 것입니다.

오늘날도 가장 타락하는 것이 바로 종교지도자들의 정체성에 관한 것입니다. 목회자는 오직 하나님을 선포하고 하나님의 말씀을 듣는 성도들과 동등한 위치에 서서 성도들 중의 한 사람으로 존재해야 합니다. 그러나 많은 목회자가 마치 자기가 하나님의 대행자인양, 하나님의 모든 권한을 위임받은 특별한 존재인양 허세를 부립니다. 보이지 않는 하나님대신 자신이 모든 영광과 존귀와 명예와 대접을 받으려고 합니다. 모두 솔로몬의 후예들입니다.

두 번째, 솔로몬이 왕으로서 자신의 권세를 놓치고 싶지 않아서 여호와를 전파하지 않았다는 것을 생각하면 반대로 왜 이방의 우상들을 수입했는지도 저절로 밝혀집니다. 고대근동에서 다른 강대국의 왕들은 자신의 법령을 공포하는 것으로 자신의 왕권을 자랑하고 자신의 통치를 드러냈습니다. 이방 나라의 왕들은 당연히 신전을 가지고 있었습니다. 이방의 왕들이 신전을 가지고 있는 이유는 자신의 왕권이 단지 우연이거나 단순히 힘에 의한 것이 아니라 신에 의한 것이요, 그렇다면 단지 자신만이 아니라 자신의 가문, 자신의 왕가가 계속하여 왕권을 유지할 수 있다는 일종의 위세를 보여주기 위함이었습니다. 이방의 왕이 신을 언급하는 것은 이스라엘이 하나님을 언급하는 것과는 아예 차원이 다른 것입니다.

솔로몬은 당시 가나안 지역에서 최고 강대국의 왕이었습니다. 이미 지혜는 소문이 났고, 부유함과 강성함은 왕궁과 신전을 건축함으로 어느 정도 폼이 났습니다. 솔로몬이 여호와의 말씀을 따르지 않으면서도 여호와의 성전을 지은 것은 이방 나라의 왕들과 속셈이 같았습니다. 이제 남은 것은 왕으로서 자신의 권세와 명예입니다. 솔로몬은 바로 이방의 신들을 모두 불러들여서 자신의 왕궁 주변에 세움으로 자신이 가장 크고 위대하고 강하다는 것을 드러내고 싶었던 것입니다. 솔로몬이 얼마나 궁리를 많이 하고, 얼마나 지혜를 짜내고, 얼마나 치밀한 전략을 세웠는지 보이실 것입니다. 솔로몬은 하나님의 원리와 방식을 완전히 버리고 이방의 사고, 이방의 인식, 이방의 생각을 그대로 따른 것입니다. 모든 것이 지독한 죄의 원리입니다. 더 나아가 자기는 이방의 종교들을 지배할 뿐 미혹을 당하지 않을 것이라는 지독한 미련함입니다. 아마도 세계 역사에서 스스로 이방 종교를 수입하여, 스스로 미혹당하여, 스스로 망한 왕은 솔로몬이 유일하고, 나라는 이스라엘이 유일할 것입니다.

솔로몬의 대적

설교를 준비하면서 제가 조금 억울한 생각이 들었습니다. 성경이 조금 온건하게 기록하고, 우회적으로 기록을 해서 사람들이 너무 쉽게 오해를 합니다. 그래서 제가 조금 신랄하고 적나라하게 까발려 주곤 합니다. 그랬더니 사람들이 저를 부정적인 사람이나 마치 다윗이나 솔로몬에게 반감이 있는 사람처럼 오해합니다. 그렇지 않습니다. 저는 단지 직설적으로 말하고 성경은 매우 완곡하게 표현하는 차이일 뿐입니다. 성경이 얼마나 우아하게 그런데 저보다 더 치밀하게 표현하고 있는지 점검해 보겠습니다.

성경이 솔로몬에 대한 묘사를 처음과 끝을 아주 절묘하게 대조해서 설명해줍니다. 열왕기상 2장에 의하면 솔로몬은 아버지 다윗의 명령에 의해 정적 세 명을 제거합니다. 하나는 자기보다 왕위 계승 서열이 높은 형 아도니야였고, 다른 하나는 군대장관 요압이었고, 다른 하나는 제사장 아비아달이었습니다. 단순히 반대파가 아닙니다. 그 세 명 중에는 심지어 제사장도 포함되어 있었다는 것이 놀랍습니다. 모든 것이 솔로몬의 계획대로 잘 진행이 되었습니다. 나라가 평안해졌고 부유해졌고 강성해졌습니다. 왕권을 자랑할 수 있는 상징적 표현으로 왕궁과 성전도 지어졌고, 자신의 권세를 강조할 수 있는 이방의 신전들도 모두 세워졌습니다. 그렇다면 열왕기상 11장에 등장해야 할 내용은 솔로몬이 태평성대를 누렸다는 것입니다. 사사시대에는 왕이 없었어도, 왕궁과 성전이 없었어도 하나님이 세우신 사사로 인해 짧게는 이십 년부터 길게는 팔십 년 동안 평안을 누렸다고 했습니다. 그렇다면 솔로몬의 계획대로라면 사사시대와 비교할 수 없을 정도로 최소로 따지자면 한 백년 정도는 국태민안을 누리고, 조금 길게 보면 한 오백년 정도는 나라가 부국강성했다고 나와야 합니다. 과연 그럴까요?

제가 성경이 재미있다고 강조하는 것이 바로 열왕기상 11장 14절, 23절, 26절 때문입니다. 성경은 마치 아무 일도 아닌 것처럼 말하면서 정말 정교하게 표현해줍니다. 14절 "여호와께서 에돔 사람 하닷을 일으켜 솔로몬의 대적이 되게 하시니", 23절 "하나님이 또 엘리아다의 아들 르손을 일으켜 솔로몬의 대적자가 되게 하시니", 26절 "솔로몬의 신하 느밧의 아들 여로보암이 또한 손을 들어 왕을 대적하였으니"입니다. 앞에서 솔로몬이 정적 세 명을 제거하였습니다. 그랬더니 뒤에서 솔로몬의 정적 세 명이 등장한 것입니다. 앞의 정적은 단지 각각 개인이었습니다. 그러나 뒤의 정적 세 명은 단지 개인이 아니라 각각 나라를 대표하는 사람들입니다. 성경은 솔로몬이 세 명의 정적을 제거한 것이 아니라 도리어 세 그룹의 정적을 만들었다고 고발하는 것입니다. 이런 것을 '강아지 피하려다 호랑이를 만났다'고 말하는 것입니다. 앞에서 세 명을 제거했는지 모르고, 뒤에서 세 명이 새로 생겼는지를 모르면 성경이 하나도 재미없습니다. 그런데 알면 성경이 너무 너무 재미있습니다.

하나 더, 성경이 얼마나 우아한지, 또는 성경이 얼마나 치밀한지, 또는 성경이 얼마나 완곡한 것 같으면서도 정곡을 찌르는지 알면 놀랍습니다. 만약 여러분이 솔로몬이라면 새로 등장한 대적자가 자기도 어쩔 수 없고 자기보다 강력한 사람이면 덜 창피할 것입니다. 그런데 대적자가 자기가 알던 사람이요, 예전에 자기 밑에 있던 사람이나 조공을 바치던 사람이요, 다른 나라의 왕이 아니라 기껏해야 조합장이나 평민이라면 그 치욕감이 훨씬 클 것입니다. 새로 등장한 대적자 세 명이 모두 그런 사람입니다. 14절에 '에돔 사람 하닷'이 솔로몬의 대적자가 되었는데 17절을 보면 '그 때에 하닷은 작은 아이라 그의 아버지 신하 중 에돔 사람 몇몇과 함께 도망하여'입니다. 다윗의 군대장관 요압이 에돔을 정복하고 에돔 남자를 죽일 때에 도망간 작은 아이가 지금은 솔로몬의 대적이 되었습니다. 솔로몬은 자신의 정적이라고 요압을 죽였는데, 요압이 살려둔 아이가 지금 솔로몬의 대적이 되었습니다. 얼마나 재미있습니까!

23절에는 르손이 솔로몬의 대적자가 되었는데 왕도 아니고 주인 소바 왕에게서 도망한 자이고, 24절에 의하면 다윗이 소바 사람을 죽일 때에 르손이 사람들을 자기에게 모으고 그 무리의 괴수가 되어 다메섹으로 가서 살다가 왕이 되었다고 합니다. 즉 솔로몬의 아버지 다윗이 정적을 제거하라고 살생부를 주었는데, 정작 다윗이 살려둔 자가 솔로몬의 대적자가 된 것입니다. 정말 재미있죠? 마지막 세 번째 사람은 여로보암인데 이것은 너무 재미있어서 다음 주에 하겠습니다.

하나님은 솔로몬이 왕으로서 권세를 누리는데 걸림돌이 되신 적이 없습니다. 도리어 하나님의 말씀대로 했으면 솔로몬뿐만 아니라 이스라엘 나라와 온 백성이 계속하여 태평성대를 누렸을 것입니다. 하나님은 저와 여러분에게 걸림돌을 놓으시고, 하나님의 말씀대로 살라고 강요하는 분이 아니십니다. 하나님이 얼마나 인간을 사랑하시는지, 하나님의 말씀이 얼마나 모든 인간에게 유익한지를 아서서, 하나님의 마음과 심정으로 행하여 하나님의 분복을 날마다 풍성히 누리며 사시기를 주님의 이름으로 축원합니다.

12

이스라엘을 네게 주리라

열왕기상 11:26~43

26 솔로몬의 신하 느밧의 아들 여로보암이 또한 손을 들어 왕을 대적하였으니 그는 에 브라임 족속인 스레다 사람이요 그의 어머니의 이름은 스루아이니 과부더라 27 그가 손을 들어 왕을 대적하는 까닭은 이러하니라 솔로몬이 밀로를 건축하고 그의 아버지 다윗의 성읍이 무너진 것을 수축하였는데 28 이 사람 여로보암은 큰 용사라 솔로몬이 이 청년의 부지런함을 보고 세워 요셉 족속의 일을 감독하게 하였더니 29 그 즈음에 여로보암이 예루살렘에서 나갈 때에 실로 사람 선지자 아히야가 길에서 그를 만나니 아히야가 새 의복을 입었고 그 두 사람만 들에 있었더라 30 아히야가 자기가 입은 새 옷을 잡아 열두 조각으로 찢고 31 여로보암에게 이르되 너는 열 조각을 가지라 이스라엘의 하나님 여호와의 말씀이 내가 이 나라를 솔로몬의 손에서 찢어 빼앗아 열 지파를 네게 주고 32 오직 내 종 다윗을 위하고 이스라엘 모든 지파 중에서 택한 성읍 예루살렘을 위하여 한 지파를 솔로몬에게 주리니 33 이는 그들이 나를 버리고 시돈 사람의 여신 아스다롯과 모압의 신 그모스와 암몬 자손의 신 밀곰을 경배하며 그의 아버지 다윗이 행함 같지 아니하여 내 길로 행하지 아니하며 나 보기에 정직한 일과 내 법도와 내 율례를 행하지 아니함이니라 34 그러나 내가 택한 내 종 다윗이 내 명령과 내 법도를 지켰으므로 내가 그를 위하여 솔로몬의 생전에는 온 나라를 그의 손에서 빼앗지 아니하고 주관하게 하려니와 35 내가 그의 아들의 손에서 나라를 빼앗아 그 열 지파를 네게 줄 것이요 36 그의 아들에게는 내가 한 지파를 주어서 내가 거기에 내 이름을 두고자 하여 택한 성읍 예루살렘에서 내 종 다윗이 항상 내 앞에 등불을 가지고 있게 하리라 37 내가 너를 취하리니 너는 네 마음에 원하는 대로 다스려 이스라엘 위에 왕이 되되 38 네가 만일 내가 명령한 모든 일에 순종하고 내 길로 행하며 내 눈에 합당한 일을 하며 내 종 다윗이 행함 같이 내 율례와 명령을 지키면 내가 너와 함께 있어 내가 다윗을 위하여 세운 것 같이 너를 위하여 견고한 집을 세우고 이스라엘을 네게 주리라 39 내가 이로 말미암아 다윗의 자손을 괴롭게 할 것이나 영원히 하지는 아니하리라 하셨느니라 한지라 40 이러므로 솔로

몬이 여로보암을 죽이려 하매 여로보암이 일어나 애굽으로 도망하여 애굽 왕 시삭에게 이르러 솔로몬이 죽기까지 애굽에 있으니라 41 솔로몬의 남은 사적과 그의 행한 모든 일과 그의 지혜는 솔로몬의 실록에 기록되지 아니하였느냐 42 솔로몬이 예루살렘에서 온 이스라엘을 다스린 날 수가 사십 년이라 43 솔로몬이 그의 조상들과 함께 자매 그의 아버지 다윗의 성읍에 장사되고 그의 아들 르호보암이 대신하여 왕이 되니라

솔로몬의 대적

자신이 키운 사람들

다윗과 솔로몬이 이스라엘의 개국공신이었던 군대장관 요압과 여호와의 제사장인 아비아달까지 죽인 것은 좁게는 왕권의 안정과 넓게는 나라의 안정을 위한다는 명분이었습니다. 일정기간 동안은 솔로몬의 정책이 지혜로운 듯, 옳은 듯이 보였습니다. 그러나 곧 솔로몬의 모든 정책이 가장 어리석은 것으로 판명이 납니다. 세 명의 정적을 제거함으로 나라가 안정되기는커녕 도리어 세 그룹의 더 큰 정적이 등장함으로 나라가 더욱 위험한 처지에 빠지게 되었기 때문입니다. 성경이 솔로몬의 지혜를 아주 지혜롭게 비꼬는 장면이 너무 재미있습니다. 첫 번째 대적이 열왕기상 11장 14절에 나오는 대로 에돔 사람 하닷입니다. 공교롭게도 요압 장군이 에돔을 공격했을 때 작은 아이였고, 아버지 신하들과 도망친 사람이었습니다. 솔로몬에게 억울하게 죽임을 당한 요압 장군의 원한을 요압이 미처 죽이지 못했던 사람이 갚아준 모양새가 되었습니다.

솔로몬의 두 번째 대적이 23절에 나오는 대로 나중에 다메섹의 왕이 된 엘리아다의 아들 르손입니다. 공교롭게도 르손은 솔로몬의 아버지 다윗이 소바 사람을 죽일 때에 도망갔던 사람이었습니다. 결국 솔로몬에게 정적을 제거하라고 살생부를 만들어주었던 다윗이 솔로몬의 새로운 정적이 될 사람을 남겨둔 꼴이 되었습니다. 세 번째 대적이 26절에 나오는 대로 느밧의 아들 여로보암입니다. 그런데 이방인도 아니고, 솔로몬과 무관했던 사람도 아니고 바로 솔로몬이 아끼던 신하출신입니다. 28절 "이 사람 여로보암은

큰 용사라 솔로몬이 이 청년의 부지런함을 보고 세워 요셉 족속의 일을 감독하게 하였더니”입니다. 솔로몬 스스로가 정적을 양성하고 있었고, 장차 왕이 될 수 있도록 경험을 쌓아주고 있는 형국이 되었습니다. 종합해보면 다윗과 솔로몬은 정적을 제거한 것이 아니라 스스로 정적을 살려주고, 대적을 키우고 있었습니다. 하나님이 지켜주시는 것을 거부하고 스스로 자신을 지키려는 노력이 얼마나 허무하고 어리석은 일인지를 지혜의 왕 솔로몬의 행동을 통해 지적해주고 있습니다.

솔로몬의 대적들에 대한 묘사는 이중 삼중으로 솔로몬을 조롱합니다. 앞에서는 솔로몬의 사람들과 대적들의 연관관계를 살펴보았다면 이번에는 나라의 관점에서 살펴보겠습니다. 에돔 사람 하닷의 경우 17절을 보면 “그 때에 하닷은 작은 아이라 그의 아버지 신하 중 에돔 사람 몇몇과 함께 도망하여 애굽으로 가려 하여”이고 그래서 애굽으로 갔으며 19절 “하닷이 바로의 눈앞에 크게 은총을 얻었으므로 바로가 자기의 처제 곧 왕비 다브네스의 아우를 그의 아내로 삼으매”입니다. 하닷이 도망간 곳이 애굽이었습니다. 처음에는 도망자의 신세였는데 나중에는 바로 왕의 처제와 결혼하게 됩니다. 중요한 것이 하닷이 도망가서 힘을 키운 곳이 애굽이었다는 사실입니다. 솔로몬의 신하였던 여로보암의 경우도 아히야 선지자의 예언 때문에 40절 “이러하므로 솔로몬이 여로보암을 죽이려 하매 여로보암이 일어나 애굽으로 도망하여 애굽 왕 시삭에게 이르러 솔로몬이 죽기까지 애굽에 있으니라”입니다. 여로보암이 도망하고 은신하고 보호를 받은 곳도 애굽입니다. 이것이 재미있는 이유가 있습니다.

애굽의 후원

여기서 잠시 다윗 가문의 여자들에 대해서 살펴보겠습니다. 솔로몬에게는 많은 여자가 있었습니다. 아주 흥미있는 것은 성경에 솔로몬의 부인 또는 아내에 대해서는 별로 기록된 것이 없다는 점입니다. 다윗의 경우에는 이름이 밝혀진 부인만 여덟 명입니다. 솔로몬의 경우에는 열왕기상 11장 3절 "왕은 후궁이 칠백 명이요 첩이 삼백 명이라"고 나옵니다. 부인이나 아내가 아니라 후궁과 첩이라고만 소개가 됩니다. 정작 솔로몬의 아내라고 소개되는 사람은 딱 한 사람입니다. 3장 1절을 보면 "솔로몬이 애굽의 왕 바로와 더불어 혼인 관계를 맺어 그의 딸을 맞이하고"입니다. 이 여인이 솔로몬의 아내라고 소개되는 구절이 9장 16절 "전에 애굽 왕 바로가 올라와서 게셀을 탈취하여 불사르고 그 성읍에 사는 가나안 사람을 죽이고 그 성읍을 자기 딸 솔로몬의 아내에게 예물로 주었더니"입니다.

더 자세한 것은 알 수 없으나 기록된 대로라면 다윗은 매우 경건한 것 같았으나 실상은 부인이 여덟이고 대신 후궁이나 첩에 대해서는 그냥 '처첩들을 더 두었다'고만 할뿐 숫자를 표시하지 않습니다. 다윗의 아들 솔로몬은 정반대입니다. 후궁이 칠백 명이요 첩이 삼백 명인데 부인은 몇 명인지 모르고, 아내라는 표현은 오직 바로의 딸에게만 붙여져 있습니다. 혹시 아내는 조강지처 한 사람으로 고정하고, 대신 후궁과 첩을 많이 둔 것이 아닌가 추측해 볼 수 있을 뿐입니다. 여하튼 아버지 다윗이나 아들 솔로몬은 여자가 많았습니다. 그렇다면 다윗의 손자 르호보암은 어떨 것 같습니까? 그 할아버지에, 그 아버지의 아들이라면 집안 내력이 전해지지 않았을까 생각할 수 있습니다. 역대상 11장에 가면 18절 "르호보암이 다윗의 아들 여리못의 딸 마할랏을 아내로 삼았으니", 그리고 20절 "그 후에 압살롬의 딸 마아가에게 장가 들었더니", 그리고 21절 "르호보암은 아내 열여덟 명과 첩 예순 명을 거느려"라고 나옵니다. 안타깝게도 저희들의 상상이 맞았습니다. 제가 지금 호기심에 남의 부인의 내력을 캐고 있는 것이 아닙니다.

유일하게 솔로몬의 아내로 소개되는 여인이 애굽 왕 바로의 딸입니다. 솔로몬으로서는 전통적 강대국인 애굽과 혼인을 통한 화친을 맺음으로 나라의 안정을 꾀하려는 지혜를 썼습니다. 9장 15절에 의하면 과연 애굽 왕 바로가 직접 게셀을 탈취하여 불사르고 그 성읍에 사는 가나안 사람을 죽이고 그 성을 자기 딸 즉 솔로몬의 아내에게 또는 자기 사위 솔로몬에게 예물로 주었다니 과연 결혼을 잘 한 것 같습니다. 그런데 솔로몬의 대적으로 등장한 세 사람 중에 에돔 사람 하닷이 도망간 곳이 바로 애굽이요, 바로의 처제와 결혼하여 세력을 키운 곳이 바로 솔로몬의 사돈 댁 애굽이라는 사실입니다. 또 솔로몬의 신하였던 여로보암이 도망을 가서 보호를 받고 장차 솔로몬의 나라 중에 열 지파를 차지할 때까지 은신하며 힘을 키운 곳이 바로 솔로몬의 처가인 애굽이었습니다. 솔로몬은 애굽과 정략결혼을 통해 나라의 평안을 유지하려했는데 정작 애굽은 솔로몬의 대적들을 무럭무럭 키우고 있었던 것입니다. 재미있지요!

지리적 대적

하나 더 있습니다. 저희들이 지도를 펴놓고 있는 것이 아니라 솔로몬의 대적이 나타났다고 하면 그냥 그런 줄로만 압니다. 하지만 지리적 위치를 알면 더 재미있습니다. 첫 번째 대적이 에돔 사람 하닷입니다. 에돔은 이스라엘의 남쪽 지역입니다. 즉 이스라엘의 아래에서 대적이 쳐 올라오는 모양새입니다. 두 번째 대적이 다메섹의 왕 르손입니다. 다메섹은 이스라엘의 북쪽 지역입니다. 즉 이스라엘의 위에서 아래로 쳐내려오는 모양새입니다. 즉 솔로몬은 아래와 위에서 협공을 받고 있는 것입니다. 세 번째 대적이 여로보암입니다. 여로보암은 이스라엘 사람입니다. 즉 내부인입니다. 종합해보면 솔로몬은 외부와 내부에서 그리고 위와 아래에서 즉 총체적 대적을 만나게 된 것입니다.

이스라엘을 네게 주리라

여로보암의 등장

여로보암에 관한 내용은 단순히 솔로몬의 대적자라는 차원을 넘어서 성경 전체를 이해하는 아주 중요한 의미가 담겨있습니다. 대적자라는 표현을 사용하니까 마치 나쁜 사람처럼, 마치 반역자처럼, 마치 부정적인 사람처럼 여기실 수 있을 텐데 전혀 그렇지 않습니다. 이 사람이 두 번 부르심을 받습니다. 한 번은 솔로몬에 의해서, 또 한 번은 여호와에 의해서입니다. 먼저 11장 28절을 보면 "이 사람 여로보암은 큰 용사라 솔로몬이 이 청년의 부지런함을 보고 세워 요셉 족속의 일을 감독하게 하였더니"입니다. 여로보암이 평상시 솔로몬에게 반역할 음모를 가지고 있었던 것이 아닙니다. 세상에 대해 불만이 있고 왕의 행동과 정책에 대해 불평이 가득차서 한번 세상을 바꾸어 보아야겠다는 열정이 있었던 것도 아닙니다. 장차 왕이 되려는 욕망을 품고 지금은 때를 기다리며 칼을 갈고 있는 야망의 사람의 아닙니다. 그냥 한 젊은이입니다. 솔로몬의 입장에서는 젊은 인재를 선발해서 나름 직임을 맡긴 것입니다. 왕으로서 행할 수 있는 지극히 전형적인 행동입니다.

그런데 29절을 보면 "그 즈음에 여로보암이 예루살렘에서 나갈 때에 실로 사람 선지자 아히야가 길에서 그를 만나니 아히야가 새 의복을 입었고 그 두 사람만 들에 있었더라 아히야가 자기가 입은 새 옷을 잡아 열두 조각으로 찢고 여로보암에게 이르되"입니다. 이것이 하나님께 부름 받는 장면입니다. 이런 것을 뭐라고 하냐면 '졸지에 부름 받았다'라고 합니다. 어디에도 여로보암이 하나님께 쓰임받기 위하여 준비했다는 묘사가 없고, 하나님의 마음에 합했다는 전형적인 문구도 없고, 평상시 하나님을 사모하여 율법연구에 충실하고 규례와 법도를 행했다는 칭찬도 없습니다. 솔로몬은 최소 '이 청년의 부지런함을 보고'라는 근거라도 있지만 하나님께는 일말의 힌트도 없습니다. 그렇다고 가문이 훌륭했느냐면 그렇지도 않습니다. 금수저가 아니라 흙수저입니다. 26절 "솔로몬의 신하 느밧의 아들 여로보암이 또한 손을 들어 왕을 대적하였으니 그는 에브라임 족속인 스레다 사람이요 그의 어머니의 이름은 수루아이니 과부더라"입니다. 출신지는 '스레다'인데 성경에 딱 두 번 나오는 지명으로 거의 알려져 있지 않은 곳이고, 그의 어머니는 과부라고 합니다. 즉 가문이 뛰어나지 않다는 것이며, 유력한 집안이 아니라는 것입니다. 아마 솔로몬이 건축 사업을 벌였을 때 과부의 아들 즉 당시 사회의 전형적인 약자로서 먹고 살기위해 부지런히 일을 했던 것 같습니다.

하나님의 부르심

성경에서 하나님이 부르고 세우신 사람들의 전형적인 모습입니다. 모세도 애굽의 왕자일 때가 아닌 광야의 목자일 때 부름을 받았고, 다윗도 위의 여러 형들보다 평상시 훨씬 용감하고 충성스러워 부모로부터 인정받았다는 내용이 일체 없습니다. 사람이 사람을 세우는 목적과 하나님이 사람을 세우는 목적이 전혀 다릅니다. 이렇게 목적이 다르기 때문에 사람을 선발하는 기준과 방법도 완전히 다릅니다. 열왕기상에서만 살펴보면 다윗에게는 여러 아들이 있었습니다. 왕위 계승 서열상으로 아도니야가 솔로몬보다 우선이었습니다. 그런데 다윗은 솔로몬을 선택했습니다. 왜냐하면 솔로몬이 지혜로웠기 때문입니다. 다윗에게는 나라를 맡겨서 안정시키고 번성시켜야 한다는 목적이 있으니 여러 아들 중에 가장 우수하고 탁월한 아들을 선택한 것입니다. 솔로몬의 경우는 노동 감독관으로 여로보암을 세웠습니다. 어떤 청년이 매우 부지런하게 일하는 모습을 보고 일을 잘 감독하고 빨리 건축을 완성시킬 수 있는 적임자라고 생각한 것입니다. 즉 어떤 일을 목적으로 삼으니까 그 일에 합당한 사람을 선발하는 것입니다.

그러나 하나님의 목적은 '일을 성취하는 것'이 아니라 '하나님을 계시하는 것'입니다. 그래서 사람들이 하나님을 잘 따르고 있을 때에는 특별히 사람을 세우지 않습니다. 모두가 하나님을 알고, 하나님의 명령과 규례와 법도를 배우고 지키고 있으니 그것으로 충분하기 때문입니다. 어떤 일이나 과업이나 목표를 달성하기 위해 일꾼이나 지도자를 세우는 경우가 없습니다. 성경에서 하나님께서 어떤 사람을 부르는 장면이 나오면 저와 여러분은 '이스라엘이 또 하나님을 잊었구나, 이스라엘이 또 하나님을 버렸구나, 죄인들이 또 하나님을 떠났구나!'라고 생각하시면 맞습니다. 하나님을 잊고, 하나님의 말씀대로 행하지 않으니 하나님께서 다시 계시를 하셔야 하고, 계시를 위해서 죄인들의 사고방식과 다른 기준과 원리와 방법과 사람을 통해 사역을 하십니다. 하나님의 계시에는 세 가지 특성이 있다고 말씀드렸습니다. 원칙은 죄인들의 생각과 다른 것입니다. 하나는, 사람들의 생각에 가능성이 없어 보이는 일을 행한다는 것이요, 또 하나는 사람들의 생각에 가능성이 없어 보이는 방법을 사용한다는 것이요, 또 하나는 사람들의 생각에 전혀 가능성이 없어 보이는 사람을 부른다는 것입니다.

여로보암을 부르시는 일에도 목적은 '하나님을 알리는 것'이요 그 과정이나 내용은 철저하게 죄인들의 생각과 다릅니다. 첫째, 하나님은 여로보암을 부르셨습니다. 사람들의 생각에 가장 가능성이 없는 사람입니다. 그 의미를 파악하시려면 대조되는 장면을 생각하시면 됩니다. 열왕기상 1장부터 11장에서는 왕으로 선택되는 사람이 두 명이 등장합니다. 하나는 1장에서 다윗이 다음 왕으로 솔로몬을 선택하는 것이고 다른 하나는 11장에서 하나님께서 여로보암을 선택하는 것입니다. 다윗이 왕을 고르는 것과 하나님이 왕을 고르는 것이 얼마나 다른 지 구별되실 것입니다. 다윗의 관점에서는 절대로 여로보암을 뽑지 않습니다. 하나님이 여로보암을 뽑았다는 것은 여로보암이 자격이 있고 준비가 되었다는 의미가 아니라 사람들이 뽑는다면 절대로 뽑히지 않았을 사람이라는 의미입니다.

하나님의 계시

예전에 사울과 다윗이 대조된 것과 같습니다. 이스라엘이 왕을 요구하고 자신들의 기준에 맞게 자신들이 뽑은 왕이 사울이었습니다. 사울은 누가 봐도 싸움을 잘할만한, 덩치가 큰 사람이었습니다. 반대로 하나님은 다윗을 뽑았습니다. 사람이 뽑으면 절대로 뽑히지 않을 사람이었습니다. 다윗은 사람의 기준으로는 절대로 뽑히지 않을 사람이었는데, 오직 하나님으로 말미암아 왕이 된 장본인이었습니다. 그런데 불과 다음 왕을 뽑는 장면에서는 자기가 왕으로 뽑힌 것과는 정반대의 행동을 했습니다. 이번에는 다윗이 이스라엘의 역할, 죄인의 역할을 했고 하나님은 언제나 동일한 기준과 원리로 사람을 뽑으셨습니다.

하나님께서 여로보암을 부르셔서 하실 일이 31절 "너는 열 조각을 가지라 이스라엘의 하나님 여호와의 말씀이 내가 이 나라를 솔로몬의 손에서 찢어 빼앗아 열 지파를 네게 주고", 35절 "내가 그의 아들의 손에서 나라를 빼앗아 그 열 지파를 네게 줄 것이요", 37절 "내가 너를 취하리니 너는 네 마음에 원하는 대로 다스려 이스라엘 위에 왕이 되되"입니다. 사람들끼리도 주목하지 않는 이 사람을 데리고 하나님께서는 이스라엘의 왕, 자그마치 열 지파를 다스리는 왕이 되게 하신답니다. 아무도 예상하지 않았을 것입니다. 당사자인 여로보암도 이게 무슨 말인가 의아해 하고 있습니다. 지금 솔로몬의 왕권은 이스라엘 역사상 최고, 최대, 최강입니다. 사울이 왕이었을 때 다윗이 왕이 될 것이라고 예언하신 것보다 더 실현가능성이 없는 말씀입니다. 다윗은 골리앗을 이긴 뒤로 장수로서 승승장구해서 백성들에게 '사울은 천천이요 다윗은 만만'이라는 칭송과 신망을 얻는 과정이라도 있었습니다. 그러나 여로보암은 아예 경력이 전무합니다. 그런 여로보암이 어떻게 왕이 될까요? 정답은, 방법이 없습니다. 다윗에게는 함께했던 사백 명의 부랑아 그룹이라도 있었지만 여로보암에게는 노동자 동료들이 합세한 것도 아닙니다. 혈혈단신 그 자체입니다. 그래서 여로보암같은 사람이 대책도 없는 상태에서 이스라엘의 왕이 되면, 하나님의 말씀이 옳다는 것이 백성들에게 다시 한 번 계시되는 것입니다.

하나님의 언약

다윗과의 언약

본문이 신학적으로도 정말 중요합니다. 기독교에서 사람들이 다윗 왕과 성전을 특별하게 취급하는 이유가 있습니다. 이스라엘의 초대 왕이 사울인데 사울에게는 하나님이 약속하신 내용이 없습니다. 하나님께서 사울에게 '네가 만일 내 율례와 규례와 법도를 행하면 내가 네 집안을 세워주고, 네 자손에게서 왕이 계속 나오게 하리라'는 왕과 관련된 일체의 언급을 하시지 않았습니다. 하나님께서는 이스라엘이 왕을 세우는 것 자체를 싫어하셨기 때문에 왕에게 왕권을 이어지게 하겠다는 약속을 하실 리가 없었습니다. 다윗도 사무엘에 의하여 왕으로 기름부음을 받을 때에는 어떤 약속도 없었습니다. 그런데 사람들이 다윗을 특별하게 여기게 된 사건 또는 하나님의 말씀이 있습니다. 바로 사무엘하 7장에 나오는 것으로 다윗이 성전을 짓겠다고 계획했을 때 하나님께서 특별한 약속을 하십니다. 일명 '다윗 언약'이라고 부르는 것인데 그 핵심은 9절과 16절인데 9절 "네가 가는 모든 곳에서 내가 너와 함께 있어 네 모든 원수를 네 앞에서 멸하였은즉 땅에서 위대한 자들의 이름 같이 네 이름을 위대하게 만들어 주리라", 그리고 16절 "네 집과 네 나라가 내 앞에서 영원히 보전되고 네 왕위가 영원히 견고하리라"입니다.

사울에게는 왕위에 대한 어떤 언급도 없으셨는데 다윗을 향해서는 '네 집과 네 나라가 내 앞에서 영원히 보전되고 네 왕위가 영원히 견고하리라'고 하셨기 때문에 이스라엘의 유일한 왕은 다윗이고, 이스라엘의 영원한 왕은 다윗이라는 엉뚱한 생각이 만들어졌습니다. 그리고 그 언약이 성전을 짓겠다고 발표할 때 나왔기에 하나님은 다윗이 성전 짓는 것을 너무 기뻐하셔서 이렇게 엄청난 축복을 주신 것이라는 아주 기묘한 인식이 만들어졌습니다. 이 생각이 대부분 유대인들의 마음에 자리 잡고 있고 더 나아가 대부분 개신교인들에게도 마치 진실인양 뿌리를 내리고 있습니다. 그런 생각이 마치 옳은 것처럼 착각을 확신하게 되는 근거가 바로 열왕기상에 나오는 솔로몬의 성전건축과 성전이 지어졌을 때 하나님이 다윗의 아들인 솔로몬에게 하신 약속입니다. 9장 5절 “내가 네 아버지 다윗에게 말하기를 이스라엘의 왕위에 오를 사람이 네게서 끊어지지 아니하리라 한 대로 네 이스라엘의 왕위를 영원히 견고하게 하려니와”입니다.

아마 여러분도 다윗을 특별하게 생각하고, 하나님께서 단지 지나가는 듯이 한 번만 말씀하신 것이 아니라 다윗에 이어 솔로몬에게까지 동일한 약속을 반복하셨으니 이것은 분명하다고 생각하실 것입니다. 하나님께서 아브라함에게 약속하신 것을 그 아들 이삭에게 약속하시고 또 그 아들 야곱에게 거듭 반복해서 약속하심으로 확증하신 것과 유사하다고 생각하실 것입니다. 그런데 그 생각들이 모두 착각이요, 성경에 대한 오해요, 성경을 세밀하게 관찰하지 않고, 그냥 대충, 의례 그러려니 하고 읽은 충격적인 결과입니다. 오해를 풀기위해서 가장 기본적인 것부터 점검해야 합니다.

하나님은 온 인류의 하나님이십니다. 하나님은 특정한 인간이나 민족을 창조하신 것이 아니라 온 인류를 창조하셨습니다. 그러므로 모든 인간이 하나님의 대상입니다. 아담이 범죄 했을 때 모든 인간이 죄인이 되었습니다. 그래서 하나님은 인간을 구원하시기 위해서 한 사람을 세우셨는데 바로 아브람입니다. 그때 하나님은 말씀하시기를 ‘아브람만 복을 준다’고 하시지 않고 창세기 12장 3절 “땅의 모든 족속이 너로 말미암아 복을 얻을 것이라”고 선언하셨습니다. 하나님이 아브람을 부르신 것만 강조해서 아브람이 자기들의 조상이기에 하나님이 자신들만의 하나님이요, 하나님이 자신들만 복 주실 것으로 착각하는 것이 바로 유대인이요, 유대교입니다. 그런 유대인들과 유대교인들이 자동적으로 또 하나 착각하는 것이 바로 다윗입니다. 하나님이 다윗의 나라를 영원히 세워주신다고 했으니 이스라엘이 나라를 되찾고 영원히 존재할 것이라는 주장입니다. 그런데 유대인들이 착각하면서 주장하는 것을 대부분의 기독교인들도 유대인처럼 생각하고, 유대인처럼 착각하고, 유대인처럼 주장하고 있는 것이 너무나 안타까운 현실입니다.

하나님은 온 인류의 하나님으로서 특정한 민족이나 나라만이 아니라 모든 나라와 민족을 사랑하시고, 특정한 사람만이 아니라 모든 인간을 사랑하십니다. 그러므로 아브라함의 혈통이나, 다윗의 계통을 특별하게 취급하시는 것이 하나님의 속성과 성품에 전혀 맞지 않습니다. 아브라함이나, 다윗이나, 이스라엘이나 모두 온 인류를 대상으로 행하는 하나님의 사역에서 단지 샘플일 뿐입니다.

여로보암과의 언약

하나님은 사무엘하 7장에서 다윗에게 언약을 주시기 전에 이미 장차 왕이 될 모든 사람에게 동일한 약속을 주셨습니다. 신명기 17장 18절부터 20절 "그가 왕위에 오르거든 이 율법서의 등사본을 레위 사람 제사장 앞에서 책에 기록하여 평생에 자기 옆에 두고 읽어 그의 하나님 여호와 경외하기를 배우며 이 율법의 모든 말과 이 규례를 지켜 행할 것이라 그리하면 그의 마음이 그의 형제 위에 교만하지 아니하고 이 명령에서 떠나 좌로나 우로나 치우치지 아니하리니 이스라엘 중에서 그와 그의 자손이 왕위에 있는 날이 장구하리라"입니다. 하나님은 특정인이나 특정가문에게 특정한 약속을 하신 것이 아니라 모든 사람에게 동일한 말씀, 동일한 약속을 하셨습니다. 하나님의 말씀을 배우고 따라 행하면 그의 자손이 왕위에 있는 날이 장구할 것이라는 선언입니다. 강조점이 다윗이 아니고, 왕이 아니고 '하나님의 말씀을 배우고 행하라'입니다. 그래서 성전 건축이 끝난 후 솔로몬에게 하신 언약에서도 강조점이 성전이나 왕권이 아닙니다.

9장을 보시면 사람들은 5절을 중요시합니다. "내가 네 아버지 다윗에게 말하기를 이스라엘의 왕위에 오를 사람이 네게서 끊어지지 아니하리라 한

대로 네 이스라엘의 왕위를 영원히 견고하게 하려니와"입니다. 그런데 중
요한 것은 4절입니다. "네가 만일 네 아버지 다윗이 행함 같이 마음을 온
전히 하고 바르게 하여 내 앞에서 행하며 내가 네게 명령한 대로 온갖 일에
순종하여 내 법도와 율례를 지키면"입니다. 정반대의 내용도 있습니다. 6
절 "만일 너희나 너희의 자손이 아주 돌아서서 나를 따르지 아니하며 내가
너희 앞에 둔 나의 계명과 법도를 지키지 아니하고 가서 다른 신을 섬겨 그
것을 경배하면 내가 이스라엘을 내가 그들에게 준 땅에서 끊어 버릴 것이
요 내 이름을 위하여 내가 거룩하게 구별한 이 성전이라도 내 앞에서 던져
버리리니"입니다. 하나님을 떠나면 이스라엘도 버리고 성전도 버리는데 유
독 다윗 왕만 버리지 않고 남겨두겠습니까? 그렇지 않습니다.

또 하나 중요한 것이 지금 하나님께서 다윗의 혈통도 아니요, 가문도 아
니요, 아들도 아닌 전혀 다른 사람인 여로보암을 이스라엘의 왕으로 세우
신다는 사실입니다. 만약 하나님께서 다윗을 특별한 왕으로 세우셨다면
이런 일은 있어서는 안 됩니다. 그러나 하나님은 너무나 태연스럽게 솔로
몬에게서 나라를 찢어 여로보암에게 열 지파를 주시고 새로운 왕이 되게
하신다고 선언하십니다. 그리고 여로보암에게 하신 약속도 충격적입니다.
37절부터 38절 "내가 너를 취하리니 너는 네 마음에 원하는 대로 다스려 이
스라엘 위에 왕이 되되 네가 만일 내가 명령한 모든 일에 순종하고 내 길로
행하며 내 눈에 합당한 일을 하며 내 종 다윗이 행함 같이 내 율례와 명령
을 지키면 내가 너와 함께 있어 내가 다윗을 위하여 세운 것 같이 너를 위
하여 견고한 집을 세우고 이스라엘을 네게 주리라"입니다.

하나님께서 다윗에게 하신 언약과 솔로몬에게 하신 언약과 동일한 내용
입니다. 다윗을 특별하게 생각하는 분들은 이 본문을 아주 난감해 합니다.
하나님께서 다윗에게 하신 약속을 잊고 지금 딴 사람과 새로운 언약을 맺
는 것입니까? 하나님이 실수하십니까? 절대로 그렇지 않습니다. 하나님이
말씀을 실수하신 것이 아니라, 사람들이 하나님의 말씀을 잘못 알아듣고,

착각하고, 오해한 것입니다. 하나님은 다윗과만 왕권 언약을 맺으신 것이 아니라 하나님이 세우시는 다른 왕들과도 동일한 언약을 맺으셨습니다. 결단코 하나님은 다윗을 특별 대접하신 적이 없고, 사람 중에 특정인을 구별하여 차별대우 하신 적이 없습니다. 제발 다윗의 망령에서 벗어나 하나님께 집중하기를 간절히 바랍니다.

성전이 없는 언약

또 하나 아주 중요한 것이 남았습니다. 하나님께서는 여로보암을 왕으로 세우실 것을 말씀하시는데 당장에 솔로몬을 죽이고 곧 바로 등극시키지 않습니다. 다윗의 경우에도 사울이 왕으로 있으면서 미치광이가 되었을지라도 당장 다윗을 왕이 되게 하신 것이 아닙니다. 왜냐하면 하나님의 목적은 이 모든 과정을 통해 하나님을 계시하여 사람들로 하여금 하나님을 알게 하는 것이기 때문입니다. 왕을 바꾸는 것, 지도자를 바꾸는 것, 제도를 바꾸는 것이 문제의 해결책이 아니기 때문입니다. 여로보암에게 열 지파가 주어지고 솔로몬에게는 한 지파가 주어집니다. 32절을 보시면 "오직 내 종 다윗을 위하고 이스라엘 모든 지파 중에서 택한 성읍 예루살렘을 위하여 한 지파를 솔로몬에게 주리니"입니다. 솔로몬에게 한 지파가 남아있기에 예루살렘은 당연히 솔로몬에게 속해 있습니다. 솔로몬이 지은 성전이 예루살렘에 있습니다. 그렇다면 하나님께서 여로보암을 왕으로 세우시는데 그 장소가 성전이 있는 예루살렘이 아닙니다. 자그마치 열 지파를 주셨기에 이스라엘 백성의 90%가 속해 있는데 성전이 있는 예루살렘을 제외하고 성전이 없는 곳에서 나라를 세우고 왕이 되게 하십니다. 이게 무슨 의미입니까?

하나님께서는 여로보암에게 38절에서 "네가 만일 내가 명령한 모든 일에 순종하고 내 길로 행하며 내 눈에 합당한 일을 하며 내 종 다윗이 행함 같이 내 율례와 명령을 지키면"이라고 말씀하셨는데 그 내용에는 성전에 전혀 고려되고 있지 않다는 것입니다. 하나님의 말씀을 배우고 율례와 규례를 따르고 하나님께 순종하는 일에는 성전에서 행하는 일이 전혀 포함되어 있지 않습니다. 하나님께서는 성전이 지어지기 전인 신명기 17장에서 모든 왕들에게 권고하신 내용과 성전이 지어지던 당시인 열왕기상 6장에서 왕에게 권고하신 내용과 성전이 지어진 이후인 열왕기상 9장과 11장에서 왕에게 권고하신 내용이 동일하고, 모두 성전은 전혀 언급되지도, 고려되지도 않았습니다. 성전이 있으면 백성들에게 신앙교육을 하기에 유익할 것으로 생각하지 않으셨고, 성전이 있으면 백성들에게 신앙을 강건하게 하고 온 백성이 더욱 하나님을 중심으로 한마음이 될 것으로 기대하지도 않으셨습니다. 성전에서 많은 제사장들이 사역을 하고, 약 사천 명의 찬양대가 찬양을 올리면 하나님이 더 영광을 받으시고 백성들이 감화 감동되고 더욱 하나님께 순종할 것으로 예상하지도 않으셨습니다. 아예 성전에 대해 언급이 없으시고, 새로운 나라에 새로운 왕을 세우시는데 아예 성전이 없는 곳을 선택하셨습니다.

제가 왕을 무시하자거나 성전을 철거하자는 주장이 절대로 아닙니다. 하나님이 말씀하신 대로, 하나님이 강조하신 대로 하나님을 배우고, 하나님을 알고, 하나님의 법도와 규례와 명령을 따르고 지키고 행하자는 것입니다. 그것으로 충분하고 그것이 가장 좋기 때문입니다. 기독교 신앙은 하나님을 알고 따르는 것입니다. 하나님 이외의 것이 주장되면 안 됩니다. 더 좋은 지도자는 없고, 더 좋은 제도는 없고, 더 나은 방법은 없습니다. 하나님을 더욱 풍성하게 아시고, 하나님의 말씀대로 행하셔서 하나님의 분복을 누리는 삶이 되시기를 축원합니다.

13

백성을 섬기는 자

열왕기상 12:1~20

1 르호보암이 세겜으로 갔으니 이는 온 이스라엘이 그를 왕으로 삼고자 하여 세겜에 이르렀음이더라 2 느밧의 아들 여로보암이 전에 솔로몬 왕의 얼굴을 피하여 애굽으로 도망하여 있었더니 이제 그 소문을 듣고 여전히 애굽에 있는 중에 3 무리가 사람을 보내 그를 불렀더라 여로보암과 이스라엘의 온 회중이 와서 르호보암에게 말하여 이르되 4 왕의 아버지가 우리의 멍에를 무겁게 하였으나 왕은 이제 왕의 아버지가 우리에게 시킨 고역과 메운 무거운 멍에를 가볍게 하소서 그리하시면 우리가 왕을 섬기겠나이다 5 르호보암이 대답하되 갔다가 삼 일 후에 다시 내게로 오라 하매 백성이 가니라 6 르호보암 왕이 그의 아버지 솔로몬의 생전에 그 앞에 모셨던 노인들과 의논하여 이르되 너희는 어떻게 충고하여 이 백성에게 대답하게 하겠느냐 7 대답하여 이르되 왕이 만일 오늘 이 백성을 섬기는 자가 되어 그들을 섬기고 좋은 말로 대답하여 이르시면 그들이 영원히 왕의 종이 되리이다 하나 8 왕이 노인들이 자문하는 것을 버리고 자기 앞에 모셔 있는 자기와 함께 자라난 어린 사람들과 의논하여 9 이르되 너희는 어떻게 자문하여 이 백성에게 대답하게 하겠느냐 백성이 내게 말하기를 왕의 아버지가 우리에게 메운 멍에를 가볍게 하라 하였느니라 10 함께 자라난 소년들이 왕께 아뢰어 이르되 이 백성들이 왕께 아뢰기를 왕의 부친이 우리의 멍에를 무겁게 하였으나 왕은 우리를 위하여 가볍게 하라 하였은즉 왕은 대답하기를 내 새끼 손가락이 내 아버지의 허리보다 굵으니 11 내 아버지께서 너희에게 무거운 멍에를 메게 하였으나 이제 나는 너희의 멍에를 더욱 무겁게 할지라 내 아버지는 채찍으로 너희를 징계하였으나 나는 전갈 채찍으로 너희를 징계하리라 하소서 12 삼 일 만에 여로보암과 모든 백성이 르호보암에게 나아왔으니 이는 왕이 명령하여 이르기를 삼 일 만에 내게로 다시 오라 하였음이라 13 왕이 포학한 말로 백성에게 대답할새 노인의 자문을 버리고 14 어린 사람들의 자문을 따라 그들에게 말하여 이르되 내 아버지는 너희의 멍에를 무겁게 하였으나 나는 너희의 멍에를 더욱 무겁게 할지라 내 아버지는 채찍으로 너희를 징계하였으나 나는 전갈 채찍으로 너희를 징치하리라 하니라

15 왕이 이같이 백성의 말을 듣지 아니하였으니 이 일은 여호와께로 말미암아 난 것이라 여호와께서 전에 실로 사람 아히야로 느밧의 아들 여로보암에게 하신 말씀을 이루게 하심이더라 16 온 이스라엘이 자기들의 말을 왕이 듣지 아니함을 보고 왕에게 대답하여 이르되 우리가 다윗과 무슨 관계가 있느냐 이새의 아들에게서 받을 유산이 없도다 이스라엘아 너희의 장막으로 돌아가라 다윗이여 이제 너는 네 집이나 돌아보라 하고 이스라엘이 그 장막으로 돌아가니라 17 그러나 유다 성읍들에 사는 이스라엘 자손에게는 르호보암이 그들의 왕이 되었더라 18 르호보암 왕이 역꾼의 감독 아도람을 보냈더니 온 이스라엘이 그를 돌로 쳐죽인지라 르호보암 왕이 급히 수레에 올라 예루살렘으로 도망하였더라 19 이에 이스라엘이 다윗의 집을 배반하여 오늘까지 이르렀더라 20 온 이스라엘이 여로보암이 돌아왔다 함을 듣고 사람을 보내 그를 공회로 청하여 온 이스라엘의 왕으로 삼았으니 유다 지파 외에는 다윗의 집을 따르는 자가 없으니라

이스라엘의 왕

왕들의 통치

성경에서 어떤 사람에 대하여 기록하고 있는 분량이 그 사람의 비중을 의미하지는 않지만 왕정을 정리하면서 그래도 한번 따져보는 것이 재미가 있을 것 같습니다. 이스라엘의 초대 왕이 사울인데, 사울이 왕으로 선택되는 것이 사무엘상 9장입니다. 왕이라는 대권에 대해서는 어떤 생각도 없었고, 대권을 잡으로는 어떤 시도도 해본 적이 없는 사울이 졸지에 왕이 되었는데, 일단 왕위에 오른 후에는 왕위에 집착하여 정신착란을 일으키면서까지 왕권에 매달렸고 장장 사십 년을 통치하고 사무엘상 31장에서 전쟁에서 화살에 맞아 죽는 것으로 성경에서 사라집니다. 일반적으로 사람들은 다윗이 두 번째 왕인 것으로 알고 있지만 사실은 그렇지 않습니다. 사울에게는 잘 알려진 아들 요나단이 있었습니다. 사울은 아마도 요나단에게 왕을 물려주고 싶었던 것 같습니다. 요나단이 다윗과 어울려 다니는 것을 싫어하였는데 그 이유가 왕이 되어야 할 아들 요나단이 강력한 라이벌인 다윗을 응원하는 것이 한심해 보였기 때문입니다.

요나단이 사울과 한날 같은 전쟁에서 죽은 후에 한편에서는 전혀 알려

져 있지 않던 사울의 아들 이스보셋이 왕위에 오르고 다른 한편에서는 다윗이 왕위에 오릅니다. 이스라엘에 두 명의 왕이 등극한 것입니다. 이스보셋은 이년을 통치했다고 나오고, 다윗은 헤브론에서 칠 년 동안 유다지파의 왕으로 통치한 후 나중에 예루살렘에서 온 이스라엘의 왕으로 삼십삼 년을 통치했다고 하니 정확히는 모르지만 짧게는 이 년에서 길게는 칠 년 정도 나라가 분열되어 있었습니다. 물론 다윗도 왕이라는 대권에 대해 생각이 없었는데 양을 치다가 졸지에 기름부음을 받았고, 그 덕분에 겪지 않아도 되는 많은 시련과 살해위협과 추방을 경험하고 선대 왕이 갑작스럽게 죽음으로 느닷없이 왕위에 오르게 됩니다. 아마 자신의 경험이 영향을 끼쳤는지 다윗은 이스라엘에 전례 없는 세습제를 만들고 하나님 대신 자신이 왕을 선택하고, 친히 살생부를 만들어 전달하고 심지어는 자신이 살아있을 때 왕위를 이양하기까지 합니다. 자신이 왕으로 등극한 초기 칠 년이 너무 힘들었는지 아들에게는 처음부터 강력한 왕권을 이양하고 싶었던 것 같습니다.

솔로몬은 아버지를 잘 둔 덕분에 금수저의 삶을 살게 됩니다. 형과 직접 왕권경쟁을 벌이지도 않았는데 아버지가 알아서 왕으로 지명해주고, 아버지가 이룬 부와 명예를 통째로 증여받아서 시작부터 평탄대로를 걷게 됩니다. 사울 왕의 이야기가 사무엘상 9장부터 31장까지에 기록되어있고, 다윗 왕의 이야기가 사무엘상 16장부터 사무엘하를 거쳐 열왕기상 1장까지에 길게 기록되어 있는 것과는 대조적으로 똑같이 사십 년을 통치한 솔로몬 왕의 이야기는 단지 열왕기상 1장부터 11장에 짧게 기록되어 있고, 그 내용도 주로 세 가지 즉 지혜와 부귀와 성전에 관한 것뿐으로 매우 약소합니다.

열왕기상 11장 41절에서 솔로몬이 사십년의 통치를 끝내고 죽고 43절에서 솔로몬의 아들 르보호암이 왕이 됩니다. 여기까지는 매우 자연스러운 것 같은데 이어지는 열왕기상 12장에는 다소 의외의 내용이 기록되어 있습니다. 왜냐하면 외형적으로 솔로몬의 통치와 왕권이양이 매우 순적한 것으로 보였는데 백성들의 반응이 달랐기 때문입니다. 솔로몬의 통치기간의 대표적 특징은 일체의 전쟁이 없었다는 것입니다. 이미 다윗이 당시 가나안 지역에 최초로 가장 강력한 국가를 형성하였고, 주변 나라들을 모두 정복하여 조공을 받고 있었기에 대적할 만한 나라가 없었습니다. 전쟁이 없으니 소비가 없고 대신 조공과 무역을 통해 수입만 들어나서 이스라엘은 유례없는 번성함을 구가했습니다. 이스라엘의 번성함을 증명하는 것이 바로 왕궁과 성전 건축입니다. 나라가 부유하지 않으면 대규모 사업을 벌일 수 없기 때문입니다. 솔로몬에 관한 기록에서 어떤 분열의 조짐이나 반란의 낌새를 발견할 수 없습니다. 도리어 주변 나라들이 모두 찾아와 명성을 칭찬할 정도로 국격을 높였다고 할 수 있습니다.

왕의 역할

그런데 성경의 전체적인 흐름에서 생각해보면 왕들이 통치를 하고 나라가 번성한다는 것은 사실 매우 이상한 현상입니다. 하나님이 직접 이스라엘과 동행하실 때에도 이 정도의 번성함을 맛본 적이 없습니다. 창세기에서 하나님께서 족장들과 동행하시며 복을 주셨지만 단지 부족일 뿐이었지 나라를 세우거나 주변에 영향력을 끼치지 못했습니다. 출애굽기에서는 십여 차례의 이적을 통하여 강대국 애굽에서 출애굽을 시키셨을 뿐 애굽을 정복하지 않았습니다. 당대 최고의 문명국이었던 애굽을 차지했다면 애굽의 발전을 기반으로 삼고 있기에 더 크고 더 찬란한 발전을 더 빨리 이루어냈을 수도 있습니다. 그러나 하나님은 애굽의 왕과 신들을 모두 물리쳤음에도 불구하고 애굽을 차지하지 않고 나왔습니다. 하나님의 목적, 바람, 기대는 이스라엘의 강성함이 아니요 부귀와 번영과 명성을 얻는 것이 아니라는 것을 알 수 있습니다.

가나안 정복의 과정도 동일합니다. 하나님은 불과 일주일 만에 단지 여리고성을 열세바퀴 도는 것만으로도 승리하였습니다. 그와 같은 방식이라면 빠른 시간에 가나안 지역을 정복하고 단기간에 정착과 번성함을 이룰 수도 있었을 것입니다. 그런데 하나님은 가나안의 대적들을 한방에 몰아내지 않았습니다. 도리어 이스라엘이 스스로 쫓아낼 때까지 기다리셨고, 심지어는 이스라엘이 쫓아내지 않으면 그냥 그대로 두었습니다. 사사시대에도 이방 민족들이 이스라엘을 압제하면 단지 혈혈단신의 사사를 세우는 것만으로도 압제에서 해방하고 이스라엘에 사십년 또는 팔십년의 평화를 주셨습니다. 그렇게 쉽게 이방을 쫓아낼 수 있었다면 내친 김에 이방나라로 쳐들어갔으면 아예 이방을 정복할 수도 있었습니다. 그랬다면 이스라엘이 더 빨리 더 큰 영토를 차지하고, 더 강력한 나라가 되어 더 번성할 수도 있었을 텐데 하나님은 사사를 통해 압제에서 해방만 시켜주셨을 뿐 단 한 번도 영토를 확장시켜주지 않았습니다. 하나님의 목적, 하나님의 기대가 무엇인지를 바르게 분별해야만 이해가 되는 상황들입니다.

이러한 하나님의 일하심과는 전혀 다르게 이스라엘은 하나님대신 왕을 구했습니다. 그리고 성경이 묘사하는 왕들의 업적은 그동안 하나님이 행하신 일과는 전혀 다르고, 아예 정반대인 것을 알 수 있습니다. 사울 왕이 행한 일은 블레셋을 물리치고 나라의 기틀을 다진 것입니다. 다윗 왕이 행한 일은 영토를 확장하고 정치적·군사적으로 강력한 국가체제를 만들어낸 것입니다. 그리고 솔로몬 왕이 행한 일은 내부적으로는 조공과 무역을 통해 부유함을 이루고, 외부적으로는 본인의 지혜에 대한 명성과 더불어 이스라엘의 존재를 널리 알린 것입니다. 사람들은 왕들이 아주 통치를 잘 한 줄로 압니다. 특히 다윗과 솔로몬이 하나님의 큰 은혜를 입어서 나라를 잘 다스리고 왕으로서 역할을 잘 한 줄로 압니다. 하지만 전혀 그렇지 않습니다.

하나님께서 사사들을 허락하시면서 기대하신 것은 크고 강성한 나라가 아니라 사사들을 보면서 하나님을 배우게 하는 것이었습니다. 사람들이 기대하지 않았던 인물들이 등장해서 오직 하나님에 의하여 자신들의 문제를 해결하고, 자신들의 기대보다 더 큰 사역을 행하는 것을 보면서 '하나님이 하시면 되는구나!', '하나님의 말씀이 옳구나!'라는 것을 기억나게 하도록 하셨습니다. 그래서 사사들 중에 잘난 사람이 없고, 유능한 사람이 없고, 대단한 업적을 이룬 사람이 없습니다. 그래도 하나님은 단 한명의 사사에게도 역할이 미미하다고, 별다른 성과가 없다고 평가하신 적이 없습니다. 하나님은 사람을 세워 그 사람이 무슨 일을 이루어내기를 기대하신 것이 아니라 도리어 그 사람을 통해 일하시는 하나님을 계시하려고 했기 때문입니다.

이스라엘이 왕을 요구했을 때 하나님이 허락하셨습니다. 하나님이 왕을 허락하신 것은 하나님이 세우시는 왕이 백성들이 요구하는 역할을 담당하는 의미가 아니었습니다. 그래서 왕에 대한 지침을 말씀하실 때에도 '왕의 기준', '왕의 덕목', '왕의 능력', '왕의 역할' 등에 대해서는 한 마디도 하지 않았습니다. 단지 하지 말아야 할 것 세 가지와 꼭 해야 할 것 한 가지 즉 '하나님 말씀을 읽고 배우고 행하라'는 것뿐이었습니다. 사울과 다윗과 솔로몬에 대한 성경의 심정은 칭찬이 아니라 탄식입니다. 이 왕들에 의해 이스라엘이 번성하였다는 것은 업적으로 소개하는 것이 아니라 안타까움입니다. 사사시대를 거치면서 사사가 기억나면 안 되고 사사를 세우신 하나님이 기억나야 하는 것처럼, 왕정시대를 거치면서 다윗이나 솔로몬이 기억나면 안 되고 왕을 세우신 하나님이 기억나야 합니다. 그런데 모두 다윗과 솔로몬을 이야기합니다. 이 왕들이 하나님이 기대하신 왕의 역할에 실패한 것입니다.

이스라엘의 장래

앞으로 이어질 여러 왕들의 이야기를 분별할 수 있도록 미리 열왕기서의 결론을 알려드리겠습니다. 이스라엘이 하나님을 버리고 대신 선택한 왕정제도이기 때문에 나라가 망할 것으로 예상했지만 예상외로 나라가 번성했습니다. 그러나 번성함은 잠시뿐입니다. 그 번성함으로 인한 허다한 문제들이 발생하여 결국 나라는 패망하고 맙니다. 사람들은 번성함과 패망함 사이에 시간적 간격이 있기에 서로 다른 줄로 착각합니다. 그러나 성경은 번성함이 번성함이 아니라 도리어 패망의 지름길이었다고 선언합니다. 절대로 한 순간만을 분리해서 생각하면 안 됩니다.

동일한 패턴이 열왕기상 12장부터 시작되는 나라의 분열에도 적용됩니다. 11장에서 알려진대로 솔로몬의 아들은 나라를 빼앗기고 여로보암이 자그마치 열 지파를 얻어서 나라를 세울 것입니다. 솔로몬의 아들은 달랑 한 지파만을 얻고, 거기에 다른 한 지파가 동조하여 겨우 두 지파뿐이고 여로보암은 열 지파를 얻어서 나라를 시작하면 어느 나라가 번성하고, 어느 나라가 강성하고, 어느 나라가 성공할 것 같습니까? 당연히 열 지파를 가진 나라일 것입니다. 그래서 실제적으로 두 나라가 분열되었을 때 열 지파를 가진 북 왕국이 강대국이 됩니다. 그러나 그것도 잠시, 북 왕국은 불과 이백 여년 만에 패망해 버립니다. 반면에 너무나 미약한 것처럼 보이는 남 왕국은 달랑 두 지파만을 가지고 나라 같지도 않은 나라를 겨우겨우 꾸려갑니다. 그런데 번성하지도 못하지만 그렇다고 패망하지도 않고 꾸역꾸역 사백년을 넘게 이어갑니다. 강조점이 무엇입니까? 사람들의 생각, 죄인들의 예상과는 전혀 다르다는 것입니다. 물론 결국에는 패망합니다.

반대로 하나님의 관점에서는 이스라엘이 왕을 요구할 때 하나님은 버림 받았습니다. 하나님 대신 왕을 선택하여 이스라엘은 잠시 번영하였지만 종국에는 패망하고, 이스라엘의 유일한 희망은 자신들이 버렸던 하나님이 됩니다. 모든 것이 하나님이 말씀하신 대로 이루어진 후에야 이스라엘은 하나님이 옳았다는 것을 목도하게 됩니다. 이러한 큰 줄기를 보셔야 합니다. 단지 어느 왕이 잠깐 성공하고, 어느 왕이 잠깐 부유한 것으로 왕이 통치를 잘했다는 식으로 왕정을 평가해서는 안 됩니다.

백성을 섬기는 자

무거운 멍에

르호보암이 왕이 된 것은 아주 자연스럽게 이루어진 것 같습니다. 11장 43절에 의하면 "그의 아들 르호보암이 대신하여 왕이 되니라"고 나오고 12장 1절에는 "르호보암이 세겜으로 갔으니 이는 온 이스라엘이 그를 왕으로 삼고자 하여 세겜에 이르렀음이더라"입니다. 솔로몬이 왕이 되었을 때 기브온으로 올라갔는데 르호보암은 세겜으로 올라가는 것이 다르지만 여하튼 '온 이스라엘이 그를 왕으로 삼고자 하여'라고 나오기에 누구도 르보호암을 반대하거나 다른 반란세력이 있었던 것은 아니었습니다. 4절에서 '왕은 이제', '왕을 섬기겠나이다'라고 말하는 것으로 보아 이미 르호보암과 이스라엘 모두가 솔로몬의 아들이 새로운 왕으로 등극하는 것에 동의한 것으로 보입니다. 그러므로 12장의 이야기는 '과연 누가 왕이 되느냐'에 관한 내용이 아니라, 왕은 이미 등극하였고 그 왕에 대한 백성들의 기대를 전하는 과정으로 보는 것이 옳은 것 같습니다.

외형적으로는 솔로몬이 사십 년간 부국강성한 나라를 만들어 놓았고, 그 아들이 자연스럽게 왕권을 이어받았는데 내부적으로는 조금 달랐던 것 같습니다. 4절에는 솔로몬의 통치에 대한 전혀 다른 이야기가 등장합니다. "왕의 아버지가 우리의 멍에를 무겁게 하였으나 왕은 이제 왕의 아버지가 우리에게 시킨 고역과 메운 무거운 멍에를 가볍게 하소서"입니다. 이 요청을 원로들과 상의하고 젊은 각료들과 상의하기에 상황적으로 같은 내용이 반복되는 것은 맞지만 성경은 의도적으로 반복하고 있습니다. 9절 중간부에 "백성이 내게 말하기를 왕의 아버지가 우리에게 메운 멍에를 가볍게 하라", 10절 중간부에 "왕의 부친이 우리의 멍에를 무겁게 하였으나", 11절 "내 아버지께서 너희에게 무거운 멍에를 메게 하였으나 이제 나는 너희의 멍에를 더욱 무겁게 할지라", 14절 중간 "내 아버지는 너희의 멍에를 무겁게 하였으나 나는 너희의 멍에를 더욱 무겁게 할지라”입니다. 그냥 ‘백성들이 요청한 일에 대하여’라고 표현할 수 있을텐데 일부러 ‘무거운 멍에’라는 표현을 고집합니다.

잘못 들으면 열왕기서가 아니라 출애굽기 같습니다. 출애굽기 1장에서 이스라엘이 애굽의 노예가 되었을 때 가장 많이 등장하는 표현이 ‘멍에, 짐, 일’입니다. 11절 ‘그들에게 무거운 짐을 지워’, 13절 ‘일을 엄하게 시켜’, 14절 ‘어려운 노동으로 그들의 생활을 어렵게 하니’, 2장 23절 ‘이스라엘 자손은 고된 노동으로 말미암아 탄식하며 부르짖으니 그 고된 노동으로 말미암아 부르짖는 소리가’, 24절 ‘그들의 고통 소리’ 등입니다. 통일왕국 시대에 이스라엘 백성들은 용감하고 현명하고 지혜로운 왕들의 통치하에 약속의 땅에서 자유를 누리며 사는 것이 아니라, 왕의 종이 되어 애굽의 종살이를 재현하고 있는 것으로 느꼈던 것입니다. 사울과 다윗과 솔로몬이 이룩해 놓은 부유함과 강성함과 명성은 단지 왕들에게만 적용되었을 뿐입니다. 왕의 부유함이 백성의 안정과 무관하였고, 왕의 지혜가 백성의 자유와 별개였고, 왕의 명성이 백성의 평화와 아무 상관이 없었고, 왕권의 상징이 백성의 안식과 전혀 관련이 없었습니다.

그런데 이러한 결론은 하나님께서 이스라엘이 왕을 요구할 때에 이미 경고하신 것과 동일한 결과에 도달한 것입니다. 사무엘상 8장 11절로 17절인데 우선 11절 “이르되 너희를 다스릴 왕의 제도는 이러하니라 그가 너희 아들들을 데려다가 그의 병거와 말을 어거하게 하리니 그들이 그 병거 앞에서 달릴 것이며” 이렇게 되면 왕은 폼이 나겠지만 백성은 힘이 듭니다. 12절 “그가 또 너희의 아들들을 천부장과 오십부장을 삼을 것이며 자기 밭을 갈게 하고 자기 추수를 하게 할 것이며 자기 무기와 병거의 장비도 만들게 할 것이며”, 이렇게 되면 왕은 부자가 되는데 백성은 고생이 됩니다. 13절 “그가 또 너희의 딸들을 데려다가 향료 만드는 자와 요리하는 자와 떡 굽는 자로 삼을 것이며” 이렇게 되면 왕의 식탁은 풍성해지는데 백성은 빈곤해

집니다. 14절 "그가 또 너희의 밭과 포도원과 감람원에서 제일 좋은 것을 가져다가 자기의 신하들에게 줄 것이며 그가 또 너희의 곡식과 포도원 소산의 십일조를 거두어 자기의 관리와 신하들에게 줄 것이며" 이렇게 되면 왕권은 강화되고 안정되는데 백성은 무거운 멍에를 지게 됩니다. 16절 "그가 또 너희의 노비와 가장 아름다운 소년과 나귀들을 끌어다가 자기 일을 시킬 것이며 너희의 양 떼의 십분의 일을 거두어 가리니" 이렇게 되면 결론이 납니다. "너희가 그의 종이 될 것이라"입니다. 과연 하나님 말씀이 맞았습니다.

다스리는 자, 섬기는 자

왕을 폼 나게 만들어 주면서 백성들이 얼마나 고생을 했는지 새로운 왕이 등극하자마자 당장에 부탁을 하고 있습니다. 르호보암 왕은 한 번은 원로들과 또 한 번은 젊은 각료들과 상담을 합니다. 그런데 원로들과 상담하는 중에 아주 중요한 이야기가 나옵니다. 이스라엘 백성의 왕에 대한 생각이 변한 것을 볼 수 있습니다. 먼저 전에는 왕에 대해 어떤 생각을 가졌는지부터 확인해보겠습니다. 이스라엘은 수차례 왕을 구한 적이 있습니다. 맨 처음은 사사시대입니다. 사사기 8장 22절을 보면 "그 때에 이스라엘 사람들이 기드온에게 이르되 당신이 우리를 미디안의 손에서 구원하셨으니 당신과 당신의 아들과 당신의 손자가 우리를 다스리소서"입니다. 왕의 존재, 왕의 역할에서 강조되는 것이 '다스리는 것'입니다. 또 사사기 11장 6절을 보면 "입다에게 이르되 우리가 암몬 자손과 싸우려 하니 당신은 와서 우리의 장관이 되라", 9절 "내가 과연 너희의 머리가 되겠느냐", 11절 "백성이 그를 자기들의 머리와 장관을 삼은지라"입니다. 왕의 존재, 왕의 역할은 '높은 자, 대표자, 다스리는 자'입니다. 또 사무엘상 8장 5절을 보면 '모든 나라와 같이 우리에게 왕을 세워 우리를 다스리게 하소서 한지라'입니다. 세 경우 모두 이스라엘 백성들은 왕에 대해 '자신들을 다스리는 자'로 인식하고 있습니다. 이렇게 생각하고 있었기에 하나님께서 왕을 세우면 결국 너희는 '그의 종이 될 것이라'고 경고하셨을 때 전혀 놀라지 않았습니다.

그런데 실제로 이스라엘에 왕이 생겼고 불과 세 명의 왕, 사울과 다윗과 솔로몬을 겪었는데, 잠깐 왕이 되었던 이스보셋까지 포함하면 네 명의 왕을 모셨을 뿐인데, 그 기간이 다 합쳐봐야 불과 백이십 년 밖에 지나지 않았는데 이스라엘은 왕에 대한 존재, 왕의 역할, 왕에 대한 기대가 완전히 바뀌었습니다. 변화된 개념이 바로 열왕기상 12장 7절에 나옵니다. 원로들이 하는 말이 "대답하여 이르되 왕이 만일 오늘 이 백성을 섬기는 자가 되어 그들을 섬기고 좋은 말로 대답하여 이르시면"입니다. 조금 바뀐 것이 아니라 완전히, 180도 바뀌었습니다. 예전에는 왕을 '다스리는 자'로 기대했는데 지금은 '섬기는 자'로 기대하고 있습니다. 지금 이 말을 하고 있는 사람들이 원로들입니다. 혹시 오래 살았다면, 약 백삼십 년 정도 살았다면 예전에 자기들을 다스릴 왕을 달라고 요청했던 사람도 있을 수 있습니다. 여하튼 왕에 대해 '다스리는 자'에서 '섬기는 자'라고 표현이 달라졌습니다. 과연 이스라엘 사람들의 생각이 변했을까요? 전혀 그렇지 않습니다.

이스라엘 백성들은 왕에 대해 '표현'만 달라졌을 뿐 '개념'은 전혀 바뀌지 않았습니다. 왕을 구할 때 사사기 11장에서 6절 "입다에게 이르되 우리가 암몬 자손과 싸우려 하니 당신은 와서 우리의 장관이 되라", 8절 "우리가 당신을 찾아온 것은 우리와 함께 가서 암몬 자손과 싸우게 하려 함이니"입니다. 마찬가지로 사무엘상 8장 20절을 보면 "우리도 다른 나라들 같이 되어 우리의 왕이 우리를 다스리며 우리 앞에 나가서 우리의 싸움을 싸워야 할 것이니이다 하는지라"입니다. 즉 이스라엘 백성들은 왕을 자신들 위에 다스리는 자로 높여주려는 것이 아니라 자신들의 싸움을 대신해 주길 바란 것입니다. 즉 자신들이 왕을 뽑아서 자신들이 할 일을 시키려고 한 것입니다. 높이려고 한 것이 아니라 종 삼으려고 했습니다. 이번에도 마찬가지입니다. 열왕기상 12장 7절 "대답하여 이르되 왕이 만일 오늘 이 백성을 섬기는 자가 되어 그들을 섬기고 좋은 말로 대답하여 이르시면"입니다. 이제는 아예 대놓고 왕에게 '백성을 섬기는 자가 되어 그들을 섬기라'고 요구하고 있습니다. 예나 지금이나 다른 사람을 불러서, 다른 사람을 앞세워서 그 사람을 이용해 먹으려고만 하고 있습니다. 이것이 죄인들의 실상이요, 속내입니다.

죄인들의 속셈

본문의 줄거리는 르호보암이 왕이 되었을 때 백성들이 나아와 멍에를 가볍게 해달라고 요청하고, 이에 왕이 원로들과 젊은이들에게 상담하는 내용입니다. 어찌보면 왕과 백성이 상호 소통이 잘되고, 특별히 왕이 매우 민주적인 절차를 거치는 것처럼 보입니다. 그러나 자세히 살펴보면 죄인들의 본색이 가장 은밀하게 드러나는 장면입니다. 앞에서 원로들의 대답을 들어보았습니다. 이 대답이 과연 삶의 경륜이 많은 원로들답게 매우 지혜롭고 백성들을 위한 답변처럼 들리십니까? 전혀 그렇지 않습니다. 8절 이하에는 젊은이들에게 묻고 답을 듣는데 10절의 마지막 부분 "왕은 대답하기를 내 새끼손가락이 내 아버지의 허리보다 굵으니 내 아버지께서 너희에게 무거운 멍에를 메게 하였으나 이제 나는 너희의 멍에를 더욱 무겁게 할지라 내 아버지는 채찍으로 너희를 징계하였으나 나는 전갈 채찍으로 징계하리라 하소서"입니다. 이 대답이 과연 열정만 있는 젊은이들의 속 좁고 어리석은 답변처럼 들리십니까? 전혀 그렇지 않습니다. 원로들의 대답과 젊은이들의 대답은 서로 다른 것이 아니라 본질상 똑같습니다. 원로들은 백성을 위한 답을 했고, 젊은이들은 왕을 위한 답을 한 것이 아닙니다. 두 그룹 모두 아주 교활한 대답을 했습니다. 원로들이나 젊은이들이나 모두 왕을 위한 것이 아니요 백성들을 위한 것이 아니라 오직 자기들에게 유리한 대답을 했을 뿐입니다.

동서고금을 막론하고 죄인들의 심보는 언제나 자기를 위하는 것입니다.

자기를 위하는 모습이 원로들에게는 보수적 성향으로 표현되고 젊은이들에게는 진보적 성향으로 표현될 뿐입니다. 보수적 성향은 현재를 유지하자는 주장이고 진보적 성향은 현재를 바꾸자는 주장입니다. 이때 원로들은 당연히 보수적입니다. 왜냐하면 자신들이 안주하고 싶어하기 때문입니다. 그분들도 젊었을 때에는 당연히 진보와 혁신을 외쳤습니다. 혁신이 되어야 기존 세력들이 물러나고, 물러나야 자신들이 차지할 자리가 생기기 때문입니다. 노인과 청년 중에 노인은 보수고 청년은 혁신입니다. 부자와 가난한 자중에 부자는 보수고 가난한 자는 혁신입니다. 지배자와 피지배자 중에 지배자는 보수고 피지배자는 혁신입니다. 운동경기에서는 주전과 신인 중에 주전은 보수고 신인은 혁신입니다. 이것은 이념의 문제가 아니고 사상의 문제가 아닙니다. 단순히 이기적인 문제입니다. 죄의 현상입니다.

죄인들의 속셈이 너무나 어이가 없는 것은, 자기들은 온통 자기들의 유익을 위해 말하고 행동하면서 상대방에게는 마치 죄인이 아니기를 기대한다는 사실입니다. 애초에 이스라엘이 왕을 구할 때 명분은 '우리를 다스리소서'였지만 실상은 '우리를 대신하여 싸우라'는 것이었습니다. 아니, 왕은 바보입니까? 자기 목숨바쳐가면서 상대방을 위해 싸워줄 것 같습니까? 이번에는 아예 대놓고 '백성을 섬기는 자가 되어 백성을 섬기고 좋은 말로 하라'고 요청합니다. 왕이 멍청이입니까? 기껏 왕이 되어서 섬기는 일을 할 사람이 누가 있습니까? 자신은 죄인의 속셈을 다 내보이면서 상대방은 죄인처럼 굴면 안 된다고 요구하는 것이 말이 됩니까? 과연 우리의 왕은, 원로들과 같은 죄인이고 젊은이들과 같은 죄인인 왕은 역시 죄인의 모습을 벗어나지 않습니다. 13절 "왕이 포학한 말로 백성에게 대답할새"입니다. 아주 재미있습니다. 백성들이 7절에서 '좋은 말로 대답하라'고 권고하자 의도적으로 '포학한 말'로 대답하는 것입니다.

일치단결

여기서 중요한 것은 왕이 노인의 말을 들었느냐 젊은이들의 말을 들었느냐가 아닙니다. 왜냐하면 노인의 말이나 젊은이들의 말이나 모두 자기들에게 유리한 말이기 때문입니다. 이때 왕은 노인의 말을 들은 것도 아니요 젊은이들이 말을 들은 것도 아닙니다. 양쪽의 말을 다 듣고는 왕은 왕 나름대로 왕에게 유리한 대답을 하는 것입니다. 그러니 백성들이나, 원로들이나, 젊은이들이나, 왕이나 모두 자기에게 유리하게 요구하고 반응한 것입니다. 모두가 죄인이기 때문에, 모두의 행동이 다 똑같은 것입니다. 그래서 성경은 왕의 대답에 대해 15절 "왕이 이같이 백성의 말을 듣지 아니하였으니"라고 표현해줍니다. 왕은 어느 한쪽의 말을 들은 것이 아니라 아예 아무의 말도 듣지 않았다는 것입니다. 정말 절묘한 표현입니다.

이제 마지막 장면을 보겠습니다. 16절 "온 이스라엘이 자기들의 말을 왕이 듣지 아니함을 보고 왕에게 대답하여 이르되 우리가 다윗과 무슨 관계가 있느냐 이새의 아들에게서 받을 유산이 없도다 이스라엘아 너희의 장막으로 돌아가라 다윗이여 이제 너는 네 집이나 돌아보라 하고 이스라엘이 그 장막으로 돌아가니라"입니다. 마지막에서 죄인들이 일치단결하는 모습을 보여줍니다. 이것이 민주적입니까? 이것이 소통입니까? 이것이 협상입니까? 여러분 죄인들은 민주적이 될 수 없고 협상이 되지 않습니다. 죄인은 죄의 원리 즉 온전히 자기에게 유리한 것만 주장하는 원리를 따르기 때문입니다. 왕이 자기들의 말을 듣지 않자 왕을 왕으로 받아주지 않습니다. 그러면 또 왕은 가만히 있겠습니까? 18절 "르호보암 왕이 역군의 감독 아도람을 보냈더니"입니다. 왜 보냈겠습니까? 진압하라고 보냈습니다. 그러면 또 백성이 가만히 있습니까? 18절 중간부에 "온 이스라엘이 그를 돌로 쳐죽인지라"입니다. 이것이 죄인들의 실상입니다.

하나님의 기대

왕에 대한 죄인들의 기대말고 하나님의 권고를 확인하고 마치겠습니다. 신명기 17장에 나오는 왕에 대한 권고가 정말 중요합니다. 18절부터 보시면 "그가 왕위에 오르거든 이 율법서의 등사본을 레위 사람 제사장 앞에서 책에 기록하여 평생에 자기 옆에 두고 읽어 그의 하나님 여호와 경외하기를 배우며 이 율법의 모든 말과 이 규례를 지켜 행할 것이라 그리하면 그의 마음이 그의 형제 위에 교만하지 아니하고 이 명령에서 떠나 좌로나 우로나 치우치지 아니하리니 이스라엘 중에서 그와 그의 자손이 왕위에 있는 날이 장구하리라"입니다. 가장 중요한 것이 '여호와 경외하기를 배우며'입니다. 하나님은 죄인들이 늘 말하는 것, 판에 박힌 말을 하지 않습니다. '백성을 사랑해라, 너는 백성의 종이다' 등의 말씀을 하지 않습니다. 죄인은 그런 마음을 갖지 못합니다.

대신 하나님은 하나님을 배우라고 하십니다. 왜냐하면 하나님을 배워야만, 하나님을 알아야만 '그의 마음이 그의 형제위에 교만하지 아니하고'가 가능하기 때문입니다. 하나님을 알아야만 '좌로나 우로나 치우치지 아니하고'가 가능하기 때문입니다. 죄인은 결단코 겸손해지지 않습니다. 죄인은 결단코 겸손해질 수 없습니다. 하나님을 알 때에야, 나의 나됨이 하나님의 은혜임을 고백할 때에야 사람은 겸손할 수 있고, 감사할 수 있습니다. 제발 죄인에게 불가능한 것을 기대하지 마시고, 반대로 성도만이 가능한 것을 마치 불가능한 것처럼 포기하지 마시기 바랍니다. 기독교는 존재에 대한 개념이 다르고, 의미가 다르고, 역할이 다르고, 가치가 다르고, 기대가 다른 것입니다.

구약에는 상대방을 섬김에 대한 권고가 없다가 복음서에서 예수님께서 섬김에 대해서 말씀하십니다. 마가복음 10장 42절 이하에 "예수께서 불러다가 이르시되 이방인의 집권자들이 그들을 임의로 주관하고 권세를 부리는 줄을 너희가 알거니와 너희 중에는 그렇지 않을지니 너희 중에 누구든지 크고자 하는 자는 너희를 섬기는 자가 되고 너희 중에 누구든지 으뜸이 되고자 하는 자는 모든 사람의 종이 되어야 하리라 인자가 온 것은 섬김을 받으려 함이 아니라 도리어 섬기려 하고 자기 목숨을 많은 사람의 대속물로 주려 함이니라"입니다. 예수님이 이 말씀을 하시고 이 말씀이 구현될 수 있도록 십자가를 지심으로 저와 여러분을 죄에게서 구원하여 하나님의 마음과 심정과 기준과 원리와 가치와 개념을 가진 성도가 되게 하셨습니다. 성도만이 종이 될 수 있고, 성도만이 섬길 수 있고, 성도만이 충성할 수 있습니다. 성도됨을 기뻐하고, 성도만이 행할 수 있는 섬김의 삶을 멋지게 실천하고 구현하고 누리며 사시는 성도되시기를 주님의 이름으로 축원합니다.

14

스스로 이르기를

열왕기상 12:16~33

16 온 이스라엘이 자기들의 말을 왕이 듣지 아니함을 보고 왕에게 대답하여 이르되 우리가 다윗과 무슨 관계가 있느냐 이새의 아들에게서 받을 유산이 없도다 이스라엘아 너희의 장막으로 돌아가라 다윗이여 이제 너는 네 집이나 돌아보라 하고 이스라엘이 그 장막으로 돌아가니라 17 그러나 유다 성읍들에 사는 이스라엘 자손에게는 르호보암이 그들의 왕이 되었더라 18 르호보암 왕이 역꾼의 감독 아도람을 보냈더니 온 이스라엘이 그를 돌로 쳐죽인지라 르호보암 왕이 급히 수레에 올라 예루살렘으로 도망하였더라 19 이에 이스라엘이 다윗의 집을 배반하여 오늘까지 이르렀더라 20 온 이스라엘이 여로보암이 돌아왔다 함을 듣고 사람을 보내 그를 공회로 청하여 온 이스라엘의 왕으로 삼았으니 유다 지파 외에는 다윗의 집을 따르는 자가 없으니라 21 르호보암이 예루살렘에 이르러 유다 온 족속과 베냐민 지파를 모으니 택한 용사가 십팔만 명이라 이스라엘 족속과 싸워 나라를 회복하여 솔로몬의 아들 르호보암에게 돌리려 하더니 22 하나님의 말씀이 하나님의 사람 스마야에게 임하여 이르시되 23 솔로몬의 아들 유다 왕 르호보암과 유다와 베냐민 온 족속과 또 그 남은 백성에게 말하여 이르기를 24 여호와의 말씀이 너희는 올라가지 말라 너희 형제 이스라엘 자손과 싸우지 말고 각기 집으로 돌아가라 이 일이 나로 말미암아 난 것이라 하셨다 하라 하신지라 그들이 여호와의 말씀을 듣고 그 말씀을 따라 돌아갔더라 25 여로보암이 에브라임 산지에 세겜을 건축하고 거기서 살며 또 거기서 나가서 부느엘을 건축하고 26 그의 마음에 스스로 이르기를 나라가 이제 다윗의 집으로 돌아가리로다 27 만일 이 백성이 예루살렘에 있는 여호와의 성전에 제사를 드리고자 하여 올라가면 이 백성의 마음이 유다 왕 된 그들의 주 르호보암에게로 돌아가서 나를 죽이고 유다의 왕 르호보암에게로 돌아가리로다 하고 28 이에 계획하고 두 금송아지를 만들고 무리에게 말하기를 너희가 다시는 예루살렘에 올라갈 것이 없도다 이스라엘아 이는 너희를 애굽 땅에서 인도하여 올린 너희의 신들이라 하고 29 하나는 벧엘에 두고 하나는 단에 둔지라 30 이 일이 죄가 되었으니 이는 백성들이 단까지 가서 그 하나

에게 경배함이더라 31 그가 또 산당들을 짓고 레위 자손 아닌 보통 백성으로 제사장을 삼고 32 여덟째 달 곧 그 달 열다섯째 날로 절기를 정하여 유다의 절기와 비슷하게 하고 제단에 올라가되 벧엘에서 그와 같이 행하여 그가 만든 송아지에게 제사를 드렸으며 그가 지은 산당의 제사장을 벧엘에서 세웠더라 33 그가 자기 마음대로 정한 달 곧 여덟째 달 열다섯째 날로 이스라엘 자손을 위하여 절기로 정하고 벧엘에 쌓은 제단에 올라가서 분향하였더라

여호와로 말미암아

이상한 이야기

제가 신학교에서 히브리어를 강의했습니다. 당연히 히브리어를 가르쳤고 중간 중간에 성경이야기를 해 주었습니다. 학생들이 제가 하는 성경이야기를 약간 신기해했습니다. 예를 들면, 하나님께서는 모세에게 '돌에게 명하여 물을 내라'고 하셨는데 모세는 돌을 쳤으니 불순종인데, 그럼에도 불구하고 물이 나왔다는 이야기입니다. 일반적으로는 순종하면 역사가 나타나고 불순종하면 징계가 나오는데 모세의 경우는 불순종했는데도 물이 나왔으니 이게 어찌된 일이냐고 묻는 방식입니다. 비슷한 예로, 하나님께서는 만나를 주시면서 '그날 거둔 것은 남기지 말고 다 먹으라, 남기면 썩는다'고 말씀하셨는데 백성들이 불순종해서 남겼고 과연 남은 것은 썩었습니다. 그런데 그 다음날에 전날 무슨 일이 있었느냐는 듯, 언제 백성들이 불순종했느냐는 듯 만나는 멀쩡히 내렸다는 이야기입니다. 그 동안 학생들이 알고 있는 내용, 교회에서 자주 듣는 설교와는 조금 다른 방식이라 한편으로는 신기해하고, 다른 한편으로는 살짝 당황했습니다. 저는 결론을 내려주기보다는 '성경은 우리의 예상과는 다른 경우가 많다'고 말해줄 뿐입니다.

열왕기상에서도 유사한 장면을 만나게 됩니다. 이스라엘이 하나님을 버리고 왕을 선택하였으면 당연히 망해야 할 것 같은데 이스라엘은 왕정 초기에 역대로 가장 부유하고 강성한 나라가 되었습니다. 마치 하나님을 버

리고 왕을 선택한 것이 잘한 것처럼 보입니다. 또 하나 희한한 것이 있습니다. 이스라엘이 사울과 다윗과 솔로몬 시대에는 한 나라로 통일되어 있었습니다. 사울의 아들 이스보셋이 왕위에 올랐을 때에 잠시 나라가 나누어진 적이 있기는 하지만 곧 다윗에 의해 통일되었습니다. 그런데 멀쩡한 나라를 두 개로 나누는 당사자가 다름 아닌 하나님이시라는 사실입니다. 솔로몬이 통치할 때에 백성들 사이에서 나라의 분열의 조짐이 보인 것이 아닙니다. 백성들이 파당을 일으키고, 여기저기가 반란을 시도한 것이 아닙니다. 솔로몬의 건축사업 때문에 백성들이 힘들어 한 것은 맞지만 아무도 나라를 나눌 계획을 세우지는 않았습니다. 그런데 오직 한 분 하나님께서 나라를 분열시키는 계획을 세우셨고, 직접 실행하십니다. 솔로몬이 왕으로 있을 때에 여로보암에게는 열 지파를 주고, 르호보암에게는 한 지파를 주겠다고 하나님께서 선지자를 통해 예언하셨습니다. 그리고 사람들의 일반적인 예상과는 전혀 다르게 일단 나라가 두 개로 나누어진 다음에는 하나님께서는 어떤 예언자를 통해서도 나라가 통일을 이루어야 한다고, 나라가 다시 합쳐서 하나가 되어야 한다는 말씀을 하신 적이 없습니다.

사람들은 인간 문제의 본질을 알지 못하고, 당연히 해결책도 알지 못합니다. 그저 어릴 때부터 배웠고, 현재의 상황에서도 적용되는 세상 가르침 즉 삶은 경쟁이고, 가능하면 강하고 크고 많아야 승리하고, 승리해야 자유와 평화와 행복을 가질 수 있다고 생각합니다. 이런 논리에 의하면 나라는 열 두 부족이 각자 알아서 살아가는 것보다는 동맹 또는 아예 왕을 중심으로 나라를 유지하는 것이 더 유익하고, 나라가 되었을 때에는 분열되는 것보다는 통일되는 것이 여러 모양에서 더 유리하다고 생각하고, 혹시 안타깝게도 분열이 되었다면 가능하면 빨리 다시 연합하고 뭉쳐서 통일을 하는 것이 좋다고 생각합니다. 그런데 이 모든 생각은 사람들의 생각일 뿐입니다. 하나님은 전혀 다르게 생각하십니다.

다윗과의 언약

여호수아시대의 예를 들어보겠습니다. 이스라엘이 가나안을 정복할 때에 먼저 요단강 동편을 차지했던 두 개 지파 즉 르우벤 지파와 갓 지파 그리고 므낫세 지파의 절반이 가나안으로 들어가지 않겠다고 선언을 하였습니다. 그러자 나머지 아홉 지파가 아주 난리를 칩니다. 그런데 하나님은 요단강을 건너가지 않을 지파는 그냥 남으라고 말씀하십니다. 왜 열두 지파가 단합을 하지 않고 나누려고 하느냐, 하나님이 약속하신 땅은 요단강 동편이 아니라 요단강 서편인데 왜 엉뚱한 곳에서 살려고 하느냐는 등 따지지 않으십니다. 열두 지파는 무슨 일이 있어도 반드시 일심동체가 되어 함께 움직여야 한다고 주장하지 않으십니다. 세상의 일반적인 관점과 다릅니다.

또 가나안을 정복하고 정착한 후인 사사 시대에 이스라엘의 각 지파가 주변의 이방 민족들에 의해 자주 침략을 받았고 압제를 받았습니다. 이때 하나님께서는 너희가 각 지파별로 독립적으로 운영되고 있어서 상대적으로 힘이 약하다고 문제 삼지 않으셨습니다. 아홉 지파가 똘똘 뭉쳐서 연합체를 만들면 웬만한 적들이 감히 넘보지 못할 것이라고 대안을 마련해 주지도 않으셨습니다. 세상의 일반적인 관점과 다릅니다. 그렇기 때문에 당연히 다윗이 주변 나라를 정복하고 영토를 확장하는 일에 대해서 칭찬하신 적이 없고, 솔로몬이 외교와 무역을 통해 경제를 번영시키고, 지혜를 자랑함으로 주변에 이스라엘 나라의 명성을 떨쳐도 대단한 일을 하는 것으로 여긴 적이 아예 없습니다. 인간이 인간의 삶의 문제를 진단하고 대안을 세우는 것과 하나님께서 인간의 삶의 문제를 진단하고 해결책을 제시하는 것이 완전히 다릅니다. 그때 저와 여러분은 하나님의 진단이 옳다고 인정하고, 하나님의 해결책이 옳다고 인정하는 사람들입니다. 동의하십니까? 그런데 하나님의 사람들이 하나님의 진단을 따르지 않고, 하나님의 해결책을 인정하지 않으면 이것은 참으로 어이가 없는 것입니다. 오늘날 교회에서 가장 어이가 없는 것이 바로 이것입니다. 하나님을 믿고, 성경을 읽는데 하나님의 기준을 가지지 않고, 하나님의 가치를 따르지 않고, 하나님의 방법으로 행하지 않는다는 것입니다.

다윗에 대해서도 사람들은 크게 착각하고 있습니다. 하나님께서 죄인들 중에 유독 다윗을 보시고 '하나님의 마음에 합했다'고 칭찬하시고, 그래서 다윗을 왕으로 세우고 영원토록 왕권을 이어가게 하셨다고 오해합니다. 하나님이 다윗을 왕으로 세운 것은 맞지만, 다윗에게 언약을 주신 것도 맞지만 하나님이 행하신 일이 사람들이 생각하는 방식대로라면 하나님은 약속을 지키지 못하셨습니다. 아니 약속을 지키지 못한 정도가 아니라 아예 약속을 깨뜨리신 분이 하나님이 됩니다. 그러면 하나님은 신실하신 분도 아니고, 하나님의 약속은 믿을 것이 되지 못하는 결과가 되어버립니다.

여로보암과의 언약

여로보암이 하나님께 나아와 솔로몬의 통치가 백성을 힘들게 함으로 제발 자신을 새로운 왕으로 세워달라고 부탁하지 않았습니다. 도리어 하나님께서 여로보암을 찾아오셨습니다. 여로보암이 원하지도 바라지도 구하지도 않을 때에 하나님께서 솔로몬에게서 나라를 빼앗아 여로보암에게 열 지파를 주시겠다고 일방적으로 선언하셨습니다. 솔로몬에 대하여도 부인을 많이 둔 것이 잘못이라거나, 무리하게 건축을 행한 것이 잘못이라고 지적하지 않으셨습니다. 그저 한 마디 '내 길로 행하지 아니하며 나 보기에 정직한 일과 내 법도와 내 율례를 행하지 아니함이니라'고 하셨습니다. 여로보암에 대하여도 교만하지 말라거나, 백성을 압제하지 말라거나, 백성을 섬기는 자가 되어야 한다는 등의 말씀을 하지 않으셨습니다. 그저 한 마디 '내가 명령한 모든 일에 순종하고 내 길로 행하며 내 눈에 합당한 일을 하며 내 종 다윗이 행함 같이 내 율례와 명령을 지키면 내가 다윗을 위하여 세운 것 같이 너를 위하여 견고한 집을 세우고 이스라엘을 네게 주리라'고 하셨습니다. 하나님 스스로 다윗의 집을 언급하시며 여로보암에게 견고한 집을 세우고 이스라엘을 주신다고 말씀하셨습니다. 이 모든 일을 계획하시고 진행하신 분이 하나님이십니다.

사람들은 여로보암이 왕이 된 것은 하나님의 계획이요 하나님의 역사인 것을 정확하게 알지 못합니다. 그래서 솔로몬의 아들 르호보암이 정통성이 있고, 여로보암은 왕에게 대적한 반란자요 역모자요, 나라를 분열시킨 배반자라고 아주 크게 오해합니다. 그런 말은 하나님을 다윗 왕권의 반란자로 취급하는 것이요, 하나님을 나라 분열의 역적으로 몰아세우는 것과 같은 것입니다. 르호보암이 백성들의 요청에 대해 원로들과 상의하고 젊은 각료들과 상의했지만 결국 듣지 않은 것에 대해 성경은 안타까워하고 속상해 하는 것이 아닙니다. 도리어 열왕기상 12장 15절 "왕이 이같이 백성의 말을 듣지 아니하였으니 이 일은 여호와께로 말미암아 난 것이라 여호와께서 전에 실로 사람 아히야로 느밧의 아들 여로보암에게 하신 말씀을 이루게 하심이더라"라고 선언합니다. 왕과 백성이 연합하지 않은 것을 안타까워하는 것이 아니라 하나님의 말씀이 이루어지는 것으로 보고 있습니다.

이스라엘은 하나님의 말씀대로 분열되었습니다. 12장 17절 "그러나 유다 성읍들에 사는 이스라엘 자손에게는 르호보암이 그들의 왕이 되었더라"이고 20절 "온 이스라엘이 여로보암이 돌아왔다함을 듣고 사람을 보내 그를 공회로 청하여 온 이스라엘의 왕으로 삼았으니 유다 지파 외에는 다윗의 집을 따르는 자가 없으니라"입니다. 나라의 분열을 안타까워한 것은 하나님이 아니라 르호보암이었습니다. 그래서 21절 "르호보암이 예루살렘에 이르러 유다 온 족속과 베냐민 지파를 모으니 택한 용사가 십팔만 명이라 이스라엘 족속과 싸워 나라를 회복하여 솔로몬의 아들 르호보암에게 돌리려 하더니"입니다. 얼마나 뜻이 가상합니까? 분열된 나라를 회복하려고 합니다. 그럼 하나님이 도와주셔야지요? 그런데 24절 "여호와의 말씀이 너희는 올라가지 말라 너희 형제 이스라엘 자손과 싸우지 말고 각기 집으로 돌아가라 이 일이 나로 말미암아 난 것이라 하셨다 하라 하신지라"입니다. 하나님이 나라의 회복을 막으신 것입니다.

다윗의 아들이 솔로몬이고, 솔로몬의 아들이 르호보암이기에 르호보암에게 정통성이 있고, 여로보암은 배반자라는 생각을 버리십시오. 여로보암은 분명히 하나님에 의해 왕이 되었습니다. 그렇다고 르호보암이 반역자인 것도 아닙니다. 하나님께서는 르호보암에게도 한 지파를 주시겠다고 말씀하셨기 때문입니다. 이스라엘 나라가 분열된 것에 정통성을 운운하는 것과 배반자를 운운하는 것은 성경을 오해하고, 하나님의 일하심도 오해하는 것일 뿐입니다.

스스로 이르기를

다윗과 여로보암

제가 여로보암의 편을 들어주려는 것이 절대로 아닙니다. 이제부터 여로보암을 신랄하게 파헤쳐 드리겠습니다. 여로보암은 다윗만큼이나 중요한 인물입니다. 성경 전체에서 왕에 대한 하나님의 약속을 직접 받은 사람은 단 두 사람, 다윗과 여로보암뿐입니다. 그런데 두 사람의 상황이 아주 다르고, 또 두 사람의 반응이 아주 확연하게 다릅니다. 우선 다윗이 왕이 될 때에는 기름부음 받는 순간부터 왕으로 등극할 때까지 계속해서 왕이 안 되는 쪽으로 상황이 몰립니다. 다윗은 목동에서 차근차근 단계를 밟아 왕으로 가까이 가는 것이 아니라 도리어 단번에 유명해졌다가 차근차근 시련과 역경이 오고 왕으로부터 점점 멀어지다가 나중에는 아예 타국으로 쫓겨나게 됩니다. 그런 상황에서 다윗이 참으로 하나님 말씀에 순종을 잘했습니다. 어떻게 그럴 수 있었을까요? 원래 믿음이 좋아서요? 아닙니다. 다윗이 위기의 순간마다 하나님을 철석같이 신뢰했습니다. 그 이유는 아주 간단합니다. 다윗에게는 다른 대책이 없었기 때문입니다. 다윗은 믿음이 좋았던 것이 아니라 그것 밖에는 할 것이 없었던 것입니다.

그렇게 신실했던 다윗이 왕위에 오른 다음에는 변하게 됩니다. 하나님 말씀에 순종하지 않습니다. 왕에 대한 지침도 의도적으로 어기면서 여러 아내를 두고, 심지어는 자기 부하 장수를 죽여가면서 한 여인을 빼앗아 오기도 하고, 나중에는 충신들이 결사적으로 반대해도 아주 적극적으로 하나님의 뜻과는 다르게 인구조사를 해서 백성들을 큰 위기에 빠뜨립니다. 그리고 마지막에는 하나님에게 일절 상의하지 않고 아주 독단적으로 자신이 이스라엘의 왕을 지명하기도 합니다. 처음에는 신실했습니다. 다른 대안이 없었기 때문입니다. 나중에는 신실하지 않았습니다. 다른 대안이 있었기 때문입니다. 처음에는 하나님 이외에 의지할 것이 전혀 없었는데 나중에는 하나님이 없어도 의지할 것이 너무나 많았기 때문입니다. 결국 다윗의 믿음, 다윗의 신앙, 다윗의 충성은 오직 하나님을 알고 하나님이 좋았기 때문이 아니었습니다. 성경은 어떤 사람의 믿음을 칭찬해주려는 것이 아니라 정반대로 죄인에게는 믿음이 얼마나 어려운 것인가, 또는 죄인이 하나님을 알고 신뢰하고 따르는 것이 얼마나 불가능한 것인가를 보여주는 것입니다. 그 대표가 바로 다윗입니다.

여로보암은 다윗과 상황이 다릅니다. 여로보암도 느닷없이 왕에 대한 예언을 들었고, 정확이 어떤 사건이 있었는지는 소개되지 않지만 열왕기상 11장 40절에 의하면 "이러하므로 솔로몬이 여로보암을 죽이려 하매 여로보암이 일어나 애굽으로 도망하여 애굽 왕 시삭에게 이르러 솔로몬이 죽기까지 애굽에 있으니라"처럼 망명을 가기는 했습니다. 그러나 솔로몬이 죽고 르호보암이 왕위에 오르자 12장 2절에 나오는 대로 이스라엘 백성들이 애굽에 있는 여로보암을 부르게 됩니다. 백성들이 여로보암을 잊지 않았습니다. 그리고 20절 "온 이스라엘이 여로보암이 돌아왔다 함을 듣고 사람을 보내 그를 공회로 청하여 온 이스라엘의 왕으로 삼았으니"입니다. 이런 것을 전문용어로 '추대'라고 합니다. 여로보암이 귀국을 하려고 애쓰지 않았고, 백성들을 모으지도 않았고, 왕이 되려고 시도도 하지 않았는데 모두 백성들에 의하여 일이 진행되고, 백성들에 의하여 왕위에 오르게 됩니다. 아주 순적합니다. 더 나아가 21절과 같이 르호보암이 유다 온 족속과 베냐민 지파 중에서 용사 십팔만 명을 택하여 여로보암을 공격하려 하자 너무나 감사하게도 친히 하나님께서 막아주십니다.

다윗이 사무엘상 16장에서 기름부음을 받고 열일곱 장 뒤인 사무엘하 2장에서 왕이 되는 것과는 대조적으로 여로보암은 열왕기상 11장에서 왕이 될 예언을 받고 바로 다음 장인 12장에서 왕이 됩니다. 그래서 여로보암에 관한 내용에는 여로보암이 하나님 말씀에 순종했다거나, 어려운 가운데서도 하나님을 굳건하게 신뢰했다거나, 모든 유혹을 물리치고 오직 하나님께만 충성을 했다는 내용이 하나도 없습니다. 하나님도 여로보암을 칭찬하는 말씀이 없고, 성경도 여로보암에 관한 미담을 소개하는 것이 전혀 없습니다. 그러면 여러분은 이미 다음에 나올 내용을 충분히 예상할 수 있으실 것입니다. 하나님께 은혜를 많이 받고, 전적인 하나님의 은혜로 왕이 된 다윗도 왕이 되고난 다음에 즉 자신이 의지할 만한 조건이 마련된 다음에는 하나님을 떠난 것을 보았습니다. 그런데 뚜렷하게 하나님의 은혜를 받은 것 같지도 않고, 하나님의 도움보다는 도리어 백성들의 추대를 받으면서 왕이 된 여로보암이 왕이 된 후에 하나님을 잘 믿지 않을 것은 안 봐도 비디오입니다.

스스로 말하기를

26절을 보겠습니다. "그가 마음에 스스로 이르기를 나라가 이제 다윗의 집으로 돌아가리로다 만일 이 백성이 예루살렘에 있는 여호와의 성전에 제사를 드리고자 하여 올라가면 이 백성의 마음이 유다 왕 된 그들의 주 르호보암에게로 돌아가서 나를 죽이고 유다의 왕 르호보암에게로 돌아가리로다 하고"입니다. 이것이 죄인의 실체이고, 이것이 죄인의 한계입니다. 죄인은 하나님을 알지 못하고, 죄인은 하나님을 믿지 못합니다. 여로보암은 원래 왕에 대해 전혀 상관이 없었습니다. 오직 하나님이 말씀하시고, 하나님이 약속하신 대로 여로보암이 왕이 되었습니다. 12장 15절에 "이 일은 여호와께로 말미암아 난 것이라", 24절 "이 일이 나로 말미암아 난 것이라"고 거듭 확증해주셨습니다.

여로보암은 자신에게 이루어지는 일들을 겪으면서 하나님의 말씀을 기억했을 것입니다. 졸지에 왕이 되고, 르호보암의 십팔만 명의 군사가 오는 것도 차단되는 것을 보면서 하나님이 일하시고 계심을 보았을 것입니다. 그렇다면 당연히 하나님의 약속도 기억했어야 합니다. 하나님은 왕위에 오르는 것에 관해서만 말씀을 하신 것이 아니라, 왕위에 오른 뒤에 왕으로 다스리는 것과 더 나아가 여로보암의 집이 계속하여 왕위를 이어가는 것에 관해서도 말씀하셨습니다. 르호보암이 아무리 자신을 정복하려해도 하나님이 막으시면 어쩔 수 없다는 것을 보았으면, 앞으로도 하나님이 보증하시매 어느 누구도 여로보암의 왕권을 대적할 수 없고, 여로보암의 집이 견고할 것이라는 약속도 유효한 것입니다. 그것을 기억한다면 여로보암은 걱정할 것이 없습니다.

그런데 여로보암은 하나님의 말씀과 약속은 온데간데없이 26절에서 "마음에 스스로 이르기를 나라가 이제 다윗의 집으로 돌아가리로다"라는 헛소리를 합니다. '하나님으로 말미암은 일'이 '인간으로 말미암아 바뀔 줄'로 쓸데없는 걱정을 하고 있습니다. 그리고는 조치를 취합니다. 여기서 모든 죄인들의 공통점을 발견하게 됩니다. 다윗이든 여로보암이든 대책이 없을 때는 하나님에게 저항하지 않습니다. 그런데 다윗이든 여로보암이든 아주 작은 힘이라도 생기고, 아주 사소한 근거라도 생기면, 아주 지푸라기 같은 믿을만한 대안이 생기면 바로 하나님을 버리고 자기 생각에 옳은대로 행동한다는 것입니다. 보이지 않는 하나님보다 아주 작게라도, 아주 알량하게라도, 아주 허접할지라도 자기에게 보이고, 자기가 가지고 있고, 자기가 할 수 있는 것이 더욱 확실해 보이도록 하는 것이 죄의 최대의 미혹이기 때문입니다.

여러분은 왕이 아니니까 객관적으로 판단하실 수 있으실 것이니 한번 맞춰보시기 바랍니다. 여로보암이 왕위를 지키는 것에는 두 가지 방법이 있습니다. 하나는 하나님이 말씀하신 대로 '네가 만일 내가 명령한 모든 일에 순종하고 내 길로 행하며 내 눈에 합당한 일을 하며, 내 율례와 명령을 지키면'이고 다른 하나는 28절 이하대로 이런저런 조치를 취해서 백성들의 마음을 붙들어 놓는 것입니다. 어느 것이 쉬울까요? 어느 것이 확실할까요?

여로보암의 조치

하나님의 제안에는 힘든 일이 없습니다. 하나님께서 신상을 만들라고 하지 않았고, 성전을 지으라고 하지 않았고, 매년 엄청난 예물을 바치라고 하지 않았고, 하나님을 위한 특별한 일을 하라고 하지도 않았습니다. 특별히 할 일이 없습니다. 하나님의 명령, 하나님의 율례, 하나님의 길의 대표가 십계명입니다. 십계명을 따르고 지키고 행하는 것은 너무너무 쉽습니다. 다른 신을 섬기지 말라고 했으니 그냥 있으면 되고, 신상을 만들지 말라고 했으니 그냥 있으면 되고, 여호와의 이름을 망령되이 부르지 말라고 했으니 아예 안 부르면 되고, 안식일을 지키라고 했으니 그날은 그냥 쉬면되고, 살인과 도적질과 거짓 증거를 하지 말라고 했으니 그냥 안하면 됩니다. 할 일이 없습니다. 그런데 죄인은 '가만히 있으면 불안해' 합니다.

그래서 여로보암이 취한 조치가 28절로 32절에 나오는 대로 세 가지입니다. 하나는 두 금송아지를 만들어서 벧엘과 단에 세운 것이고, 두 번째는 레위 자손이 아닌 보통 백성으로 제사장을 삼은 것이고, 세 번째는 여덟째 달 그 달 열다섯 째 날로 절기를 정한 것입니다. 하나님의 말씀은 '아무 것도 하지 말라'인데 반해 여로보암의 조치는 모두 '무엇인가를 행하는 것'입니다. 훨씬 힘든 것입니다. 여로보암은 쉽고 간단한 '여호와의 율례와 명령을 지킬' 생각은 안하고, 어렵고 힘들게 '금송아지를 만들고, 절기를 만들고, 제사장을 세우는 짓'만 하고 있습니다. 여러분 생각에는 여로보암이 미련하게 보일 것입니다. 왜냐하면 당사자가 아니기 때문입니다. 저와 여러분도 당사자가 되면 똑같습니다. 죄인은 아닌 것 같아도, 지혜로운 것 같아도 결국 스스로 죄의 원리를 따르게 되어있습니다. 이것이 죄인의 실체요, 죄인의 한계입니다. 이 장면에서 사람들은 대체로 여로보암의 조치, 여로보암의 행동을 문제 삼습니다. 그러나 중요한 것은 여로보암의 행동 이전에 여로보암의 마음, 즉 죄의 마음입니다. 본문은 여로보암의 행동을 지적하는 것이 아니라 죄인의 심보를 고발하는 것입니다.

우선, 하나님은 여로보암에게 왕위를 주실 때 지파로는 열 지파를 주셨고, 장소로는 예루살렘을 제외한다고 하셨습니다. 솔로몬이 지은 성전이 예루살렘에 있는데 하나님은 성전이 있는 예루살렘을 제외시키면서, '내 명령한 것을 순종하고, 내 길로 행하고, 내 율례와 명령을 지키면'이라고 하셨으니 하나님의 말씀과 율례와 규례와 법도는 성전과는 아무런 상관이 없음을 하나님께서 직접 밝혀주신 것입니다. 성전과 관계된 종교행위를 단 하나도 하지 않아도 하나님의 명령과 규례와 법도를 어기지 않는 것이 확인되는 것입니다. 하나님은 이스라엘 백성 중 열 지파를 주시면서 의도적으로 성전이 있는 예루살렘을 제외하심으로 모든 백성에게 하나님과 성전은 관계가 없고, 하나님과 종교행위와는 관계가 없다는 것을 알게 하시려는 의도였습니다.

여로보암으로서는 금상첨화입니다. 솔로몬의 성전은 관리와 운영비용이 엄청나게 들어갑니다. 또 해야 할 일도 무지하게 많습니다. 왕과 백성이 성전 때문에 생업이 어려울 정도입니다. 그런데 하나님이 그 성전을 제외시켜 주셨습니다. 그냥 할렐루야입니다. 너무나 천만다행인 것입니다. 감사가 저절로 나와야 합니다. 하나님은 여로보암에게 '성전이 없는 지역'을 나라로 주셨는데 바보같이 여로보암은 '성전에서 행하는 일'이 중요하다고 생각했습니다. 그래서 신상을 두 개나 만들고, 신상을 만들었으니 당연히 신상을 모셔야 하는 신전을 두 곳에 세웠고, 당연히 신전과 신상을 관리할 제사장을 세웠고, 당연히 신상을 섬겨야 하는 절기를 만들었습니다. 이런 사람을 세상에서는 '바보, 천치'라고 하고, 교회에서는 '죄인'이라고 합니다.

죄인들의 생각

이 사건이후로 열왕기서에서 왕이 잘못만 하면 계속해서 '여로보암의 길로 행했다'고 표현하기 때문에 사람들은 여로보암이 아주, 대단히, 매우, 특별히 악한 죄인이라고 착각합니다. 전혀 그렇지 않습니다. 성전을 계획한 다윗이나, 성전을 건축한 솔로몬이나, 성전을 대신할 성소와 산당을 짓는 여로보암의 속셈은 모두 똑같습니다. 하나님은 성전이 없이도 창세기부터 다윗 때까지 아주 무탈하게 잘 계셨는데 성전을 짓겠다고 바득바득 우긴 다윗이나, 성전이 있는 예루살렘을 제외하고 나라를 주었는데 일부러 성전을 대신할 신상과 성소와 산당을 지은 여로보암의 마음은 똑같습니다. 모두 영이신 하나님보다, 보이지 않는 하나님보다 보이는 것을 중요시하고, 자신이 보기에 믿음직스러운 것을 의지하려는 죄의 원리입니다. 다윗과 여로보암의 마음에 담긴 속내가 성전을 건축한 후에 '하나님' 대신 '성전을 향하여 기도하거든'을 반복하는 솔로몬의 행동과 똑같은 것입니다. 말씀을 하신 하나님, 약속을 하신 하나님, 언제나 동행하며 은혜를 주시는 하나님은 온데간데없고 자기들이 지은 것, 자기들이 만든 것, 자기들이 행한 것을 더 의지하려고 하는 죄의 원리입니다. 왕들만 이렇게 행한 것이 아닙니다. 백성들도 똑같습니다.

여로보암은 백성들이 예루살렘에 있는 여호와의 성전에 제사를 드리고자 올라가면 마음이 돌아설 것을 걱정했습니다. 이런 걱정을 쓸데없는 걱정이라고 합니다. 왜냐하면 왕인 자기 자신도, 하나님의 말씀대로 왕이 된 자신도 하나님을 버리고 새로운 조치를 취하려는 마음을 먹는데, 나라가 바뀌었는데도 백성들이 얌전히 하나님을 믿고 있을 것이라고 생각하는 것이 얼마나 어리석습니까! 백성들은 다윗이 왕이어도 상관없고, 솔로몬이 왕이어도 상관없고, 르호보암이 왕이어도 상관없고, 여로보암이 왕이어도 상관없습니다. 백성들은 그저 자신들을 편안하게, 자신들을 자유롭게 해 주는 사람, 자신들을 책임져 줄 사람을 좋아할 뿐입니다. 백성들은 솔로몬 왕이 죽고 그 아들 르호보암이 왕이 될 때에 반대한 적이 없습니다. 12장 1절대로 '온 이스라엘이 그를 왕으로 삼고자 하여'입니다. 솔로몬이 백성을 힘들게 했으니 그 아들을 왕으로 삼을 수 없다고 한 것이 아닙니다. 그냥 왕으로 삼았습니다. 그리고 '무거운 멍에를 가볍게 해달라'고 요청했을 뿐입니다. 르호보암이 멍에를 가볍게 해 주었으면 계속해서 왕위에 있고, 여로보암은 왕이 될 수 없었습니다.

백성들은 르호보암이 싫어서 버린 것이 아니고, 여로보암이 좋아서 왕으로 삼은 것이 아닙니다. 오직 하나 르호보암이 자신들의 요청을 들어주지 않았기에 버렸고, 기존의 왕을 버렸으니 여로보암을 새 왕으로 삼은 것뿐입니다. 새 왕이 여호와의 성전이 있는 예루살렘을 제외하고 다른 곳에 나라를 세웠습니다. 백성들은 아무 상관이 없습니다. 여호와를 믿어서 여호와의 성전에 간 것이 아니었기 때문입니다. 오직 여호와를 섬기겠다는 일념으로 예루살렘과 성전을 사수하려는 마음이 일절 없습니다. 성전은 예루살렘에 있는데, 예루살렘에는 달랑 한 지파만 추종하는 르호보암이 왕으로 있습니다. 자기들은 열 지파를 다스리는 여로보암을 왕으로 삼았습니다. 자기들 생각에 어느 쪽이 더 강해 보입니까? 당연히 여로보암입니다. 그런데 강한 쪽을 버리고 약해 보이는 쪽이 섬기는 신을 찾아갈 바보 같은 죄인이 있을까요? 없습니다. 죄인들이 눈치하나는 백단입니다. 북쪽의 백성들은 예루살렘에 가라고 해도 가지 않습니다. 이미 게임이 끝났고, 판단이 섰기 때문입니다. 가지고 있던 영토 다 빼앗기고, 백성이라고는 왕과 같은 지파만 남은 나라, 성전 짓느라고 고생고생했는데, 정작 나라가 약해지고 작아지는 것을 막아주지도 못하는 너무 허접한 신이 있는 예루살렘 성전을 갈 이유가 없습니다.

말씀대로

30절을 보면 "이 일이 죄가 죄었으니 이는 백성들이 단까지 가서 그 하나에게 경배함이더라"입니다. 백성들은 망설이지 않고 예루살렘 대신 단으로 갔습니다. 왜냐하면 강한 나라의 신이기 때문입니다. 예루살렘의 성전이 특별하다고 생각하지 않았기 때문입니다. 31절을 보면 "그가 또 산당들을 짓고 레위 자손 아닌 보통 백성으로 제사장을 삼고"입니다. 이 말은 왕이 보통 백성을 제사장 삼을 때 백성들이 거부한 것이 아니라 모두 받아들였다는 것입니다. 제사장은 아무나 할 수 있다고 생각했기 때문입니다. 예루살렘 성전의 제사장들이 자신들과 다르다고 생각하지 않았기 때문입니다. 또 33절을 보면 "그가 자기 마음대로 정한 달 곧 여덟째 달 열다섯째 날로 이스라엘 자손을 위하여 절기로 정하고 벧엘에 쌓은 제단에 올라가서 분향하였더라"입니다. 그 동안 지키던 절기와 다른 달로 정해진 새로운 절기에 왕만 참석한 것이 아니라 백성들이 모두 참석했습니다. 날짜가 뭐 그리 소중하느냐는 것입니다. 아무나 정하는 대로 하면 된다는 것입니다. 여로보암은 백성들의 마음이 돌아설까봐 걱정했는데 백성들은 이미 여로보암의 머리 위에 올라앉아 있었습니다.

하나님이 출애굽 과정에서 수차례의 계시를 통해 가장 강력하게 죄인들의 생각을 변화시키려고 했던 것이 바로 '신에 대한 이해', '하나님에 대한 이해'였습니다. 기독교에서 종종 발생하는 어리석은 행동이 바로 '신앙을 돕기 위한 조치들'이라는 명분으로 하나님의 말씀과 다르게, 성경과 다르게 종교행위를 강조하는 짓들입니다. 마치 자신들이 하나님보다 더 지혜로운 줄로 착각합니다. 만약 더 좋은 것이 있었다면 하나님은 이미 그 일을 행하셨을 것입니다. 여로보암이 행한 죄는 세 가지 행동이 아니라 '하나님을 몰랐다'는 것입니다. 그 결과는 하나님이 보장하신 왕위, 하나님이 약속하신 그 집을 견고하게 하겠다는 말씀, 하나님이 친히 명하신 '이스라엘을 네게 주리라'는 뜻을 누려보지 못했다는 것입니다. 가장 쉬운 하나님의 뜻을 버리고 가장 어려운 자신의 방법을 고집하다 가장 미련한 삶을 산 가장 한심한 죄인의 모습입니다.

오늘날도 똑같은 현상이 자주 발생합니다. 예배당을 성전이라고 신성화하기도 하고, 하나님도 성경도 언급하지 않는 절기들을 온갖 명분으로 만들고, 심지어는 일 년 내내 교회를 중심으로 행사를 만드는 교회력도 만들고, 심지어는 인간을 특별한 정도를 넘어 아예 성인으로 추앙하기도 하고, 기도가 수단으로 둔갑하기도 합니다. 이미 삼천년 전에 있던 죄인들의 모습인데 여전히 맹위를 떨치고 있습니다. 저는 하나님이 가장 좋습니다. 하나님의 말씀이 가장 확실하다고 믿습니다. 하나님의 뜻과 원리가 가장 쉽고 가장 분명하다고 믿습니다. 여러분도 꾸준히 성경을 배워 하나님을 아시고, 하나님의 마음과 심정으로 행하여, 하나님이 주신 성도의 분복을 풍성히 누리며 사시기를 주님의 이름으로 축원합니다.

15

여호와의 말씀대로

열왕기상 13:1~34

1 보라 그 때에 하나님의 사람이 여호와의 말씀으로 말미암아 유다에서부터 벧엘에 이르니 마침 여로보암이 제단 곁에 서서 분향하는지라 2 하나님의 사람이 제단을 향하여 여호와의 말씀으로 외쳐 이르되 제단아 제단아 여호와께서 이와 같이 말씀하시기를 다윗의 집에 요시야라 이름하는 아들을 낳으리니 그가 네 위에 분향하는 산당 제사장을 네 위에서 제물로 바칠 것이요 또 사람의 뼈를 네 위에서 사르리라 하셨느니라 하고 3 그 날에 그가 징조를 들어 이르되 이는 여호와께서 말씀하신 징조라 제단이 갈라지며 그 위에 있는 재가 쏟아지리라 하매 4 여로보암 왕이 하나님의 사람이 벧엘에 있는 제단을 향하여 외쳐 말함을 들을 때에 제단에서 손을 펴며 그를 잡으라 하더라 그를 향하여 편 손이 말라 다시 거두지 못하며 5 하나님의 사람이 여호와의 말씀으로 보인 징조대로 제단이 갈라지며 재가 제단에서 쏟아진지라 6 왕이 하나님의 사람에게 말하여 이르되 청하건대 너는 나를 위하여 네 하나님 여호와께 은혜를 구하여 내 손이 다시 성하게 기도하라 하나님의 사람이 여호와께 은혜를 구하니 왕의 손이 다시 성하도록 전과 같이 되니라 7 왕이 하나님의 사람에게 이르되 나와 함께 집에 가서 쉬라 내가 네게 예물을 주리라 8 하나님의 사람이 왕께 대답하되 왕께서 왕의 집 절반을 내게 준다 할지라도 나는 왕과 함께 들어가지도 아니하고 이 곳에서는 떡도 먹지 아니하고 물도 마시지 아니하리니 9 이는 곧 여호와의 말씀이 내게 명령하여 이르시기를 떡도 먹지 말며 물도 마시지 말고 왔던 길로 되돌아가지 말라 하셨음이니이다 하고 10 이에 다른 길로 가고 자기가 벧엘에 오던 길로 되돌아가지도 아니하니라 11 벧엘에 한 늙은 선지자가 살더니 그의 아들들이 와서 이 날에 하나님의 사람이 벧엘에서 행한 모든 일을 그에게 말하고 또 그가 왕에게 드린 말씀도 그들이 그들의 아버지에게 말한지라 12 그들의 아버지가 그들에게 이르되 그가 어느 길로 가더냐 하니 그의 아들들이 유다에서부터 온 하나님의 사람의 간 길을 보았음이라 13 그가 그의 아들들에게 이르되 나를 위하여 나귀에 안장을 지우라 그들이 나귀에 안장을 지우니 그가 타고 14 하나님의 사람을 뒤따라가서 상수리나무 아

래에 앉은 것을 보고 이르되 그대가 유다에서 온 하나님의 사람이냐 대답하되 그러하다 15 그가 그 사람에게 이르되 나와 함께 집으로 가서 떡을 먹으라 16 대답하되 나는 그대와 함께 돌아가지도 못하겠고 그대와 함께 들어가지도 못하겠으며 내가 이 곳에서 그대와 함께 떡도 먹지 아니하고 물도 마시지 아니하리니 17 이는 여호와의 말씀이 내게 이르시기를 네가 거기서 떡도 먹지 말고 물도 마시지 말며 또 네가 오던 길로 되돌아가지도 말라 하셨음이로다 18 그가 그 사람에게 이르되 나도 그대와 같은 선지자라 천사가 여호와의 말씀으로 내게 이르기를 그를 네 집으로 데리고 돌아가서 그에게 떡을 먹이고 물을 마시게 하라 하였느니라 하니 이는 그 사람을 속임이라 19 이에 그 사람이 그와 함께 돌아가서 그의 집에서 떡을 먹으며 물을 마시니라 20 그들이 상 앞에 앉아 있을 때에 여호와의 말씀이 그 사람을 데려온 선지자에게 임하니 21 그가 유다에서부터 온 하나님의 사람을 향하여 외쳐 이르되 여호와의 말씀에 네가 여호와의 말씀을 어기며 네 하나님 여호와께서 네게 내리신 명령을 지키지 아니하고 22 돌아와서 여호와가 너더러 떡도 먹지 말고 물도 마시지 말라 하신 곳에서 떡을 먹고 물을 마셨으니 네 시체가 네 조상들의 묘실에 들어가지 못하리라 하셨느니라 하니라 23 그리고 자기가 데리고 온 선지자가 떡을 먹고 물을 마신 후에 그를 위하여 나귀에 안장을 지우니라 24 이에 그 사람이 가더니 사자가 길에서 그를 만나 물어 죽이매 그의 시체가 길에 버린 바 되니 나귀는 그 곁에 서 있고 사자도 그 시체 곁에 서 있더라 25 지나가는 사람들이 길에 버린 시체와 그 시체 곁에 선 사자를 보고 그 늙은 선지자가 사는 성읍에 가서 말한지라 26 그 사람을 길에서 데리고 돌아간 선지자가 듣고 말하되 이는 여호와의 말씀을 어긴 하나님의 사람이로다 여호와께서 그에게 하신 말씀과 같이 여호와께서 그를 사자에게 넘기시매 사자가 그를 찢어 죽였도다 하고 27 이에 그의 아들들에게 말하여 이르되 나를 위하여 나귀에 안장을 지우라 그들이 안장을 지우매 28 그가 가서 본즉 그의 시체가 길에 버린 바 되었고 나귀와 사자는 그 시체 곁에 서 있는데 사자가 시체를 먹지도 아니하였고 나귀를 찢지도 아니하였더라 29 늙은 선지자가 하나님의 사람의 시체를 들어 나귀에 실어 가지고 돌아와 자기 성읍으로 들어가서 슬피 울며 장사하되 30 곧 그의 시체를 자기의 묘실에 두고 오호라 내 형제여 하며 그를 위하여 슬피우니라 31 그 사람을 장사한 후에 그가 그 아들들에게 말하여 이르되 내가 죽거든 하나님의 사람을 장사한 묘실에 나를 장사하되 내 뼈를 그의 뼈 곁에 두라 32 그가 여호와의 말씀으로 벧엘에 있는 제단을 향하고 또 사마리아 성읍들에 있는 모든 산당을 향하여 외쳐 말한 것이 반드시 이룰 것임이니라 33 여로보암이 이 일 후에도 그의 악한 길에서 떠나 돌이키지 아니하고 다시 일반 백성을 산당의 제사장으로 삼되 누구든지 자원하면 그 사람을 산당의 제사장으로 삼았으므로 34 이 일이 여로보암 집에 죄가 되어 그 집이 땅 위에서 끊어져 멸망하게 되니라

이스라엘의 상태

남과 북

성경은 이스라엘에 대해서 통일왕국이나 분열왕국이라는 표현을 사용하지 않습니다. 애시 당초 나라가 통일된 것이나 분열된 것에 의미를 부여하지 않기 때문입니다. 통일된 것이 훨씬 유리하다거나 분열된 것이 불리하다는 개념이 없고, 분열되는 것은 잘못된 것이고 가능하면 빨리 다시 통일되는 것이 옳다는 개념도 없습니다. 성경이 지적하는 것은 언제나 죄입니다. 죄의 원리를 따르면 나라가 통일이 되었든 분열이 되었든 인간이 힘든 삶을 살게 되고, 하나님의 원리를 따르면 나라가 통일이 되었든 분열이 되었든 인간이 서로 이해하며 배려하며 자유와 평화와 안식을 누리며 사는 것입니다. 기준이 완전히 다르기 때문에 당연히 이스라엘이 두 개로 분열되었을 때에 남쪽과 북쪽 중에 어느 쪽이 정통성이 있으며 어느 쪽이 반역을 한 것인지도 전혀 따지지 않습니다. 어느 쪽이 하나님편이며 어느 쪽이 하나님을 떠난 편이냐는 구분도 없습니다. 왕국의 정통성을 따지는 것이나 하나님 편을 따지는 것이 원천적으로 가능하지 않기 때문입니다. 왜냐하면 나라가 분열되기 이전에 즉 이스라엘이 통일되어 있을 때에 이미 하나님을 떠나 있었기 때문입니다.

이스라엘 중에 어느 한쪽이 하나님을 잘 섬긴 것이 아닙니다. 솔로몬과 그가 속한 유다 지파와 그의 아들 르호보암은 여호와를 잘 섬기고 있었고, 열두 지파 중에 열 지파가 하나님을 떠나 우상을 섬기고 있었기에 하나님께서 신앙의 순수성을 유지시키기 위해 우상을 섬기는 열 지파를 이스라엘에서 제거하신 것이 절대로 아닙니다. 그렇다고 반대로 이스라엘의 열 지파는 나름 하나님을 열심히 섬기고 있었는데 솔로몬 왕과 그의 지파가 왕권을 유지할 목적으로 이방신들을 끌어 들여서 배교하자 하나님께서 나머지 열 지파를 보존하기 위해서 솔로몬이 속한 지파를 따로 찍어낸 것이 아닙니다. 나라가 분열되기 이전에 모든 이스라엘의 상태, 열두 지파의 상태가 똑같습니다.

남 왕국의 예를 들면, 왕부터 백성까지 전체가 하나님을 떠나 있었습니다. 물론 우선적 책임은 왕에게 있습니다. 의도적으로, 적극적으로, 자발적으로 이스라엘에 온갖 이방의 신들을 도입한 것은 솔로몬 왕이었습니다. 열왕기상 11장 4절 이하에 나오는 대로 "솔로몬의 나이가 많을 때에 그의 여인들이 그의 마음을 돌려 다른 신들을 따르게 하였으므로 왕의 마음이 그의 아버지 다윗의 마음과 같지 아니하여 그의 하나님 여호와 앞에 온전하지 못하였으니 이는 시돈 사람의 여신 아스다롯을 따르고 암몬 사람의 가증한 밀곰을 따름이라 솔로몬이 여호와의 눈앞에서 악을 행하여 그의 아버지 다윗이 여호와를 온전히 따름 같이 따르지 아니하고 모압의 가증한 그모스를 위하여 예루살렘 앞 산에 산당을 지었고 또 암몬 자손의 가증한 몰록을 위하여 그와 같이 하였으며 그가 또 그의 이방 여인들을 위하여 다 그와 같이 한지라 그들이 자기의 신들에게 분향하며 제사하였더라"입니다. 남 왕국이 절대로 신앙이 좋았던 것이 아닙니다. 예루살렘에 여호와의 성전이 있었다고 해서 남 왕국이 여호와를 믿고 따르고 순종했던 것이 절대로 아닙니다.

여로보암이 북쪽에서 왕이 되면서 엉뚱한 짓을 했습니다. 12장 28절 이하에 나오는 대로 "이에 계획하고 두 금송아지를 만들고", 29절 "하나는 벧엘에 두고 하나는 단에 둔지라", 31절 "그가 또 산당들을 짓고 레위 자손 아닌 보통 백성으로 제사장을 삼고 여덟째 달 곧 그 달 열다섯째 날로 절기를 정하여 유다의 절기와 비슷하게 하고 제단에 올라가되 벧엘에서 그와 같이 행하여 그가 만든 송아지에게 제사를 드렸으며 그가 지은 산당의 제사장을 벧엘에서 세웠더라"입니다. 이것을 근거로 북 왕국은 하나님을 버리고 우상종교를 섬겼다고 비난하면 안 됩니다. 남 왕국과 북 왕국이 하나도 다르지 않습니다. 굳이 비교를 하자면 차라리 북 왕국이 낫습니다. 우상의 종류가 남 왕국이 훨씬 많습니다. 남 왕국은 아스다롯, 밀곰, 그모스, 몰록 신을 섬겼고 당연히 신상을 두기 위한 신전을 세웠는데 예루살렘 앞 산에 세웠다고 합니다. 우상이 최소한 네 개이고, 신전이 최소한 네 곳입니다. 그에 비하면 북 왕국은 우상은 달랑 두 금송아지뿐이고, 신전도 벧엘과 단으로 달랑 두 곳뿐입니다. 이렇게 비교하는 것을 '도진개진', '오십보백보'라고 합니다. 어느 한쪽이 나은 것이 아니라 두 쪽 모두 하나님을 버리고 하나님을 떠났습니다. 남 왕국은 좋은 편이고 북 왕국은 나쁜 편이라는 편견을 버리셔야 합니다.

왕과 백성

열왕기서는 표현 그대로 여러 왕들에 대한 기록입니다. 그래서 내용의 대부분이 왕과 관련되어 있습니다. 열왕기상 1장부터 11장까지 솔로몬에 대하여 기록하고 있는데 이때 백성들의 모습은 거의 언급되지 않습니다. 가끔 성경을 읽는 분들이 순진하게 생각하는 것이 왕들에 대해 조금 부정적인 표현들이 있으면 단지 그 왕만 또는 왕들만 잘못한 줄로 아는 것입니다. 어느 시대건, 어느 나라건 사회의 한 단면이 소개되면 단지 그 장면만 그런 것이 아니라 나라의 대략적인 모습이 그와 같다고 여기는 것이 바른 이해일 것입니다.

종교적인 관점에서, 솔로몬 시대에 왕이 여러 이방신들을 수입해 와서 섬겼으면 단지 왕과 부인들만 이방신을 섬긴 것이 아니라는 의미입니다. 왕이 외교적인 이유로 이방 나라의 여자들과 결혼을 하고 그 나라의 신들을 데려왔는데 나라의 안정을 위해서 어쩔 수 없는 조치였기에 비록 신을 가져오고 신전을 세웠지만, 백성들은 출입을 금지시키고 오직 이방에서 온 부인만 신을 섬기게 허락한 것으로 생각하면 안 됩니다. 이미 왕궁에서 이 방신을 섬겼다면 백성들에게도 그 영향이 미쳐서 백성들 중에서 일부는 아스다롯, 다른 일부는 밀곰, 다른 일부는 그모스, 또 다른 일부는 몰록을 섬기고 있었습니다. 왕이 이러한 백성들의 우상숭배를 막거나 제제할 명분이 없습니다. 결국 나라가 분열되기 전에 이스라엘은 이미 우상숭배가 만연해 있었던 것입니다. 한쪽에는 여호와의 성전이 있고, 다른 쪽에는 각양의 우상 신전이 있어서, 백성들이 이리저리 몰려다니고 있었습니다.

두세 가지 근거를 들어보겠습니다. 하나는, 솔로몬이 죽고 그 아들 르호보암이 왕이 되었을 때에 백성들이 왕에게 나아왔습니다. 그때 백성들이 왕에게 요구한 내용 중에는 신앙에 관한 것은 일체 없습니다. 솔로몬 왕이 너무 많은 부인을 두고, 너무 많은 이방신을 섬겼으나 새로이 왕이 되었고, 새 왕에게는 아직 이방의 부인들이 없으니 눈치 볼 것이 없을 것이기에 이방신들을 모두 제거하자는 제안을 하지 않습니다. 여호와만을 섬기자는 제안도, 이방신을 원래의 나라로 돌려보내자는 제안도 일체 없습니다. 단지 무거운 멍에를 가볍게 해달라는 부탁뿐입니다. 또 하나는, 여로보암이 북쪽에서 왕이 되었는데 너무나 간단하게 두 금송아지를 만들고 제단을 세우고, 새로운 제사장을 세우고, 새로운 절기를 만든다는 것입니다. 만약 이스라엘이 여호와에 대한 열심이 있었다면 여로보암과 같은 계획과 조치를 쉽게 결정하고 실행할 수 없습니다. 자신의 계획이 쉽게 수용될 것 같지 않으면 도입하기가 쉽지 않습니다. 그런데 여로보암은 아주 간단하게, 매우 신속하게 신상을 만들고 신전을 세우고, 종교 제도를 만듭니다. 그만큼 가능성이 있었다는 것입니다. 이미 이스라엘에 허다한 우상들이 있었고, 백성들이 섬기고 있었기에 새로운 우상을 만드는 것이 대단한 모험이 아니었던 것입니다.

여로보암이 신상을 만들고 한 말이 아주 독특합니다. 12장 18절 "이에 계획하고 두 금송아지를 만들고 무리에게 말하기를 너희가 다시는 예루살렘에 올라갈 것이 없도다 이스라엘아 이는 너희를 애굽 땅에서 인도하여 올린 너희의 신들이라 하고"입니다. 여로보암의 입장에서는 하나님을 버리고 새로운 우상을 만든 것이 아니라, 도리어 솔로몬이 한 짓보다는 자신이 더 옳다는 것입니다. 왜냐하면 솔로몬은 이스라엘과 아무 관계가 없는 신들 즉 시돈 사람의 여신 아스다롯, 암몬 사람의 가증한 밀곰, 모압의 가증한 그모스, 암몬 자손의 가증한 몰록을 들여왔기 때문입니다. 그런데 자기는 비록 두 금송아지를 만들었지만 그것을 '이는 너희를 애굽 땅에서 인도하여 올린 너희의 신들이라'고 부르고 있습니다. 여하튼 자기는 이스라엘의 신을 섬기고 있다는 주장입니다.

세 번째는, 여로보암이 행한 조치에 대해 백성들이 거부감이 없이 모두 따랐다는 것입니다. 여로보암의 염려와는 달리 북 왕국의 백성들은 여호와의 성전을 방문하기 위해 예루살렘으로 내려가지 않았고, 대신 두 금송아지를 모신 단과 벧엘에 아주 자연스럽게 올라가서, 레위인이 아닌 일반인 제사장들을 통하여, 원래의 절기가 아닌 비슷한 절기에 분향하였습니다. 거부감이 없고, 망설임이 없고, 주저함이 없고, 어색함이 없습니다. 결국 이스라엘은 남 왕국이나 북 왕국이나, 왕이나 백성이나 모두가 하나님을 제대로 섬기고 있지 않았다는 것입니다.

이스라엘의 상태

옷을 입을 때 첫 번째 단추가 잘못 끼워지면 그 다음은 아무리 잘하려고 해도 잘해질 수가 없습니다. 성경에 대해서도 한 가지 사실을 잘못 이해하면 이어지는 다른 사건들도 모두 왜곡하는 실수를 범할 수 있습니다. 하나님이 다윗에게 왕권계약을 해 주셨다는 사건을 근거로 다윗의 아들과 그 아들이 다스리는 나라는 정통성이 있다는 생각은 성경에 대한 대단히 큰 오해입니다. 하나님은 여로보암에게도 왕권계약을 맺어주셨기에 북 왕국도 정통성이 있습니다. 또 다윗이 세운 여호와의 성전이 예루살렘에 있기에 예루살렘에 있는 성전 이외의 모든 종교적 시설물은 모두 불법이라는 생각도 성경에 대한 대단히 큰 오해입니다. 하나님은 예루살렘의 성전에 의미를 부여하신 적이 없고, 여로보암에게는 여호와의 성전이 있는 곳을 제외하고도 여호와의 규례와 법도를 행하는 것에 아무 지장이 없다는 것을 확증해 주셨습니다. 이것을 분명하게 파악하셔야 열왕기상 13장의 사건을 바르게 이해하실 수가 있습니다.

여호와의 말씀대로

하나님의 사람

1절을 보면 "보라 그 때에 하나님의 사람이 여호와의 말씀으로 말미암아 유다에서부터 벧엘에 이르니"입니다. 이것이 아주 간단한 것 같아도 매우 중요한 힌트입니다. 하나님께서 북 왕국에 있는 사람을 불러서 말씀을 하시는 것이 아니라 '유다에서부터' 즉 유다에 사는 사람을 불러서 북 왕국으로 보낸다는 사실입니다. 왜냐하면 북 왕국에 하나님을 믿는 사람이 없기 때문입니다. 그렇다고 남 왕국에는 하나님을 믿는 사람이 있었다는 의미가 아닙니다. 다만 한쪽이 잘못하고 있음을 지적하기 위해서 다른 쪽을 사용한다는 의미입니다. 성경에 이런 장면이 아주 많이 나옵니다. 이스라엘의 불신앙을 지적하기 위해서는 이방을 사용합니다. 남쪽의 불신앙을 지적하기 위해서는 북쪽을 사용하고, 북쪽의 불신앙을 지적하기 위해서는 남쪽을 사용하고, 왕들의 잘못을 지적하기 위해서는 백성을 사용하고, 백성의 잘못을 지적하기 위해서는 선지자들을 사용합니다.

예를 들면, 남쪽이든 북쪽이든 이스라엘이 온통 하나님을 떠나 불신앙에 사로잡혀 있을 때 성경이 내세우는 사람이 열왕기하 5장에 나오는 아람의 군대장관 나아만입니다. 또 다니엘서에 나오는 바벨론의 왕 느부갓네살 왕입니다. 이스라엘이 하나님을 믿지 않고, 하나님의 말씀을 따르지 않고, 하나님을 찬양하지 않으니까 이방의 문둥병자인 나아만이 이스라엘에 와서 선지자가 시키는 대로 하여 치유를 받고 이스라엘의 하나님이 참 하나님이라는 찬양을 하고, 이방의 왕이 다니엘의 하나님, 이스라엘의 하나님 즉

'너희 하나님은 참으로 모든 신들의 신이시오 모든 왕의 주재시로다'라는 칭송을 하게 합니다. 이런 사건들은 나아만과 느부갓네살이 하나님을 알고 개종했다는 의미가 아니라 이스라엘을 부끄럽게 만든다는 의미입니다.

신약에서도 유사한 장면이 나옵니다. 인류를 구원하기 위하여 하나님이 직접 육신을 입고 예언하신 대로 베들레헴에 강림하십니다. 구주가 자기 땅에 왔으나 자기 백성이 영접하지 아니하는데 먼 동방에서부터 온 박사들이 구주를 찾아와서 경배합니다. 또 사도행전에서 제자들이 유다의 자리를 대신할 제자를 뽑으면서 '항상 우리와 함께 다니던 사람 중에서 하나를 세우자'고 주장하였기에 하나님은 아예 예수를 만난 적이 없고 도리어 예수 믿는 성도들을 잡으러 다니던 사울을 불러서 사도행전에서 맹활약하는 하나님의 사도로 세워버리십니다. 이러한 모습들은 그 사람들을 특별한 사람이나 대단한 사람으로 칭찬하려는 것이 아니라 상대방의 잘못을 지적하고, 상대방을 가르치기 위한 대표적인 방법입니다.

1절에서는 유다 출신의 하나님의 사람이 북쪽의 벧엘 즉 여로보암이 금송아지를 세워 모셔둔 신전이 있는 곳으로 올라가고 있습니다. 또 이 사람이 올라가는데 그 시기가 아주 기가 막힙니다. 아무도 없을 때 혼자 몰래 올라가서 금송아지 신상을 부수는 것이 아닙니다. 1절 끝에 보면 일부러, 아주 의도적으로 '마침 여로보암이 제단 곁에 서서 분향할 때'에 올라가는 것입니다. 하나님의 의도는 여로보암을 비롯한 모든 사람에게 하나님의 뜻을 계시하는 것이기 때문입니다. 계시를 하려면 당연히 보는 사람이나 듣는 사람 즉 배워야하는 사람이 있어야 하기 때문입니다. 단지 우상을 파괴하거나 신전을 파괴하려면 사람이 갈 것도 없고 그냥 벼락 한번만 치면 됩니다.

계시

여기에서 열왕기상 13장의 사건이 등장하는 본질적인 이유를 점검해 보겠습니다. 하나님은 여로보암이 이스라엘 백성 중에 그나마 하나님을 가장 잘 믿었기에 왕으로 세워준 것이 아니었습니다. 솔로몬의 통치 밑에 믿음 좋은 사람이 있을 리가 만무합니다. 심지어 여로보암은 솔로몬을 피해 애굽에 가 있었습니다. 솔로몬의 우상숭배를 피해 아예 더 크고 더 강력한 우상숭배의 원조나라에 유학을 다녀온 꼴입니다. 하나님께서 여로보암에게 제안한 것은 매우 획기적인 일입니다. 왕으로 세워주는 것도 획기적인 일이지만, 왕권을 유지하는 방법으로 하나님의 말씀을 따를 것을 제안하신 것도 대단히 획기적인 일이었습니다. 하나님은 약속대로 여로보암을 왕으로 세웠지만, 안타깝게도 여로보암은 왕이 된 후에 하나님의 제안을 버리고 자기가 생각하는 방식대로 행동했습니다. 여로보암의 입장에서는 자신이 취한 조치가 최선의 방식이었을 것입니다. 하나님의 말씀 중에 한 가지 즉 자신이 열 지파를 받아서 왕이 될 것이라는 예언은 성취가 되었습니다. 그렇지만 하나님의 말씀대로 따르는 것이 정말 왕권을 유지할 수 있는 방법이라고는 믿어지지 않기 때문입니다. 믿어지지 않으니 하나님의 방법을 따를 수 없고, 하나님의 방법을 따르지 않으니 자기가 방법을 개발하고, 자신이 할 수 있는 조치를 취하는 것이 당연한 수순입니다.

이때 여로보암을 향한 하나님의 마음은 괘씸함이 아니라 안타까움입니다. 그리고 이때 하나님이 행하실 사역은 심판과 진노와 저주가 아니라 바로 계시 즉 하나님을 알게 하는 사역입니다. 그동안 여로보암이 하나님을 배울 수 있는 기회가 없었기 때문입니다. 하나님을 몰라서 하나님을 따르지 못하는 사람에게 필요한 것은 징계가 아니라 은혜이고, 심판이 아니라 계시입니다. 그러므로 열왕기상 13장의 사건은 하나님이 여로보암에게 하나님을 알게 하고, 하나님의 말씀은 하나님의 약속이요 하나님의 선언이기에 믿을 만하고, 실제로 하나님의 말씀대로 이루어진다는 것을 가르치는 계시사건입니다. 이것을 배워야 여로보암이 자신의 왕권을 유지하기 위해서는 하나님의 말씀대로 하는 것이 가장 정확하다는 것을 알고 따를 수 있기 때문입니다. 이제 하나님께서 여로보암을 가르치고 있다는 개념으로 이 사건을 보시면서, 과연 하나님이 어떻게 가르치시는가 확인해 보겠습니다.

무너지는 것

하나님의 사람이 하는 말이 2절과 3절입니다. 우선 2절 "하나님의 사람이 제단을 향하여 여호와의 말씀으로 외쳐 이르되 제단아 제단아 여호와께서 이와 같이 말씀하시기를 다윗의 집에 요시야라 이름하는 아들을 낳으리니 그가 네 위에 분향하는 산당 제사장을 네 위에서 제물로 바칠 것이요 또 사람의 뼈를 네 위에서 사르리라 하셨느니라 하고"입니다. 핵심은 그 제단에서 분향하는 제사장이 그 제단에 바쳐진다는 것 즉 장차 그 제단이 망한다는 것입니다. 이 말씀을 하는 분이 '여호와가 이와 같이 말씀하시기를' 즉 여호와입니다. 이 장면이 의미심장한 것입니다. 왜냐하면 지금 북 왕국의 제단은 여로보암이 세웠습니다. 왜 세웠느냐면 하나님이 여로보암을 왕으로 세워주고 왕권을 지켜주겠다는 약속을 믿지 못하고, 하나님 대신 여로보암 자신이 자신의 방법으로 자신의 왕권을 지켜보려는 수단으로 제단을 세웠습니다. 그러므로 여로보암이 세운 제단의 의미는 '우상의 신전'이라는 의미보다는 더 본질적으로는 '여로보암의 수단, 여로보암의 방법, 여로보암의 지혜'입니다. 하나님을 버린 여로보암의 대책입니다. 그 여로보암의 대책에 대해 '여호와가 말씀하시기를' 제단이 무너지고 망한다는 것입니다. 결국 하나님은 우상의 신전을 무너뜨린다는 개념이 아니라 여로보암의 생각, 여로보암의 지혜, 여로보암의 전략을 무너뜨린다는 개념인 것입니다.

남쪽에 여호와의 성전이 있는데 북쪽에 우상의 신전을 세웠으니 하나님께서 남쪽에 있는 여호와의 성전을 정통성이 있는 것으로 인정하고 북쪽의 신전을 부수는 양상이 전혀 아닙니다. 제가 앞에서 강조하기를 남쪽이나 북쪽이나 신앙상태가 똑같다고 했습니다. 예루살렘에 있는 성전이나 벧엘에 있는 신전이나 하나님과 무관하기가 똑같다고 했습니다. 만약 이 사건을 하나님이 북쪽에 있는 우상 제단을 부수는 것으로 이해하려면 하나님은 먼저 남쪽에 있는, 예루살렘 앞 산에 있는, 여호와의 성전과 함께 세워져있는 아스다롯의 신전, 밀곱의 신전, 그모스의 신전, 몰록의 신전을 먼저 무너지게 하셨어야 합니다. 이 사건은 우상신전 파괴사건이 아니라 여로보암이 생각한 죄의 원리, 죄의 방식을 무너뜨리는 '계시 사건'입니다.

징조

그런데 2절만 가지고는 여로보암이 아무것도 배우지 못합니다. 왜냐하면 무슨 말인지 모르기 때문입니다. 장차 '다윗의 집에 요시야라 이름하는 아들을 낳으리니' 등등이 언제를 말하는지 도무지 감이 잡히지 않고, 이미 다윗의 집과 분리했기에 관심도 없습니다. 그래서 하나님께서 친절하게 3절도 말씀해 주십니다. "그 날에 그가 징조를 들어 이르되 이는 여호와께서 말씀하신 징조라 제단이 갈라지며 그 위에 있는 재가 쏟아지리라 하매"입니다. 2절은 후일에 일어날 사건이고 3절은 '그 날에' 즉 당장 일어날 징조입니다. 징조는 말 그대로 증거가 될 만한 조짐 또는 자료입니다. 하나님이 실제적으로 강조하는 예언은 2절인데 2절이 이루어질 것이라는 증빙자료로 징조가 제공되고 그 징조가 실현되고 있습니다. 징조의 핵심도 계시 즉 '여호와의 말씀은 말씀대로 이루어진다'는 의미입니다. 실제로 5절에서 징조부터 응답이 됩니다.

여기서 징조가 등장하는 이유는 삼중적 차원입니다. 하나는, 아주 가깝게 바로 앞 즉 2절에서 제단에 관해 '여호와가 말씀하신 것'이 실제로 이루어 질 것이라는 의미입니다. 또 하나는, 하나님이 여로보암에게 약속하신 왕권 계약도 실제로 이루어 질 것이라는 의미입니다. 지금 여호와께서 말씀하신 징조대로 이루어지는 것을 통해 여호와께서 말씀하신 다른 내용들도 이루어질 것을 알게 하시는 계시 즉 가르침입니다. 아주 재미있는 것은 3절의 징조와 5절의 징조가 이루어지는 장면 사이에 4절과 6절이 끼어있다는 것입니다. 사건을 정리하면, 하나님의 사람이 먼저 예언을 말하고 이어서 징조도 말했습니다. 그러나 여로보암은 예언도 믿지 않고 당연히 징조도 믿지 않았습니다. 그것이 4절입니다. "여로보암 왕이 하나님의 사람이 벧엘에 있는 제단을 향하여 외쳐 말함을 들을 때에 제단에서 손을 펴며 그를 잡으라 하더라 그를 향하여 편 손이 말라 다시 거두지 못하며"입니다. 당연합니다. 애초에 여호와의 말씀을 믿지 않았는데, 지금하는 예언이라고 믿을 리가 없고, 징조라고 믿을 리가 없습니다.

바로 그때, 5절이 이루어진 것입니다. 즉 여로보암 왕이 3절에 나온 하나님의 예언말씀을, 4절에서 징조에 관한 말씀을 무시할 때에 5절에서 징조가 이루어졌습니다. 징조를 무시하는 순간에 징조가 이루어져서 과연 하나님의 말씀은 말씀대로 이루어진다는 징조가 징조의 역할을 정확히 했습니다. 이렇게 징조가 징조대로 이루어졌기에, 그렇다면 2절의 여호와의 말씀도 말씀대로 이루어지고, 여로보암에게 하신 왕권에 대한 권고도 하나님의 말씀이 옳다는 것을 알도록 계시가 이루어졌습니다. 4절에서 왕의 손이 마르는 사건이 발생하는 동시에 5절에서 징조가 이루어지자 바로 즉시 6절에서 여로보암에게서 반응이 나옵니다. 6절 "왕이 하나님의 사람에게 말하여 이르되 청하건대 너는 나를 위하여 네 하나님 여호와께 은혜를 구하여 내 손이 다시 성하게 기도하라"이고 그 결과 "하나님의 사람이 여호와께 은혜를 구하니 왕의 손이 다시 성하도록 전과 같이 되니라"입니다.

헛된 종교

이 장면이 매우 재미있습니다. 왕의 손이 말랐다가 치유되는 사건이 이 순간에 이곳에서 발생한다는 것이 의미가 있습니다. 즉 왕이 하나님의 기대와는 다르게 자신이 생각한 대로 우상을 만들고 신전을 세우고 절기를 만들고 직접 본인이 그 제단에서 분향하고 있는데, 즉 자신이 의도한 대로 충실하게 행하고 있는데 그곳에서 왕의 손이 마릅니다. 자기가 만든 종교시설과 자기가 행하는 종교행위의 현장에서 자기 손이 말라 버린 것입니다. 이런 종교시설과 종교행위를 '무익한 것' 또는 '헛것'이라고 합니다. 이런 것은 차라리 없는 것이 낫습니다. 손이 말라버려서 거두지 못하는 일이 없었으면 더 좋았겠지만 불행하게도 이런 일이 발생했으면 치유를 받으러 어디로 가고 무엇을 해야 합니까? 오늘날 같으면 병원으로 가지만 그 당시의 사고방식에 의하면 당연히 종교 시설로 가고 종교행위를 해야 합니다. 그런데 4절에서 자신이 만든 제단 앞에서 왕의 손이 마르는 순간 5절에서 제단이 갈라지며 재가 제단에서 쏟아져 버렸습니다. 왕으로서는 자신이 만든 종교 시설이 없어졌고 자신이 정한 종교 행위를 할 수가 없어졌습니다.

그런데 6절에서 왕은 자신이 버린 여호와께 은혜를 구합니다. 그곳은 여호와의 종교시설이 아니며, 당연히 그곳에서는 여호와를 위한 종교행위를 할 수도 없습니다. 여로보암이 생각하고 행동한 방식대로라면 그곳에서는 어떤 역사도 일어날 수 없습니다. 그러나 결과는 6절 후반부 "하나님의 사람이 여호와께 은혜를 구하니 왕의 손이 다시 성하도록 전과 같이 되니라" 입니다. 여호와의 종교 시설이 아니었습니다. 여호와를 위한 종교 행위도 없었습니다. 그런데 치유가 되었고, 회복이 되었습니다. 이것으로 무엇이 확인이 됩니까? 여로보암이 만든 모든 조치들, 우상을 만들고 신전을 만들고 제사장을 세우고 절기를 만들고 직접 분향한 것들이 아무 쓸모없다는 것이 확인되었습니다. 징조로 말씀하신 하나님의 말씀은 모두 이루어졌고, 그 와중에 징조도 아니고 예언도 없었던 그러나 왕으로서는 가장 절박했던 손이 말랐던 것이 오직 '하나님의 은혜'로 회복되는 것을 경험했습니다. 솔로몬이 지은 예루살렘 성전도 의미가 없고, 여로보암이 세운 각양의 종교 시설과 종교 행위도 아무 의미가 없고, 오직 하나님의 말씀, 하나님의 은혜가 가장 중요하다는 것이 핵심입니다. 열왕기상 13장에는 이중, 삼중의 계시적 사건이 겹겹이 진행되고 있는 것입니다. 하나님은 금송아지나 우상제단을 무너뜨리는 것이 아니라, 여호보암의 죄적인 생각을 변화시키고 있는 중입니다.

왕의 조치

대부분의 주석이 이 사건을 1~10절을 한 단락으로, 11절부터 새로운 단락이 시작되는 것으로 분류하였습니다. 저와 여러분은 1절부터 6절까지를 하나님의 계시적 사건으로 보고 7절 이하를 새로운 단락으로 분류해서 상고해 보겠습니다. 여러분이 여로보암 왕이라면 1절로 6절의 사태를 경험하고 어떤 반응을 보이시겠습니까? 은혜로 치유를 받았으니 당장 하나님을 믿기로 결정하고 자기에게 이런 놀라운 일을 경험하게 해준 유다에서 올라온 하나님의 사람을 극진하게 대접할 것 같습니까? 아니면 자신이 취한 모든 조치가 물거품이 되는 것을 보고 왕으로서 자기가 망신당한 것으로 여기고 하나님의 사람을 죽일 것 같습니까? 죄인을 절대로 단순하게 생각하면 안 되고, 특별히 왕이라는 권세를 가진 사람을 매우 순진하게 생각하면 안 됩니다. 왕의 반응이 7절입니다. "왕이 하나님의 사람에게 이르되 나와 함께 집에 가서 쉬라 내가 네게 예물을 주리라"입니다. 이게 호의적인 제안 같습니까? 음흉한 음모 같습니까? 죄인의 원리, 정치의 원리를 아시면 정답을 찾기가 쉽습니다.

8절 "하나님의 사람이 왕께 대답하되 왕께서 왕의 집 절반을 내게 준다 할지라도 나는 왕과 함께 들어가지도 아니하고 이곳에서는 떡도 먹지 아니하고 물도 마시지 아니하리니 이는 곧 여호와의 말씀이 내게 명령하여 이르시기를 떡도 먹지 말며 물도 마시지 말고 왔던 길로 되돌아가지 말라 하셨음이니이다 하고"입니다. 상황을 파악하는 힌트는 왕의 제안이 아니라 하나님의 말씀입니다. 하나님은 유다에서 온 사람에게 '떡도 먹지 말고 물도 마시지 말고 왔던 길로 돌아가지 말라'고 하셨습니다. 왜 이렇게 말씀하셨을까요? 복잡하고 어렵게 생각할 것이 아니라 아주 간단합니다. 그 이유는 '죽을 위험이 있기 때문'입니다. 북 왕국의 왕 여로보암이 우상을 만들고, 제단을 세운 것은 한편으로는 민심을 붙잡기 위한 것이요, 다른 한편으로는 자기의 왕권을 유지하기 위한 절박한 조치였습니다. 그것이 아니면 백성들이 자기를 죽일 것이라는 두려움에 사로잡혀 어쩔 수 없이 취한, 정말 자신으로는 생존을 건 조치였습니다.

그런데 하나님의 사람이 와서 그 제단에 대한 예언을 하고, 징조까지 보여주었고, 실제로 제단이 갈라지며 재가 제단에서 쏟아졌습니다. 여로보암 왕의 입장에서는 제단이 무너진 정도가 아니라 자신이 내세웠던 생존전략이 무너진 것입니다. 그렇다면 그 다음 순서는 백성들의 마음이 돌아서고, 백성들이 자신을 죽이는 일입니다. 이쯤 되면 왕이 하나님의 사람을 살려두겠습니까? 당연히 죽일 것입니다. 그래서 하나님은 하나님의 사람에게 하나님의 말씀을 선포한 후에는 북쪽에서 얼쩡거리지 말라고 하신 것입니다. 하나님의 말씀을 선포한 후에는 즉시, 빨리, 지체하지 말고, 돌아가지 말고, 행여 어떠한 제안을 하더라도 떡도 먹지 말고 물도 먹지 말고, 심지어는 왔던 길로도 돌아가지 말고 당장 떠나라는 것입니다. 만약 하나님의 말씀대로 하지 않으면 죽는다는 것입니다. 하나님의 말씀에 불순종하면 하나님이 징계하신다는 의미가 아니라 저들이 죽일테니 빨리 도망가라는 말씀대로 하지 않으면 저들 손에 죽임을 당할 것이라는 의미입니다. 당연한 말입니다.

우상의 선지자

그럼 이제 7절의 왕의 제안이 보상을 위한 호의가 아니라 죽이려는 음모인 것이 분명해 보입니다. 왕의 작전에 이 사람이 말려들지 않고 그곳을 벗어났습니다. 그러자 이어지는 사건이 11절 이하가 됩니다. 하나님의 사람이 그 장소를 피한다고 왕이 그냥 보낼 리가 만무하고, 왕의 주변에서 왕과 공생하는 사람들이, 타락하고 부패한 정치인과 종교인이 자기들의 조치를 모두 무력화시킨 사람을 순적하게 살려줄 리가 없습니다. 이때 등장하는 사람이 11절 "벧엘에 한 늙은 선지자가 살더니"입니다. 여기서 아마도 모든 사람이 속을 것입니다. 여러분에게 질문해 보겠습니다. 11절의 선지자는 하나님의 선지자일까요 거짓 선지자일까요? 조금 더 세밀하게 여호와의 선지자일까요, 여로보암이 세운 종교에 속한 우상의 선지자일까요? 당연히 우상의 선지자입니다. 그럼 이 사람은 진실을 말 할까요, 속이는 말을 할까요? 당연히 속이는 말입니다. 그래서 일부러 '벧엘에 한 늙은 선지자가 살더니'라고 소개하고 있습니다. 그래서 이 사람의 말에 대해 18절 끝에 "이는 그 사람을 속임이라"고 밝혀주고 있습니다. 그런데 본문을 읽는 대부분의 사람이 '선지라'라는 단어를 보고 모두 '하나님의 선지자'일 것이라고 착각하고, 그렇게 착각하니 하나님의 선지자가 유대에서 온 하나님의 사람을 속여서 죽게 만드니 이것이 어떻게 된 일인가 의아해합니다. 스스로 속지 마시기 바랍니다. 이 사람은 우상종교에 속한 거짓 선지자이고, 이 사람이 하는 말은 거짓말이고, 이 사람이 하는 짓도 모두 거짓입니다. 모두 여로보암 왕에게 속한 사람들이 행하는 조치들입니다.

여로보암은 자신의 눈 앞에서 이루어진 두 가지 계시적 사건 즉 제단이 무너지는 사건과 자신의 손이 말랐다가 치유되는 사건을 경험하고도 여호와의 말씀을 따르지 않습니다. 이미 여로보암의 마음이 죄에게 완전히 사로잡혔기 때문입니다. 하나님께로 돌아서기 보다는 도리어 자신을 깨우치기 위해 하나님이 보내신 사람마다 죽여버립니다. 이것이 죄인의 실체이고, 죄인의 한계입니다. 동시에 죄인에게는 회개나 변화를 기대할 수 없고, 도리어 하나님이 강림하시고, 하나님이 십자가 사역을 통해 죄인들을 오직 은혜로 구원하셔야 하는 이유입니다. 저와 여러분은 천만다행으로 하나님의 은혜로 구원을 받으셨습니다. 구원받으셨으니, 더욱 하나님을 배우고 알아 하나님의 은혜를 누려야 할 것입니다. 하나님으로 인해 신나는 믿음 생활, 즐거운 신앙 생활, 행복한 교회 생활 되시기를 주님의 이름으로 축원합니다.

16

아이가 죽을지라

열왕기상 14:1~20

1 그 때에 여로보암의 아들 아비야가 병든지라 2 여로보암이 자기 아내에게 이르되 청하건대 일어나 변장하여 사람들이 그대가 여로보암의 아내임을 알지 못하게 하고 실로로 가라 거기 선지자 아히야가 있나니 그는 이전에 내가 이 백성의 왕이 될 것을 내게 말한 사람이니라 3 그대의 손에 떡 열 개와 과자와 꿀 한 병을 가지고 그에게로 가라 그가 그대에게 이 아이가 어떻게 될지를 알게 하리라 4 여로보암의 아내가 그대로 하여 일어나 실로로 가서 아히야의 집에 이르니 아히야는 나이가 많아 눈이 어두워 보지 못하더라 5 여호와께서 아히야에게 이르시되 여로보암의 아내가 자기 아들이 병 들었으므로 네게 물으러 오나니 너는 이러이러하게 대답하라 그가 들어올 때에 다른 사람인 체함이니라 6 그가 문으로 들어올 때에 아히야가 그 발소리를 듣고 말하되 여로보암의 아내여 들어오라 네가 어찌하여 다른 사람인 체하느냐 내가 명령을 받아 흉한 일을 네게 전하리니 7 가서 여로보암에게 말하라 이스라엘의 하나님 여호와의 말씀이 내가 너를 백성 중에서 들어 내 백성 이스라엘의 주권자가 되게 하고 8 나라를 다윗의 집에서 찢어내어 네게 주었거늘 너는 내 종 다윗이 내 명령을 지켜 전심으로 나를 따르며 나 보기에 정직한 일만 행하였음과 같이 아니하고 9 네 이전 사람들보다도 더 악을 행하고 가서 너를 위하여 다른 신을 만들며 우상을 부어 만들어 나를 노엽게 하고 나를 네 등 뒤에 버렸도다 10 그러므로 내가 여로보암의 집에 재앙을 내려 여로보암에게 속한 사내는 이스라엘 가운데 매인 자나 놓인 자나 다 끊어 버리되 거름 더미를 쓸어 버림 같이 여로보암의 집을 말갛게 쓸어 버릴지라 11 여로보암에게 속한 자가 성읍에서 죽은즉 개가 먹고 들에서 죽은즉 공중의 새가 먹으리니 이는 여호와께서 말씀하셨음이니라 하셨나니 12 너는 일어나 네 집으로 가라 네 발이 성읍에 들어갈 때에 그 아이가 죽을지라 13 온 이스라엘이 그를 위하여 슬퍼하며 장사하려니와 여로보암에게 속한 자는 오직 이 아이만 묘실에 들어가리니 이는 여로보암의 집 가운데에서 그가 이스라엘의 하나님 여호와를 향하여 선한 뜻을 품었음이니라 14 여호와께서 이스라엘 위에 한 왕을 일으키신즉 그가 그 날에

여로보암의 집을 끊어 버리리라 언제냐 하니 곧 이제라 15 여호와께서 이스라엘을 쳐서 물에서 흔들리는 갈대 같이 되게 하시고 이스라엘을 그의 조상들에게 주신 이 좋은 땅에서 뽑아 그들을 강 너머로 흩으시리니 그들이 아세라 상을 만들어 여호와를 진노하게 하였음이니라 16 여호와께서 여로보암의 죄로 말미암아 이스라엘을 버리시리니 이는 그도 범죄하고 이스라엘로 범죄하게 하였음이니라 하니라 17 여로보암의 아내가 일어나 디르사로 돌아가서 집 문지방에 이를 때에 그 아이가 죽은지라 18 온 이스라엘이 그를 장사하고 그를 위하여 슬퍼하니 여호와께서 그의 종 선지자 아히야를 통하여 하신 말씀과 같이 되었더라 19 여로보암의 그 남은 행적 곧 그가 어떻게 싸웠는지와 어떻게 다스렸는지는 이스라엘 왕 역대지략에 기록되니라 20 여로보암이 왕이 된 지 이십이 년이라 그가 그의 조상들과 함께 자매 그의 아들 나답이 대신하여 왕이 되니라

상벌과 열매

상이 없다

아마 세상 사람들은 아예 여로보암을 모르고, 성도들 가운데도 많은 분들이 여로보암을 모르지만, 그래도 조금 성경을 아는 분들은 여로보암을 아는데, 대체로 여로보암을 아주 대역죄인 취급을 합니다. 마치 이스라엘이 패망한 원인을 제공한 악의 뿌리, 악의 축, 차라리 태어나지 않은 것이 더 나았을 것 같은 사람으로 생각합니다. 절대로 그렇지 않습니다. 여로보암은 다른 사람보다 더 악하지 않습니다. 물론 다른 사람보다 더 선하지도 않습니다. 그냥 다른 사람과 똑같습니다. 이스라엘의 왕이었던 다윗이나 솔로몬보다 나을 것도 없고 못할 것도 없습니다. 나라가 분열되었을 때 남쪽의 왕이었던 르호보암과 비교해도 나을 것도 없고 못할 것도 없습니다. 그래서 여로보암은 특별히 벌을 받은 적이 없습니다. 성경은 인간의 행동에 따라 상과 벌을 주는 방식이 아닙니다. 그런 것은 모두 죄의 방식입니다. 하나님은 인간의 삶을 지켜보시다가 하나님께 순종하면 복주고 불순종하면 벌주는 분이 아닙니다.

성경에 등장하는 사람들은 자기들이 스스로 하나님을 위한 계획을 세우고, 하나님을 위한 대단한 수고를 해서 그 보상으로 하나님께 상을 받은 적

이 없습니다. 가장 대표적으로 모세의 경우에, 모세가 하나님의 보내심으로 애굽으로 갔고 여러 가지 이적을 행했습니다. 그래서 모세가 하나님께 상을 받은 것이 없습니다. 모세와 백성을 비교했을 때 분명 모세가 유력한 일을 많이 했습니다. 백성들은 그저 상황이 되어지는 대로 따라갈 뿐이었습니다. 그러다가 종종 힘들고 곤란한 상황을 만나면 불평에 불평을 반복했습니다. 그에 비해 모세는 계속하여 한편으로는 백성들을 달래고, 다른 한편으로는 하나님께 백성의 사정을 호소했습니다. 분명 백성보다는 모세가 더 많은 일을 했고, 더 중요한 일을 했습니다. 그런데 백성과 비교하여 모세가 하나님께 따로 받은 상이 없습니다. 모세가 사역에 비례하여 성과급을 받은 것이 없습니다. 왕으로 추대되지도 않았습니다. 왜냐하면 모세의 사역이 모세의 계획으로, 모세의 목적으로, 모세의 능력으로, 모세의 힘으로, 모세의 방법으로 행한 것이 아니었기 때문입니다. 모세는 하나님의 역사에 동참하는 은혜를 받은 것이지, 모세가 따로 상을 받을 만한 일을 행한 적이 없기 때문입니다.

다른 사람도 마찬가지입니다. 여호수아가 가나안 정복전쟁에 선두에 서서 혁혁한 공로를 세웠습니다. 그렇다고 여호수아가 하나님께 특별대우를 받은 것이 없습니다. 더 좋은 땅을 우선 차지한 것도 아니고, 더 넓은 땅과 우물이 많은 땅을 상급으로 받은 것도 아닙니다. 사사시대가 지난 후에 사무엘이 이스라엘을 각성시키는 중요한 역할을 했지만 성경에 사무엘이 하나님께 따로 상을 받았다는 내용이 없습니다. 다윗도 마찬가지입니다. 다윗이 왕이 된 것은 다윗의 행동에 대해 하나님이 상을 주신 것이 아닙니다. 도리어 다윗은 아무 것도 하지 않았을 때에 하나님이 다윗을 선택하시어 장차 왕이 되게 해주겠다는 약속부터 받습니다. 다윗이 왕이 된 것은 하나님이 약속을 지킨 결과일 뿐입니다. 실제로 다윗이 왕이 되었습니다. 그 다음엔 특별한 내용이 없습니다. 그냥 왕으로 살다가 죽었습니다. 사십 년간 왕 노릇을 잘했다고 하나님께서 칭찬하신 적이 없습니다. 엘리야 선지자도 자그마치 바알 선지자 사백오십 명과 붙어서 이겼지만 갈멜 산 사건 이후에 하나님께 받은 상이 없습니다. 도리어 아합 왕의 부인 이세벨의 협박이 무서워 해외로 도망가는 장면만 나옵니다.

신약으로 와도 똑같습니다. 사도행전에 제자들이 활동하는 모습이 등장합니다. 베드로가 복음을 전하고, 삼천 명과 오천 명을 믿게 하고, 나면서 걷지 못하는 사람을 걷게 하였습니다. 그래서 베드로가 따로 칭찬받고 상 받은 것이 없습니다. 베드로가 스스로의 힘으로, 오직 자신의 능력으로 행한 공로가 아니기 때문입니다. 정반대입니다. 하나님이 베드로를 구원하셨고, 성령을 주셨고, 하나님의 복음사역에 동참할 수 있는 은혜를 주셨습니다. 상을 받으려면 하나님이 받으셔야 합니다. 하나님이 베드로에게 상을 줄 것이 아니라 베드로가 하나님께 자신을 놀랍고 엄청난 하나님의 구원사역의 현장에 동참시켜 주셔서 정말 감사하다고 선물을 드려야 합니다. 바울도 마찬가지입니다. 바울이 세 번의 전도여행을 하고, 귀신도 쫓고, 죽은 자도 살리고 참 대단한 능력을 펼쳤습니다. 그래서 바울이 그 보상으로 로마 관광이라도 했습니까? 하나님께 따로 상을 받은 것이 있습니까? 전혀 없습니다.

벌이 없다

하나님께 순종하고, 하나님의 일에 충성했는데도 상이 없었다고 아쉬워하지 마시기 바랍니다. 다행스럽게도 불순종했는데도 벌이 없었기 때문입니다. 가장 대표적으로 다윗과 솔로몬입니다. 다윗의 경우 자기 부하 장수의 아내를, 부하를 죽여 가면서까지 빼앗았습니다. 그래서 어떻게 되었습니까? 다윗이 죽을 병이 걸렸습니까? 왕위에서 쫓겨났습니까? 가진 재산을 다 날렸습니까? 결국 그 여인을 아내로 삼지 못했습니까? 또는 기어코 아내로 삼기는 했지만 맨날 부부싸움만 했을 뿐 전혀 행복을 누리지 못했습니까? 아닙니다. 별일 없었습니다. 마치 아무 일도 없었다는 듯 그냥 일상적인 삶을 살았습니다. 건강하게 잘 살았고, 끝까지 왕위에서 권세를 누 렸습니다.

솔로몬도 마찬가지입니다. 이스라엘에 처음으로 이방 종교 또는 우상을 수입한 사람이 솔로몬입니다. 그것도 하나 둘이 아니라 최소한 네 개입니 다. 또 왕으로서 후궁을 칠백 명을 두고 첩을 삼백 명을 두는 아주 패륜적 인 삶을 살았습니다. 그래서 어떻게 되었습니까? 우상을 섬기다가 이방 신 전이 무너져서 깔려 죽었나요? 부인과 아이들이 너무 많아 서로 질투와 분 쟁이 많아 하루도 평안할 날이 없고 결국에는 기력이 쇠하여 온갖 합병증 에 걸려 비명횡사라도 했나요? 그렇다고 솔로몬의 악정에 시달린 백성들 의 민란에 의해 왕위에서 폐위되고 추방되어 어느 날 어디에서 죽었는지 모르고 잊혀진 존재가 되었습니까? 그렇지 않습니다. 멀쩡하게 잘 살았습 니다. 자그마치 사십년 간이나 왕위에 있었고 죽은 후에도 다윗의 성읍에 아주 공손하게 장사되었습니다.

신약에서도 마찬가지입니다. 대표적으로 베드로와 바울을 봐도 똑같습 니다. 베드로가 예수님을 세 번이나 모른다고 부인했습니다. 그래서 베드 로가 무슨 벌을 받았습니까? 무슨 징계를 받았습니까? 예수님이 부활하 신 후에 다른 제자들은 다 받아주셨는데 베드로만 제외시키셨습니까? 아 니면 받아 주시기는 하되 사도의 직위는 박탈하고 그냥 섬기는 자의 역할 만 하도록 제한하셨습니까? 베드로가 예수님을 부인한 것과 관련하여 베 드로가 받은 조치가 없고, 불이익이 없습니다. 바울의 경우에는 성경에 등 장하는 사람들 중에 예수 믿는 성도들을 가장 극렬하게 박해했던 사람입 니다. 스데반을 돌로 쳐 죽이는 현장에 있으면서 모든 과정이 마땅하다고 생각했고, 친히 교회를 잔멸하고 각 집에 들어가 남녀를 끌어다가 옥에 넘 기기도 했습니다. 그래서 복음을 반대하고, 하나님 나라의 확장을 방해한 주범 바울이 하나님께 어떤 처벌을 받았습니까? 스데반을 돌로 쳐 죽였으 니 당연히 바울도 돌로 쳐 죽임을 당했나요? 바리새파에서 쫓겨나고 산혜

드린 공의회에서 쫓겨나고 모든 직위를 상실하고 낙향하여 아무도 돌보는 사람 없이 고독사를 당했나요? 아닙니다. 바울이 복음과 관련하여, 하나님 나라와 관련하여 하나님께 단 한마디도, 단 한 가지도 불편하고 부당한 대접을 받은 것이 없습니다.

본문에 나오는 여로보암도 마찬가지입니다. 여로보암이 대역죄인입니까? 여로보암이 악의 뿌리요, 악의 축입니까? 여로보암이 이스라엘을 죄의 길로 가게 한 원흉이고 불순종의 아이콘입니까? 그래서 여로보암이 하나님께 천벌이라도 받았을 것 같습니까? 전혀 그렇지 않습니다. 성경에 여로보암이 특별히 하나님께 징계 받고, 벌 받고, 저주받은 내용이 등장하지 않습니다. 왕위에서 쫓겨난 것도 아니고 여로보암이 죽자마자 왕조가 끝난 것도 아닙니다. 여로보암도 왕으로서 이십 년을 재위했고, 그가 죽자 그 아들이 왕을 이어받아 왕조도 이어갔습니다. 특별한 재앙이 없습니다.

잘못된 주장

혹시 어떤 분이 다윗이 밧세바 사건을 행하여 하나님께 벌을 받았다고 주장하실 수 있습니다. 사무엘하 12장 15절을 보면 "우리아의 아내가 다윗에게 낳은 아이를 여호와께서 치시매 심히 앓는지라"고 나옵니다. 만약 이 구절을 근거로 하나님께서 다윗을 치셨다고 주장하시면 정말 큰일 납니다. 왜냐하면 잘못은 다윗이 했는데 하나님은 아무 잘못도 없는 아이를 치신 것이 되기 때문입니다. 이런 주장이 성립되면 하나님은 공의로운 분이 되실 수 없습니다. 본문에도 유사한 장면이 나옵니다. 열왕기상 14장 1절 "그 때에 여로보암의 아들 아비야가 병든지라"입니다. 여로보암이 하나님께 불순종했기에 하나님께서 그 아들을 병들게 하셨다고 말하면 절대로 안 됩니다. 그런 주장은 죄인들이 했던 주장, 하나님에 대하여 왜곡된 사고방식을 가졌던 유대인들이 했던 주장입니다. 요한복음 9장에 나면서부터 맹인이 된 사람이 있었는데 사람들이 예수님께 물은 질문이 "이 사람이 맹인으로 난 것이 누구의 죄로 인함이니이까 자기니이까 그의 부모니이까”였습니다. 만약 그 부모의 죄 때문이라고 하면 세상에서 가장 억울한 사람 중의 하나가 바로 이 맹인일 것입니다. 또한 많은 사람들이 이유도 모르는 채 애매한 고난을 받는 사람들이 많을 것입니다. 그런 주장을 하시면 하나님은 공평하고 정의로운 분이라는 주장이 거짓이 되는 것입니다.

하나님은 인간의 행동에 따라 상을 주시거나 벌을 주시는 분이 아닙니다. 하나님은 상벌의 하나님이 아닙니다. 제가 지금 순종해도 상이 없다고 여러분의 맥을 빼는 것이 아니고, 불순종해도 벌이 없다고 여러분에게 용기를 드리고 있는 것이 절대로 아닙니다. 아마 어떤 분은 ‘상벌이 없다면 세상이 어떻게 운영될까?’를 고민하실 수 있습니다. 한편으로는 나보다 잘나지 못한 사람이 나보다 성공하는 것을 보고 부러우면서도 억울한 생각이 들기도 하셨을 것입니다. 그러나 다른 한편으로는 나보다 더 잘난 사람들, 더 열심을 낸 사람들이 나보다 못하게 사는 것을 보고 안타깝기도 하면서 천만다행이란 생각이 들기도 하셨을 것입니다. 상벌을 운운하며 공평을 주장하자니 용기가 나지 않고, 그렇다고 상벌이 없다고 하자니 뭔가 조금 아쉬운 것 같은 마음이 드실 것입니다.

이러한 갈등은 저와 여러분만의 생각이 아니라 동서고금의 모든 사람들의 갈등이었습니다. 성경에도 이런 갈등을 겪은 사람 그리고 나름대로 대답을 찾은 이야기가 나옵니다. 시편 73편을 보시면 1절로 16절까지가 아삽의 고민, 갈등이고 17절로 19절이 결론입니다. 3절에서 악인의 형통함을 보고 오만한 자를 질투하였고, 고민이 하도 커서 16절에 ‘그것이 내게 심한 고통이 되었다’고 합니다. 드디어 17절 하나님의 성소에 들어갈 때에 그들의 종말을 깨달았는데 ‘주께서 참으로 그들을 미끄러운 곳에 두시며 파멸에 던지시니 그들이 어찌하여 그리 갑자기 황폐되었는가 놀랄 정도로 그들은 전멸하였나이다’입니다. 그런데 아삽의 결론이 맞습니까, 틀립니까? 정답은 틀렸습니다. 악인들이 살 때는 떵떵거리고 살지만 막판에는 파멸하는 것이 아닙니다. 살 때도 잘살고 죽을 때도 잘 죽고 그 자녀도 계속하여 떵떵거리고 잘 사는 경우가 많습니다. 반대로 의인들이 살 때도 고난 받고 죽을 때도 외롭고 그 자녀도 대를 이어 힘들게 사는 경우가 많습니다.

여러분이 신앙생활하면서 하나님께 충성해서 복을 받겠다는 엉뚱한 생각을 버리시고, 동시에 행여 하나님께 불순종해서 벌을 받을 것 같다는 미련한 생각도 버리시기 바랍니다. 하나님은 인간의 행위에 따라 상과 벌을 주시는 분이 절대로 아닙니다. 그와 같은 상벌의 원리는 기독교에 없습니다. 성경의 사건을 정확하게 이해하고, 성경의 개념을 바르게 분별하고, 신앙의 내용을 분명하게 정립해야 합니다.

이상한 죽음

하나님의 사람 vs 선지자

열왕기상 13장 후반부와 14장 전반부에는 각각 한 사람이 죽는 사건이 등장합니다. 그런데 이 사건이 성경을 읽는 사람들을 매우 혼란스럽게 합니다. 과연 이 사건을 어떻게 이해해야 할지 매우 난감하게 합니다. 13장 후반부에는 유다에서 올라온 하나님의 사람과 벧엘에 살고 있는 선지자가 등장합니다. 그런데 선지자가 하나님의 사람을 속이고 결국 죽게 만듭니다. 상식적으로 이해가 되지 않습니다. 하나님의 사람과 선지자가 서로 대적한다는 것이 말이 안 되기 때문입니다. 기독교를 비난하는 사람들은 꼭 이런 본문만 찾아서 질문을 합니다. 참으로 오랜 기간 동안, 참으로 많은 사람들이 이 본문 때문에 골치가 아팠습니다. 왜냐하면 질문하는 사람도 상벌의 개념에 근거하고, 대답하는 사람도 상벌의 개념에 근거하고 있기 때문입니다.

그런데 성경을 읽을 때 반드시 기억하고 계셔야 하는 것이 하나 있습니다. 그것은 하나님은 언제나 옳게 행하신다는 사실입니다. 성경은 우리를 당황스럽게 만들지 않으며, 하나님은 우리를 골치 아프게 만들지 않으며, 우리를 혼란에 빠지도록 행동하지 않으신다는 사실입니다. 성경이 이상한 것이 아니고, 하나님이 이상한 것이 아닙니다. 성경은 언제나 진리이고, 하나님은 언제나 진리이십니다. 그래서 성경을 읽으실 때에는 '과연 정답이 무엇일까?'를 찾는 것이 아닙니다. 정답은 '성경이 말하는 것, 하나님이 말씀하시는 것'입니다. 그런데 종종 하나님의 말씀이 정답 같아 보이지가 않습니다. 그래서 혹시 다른 답이 없나 고민을 하고, 다른 답을 찾아 나서기도 합니다. 하지만 성도는 이미 성경이 정답이요 하나님이 정답임을 믿는 사람들입니다. 만약 하나님의 말씀이 정답 같아 보이지 않을 때는 다른 답을 찾는 것이 아니라, 성경을 정답으로 수용하지 못하는 나의 생각, 나의 사고, 나의 인식, 나의 개념이 무엇이 잘못되었는가를 성찰해야 합니다. 분명히 하나님의 뜻과 다른 나의 편견, 나의 선입견, 나의 왜곡이 있을 것입니다. 그래서 성경에 따라 내 생각과 가치와 기준과 개념과 원리를 바꾸어가고, 그래서 과연 성경의 말씀이 정답으로 인정되고, 그 결과 기꺼이 성경의 말씀대로 살아가게 되는 것, 그것이 바로 신앙이 성숙해가는 것입니다.

13장의 사건을 푸는 힌트는 1절의 '유다에서 올라온' 하나님의 사람과 11절의 '벧엘에 사는 선지자'였습니다. 여로보암 왕이 북 왕국을 온통 우상을 섬기는 나라로 바꾸어버렸기에 하나님의 사람이 남쪽에서 올라와야 했고, 당연히 벧엘에 사는 선지자는 하나님의 선지자가 아닌 이방 종교의 선지자, 우상을 섬기는 선지자, 거짓 선지자입니다. 벧엘 출신의 늙은 선지자는 자기들이 속한 북 왕국 왕의 지시로 만들어진 제단이 망할 것을 선언하는 하나님의 사람을 좋아할 리가 없습니다. 왜냐하면 북 왕국의 종교를 거짓 종교로, 자신들의 왕이 행한 조치를 헛된 일로 무시했고, 선지자인 자신들의 직분과 종교행위들도 모두 헛된 일이라고 지적했기 때문입니다. 북 왕국의 왕부터 선지자까지 모든 사람이 이 하나님의 사람을 죽이고 싶어 했습니다. 하나님은 모든 상황을 바르게 분별하시기에 하나님의 사람에게 징조를 보인 후에는 빨리 북 왕국을 벗어나라고 단단히 강조하셨습니다.

경고와 권고

벧엘의 선지자도 온갖 거짓말을 동원해서 선지자를 붙잡고 마침내 그의 길을 돌이켰습니다. 이때 진짜 하나님의 말씀이 이 선지자에게 임했습니다. 그것이 20절 이하입니다. "그들이 상 앞에 앉아 있을 때에 여호와의 말씀이 그 사람을 데려 온 선지자에게 임하니 그가 유다에서부터 온 하나님의 사람을 향하여 외쳐 이르되 여호와의 말씀에 네가 여호와의 말씀을 어기며 네 하나님 여호와께서 네게 내리신 명령을 지키지 아니하고 돌아와서 여호와가 너더러 떡도 먹지 말고 물도 마시지 말라 하신 곳에서 떡을 먹고 물을 마셨으니 네 시체가 네 조상들의 묘실에 들어가지 못하리라 하셨느니라 하니라"입니다. 이 구절 때문에 사람들은 '하나님의 말씀에 순종하지 않아서 하나님께서 이 사람을 죽였다'고 생각합니다. 절대로 그렇지 않습니다. 하나님의 사람은 본인 스스로 8절과 9절, 16절과 17절에서 두 번이나 강조해서 말했던 하나님의 말씀을 따르지 않고 돌아가서, 떡을 먹으며 물을 마셨습니다. 이것으로 상황이 끝났습니다. 20절 이하의 내용은 전혀 새로운 것이 아니고, 이상한 것이 아닙니다. 성경에 20절 이하의 내용이 기록되어 있지 않아도 저와 여러분은 그 내용을 충분히 알 수 있습니다. 왜냐하면 너무나 뻔하기 때문입니다.

예를 들어 보겠습니다. 아이가 학교에 갑니다. 엄마가 아이에게 말하기를 '절대로 신호등이 빨간 불인 경우에는 건너지 마라. 건너편에서 아무리 친구가 불러도, 설사 네가 가장 좋아하는 호빵을 선착순으로 나누어 주고 있더라도 절대로 신호등이 빨간 불인 경우에는 횡단보도를 건너서는 안 된다'고 했습니다. 아이가 첫 번째 횡단보도에서는 신호를 잘 지켰습니다. 친구 중에 한 명이 빨리 건너가서 자기가 아는 분식집에 들어가서 쉬자고, 같이 가면 자기가 떡볶이를 주겠다고 제안했지만 듣지 않았습니다. 그 친구에게 엄마가 했던 말도 해 주었습니다. 그런데 그 다음 신호등 앞으로 가는데 어떤 사람이 아이에게 아는 척을 했습니다. 본인이 엄마 친구라고 하면서 하는 말이 엄마가 전화를 했다는 것입니다. 엄마가 말하기를, ‘급할 때는 신호와 관계없이 얼른 건너가라’고 했다는 것입니다. 그러면서 신호등이 빨간 불인데, 차들이 시속 150Km로 달리고 있는데 얼른 건너라고, 차 신경 쓰지 말고 횡단보도로 들어서라고 합니다. 그래서 아이가 빨간 불에 횡단보도에 들어섰습니다. 그 다음 이야기가 궁금하십니까? 그 다음을 굳이 제가 제 입으로 이야기해야 아십니까? 중간 생략하고 결론만 언급하자면 안타깝게도 그 아이는 교통사고로 죽었습니다.

조금 불편한 예를 들어서 죄송합니다. 이 이야기에서 아이의 죽음에 대해 아이가 부모의 말에 불순종해서 부모가 죽였다고 생각하는 사람은 단 한사람도 없을 것입니다. 죄인도 자기 자녀에게 그렇게 대하지 않기 때문입니다. 그런데 사람들은 하나님에 대해서는 인간이 하나님께 불순종하면 하나님이 인간에게 징계와 저주를 내린다고 생각합니다. 하나님을 사람보다 못한 존재로, 하나님이 자기 백성 사랑하는 것을 부모가 자기 자식 사랑하는 것보다 못한 것으로 대단히 크게 오해, 착각, 왜곡하고 있습니다. 하나님은 절대로 그런 분이 아닙니다.

아이가 죽을지라

14장에도 동일한 사건이 등장합니다. 1절에 여로보암의 아들이 병이 들었습니다. 하나님이 병이 들게 한 것이 아닙니다. 여로보암이 우상을 만들었다고 하나님이 그 아들에게 징계를 내리신 것이 절대로 아닙니다. 사람이 살면서 병드는 것은 매우 평범한 일이고, 늘 있는 일입니다. 아들이 병이 들자 아버지가 취한 조치가 2절 이하로, 변장하고 선지자 아히야를 찾아가라고 하고 3절 마지막에 “그가 그대에게 이 아이가 어떻게 될지를 알게 하리라”입니다. 4절로 6절에 아내가 아히야를 찾아갔고, 7절로 16절까지가 하나님께서 아히야를 통해 여로보암의 아내에게 대답해주신 말씀입니다.

우선 이 장면에서 우상의 종교와 하나님의 신앙의 본질적 차이가 드러납니다. 여로보암은 자신이 우상 종교를 만들었습니다. 그래서 우상 종교가 헛것이라는 것을 본인이 가장 잘 알고 있습니다. 자기 아들이 병이 들자 자신이 세운 신전으로 나아가 자기가 세운 제사장에게 부탁하여 자기가 만든 신상에게 은혜를 구하지 않습니다. 대신 예전에 자기에게 말했던 하나님의 선지자를 찾습니다. 자기에 관한 하나님의 말씀이 실제로 말씀대로 이루어졌다는 것을 자신도 알기 때문입니다. 이렇게 뻔히 알고 있으면서도 자기의 왕권을 지키기 위해서는 하나님을 버릴 수 있는 배반함이 죄인의 속성이고, 또 자기의 아들을 위해서라면 자기가 버린 하나님을 찾아갈 수 도 있는 뻔뻔함이 죄인의 속성입니다. 참으로 죄인은 교활하고, 변화무쌍하고, 기준이나 원칙이 없고, 막무가내임을 알 수 있습니다.

이때 하나님이 어떻게 반응하실까요? 여로보암과 아내의 교활함을 보시고 치를 떨며 징계하실까요? 전혀 그렇지 않습니다. 여로보암은 단지 한 가지만을 질문하였는데 하나님은 하나가 아니라 둘, 셋, 그 이상을 알려주십니다. 그래서 여로보암은 아들에 관한 내용만 질문하였는데 하나님은 아들에 관한 내용뿐만 아니라 그 이상 즉 장차 여로보암의 가문, 여로보암의 왕조가 되어 질 일까지도 알려주셨습니다. 그 내용이 가문 또는 왕조에 관해서는 10절로 11절이고, 아들에 관해서는 12절 "너는 일어나 네 집으로 가라 네 발이 성읍에 들어갈 때에 그 아이가 죽을지라"입니다. 그리고 그 결과가 17절 "여로보암의 아내가 일어나 디르사로 돌아가서 집 문지방에 이를 때에 그 아이가 죽은지라"입니다.

여기에서도 사람들이 많은 착각과 오해를 합니다. 여로보암이 죄를 범하였기에 하나님께서 그 아들을 병들게 하셨고, 아예 '그 아이가 죽을지라'고 징계를 예언하셨고, 과연 말씀대로 아들을 죽이셨다고 엄청난 왜곡을 합니다. 아이가 병이 들었습니다. 왕이 부인을 변장시켜 가면서, 자기 제사장들이 아닌 자기가 버린 하나님의 선지자에게 보내서 물어볼 정도면 단순한 병이 아니라 중병이었음이 분명합니다. 병이 걸린 사람이 죽는 것은 하나님의 심판, 징계, 저주와는 아무 상관이 없이 그냥 병이 걸린 결과일 뿐입니다. 여로보암의 아이는 하나님의 저주를 받은 것이 절대로 아닙니다.

예고

오늘의 주제 두 가지를 정리해 보겠습니다. 하나는 하나님께 상벌의 원리가 있느냐는 것이고, 다른 하나는 하나님의 말씀이 과연 저주가 될 수 있느냐는 것입니다. 첫째, 제가 말씀드린 것처럼 기독교에는, 하나님에게는 인간의 행위에 대해 하나님이 상응하는 대가를 지불하는 상벌의 원리가 없습니다. 상이 없다고 너무 아쉬워하지도 마시고, 벌이 없다고 너무 담대해하지도 마시기 바랍니다. 기독교에는 세상에는 없는, 타종교에는 없는 '열매'라는 개념이 있습니다. 물론 열매라는 개념이 전혀 새로운 것이 아닙니다. 그런데 사람들은 너무나 당연한 열매라는 개념을 제쳐두고, 늘 엉뚱하게도 '상벌'의 개념을 선호합니다. 기독교에서 말하는 열매라는 개념은 매우 단순, 명쾌, 정확합니다. 죄의 원리를 따르면 죄의 결과가 나타나고, 하나님의 원리를 따르면 하나님의 결과가 나타난다는 것입니다.

이것을 성경에서 '행한대로 받는다', '심은대로 거둔다'라고 표현합니다. 죄의 원리로 행하면 죄의 결과가 나타나고, 하나님의 원리로 행하면 하나님의 결과가 나타납니다. 예외가 없습니다. 변칙이 없습니다. 실수가 없습니다. 완전 자동입니다. 너무나 공정하고, 너무나 공평하고, 너무나 정의롭습니다. 한 치의 오차도 없습니다. 죄의 원리로 행했는데 행여 신이 보지 못해서 죄의 결과가 임하지 않을 가능성이 없습니다. 하나님의 원리로 행했는데 행여 하나님이 보지 못해서 하나님의 결과가 임하지 않을 가능성이 없습니다. 이것이 하나님의 너무나 당연한 열매의 원리이기 때문에 하나님께서 따로 '상벌의 원리'를 주장할 이유가 없습니다. 성경의 어떤 사건, 어떤 장면을 보더라도 그 사람의 행동에 따라 하나님이 상주셨다고, 하나님이 벌 주셨다고 주장하는 것은 하나님의 원리, 성경의 원리와 전혀 맞지 않는 것입니다.

둘째, 하나님이 장래 일에 대해 말씀하시는 것에는 '예언'에 해당하는 것과 '예고'에 해당하는 것이 있습니다. 이 둘을 잘 구분하셔야 합니다. 성경에 너무나 많이 나오는데 정작 사람들이 별로 사용하지 않는 개념이 '예고'입니다. 하나님이 말씀하신다고 해서, 또 장차 일어날 일이라고 해서 모든 것이 '예언'인 것이 아닙니다. 실제로 대부분은 '예고'입니다. 그리고 예고는 열매의 원리와 너무나 자연스럽게 연결이 되어 있습니다. 어떤 사람이 죄의 원리로 행동하고 있습니다. 그때 하나님께서 그 사람에게 '장차 너에게 죄의 결과가 나타날 것이다'라고 말씀하시면 그것은 하나님의 심판, 징계, 저주가 아니라 그냥 예고, 즉 당연하게 나타날 일, 누가 보아도 명백하게 드러날 일을 알려 준 것입니다. 그런 일이 생기지 않을 것인데 하나님이 말씀하셨기 때문에 그 일이 생기는 것이 아닙니다. 어떤 사람이 하나님의 원리로 행동하고 있습니다. 그때 하나님께서 그 사람에게 '장차 너에게 하나님의 결과가 나타날 것이다'라고 말씀하시면 그것은 하나님의 상, 하나님의 복, 하나님의 면류관이 아니라 그냥 예고입니다. 열왕기상 13장에서 하나님께서 유다에서 올라온 선지자에게 하신 말씀이나 14장에서 여로보암의 아들에 대해 하신 말씀은 모두 '예고'일 뿐입니다.

예언

예고는 하나님이 언급하지 않아도 너무나 당연하게 임할 일입니다. 그렇다면 굳이 하나님이 예고를 하실 이유도 없습니다. 그럼에도 하나님은 계속하여 예고하여 주십니다. 왜냐하면 죄인들의 경우, 자신들이 죄를 지으면서도 죄의 결과가 임하지 않기를 소망하는 어리석음에 빠지기 때문입니다. 그들에게 하나님은 정확하게 장차 임할 결과, 그의 행동에 따를 열매를 예고하십니다. 그 예고를 통하여 자신의 행동이 가져 올 결과를 깨닫게 하고, 그렇게 깨달아서 죄의 행동을 멈추고 하나님의 원리로 돌아서게 하려는 하나님의 계시요, 가르침이요, 배려요, 은혜입니다. 이러한 하나님의 사랑의 말씀을 너무나 안타깝게 하나님의 진노, 하나님의 저주라고 오해한다면 하나님께 너무 무례하게 행동하고, 하나님께 너무 죄송하게 행동하는 것입니다.

엄밀하게 말해서 '예언'은 단지 장래의 일에 대한 언급이라는 차원을 넘어서서 '하나님이 주도적으로 이루어내시는 일'이라는 의미가 있습니다. 열매의 원리를 넘어섭니다. 열매는 그 사람이 행한 대로 그 결과가 임하는 것입니다. 만약 열매의 원리대로라면 은혜가 존재하지 않고, 예언이 존재하지 않습니다. 하지만 열매의 원리는 하나님의 원리를 따를 수 있는 자들에게는 너무나 좋지만, 죄에게 사로잡힌 죄인들이나 비록 성도일지라도 연약하여 아직도 죄의 원리를 따르는 자들에게는 도무지 개선될 여지가 없는 엄격한 원리입니다. 그래서 하나님께서 인간을 사랑하시기에, 어떻게든 인간을 도우시기 원하시기에 죄인들에게, 연약한 자들에게 은혜의 원리를 적용하십니다. 그래서 인간의 행동을 넘어서 하나님의 원리로 인간에게 주어질 좋은 일에 대한 말씀을 예언이라고 합니다.

세상에서 말하는 예언은 막연하게 장차 되어 질 일을 운운하는 것입니다. 그것은 단지 예상 또는 예측일 뿐입니다. 그 일이 되어지지 않아도 아무도 원인도 모르고 책임도 지지 않습니다. 그러나 성경의 예언은 오직 하나님에게만 적용되는 개념입니다. 또한 오직 하나님만 예언하실 수 있습니다. 왜냐하면 일을 주관하시는 분이 하나님이요, 책임지시는 분이 하나님이기 때문입니다. 결국 기독교의 예언은 철저하게 인간에게 은혜가 주어지는 내용만 존재할 뿐 행여라도 인간에게 하나님의 징계나 심판과 관련된 내용이란 존재하지 않습니다.

　예를 들면, 아브람에게 아들이 생길 것이란 말씀은 장차 되어 질 일이라
는 측면에서 '예언'이며 내용적으로 '은혜'입니다. 왜냐하면 아브람의 부
인 사라는 원래 출산할 수 없는 여인이기 때문입니다. 또 이스라엘이 출애
굽할 것이란 말씀도 은혜의 예언입니다. 또 다윗이 왕이 될 것이란 말씀도
은혜의 예언입니다. 모두 인간의 행위를 넘어서는 일이요 동시에 하나님
이 행하시지 않으면 되어 질 수 없는 일이기 때문입니다. 예수가 강림하신
다는 예언, 제자들이 증인이 되리라는 예언들은 모두 하나님이 이루어내시
는 은혜로운 일들, 인간에게 유익이 되는 일들입니다. 기독교에는 인간을
불편하게 하는 하나님의 명령이 존재하지 않으며, 인간에게 재앙이 임하게
하는 하나님의 저주의 예언, 진노의 예언이 없습니다. 모든 하나님의 말씀
은 인간을 자유롭게 하며, 인간을 행복하게 하며, 인간을 복되게 하는 은혜
의 말씀, 축복의 말씀입니다. 하나님을 아시고, 하나님의 말씀대로 행하셔
서, 하나님의 분복을 날마다 풍성히 누리며 사시는 삶이 되시기를 주님의
이름으로 축원합니다.

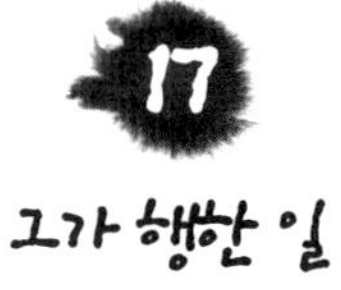

그가 행한 일

열왕기상 15:1~24

1 느밧의 아들 여로보암 왕 열여덟째 해에 아비얌이 유다 왕이 되고 2 예루살렘에서 삼 년 동안 다스리니라 그의 어머니의 이름은 마아가요 아비살롬의 딸이더라 3 아비얌이 그의 아버지가 이미 행한 모든 죄를 행하고 그의 마음이 그의 조상 다윗의 마음과 같지 아니하여 그의 하나님 여호와 앞에 온전하지 못하였으나 4 그의 하나님 여호와께서 다 윗을 위하여 예루살렘에서 그에게 등불을 주시되 그의 아들을 세워 뒤를 잇게 하사 예 루살렘을 견고하게 하셨으니 5 이는 다윗이 헷 사람 우리아의 일 외에는 평생에 여호와 보시기에 정직하게 행하고 자기에게 명령하신 모든 일을 어기지 아니하였음이라 6 르호 보암과 여로보암 사이에 사는 날 동안 전쟁이 있었더니 7 아비얌과 여로보암 사이에도 전쟁이 있으니라 아비얌의 남은 사적과 그 행한 모든 일은 유다 왕 역대지략에 기록되 지 아니하였느냐 8 아비얌이 그의 조상들과 함께 자니 다윗 성에 장사되고 그 아들 아 사가 대신하여 왕이 되니라 9 이스라엘의 여로보암 왕 제이십년에 아사가 유다 왕이 되 어 10 예루살렘에서 사십일 년 동안 다스리니라 그의 어머니의 이름은 마아가라 아비살 롬의 딸이더라 11 아사가 그의 조상 다윗 같이 여호와 보시기에 정직하게 행하여 12 남색 하는 자를 그 땅에서 쫓아내고 그의 조상들이 지은 모든 우상을 없애고 13 또 그의 어머 니 마아가가 혐오스러운 아세라 상을 만들었으므로 태후의 위를 폐하고 그 우상을 찍어 기드론 시냇가에서 불살랐으나 14 다만 산당은 없애지 아니하니라 그러나 아사의 마음 이 일평생 여호와 앞에 온전하였으며 15 그가 그의 아버지가 성별한 것과 자기가 성별한 것을 여호와의 성전에 받들어 드렸으니 곧 은과 금과 그릇들이더라 16 아사와 이스라엘 의 왕 바아사 사이에 일생 동안 전쟁이 있으니라 17 이스라엘의 왕 바아사가 유다를 치 러 올라와서 라마를 건축하여 사람을 유다 왕 아사와 왕래하지 못하게 하려 한지라 18 아사가 여호와의 성전 곳간과 왕궁 곳간에 남은 은금을 모두 가져다가 그 신하의 손에 넘겨 다메섹에 거주하고 있는 아람의 왕 헤시온의 손자 다브림몬의 아들 벤하닷에게 보 내며 이르되 19 나와 당신 사이에 약조가 있고 내 아버지와 당신의 아버지 사이에도 있

었느니라 내가 당신에게 은금 예물을 보냈으니 와서 이스라엘의 왕 바아사와 세운 약조를 깨뜨려서 그가 나를 떠나게 하라 하매 20 벤하닷이 아사 왕의 말을 듣고 그의 군대 지휘관들을 보내 이스라엘 성읍들을 치되 이욘과 단과 아벨벧마아가와 긴네렛 온 땅과 납달리 온 땅을 쳤더니 21 바아사가 듣고 라마를 건축하는 일을 중단하고 디르사에 거주하니라 22 이에 아사 왕이 온 유다에 명령을 내려 한 사람도 모면하지 못하게 하여 바아사가 라마를 건축하던 돌과 재목을 가져오게 하고 그것으로 베냐민의 게바와 미스바를 건축하였더라 23 아사의 남은 사적과 모든 권세와 그가 행한 모든 일과 성읍을 건축한 일이 유다 왕 역대지략에 기록되지 아니하였느냐 그러나 그는 늘그막에 발에 병이 들었더라 24 아사가 그의 조상들과 함께 자매 그의 조상들과 함께 그의 조상 다윗의 성읍에 장사되고 그의 아들 여호사밧이 대신하여 왕이 되니라

르호보암

이어가기

열왕기상하는 다윗의 임기 말부터 이스라엘이 패망하는 장면까지를 기록해 놓은 책입니다. 잘 아시다시피 나라가 분열되기 전까지는 네 명의 왕이 있었습니다. 첫 번째가 사울 왕이었고, 두 번째가 한편으로는 사울의 아들 이스보셋이고 다른 한편으로는 다윗입니다. 세 번째가 다윗의 아들 솔로몬입니다. 성도님들께서 성경을 보실 때에 종종 착각현상을 일으킵니다. 예를 들면, 하나님께 선택받아 이스라엘의 조상이 된 사람이 아브람입니다. 아브람이 한 부족을 이끌고 있는 족장입니다. 그래서 많은 분들이 자동적으로 아브람을 이어서 그의 아들 이삭이 족장이 되고, 이삭이 죽으면 당연히 그의 아들 중의 한 사람인 야곱이 족장이 되는 것으로 이해를 합니다. 세상이 그렇듯 성경에서도 으레 아버지에 이어서 아들이 리더요 대표자의 자격을 계승하는 것으로 생각하는 것이 착각입니다. 아버지에게서 아들로 족장이 이어지는 것이 당연한 것이 아닙니다.

출애굽기에 들어가면 레위 사람 모세가 하나님께 선택을 받습니다. 모세는 이스라엘을 출애굽시키고 이스라엘을 독립된 민족으로 형성하는 위대한 사역을 행합니다. 광야 사십 년이 지나고 모세가 죽습니다. 그렇다고 모

세의 아들이 모세의 역할을 계승하지 않습니다. 아버지의 역할을 아들이 세습하는 것이 당연한 것이 아니고 자연스러운 것이 아닙니다. 광야 사십 년째 되는 해 오월에 모세의 형 아론이 죽고, 그해 십일월에 모세가 죽습니다. 한 시대를 풍미했던 모세와 아론 형제가 모두 죽었습니다. 그 다음부터 모세의 가족은 일체 언급이 없습니다. 모세의 부인도 있고, 모세의 두 아들 게르솜과 엘리에셀이 있습니다. 그러나 두 아들 중 한 명이 이스라엘의 대표 자리를 이어받지 않습니다. 그냥 성경에 더 이상 기록이 나타나지 않는 것으로 사라져 버립니다. 모세의 자리는 모세와 아무 혈연적 관계가 없는 여호수아가 이어받습니다.

모세가 이스라엘을 노예생활에서 독립시켰다면 여호수아는 유랑생활에서 정착을 시킨 또 한 명의 위대한 선조입니다. 여호수아가 차지한 땅이 오늘날까지 이어져오고 있으니 이스라엘의 역사에서 여호수아가 차지하는 중요성이 참으로 엄청나다고 할 수 있습니다. 여호수아가 백십 세에 죽는데 아들에 관한 언급이 없습니다. 여호수아는 결혼 이야기도 없고, 부인에 대한 에피소드도 없고, 자식에 관한 말도 없습니다. 심지어는 아예 여호수아의 역할을 이어받는 사람 자체가 없습니다. 아들이 이어받는 것도 아니고 그렇다고 다른 사람이 이어받는 것도 아니고 그냥 여호수아로 이스라엘의 대표자라는 역할이 아예 사라져 버립니다. 아버지에게서 아들로 어떤 직분과 역할이 계승되는 것이 절대로 당연한 것이 아니고, 자연스러운 것이 아닙니다. 하나 더 보시면 사사도 마찬가지입니다. 사사기에 일반적으로 사사가 열두 명이 등장한다고 알려져 있습니다. 그런데 열두 명이 혈연적으로 한 집안이 아닙니다. 지파도 서로 다르고, 아버지와 아들이 이어진 적이 없고, 더 넓게 사촌이나 팔촌 관계로 이어진 적도 없습니다. 사사들은 세습되거나 계승된 것이 아닙니다.

아브람과 이삭과 야곱은 아버지와 아들의 관계 때문에 자동적으로 족장의 역할이 세습된 것이 아니라 하나님이 각 사람을 부르신 결과입니다. 하나님이 아브람을 부르시듯 이삭을 부르셨고 야곱을 부르셨습니다. 강조점이 하나님입니다. 모세와 여호수아와 사사들에서도 비록 세습은 아닐지라도 하나님은 반드시 사람을 세워서 역할을 이어가게 하신다는 것이 강조점이 아닙니다. 요셉이 죽은 후부터 모세가 등장하기 까지 수백 년간 이스라엘에는 지도자가 없었습니다. 하나님은 세우지 않았습니다. 여호수아가 죽은 후부터 첫 번째 사사 옷니엘이 등장하기 까지도 몇 년이 흘렀는지 모릅니다. 여하튼 그 기간에도 이스라엘에는 지도자가 없었습니다. 강조점은 지도자가 아니라 하나님입니다.

왕정 제도

하나님과 관계된 일의 주체자는 하나님이십니다. 하나님은 사람이 필요하시면 하나님이 직접 부르시고 세우십니다. 사람들의 착각이 가장 크게 발생하는 곳이 바로 왕정시대입니다. 분명히 왕은 이스라엘이 요구했습니다. 하나님은 반대하셨지만 이스라엘이 막무가내로 요청해서 하나님이 이스라엘의 요구를 수용해 주셨습니다. 그랬더니 사람들은 갑자기 하나님이 왕정 제도를 인정해준 것으로 착각합니다. 사람들이 착각하는 이유는 다윗 때문입니다. 하나님이 다윗을 보시며 '마음에 합한 사람'이라고 말씀하셨다는 것과 다윗에게 왕권언약을 하셨다는 사실 때문에 마침내 하나님도 이스라엘의 왕정 제도를 인정하시고, 특별히 다윗의 계통을 영원한 왕족으로 인정하셨다고 착각하는 것입니다. 그리고는 한 발 더 나아가서 아예 왕정제도가 세습이 되는 것으로 착각합니다. 다윗의 계열은 무조건 정통성이 있고, 오직 다윗의 자손만이 왕이 될 수 있으며, 하나님의 부르심과 세우심이 있든 없든 다윗의 자손이면 당연히 왕이 되는 것으로 대단히 심각한 착각을 합니다.

다윗에 대한 편견이 있기 때문에 왕정사에서 다윗과 관련된 사람은 대체적으로 선한 사람으로 여겨주고, 다윗과 반대편에 선 사람들은 무조건 악한 사람으로 취급하는 경향이 있습니다. 솔로몬이 죽자 남쪽에서는 솔로몬의 아들 르호보암이 왕이 되었고, 북쪽에서는 여로보암이 왕이 되었습니다. 이때 하나님이 세운 사람이 여로보암이었고, 세습에 의해 왕이 된 사람이 르호보암이었습니다. 일반적으로 르호보암이 정통성이 있고, 여로보암이 반역자로 취급당했습니다. 그러나 하나님이 여로보암에게 열 지파를 주시겠다고 하셨으니 여로보암이 반역자가 아니고, 또 하나님은 르호보암에게 한 지파를 주시겠다고 하셨으니 르호보암도 반역자가 아닙니다. 하나님은 누구 하나를 정통으로 세우려는 의도가 없습니다. 여하튼 죄인으로 하여금 하나님을 알게 하시고, 배우게 하려는 하나님의 계시와 은혜가 있을 뿐입니다. 하나님의 부르심을 받은 여로보암이 하나님의 일하심으로 왕이 된 후에 돌변을 해서 하나님을 버리고 스스로 자신의 왕권을 보호하려는 어리석은 행동을 했습니다. 그것이 우상 종교를 만드는 것이었습니다. 금송아지 신상을 두 개 만들고, 벧엘과 단에 신전을 만들어 그곳에 두었고, 일반인으로 제사장을 세우고, 유다의 절기와 비슷한 절기를 만들었습니다. 성경에서는 여로보암의 행동을 '여로보암의 길, 여로보암의 죄'라고 표현합니다. 하나님을 떠나고 우상을 섬기는 행동을 상징하는 성경적 표현입니다. 그래서 성경을 읽는 대부분의 사람들은 여로보암이 아주 악독한 줄로 알고, 다른 사람보다 유독 여로보암이 우상을 섬기는 일에 극성을 떤 것처럼 착각합니다. 물론 여로보암이 우상을 섬긴 것은 분명히 맞습니다. 그렇다고 다른 사람은 우상을 섬기지 않은 것이 아닙니다. 다른 사람도 똑같습니다.

르호보암

아무래도 여러분이 왕정사는 접할 기회가 적어서 내용이 익숙하지 않으실 것 같아서 차근차근히 그동안 소홀히 취급당했던 부분들을 점검해 보도록 하겠습니다. 나라가 분열된 후에 남쪽에는 스무 명의 왕이 있고, 북쪽에는 열아홉 명의 왕이 있습니다. 총 서른아홉 명의 왕이 열왕기 상·하에 등장하는데 열왕기상에는 남쪽 왕이 딱 네 명만 등장합니다. 신앙에 관한 한 남쪽의 상황도 똑같습니다. 열왕기상 14장 21절에는 남 왕국의 첫 번째 왕인 르호보암에 대한 소개가 나옵니다. "솔로몬의 아들 르호보암은 유다 왕이 되었으니 르호보암이 왕위에 오를 때에 나이가 사십일 세라 여호와께 서 자기 이름을 두시려고 이스라엘 모든 지파 가운데에서 택하신 성읍 예 루살렘에서 십칠 년 동안 다스리니라 그의 어머니의 이름은 나아마요 암몬 사람이더라"입니다. 다윗이 삼십 세에 왕이 되었고, 솔로몬이 이십 대에 왕 이 된 것에 비해 르호보암은 조금 늦은 나이에 왕이 되었고, 왕으로 재위한 기간도 불과 십칠 년으로 선대 왕들에 비해 매우 짧습니다.

22절에 르호보암의 행적이 나오는데 "유다가 여호와 보시기에 악을 행하 되 그의 조상들이 행한 모든 일 보다 뛰어나게 하여 그 범한 죄로 여호와를 노엽게 하였으니"입니다. 22절에서 우선 독특한 것은 맨 앞에 '유다가'입니 다. 유다의 왕 르호보암이 아니고, 유다의 백성이 아니라 그냥 '유다가'입 니다. 즉 왕이나 백성이나 구별이 없고, 누구하나 다르게 행동하는 사람이 없이 온 유다 사람이 다 똑같이 행동했다는 것입니다. 그 정도도 아주 심각 합니다. '악을 행하되 그의 조상들이 행한 모든 일보다 뛰어나게 하여'입니 다. 번역이 재미있는 것이, 악을 행한 것에 대해 '뛰어나게 하여'라고 했습 니다. 비교급 표현인데 아마도 '뛰어나게 보다'는 '심하게, 극렬하게, 매우 그릇되게'라고 번역하면 더 잘 어울릴 것 같습니다.

성경은 아주 공평합니다. 여로보암만 악당으로 몰아가는 것이 아니라 르 호보암과 유다 백성들이 행한 일도 모두 기록하고 있습니다. 유다가 행한 악, 심하게 악한 행동들이 23절입니다. "이는 그들도 산 위에와 모든 푸른 나무 아래에 산당과 우상과 아세라 상을 세웠음이라 그 땅에 또 남색하는 자가 있었고 여호와께서 이스라엘 자손 앞에서 쫓아내신 국민의 모든 가증 한 일을 무리가 본받아 행하였더라"입니다. 23절을 읽으시면서 여러분은 어떤 생각이 드시는지 제가 잘 모르겠지만 사실 23절은 어마어마한 내용을 담고 있습니다. 만약 비교를 한다면 북쪽의 여로보암은 아주 사소하게 여겨질 정도로 남쪽의 행동이 극악합니다. 유다의 신앙 상태에 대해 세 가지만 정리해 보겠습니다.

첫째, 23절에 등장하지 않지만 이미 남쪽의 예루살렘에는 이방의 신전들이 세워져 있었다는 것을 기억하셔야 합니다. 솔로몬은 외교를 통해 국가의 안전을 취한다는 명분으로 이방의 여자들과 결혼했고, 이방의 종교들을 수입했습니다. 대표적으로 시돈 사람의 여신 아스다롯, 암몬 사람의 가증한 밀곰, 모압의 가증한 그모스, 암몬 자손의 가증한 몰록이었습니다. 여로보암은 단지 금송아지 신상 두 개밖에 안 만들었습니다. 솔로몬은 자그마치 네 개나 만들었습니다. 르호보암이 왕이 된 후 아버지가 만든 신상들을 모두 제거한 것이 아닙니다.

아세라

두 번째, 여러 산당과 우상과 함께 아세라 상이 세워졌다는 사실입니다. 특히 관심을 끄는 것이 '아세라 상'입니다. 아세라는 가나안 지역의 이방민족들이 섬기는 여신입니다. 가나안의 주요 신은 '바알'인데, 바알은 남성 신이고 이 바알의 부인, 바알의 아내가 바로 여신 '아세라'입니다. 하나님께서는 예전부터 이스라엘에게 아세라를 섬기지 말라고 강력하게 선언하신 적이 있습니다. 출애굽기에서도 34장 13절에 "너희는 도리어 그들의 제단들을 헐고 그들의 주상을 깨뜨리고 그들의 아세라 상을 찍을지어다"라고 나오고, 신명기 7장 5절에도 "오직 너희가 그들에게 행할 것은 이러하니 그들의 제단을 헐며 주상을 깨뜨리며 아세라 목상을 찍으며 조각한 우상들을 불사를 것이니라"이고, 12장 3절에도 "그 제단을 헐며 주상을 깨뜨리며 아세라 상을 불사르고 또 그 조각한 신상들을 찍어 그 이름을 그 곳에서 멸하라"고 반복하여 경고하셨습니다.

　그런데 저와 여러분이 익히 알고 있듯이 이스라엘은 가나안에 정착한 직후부터 하나님을 버리고 우상을 섬겼습니다. 사사기에서 확인할 수 있는 있는데 이스라엘이 섬긴 우상이 바로 바알과 아세라였습니다. 사사기 3장 7절 "이스라엘 자손이 여호와의 목전에 악을 행하여 자기들의 하나님 여호와를 잊어버리고 바알들과 아세라들을 섬긴지라"이고, 6장 25절에는 "그 날 밤에 여호와께서 기드온에게 이르시되 네 아버지에게 있는 수소 곧 칠 년 된 둘째 수소를 끌어 오고 네 아버지에게 있는 바알의 제단을 헐며 그 곁의 아세라 상을 찍고"입니다.

　이게 참 재미있습니다. 이스라엘이 아예 신을 섬기지 않았던 것이 아닙니다. 이스라엘은 계속하여 신을 섬겼습니다. 그런데 계속하여 하나님은 버리고 우상 신을 섬긴 것입니다. 왜냐하면 죄인들은 두려움과 불안함에 신을 섬겨야만 하는데, 죄인들의 생각에는 여호와는 이해가 되지 않는 것입니다. 가장 대표적인 이유가 여호와는 형상이 없다는 것입니다. 형상이 없다는 것은 실체가 없다는 것이요, 자신들이 인식할 수 없다는 것이요, 의지할 수 없다는 것입니다. 상대적으로 이방의 신들, 우상의 신들은 바알이나 밀곰, 다곤이나 모두 신상이 있습니다. 또 하나 의미심장한 것이 여호와는 싱글이라는 것입니다. 그러나 고대 근동의 신들은 대부분 남자 신과 여자 신이 있고, 이 신들이 부부입니다. 그래서 신들이 부부관계를 하고, 자녀 신을 낳습니다. 그래서 신들의 계보가 만들어지는 것입니다. 죄인들은, 자기네들이 살아가는 방식에 근거해서 신을 이해하는 것입니다. 바알과 아세라는 셋트입니다. 그래서 본문에 바알에 대한 언급이 없지만 아세라가 등장하면 당연히 바알도 있는 것으로 이해되고, 바알이 등장하면 아세라에 대한 언급이 없어도 아세라가 있는 것으로 간주할 수 있는 것입니다. 죄인들은 여호와를 이해할 수 없으니까 여호와를 버리고 자신들의 기준에 맞는 우상을 섬기는 것입니다.

　이렇게 바알과 아세라를 이해하시면 유다에서 벌어지는 있는 우상 숭배,

타락의 모습의 세 번째 특징을 이해할 수 있습니다. 그것이 바로 24절 "그 땅에 또 남색하는 자가 있었고 여호와께서 이스라엘 자손 앞에서 쫓아내신 국민의 모든 가증한 일을 무리가 본받아 행하였더라"입니다. 여기서 말하는 '남색'은 '이성애'와 '동성애'를 구분할 때 동성애를 의미하는 것이 아닙니다. 23절로 24절은 모두 종교적인 행동에 대한 내용입니다. 그래서 본문에서 말하는 '남색'은 인간들 중에 남성간의 관계가 아니라 신전에서 신과 관련된 행동을 의미합니다. 바알이 남신입니다. 그렇다면 남신에게 드려지면 여자 제물이 있고, 반대로 아세라가 여신입니다. 그렇다면 여신에게 드려지는 남자 제물이 있습니다. 이스라엘이 남성 신과 여성 신을 섬겼으니, 당연히 신전에 성을 제공하는 여자와 남자가 존재했던 것입니다. 이렇게 신에게 바쳐진 남성, 여자 신에 대하여 남편의 역할을 하는 남자를 '남색하는 자'라고 합니다.

하나님의 반응

남 왕국의 실태가 이 정도였습니다. 남 왕국의 상황을 알고 나면 북 왕국의 여로보암이 신상을 만들고 신전을 만들었다고 비난을 할 수가 없습니다. 굳이 비교를 해 보자면 남쪽이 훨씬 더 심합니다. 지금까지 남 왕국의 우상 숭배를 살펴보았습니다. 그렇다면 르호보암 왕과 남 왕국은 어떻게 되었을까요? 저와 여러분은 이미 성경에 나오는 다음 장면을 예측할 수 있습니다. 사사기에서 이미 학습했던 경험이 있기 때문입니다. 이스라엘이 하나님을 떠나고 우상을 섬기면 당연히 그 결과가 임했습니다. 이스라엘이 스스로 이스라엘의 보호자 되시는 하나님을 거부하였으니 이스라엘에는 안전장치가 없어진 셈입니다. 그러면 당연히 이방 민족의 침입이 있고, 이스라엘은 어려움을 당하게 됩니다. 하나님이 심판하지 않아도, 하나님이 징계하지 않아도 저절로 발생하는 결과입니다. 확인해 보겠습니다. 25절로 26절입니다. "르호보암 왕 제 오년에 애굽의 왕 시삭이 올라와서 예루살렘을 치고 여호와의 성전의 보물과 왕궁의 보물을 모두 빼앗고 또 솔로몬이 만든 금 방패를 다 빼앗은지라”입니다.

여러분은 여기에서 웃으셔야 합니다. 왜냐하면 남 왕국을 쳐들어온 나라가 애굽이기 때문입니다. 애굽은 솔로몬 때부터 외교적으로 아주 공을 들였던 나라입니다. 친히 애굽의 공주와 혼인관계를 맺으면서까지 우호관계를 유지하려고 애쓰고 노력했던 나라입니다. 솔로몬과 관계된 약 천여 명의 여인들 중에 솔로몬의 아내라고 불리는 사람은 딱 한 사람 애굽의 공주뿐입니다. 혹시 주변의 다른 나라는 이스라엘을 침략해도 애굽은 이스라엘을 편을 들어주어야 하는 나라입니다. 세월이 오래 지난 것도 아닙니다. 르호보암 왕 오년이라고 합니다. 솔로몬이 죽은 지 오 년밖에 지나지 않았습니다. 혹시 솔로몬과 애굽의 공주가 나이 차이가 조금 있었다면 아직 솔로몬의 아내 즉 르호보암의 어머니들 중의 한 분인 애굽의 공주가 살아 있을 수도 있습니다. 그런데 애굽이 사돈의 나라 유다를 공격한 것입니다.

그런데 여기서 또 재미있는 것이 바로 그 애굽의 왕 시삭이 예루살렘을 공격하고 ‘여호와의 성전의 보물’을 빼앗아 간다는 사실입니다. 하나님은 여호와의 성전의 보물들이 약탈당하는 것을 막아 주시지 않았고, 지켜 주지 않았습니다. 여호와의 성전이 여호와와 무관한 것이고, 여호와의 성전의 보물이 여호와의 영광을 의미하지도 않고, 여호와의 거룩을 상징하지도 않기 때문입니다. 여호와의 성전이 약탈당했다고 하나님이 멸시를 당하거나 모욕을 당하는 것이 아니기 때문입니다. 그냥 솔로몬만 망신을 당하고, 르호보암만 굴욕을 당하고, 백성들만 고난을 받는 것입니다.

29절을 보시면 “르호보암의 남은 사적과 그가 행한 모든 일은 유다 왕 역대지략에 기록되지 아니하였느냐 르호보암과 여로보암 사이에 항상 전쟁이 있으니라 르호보암이 그의 조상들과 함께 자니 그의 조상들과 함께 다윗 성에 장사되니라 그의 어머니의 이름은 나아마요 암몬 사람이더라 그의 아들 아비얌이 대신하여 왕이 되니라”입니다. 마치 르호보암이 아무 잘못도 없는 것 같습니다. 마치 우상숭배를 안 한 것 같습니다. 아세라도 안 세웠고, 남색하는 자도 두지 않은 것 같습니다. 하나님께 심판도, 징계도, 형벌도 받은 것이 없습니다. 하나님이 심판하지 않아도 죄의 행동에는 죄의 결과가 따르고, 우상을 섬기는 것은 헛된 행동이기에 아무 유익을 얻지 못하는 것이 바로 심판입니다.

유다의 왕들

아비얌

열왕기상에는 남쪽의 왕이 딱 네 명만 나옵니다. 이 말은 열왕기하에는 열여섯 명이 나온다는 말입니다. 첫 번째가 솔로몬의 아들 르호보암이고 두 번째와 세 번째가 15장에 나옵니다. 우선 15장 1절을 보시면 "느밧의 아들 여로보암 왕 열여덟째 해에 아비얌이 유다 왕이 되고 예루살렘에서 삼 년 동안 다스리니라 그의 어머니의 이름은 마아가요 아비살롬의 딸이더라"입니다. 9절을 보시면 "이스라엘의 여로보암 왕 제이십년에 아사가 유다 왕이 되어 예루살렘에서 사십일 년 동안 다스리니라 그의 어머니의 이름은 마아가라 아비살롬의 딸이더라"입니다. 남 왕국의 두 번째 왕이 아비얌이고 세 번째 왕이 아사인데 두 사람의 관계가 조금 애매모호합니다. 족보가 좀 희한합니다. 8절에 의하면 분명히 아비얌은 아버지이고 아사는 아들입니다. 그런데 2절과 10절을 보면 두 사람의 어머니의 이름이 같습니다. 동양이나 서양이나 왕궁에서는 일반 백성들 사이에서는 일어나지 않는 희한한 사건들이 자주 일어나곤 합니다. 왕권을 차지하기 위해서, 정통성을 가지기 위해서 이상한 혼인관계가 발생하여 왕이 어머니를 부인으로 취하기도 하고, 오빠가 누나나 여동생을 아내로 삼기도 하는 일이 빈번했습니다. 아비얌과 아사가 분명히 부자관계인데 어머니의 이름이 같아서, 학자들 사이에서는 혹시 아비얌이 어머니를 아내로 취한 것이 아닌가하는 의심을 하기도 합니다.

여하튼 죄인들의 모습은 남쪽이나 북쪽이 같고, 아버지나 아들이 같고, 형이나 동생이 같습니다. 죄인은 모두 죄인이라는 차원에서 차이가 없이 똑같습니다. 두 번째 왕인 아비얌의 행적에 대한 소개가 3절에 나옵니다. "아비얌이 그의 아버지가 이미 행한 모든 죄를 행하고 그의 마음이 그의 조상 다윗의 마음과 같지 아니하여 그의 여호와 앞에 온전하지 못하였으나" 입니다. 이런 왕을 하나님께서는 어떻게 하셔야 합니까? 심판하실까요? 징계하실까요? 문둥병이 걸리게 하실까요? 아예 죽여 버리실까요? 전혀 그렇지 않습니다. 하나님이 취하신 조치가 4절 "그의 하나님 여호와께서 다윗을 위하여 예루살렘에서 그에게 등불을 주시되 그의 아들을 세워 뒤를 잇게 하사 예루살렘을 견고하게 하셨으니"입니다. 징계를 내리신 것이 아니라 '견고하게 하셨다'고 합니다. 이런 것을 뭐라고 합니까? 은혜라고 합니다. 하나님은 벌과 저주를 주시는 분이 아니라 은혜와 긍휼을 베푸시는 좋으신 하나님이십니다.

열왕기서에는 왕이 죽을 때마다 공통으로 표현하는 문구가 있습니다. 왕의 생애를 간단하게 정리하는 것입니다. 아비얌의 경우에는 8절입니다. "아비얌의 남은 사적과 그 행한 모든 일은 유다 왕 역대지략에 기록되지 아니하였느냐 아비얌이 그의 조상들과 함께 자니 다윗 성에 장사되고 그 아들 아사가 대신하여 왕이 되니라"입니다. 아비얌은 통치 기간이 불과 삼년입니다. 선대 왕들에 비하면 매우 짧은데 징계를 받아서 쫓겨났거나 저주를 받아서 병들어 죽은 것이 아닙니다. 우상 숭배를 했어도 일상적인 삶을 살다가 죽었습니다. 제가 지금 우상 숭배를 해도 저주나 형벌을 받지 않는다고 위로를 하거나 용기를 드리는 것이 아닙니다. 다만 인간의 죄된 행동에 대해 하나님이 징계와 형벌로 보복하는 분이 아니라는 것을 확인해 드리는 것입니다.

아사

　남 왕국의 세 번째 왕이 아사입니다. 아사에 대한 소개가 9절과 10절이고, 아사의 행적에 대한 소개가 크게 두 부분으로 나누어져 있습니다. 한편으로는 나름 신실한 모습이고 다른 한편으로는 전혀 신실하지 않은 모습입니다. 두 모습 중에 어느 것이 아사의 실체인지 여러분이 점검해 보시기 바랍니다. 첫 번째 모습이 11절로 15절입니다. "아사가 그의 조상 다윗 같이 여호와 보시기에 정직해 행하여 남색하는 자를 그 땅에서 쫓아내고 그의 조상들이 지은 모든 우상을 없애고 또 그의 어머니 마아가가 혐오스러운 아세라 상을 만들었으므로 태후의 위를 폐하고 그 우상을 찍어 기드론 시냇가에 불살랐으나 다만 산당은 없애지 아니하니라 그러나 아사의 마음이 일평생 여호와 앞에 온전하였으며 그가 그의 아버지가 성별한 것과 자기가 성별한 것을 여호와의 성전에 받들어 드렸으니 곧 은과 금과 그릇들이더라"입니다. 이런 구절이 나오면 사람들은 궁금해 합니다. 이렇게 신실해서, 이렇게 우상들을 찍어버리고 여호와 앞에 온전하게 살았으니 어떤 상을 받고, 어떤 복을 받았을까를 궁금해 합니다. 그러나 그와 관련된 내용이 하나도 나오지 않습니다. 그렇다고 실망하시면 안 됩니다. 복을 받지 못했다고 생각하실 것이 아니라 열매가 있었을 것이라고 이해하시면 됩니다.

　두 번째 모습이 16절 이하인데 북 왕국의 바아사 왕이 남 왕국 유대로 쳐들어 왔답니다. 그때 아사가 행한 일이 18절 "아사가 여호와의 성전 곳간과 왕궁 곳간에 남은 은금을 모두 가져다가 그 신하의 손에 넘겨 다메섹에 거주하고 있는 아람의 왕 헤시온의 손자 다브림몬의 아들 벤하닷에게 보내며 이르되 나와 당신 사이에 약조가 있고 내 아버지와 당신의 아버지 사이에도 있었느니라 내가 당신에게 은금 예물을 보냈으니 와서 이스라엘의 왕 바아사와 세운 약조를 깨뜨려서 그가 나를 떠나게 하라 하매"입니다. 분명히 앞에서는 '아사의 마음이 일평생 여호와 앞에 온전하였다'고 했는데 바로 뒤에서 자기에게 위험이 처하자 여호와를 의지하지 않습니다. 앞에서 르호보암 왕 때에 애굽의 왕 시삭이 여호와의 성전의 보물을 약탈해 간 적이 있었습니다. 그것은 이방의 왕이 말 그대로 약탈을 해 간 것입니다. 그런데 지금은 이방의 왕이 아니라 유다의 왕, 자기 나라의 왕이, 여호와 앞에 온전하였다는 왕이 스스로 여호와의 성전 곳간을 털어갑니다. 앞으로 이런 장면을 자주 보게 되실 것입니다. 성전이 얼마나 호화찬란하게 지어졌는지 적어도 대여섯 번을 털려도 남아 있는 것이 있을 정도입니다.

죄의 위력

죄는 전염력이 아주 강합니다. 대신 아주 은밀합니다. 한 사람이 죄된 행동을 하면 어느 날, 누군가가 그것을 따라하고 있습니다. 그래서 누가 시초인지도 모르고, 누가 퍼뜨렸는지도 모르는데 죄가 만연되어 있습니다. 이것이 죄의 교활함입니다. 솔로몬이 이방의 신들을 수입하여 신당을 세우자 이스라엘이 남쪽과 북쪽을 막론하고 신상과 산당을 세우는 일이 아주 자연스러워졌습니다. 나라에 위기가 닥치자 아사 왕이 여호와의 성전에서 금을 털었습니다. 이제 나라에 위기만 생기면 누구나 성전 금을 털어가게 됩니다. 죄는 익숙함을 만들고, 죄인은 익숙한 행동은 자연스럽다고 여길 뿐 잘못되었다고 여기지 않습니다. 죄를 무서워해야 하는 이유입니다.

여호와를 섬기는 왕이 성전 곳간의 은금을 모두 가져다가 이방나라 아람의 왕 벤하닷에게 바칩니다. 일종의 조공입니다. 자기 대신 북 왕국을 쳐들어가 달라고 부탁을 합니다. 이것이 여호와를 섬기는 사람이 할 일이며, 이것이 같은 민족으로 형제의 나라에 할 일입니까? 이스라엘이 한 나라, 한 민족이었지만 분열되어 경쟁국이 되면 남남과 같다고 말할 수 있습니다. 물론 그럴 수 있습니다. 그러나 비록 이스라엘이 남과 북으로 갈라서 있지만 그 세월이 오래된 것이 아닙니다. 솔로몬이 죽고 르호보암이 등극하여 통치한 것이 불과 십칠 년이고, 그 아들 아비얌이 통치한 것이 불과 삼년입니다. 그러니 나라가 분열된 지 불과 이십 년밖에 되지 않았습니다. 세월이 흘러 추억이 사라지고, 아는 사람이 모두 죽은 것이 아니라 대부분의 사람이 멀쩡히 살아있는 상황입니다. 종종 사람들은 '어떻게 그럴 수 있느냐?'고 말하는 경우가 있습니다. 거뜬히 그럴 수 있는 것이 죄인입니다.

아사 왕에 대한 마지막 설명이 23절 이하입니다. "아사의 남은 사적과 모든 권세와 그가 행한 모든 일과 성읍을 건축한 일이 유다 왕 역대지략에 기록되지 아니하였느냐 그러나 그는 늘그막에 발에 병이 들었더라 아사가 그의 조상들과 함께 자매 그의 조상들과 그의 조상 다윗의 성읍에 장사되고 그의 아들 여호사밧이 대신하여 왕이 되니라"입니다. 성경의 앞뒤를 잘 조합하지 않으면 성경을 오해하기 쉽습니다. 아사 왕이 통치를 길게 했을까요, 짧게 했을까요? 늘그막에 발에 병이 들었다는 표현 때문에 하나님께 벌을 받아서 오래 통치하지 못했을 것이라고 오해하시면 안 됩니다. 9절에 의하면 아사 왕은 자그마치 사십일 년 동안이나 남 왕국을 다스립니다. 여호와의 성전 곳간을 털어다가 이방 나라 왕에게 바쳐서 위기를 극복하는 방식으로 나라를 안정시키고 천수를 누리고 살다가 조상들의 묘 옆에 잘 장사되었습니다. 아사의 행동, 아사의 삶을 어떻게 평가하시겠습니까? 성전의 은금을 털어가도 징계가 없고 저주가 없습니다. 도리어 선대왕들 보다 더 오랜 기간을 통치했으니 잘했다고 해야 합니까?

사람들의 행적

인간의 삶에 대해 성경이 주목하는 것과 인간이 주목하는 것이 아주 다릅니다. 왜냐하면 인간이 죄의 기준과 가치로 인간의 삶을 평가하는 것과 하나님이 하나님의 기준과 가치로 인간의 삶을 평가하는 것이 다르기 때문입니다. 죄인들은 주로 '업적'에 치중합니다. 그 사람이 행한 일, 그 사람이 이루어낸 일, 성과, 영향력을 주로 다룹니다. 그런데 이러한 일들은 모두 다른 사람과 비교하는 것에 불과합니다. 인간을 상호간에 경쟁자로 대하고, 누가 잘났느냐를 따지는 것에 불과합니다. 그래서 그 결과는 한쪽은 자랑과 교만이 넘쳐나고 상대방은 멸시와 모욕을 당하게 됩니다. 결코 인간이 서로 자유와 평화와 안식과 화목과 연합을 누릴 수 없습니다.

그러나 성경은 인간의 업적, 인간의 성과에 대해서는 거의 취급을 안 합니다. 왜냐하면 성경이 관심을 갖는 것은 인간의 행복이기 때문이고, 인간의 행복은 죄를 이겨야 하는 것이고, 죄를 이기려면 하나님을 알아야 하기 때문입니다. 성경이 보여주는 인간의 삶은 성과로서의 삶이나 업적으로서의 삶이 아니라 열매로서의 삶입니다. 성경이 보여주는 성도의 삶의 대표적인 모습이 사도행전입니다. 사도행전에 등장하는 성도들의 모습은 성과, 업적이 없습니다. 상이나 복이나 면류관도 없습니다. 그렇다면 실패인가요? 전혀 그렇지 않습니다. 죄의 기준에 의한 성공이 아니라 하나님의 기준에 의한 승리입니다. 다른 사람과의 경쟁에서 이긴 모습이 아니라 죄를 이긴 모습입니다. 만약 다른 사람과의 경쟁에서 이긴 모습이라면 베드로가 대제사장이 되고, 바울이 로마의 황제가 되는 모습이 등장할 것입니다. 하지만 죄와의 경쟁에서 이긴 모습이기에 온유의 모습, 인내의 모습, 절제의 모습, 양선의 모습, 화평의 모습, 충성의 모습이 등장하는 것입니다.

저와 여러분은 성도입니다. 죄의 기준과 가치가 아닌 하나님의 기준과 가치를 가진 사람들입니다. 죄의 원리와 방법이 아닌 하나님의 원리와 방법을 가진 사람들입니다. 죄의 권세와 능력이 아닌 하나님의 권세와 능력을 가진 사람들입니다. 죄의 인식으로 사람과 경쟁하는 삶이 아닌 죄와 싸우는 삶, 사람을 이기고 교만한 삶이 아니라 죄를 이기고 감사한 삶을 누려 가시기를 주님의 이름으로 축원합니다.

18

헛된 것들로

열왕기상 16:1~34

1 여호와의 말씀이 하나니의 아들 예후에게 임하여 바아사를 꾸짖어 이르시되 2 내가 너를 티끌에서 들어 내 백성 이스라엘 위에 주권자가 되게 하였거늘 네가 여로보암의 길로 행하며 내 백성 이스라엘에게 범죄하게 하여 그들의 죄로 나를 노엽게 하였은즉 3 내가 너 바아사와 네 집을 쓸어버려 네 집이 느밧의 아들 여로보암의 집 같이 되게 하리니 4 바아사에게 속한 자가 성읍에서 죽은즉 개가 먹고 그에게 속한 자가 들에서 죽은즉 공중의 새가 먹으리라 하셨더라 5 바아사의 남은 사적과 행한 모든 일과 권세는 이스라엘 왕 역대지략에 기록되지 아니하였느냐 6 바아사가 그의 조상들과 함께 자매 디르사에 장사되고 그의 아들 엘라가 대신하여 왕이 되니라 7 여호와의 말씀이 하나니의 아들 선지자 예후에게도 임하사 바아사와 그의 집을 꾸짖으심은 그가 여로보암의 집과 같이 여호와 보시기에 모든 악을 행하며 그의 손의 행위로 여호와를 노엽게 하였음이며 또 그의 집을 쳤음이더라 8 유다의 아사 왕 제이십육년에 바아사의 아들 엘라가 디르사에서 이스라엘의 왕이 되어 이 년 동안 그 왕위에 있으니라 9 엘라가 디르사에 있어 왕궁 맡은 자 아르사의 집에서 마시고 취할 때에 그 신하 곧 병거 절반을 통솔한 지휘관 시므리가 왕을 모반하여 10 시므리가 들어가서 그를 쳐죽이고 그를 대신하여 왕이 되니 곧 유다의 아사 왕 제이십칠년이라 11 시므리가 왕이 되어 왕위에 오를 때에 바아사의 온 집안 사람들을 죽이되 남자는 그의 친족이든지 그의 친구든지 한 사람도 남기지 아니하고 12 바아사의 온 집을 멸하였는데 선지자 예후를 통하여 바아사를 꾸짖어 하신 여호와의 말씀 같이 되었으니 13 이는 바아사의 모든 죄와 그의 아들 엘라의 죄 때문이라 그들이 범죄하고 또 이스라엘에게 범죄하게 하여 그들의 헛된 것들로 이스라엘의 하나님 여호와를 노하시게 하였더라 14 엘라의 남은 사적과 행한 모든 일은 이스라엘 왕 역대지략에 기록되지 아니하였느냐 15 유다의 아사 왕 제이십칠년에 시므리가 디르사에서 칠 일 동안 왕이 되니라 그 때에 백성들이 블레셋 사람에게 속한 깁브돈을 향하여 진을 치고 있더니 16 진 중 백성들이 시므리가 모반하여 왕을 죽였다는 말을 들은지라 그 날

에 이스라엘의 무리가 진에서 군대 지휘관 오므리를 이스라엘의 왕으로 삼으매 17 오므리가 이에 이스라엘의 무리를 거느리고 깁브돈에서부터 올라와서 디르사를 에워 쌌더라 18 시므리가 성읍이 함락됨을 보고 왕궁 요새에 들어가서 왕궁에 불을 지르고 그 가운데에서 죽었으니 19 이는 그가 여호와 보시기에 악을 행하여 범죄하였기 때문이니라 그가 여로보암의 길로 행하며 그가 이스라엘에게 죄를 범하게 한 그 죄 중에 행하였더라 20 시므리의 남은 행위와 그가 반역한 일은 이스라엘 왕 역대지략에 기록되지 아니하였느냐 21 그 때에 이스라엘 백성이 둘로 나뉘어 그 절반은 기낫의 아들 디브니를 따라 그를 왕으로 삼으려 하고 그 절반은 오므리를 따랐더니 22 오므리를 따른 백성이 기낫의 아들 디브니를 따른 백성을 이긴지라 디브니가 죽으매 오므리가 왕이 되니라 23 유다의 아사 왕 제삼십일년에 오므리가 이스라엘의 왕이 되어 십이 년 동안 왕위에 있으며 디르사에서 육 년 동안 다스리니라 24 그가 은 두 달란트로 세멜에게서 사마리아 산을 사고 그 산 위에 성읍을 건축하고 그 건축한 성읍 이름을 그 산 주인이었던 세멜의 이름을 따라 사마리아라 일컬었더라 25 오므리가 여호와 보시기에 악을 행하되 그 전의 모든 사람보다 더욱 악하게 행하여 26 느밧의 아들 여로보암의 모든 길로 행하며 그가 이스라엘에게 죄를 범하게 한 그 죄 중에 행하여 그들의 헛된 것들로 이스라엘의 하나님 여호와를 노하시게 하였더라 27 오므리가 행한 그 남은 사적과 그가 부린 권세는 이스라엘 왕 역대지략에 기록되지 아니하였느냐 28 오므리가 그의 조상들과 함께 자매 사마리아에 장사되고 그의 아들 아합이 대신하여 왕이 되니라 29 유다의 아사 왕 제삼십팔년에 오므리의 아들 아합이 이스라엘의 왕이 되니라 오므리의 아들 아합이 사마리아에서 이십이 년 동안 이스라엘을 다스리니라 30 오므리의 아들 아합이 그의 이전의 모든 사람보다 여호와 보시기에 악을 더욱 행하여 31 느밧의 아들 여로보암의 죄를 따라 행하는 것을 오히려 가볍게 여기며 시돈 사람의 왕 엣바알의 딸 이세벨을 아내로 삼고 가서 바알을 섬겨 예배하고 32 사마리아에 건축한 바알의 신전 안에 바알을 위하여 제단을 쌓으며 33 또 아세라 상을 만들었으니 그는 그 이전의 이스라엘의 모든 왕보다 심히 이스라엘 하나님 여호와를 노하시게 하였더라 34 그 시대에 벧엘 사람 히엘이 여리고를 건축하였는데 그가 그 터를 쌓을 때에 맏아들 아비람을 잃었고 그 성문을 세울 때에 막내 아들 스굽을 잃었으니 여호와께서 눈의 아들 여호수아를 통하여 하신 말씀과 같이 되었더라

하나님의 계시

선택

지난주에는 남 왕국 유다의 왕들에 대해서 살펴보았습니다. 북 왕국의 여로보암이 하도 욕을 많이 먹어서, 남 왕국의 왕들도 별다른 차이가 나지

않는다고 설명을 드렸습니다. 르호보암, 아비얌, 아사로 이어지는 남 왕국 왕들의 우상숭배는 금송아지 신상을 만든 것보다 더하면 더했지 결코 덜하지 않습니다. 그런데도 이스라엘에서 우상숭배의 대표는 언제나 여로보암입니다. 아예 '여로보암의 죄, 여로보암의 길'이라는 수식어가 별도로 존재할 정도입니다. 원래 비슷한 상황이 반복되면 누군가 한 사람이 총대를 메게 되어있습니다. 비록 성경에 특정한 인물에 대해 특정한 범죄가 기록되어 있다고 해서 그 사람만 특별하게 몰아가는 것이 아닙니다. 성경이 사용하는 샘플의 원리를 생각하시면 이해가 쉬울 것입니다.

하나님은 창조자이시고, 모든 인류는 하나님에 의해 창조되었습니다. 당연히 하나님은 모든 인류를 동일하게 사랑하십니다. 하나님이 창조하신 인류 중에 하나님이 더 사랑하는 민족이나 특별히 아끼시는 나라나 유난히 애지중지하는 사람이 구별되어 존재하지 않습니다. 사단이 아담을 미혹하였을 때 어떤 사람은 죄인이 되고, 어떤 사람은 죄인이 되지 않은 것이 아닙니다. 모든 사람이 다 같이 죄인이 되었습니다. 한 사람도 예외가 없습니다. 아담과 하와 중에 하와가 먼저 선악과를 먹었다고 해서 직접적인 죄인 또는 더 중한 죄인이 아니고, 아담이 나중에 먹었다고 해서 간접적인 죄인 또는 가벼운 죄인이 아닙니다. 인간이 죄인이 된 것에 정도의 차이를 비교하거나 우열을 나눌 수 있는 단 하나의 근거도 없습니다. 당연히 하나님은 모든 죄인을 긍휼히 여기시고, 모든 죄인을 구원하기를 원하십니다.

성경에 선택이라는 용어와 실제 선택이라는 사건이 등장합니다. 사람들은 선택이라는 용어를 접할 때 주로 '선택을 받는 입장'에서 생각하는 경향이 있습니다. 그러면 이어서 선택을 받을 만한 기준, 선택을 받을 만한 자격, 선택을 받을 만한 조건이 연상됩니다. 여러 사람들 중에 가장 뛰어나고, 우수하고, 탁월하고, 좋은 자격을 갖춘 사람이 뽑힌다는 생각입니다. 하지만 이러한 선택의 개념은 성경이나 하나님에게 적용되지 않습니다. 왜냐하면 인간은 모든 사람이 죄인이 되어 모든 사람이 동일한 수준, 동일한 차원, 동일한 조건에 머물러 있기 때문입니다. 하나님께서 아브람을 선택하시고, 결국 아브람의 후손인 이스라엘을 선택하신 것은 아브람이 다른 사람보다 탁월하기 때문이 아니며, 이스라엘이 다른 나라보다 뛰어나기 때문이 아닙니다. 하나님이 이스라엘을 선택하신 이유는 신명기 7장에 정확하게 나옵니다. 6절부터 "너는 여호와 네 하나님의 성민이라 네 하나님 여호와께서 지상 만민 중에서 너를 자기 기업의 백성으로 택하셨나니 여호와께서 너희를 기뻐하시고 너희를 택하심은 너희가 다른 민족보다 수효가 많기 때문이 아니니라 너희는 오히려 모든 민족 중에 가장 적으니라 여호와께서 다만 너희를 사랑하심으로 말미암아, 또는 너희의 조상들에게 하신 맹세를 지키려 하심으로 말미암아"입니다.

자랑하지 말라

선택이 그 사람의 특징과 관련이 없는 오직 하나님이 행하시는 일이기에 성경에서 하나님이 선택하신 것과 관련하여 자주 반복되는 표현이 바로 '자랑하지 말라'는 것입니다. 왜냐하면 자격이 있어서 선택받은 것이 아니기 때문입니다. 출애굽한 이스라엘이 가나안에 정착을 하게 될 것입니다. 하나님은 가나안에 도착도 하기 전에 경고에 경고를 반복하십니다. 장차 가나안에 도착하고 정착하여 살게 될 때에 절대로 하지 말아야 하는 생각과 말을 알려 주셨습니다. 신명기 8장 17절 "그러나 네가 마음에 이르기를 내 능력과 내 손으로 내가 이 재물을 얻었다 말할 것이라 네 하나님 여호와를 기억하라 그가 네게 재물 얻을 능력을 주셨음이라 이같이 하심은 네 조상들에게 맹세하신 언약을 오늘과 같이 이루려 하심이니라", 9장 4절로 5절에 "네 하나님 여호와께서 그들을 네 앞에서 쫓아내신 후에 네가 심중에 이르기를 내 공의로움으로 말미암아 여호와께서 나를 이 땅으로 인도하여 들여서 그것을 차지하게 하셨다 하지 말라 이 민족들이 악함으로 말미암아 여호와께서 그들을 네 앞에서 쫓아내심이니라 네가 가서 그 땅을 차지함은 네 공의로 말미암음도 아니며 네 마음이 정직함으로 말미암음도 아니요 이 민족들이 악함으로 말미암아 네 하나님 여호와께서 그들을 네 앞에서 쫓아내심이라 여호와께서 이같이 하심은 네 조상 아브라함과 이삭과 야곱에게 하신 맹세를 이루려 하심이니라 그러므로 네가 알 것은 네 하나님 여호와께서 네게 이 아름다운 땅을 기업으로 주신 것이 네 공의로 말미암음이 아니니라 너는 목이 곧은 백성이니라"입니다.

인간은 죄인이라는 동일한 수준이요, 그래서 인간의 자격과 조건에 근거한 '선택'이 가능하지 않다면 반대로 인간의 자격과 조건에 근거한 '버림'도 가능하지 않습니다. 즉 특별히 하나님께 저주받고 심판받고 벌 받는 존재가 있을 수 없다는 것입니다. 간혹 사람들은 하나님께서 이스라엘을 선택하셨기에 축복하시고 반대로 애굽은 하나님이 버리시고 징계하신다고 착각합니다. 대단히 위험한 착각입니다. 동일한 패턴으로 개인적으로는 하나님께서 다윗을 선택하셔서 영원한 왕으로 삼아주시고, 여로보암은 특별히 악을 행하였기에 하나님께서 징계하신다고 착각합니다. 대단히 위험한 착각입니다. 하나님께 버림받은 인간이란 존재하지 않기에 우리는 상대방이 어떤 상황에 처할지라도 그를 멸시하거나 조롱할 수 없습니다. 내가 자랑이나 교만할 수 없는 것과 동일하게 상대방을 비난하거나 무시할 수 없습니다.

왕의 행적

일개 노동 감독관이던 여로보암은 하나님이 세워주심으로 북 왕국 이스라엘의 왕이 되었습니다. 하나님의 관심은 '누가 왕이 되느냐?'가 아닙니다. 모두가 죄인이기에 누가 왕이 되든 별 차이가 없습니다. 하나님의 목적은 하나님의 일하심을 통해 죄인들에게 하나님을 알리는 계시입니다. 이스라엘의 역사에서 이미 계시가 충분히 주어졌지만 이스라엘이 배우지 않고 따르지 않고 엉뚱한 짓만 하니까 이미 하나님이 행하셨던 유형과 동일한 계시를 다양한 사건들을 통해 반복하는 것입니다. 그래서 죄인들의 생각에는 도무지 예상하지 않은 인물인 여로보암을 왕이 되게 하신 것입니다. 이때 하나님께서 여로보암에게 특별히 맡기신 사명이 없습니다. 왕권을 유지하기 위해 하나님께서 여로보암에게 엄청난 것을 요구하지도 않으셨습니다. 도리어 정반대로 가장 쉬운 것을 부탁하셨습니다. 단지 하나님의 말씀대로 행하라는 것, 스스로 왕권을 지키려고 쓸데없는 수고를 하지 말고 하나님이 지켜주신다는 약속을 믿고 의지하라는 것뿐입니다.

하지만 여로보암은 일단 왕이 되자 돌변했습니다. 과감히 여호와를 버렸고, 본인이 가장 지혜롭다고 생각하는 방식으로 신상을 만들고 백성들의 마음을 얻으려고 시도했습니다. 하나님을 의지하는 것이 가장 쉽고, 비용도 적게 들고, 보장도 확실한데 거부했습니다. 자기가 하고 싶은 대로 해서 어떻게 되었나 확인해 보았더니 왕위에 있는 동안 남 왕국의 르호보암과 그 아들 아비얌과 대를 이어 전쟁이 계속되었고 이십이 년을 통치하고 죽었습니다. 자기 스스로 왕권을 멋지게 누려보지 못했고, 백성들에게 하나님을 가르치고 계시하는 사역도 전혀 하지 못했습니다. 성경은 여로보암에 대해 다른 왕들과 유사한 표현으로 마무리를 합니다. 남 왕국의 르호보암 왕이 죽었을 때 열왕기상 14장 29절에 "르호보암의 남은 사적과 그가 행한 모든 일은 유다 왕 역대지략에 기록되지 아니하였느냐", 아비얌 왕이 죽었을 때 15장 7절에 "아비얌의 남은 사적과 그 행한 모든 일은 유다 왕 역대지략에 기록되지 아니하였느냐", 아사 왕이 죽었을 때 15장 23절에 "아사의 남은 사적과 모든 권세와 그가 행한 모든 권세와 그가 행한 모든 일과 성읍을 건축한 일이 유다 왕 역대지략에 기록되지 아니하였느냐"라고 했습니다. 여로보암 왕에 대해서도 14장 19절에 "여로보암의 그 남은 행적 곧 그가 어떻게 싸웠는지와 어떻게 다스렸는지는 이스라엘 왕 역대지략에 기록되니라"입니다. 우리는 어떤 왕이 잘한 것이 있고 잘못한 것이 있다고 평가하려고 합니다. 그러나 성경은 사람의 공과를 운운하지 않습니다. 저와 여러분은 성경에서 어떤 사람이 어떤 일을 했는가를 살피는 것이 아니라 하나님께서 어떤 일을 행하시는가, 그 일을 통해 무엇을 가르치시는가를 배워야 합니다.

북 왕국의 두 번째 왕이 여로보암의 아들 나답인데 여로보암에게는 나답 말고 아비야라는 아들이 있었습니다. 14장 1절 "그 때에 여로보암의 아들 아비야가 병든지라"입니다. 그래서 여로보암이 아내를 변장시켜 선지자 아히야에게 보낸 적이 있습니다. 그때 하나님은 여로보암이 하나님을 버렸다고 해서 아예 여로보암과 상종도 하지 않은 것이 아닙니다. 여로보암이 아내를 변장시켜 보냈다고 문전박대하고, 여로보암이나 아내가 아들에 대해 묻는 것에 대해 아무 대답도 해 주지 않은 것이 아닙니다. 인간이 아무리 하나님을 버려도, 아무리 하나님을 속여도 하나님은 인간 사랑하기를 중단하지 않으시며, 인간을 돕는 것을 포기하지 않으시며, 인간에게 계시하고 가르치기를 멈추지 않으십니다. 여로보암의 아내가 아들에 관해 질문하러 왔을 때 하나님께서 선지자 아히야를 통해 하신 대답이 14장 10절 이하입니다. "그러므로 내가 여로보암의 집에 재앙을 내려 여로보암에게 속한 사내는 이스라엘 가운데 매인 자나 놓인 자나 다 끊어 버리되 거름 더미를 쓸어버림 같이 여로보암의 집을 말갛게 쓸어 버릴지라 여로보암에게 속한 자가 성읍에서 죽은즉 개가 먹고 들에서 죽은즉 공중의 새가 먹으리니 이는 여호와께서 말씀하셨음이니라 하셨나니"입니다.

하나님의 계시

만약 하나님께서 여로보암에게 재앙을 내리신다면 이렇게 알려주실 필요가 없습니다. 하나님이 징계를 하실 거면 그냥 당장에 벌을 주시면 됩니다. 그러나 하나님의 목적은 인간을 징계하는 것이 아닙니다. 하나님은 인간이 죄인임을 뻔히 아시는데 인간이 죄를 지었다고 징계를 하실 리가 없습니다. 만약 하나님이 실제로 인간의 죄 때문에 죄인을 징계하셨다면 이스라엘은 열왕기상까지 오기도 전에 이미 지구상에서 사라졌을 것이고, 저와 여러분도 여기에 있지 않을 것입니다. 하나님께서 여로보암에게 말씀하시는 것은 저주를 선언하는 것이 아니라 여로보암을 설득하는 것입니다. 비록 여로보암이 하나님을 버렸지만 자기 아들이 아프자 한편으로는 염치불구하고 여호와를 찾아오고, 다른 한편으로는 그 와중에도 자기 체면을 걱정하여 직접 오지 않고 아내를 보내는데 그것도 변장을 시켜서 보내는 것에 대해 하나님은 여로보암을 대견하게 여겨주십니다. 이유야 어떻든, 명분이야 어떻든, 방법이야 어떻든 여로보암이 여호와를 찾았다고, 여호와를 의지하려고 했다고 가상하게 여겨 주시는 것입니다.

그래서 여로보암의 아들 뿐만이 아니라 그 집안에 장차 일어날 일까지 미리 알려 주십니다. 하나님이 그 집에 재앙을 내리겠다고, 절대로 용서하지 않고 기필코 저주를 내리겠다는 예언이 아니라 현재 여로보암의 행동에 따른 결과를 알려주시는 것입니다. 지금같이 우상을 숭배하고, 죄를 행하면 죄의 결과가 임할 것이라고 경고해 주시는 것입니다. 그래서 빨리 대책을 세우라고, 빨리 피하라고, 어리석은 행동을 지속함으로 직면한 결과를 당하지 말라고, 지금의 행동에서 돌아서서 망하지 말라고 알려주시는 것입니다. 하나님께서 처음에 여로보암에게 '왕이 될 것'을 말씀하셨는데 그 말씀대로 되었습니다. 여로보암이 여호와의 말씀대로 되는 것을 경험했습니다. 그래놓고 하나님을 버렸습니다.

하나님께서는 이번에는 여로보암에게 '집안이 멸망 될 것이라'고 말씀하셨습니다. 그럼 여로보암은 기억해야 합니다. 하나님의 말씀대로 된다는 것을 경험했으니 하나님이 말씀은 언제나 옳다는 것을 기억해야 합니다. 그래서 당장 자신의 행동을 바꾸어야 하고, 자신의 죄를 멈추어야 하고, 자신의 길을 돌아서야 합니다. 자신이 여호와의 길로 행하면 여호와께서는 자신을 지켜주실 것임을 기억했어야 합니다. 처음이 여로보암에게 긍정적인 상황의 가르침이었다면 이번은 여로보암에게 부정적인 상황의 가르침이었습니다. 하나님은 어떤 모양을 통해서든 여로보암을 가르치려고 하셨습니다. 안타깝게도 여로보암은 첫 번째 가르침도 따르지 않았고, 두 번째 가르침도 따르지 않았습니다. 하나님은 가르치셨는데 여로보암은 배우지 않았습니다. 결과가 어떻게 되었을까요? 이 결과와 더불어 이스라엘에 나타난 사건을 연계해서 확인해 보겠습니다.

헛된 것들로

나답

14장 후반부와 15장에는 남 유다의 왕들이 세 명 소개되었고, 15장 후반부와 16장에는 북 이스라엘의 왕들이 여섯 명 소개됩니다. 여로보암이 죽자 두 번째 왕 나답이 이 년 동안 통치합니다. 이때 모반이 일어나서 세 번째 왕 바아사가 이십사 년 동안 다스리고, 네 번째 왕 엘라가 이 년 동안 왕위에 있습니다. 이때 또 모반이 일어나서 다섯 번째 왕 시므리가 칠 일 동안 왕이 됩니다. 이때 또 다시 모반이 일어나서 이스라엘 백성이 둘로 나뉘어 한편에서는 디브니를, 다른 한편에서는 오므리를 왕 삼았다가 여섯 번째 왕으로 오므리가 등극하여 십이 년을 다스립니다. 북 왕국이 세워지고 오므리가 왕이 될 때까지 시간적으로는 불과 육십 년밖에 지나지 않았는데 모반 즉 반역이 세 번 일어나서 왕조가 네 번 바뀌고 왕은 여섯 번이나 바뀝니다.

15장 25절에 따르면 여로보암의 아들 나답이 이스라엘의 왕이 되었는데 26절을 보면 "그가 여호와 보시기에 악을 행하되 그의 아버지의 길로 행하며 그가 이스라엘에게 범하게 한 그 죄 중에 행한지라"입니다. 하나님께서 나답의 아버지 여로보암에게 병든 아들 아비야를 통해 장차 임할 일을 가르쳐 주셨는데 여로보암 왕이 그 행동을 바꾸지 않았고 그 아들 나답 왕도 행동을 바꾸지 않았습니다. 도무지 배우지 않은 것입니다. 그들에게 닥친 일이 27절 "이에 잇사갈 족속 아히야의 아들 바아사가 그를 모반하여 블레셋 사람에게 속한 깁브돈에서 그를 죽였으니 이는 나답과 온 이스라엘이 깁브돈을 에워싸고 있었음이더라"입니다. 이 사건에 하나님이 개입하지 않았습니다. 하나님이 바아사에게 왕이 되게 해주겠다고 약속하지 않았습니다. 바아사의 행동에 대해 성경은 모반이라고 표현합니다. 바아사가 반역을 행한 것입니다. 모반 또는 반역은 선대 왕 또는 왕조를 무너뜨리고 새로운 가문이 새로운 왕조를 세우는 것을 의미합니다. 그렇다면 모반이 일어나면 왕 한 사람만을 죽이는 것이 아니라 왕의 후계자가 되거나 왕족을 이어갈 만한 사람을 모조리 죽이는 것이 상례입니다. 그래서 28절 "유다의 아사 왕 셋째 해에 바아사가 나답을 죽이고 대신하여 왕이 되고 왕이 될 때에 여로보암의 온 집을 쳐서 생명 있는 자를 한 사람도 남기지 아니하고 다 멸하였는데"입니다.

　바아사의 모반은 하나님과는 아무 상관이 없습니다. 그런데 성경은 바아사의 모반으로 인한 결과를 전혀 다른 차원으로 설명합니다. 29절 후반부에 "여호와께서 그의 종 실로 사람 아히야를 통하여 하신 말씀과 같이 되었으니"라고 합니다. 하나님은 여로보암을 징계하는 대신 그 왕조가 돌아서고 치유될 수 있는 길을 알려주신 적이 있습니다. 여로보암의 입장에서 여호와의 경고를 받았을 때 신경이 쓰였을 것입니다. 아마도 나름대로는 대비를 하였을 것입니다. 여러분이 여로보암의 왕족이었다면 행여라도 누군가가 자신들의 집을 말갛게 쓸어버릴 것이라면 과연 누구일 것이라고 예상하시겠습니까? 15장 6절과 7절에 의하면 "르호보암과 여로보암 사이에 사는 날 동안 전쟁이 있었더니 아비얌과 여로보암 사이에도 전쟁이 있으니라"입니다. 사람은 늘 자신의 관점에서만 생각합니다. 왕국을 세운 지 얼마 되지 않았고, 늘 남 왕국과 전쟁을 했으니 모든 위험은 남쪽의 왕이라고 생각했을 것입니다. 처음에는 백성들을 염려하였지만 금송아지 신상을 만들고 신전을 세웠더니 백성들이 모두 예루살렘으로 내려가는 대신 자신이 만든 신상과 신전에서 분향을 했습니다. 다행스럽게도 백성들은 자신을 지지하는 것으로 여긴 것입니다. 여로보암과 나답은 온통 남 왕국과의 전쟁에 몰두하였습니다.

나답은 북 왕국의 두 번째 왕입니다. 그때 남 왕국은 세 번째 왕이 다스리고 있었습니다. 동시에 남북 왕국이 세워졌는데 남쪽은 세 번째 왕이 다스리고 북쪽은 두 번째 왕이 다스리고 있습니다. 외형적으로 어느 쪽이 더 안정되어 있는 것 같습니까? 그때까지만 보면 나라적으로는 북쪽이 안정되어 보이고 왕권으로도 북쪽이 더 강력한 것 같아 보입니다. 나답 왕은 안정되고 강력한 자기 나라에서 모반이 일어나리라고는 예상도 못했을 것입니다. 자기 아버지 때부터 새로운 왕조를 세웠으니 계속 왕권을 이어가면서 왕조로서 명성을 날리고 싶었을 것입니다. 그런데 불과 달랑 이대 만에, 그것도 아버지 여로보암은 이십이 년 정도 통치했지만 나답은 달랑 이년에, 총 이십사 년만에 왕조가 멸문 당했습니다. 여로보암의 모든 노력과 수고는 물거품이 되어 사라져버렸습니다. 사람들은 바아사가 모반을 했다는 것에 관심을 갖지만 성경은 '여호와께서 그의 종 실로 사람 아히야를 통하여 하신 말씀과 같이 되었다'고 선언합니다. 여로보암이 틀렸고 하나님이 옳으셨습니다.

바아사

바아사는 모반을 일으켜서 스스로 왕이 되었습니다. 하나님의 말씀도 없고 도움도 없고 오직 자신의 능력으로 왕이 되었습니다. 모반을 일으킨다는 것은 한편으로는 전임자를 인정하지 않았다는 의미요 다른 한편으로는 자신이 하면 더 잘할 것 같다는 생각이 있는 것입니다. 재미로 모반을 일으키는 사람, 자신이 부족하고 능력이 없다고 생각하면서 모반을 행하는 사람은 없습니다. 그래서 모반을 일으키는 사람의 공통적인 특징은 자신감과 의지와 열정이 넘친다는 것입니다. 아마도 전임자가 행하던 것을 폐기

하거나 자기 방식으로 바꿀 것입니다. 그런데 이번에도 성경은 사람들의 생각과 다른 표현을 합니다. 15장 34절 "바아사가 여호와 보시기에 악을 행하되 여로보암의 길로 행하며 그가 이스라엘에게 범하게 한 그 죄 중에 행하였더라"입니다. 만약 바아사가 여로보암이 행한 대로 했으면 모반을 할 이유가 없었을 것이고, 백성들에게 지지를 받지 못했을 것입니다. 분명 바아사가 새로운 정책을 시행했을 것입니다. 그런데 설령 바아사가 전임자와 다른 조치를 취했을지라도 그것은 본질적으로 여호와를 떠난 행위, 여호와를 의지하지 않는 차원에서는 여로보암의 길과 같은 것입니다. 본인은 다르다고 강조하겠지만 하나님 보시기에는 도진개진에 불과합니다.

성경의 표현을 보는 순간 저와 여러분은 장차 바아사가 어떻게 될지 그 결과를 이미 예상할 수 있습니다. 하나님을 의지하지 않으니 그의 왕권이 안전할 리가 없다는 것입니다. 그래서 하나님은 또 바아사에게 말씀해 주십니다. 저주를 예언하는 것이 아니라 경고의 말씀을 통해 장차 임할 불행한 결과를 피하라는 것입니다. 그것이 16장 2절로 4절 "내가 너를 티끌에서 들어 내 백성 이스라엘 위에 주권자가 되게 하였거늘 네가 여로보암의 길로 행하며 내 백성 이스라엘에게 범죄하게 하여 그들의 죄로 나를 노엽게 하였은즉 내가 너 바아사와 네 집을 쓸어버려 네 집이 느밧의 아들 여로보암의 집 같이 되게 하리니 바아사에게 속한 자가 성읍에서 죽은즉 개가 먹고 그에게 속한 자가 들에서 죽은즉 공중의 새가 먹으리라 하셨더라"입니다. 절대로 저주가 아닙니다. 하나님이 이 말씀을 안하셨으면 이런 일이 안 생길 것인데 이 말씀을 하셔서 이런 일이 생기는 것이 아닙니다.

만약 하나님이 징계를 하실 목적이라면 당대의 왕은 제명대로 살고 다음 왕에게서 이런 일이 발생하도록 하실 이유가 없습니다. 당장에 형벌을 내리시면 됩니다. 그러나 하나님의 경고의 말씀을 들은 왕은 별 일없이 살다가 죽습니다. 죄인이 미련한 것이, 선대 왕이 별일 없이 죽으면 하나님 말씀이 틀린 줄로 압니다. 그래서 자신들의 행동을 고치지 않아서 결국 하나님의 말씀대로 죽음을 당합니다. 도무지 배우지 못하는 죄인들의 전형적인 모습이 반복됩니다. 바아사가 하나님의 경고에도 불구하고 자그마치 이십사 년 동안 다스리다가 죽고 그 아들 엘라가 왕이 됩니다. 엘라는 북 왕국의 초대 왕조인 여로보암 가문이 자기 아버지 바아사의 모반에 의해 멸망당한 것을 보았습니다. 아무리 왕권이 강한들 스스로 왕권을 지키는 것이 얼마나 불가능한지를 이미 보았습니다. 자기 아버지가 반역자이었기에 아마 엘라는 사람에 대한 불신이 있었을 것입니다. 오직 자기의 심복들 이외에는 절대로 믿지 않았을 것입니다.

그런데 9절 "엘라가 디르사에 있어 왕궁 맡은 자 아르사의 집에서 마시고 취할 때에 그 신하 곧 병거 절반을 통솔한 지휘관 시므리가 왕을 모반하여 시므리가 들어가서 그를 쳐죽이고 그를 대신하여 왕이 되니"입니다. 다른 사람을 믿을 수가 없어서 왕궁 맡은 자의 집에서 잔치를 하였는데 그 집에서 자신이 믿고 세운 지휘관의 모반에 의해 죽임을 당합니다. 모반이 일어났으면 단지 왕만 죽이는 것이 아니라고 했습니다. 그래서 11절 "시므리가 왕이 되어 왕위에 오를 때에 바아사의 온 집안사람들을 죽이되 남자는 그의 친족이든지 그의 친구든지 한 사람도 남기지 아니하고 바아사의 온 집을 멸하였는데 선지자 예후를 통하여 바아사를 꾸짖어 하신 여호와의 말씀같이 되었으니"입니다. 선대 왕조를 모반하면서 자신들은 다를 것이라고 생각했겠지만 전혀 다르지 않았습니다. 모반으로 시작한 바아사의 왕조도 달랑 두 명의 왕과 불과 이십육 년 만에 멸절되고 말았습니다. 분명히 여호와께서는 가르쳐주셨는데 바아사는 배우지 않았습니다.

시므리

북 왕국에서 첫 번째 모반을 행한 바아사는 신분이 무엇이었는지 나오지 않습니다. 반면에 두 번째 모반을 행한 시므리는 엘라 왕의 신하로서 병거 절반을 통솔하던 지휘관이었다고 합니다. 참으로 불쌍한 것은 이 시므리는 왕이 된지 불과 칠 일 만에 백성들에게 거부당했다는 점입니다. 시므리를 제거한 사람은 오므리입니다. 한국식으로도 이름이 비슷하고 실제로 히브리어로도 세 글자 중에 첫 자만 다르고 나머지 두 글자는 같습니다. 게다가 두 사람은 직분도 같았습니다. 16절 중간에 보면 “그 날에 이스라엘 무리가 진에서 군대 지휘관 오므리를 이스라엘의 왕으로 삼으매”입니다. 시므리도 병거를 통솔한 지휘관이었고 오므리도 군대 지휘관이었습니다. 15절에 의하면 시므리가 왕이 되었을 때에 블레셋이 쳐들어와서 진을 쳤는데 백성들이 시므리를 거부하고 오므리를 왕으로 추대한 것입니다. 시므리로서는 참 재수가 없어도 억세게 없습니다. 하필 그때 블레셋이 쳐들어 올 것은 또 뭐고, 같은 지휘관 출신에 의해 죽임을 당할 것은 무엇입니까.

그런데 성경의 표현이 정말 재미있는 것은, 시므리가 왕위에 오른 것이 불과 칠 일뿐인데 성경은 시므리에 대해 다른 왕들과 똑같이 표현한다는 것입니다. 19절 “이는 그가 여호와 보시기에 악을 행하여 범죄하였기 때문이니라 그가 여로보암의 길로 행하며 그가 이스라엘에게 죄를 범하게 한 그 죄 중에 행하였더라”입니다. 제가 시므리에 대해 왕으로서의 일곱 시간이 아니라 칠 일을 추측해 보았습니다. 모반을 일으킨 당일은 왕으로 등극하고, 아마도 그 후 이삼일은 바아사의 친족과 친구와 집안을 멸하였을 것이고, 그 후 이삼일은 왕이 된 것을 자축하는 잔치를 베풀었을 것이고 그럼 벌써 사일이 지났고, 그때 블레셋이 쳐들어와서 군사를 모집하는데 하루 이틀 걸리고, 출정해서 진을 치는데 하루 이틀이 걸리면 총 칠 일입니다. 정말 짧은 기간 칠 일 동안에 시므리는 여호와 보시기에 악을 행할 시간도 없고, 여로보암의 길로 행할 여유도 없고, 이스라엘에게 죄를 범하게 할 기회도 없었을 것 같습니다. 그런데 성경은 다른 왕들과 똑같이 표현합니다. 왜냐하면 며칠이 지났느냐, 무엇을 행했느냐를 따지기 전에 여호와를 의지하지 않았다는 차원에서 똑같기 때문입니다.

시므리가 죽은 다음에 잠시 북 왕국이 두 개로 나누어집니다. 16장 21절

"그 때에 이스라엘 백성이 둘로 나뉘어 그 절반은 기낫의 아들 디브니를 따라 그를 왕으로 삼으려 하고 그 절반은 오므리를 따랐더니 오므리를 따른 백성이 기낫의 아들 디브니를 따른 백성을 이긴지라 디브니가 죽으매 오므리가 왕이 되니라"입니다. 새롭게 왕이 된 오므리는 북 왕국에 네 번째 왕조를 세우게 됩니다. 오므리가 십이 년을 통치하는데 결론은 25절 "오므리가 여호와 보시기에 악을 행하여 그 전의 모든 사람보다 더욱 악하게 행하여 느밧의 아들 여로보암의 모든 길로 행하며 그가 이스라엘에게 죄를 범하게 한 그 죄 중에 행하여"입니다. 혹자들은 과연 오므리가 '그 전의 모든 사람보다 더욱 악하게 행한 것'이 무엇일까 궁금해 할 수도 있습니다. 성경은 특정한 행동을 따지지 않고 하나님을 의지하지 않은 것을 똑같은 것으로 여기는 것입니다.

헛된 것들로

모반을 통하여 왕이 된 사람들은 분명 전임자와는 차별화된 정책을 시행했을 것이고, 여하튼 전임자보다 더 열심을 내려고 했을 것입니다. 스스로 왕권을 지키려고 다양한 시도들을 하고 열심을 냈으니 참으로 수고하고 긴장하고 애를 썼을 것입니다. 그런데 성경은 그 수고들에 대하여 전혀 다른 평가를 내립니다. 그것이 13절 중간부의 "또 이스라엘에게 범죄하게 하여 그들의 헛된 것들로"이고 26절의 "그가 이스라엘에게 죄를 범하게 한 그 죄 중에 행하여 그들의 헛된 것들로"입니다. 성경은 인간이 하나님의 말씀을 따르지 않는 것을 미련하다고 선언하고, 하나님을 배제한 채 인간이 행하는 수고를 '헛된 것들'이라고 선언합니다. 어느 왕인들 지혜를 동원하지 않았겠고, 어느 왕인들 열정을 쏟지 않았겠고, 어느 왕인들 노력과 수고를 하지 않았겠습니까? 그런데 죄인들의 지혜는 하나님을 제외하기에 미련하고, 죄인들의 수고는 하나님의 도우심을 제외하기에 결국 헛된 것들에 불과합니다.

하나님은 하나님의 말씀을 따르라고 명령하지 않고 협박하지 않습니다. 다면 역사를 통해 과연 죄인이 옳았는지 하나님이 옳았는지를 보여주십니다. 그리고 또 부탁하고 권고하고 기대하십니다. 인간을 도우시려는 하나님을 알고, 인간을 위하시는 하나님을 알라고 하십니다. 인간이 강조하는 것은 '열심'입니다. 모든 것을 자신이 해야 하기 때문입니다. 기독교에는 하나님이 계시고 성도는 하나님을 아는 자들입니다. 기독교가 강조하는 것은 '은혜'입니다. 모든 것을 하나님이 하셨기 때문입니다. 하나님과 함께 하는 것이 쉽고, 하나님을 따르는 것이 지혜롭고, 하나님의 말씀대로 하는 것이 가장 안전합니다. 하나님 때문에 행복하고 즐겁고 신난 하나님의 자녀의 삶, 성도의 삶을 풍성히 누리시기를 주님의 이름으로 축원합니다.

19

너를 먹이게 하리라

열왕기상 17:1~7

1 길르앗에 우거하는 자 중에 디셉 사람 엘리야가 아합에게 말하되 내가 섬기는 이스라엘의 하나님 여호와께서 살아 계심을 두고 맹세하노니 내 말이 없으면 수 년 동안 비도 이슬도 있지 아니하리라 하니라 2 여호와의 말씀이 엘리야에게 임하여 이르시되 3 너는 여기서 떠나 동쪽으로 가서 요단 앞 그릿 시냇가에 숨고 4 그 시냇물을 마시라 내가 까마귀들에게 명령하여 거기서 너를 먹이게 하리라 5 그가 여호와의 말씀과 같이 하여 곧 가서 요단 앞 그릿 시냇가에 머물매 6 까마귀들이 아침에도 떡과 고기를, 저녁에도 떡과 고기를 가져왔고 그가 시냇물을 마셨으나 7 땅에 비가 내리지 아니하므로 얼마 후에 그 시내가 마르니라

아합

솔로몬의 길

북 왕국 이스라엘의 일곱 번째 왕으로 등극하는 사람이 아합입니다. 그리고 아합은 우리의 기대에 어긋나지 않게 악하게 행동합니다. 열왕기상 16장 30절 "오므리의 아들 아합이 그의 이전의 모든 사람보다 여호와 보시기에 악을 더욱 행하여 느밧의 아들 여로보암의 죄를 따라 행하는 것을 오히려 가볍게 여기며 시돈 사람의 왕 엣바알의 딸 이세벨을 아내로 삼고 가서 바알을 섬겨 예배하고 사마리아에 건축한 바알의 신전 안에 바알을 위하여 제단을 쌓으며 또 아세라 상을 만들었으니 그는 그 이전의 이스라엘

의 모든 왕보다 심히 이스라엘의 하나님 여호와를 노하시게 하였더라"입니다. 성경에 기록된 대로 아합은 솔로몬보다 더 악했고, 여로보암보다 더 악했습니다. 최소 이관 왕입니다. 하나는 이방 여인과의 결혼이고, 또 하나는 바알과 아세라를 위해 신상과 신전을 세운 것입니다. 이 정도면 우상숭배의 챔피언입니다. 이쯤 되면 '여로보암의 죄'라는 표현은 '아합의 죄'라는 표현으로 바뀔 만도 합니다.

사실 이런 악한 행동의 실질적인 원조는 솔로몬입니다. 이방 신을 직수입하여 신상을 만든 것도 솔로몬부터입니다. 또 왕으로서 이방의 여인을 아내로 삼은 것도 솔로몬부터입니다. 솔로몬의 여인들에 대해서는 성경의 기록이 아주 이채롭습니다. 우선 솔로몬의 여인은 후궁이 칠백 명이요 첩이 삼백 명이라고 합니다. 말 그대로 후궁이요 첩이지 아내가 아닙니다. 실제로 솔로몬의 아내라는 호칭을 사용한 사람은 열왕기상 9장 16절에 나오는 대로 애굽 왕 바로의 딸 뿐입니다. 하지만 이 여인도 이름은 나오지 않습니다. 그런데 솔로몬의 여인 중에 이름이 등장하는 것이 딱 한 명입니다. 솔로몬의 아내로 소개되지 않고 솔로몬의 아들의 어머니로 소개됩니다. 그래서 아내인지, 후궁인지, 첩인지는 모릅니다. 여하튼 열왕기상 14장 21절에 "솔로몬의 아들 르호보암은 유다 왕이 되었으니"이고 끝에 "그의 어머니의 이름은 나아마요 암몬 사람이더라"입니다. 조금 더 힌트를 찾아보면 열왕기상 11장 1절에 "솔로몬 왕이 바로의 딸 외에 이방의 많은 여인을 사랑하였으니 곧 모압과 암몬과 에돔과 시돈과 헷 여인이라"입니다. 여기에 암몬의 여인이 나오는데 암몬 여인이 한 명인지 두 명 이상인지는 모르지만 한명이라고 가정할 때 이 여인의 이름이 '나아마'인 것 같습니다.

아합은 금송아지를 만든 것이 아니라 바알과 아세라를 만들었으니 여로보암의 길을 따른 것이 아니라 솔로몬의 길을 따랐고, 16장 31절에 나오는 대로 시돈 사람의 왕 엘바앗의 딸 이세벨을 아내로 삼은 것도 솔로몬의 길을 따랐습니다. 그래도 성경은 아합이 '여로보암의 길'을 따랐다고 합니다.

그럼 왜 성경은 굳이 여로보암의 죄를 고집하는지 궁금하실 것입니다. 그 것은 바로 솔로몬과 여로보암이 왕이 되는 과정의 차이에 있습니다. 냉정 하게 구분하면 솔로몬은 하나님과 무관하게 왕이 되었습니다. 단지 다윗 에 의해, 왕의 아들이라는 명분에 의해, 지혜롭다는 이유에 의해 하나님과 는 아무 상관없이 왕이 되었습니다. 그래서 조금 심하게 표현하면 원천적 으로 하나님은 솔로몬에게 기대하는 것이 없습니다. 솔로몬이 왕이 되는 과정은 온통 다윗과만 연결되어 있습니다. 다윗이 친히 왕으로 뽑아주고, 다윗이 친히 살생부를 만들어주고, 솔로몬의 왕권에 대한 다윗의 기대만 등장합니다. 그래서 하나님의 입장에서는 솔로몬이 이방 여인과 결혼을 하 든지, 이방의 신들을 수입하고 신전을 세우든지 아예 관심이 없는 것입니 다.

여로보암의 길, 다윗의 길

그러나 여로보암은 친히 하나님이 왕으로 세웠습니다. 당연히 하나님은 여로보암에게 왕권을 유지하는 방법도 알려주었습니다. 물론 명령을 한 것은 아닙니다. 철저하게 자유롭게 선택하도록 했습니다. 11장 37절을 보 시면 "내가 너를 취하리니 너는 네 마음에 원하는 대로 다스려 이스라엘 위 에 왕이 되되"입니다. 하나님이 왕 삼아 주는 조건으로 여로보암을 통제하 고 조종한 것이 아닙니다. '네 마음에 원하는 대로 다스려'라고 자유를 주 셨고, 더 나아가 좋은 방법을 알려주신 것입니다. 그것이 38절 "네가 만일 내가 명령한 모든 일에 순종하고 내 길로 행하며 내 눈에 합당한 일을 하며 내 종 다윗이 행함 같이 내 율례와 명령을 지키면 내가 너와 함께 있어 내 가 다윗을 위하여 세운 것 같이 너를 위하여 견고한 집을 세우고 이스라엘 을 네게 주리라"입니다.

여로보암에게는 이렇게 기대를 하셨는데 여로보암이 하나님을 버리고 떠난 것입니다. 그래서 하나님을 떠난 것의 대명사가 '여로보암'이 되는 것입니다. 왕들 중에 악한 왕이 나오면 '여로보암의 길로 행하였다'고 하는데 '여로보암의 길로 행한 것'은 다른 표현으로 하면 '다윗의 길로 행하지 않은 것'이 됩니다. 솔로몬 이후에 나라가 분열될 때에도 그 원인이 다윗같지 않았기 때문입니다. 11장 33절 "이는 그들이 나를 버리고 시돈 사람의 여신 아스다롯과 모압의 신 그모스와 암몬 자손의 신 밀곰을 경배하며 그의 아버지 다윗이 행함 같지 아니하며"입니다. 북 왕국 여로보암의 가문이 멸문을 당하는 것도 14장 8절에 의하면 "너는 내 종 다윗이 내 명령을 지켜 전심으로 나를 따르며 나 보기에 정직한 일만 행하였음과 같지 아니하고"입니다.

그렇다면 여러분은 반대의 경우도 자연스럽게 이해하실 수 있습니다. 왕들 중에 선한 왕이 나오면 '다윗의 길로 행하였다'고 합니다. 열왕기하 18장 3절 "히스기야가 그의 조상 다윗의 모든 행위와 같이 여호와께서 보시기에 정직하게 행하여", 열왕기하 22장 2절 "요시야가 여호와 보시기에 정직히 행하여 그의 조상 다윗의 모든 길로 행하고 좌우로 치우치지 아니하였더라"입니다. 이스라엘의 초대 왕이 사울이지만 사울은 백성들이 자신들의 기준에 맞게 선출한 경우입니다. 하나님이 세우신 왕의 대표가 다윗입니다. 하나님이 다윗을 선택하여 왕으로 세우고 하나님의 말씀에 순종할 것을 기대하셨습니다. 실제로 다윗이 왕이 되기까지는 철저하게 하나님을 의지했고, 왕이 된 후에도 밧세바 사건 전에는 나름대로 신실하게 하나님을 의지했습니다. 그래서 하나님을 순종한 사람의 대명사, 하나님의 말씀대로 행한 사람의 대명사가 다윗이 되는 것입니다. 정리해보면 하나님에 의해 직접 왕으로 세움을 받고, 하나님의 말씀대로 행할 것을 권고받은 사람이 두 사람 즉 하나는 다윗이고 하나는 여로보암인데 다윗은 순종한 경우의 대표이고, 여로보암은 불순종한 경우의 대표가 되는 것입니다.

아합의 행위

본문으로 돌아와서, 아합이 그 누구보다 우상을 섬기며 여호와를 노하시게 하였다고 하는데 그렇다면 아합은 왜 이렇게 우상 숭배에 열을 올렸을까요? 아합의 행동을 이해하시려면 아합의 아버지 오므리에게로 거슬러 올라가야 합니다. 오므리와 시므리는 모두 이스라엘의 엘라 왕 시대에 군대 지휘관이었습니다. 먼저 모반을 일으킨 것은 시므리였는데 무슨 연유에서인지 백성들의 지지를 받지 못했습니다. 엄밀하게 말하면 오므리는 스스로 모반을 일으킨 것이 아니라 백성들에 의해 추대된 경우입니다. 오므리에 의해 이스라엘에 네 번째 왕조가 시작되고, 나라가 분열된 후에 가장 강력한 왕조, 가장 강력한 나라가 됩니다. 이것이 중요합니다. 오므리 왕조 때 이스라엘이 번영하였다는 것입니다. 구약을 연구하는 학자들이 아주 난감해 하는 것이 구약성서의 내용을 뒷받침할 만 한 고고학적 증거가 거의 없다는 것입니다. 다윗과 솔로몬 왕국이 번성했다고 하지만 자료가 남아 있지 않아서 역사성을 의심받고 있습니다. 이때 한 줄기 빛을 제공해 주는 것이 바로 오므리 왕조입니다. 고대 근동의 고고학적 유물에서 이스라엘을 의미하는 것으로 등장하는 것이 바로 비문에 ‘오므리’라는 이름입니다. 그만큼 오므리 왕조가 번성했습니다. 오므리라는 이름마저 없었다면 구약의 역사성은 훨씬 후대로 잡혔을 것입니다.

또 하나 주목할 만한 사건이 열왕기상 16장 24절에 나옵니다. “그가 은 두 달란트로 세멜에게서 사마리아 산을 사고 그 산 위에 성읍을 건축하고 그 건축한 성읍 이름을 그 산 주인이었던 세멜의 이름을 따라 사마리아라 일컬었더라”입니다. 즉 오므리에 의해 북 왕국 이스라엘의 수도로 사마리아가 세워진 것입니다. 북 왕국의 수도는 처음에는 다른 곳이었습니다. 열왕기상 12장 25절 “여로보암이 에브라임 산지에 세겜을 건축하고 거기서 살며 또 거기서 나가서 부느엘을 건축하고”이기에 세겜 또는 부느엘이 중심지였습니다. 15장 33절에 의하면 “유다의 아사 왕 셋째 해에 아히야의 아들 바아사가 디르사에서 모든 이스라엘의 왕이 되어 이십사 년 동안 다스리니라"입니다. 바아사는 모반을 통해 새로운 왕조를 일으켰기에 나라의 중심지를 디르사로 바꾼 것 같습니다. 16장 8절에 의하면 "유다의 아사 왕 제 이십육 년에 바아사의 아들 엘라가 디르사에서 이스라엘의 왕이 되어", 15절에도 "유다의 아사 왕 제 이십칠 년에 시므리가 디르사에서 칠 일 동안 왕이 되니라"이고, 23절에도 "유다의 아사 왕 제 삼십일 년에 오므리가 이스라엘의 왕이 되어 십이 년 동안 왕위에 있으며 디르사에서 육 년 동안 다스리니라"입니다. 바아사 왕, 엘라 왕, 시므리 왕, 오므리 초기 육 년 등 대략 삼십년 동안은 디르사가 수도역할을 했는데 오므리가 사마리아를 건축하고 수도를 천도한 것입니다.

아합이 우상 숭배에 열심을 낸 것은 바로 아버지 오므리부터 진행된 나라의 번성함과 연결된 것입니다. 아합을 비롯한 이스라엘 백성들은 그 동안 구약에서 하나님께 배운 것과 자신들이 역사를 통해 배운 것 중에 역사를 통해 배운 것을 선택한 것입니다. 가나안에 도착해서 처음에 우상을 섬길 때에는 이방에게 압제를 당하기도 했습니다. 그때 하나님이 취한 조치는 사사를 세운 것이고 이스라엘이 취한 조치는 왕을 세우는 것이었습니다. 이스라엘의 생각으로는 결과적으로 왕을 세운 것이 옳아보였습니다. 왜냐하면 사사가 등장해서 이방의 압제로부터 해방시켜 주었지만 나라가 강력하지 못하니까 또 압제받기를 반복했습니다. 그러나 왕이 세워지자 나라가 강건해지고 압제를 받는 것이 아니라 도리어 주변의 민족들을 모두 정복할 수 있었기 때문입니다.

솔로몬 시대에 우상을 많이 수입했습니다. 그렇다고 나라가 망한 것이 아니었습니다. 북 왕국의 경우 여로보암부터 시작해서 왕조가 바뀌든 왕이 바뀌든 우상 숭배는 지속되었습니다. 우상을 섬긴다고 해서 이방에게 압제를 당한 것이 아닙니다. 드디어 오므리 왕조 시대에는 가장 강력한 나라가 되었습니다. 만약 우상 숭배가 잘못된 일이라면 나라가 망해야 합니다. 그런데 나라가 망하기는커녕 강성해지고 있으니 우상 숭배의 효과를 톡톡히 보고 있다고 생각하는 것입니다. 더욱 우상 숭배에 집중하게 되는 것입니다. 현재 나라가 번성하다는 것이 우상을 숭배한 것이 옳다는 증거라고 여기는 것입니다. 자신들을 번성하게 해주는 우상을 버리고 실체도 없는 하나님을 섬겨야할 필요를 느끼지 못하고 있는 것입니다.

여리고 사건

여러분도 아합의 논리에 설득당하면 안 됩니다. 이스라엘이 우상 숭배를 했음에도 불구하고 망하지 않았다는 사실에 용기를 얻으시면 안 됩니다. 정반대로 하나님이 얼마나 인내하시고 절제하시는지 깨달아야 합니다. 만약 하나님께서 이스라엘이 행한대로 갚으시면 이스라엘은 당장에 멸망당할 것입니다. 또한 하나님께서 이스라엘이 행하는 대로 그냥 두셔도 이스라엘은 곧 멸망당할 것입니다. 물론 하나님이 행한 대로 갚거나, 그냥 행하는 대로 두셔도 하나님은 손해 볼 것이 없습니다. 인간의 행동의 결과이기에 하나님이 비난 받을 것도 없습니다. 하지만 하나님은 인간을 사랑하십니다. 어떻게든 하나님은 인간을 도와주시고 인간이 자유와 평화와 안식을 누리며 살기를 원합니다.

그래서 하나님은 한편으로는 이스라엘이 패망하지 않도록 지속적으로 보호하시며, 다른 한편으로는 이스라엘이 하나님을 배울 수 있도록 지속적으로 계시하십니다. 하나님의 계시가 솔로몬 이후 여로보암을 세우신 사건이었고, 또 다른 계시가 본문에 나오는 여리고 사건입니다. 열왕기상 16장 34절 "그 시대에 벧엘 사람 히엘이 여리고를 건축하였는데 그가 그 터를 쌓을 때에 맏아들 아비람을 잃었고 그 성문을 세울 때에 막내 아들 스굽을 잃었으니 여호와께서 눈의 아들 여호수아를 통하여 하신 말씀과 같이 되었더라"입니다. 이 말씀은 여호수아 6장 26절에 있습니다. "여호수아가 그 때에 맹세하게 하여 이르되 누구든지 일어나서 이 여리고 성을 건축하는 자는 여호와 앞에서 저주를 받을 것이라 그 기초를 쌓을 때에 그의 맏아들을 잃을 것이요 그 문을 세울 때에 그의 막내아들을 잃으리라 하였더라"입니다.

　강조점은 '하나님의 말씀은 이루어진다'는 것입니다. 여리고 성과 관련된 말씀이 이루어진다면 다른 하나님의 말씀도 모두 이루어진다는 것입니다. 하나님이 솔로몬에게서 나라를 나누겠다는 말씀도 이루어졌고, 여로보암같은 일개 노동감독관도 왕이 되게 하시겠다는 말씀도 이루어졌고, 하나님의 말씀대로 행하지 않으면 집안이 멸절될 것이라는 말씀도 모두 이루어졌습니다. 그렇다면 '여호와의 말씀대로 행하면 이스라엘이 평안하고 번성하리라'는 말씀도 이루어진다는 것을 배워야 합니다. 그러나 죄인들은 하나님의 계시는 전혀 깨닫지 못하고, 하나님의 보호하심도 전혀 깨닫지 못하고, 엉뚱하게도 하나님은 아무 역할도 하지 못하지만 우상은 자신들을 강성할 수 있도록 도와주고 있다고 생각하고 있습니다. 하나님께서 성질 같으시면 여호와를 떠난 자들이 모두 망하게 두셔야 합니다. 그러나 하나님은 언제나 인간을 도와주시고, 인간을 회복시키기를 원하시기에 인간이 망할 만한 상황에서도 건져내 주시는 것입니다. 하나님은 가르치시는데 죄인은 배우지 않고, 하나님이 보호해주셨는데 아합은 모든 공로를 우상에게 돌리고 있습니다. 이때 하나님의 또 다른 계시가 등장하는 것이 바로 17장 사건입니다.

너를 먹이게 하리라

엘리야의 등장

　17장 1절을 보겠습니다. "길르앗에 우거하는 자 중에 디셉 사람 엘리야가 아합에게 말하되 내가 섬기는 이스라엘의 하나님 여호와께서 살아 계심을 두고 맹세하노니 내 말이 없으면 수 년 동안 비도 이슬도 있지 아니하리라 하니라"입니다. 이것이 그 유명한 엘리야 선지자가 처음 등장하는 장면입니다. 엘리야가 누구입니까? 어떤 사람입니까? 본문에서 엘리야는 사전의 설명도 없이 갑자기, 느닷없이, 뜬금없이, 홀연히 등장합니다. 이런 사람을 요새 말로는 '듣.보.잡!'이라고 합니다. 창세기 3장 이후에, 즉 인간이 타락하여 죄인이 된 이후에 성경에 사람이 등장하면 그 사람은 당연히 죄인이라는 것을 기억하고 계셔야 합니다. 죄인은 하나님에 대하여 모르는 사람입니다. 여기서 엘리야가 등장하지만 엘리야의 거주지 이외에는 정보가 없습니다. 이때 하나님이 세우신 사람이니까 당연히 대단한 사람일 것이라고 오해하시면 안 됩니다. 왜냐하면 인간은 죄인이라는 차원에서 똑같기 때문입니다. 절대로 대단한 사람, 훌륭한 사람, 하나님이 쓰실 만한 사람이 따로 존재하지 않습니다. 반대로 하나님이 계시를 위해 세우시는 사람이니까 아마도 사람들의 생각에는 안 될 만한 사람, 죄인들에게 인정을 받지 못하는 사람일 것으로 예상을 하셔야 합니다. 그리고 그 사람을 통해 계시적 사건이 진행될 것임을 예상하셔야 합니다.

하나님은 성경에 사람을 등장시킬 때에 두 가지 유형을 사용하십니다. 하나는 사역을 시작하기 전에 하나님을 가르치는 작업을 먼저 행하시는 경우입니다. 가장 대표적으로 모세입니다. 모세는 하나님을 처음 만났을 때 하나님에 대하여 모르고 있었습니다. 당연히 하나님이 하시는 말씀을 이해하지 못했습니다. 그래서 하나님께서 말씀으로 가르치고, 이적으로 가르치고, 다양한 방법을 통해 하나님을 알게 하고, 하나님이 하시려는 일을 알게 하셨습니다. 어느 정도 하나님과 하나님의 사역에 대한 이해가 생겼을 때에 하나님이 그를 보내어 사역을 행하게 하시는 경우입니다.

다른 하나는 일단 사역을 시작하고 그 후에 하나님을 가르치는 경우입니다. 가장 대표적 인물이 엘리야입니다. 엘리야는 1절에 등장과 함께 이미 아합에게 하나님의 말씀을 전달했습니다. 엘리야가 하나님의 말씀을 전한다고 해서 하나님을 잘 알고 있는 것이 아닙니다. 왜냐하면 엘리야가 하나님을 배울 수 있는 곳이 없었기 때문입니다. 북 왕국의 경우 초대 왕부터 '여로보암의 죄, 여로보암의 길'로 행하였고, 이후의 모든 왕들이 다 '여로보암의 죄'를 따랐고, 특별히 오므리는 16장 25, 26절에 나오는 대로 "오므리가 여호와 보시기에 악을 행하되 그 전의 모든 사람보다 더욱 악하게 행하여 느밧의 아들 여로보암의 모든 길로 행하며 그가 이스라엘에게 죄를 범하게 한 그 죄 중에 행하여 그들의 헛된 것들로 이스라엘의 하나님 여호와를 노하시게 하였더라"이고, 아합은 30절 "오므리의 아들 아합이 그의 이전의 모든 사람보다 여호와 보시기에 악을 더욱 행하여", 33절 "그는 그 이전의 이스라엘의 모든 왕보다 심히 이스라엘 하나님 여호와를 노하시게 하였더라"였습니다. 주변의 모든 사람들이, 왕으로부터 온 백성들이 우상을 섬기는 일에 전념하고 있었기에 하나님을 가르쳐 줄 사람이 없습니다. 당연히 엘리야가 하나님을 모릅니다. 일단 하나님이 엘리야를 찾아오셔서 아합 왕에게 가서 말을 하라고 하니까 가서 말하기는 했는데 자기가 말한 것이 무슨 의미인지도 모르고, 자신에게 말씀을 하신 분이 누구인지도 잘 모르는 것입니다. 그래서 17장 2절부터 하나님이 엘리야를 가르치는 장면이 나오는 것입니다.

가서, 숨고

2절을 보겠습니다. "여호와의 말씀이 엘리야에게 임하여 이르시되 너는 여기서 떠나 동쪽으로 가서 요단 앞 그릿 시냇가에 숨고 그 시냇물을 마시라"입니다. 간단히 말하면 '도망가라'입니다. 도망가야 하는 이유는 1절에서 '죽을 짓'을 했기 때문입니다. 잘 아시다시피 이스라엘 지역은 강수량이 많지 않습니다. 바람과 비를 주관하는 바알이 가나안 지역의 대표적 우상인 이유도 비가 그만큼 중요하기 때문입니다. 그런데 아합 왕과 이스라엘 백성의 관점에서 본다면, 느닷없이 나타난 어떤 사람이 갑자기 '내 말이 없으면 수 년 동안 비도 이슬도 있지 아니하리라'고 했습니다. 이 사람의 말의 신빙성의 여부와 관계없이 그런 말은 매우 위험한 말입니다. 하루 이틀도 아니고, 한두 달도 아니고, 한두 해도 아니고 얼마인지도 모르는 '수년 동안' 비도 이슬도 내리지 않는다면 사람들의 생존이 위험해 집니다. 빈말이라도 그런 말을 해서는 안 됩니다.

그런데 이스라엘이 평상시에 그렇게 멀리했던 하나님, 이스라엘에게 유익한 일은 별로 행하지 않고 주로 불행한 일만 임하게 했던 여호와, 그래서 이전의 왕부터 계속하여 이스라엘이 버린 하나님의 이름을 운운하며, 아니나 다를까 또 이스라엘을 위험에 빠지게 할 만한 예언을 하는 이 사람을 그냥 둘리가 없습니다. 아합이 살고 있는 곳은 북 이스라엘의 수도 사마리아이기에 하나님은 엘리야에게 '동쪽으로 가서 요단 앞 그릿 시냇가에 숨으라'고 하십니다. 제가 예상하기로는 하나님이 이렇게 도망가서 숨으라고 하지 않았어도 엘리야는 진즉에 멀리 도망갔을 것입니다. 이런 구절을 보면서 드는 생각은 하나님은 참 리얼하시다는 것입니다. 인간의 방식과 다르다는 것입니다. 종종 사람들은 사명감과 책임감을 과도하게 강조합니다. 그래서 나오는 표현이 '죽음을 불사하고', '내 목숨을 소중히 여기지 아니하고', '온 몸을 불살라' 등입니다. 또는 '안 되면 되게 하라', '수단과 방법을 가리지 말고 완수하라', '성공하지 않으면 살아서 돌아오지 않으리라' 등입니다. 참 멋있는 표현인데 지극히 비인간적입니다. 생명과 일 중에 일이 우선이라는 비인격적, 선동적 문구들입니다.

하나님은 아주 자연스럽습니다. 위험한 상황이 닥치니까 도망가라는 것입니다. 숨으라는 것입니다. 아주 인간적입니다. 예수님도 지극히 인간의 목숨을 존중하는 말씀을 하셨습니다. 마태복음 16장 26절 "사람이 만일 온 천하를 얻고도 제 목숨을 잃으면 무엇이 유익하리요 사람이 무엇을 주고 제 목숨과 바꾸겠느냐"입니다. 제발 사명이라는 이름으로 성경과 다른 표현을 남발하지 마시기 바랍니다. 물론 지금 중요한 것은 단순히 도망가는 것이 아닙니다. 지금 필요한 것은 스피드가 아니라 '하나님의 계시'입니다.

이 과정을 통해 엘리야가 하나님을 배워야 다음 18장에 나오는 바알의 선지자들과 대결을 펼칠 수 있습니다. 하나님은 18장의 메인 이벤트를 진행하기 위하여 17장에서 세 가지 사건을 통해 엘리야에게 하나님을 가르치는 계시를 진행하고 계십니다. 17장 1절로 7절에 까마귀 사건, 8절로 16절에 기름 병 사건, 17절로 24절에 과부의 아들 사건이 펼쳐집니다. 17장이 없다면 18장은 전개될 수 없습니다. 여러분도 17장을 배우지 않으면 18장의 사건을 이해할 수 없습니다.

너를 먹이게 하리라

하나님께서 엘리야를 가르치는 사건이 4절입니다. 도망치는 엘리야가 먹거리를 준비했을 리가 없습니다. 설령 준비했다 할지라도 기껏해야 며칠 분에 불과할 것입니다. 이때 하나님은 엘리야가 아예 상상도 못하는 방법을 동원하십니다. 여러분에게 여쭤보겠습니다. 지금 이 순간에 하나님은 엘리야가 1절에서 아합에게 전한 말보다 더 황당한 말씀을 하셔야 합니까, 덜 황당한 말씀을 하셔야 합니까? 정답은 더 황당한 말씀입니다. 엘리야가 1절에서 자기가 말한 것을 자기도 믿지 못하고 있는 상황에서 그것보다 못한 계시가 등장하면 설득당하지 않습니다. 수년 동안 비도 이슬도 내리지 않을 것이라는 말도 황당한데 이번에는 황당함을 넘어서서 아예 말도 안 되고, 아예 그림도 그려지지 않고, 아예 상상조차도 안 되는, 하도 어이가 없어서 신경을 쓸 만한 일고의 가치도 없는, 허무맹랑한 것을 훨씬 뛰어넘는 말씀이어야 합니다. 그런 말씀을 하시고 그 말씀대로 이루어지는 것을 경험해야 엘리야가 다른 말씀도 조금이나마 이해할 수 있습니다. 그 말씀이 4절 "내가 까마귀들에게 명령하여 거기서 너를 먹이게 하리라"입니다. 이 말씀을 들으시는 순간 까마귀가 새롭게 보이실 것입니다.

성경을 읽는 대부분의 사람들이 여기서 '이것은 말도 안 된다'는 반응을 보입니다. 그런 분들에게 제가 여쭤보겠습니다. '다른 것은 말이 됩니까?'

성경을 읽고 '말도 안 된다, 엉터리다, 도무지 설득력이 없다'고 불평하는 분들은 성경의 의도를 전혀 모르는 것입니다. 성경의 가장 본질적인 의도는 '죄인들의 생각, 죄적인 사고, 가치, 기준, 원리, 방법'을 깨뜨리는 것입니다. 그래서 성경은 대체적으로 죄인들의 생각에는 도무지 가능성이 없는 일들만 골라서 일어나고, 도무지 저런 사람이면 안 될 것 같은 사람들만 골라서 세우고, 도무지 해결의 여지가 보이지 않는 방법만 골라서 행하는 것입니다. 그래서 성경을 보다가 '말도 안 된다, 엉터리다, 도무지 설득력이 없다'고 불평을 할 것이 아니라 잠시 뒤에 그 일이 이루어진 것을 보고서 '이게 도대체 어떻게 가능하냐?, 도대체 누가 이렇게 행했느냐?'고 궁금해 해야 합니다. 그러면 성경은 아주 나지막한 목소리로 '하나님이 하셨다!'라고 대답해 줄 것입니다. 성경이 이러한 방식을 사용하는 것은 하나님이 엽기적인 분이어서가 아니라 바로 죄인들 때문입니다.

까마귀

4절을 다시 보면 "내가 까마귀들에게 명령하여 거기서 너를 먹이게 하리라"인데 핵심은 '까마귀'가 아니라 '내가'입니다. 하나님이 엘리야를 책임진다는 것입니다. 엘리야를 지키고 보호하고 때를 따라 먹을 것을 공급하겠다는 것입니다. 엘리야를 위해서는 필요하다면 까마귀를 동원해서라도 돌보시겠다는 의미입니다. 이 말씀을 듣는 순간 엘리야는 '이젠 죽었다'고 생각했을 것입니다. 1절에서 아합에게 말을 할 때에는 '맞아 죽겠다'고 생각했을 것이고 4절에서는 '굶어죽겠다'고 생각했을 것입니다. 까마귀를 통해 사람이 음식을 얻어먹었다는 이야기를 들은 적도 없고 상상도 해본 적이 없었기 때문입니다. 이 장면에서 하나님을 모르는 사람과 아는 사람의 반응이 달라지는 것입니다. 하나님을 모르는 사람은 절망을 하게 되고, 하나님을 아는 사람은 기대를 하게 됩니다. 불행하게도 엘리야는 하나님을 모르고 있으니 안절부절 했을 것입니다. 그런데 6절 "까마귀들이 아침에도 떡과 고기를, 저녁에도 떡과 고기를 가져왔고”입니다. 갑자기 이런 까마귀를 기르고 싶다는 생각을 하시면 안 됩니다. 지금 중요한 것은 까마귀가 아니라 ‘하나님’입니다.

사람은 각자의 상황과 생각이 가지가지라 성경을 읽으면서 은혜 받는 사건이나 구절도 너무나 다양합니다. 어떤 분은 성경에서 가장 살만한 곳이 광야랍니다. 광야에서 살고 싶답니다. 먹을 것을 걱정하지 않았기 때문입니다. 하나님은 광야에서만 먹거리를 제공하신 것이 아니라 태초부터 지금까지 인간에게 계속하여 풍성하게 먹거리를 제공하고 계십니다. 이런 분이 만약 광야에 살게 된다면 얼마 안 지나서 이스라엘 백성이 했던 것과 똑같이 ‘부추가 먹고 싶고, 마늘이 먹고 싶다’고 하실 것입니다. 또 어떤 분은 성경에서 갖고 싶은 것이 딱 하나 있다고 하십니다. 모세의 지팡이랍니다. 지팡이가 요술지팡이기 때문입니다. 뱀도 됐다가 지팡이도 됐다가, 지팡이를 들고 외치면 바다도 갈라지고, 먼지가 이가 되기도 하고, 우박이 내리기도 했기 때문입니다. 실제로 이와 비슷한 소망을 가진 사람이 있었습니다. 사도행전 8장을 보면 빌립이 사마리아 지역에서 복음을 전하고 후에 베드로와 요한이 와서 안수하니까 성령이 임했습니다. 그것을 본 마술사 시몬이 말하기를 18절 “시몬이 사도들의 안수로 성령 받는 것을 보고 돈을 드려 이르되 이 권능을 내게도 주어 누구든지 내가 안수하는 사람은 성령을 받게 하여 주소서 하니”입니다. 만약 이런 식이라면 저는 검소하게 ‘바울의 손수건’ 정도만 구하겠습니다. 중요한 것은 까마귀가 아니고, 지팡이가 아니고, 안수하는 능력이 아니라 하나님입니다.

6절 끝에서부터 보시면 “그가 시냇물을 마셨으나 땅에 비가 내리지 아니하므로 얼마 후에 그 시내가 마르니라”입니다. 시냇물은 비가 안 온다고 그 다음날 마르는 것이 아닙니다. 비가 안 와도 며칠은 시내가 흐릅니다. 그러므로 엘리야는 적어도 며칠, 길게는 몇 주간 동안 까마귀를 통한 공급을 받은 것입니다. 매일매일 까마귀가 날라다 주는 떡과 고기를 먹으면서 엘리야가 하나님을 배워야 합니다. 하나님의 말씀이 실제로 이루어진다는 것을 배워야 합니다. 하나님은 말씀하시면 그 말씀대로 이루시는 분이라는 사실을 배워야 합니다. 그래서 하나님은 단지 한 끼가 아니라, 단지 하루가 아니라 수일 동안 까마귀를 통해 공급하십니다. 1절에서 엘리야가 '수 년 동안 비도 이슬도 있지 아니하리라'고 했기 때문입니다. 만약 하루나 이틀이라면 우연이라고 생각할 수도 있습니다. 그래서 엘리야부터 자신에게 발생한 상황이 우연이 아니라 하나님의 역사임을 분명히 알게 하시는 것입니다.

기독교는 성도를 교육시켜서 하나님의 일을 맡기는 종교가 아닙니다. 기독교는 성도를 강한 그리스도의 군사로 양성해서 하나님의 사명을 감당하게 만드는 종교가 아닙니다. 기독교는 성도에게 하나님을 알게 해서 죄를 이김으로 성도가 자유와 평화와 안식과 행복을 누리며 살게 하는 종교입니다. 하나님을 아시고, 하나님의 은혜를 아시고, 하나님의 원리를 아셔서 삶 가운데 하나님의 복락을 풍성히 누리며 사시기를 주님의 이름으로 축원합니다.

20

여호와께서 들으시므로

열왕기상 17:8~24

8 여호와의 말씀이 엘리야에게 임하여 이르시되 9 너는 일어나 시돈에 속한 사르밧으로 가서 거기 머물라 내가 그 곳 과부에게 명령하여 네게 음식을 주게 하였느니라 10 그가 일어나 사르밧으로 가서 성문에 이를 때에 한 과부가 그 곳에서 나뭇가지를 줍는지라 이에 불러 이르되 청하건대 그릇에 물을 조금 가져다가 내가 마시게 하라 11 그가 가지러 갈 때에 엘리야가 그를 불러 이르되 청하건대 네 손의 떡 한 조각을 내게로 가져오라 12 그가 이르되 당신의 하나님 여호와께서 살아 계심을 두고 맹세하노니 나는 떡이 없고 다만 통에 가루 한 움큼과 병에 기름 조금 뿐이라 내가 나뭇가지 둘을 주워다가 나와 내 아들을 위하여 음식을 만들어 먹고 그 후에는 죽으리라 13 엘리야가 그에게 이르되 두려워하지 말고 가서 네 말대로 하려니와 먼저 그것으로 나를 위하여 작은 떡 한 개를 만들어 내게로 가져오고 그 후에 너와 네 아들을 위하여 만들라 14 이스라엘의 하나님 여호와의 말씀이 나 여호와가 비를 지면에 내리는 날까지 그 통의 가루가 떨어지지 아니하고 그 병의 기름이 없어지지 아니하리라 하셨느니라 15 그가 가서 엘리야의 말대로 하였더니 그와 엘리야와 그의 식구가 여러 날 먹었으나 16 여호와께서 엘리야를 통하여 하신 말씀 같이 통의 가루가 떨어지지 아니하고 병의 기름이 없어지지 아니하니라 17 이 일 후에 그 집 주인 되는 여인의 아들이 병들어 증세가 심히 위중하다가 숨이 끊어진지라 18 여인이 엘리야에게 이르되 하나님의 사람이여 당신이 나와 더불어 무슨 상관이 있기로 내 죄를 생각나게 하고 또 내 아들을 죽게 하려고 내게 오셨나이까 19 엘리야가 그에게 그의 아들을 달라 하여 그를 그 여인의 품에서 받아 안고 자기가 거처하는 다락에 올라가서 자기 침상에 누이고 20 여호와께 부르짖어 이르되 내 하나님 여호와여 주께서 또 내가 우거하는 집 과부에게 재앙을 내리사 그 아들이 죽게 하셨나이까 하고 21 그 아이 위에 몸을 세 번 펴서 엎드리고 여호와께 부르짖어 이르되 내 하나님 여호와여 원하건대 이 아이의 혼으로 그의 몸에 돌아오게 하옵소서 하니 22 여호와께서 엘리야의 소리를 들으시므로 그 아이의 혼이 몸으로 돌아오고 살아난지라 23 엘리야가 그 아이를

안고 다락에서 방으로 내려가서 그의 어머니에게 주며 이르되 보라 네 아들이 살아났느니라 24 여인이 엘리야에게 이르되 내가 이제야 당신은 하나님의 사람이시요 당신의 입에 있는 여호와의 말씀이 진실한 줄 아노라 하니라

하나님의 계시

신 개념

어느 추운 겨울 날 한 중년 부인이 시장에 갔습니다. 한쪽에 어린 아이가 외투도 없이 추위에 떨고 있었습니다. 부인이 '외투가 없느냐?'고 묻자 아이는 '하나님께 외투를 달라고 기도했다'고 대답했습니다. 아이를 불쌍히 여긴 여인이 아이를 데리고 가게에 들어가서 외투와 장갑 등을 사 주었습니다. 그러자 외투를 달라고 하나님께 기도한 것이 응답되었다고 생각한 아이가 부인을 쳐다보면서 한 말이 '아줌마가 하나님의 부인이세요?'였답니다.

고대 근동의 여러 나라들과 이스라엘에 지속적으로 자리 잡고 있던 신에 대한 개념 중의 하나가 바로 신의 남성성과 여성성이었습니다. 대표적으로 바알이라는 남성 신과 아세라라는 여성 신입니다. 여호와가 지속적으로 거부를 당한 이유가 한편으로는 형상이 없다는 것이요 다른 한편으로는 부인이 없다는 것이었습니다. 이 말은 다른 의미로는 하나님이 남성 신으로 간주되었다는 것입니다. 기독교에 성부와 성자라는 표현이 있습니다. 하나님에게 사용되는 '아버지'와 '아들'은 같은 기원, 같은 내용, 같은 원리 즉 동질성을 의미하는 것이지 남성이나 여성을 의미하지 않고 1세대나 2세대의 서열을 의미하지 않습니다. 하나님 아버지가 있다고 해서 하나님 어머니가 있고 하나님 아들이 있다고 생각하는 것은 성경을 완벽하게 왜곡하는 것입니다. 안타깝게도 기독교에 성부, 성자, 성모 등의 개념이 종종 잘못 이해되고 잘못 사용되고 있습니다.

하나님을 남성으로 오해하기에 성경을 '가부장적'으로 오해합니다. '가

부장적'이라는 표현은 가정이 아버지를 중심으로 운영된다는 표현인데 여기서 아버지는 남성이요, 지배자를 의미합니다. 즉 성경에 등장하는 하나님이 신과 인간의 관계에서 신 중심적이요 권위주의적일 뿐 인간 친화적이지 않다는 것이요, 남자와 여자의 관점에서 지극히 남성 중심적으로 행동하기에 전혀 공평하지 않다는 것이요, 사회 계층적인 관점에서는 왕이나 통치자 또는 지배 계층에게 유리하게 활동함으로 전혀 정의롭지 않다는 것입니다. 그래서 성경이나 기독교가 강조하는 하나님을 따를 수 없다는 주장입니다. 그래서 하나님 아버지에 상응하는 '하나님 어머니'가 등장하고, 만왕의 왕인 예수 대신에 '민중 예수'가 등장하기도 합니다. 그런데 한 가지 재미있는 것은 일반인들이 만든 영화 중에 신이 등장하는 경우가 있는데 주로 남성이 신의 역할을 합니다. 자기들이 비난을 하면서도 신은 남성이 더 잘 어울린다고 생각하는 것 같습니다.

자상하신 하나님

저는 세상 사람들이 성경을 비난하는 것에 대해서는 전혀 불만이 없습니다. 성경을 모르기에, 하나님을 모르기에 어쩌면 당연히 예상할 수 있는 반응이기 때문입니다. 저와 여러분이 관심을 가져야 하는 것은 기독교의 표현, 목사가 설교할 때에 사용하는 표현이나 성도들이 간증이나 대화할 때의 표현을 아주 신중하게 해야 한다는 것입니다. 가장 기본적으로 성경의 사건들을 정말 차분하고 섬세하고 치밀하게 점검해야 합니다. 신과 인간의 관계에서 하나님은 절대로 신 중심적으로, 권위적으로, 독재적으로, 아주 심하게 표현해서 폭력적으로 활동하지 않습니다. 실제로 성경을 읽어보면 하나님이 말씀하실 때에 너무나 강압적이어서 인간이 두려움에 떠는 모습이 거의 없습니다. 하나님이 말씀하신 내용이 너무나 준엄하여서 감히 대항하지 못하고 공포감에 사로잡힌 채 어떻게든 하나님의 명령에 순종하려고 노력하는 모습도 거의 없습니다. 도리어 인간이 너무나 쉽게 신을 버리고 부인하고, 인간은 너무나 태연하게 신의 말씀을 무시해버립니다. 하나님은 인간을 도와주는데 정작 도움을 받는 인간이 하나님을 거부합니다. 그러면 하나님은 또 자존심도 없이 인간을 찾아 나서고, 이런저런 사역을 통해 인간에게 하나님을 알리시려고 애쓰십니다. 성경에서는 인간이 '갑'이고 하나님이 '을'입니다.

엘리야가 등장하는 나라는 북 왕국 이스라엘이고, 시기는 왕조로 보면 네 번째인 오므리 왕조이고, 왕으로 보면 일곱 번째인 아합이 통치하던 때이고, 종교적으로 보면 바알과 아세라가 득세하던 때입니다. 솔로몬부터 시작하여 여로보암을 거쳐 아합에 이를 때까지 이스라엘은 일관되게 하나님을 버렸고, 지속적으로 바알과 아세라를 섬겼습니다. 그러나 하나님은 단 한 번도 인간을 저주하지 않았고, 강압적으로 인간의 선택을 제한하거나, 폭력적으로 하나님만을 섬길 것을 요구하지 않았습니다. 열왕기상 17장부터 등장하는 엘리야와 관계된 사역도 하나님의 권세와 위엄에서부터 시작되지 않습니다. 도리어 하나님이 엘리야를 얼르고 달래는 사건으로 시작됩니다. 하나님이 인간에게 이런저런 방법을 통해 하나님을 알리는 것을 계시라고 합니다. 하나님이 엘리야에게 행한 첫 번째 계시가 까마귀 사건이었습니다.

성경에 스케일이 큰 사건이 등장하고 당연히 그 사건과 관련된 사람이 등장하는 경우가 있습니다. 이때 사건의 스케일이 크다고 해서 등장인물이 막중한 역할을 하거나, 혹시 비중이 많지 않다면 결정적인 역할을 했을 것으로 생각한다면 아주 막중한 오해입니다. 17장에서 일단 1절이 진행되었고 2절부터 7절을 파악해보면 엘리야가 할 일과 하나님이 하실 일이 각각 등장합니다. 엘리야가 할 일은 3절에 나오는 대로 '가서, 숨고, 마시라'입니다. 하나님이 하실 일은 4절에 나오는 대로 '내가 까마귀들에게 명령하여 거기서 너를 먹이게 하리라'입니다. 엘리야가 할 일이 많은 것이 아니라 하나님이 할 일이 많습니다. 엘리야가 까마귀를 조련하고 식량을 구해오도록 만들어야 하는 것이 아니라 하나님이 까마귀들을 불러 모아야 하고, 그 까마귀들이 아침과 저녁마다 음식을 나르게 해야 하고, 그것도 단순히 음식인 것만이 아니라 메뉴도 떡과 고기로 영양의 균형까지 맞춘 식단으로 준비하도록 하셔야 합니다. 온통 하나님이 하실 일만 가득 차 있습니다. 이 순간에 엘리야가 할 일은 외형적으로는 떡과 고기를 먹는 것이요, 내용적으로는 하나님의 일하심을 경험하는 것입니다. 하나님은 말씀하시는 분이라는 사실, 하나님은 말씀하신 대로 행하신다는 사실, 하나님은 엘리야 자신이 생각하고 예상하고 기대하는 것을 훨씬 넘어서는 분이라는 사실 등을 배우고 기억해야 합니다.

엘리야의 이동

하나님께서 엘리야에게 행하시는 두 번째 계시가 8절부터입니다. 하나님은 절대로 조급하지 않습니다. 계시 한 번 해 주시고 빨리 일하라고 윽박지르지 않습니다. 도리어 하나님은 여유가 있으시고 동시에 위트 또는 유머도 있으십니다. 엘리야가 몇날 며칠을 까마귀가 가져다주는 떡과 고기만 먹었습니다. 그래서 하나님은 이번에는 장소도 바꾸어주고 메뉴도 바꾸어 주십니다. 물론 목적은 하나님을 알리는 계시입니다. 이번에도 까마귀사건과 동일하게 엘리야가 할 일과 하나님이 할 일이 각각 등장합니다. 8절과 9절을 읽어보면 "여호와의 말씀이 엘리야에게 임하여 이르시되 너는 일어나 시돈에 속한 사르밧으로 가서 거기 머물라 내가 그 곳 과부에게 명령하여 네게 음식을 주게 하였느니라"입니다. 이번에도 엘리야가 할 일은 '가는 것과 머무는 것'입니다. 하나님이 하실 일은 '그 곳 과부에게 명령하여 엘리야에게 음식물을 주게 하는 것'입니다. 누가 쉽습니까? 당연히 엘리야가 쉽습니다. 누가 수고해야 합니까? 당연히 하나님이 수고해야 합니다. 성경에 나오는 대부분의 사건은 사람이 이루어내는 것이 아니라 하나님이 이루어내십니다. 하나씩 점검해 보겠습니다.

　첫 번째, 엘리야가 머무는 장소가 변합니다. 17장 1절에 의하면 엘리야는 길르앗 지역의 디셉이라는 동네에 거주했습니다. 아합 왕에게 하나님의 말씀을 전했는데 아합 왕이 머무는 곳이 수도 사마리아였으니 한번 이동을 했습니다. 사마리아는 디셉의 서쪽에 있고 이스라엘의 수도였으니 엘리야로서는 대도시를 방문한 셈입니다. 그리고 3절에 의하면 '여기서 떠나 동쪽으로 가서 요단 앞 그릿 시냇가'로 다시 이동을 했습니다. 앞서 서쪽으로 갔었기에 동쪽으로 온 것은 원래 고향 근처로 되돌아 온 것입니다. 요단 강 근처에 있어서 시냇물을 마셨는데 하나님 말씀대로 비가 내리지 않아서 시내가 마르게 되었습니다. 그러나 하나님은 다시 엘리야를 이동시키는데 9절에 의하면 시돈에 속한 사르밧으로 가라고 하십니다. 북쪽 사르밧으로 이동하는 것은 매우 당황스러운 일입니다. 왜냐하면 일단 사르밧은 이스라엘의 영역을 넘어서는 지역입니다. 이스라엘 북쪽의 해변 지역이고, 특별히 아합의 부인 이세벨의 본국입니다. 아합 왕에게 불편한 말을 선포하고 도망치는 엘리야의 입장에서는 가급적이면 가고 싶지 않은 지역일 것입니다. 그러나 하나님의 관점에서는 비가 안와서 시내가 마르는 상황이기에 아예 물 걱정이 없도록 바닷가 지역으로 옮기게 하는 배려입니다.

　두 번째, 엘리야는 단순히 식량을 공급받던 까마귀 사건과는 달리 사르밧 여인과 대화를 하고 일정한 과정을 거치게 됩니다. 엘리야가 하나님의 계시에 조금 더 구체적으로 연결되는 장면입니다. 10절 "그가 일어나 사르밧으로 가서 성문에 이를 때에 한 과부가 그 곳에서 나뭇가지를 줍는지라 이에 불러 이르되 청하건대 그릇에 물을 조금 가져다가 내가 마시게 하라 그가 가지러 갈 때에 엘리야가 그를 불러 이르되 청하건대 네 손의 떡 한 조각을 내게로 가져오라"입니다. 이 소리를 들은 과부의 입장에서는 참으로 황당한 소리입니다. 그런데 사정을 듣고 보니 이 여인의 사정은 더 난감합니다. 12절 "그가 이르되 당신의 하나님 여호와께서 살아 계심을 두고 맹세하노니 나는 떡이 없고 다만 통에 가루 한 움큼과 병에 기름 조금뿐이라 내가 나뭇가지 둘을 주워다가 나와 내 아들을 위하여 음식을 만들어 먹고 그 후에는 죽으리라"입니다. 이 말을 한 사람이 과부입니다. 성경에서 과부와 고아는 가난의 상징이요 사회적 약자의 대표입니다. 과연 이 과부도 양식이 떨어져서 먹을 것이 없는 상태입니다.

만약 성경을 읽을 때에 앞과 뒤를 고려하지 않고 이 본문만 따로 떼어서 읽으면 엘리야는 아주 나쁜 사람이 됩니다. 느닷없이 다른 지역에 불쑥 등장하자마자 나뭇가지를 줍고 있는, 누가 봐도 약자인 여자에게 물 떠오라고 시키고, 떡까지 가져 오라고 시키는 부랑아요 조폭에도 미치지 못하는 양아치 같은 사람입니다. 과연 하나님이 가부장적이라, 하나님의 사람도 이렇게 무례하고 폭력적으로 행동한다고 말하면 정말 안 됩니다. 누군가 그렇게 말한다면 성경을 오해하는 정도가 아니라 악의적으로 성경을 왜곡하는 것입니다.

여인의 행동

엘리야는 그릿 시냇가에서 하나님의 공급하심을 체험한 적이 있습니다. 만약 그 경험이 없었다면 이스라엘 영토를 벗어나 이세벨의 본국인 시돈의 사르밧까지 오지 않았을 것입니다. 물론 시내물이 말라서 어차피 옮겨야 하는 상황이기도 했지만, 그래도 하나님의 공급하심이 있었고, 과연 까마귀를 통해서 먹이겠다던 말씀이 실제로 이루어지는 것을 경험했기에 사르밧까지 올수 있었습니다. 과부의 항변에 대해 엘리야는 폭력적으로 윽박지르는 것이 아니라 자신이 경험한 하나님과 자신에게 하신 하나님의 말씀을 전달해줍니다. 그것이 13절과 14절 "엘리야가 그에게 이르되 두려워하지 말고 가서 네 말대로 하려니와 먼저 그것으로 나를 위하여 작은 떡 한 개를 만들어 내게로 가져오고 그 후에 너와 네 아들을 위하여 만들라 이스라엘의 하나님 여호와의 말씀이 나 여호와가 비를 지면에 내리는 날까지 그 통의 가루가 떨어지지 아니하고 그 병의 기름이 없어지지 아니하리라 하셨느니라”입니다.

엘리야가 한 말 중에 중요한 포인트가 ‘두려워하지 말라’입니다. 하나님이 엘리야를 윽박지르지 않았듯이 엘리야도 여인을 윽박지르지 않습니다. 엘리야는 자신이 어떻게 말을 하든 여인의 입장에서는 두렵게만 느껴질 것을 너무나 잘 알고 있습니다. 자신이 아무리 부드럽고 자세하게 말을 해도 여인에게는 도무지 납득이 되지 않을 것을 잘 알고 있습니다. 이미 자신이 경험했던 상황이기 때문입니다. 까마귀가 먹을 것을 공급해주겠다는 말이나, 통의 가루가 떨어지지 아니하고 병의 기름이 없어지지 아니하리라는 말은 어차피 상식적으로는 수용할 수 없는 내용입니다. 이 여인은 시돈 사람입니다. 하나님을 믿는 여인이 아닙니다. 열왕기상 11장에 솔로몬이 우상을 수입해왔는데 그때 5절을 보면 “이는 시돈 사람의 여신 아스다롯을 따르고”라고 나옵니다. 이 여인은 하나님에 대해서 들어보지도 못했을 것입니다. 그런 여인에게 14절처럼 ‘이스라엘의 하나님 여호와’를 소개해도 알아 들을 리가 없고, 더 나아가 그 하나님이라는 분이 하시는 말씀이 ‘통의 가루가 떨어지지 아니하고 병의 기름이 없어지지 아니하리라’고 하니 여인의 입장에서는 귀신 씨나락 까먹는 소리에 불과할 뿐이고, 엘리야가 말도 되지 않는 소리를 해 가면서 물도 가져오고 떡도 가져오라고 하니 마냥 두렵기만 했을 것입니다.

15절을 보면 “그가 가서 엘리야의 말대로 하였더니”입니다. 여기서 갑자기 여인의 ‘믿음’이 등장하면 안 됩니다. 분명히 15절에는 여인이 ‘엘리야의 말대로 하였다’고 기록되어 있습니다. 그러나 이 여인은 하나님을 믿었거나, 엘리야의 말을 믿었기 때문에 행한 것이 아닙니다. 여기서 갑자기 ‘믿음은 도전이고, 도전하는 자에게는 하나님의 상급이 있다’고 주장하면 안 됩니다. ‘가능한 것을 행하는 것은 누구나 할 수 있지만 불가능한 것을 행하는 것은 오직 믿음 있는 자뿐이다’라고 말해서도 안 됩니다. 그런 표현들은 성경의 흐름, 사건의 전개, 하나님의 일하심을 모두 무용화시키는 선동에 불과합니다. 하나님의 계시도 소용없고, 하나님에 대한 이해도 필요 없고 오직 인간의 결단과 도전만을 강조하는 신념에 불과할 뿐입니다. 이 여인의 행동에 어떠한 이유로도 '믿음'이라는 단어를 적용할 수 없습니다. 왜냐하면 하나님에 대한 이해가 전무한 상태이기 때문입니다. 도대체 누구를 믿고, 무엇을 믿는지 믿음의 대상도 없고 믿음의 내용도 없는 것에 기독교의 믿음이라는 용어를 사용할 수 없기 때문입니다.

대상과 무관하게, 내용과 무관하게 오직 당사자의 마음 상태만을 강조하는 것은 '믿음'이 아니라 그냥 '자기 생각'일 뿐이고 아무리 좋게 표현해 주어도 '개인의 신념'일 뿐이고, 기어코 종교와 연관을 지어야만 한다면 단지 '종교심'일 뿐입니다. 기독교의 믿음은 반드시 믿음의 대상인 하나님에 대하여 알아야 하고, 하나님의 말씀, 하나님의 뜻, 하나님의 마음, 하나님의 기준, 하나님의 원리에 대한 이해를 가져야만 하는 것입니다.

하나님과 여인

이 사건의 핵심은 여인의 행동이 아니라 16절 "여호와께서 엘리야를 통하여 하신 말씀 같이 통의 가루가 떨어지지 아니하고 병의 기름이 없어지지 아니하니라"입니다. 이 사건에는 하나님, 엘리야, 여인이 등장합니다. 이 중에 가장 많은 일을 하신 분은 하나님입니다. 엘리야가 행한 것은 시돈에 속한 사르밧으로 이동한 것과 여인에게 말을 한 것뿐입니다. 등장인물 중에 가장 간단하고 쉬운 일을 했습니다. 여인이 행한 것은 떡을 만들어 엘리야에게 제공한 것입니다. 약간의 수고가 있었으나 있는 재료로 평상시 하던 대로 행한 일입니다. 하나님이 행하신 것은 통의 가루가 떨어지지 아니하게 하신 것과 병의 기름이 없어지지 아니하게 하신 것입니다. 이것도 단지 하루 이틀이 아니고, 한 주 두 주가 아니고 한 달 두 달이 아닙니다.

당시에 하나님의 말씀대로 비가 내리지 않고 있었는데 비가 내리는 날까지 이적이 진행되는데, 비가 안 내린다는 예언이 17장 1절에 등장하고 18장

1절에 보면 '많은 날이 지나고 제 삼 년에'라고 나옵니다. 엘리야가 이리저리 이동한 시간을 뺀다고 해도 여인의 집에 발생한 이적은 최소 몇 달은 지속되었을 것입니다. 아마 여인이 깜짝 놀랐을 것입니다. 엘리야는 단지 말한 마디 했고, 여인은 단지 떡 한번 했을 뿐이지만 하나님은 계속하여 이적을 행하신 것입니다. 하나님이 가장 수고가 많았고, 하나님이 가장 애를 쓰셨습니다. 이 사건에서 주목을 받아야 하는 것은 여인이 아니고 오직 하나님이십니다. 만약 이 사건에서 여인을 강조하거나, 특히 여인의 행동을 믿음이라고 칭찬한다면 바로 이어지는 다음 사건에서 아주 난감한 장면을 만나게 될 것입니다. 열왕기상 17장은 하나님께서 엘리야에게 하나님을 계시하고 있다는 것을 꼭 기억하셔야 합니다.

여호와께서 들으시므로

여인의 원망

17절부터 상황이 바뀝니다. 세 번째 계시가 등장합니다. 그 동안 여인과 아들은 하나님이 기적으로 베풀어주신 빵 가루와 기름을 재료로 하여 음식을 만들어 먹었습니다. 하나님이 제공해 주셨으니 무공해, 무농약이었을 것입니다. 그런데 어찌된 일인지 이 집에 큰 일이 났습니다. 17절 "이 일 후에 그 집 주인 되는 여인의 아들이 병들어 증세가 심히 위중하다가 숨이 끊어진지라"입니다. 무슨 병이 걸렸는지, 어떻게 하다가 병이 걸렸는지는 모릅니다. 얼마나 오랫동안 앓았는지, 무슨 치료를 했는지도 모르지만 결국 아들이 죽었습니다. 그때 여인이 보인 반응이 18절 "여인이 엘리야에게 이르되 하나님의 사람이여 당신이 나와 더불어 무슨 상관이 있기로 내 죄를 생각나게 하고 또 내 아들을 죽게 하려고 내게 오셨나이까"입니다. 여인은 전형적인 죄인의 사고방식을 보여줍니다. 대표적으로 두 가지입니다. 하나는 삶 가운데 불행한 일이 생기는 것은 죄 때문이라는 것이고, 다른 하나는 신은 인간에게 벌을 내린다는 것입니다.

참 아이러니 한 것은, 세상 사람들은 성경이 말이 안 되고, 하나님의 말씀이 말이 안 된다고 비난을 하는데 정작 말이 안 되는 것은 세상 사람들의 말입니다. 왜냐하면 만약 인간이 죄를 지었을 때 신이 벌을 내린다고 주장한다면 지금 말짱하게, 몸이 온전하게 살아 있을 사람이 한 사람도 없어야 합니다. 신이 인간을 심판하면 인간은 이미 멸종을 당했어야 합니다. 그런데 세상이 여전히 존재하고, 인간이 생각해도 극악한 행동을 한 사람도 여전히 살아가고 있는 것을 보면 하나님이 인간에게 행한대로 갚지 않으시며, 결코 인간을 저주하지 않는 것이 분명합니다. 그런데 더 어이가 없는 것은, 사람들은 왜 하나님이 인간을 저주하느냐고 비난을 하면서 가끔 악한 사람이 멀쩡하게 사는 것을 보면 왜 하나님은 저런 사람을 저주하지 않고 잘 살게 두느냐고 따집니다. 죄인들의 생각, 죄인들의 주장은 기준도 없고 원칙도 없고, 합리성도 없습니다. 그냥 딱 하나의 기준 즉 '나만 아니면 돼!'만이 있을 뿐입니다.

본문에서 여인은 엘리야에게 원망을 쏟아 내지만 실제로는 엘리야가 섬기는 신에게 불만을 폭발하고 있습니다. 이런 것을 '억지'라고 합니다. 아들이 하나님 때문에 병 들었다는 근거가 없고, 엘리야 때문에 죽었다는 근거가 없습니다. 만약 억울하다고 불평을 한다면, 그 동안 자신이 행한 것과는 무관하게, 자신에게 너무나 과분하게 한 동안 지속되었고 지금도 지속되고 있는 통의 가루가 떨어지지 않고 병의 기름이 없어지지 아니하는 것에 대한 반응이 있어야 할 것입니다. 그러나 왜 자격도 없는 자기에게 은혜를 주느냐고, 행한 것도 없는 자기에게 복을 주느냐고 단 한 번도, 단 한 마디도 감사를 표현한 적이 없습니다. 아들이 어쩌다 병이 들었고 죽었는지는 모르지만, 만약 하나님께서 가루와 기름의 은혜를 주지 않았다면 병들어 죽기 전에 먼저 배고파 죽었을 것입니다. 하나님의 은혜로 살다가 아들에게 불행한 일이 닥치자 막무가내로 자신에게 은혜를 주는 사람과 이적을 베풀어주시는 신을 비난합니다. 무슨 이런 경우가 있습니까? 그런데 이것이 죄인들의 반응입니다. 죄인들이 왜 이렇게 염치가 없느냐고 따질 것이 아니라 죄인들은 이렇게 밖에 할 수 없다는 것을 아셔야 합니다.

엘리야의 원망

이 순간 여인의 원망을 들은 엘리야는 매우 황당할 것입니다. 동시에 매우 억울할 것입니다. 자기가 여인의 아들을 병들게 하거나 죽인 것이 아니기 때문입니다. 이때 엘리야가 할 수 있는 것이 무엇일까요? 19절에서 여인에게 아이를 받아서 침상에 누이고 하는 행동이 두 가지입니다. 하나는 20절 "여호와께 부르짖어 이르되 내 하나님 여호와여 주께서 또 내가 우거하는 집 과부에게 재앙을 내리사 그 아들이 죽게 하셨나이까 하고"입니다. 앞에 18절을 보면 후반부에 '또 내 아들을 죽게 하려고 내게 오셨나이까?'라고 여인이 마치 질문을 하는 것처럼 기록되어 있습니다. 그러나 여인이 질문을 한 것이 아니라는 것쯤은 모두가 알고 있습니다. 여인은 엘리야 때문에, 하나님 때문에 아들이 죽었다고 단정 짓고 있습니다. 마찬가지로 20절을 보면 후반부에 '내가 우거하는 집 과부에게 재앙을 내리사 그 아들이 죽게 하셨나이까?'라고 엘리야가 마치 질문을 하는 것처럼 되어 있습니다. 하지만 이것도 질문이 아니고 불평이고 원망이고 절규입니다. 엘리야도 하나님이 이 아들을 죽였다고 단정 짓고 있습니다. 엘리야는 단지 왜 내가 있을 때, 내가 머무는 곳에서 이런 일이 발생하게 하였느냐고 따지는 것입니다. 엘리야의 사고방식도 여인의 사고방식과 똑같습니다. 신이 인간에게 재앙을 내리고 죽이는 것은 신의 결정이고 신의 행동이기에 이의가 없는데, 왜 하필 그 일이 자기를 통해서 일어나는지 억울해 할 뿐입니다. 자신은 하나님이 하라는 대로 했는데 왜 자기가 여인의 원망을 들어야 하는지 억울하다는 것입니다.

하나님이 엘리야를 부르시고, 엘리야를 통해서 일하신다고 해서 엘리야가 신앙이 좋을 것으로 오해하면 안 된다고 했습니다. 만약 엘리야가 이미 하나님을 잘 알고 있었고, 믿음도 좋고 충성심도 좋았다면 17장의 사건들이 등장할 필요가 없습니다. 16장에서 아합이 바알과 아세라를 섬기고 있을 때에 하나님은 바로 18장에 나오는 갈멜 산 사건을 행하시면 됩니다. 만약 이야기가 바로 18장으로 이어지면 갈멜 산 사건 후에 19장에 등장하는 엘리야의 도망 사건과 하나님을 향한 원망 사건을 설명할 수 없습니다. 엘리야는 17장에서 갑자기 등장했습니다. 하나님은 믿음 좋은 선지자를 세운 것이 아닙니다. 정반대로 이스라엘이 하나님을 버리고 바알과 아세라를 섬기는 일에 전념하자 하나님을 가르치기 위해 이스라엘 백성들의 생각에 가장 인정받지 못한 사람을 부르신 것입니다. 마치 사사기에서 사사를 부르시고 그를 통하여 역사하사 하나님을 알게 하신 것과 똑같은 상황입니다. 그러니 당장에 엘리야에게 하나님을 알리시는 것이 급선무이기에 17장의 사건들이 전개되는 것입니다.

엘리야는 하나님이 여인의 아들을 죽였다고 단정 짓고 21절에서 하나님께 아들을 살려내라고 부르짖습니다. "내 하나님 여호와여 원하건대 이 아이의 혼으로 그의 몸에 돌아오게 하옵소서"입니다. 여기서 갑자기 엘리야의 믿음, 엘리야의 기도를 언급하면 안 됩니다. 성경은 지금 엘리야의 믿음을 전제하고 엘리야를 칭찬하려는 것이 아니라 믿음없는 엘리야에게 하나님을 가르치는 계시를 진행하고 있음을 기억하셔야 합니다. 정말 해서는 안 되는 것이 21절에 나오는 엘리야의 행동 즉 '그 아이 위에 몸을 세 번 펴서 엎드리고'를 치유를 하는 행동이나 치유를 구하는 비법처럼 설명하는 것입니다. 성경은 절대로 특별한 방법이나 수단을 전수하지 않습니다. 성경에 나타난 특정한 행동을 신비한 능력으로 여겨서 배우거나 따라하려고 해서는 안 됩니다. 엘리야는 자기가 치유하겠다고 아이 위에 눕는 것이 아니고, 하나님이 살리실 것을 믿으면서 기도하는 것이 아닙니다. 단지 하나님이 죽였으니 하나님이 살려내라고 아우성치는 것입니다.

고대 근동에서 신이 사람에게 진노하여 죽였다는 이야기는 있지만, 신이 은혜를 베풀어 죽은 자를 살렸다는 이야기는 없습니다. 엘리야도 이것을 잘 알고 있습니다. 지금 엘리야는 오직 자신이 누명을 쓰지 않기만을, 자신이 억울한 상황에 처하지 않기만을 바랄 뿐입니다.

여호와께서 들으시므로

17장에 세 개의 사건이 등장하는데 매 사건에서 가장 일을 많이 하시는 분, 가장 수고를 하시는 분이 하나님입니다. 특히 세 번째 사건에서 인간은 하는 일이 없습니다. 여인도 불평뿐이고, 엘리야도 불평뿐입니다. 이번에도 하나님이 일하십니다. 까마귀 사건에서 하나님이 까마귀를 동원하셨고, 가루와 기름의 사건에서 하나님이 가루와 기름이 떨어지지 않게 하셨고, 여인의 아들 사건에서도 하나님이 일하십니다. 22절 "여호와께서 엘리야의 소리를 들으시므로 그 아이의 혼이 몸으로 돌아오고 살아난지라"입니다. 이 순간 억울한 것은 엘리야가 아니라 하나님이십니다. 하나님이 여인의 아들을 죽인 것이 아닌데 여인도 엘리야도 모두 하나님이 죽였다고 단정 짓고, 살려내라고 요구하고 있습니다. 그래도 하나님은 여인에게나 엘리야에게 단 한마디 책망도 하지 않습니다. 왜냐하면 죄인의 상태를 너무나 잘 아시기 때문이고, 지금 이 모든 사건이 죄인들에게 하나님을 알리는 계시이기 때문입니다. 그래서 하나님은 여인이 마치 하나님이 잘못한 것처럼 책망하고, 엘리야가 자신이 억울한 것처럼 하나님께 문제를 해결하라고 큰 소리칠 때 바로 그 엘리야의 소리를 들어주십니다. 정말로 여인의 아들이 살아났습니다. 엘리야도 여인도 상상도 못했을 일이 실제로 일어났습니다.

이 사건의 결론이 조금 독특합니다. 23절에 엘리야가 살아난 아들을 여인에게 주자 24절 "여인이 엘리야에게 이르되 내가 이제야 당신은 하나님의 사람이시오 당신의 입에 있는 여호와의 말씀이 진실한 줄 아노라 하니라"입니다. 여인이 원망을 할 때에는 엘리야에게 했지만 아들이 살아났을 때에는 엘리야가 살려낸 것이 아니라는 것을 알고 있는 것입니다. 이제 남은 것은 엘리야의 반응입니다. 그런데 엘리야의 반응은 어디에도 나오지 않습니다. 그러고 보면 열왕기상 17장에 엘리야와 관련된 세 가지 계시사건이 등장하는데 세 곳 모두에서 엘리야의 반응은 단 한 번도 나오지 않습니다. 물론 엘리야는 세 가지 사건을 통해서 하나님의 은혜를 경험했고, 하나님의 능력을 경험했고, 하나님에 대해서 많이 배웠습니다. 그러나 아직 부족합니다. 그래서 하나님은 엘리야를 다그치지 않고, 재촉하지 않고, 18장의 전반부에서 또 계시를 펼치십니다. 하나님이 인간에게 인내하시며 거듭 거듭 인간을 설복하고 계시는 것입니다.

엘리야를 향한 일련의 계시사건의 결론은, 엘리야의 반응은 18장에서 밝혀질 것입니다. 그런데 24절에 나오는 여인의 고백과 아주 연관이 깊습니다. 하나님은 엘리야에게 하나님을 가르치는 것이지 장차 하나님을 대신하는 대리자를 키우고 있는 것이 아닙니다. 엘리야를 강한 군사로 키워 하나님은 손을 놓으시고 엘리야가 전면에 나서서 종횡무진 활동하는 것이 아닙니다. 기독교는 절대로 그런 방식이 아닙니다. 기독교에서 인간은 언제나 하나님의 사역의 대상이지 결코 하나님의 대행자가 아닙니다. 하나님은 엘리야의 소리를 들으셨는데 반응이 엘리야를 보고 있던 여인에게서 나왔습니다. 엘리야가 하나님 역할을 한 것이 아니고 하나님이 엘리야를 통해 엘리야도 하나님을 배우고 주변의 사람들도 하나님을 알게 하셨습니다. 엘리야가 이 사건을 통해 자신의 위치, 자신의 역할을 알게 됩니다.

성경에 등장한 사람들의 오해가 모두 자신이 하나님의 역할을 해야 하는 것으로 착각한 것이었습니다. 그래서 대부분 못한다고 거부했던 것입니다. 그 모습이 엘리야에게서 변합니다. 거듭되는 계시 사건을 통해 엘리야는 자기가 일을 해야 하는 것이 아니라 자신을 통해 하나님이 일하신다는 것을 알게 됩니다. 그래서 갈멜 산 사건의 엘리야의 간구가 오늘 본문의 여인의 고백과 의미적으로 연결되어 있습니다. 미리 결론을 확인해 보면 열왕기상 18장 36절과 37절 "아브라함과 이삭과 이스라엘의 하나님 여호와여 주께서 이스라엘 중에서 하나님이신 것과 내가 주의 종인 것과 내가 주의 말씀대로 이 모든 일을 행하는 것을 오늘 알게 하옵소서 여호와여 내게 응답하옵소서 내게 응답하옵소서 이 백성에게 주 여호와는 하나님이신 것과 주는 그들의 마음을 되돌이키심을 알게 하옵소서"입니다. 이것이 성도의 올바른 모습니다. 행여 하나님의 심판과 저주를 두려워하지도 마시고, 행여 하나님의 역할을 감당해야 하는 것으로 착각해서 부담스러워 하지도 마시고, 오직 하나님을 알고 하나님의 마음을 알아 하나님의 은혜와 분복을 풍성히 누리는 신앙되시기를 주님의 이름으로 축원합니다.

21

경외하는 자, 괴롭게 하는 자

열왕기상 18:1~19

1 많은 날이 지나고 제삼년에 여호와의 말씀이 엘리야에게 임하여 이르시되 너는 가서 아합에게 보이라 내가 비를 지면에 내리리라 2 엘리야가 아합에게 보이려고 가니 그 때에 사마리아에 기근이 심하였더라 3 아합이 왕궁 맡은 자 오바댜를 불렀으니 이 오바댜는 여호와를 지극히 경외하는 자라 4 이세벨이 여호와의 선지자들을 멸할 때에 오바댜가 선지자 백 명을 가지고 오십 명씩 굴에 숨기고 떡과 물을 먹였더라 5 아합이 오바댜에게 이르되 이 땅의 모든 물 근원과 모든 내로 가자 혹시 꼴을 얻으리라 그리하면 말과 노새를 살리리니 짐승을 다 잃지 않게 되리라 하고 6 두 사람이 두루 다닐 땅을 나누어 아합은 홀로 이 길로 가고 오바댜는 홀로 저 길로 가니라 7 오바댜가 길에 있을 때에 엘리야가 그를 만난지라 그가 알아보고 엎드려 말하되 내 주 엘리야여 당신이시니이까 8 그가 그에게 대답하되 그러하다 가서 네 주에게 말하기를 엘리야가 여기 있다 하라 9 이르되 내가 무슨 죄를 범하였기에 당신이 당신의 종을 아합의 손에 넘겨 죽이게 하려 하시나이까 10 당신의 하나님 여호와께서 살아 계심을 두고 맹세하노니 내 주께서 사람을 보내어 당신을 찾지 아니한 족속이나 나라가 없었는데 그들이 말하기를 엘리야가 없다 하면 그 나라와 그 족속으로 당신을 보지 못하였다는 맹세를 하게 하였거늘 11 이제 당신의 말씀이 가서 네 주에게 말하기를 엘리야가 여기 있다 하라 하시나 12 내가 당신을 떠나간 후에 여호와의 영이 내가 알지 못하는 곳으로 당신을 이끌어 가시리니 내가 가서 아합에게 말하였다가 그가 당신을 찾지 못하면 내가 죽임을 당하리이다 당신의 종은 어려서부터 여호와를 경외하는 자라 13 이세벨이 여호와의 선지자들을 죽일 때에 내가 여호와의 선지자 중에 백 명을 오십 명씩 굴에 숨기고 떡과 물로 먹인 일이 내 주에게 들리지 아니하였나이까 14 이제 당신의 말씀이 가서 네 주에게 말하기를 엘리야가 여기 있다 하라 하시니 그리하면 그가 나를 죽이리이다 15 엘리야가 이르되 내가 섬기는 만군의 여호와께서 살아 계심을 두고 맹세하노니 내가 오늘 아합에게 보이리라 16 오바댜가 가서 아합을 만나 그에게 말하매 아합이 엘리야를 만나러 가다가 17 엘리야를 볼 때에

아합이 그에게 이르되 이스라엘을 괴롭게 하는 자여 너냐 18 그가 대답하되 내가 이스라엘을 괴롭게 한 것이 아니라 당신과 당신의 아버지의 집이 괴롭게 하였으니 이는 여호와의 명령을 버렸고 당신이 바알들을 따랐음이라 19 그런즉 사람을 보내 온 이스라엘과 이세벨의 상에서 먹는 바알의 선지자 사백오십 명과 아세라의 선지자 사백 명을 갈멜 산으로 모아 내게로 나아오게 하소서

경외하는 자

왕정 시대

종교 분야에서 논쟁이 되고 있는 책 중에 기독교와 이슬람이 충돌하는 것을 안타까워하면서 미국의 대학 교수가 '사실 기독교와 이슬람은 같은 신을 섬기고 있다'고 주장하는 책이 있습니다. 그 책의 마지막 부분에 종교 간의 화합을 위해 열 가지를 제안합니다. 진리에 관하여 담론을 펼치는 것, 공통의 신을 인정하는 것, 신의 사랑과 공의를 믿는 것, 이웃 사랑의 명령을 충실히 지키는 것, 신에 대한 건강한 경외심을 갖는 것, 불의에 맞서는 것, 편견에 맞서는 것, 종교적 강요에 맞서는 것, 무례함에 맞서는 것, 정치적 배타주의에 맞서는 것입니다. 이 사람이 제안하는 대로 행하면 종교간의 분쟁이 없어집니다. 그런데 제가 답답한 것은 이런 제안은 단지 제안일 뿐이라는 것입니다. 인간은, 엄밀하게 말해서 죄인은 옳아 보이는 대로, 좋아 보이는 대로, 합리적으로 여겨지는 대로 행동하지 않습니다. 가장 대표적으로, 대중시설을 이용할 때 '질서를 지켜야 한다'는 내용은 수백 번 배웠고, 버스나 공용 화장실이나 지하철 통로 등 수천 곳에 기록되어 있고, 대부분의 사람이 다 알고 있습니다. 질서가 좋다는 것도 다 인정을 합니다. 그러나 사람들은 질서대로 행동하지 않는다는 것을 다 압니다. 세상은 좋은 말, 좋은 제안이 없어서 서로 불편한 것이 아닙니다. 기독교는 좋은 제안을 할 줄 몰라서 예수가 십자가에 죽는 것으로 인간 문제를 해결하는 것이 아닙니다. 세상은 인간의 죄성을 모르기 때문에 늘 방법을 제안하고, 기독교는 인간의 죄성을 알기 때문에 십자가의 복음을 선포하는 것입니다.

성경 전체로 보면 창세기 3장 이후에 인간이 죄인이 되었고 죄로부터의 구원은 예수님의 십자가 사건 이후입니다. 그러므로 창세기 3장부터 십자가 사건까지에 등장하는 모든 인간은 동일하게 다 죄인이라는 사실을 기억하셔야 합니다. 그 중에 어떤 사람이 이웃을 구제한다고 선한 사람이 아니고, 신에게 제사한다고 믿음 있는 사람이 아니고, 종교적 건물을 세운다고 신에게 헌신적인 사람이 아닙니다. 백성을 압제하는 애굽이라는 나라가 나온다고 해서 상대적으로 이스라엘이 공의로운 나라가 아니고, 바로라는 독재자가 나온다고 해서 아브라함이나 모세가 의로운 사람이 아닙니다.

조금 시야를 좁혀보면 구약에서 특히 왕정사를 읽을 때에 착시현상에 빠지면 안 됩니다. 구약의 등장인물이 본질적으로 죄인이고, 이스라엘도 죄인이고, 더 나아가 왕정시대는 이스라엘이 하나님을 버리고 대신 왕정이라는 제도를 선택한 상황입니다. 이미 하나님을 버리고 자기들이 대안으로 마련한 제도이기에 왕정시대 자체가 하나님께 합당하지 않은 시대라는 사실을 기억하고 있어야 합니다. 행여 왕들 가운데 어떤 왕이 '하나님을 떠났다'는 평가는 받는다고 해서 특별히 더 악한 것이 아니고, 설령 어떤 왕이 '하나님이 보시기에 선했다'는 평가를 받는다고 해서 그가 정말로 선한 것이 아닙니다.

경외하는 자

18장 3절을 보겠습니다. "아합이 왕궁 맡은 자 오바댜를 불렀으니 이 오바댜는 여호와를 지극히 경외하는 자라"입니다. 17장에서는 느닷없이 엘리야가 등장하더니 18장에서는 뜬금없이 오바댜가 등장합니다. 엘리야에 대해서는 출생지 외에는 소개가 없더니 오바댜에 대해서는 대뜸 '여호와를 지극히 경외하는 자'라고 합니다. 심지어 12절을 보면 오바댜가 스스로 말하기를 "당신의 종은 어려서부터 여호와를 경외하는 자라"고 합니다. 오바댜가 행한 일도 소개되어 있습니다. 4절을 보면 "이세벨이 여호와의 선지자들을 멸할 때에 오바댜가 선지자 백 명을 가지고 오십 명씩 굴에 숨기고 떡과 물을 먹였더라”입니다. 동일한 설명이 13절에도 반복되는 것으로 보아 거짓은 아닌 것 같습니다. 이런 구절을 보면 지금이 왕정시대가 아닌 것 같고, 모든 사람이 죄인이 아닌 것 같아 보입니다. 세상이 아무리 악해도 그 중에 누군가는 의로운 사람이 있고, 아무리 불의가 판을 쳐도 그 중에도 의는 생생하게 살아 있는 것 같아 보입니다. 그래서 하나님은 여전히 신실한 사람, 믿음있는 사람을 찾고 계신 것 같아 보입니다. 절대로 그렇지 않습니다.

성경을 읽다가 이런 구절을 만나고, 이런 사람을 만나면 당장에 ‘나도 오바댜 같은 사람이 되어야지!’라고 하시면 안 됩니다. 어떤 사람이 조금 우아하다고 바로 존경해서도 안 되고, 조금 멋있다고 바로 모델로 삼아서도 안 되고, 조금 가능성이 있어 보인다고 바로 따라하려고 해서도 안 됩니다. 이것이 안 되는 이유를 크게 두 가지만 설명하자면 첫째, 성경에는 우리의 모델이 될 만한 사람이 존재하지 않기 때문입니다. 앞서 말씀드린 대로 성경에 등장하는 인물은 모두가 죄인입니다. 죄인이라는 차원에서 그 사람이나 저나, 그 사람이나 여러분이나 모두가 똑같습니다. 만약 모델이 될 만한 인물이 등장한다면 그는 스스로 자수성가한 인물이 아니라 하나님이 만들어내신 결과입니다. 그러므로 그 사람을 따라할 것이 아니라 하나님이 나도 동일하게 변화시켜 주시기를 기대하는 것이기에 모델이 있을 수 없습니다. 둘째, 성경은 하나님이 행하신 결과를 복음으로 선포하는 것이지 인간이 행할 일을 제안하거나, 인간이 할 수 있는 방법을 제안하는 선동이 아니기 때문입니다. 성경은 하나님께서 일하신 것, 예수 그리스도께서 일하신 것을 설명하고 인간에게는 하나님이 행하신 것을 ‘알라’고 하십니다. 무엇을 하려고 하기 전에 알려고 하셔야 합니다. 오바댜가 등장하면 도대체 이런 인간이 어디서 나왔나 궁금해 하시고, 도대체 이게 어떻게 가능한지 따지셔야 합니다. 제가 대신 따져드리겠습니다.

두려워하는 자

성경이 참 재미있습니다. 3절에서 오바댜를 멋있게 소개했고, 4절에서 오바댜가 행한 일을 대단하게 설명했습니다. 3, 4절만 보면 마치 오바댜가 죽음을 두려워하지 않았고, 아합이나 이세벨의 위협은 아예 고려하지도 않은 것처럼 보입니다. 그런데 7절 이하에서는 오바댜의 태도가 전혀 다릅니다. 7절 "오바댜가 길에 있을 때에 엘리야가 그를 만난지라 그가 알아보고 엎드려 말하되 내 주 엘리야여 당신이시니이까"입니다. 이때 오바댜의 심정이 어떨 것 같습니까? 천군천마를 얻은 것 같지 않겠습니까! 자기 혼자서도 선지자들을 숨겨주고 여호와를 경외했는데 자기 보다 더 수준이 높은 것으로 알려져 있는 사람, 소문으로만 듣던 믿음의 영웅 엘리야를 만났으니 대단히 신이 나야 합니다. 지금까지 보다 더 겁날 것이 없고, 이전보다 더한 일도 할 수 있을 것이라는 자신감이 넘쳐나야 합니다.

그런데 8절에서 엘리야가 오바댜에게 자신이 나타났음을 아합에게 알리라고 하자 9절에서 정색을 합니다. "이르되 내가 무슨 죄를 범하였기에 당신이 당신의 종을 아합의 손에 넘겨 죽이게 하려 하시나이까"입니다. 왜 이러는 것일까요? 자기는 선지자 백 명을 오십 명씩 굴에 숨기고 떡과 물을 먹이면서 아합에게 넘기지 아니하였는데, 같은 하나님의 사람인 엘리야는 자기를 팔아넘길 것으로 생각하는 것일까요? 자기는 믿을 만한데 엘리야는 믿을 수 없다고 여기는 것일까요? 엘리야가 피난 생활에 지쳐서 드디어 아합에게 항복을 하러 왔다고 생각하는 것일까요? 12절 "내가 당신을 떠나간 후에 여호와의 영이 내가 알지 못하는 곳으로 당신을 이끌어 가시리니 내가 당신을 찾지 못하면 내가 죽임을 당하리이다"이고, 14절 "이제 당신의 말씀이 가서 네 주에게 말하기를 엘리야가 여기 있다 하라 하시니 그리하면 그가 나를 죽이리이다"입니다. 이제는 엘리야를 못 믿는 정도가 아니라 아예 하나님도 못 믿는 것입니까? 이렇게 아합을 두려워했으면 그동안 무슨 배짱으로 선지자를 숨겨주었고, 그 동안 여호와를 경외하였다는 것은 도대체 무엇을 했다는 것입니까? 이 사람을 과연 여호와를 지극히 경외하는 자라고 해야 합니까? 차라리 '두려워하는 자'라고 하는 것이 더 어울리지 않을까요? 실제로 본문에 '경외하는'이라고 번역된 단어는 다른 곳에서는 '두려워하다'라고 번역되기도 했습니다.

더 재미있는 것은 16절 "오바댜가 가서 아합을 만나 그에게 말하매 아합이 엘리야를 만나러 가다가"로 오바댜가 열왕기서에서 사라진다는 것입니다. 멋있게 등장을 했으면 엘리야와 함께 뭔가 멋있는 일을 할 것 같은데, 엘리야를 만나지 않았을 때는 나름 의미있는 역할을 하다가 도리어 엘리야를 만난 후에는 온통 쫄기만 하고 그것으로 역할이 끝입니다. 이렇게 사라질 것이면 뭐하려 '어려서부터 여호와를 경외하는 자'라는 거창한 소개를 했습니까? 오바댜가 이 사람과 저 사람을 만나게 해주는 중개인입니까? 네 맞습니다. 오바댜는 엘리야를 설명해주는 역할입니다.

엘리야, 오바댜

17장에는 엘리야와 관계된 세 개의 계시사건이 있었습니다. 이 계시 사건을 이해하셔야 오바댜의 등장이 이해가 됩니다. 엘리야도 17장 1절에서 느닷없이 등장하여 1절에 아합에게 가서 너무나 멋있게 "내가 섬기는 이스라엘의 하나님 여호와께서 살아 계심을 두고 맹세하노니 내 말이 없으면 수 년 동안 비도 이슬도 있지 아니하리라"고 합니다. 1절만 보면 2절부터는 엘리야의 용감무쌍한 사역, 종횡무진 활약하는 모습이 나올 것으로 예상이 됩니다. 그런데 실제로는 정반대로 3절에서 엘리야는 그릿 시냇가로 가서 숨어 지냅니다. 그리고는 전혀 남자다운 모습도 없고, 영웅다운 사역도 없고, 선지자다운 활약도 없습니다. 그릿 시냇가에서는 까마귀들이 가져다주는 떡과 고기를 먹으면서 생활합니다. 이런 사람을 우리나라에서는 '짐승만도 못한 사람'이라고 하고, 정확하게는 '까마귀만도 못한 사람'입니다.

그 다음 장면도 별로 멋있지 않습니다. 시돈에 속한 사르밧으로 가는데 하필이면 과부네 집에 갑니다. 이번에는 까마귀한테 얻어먹는 것보다는 낫지만 과부와 아들이 먹을 것을 뺏어 먹습니다. 이런 삶을 우리나라에서는 '과부를 등쳐먹고 산다'고 합니다. 사실 조금 더 리얼하게 살펴보면 훨씬 더 희한한 내용이 됩니다. 이 여인은 이방지역에 살며 아스다롯이라는 다른 종교 또는 다른 신을 섬기는 사람입니다. 오늘날로 표현하면 기독교의 목사가 인도로 도망가서 힌두교를 믿는 보살에게 식량을 얻어먹고 사는 양상입니다. 세 번째 장면도 별로 우아하지 않습니다. 명색이 하나님의 사람이라면 자기 주변에 발생한 사건에 대하여 일반인이 보이는 반응과는 다른 모습을 보여주어야 합니다. 그런데 여인의 아들이 죽었을 때 여인이 보인 반응이 17장 18절 "하나님의 사람이여 당신이 나와 더불어 무슨 상관이 있기로 내 죄를 생각나게 하고 또 내 아들을 죽게 하려고 내게 오셨나이까"였습니다. 그러자 엘리야의 반응이 20절 "여호와께 부르짖어 이르되 내 하나님 여호와여 주께서 또 내가 우거하는 집 과부에게 재앙을 내리사 그 아들이 죽게 하셨나이까"입니다. 여인은 엘리야에게 부르짖었고, 엘리야는 하나님께 부르짖었다는 것만 빼고는 내용이 갖고 반응이 같습니다. 여호와의 선지자라는 사람의 수준이나 이방 나라 사람이요 아스다롯을 섬기는 여인의 수준이 같습니다. 전혀 믿음있는 사람, 선지자다운 모습이 없습니다.

만약 17장 1절에서 엘리야가 나타나고 바로 18장의 갈멜 산 사건으로 이어진다면 모든 사람은 엘리야를 영웅처럼 생각할 것입니다. 당연히 18장에 나오는 오바댜도 어려서부터 여호와를 경외하는 자로 생각할 것입니다. 그러나 17장의 계시사건으로 말미암아 성경은 우리로 하여금 오해와 왜곡을 막아주고 있습니다. 세 가지 계시사건은 준비된 엘리야의 모습이나 충성스러운 엘리야의 활약을 보여주는 것이 아니라 엘리야를 향하여 하나님이 일하시는 모습, 엘리야를 가르치며 준비시키는 하나님의 활약을 보여주는 것입니다. 하나님은 믿음있는 엘리야를 찾으신 것이 아니라, 평범한 사람 엘리야를 만나 하나님을 배운 사람, 하나님을 아는 사람으로 친히 만들어 가신 것입니다. 이와 같이 17장에서 하나님의 사역과 하나님으로 말미암아 세워지는 하나님의 사람을 이해할 때 18장의 오바댜의 등장을 이해할 수 있습니다.

비록 18장에 하나님께서 오바댜를 가르치는 사건이 등장하지 않더라고 온 이스라엘이 하나님을 부인하고 떠난 왕정시대에 스스로 하나님을 믿을 사람은 존재하지 않기에 어떤 믿음있는 사람이 등장하면 이미 하나님께서 그에게 역사하신 결과임을 아셔야 하고, 18장 3절에 나오는 오바댜의 사역은 오바댜 스스로의 신실한 사역이 아니라 하나님이 도우시고 지키시고 보호하심이 있었다는 것을 알고 계셔야 합니다. 결국 엘리야의 등장에서 핵심이 엘리야가 아니라 하나님이듯, 오바댜의 등장에서도 핵심은 오바댜가 아니라 하나님인 것입니다.

괴롭게 하는 자

계시 사건들

17장의 세 가지 계시 사건에는 공통점이 있고, 이 사건들은 당연히 18장과 연관이 있습니다. 우선 17장의 계시 사건의 공통점은 모두 삶의 문제, 생사의 문제, 생명과 관계가 있다는 사실입니다. 1절에서 엘리야는 아합왕에게 하나님의 말씀을 전한 후 생명의 위협을 받고 도망갔습니다. 겨우 그릿 시냇가로 도망을 갔는데 이번에는 굶어 죽을 위험에 처합니다. 다시 거처를 옮긴 후에는 여전히 굶어죽을 위험과 동시에 이방 여인에 의해 행여라도 노출이 되거나 고발을 당할 수도 있는 위험에 직면합니다. 저와 여러분은 마치 소설을 읽듯 성경을 읽고, 이미 결과를 알고 설교를 듣고 있지만 당사자인 엘리야는 하루하루가 생사의 갈림길에 선 불안과 두려움의 나날이었을 것입니다. 자신이 까마귀를 통해 생명을 보존하리라고는 상상도 못했고, 다른 신을 믿는 이방 여인을 통해 목숨을 연명할 것은 꿈도 꾸지 못했을 것입니다. 그런데 두 번 모두 정말 기적적으로 살아났습니다. 성경에 이 내용이 있지만 아마도 일반인들에게 이런 사건을 소개하면 아무도 믿지 않을 것입니다. 그런데 엘리야는 자신이 바로 기적의 현장에서 기적을 체험하였습니다. 엘리야는 단순히 구경꾼이 아니라 하나님이 직접 자기에게 말씀하신 대로 이루어지는 것을 직접 체험한 것입니다. 자신의 생명과 관계없는 그저 신기하고 놀라운 일이 아니라 실제로 자기가 사느냐 죽느냐와 관계된 일에 하나님의 말씀이 성취되는 것을 경험한 것입니다.

세 번째 사건에서는 비록 엘리야가 죽었다 살아난 것이 아니지만 인간의 삶과 죽음이 교차하고 있습니다. 여인의 아들이 병들어 죽었습니다. 이때 어느 누구도, 여인도 엘리야도 죽은 아들이 살아날 것이라고는 상상도 하지 않았고 기대도 하지 않았습니다. 그런데 여인의 아들이 살아났습니다. 그것도 엘리야와 무관한 어떤 사람이 아니라 엘리야를 먹여 살린 여인의 아들이었습니다. 그리고 엘리야는 어찌할 도리가 없어 그냥 멍하니 하늘만 쳐다보고 있었는데 갑자기 아들이 살아난 것이 아니라 엘리야가 자기도 기대하지 않고, 자기도 예상하지 않고, 자기도 믿지도 않으면서 그냥 부르짖은 소리, 그냥 절규한 소리, 솔직히 말하면 자기가 불평하면서 그냥 떠들어 본 소리, 그 소리를 여호와가 들으시고 그 소리대로 여호와가 여인의 아들을 살려주셨습니다. 하나님이 자신의 소리를 들으시고 죽음을 생명으로 바꾸어 놓으시는 것을 경험한 것입니다. 하나님이 자기를 보고 계시며, 자기를 지키시며, 자기의 소리를 들으신다는 것을 직접 체험한 것입니다.

또 직접적인 계시 사건은 아니지만 이 모든 것의 배경이며 내용적으로는 계시가 되는 상황이 하나 더 있습니다. 바로 이스라엘에 비가 내리지 않고 있다는 사실입니다. 이것도 엘리야와는 무관하게 그냥 그해에는 가뭄이 들은 것이 아니라 하나님이 지신하신 대로 엘리야가 아합 왕에게 말한 후부터, 즉 한편으로는 엘리야가 말한대로요 본질적으로는 하나님이 말씀하신 대로 이루어졌다는 것을 엘리야가 체험했습니다. 결국 17장에서 엘리야가 느닷없이 등장했지만, 하나님께서 다양한 사건들을 통해 인간의 생명을 주관하는 것이 바알이 아니라 하나님이시라는 것을 엘리야에게 알려주신 것입니다. 비록 아합과 바알이 자기를 위협해도 하나님이 막아주시면 아무도 자신을 해할 수 없다는 것을 알게 된 것입니다. 이것을 말로 한다고 엘리야가 납득하지도 않고, 글로 한다고 엘리야가 수용하지도 않고, 누군가를 통해서 설명한다고 엘리야가 배울 수 있는 것도 아니기에 하나님께서 직접 엘리야로 하여금 경험하게 하신 것입니다. 그 결과가 18장에서 오바댜의 태도와 대조되는 것으로 등장하고 있습니다.

오바댜의 역할

17장과 18장의 사건에서 엘리야와 아합이 관련된 사건만 연결하면 17장 1절과 18장 1절이 됩니다. 17장 1절은 "길르앗에 우거하는 자 중에 디셉 사람 엘리야가 아합에게 말하되 내가 섬기는 이스라엘의 하나님 여호와께서 살아 계심을 두고 맹세하노니 내 말이 없으면 수 년 동안 비도 이슬도 있지 아니하리라 하니라"입니다. 이 말을 하고 엘리야는 도망가서 계시 사건을 경험합니다. 그리고 18장 1절 "많은 날이 지나고 제삼년에 여호와의 말씀이 엘리야에게 임하여 이르시되 너는 가서 아합에게 보이라 내가 비를 지면에 내리리라 엘리야가 아합에게 보이려고 가니"입니다. 17장에서는 아합에게 보이고 도망갔는데 18장에서는 아합에게 보이려고 찾아가고 있습니다. 이 사건이 단순하게 아합을 만나는 사건이 아니라는 것을 설명해주는 사람이 바로 오바댜입니다. 아마 오바댜의 등장과 행동이 없었다면 여러분도 엘리야가 아합을 만나는 것이 어떤 상황인지 파악이 안 되었을 것이고, 17장이 왜 등장했어야 하는 지도 파악이 안 되었을 것입니다.

그런데 18장 전반부에 오바댜가 등장합니다. 보통 사람이 아니라 '여호와를 경외하는 자'라고 소개되는 사람인데 그 사람의 행동이 아합을 두려워하는 것입니다. 즉 아합이 얼마나 살벌한지, 다른 표현으로 하면 엘리야가 아합을 만나러 찾아간다는 것이 얼마나 생명에 위협을 주는 것이며, 엘리야로서는 목숨을 걸어야 하는 엄청난 사건임을 설명해 주는 것입니다. 오바댜의 입에서 나오는 말은 모두 위협적인 말들입니다. 4절 "이세벨이 여호와의 선지들을 멸할 때에"입니다. 엘리야도 여호와의 선지자이기에 이세벨에게 걸리면 멸절을 당하게 될 것입니다. 10절 "당신의 하나님 여호와께서 살아계심을 두고 맹세하노니 내 주께서", 여기서 말하는 '주'는 아합입니다. "사람을 보내어 당신을 찾지 아니한 족속이나 나라가 없었는데 그들이 말하기를 엘리야가 없다 하면 그 나라와 그 족속으로 당신을 보지 못하였다는 맹세를 하게 하였거늘"입니다.

아합이 엘리야를 찾는 것이 대충 찾는 것이 아니라 혈안이 되어 있고, 찾다 못 찾으면 그만이 아니라 어느 누구도 숨겨주거나 모른 척할 수 없도록 확인을 받고 있다는 것입니다. 12절 "내가 당신을 떠나간 후에 여호와의 영이 내가 알지 못하는 곳으로 당신을 이끌어 가시리니 내가 가서 아합에게 말하였다가 그가 당신을 찾지 못하면 내가 죽임을 당하리이다"입니다. 아합은 엘리야만 죽이려는 것이 아니라 행여라도 엘리야에 대해 거짓 정보를 주는 사람까지 죽일 정도로 살벌합니다. 오바댜가 계속하여 공포를 조장하고 드디어 클라이막스로 한마디를 더 하고, 자기에게 주어진 역할을 잘 해내고 이 장면에서 사라집니다. 그것이 14절 "이제 당신의 말씀이 가서 네 주에게 말하기를 엘리야가 여기 있다 하라 하시니 그리하면 그가 나를 죽이리이다"입니다.

18장에서 오바댜가 말을 할 때마다 배경음악으로는 '나이트메어' 씨리즈나 '죠스'의 공포스러운 소리가 깔려야 합니다. 여러분도 오바댜의 말을 들으실 때마다 소름이 돋고, 등골이 오싹해지고, 당장에라도 오던 길을 돌아서 시돈 땅 사르밧 정도가 아니라 훨씬 더 멀리 아예 갈대아 지역으로 도망가는 것이 낫겠다는 생각이 들으셔야 합니다.

변화된 엘리야

이제 18장에 나오는 엘리야의 모습을 확인해 보겠습니다. 2절 "엘리야가 아합에게 보이려고 가니"입니다. 그 동안 엘리야는 사르밧에 머물러 있었기에 이스라엘 땅에서 이세벨이 여호와의 선지자를 멸하고 있거나, 아합이 엘리야를 찾으려고 혈안이 된 것을 몰랐을 수도 있습니다. 7절 "오바댜가 길에 있을 때에 엘리야가 그를 만난지라"입니다. 마침 오바댜가 엘리야를 만났고 아합과 이세벨에 대해 온갖 공포스러운 말만 늘어놓습니다. 이때 엘리야의 대답이 15절 "엘리야가 이르되 내가 섬기는 만군의 여호와의 살아 계심을 두고 맹세하노니 내가 오늘 아합에게 보이리라"입니다. 17장에서는 아합을 피해 도망가던 엘리야였는데, 18장에서는 아합에게 보이러 나아가고 있습니다. 이런 모습을 세상에서는 '간이 부었다'고 말하고, 기독교에서는 '하나님을 알았다, 변화되었다'고 표현합니다.

엘리야가 어떻게 변화되었습니까? 스스로 노력했습니까? 아닙니다. 의지와 각오를 불태웠습니까? 아닙니다. '할 수 있다, 하면 된다'고 반복해서 말했습니까? 아닙니다. 금식하며 철야하며 아합에게 나아갈 수 있는 용기를 달라고 기도했을까요? 아닙니다. 하나님이 이번만 살려주시면 남은 인생을 모두 주님께 바칠테니 제발 살려달라고 했을까요? 아닙니다. 엘리야는 스스로 변화를 시도한 것이 아니라 17장에서 확인한 것과 같이 하나님에 의해서 변화가 된 것입니다. 엘리야가 스스로 새로워진 것이 아니라 하나님이 계시 사건을 통해 하나님을 알게 하시고, 하나님이 생명의 주관자 되심을 알게 하시고, 하나님은 죽은 자도 살려내시는 분임을 알게 하시고, 하나님은 말씀대로 행하시는 분임을 알게 하신 것입니다. 이렇게 엘리야가 하나님을 알게 되었기에 엘리야의 생각이 변하고, 엘리야의 행동이 변화될 수 있는 것입니다. 이것이 하나님이 일하시는 원리입니다. 이것이 하나님이 사람을 대하시는 원리입니다. 당연히 모든 초점은 엘리야가 아니라 하나님에게 맞추어져야 합니다.

하나님은 세상에서 쓸 만한 사람을 찾는 분이 아닙니다. 하나님은 각자 알아서 준비하고 나아오는 자를 고르시는 분이 아닙니다. 하나님은 상이나 면류관을 미끼로 인간을 선동하는 분이 아닙니다. 하나님은 가만히 계시다가 인간이 행한 후에 심판질이나 하시는 분이 절대로 아닙니다. 엘리야가 하나님을 감동시킨 것이 아니라 하나님이 엘리야를 감동시켰습니다. 엘리야를 통해 하나님의 일이 이루어진 것이 아니라 하나님을 통해 엘리야가 새사람이 되었습니다. 이 정도에서 하나님에 대해 놀라시면 안 됩니다. 이 정도는 아주 약과입니다. 구약이라 이 정도입니다. 신약으로 가면, 복음서로 가면 하나님이 아예 육신을 입고 강림을 하시고, 하나님이 아예 인간을 위해 십자가를 지시기까지 합니다. 그래서 어느 정도 변화시키는 것이 아니라 아예 '새로운 피조물'이 되게 해 주십니다. 그렇게 하나님의 일하심으로 인해 완전히 새로워진 존재, 죄인에서 의인이 된 존재, 죄의 종에서 하나님의 자녀가 된 분들이 바로 저와 여러분입니다.

괴롭게 하는 자

엘리야는 아합을 만나러 갔습니다. 단지 아합이 자신을 죽일 수 없을 것을 알았기 때문이 아닙니다. 사실 엘리야는 엄청나게 중요한 일을 하려고 아합을 찾아 나선 것입니다. 그것은 바로 아합을 포함한 모든 이스라엘에게 하나님의 기쁜 소식을 선포하기 위해서였습니다. 그것이 바로 18장 1절에 하나님이 하신 말씀 즉 '내가 비를 지면에 내리리라'였습니다. 이스라엘의 실정은 약 삼년간 비가 내리지 않아서 18장 2절에 나오는 대로 사마리아에 기근이 심하였고, 심지어는 5절에 나오는 대로 왕이 직접 이 땅의 모든 물 근원과 모든 내로 가서 꼴을 찾고, 그것으로 말과 노새를 살리고, 짐승을 다 잃지 않으려고 몸부림치고 있는 상황이었습니다. 17장에서는 엘리야가 생명의 위협을 받고 있었지만 18장에서는 아합이 생명의 위협을 받고 있고, 이스라엘이 생명의 위협을 받고 있었습니다. 아합은 생명의 위협에 처해있는 엘리야를 위해 해 준 것이 없습니다. 도리어 엘리야를 잡아 죽이려고 했기에 더욱 위험한 상황으로 몰아가고 있었을 뿐입니다. 엘리야를 만난 순간에 하는 말도 17절 "엘리야를 볼 때에 아합이 그에게 이르되 이스라엘을 괴롭게 하는 자여 너냐"입니다. 죄인의 전형적인 모습입니다.

사실 아합의 말은 전혀 앞뒤가 맞지 않습니다. 왜냐하면 아합은 바알을 섬기고 있기 때문입니다. 이스라엘에 비가 내리지 않아 기근이 들었다면 당연히 바알을 원망해야 합니다. 엘리야 따위가 말을 한다고 해서 비가 내리지 않을 것으로 생각하지 않았다면, 실제로 비가 내리지 않았을 때에도 엘리야가 한 말이나, 엘리야가 전한 여호와의 말씀 때문에 비가 내리지 않았다고 생각해서는 안 됩니다. 왜냐하면 자신은 바알을 섬기기 때문입니다. 엘리야를 보고 '이스라엘을 괴롭게 하는 자여 너냐'라는 말이 엘리야가 말한 대로 비가 내리지 않아서 이스라엘이 괴롭힘을 당하고 있다는 의미라면 아합의 종교, 아합의 신앙은 정말 엉터리임을 스스로 고백하고 있는 것입니다. 그런데 아합은 자신이 따르고 있는 종교가 어떤 의미가 있는지, 자신이 하는 말이 무엇을 의미하는 지도 모르고 있습니다. 당연히 지금 엘리야가 이스라엘을 괴롭히러 온 것이 아니라 기쁜 소식을 전하러 왔다는 사실도 모르고 있습니다. 이것이 죄인의 실체요, 죄인들이 행하는 행동의 어리석음입니다.

이에 반해 엘리야는, 하나님을 배운 자는 모든 것을 알고 있는 사람입니다. 그리고 하나님을 아는 자, 하나님의 일하심을 아는 자는 세상을 향해, 죄인들을 향해 진리를 전하여주는 사람입니다. 그래서 하는 말이 18절 "그가 대답하되 내가 이스라엘을 괴롭게 한 것이 아니라 당신과 당신의 아버지 집이 괴롭게 하였으니 이는 여호와의 명령을 버렸고 당신이 바알들을 따랐음이라"입니다. 17장과 18장을 통해 하나님의 일하심을 보았고, 하나님으로 말미암아 엘리야가 변화되는 모습을 보았고, 죄인들을 향해 나아가 복음을 전하고 진리를 전하는 모습을 보았습니다. 하나님이 오해받고,

종교가 오해받고 성도가 '세상을 괴롭게 하는 자'라는 오명을 받는 세상에
살고 있습니다. 오해받는 것이 억울하거나 안타까운 것이 아니라 이래서
세상에 성도가 필요하며, 이래서 하나님께서 저와 여러분을 성도로 세우셨
다고 믿습니다. 한 주간 세상에서 죄인들과 함께 생활하실 때에 하나님으
로 말미암은 담대함으로, 세상의 빛과 소금으로, 복음으로 사는 멋진 삶이
되시기를 주님의 이름으로 축원합니다.

22

알게 하소서

열왕기상 18:20~46

20 아합이 이에 이스라엘의 모든 자손에게로 사람을 보내 선지자들을 갈멜 산으로 모으니라 21 엘리야가 모든 백성에게 가까이 나아가 이르되 너희가 어느 때까지 둘 사이에서 머뭇머뭇 하려느냐 여호와가 만일 하나님이면 그를 따르고 바알이 만일 하나님이면 그를 따를지니라 하니 백성이 말 한마디도 대답하지 아니하는지라 22 엘리야가 백성에게 이르되 여호와의 선지자는 나만 홀로 남았으나 바알의 선지자는 사백오십 명이로다 23 그런즉 송아지 둘을 우리에게 가져오게 하고 그들은 송아지 한 마리를 택하여 각을 떠서 나무 위에 놓고 불은 붙이지 말며 나도 송아지 한 마리를 잡아 나무 위에 놓고 불은 붙이지 않고 24 너희는 너희 신의 이름을 부르라 나는 여호와의 이름을 부르리니 이에 불로 응답하는 신 그가 하나님이니라 백성이 다 대답하되 그 말이 옳도다 하니라 25 엘리야가 바알의 선지자들에게 이르되 너희는 많으니 먼저 송아지 한 마리를 택하여 잡고 너희 신의 이름을 부르라 그러나 불을 붙이지 말라 26 그들이 받은 송아지를 가져다가 잡고 아침부터 낮까지 바알의 이름을 불러 이르되 바알이여 우리에게 응답하소서 하나 아무 소리도 없고 아무 응답하는 자도 없으므로 그들이 그 쌓은 제단 주위에서 뛰놀더라 27 정오에 이르러는 엘리야가 그들을 조롱하여 이르되 큰 소리로 부르라 그는 신인즉 묵상하고 있는지 혹은 그가 잠깐 나갔는지 혹은 그가 길을 행하는지 혹은 그가 잠이 들어서 깨워야 할 것인지 하매 28 이에 그들이 큰 소리로 부르고 그들의 규례를 따라 피가 흐르기까지 칼과 창으로 그들의 몸을 상하게 하더라 29 이같이 하여 정오가 지났고 그들이 미친 듯이 떠들어 저녁 소제 드릴 때까지 이르렀으나 아무 소리도 없고 응답하는 자나 돌아보는 자가 아무도 없더라 30 엘리야가 모든 백성을 향하여 이르되 내게로 가까이 오라 백성이 다 그에게 가까이 가매 그가 무너진 여호와의 제단을 수축하되 31 야곱의 아들들의 지파의 수효를 따라 엘리야가 돌 열두 개를 취하니 이 야곱은 옛적에 여호와의 말씀이 임하여 이르시기를 네 이름을 이스라엘이라 하리라 하신 자더라 32 그가 여호와의 이름을 의지하여 그 돌로 제단을 쌓고 제단을 돌아가며 곡식 종자 두

세아를 둘 만한 도랑을 만들고 33 또 나무를 벌이고 송아지의 각을 떠서 나무 위에 놓고 이르되 통 넷에 물을 채워다가 번제물과 나무 위에 부으라 하고 34 또 이르되 다시 그리하라 하여 다시 그리하니 또 이르되 세 번째로 그리하라 하여 세 번째로 그리하니 35 물이 제단으로 두루 흐르고 도랑에도 물이 가득 찼더라 36 저녁 소제 드릴 때에 이르러 선지자 엘리야가 나아가서 말하되 아브라함과 이삭과 이스라엘의 하나님 여호와여 주께서 이스라엘 중에서 하나님이신 것과 내가 주의 종인 것과 내가 주의 말씀대로 이 모든 일을 행하는 것을 오늘 알게 하옵소서 37 여호와여 내게 응답하옵소서 내게 응답하옵소서 이 백성에게 주 여호와는 하나님이신 것과 주는 그들의 마음을 되돌이키심을 알게 하옵소서 하매 38 이에 여호와의 불이 내려서 번제물과 나무와 돌과 흙을 태우고 또 도랑의 물을 핥은지라 39 모든 백성이 보고 엎드려 말하되 여호와 그는 하나님이시로다 여호와 그는 하나님이시로다 하니 40 엘리야가 그들에게 이르되 바알의 선지자를 잡되 그들 중 하나도 도망하지 못하게 하라 하매 곧 잡은지라 엘리야가 그들을 기손 시내로 내려다가 거기서 죽이니라 41 엘리야가 아합에게 이르되 올라가서 먹고 마시소서 큰 비 소리가 있나이다 42 아합이 먹고 마시러 올라가니라 엘리야가 갈멜 산 꼭대기로 올라가서 땅에 꿇어 엎드려 그의 얼굴을 무릎 사이에 넣고 43 그의 사환에게 이르되 올라가 바다쪽을 바라보라 그가 올라가 바라보고 말하되 아무것도 없나이다 이르되 일곱 번까지 다시 가라 44 일곱 번째 이르러서는 그가 말하되 바다에서 사람의 손 만한 작은 구름이 일어나나이다 이르되 올라가 아합에게 말하기를 비에 막히지 아니하도록 마차를 갖추고 내려가소서 하라 하니라 45 조금 후에 구름과 바람이 일어나서 하늘이 캄캄해지며 큰 비가 내리는지라 아합이 마차를 타고 이스르엘로 가니 46 여호와의 능력이 엘리야에게 임하매 그가 허리를 동이고 이스르엘로 들어가는 곳까지 아합 앞에서 달려갔더라

일하시는 분

교육

　교육하는 사람의 입장에서 가장 좋은 것은 교육하려는 내용에 대해 '모르는 사람에게 가르치는 것'입니다. 특히 모르는 사람이 알고 싶어 할 때는 교육효과가 가장 좋습니다. 반대로 가장 힘든 것은 '알고 있다고 생각하는 사람에게 가르치는 것'입니다. 분명 모르고 있는데 본인이 알고 있다고 생각하는 경우 즉 잘못알고 있는 사람들에게 가르치는 것입니다. 본인이 안다고 생각하니까 들으려고 하지를 않습니다. 혹시 듣더라도 배운다는 자세가 아니라 판단하려는 자세를 가지기 때문에 교육 효과가 거의 나타나지

않습니다. 안타깝게도 설교는 후자에 속합니다. 대부분의 사람이 하나님에 대해 안다고 생각하지 모른다고 생각하지 않습니다. 불신자건 신자건 하나님에 대해서 배워야겠다고 생각하는 사람을 거의 만나보지 못했습니다. 신에 대해서 사람들이 관심 갖는 것은 오직 '내가 열심히 해야 한다'는 것입니다. 기독교는 '계시의 종교'임에도 불구하고 여전히 '공덕의 종교'처럼 인식되고 있습니다.

교육의 대상에 대해서도 두 가지 경우가 있습니다. 하나는 외부인을 교육하는 경우이고 다른 하나는 내부인을 교육하는 경우입니다. 기독교는 당연히 내부인을 교육하는 경우에 해당됩니다. 그런데 기독교가 워낙 전도에 열심을 내다보니 모두 외부인에게 복음을 전하고, 외부인에게 성경을 가르치는 것으로 인식됩니다. 사실은 정반대입니다. 인간을 구원하는 것은 하나님의 사역이고 교회의 사역은 철저하게 성도에게 맞추어지는 것이 정상입니다. 모든 성경공부의 대상은 온전히 이미 교회에 들어온 성도입니다. 하나님의 은혜로 구원받아 교회에 들어왔을 때, 구원은 받았지만 아직 생각과 사고와 기준과 가치와 인식이 모두 이전 것이요 옛 삶에 속한 것이기에 새로운 것, 하나님의 사고, 기준, 가치, 인식을 배워야 합니다. 물론 배우거나 배우지 않거나에 따라서 구원의 여부가 달라지는 것은 아닙니다. 구원은 전적인 하나님의 역사입니다. 성도는 이미 구원받은 자입니다. 구원받은 성도가 하나님의 말씀을 배우거나 배우지 않거나에 따라서 구원을 누리는 것은 달라집니다. 함께 하나님의 말씀을 상고해 보겠는데 먼저는 오해되는 부분을 수정하고, 이어서 새로운 내용을 배워보겠습니다.

모인 사람들

엘리야가 아합과 재회하였을 때 서로를 향하여 '이스라엘을 괴롭게 하는 자'라고 불렀습니다. 아합은 엘리야를 죽이려고만 할 때에 엘리야는 전혀 다른 제안을 합니다. 19절 "그런즉 사람을 보내 온 이스라엘과 이세벨의 상에서 먹는 바알의 선지자 사백 오십 명과 아세라의 선지자 사백 명을 갈멜 산으로 모아 내게로 나아오게 하소서"이고 20절에 아합이 사람들을 모았습니다. 갈멜 산에 모인 무리들은 세 부류로 나눌 수 있습니다. 한 부류는 아합과 바알의 제사장들입니다. 원래는 엘리야가 아합에게 바알과 아세라의 선지자들을 모두 모으라고 했는데 실제로는 바알의 선지자 사백 오십 명만 모였습니다. 이스라엘에 바알의 선지자가 총 몇 명 있는지는 모르지만, 미리 엘리야가 바알의 선지자 사백 오십 명을 데리고 오라고 했고 실제로 사백 오십 명이 왔으니 아마도 이스라엘의 바알 선지자는 사백 오십 명인 것 같고 바알의 선지자가 다 모인 것 같습니다.

다른 부류는 여호와를 섬기는 엘리야입니다. 조금 궁금한 것은 왜 엘리야 혼자냐는 것입니다. 분명 열왕기상 18장에 의하면 여호와를 섬기는 다른 사람들도 있었습니다. 자기 입으로 어려서부터 여호와를 경외하는 자라고 소개한 오바댜도 있고, 오바댜가 굴에 숨기고 떡과 물을 공급했던 여호와의 선지자들도 백 명이나 있었습니다. 사르밧에 살던 과부는 여호와의 은혜로 통의 가루와 병의 기름이 마르지 않는 기적적인 은혜를 체험하고 있기는 하지만 이스라엘 사람이 아니니 굳이 나오지 않아도 이상하지 않습니다. 그런데 여호와를 경외하는 오바댜는 도망을 갔는지, 아합의 왕궁 맡은 자였기에 출장을 갔는지는 모르겠고, 백 명의 선지자는 비밀스럽게 활약하는 사람들이라 여간해서는 신분노출을 꺼리는 것인지 나타나지 않았고 여하튼 여호와의 진영에는 달랑 엘리야 혼자입니다. 하나님이 엘리야를 아합에게 보내셨고 말도 하게 하셨으니 하나님도 현재의 상황을 알고 계시고, 갈멜 산에서 무슨 일을 행할지도 다 알고 계시는데 오바댜나 숨어있는 선지자들을 모두 동원하시지 않고 달랑 엘리야 한 사람만 보내셨습니다. 이유가 있습니다.

그리고 마지막 부류는 이스라엘 백성들입니다. 세 부류 중 숫자로는 백성들이 가장 많을 것인데 백성의 특성상 바알 편도 아니고 여호와 편도 아님니다. 21절 "엘리야가 모든 백성에게 가까이 나아가 이르되 너희가 어느 때까지 둘 사이에서 머뭇머뭇 하려느냐 여호와가 만일 하나님이면 그를 따르고 바알이 만일 하나님이면 그를 따를지니라 하니 백성이 말 한마디도 대답하지 아니하는지라"입니다. 백성의 입장에서는 섣불리 어느 쪽 편을 들었다가 나중에 어떤 결과가 나올지 모르니 가능한 결정을 미루는 것이 현명할 것입니다. 그리고 확실한 결과가 나왔을 때 이기는 쪽에 설 것이 분명합니다. 나쁘게 표현하면 기회주의자이지만 이것이 언제나 급변하는 정세에서 백성이 살아가는 어쩔 수 없는 모습일 것입니다.

먼저 일하시는 분

여하튼 이렇게 백성을 앞에 두고 엘리야와 바알의 선지자들이 하는 일이 23절과 24절입니다. "그런즉 송아지 둘을 우리에게 가져오게 하고 그들은 송아지 한 마리를 택하여 각을 떠서 나무 위에 놓고 불은 붙이지 말며 나도 송아지 한 마리를 잡아 나무 위에 놓고 불은 붙이지 않고 너희는 너희 신의 이름을 부르라 나는 여호와의 이름을 부르리니 이에 불로 응답하는 신 그가 하나님이니라 백성이 다 대답하되 그 말이 옳도다 하니라"입니다. 재미있는 것은 백성들의 반응입니다. 백성들은 엘리야가 21절에서 말할 때는 한 마디도 하지 않다가 24절에서는 모든 백성이 다 대답을 했습니다. 백성들의 대답이 왜 이렇게 빨리 나왔느냐하면 자신들은 당사자가 아니기 때문입니다. 마치 자신들이 심판인줄 알고 있습니다. 마치 자신들은 바알을 섬기는 것도 아니요 여호와를 섬기는 것도 아닌데, 만약 진짜 신이 밝혀지면 그때는 너무나 당연히 믿을 것처럼 대답하고 있습니다. 과연 갈멜 산 사건이 끝난 후에 백성들이 어떤 반응을 보일지 확인해 볼 예정입니다.

엘리야가 한 제안에 대해서 저와 여러분은 절대로 오해를 하면 안 됩니다. 지금 엘리야는 최상의 방법을 선택한 것이 아니라 최후의 방법을 선택하고 있다는 것을 아셔야 합니다. 행여 오해하시면 신앙의 주제가 '응답하는 신'

이 되어버릴 위험이 있습니다. 그래서 '하나님께 구하여 하나님의 응답을 받아보자'는 종교 원리가 작용할 위험이 있습니다. 마치 하나님은 인간이 하는 것을 보고, 하나님의 마음에 맞는 사람에게, 하나님을 감동시키는 사람에게 응답을 해 주시는 분처럼 왜곡될 위험이 있습니다. 본문의 의도, 엘리야의 의도는 전혀 그런 것이 아닙니다. 성경 전체에서 하나님의 속성에 대해 설명할 때 가장 강조하는 것이 '하나님은 먼저 일하시는 분'이라는 사실입니다. 하나님과 인간의 관계에서 언제나 하나님이 먼저 일하십니다. 열왕기상에서도 하나님은 지금까지 '누가 하나님을 기쁘게 하는가?' 지켜보면서 응답하시려고 기다리신 것이 아닙니다. 성경 전체에서도 그렇듯 열왕기서에서도 하나님은 계속하여 일하셨고 언제나 먼저 일하셨습니다.

하나님이 먼저 일하기에 이미 하나님은 자신을 인간에게 알리신 것입니다. 그래서 따로 하나님을 입증하는 시험이나 검증과정을 거칠 필요가 없습니다. 인간들이 요구하기 전에 이미 이적과 기적을 행하셨고, 이미 하나님을 계시하셨기 때문입니다. 아합 왕과 이스라엘 백성에게도 하나님은 이미 입증하셨습니다. 17장 1절에서 앞으로 수년 동안 비도 이슬도 내리지 않을 것이라고 말씀하셨고 과연 하나님의 말씀대로 삼년 동안이나 비도 이슬도 내리지 않았습니다. 이미 입증한 것입니다. 그 전에는 북 왕국의 초대 왕인 여로보암을 통해서도 하나님은 입증하셨습니다. 아무도 솔로몬이 죽은 후에 나라가 분열될 것을 예상하지 못했고, 행여 분열이 된다 할지라도 당연히 솔로몬의 후예가 더 많은 민족을 차지할 것으로 생각했지 열두 지파 중에 달랑 두 지파만 남게 될 것으로 아무도 예상하지 못했습니다. 또 나라가 분열될 때에 일개 노동 감독관에 불과한 여로보암이 왕이 될 것이라고는 아무도 예상하지 못했는데 하나님은 모든 것을 미리 다 예언하시고, 하나님이 예언하신 대로 모든 것이 이루어졌기에 하나님이 하나님이심은 이미 입증이 되었습니다. 이렇게 더 크고, 더 놀랍고, 더 신기하고, 더 상상하기 힘든 일들도 다 행하셨는데 이제사 기껏해야 불을 내리는 것으로 참 신인지 아닌 지를 입증한다는 것은 너무나 어이없는 일입니다. 분명히 점검하고 넘어가야 할 것은, 하나님은 이제사 응답하시고, 응답을 통해 하나님을 알리는 그런 분이 아니라 언제나 스스로, 먼저 은혜를 통해 계속하여 일하시는 분이라는 사실입니다.

인간의 시험, 하나님의 계시

엘리야가 하는 제안은 하나님이 일하시는 원리를 보여주는 것이 아니라 정반대로 인간들의 원리를 보여주는 것입니다. 인간들의 종교, 인간들의 종교 행위, 인간들의 종교 방식이 얼마나 미련하고 어리석고 무익하고 쓸모없는 것인지를 확인해 주는 것입니다. 성경에서 신을 점검하는 시험은 여러 번 나옵니다. 그리고 그런 제안을 하는 당사자는 주로 인간이었습니다. 하나님의 편에서 등장한 엘리야가 먼저 이런 제안을 하는 것은 매우 이례적인 사건입니다. 인간이 시험한 경우를 살펴보면 가장 대표적인 것이 기드온입니다. 사사기 6장에 총 세 번의 시험이 나옵니다. 첫 번째는 19절 "기드온이 가서 염소 새끼 하나를 준비하고 가루 한 에바로 무교병을 만들고 고기를 소쿠리에 담고 국을 양푼에 담아 상수리나무 아래 그에게로 가져다가 드리매" 21절 "여호와의 사자가 손에 잡은 지팡이 끝을 내밀어 고기와 무교병에 대니 불이 바위에서 나와 고기와 무교병을 살랐고 여호와의 사자는 떠나서 보이지 아니한지라"입니다.

이 장면에서 수고하는 사람이 기드온입니다. 비용이 드는 것도 기드온입니다. 염소와 가루를 준비하고 친히 무교병을 만들고 국을 만들기까지 합니다. 여호와께서는 아주 간단히 불을 내려서 모든 제물을 태워버립니다. 인간이 신을 시험하려면 신이 수고하고 그 덕분에 인간이 편해야 합니다. 그런데 모든 고생은 인간이 하고 신은 아주 수월하게 하면 인간에게 의미가 없습니다. 더 어이가 없는 것은 그 결과입니다. 22절 "기드온이 그가 여호와의 사자인 줄 알고 이르되 슬프도소이다 주 여호와여 내가 여호와의 사자를 대면하여 보았나이다"입니다. 여호와를 확인했으면 기뻐해야 합니다. 슬퍼하고 죽을까 두려워하려면 무엇하러 시험을 합니까!

두 번째 시험과 세 번째 시험이 37절과 39절에 나오는 양털시험입니다. 한번은 양털에만 이슬이 내리고 또 한 번은 양털에만 이슬이 내리지 않는 것입니다. 기드온이 총 세 번 하나님을 시험했는데 참으로 한심한 것은 자기의 삶에 아무 도움이 안 되는 것만 했다는 사실입니다. 고기를 불로 태워서 자기에게 무슨 보탬이 되고, 양털에 이슬이 내리고 안 내리고가 자기 생활에 무슨 도움이 됩니까? 세 번 시험을 통해서 기드온이 유익을 얻은 것이 단 하나도 없습니다.

하나님이 행하신 것과 비교를 해 보겠습니다. 열왕기상 17장에서 하나님이 엘리야에게 하나님을 알게 하셨습니다. 그때 행하신 일이 숨어있는 엘리야에게 까마귀를 통해서 떡과 고기를 먹이신 것입니다. 하나님이 일했고 엘리야는 받아먹기만 했습니다. 하나님 때문에 엘리야는 음식을 공급받았고 목숨을 연명했습니다. 엘리야에게 유익한 것입니다. 사르밧에서도 하나님이 과부의 가루통과 기름병이 마르지 않게 하셨습니다. 하나님이 일하셨고 과부와 아들, 엘리야가 유익을 얻었습니다. 하나님은 계시를 하셔도 쇼를 하시지 않습니다. 삶과 무관한 능력 자랑을 하지 않습니다. 기드온의 시험이 아무 소용이 없었고, 자기만 고생했고, 결국에는 자기가 시험하고 자기가 확인한 결과를 자기가 믿지도 않았습니다.

한 경우를 더 보면 삼손의 아버지입니다. 사사기 13장에 나오는데 기드온과 똑같습니다. 마노아도 여호와를 믿지 못하여 시험을 합니다. 19절 "이에 마노아가 염소 새끼와 소제물을 가져다가 바위 위에서 여호와께 드리매 이적이 일어난지라 불꽃이 제단에서부터 하늘로 올라가는 동시에 여호와의 사자가 제단 불꽃에 휩싸여 올라간지라"입니다. 그리고는 반응이 22절 "그의 아내에게 이르되 우리가 하나님을 보았으니 반드시 죽으리로다 하니"입니다. 자기가 보고 싶다고 해놓고, 보더니 죽을 것이라고 합니다. 이런 것을 왜 합니까! 이 시험이 자기에게 무슨 유익이 있습니까? 괜히 하나님 시험한다고 염소 새끼와 소제물을 날렸습니다. 하나님께서 하시면 정반대로 하십니다. 언제나 인간에게 유익하게 하십니다. 하나님께서 양을 가지고 인간에게 하나님을 알게 하신 적이 있는데 바로 창세기 30장에 나오는 야곱의 경우입니다. 야곱이 외삼촌 라반의 집에서 일을 해도 품삯을 받지 못했습니다. 그때 하나님은 양이 새끼 밸 때에 개천에다가 양을 두고 그 옆에 버드나무와 살구나무와 신풍나무의 푸른 가지를 가져다가 세워두고 새끼를 배게 해서 야곱의 소산을 풍성하게 해 주셨습니다. 하나님이 일하셔서 야곱이 풍성해졌습니다. 시험을 하려면 이렇게 해야 합니다.

신약에서 예수님과 관련해서도 예수님이 백성들에게 자신을 계시하는 방식과 인간들이 예수님에게 요구하는 내용이 전혀 차원이 다릅니다. 예수님의 경우 언제나 사람들에게 실제적이고 구체적인 유익을 주셨습니다. 병자들의 경우에는 병을 치유해 주셨고, 귀신들린 사람의 경우는 귀신을 쫓아내 주셨습니다. 배고픈 사람들이 있을 경우에는 오병이어와 칠병이어를 베풀어 주셔서 배불리 먹게 하실 뿐만 아니라 돌아 갈 때에 배고프지 않도록 각 사람이 다 싸가도록 하셨습니다. 예수님의 이적과 기적 때문에 백성들이 유익을 얻은 것입니다. 그런데 사람이 예수님께 구하는 것은 주로 바보같은 것들입니다. 가장 대표적인 것이 베드로입니다. 예수님께서 바다를 걸어오시는 것을 보았습니다. 그 순간 베드로는 자신도 바다를 걷게 해 달라고 요청을 합니다. 물론 예수님은 베드로의 요청대로 바다를 걷게 해 주셨습니다. 그런데 그게 베드로에게 무슨 유익이 있습니까? 베드로가 바다를 한 번 걸은 것이 실생활에 어떤 도움이 됩니까? 앞으로 베드로는 땅을 밟지 않고 물 위에서만 생활할 것입니까? 이것이 인간들의 어리석음입니다. 신을 구하고, 신을 확인하고 싶어 하면서 정작 그 내용은 자신의 삶과 전혀 관계없는 것들을 구하는 미련함입니다. 죄인들은 그저 신기하면 되고, 새로우면 좋은 줄로 압니다. 어리석음의 극치입니다.

종교 행위들

쓸모없는 종교 행위

열왕기상 18장의 제안은 하나님이 인간에게 제안한다는 측면에서 매우 이례적인 것입니다. 그리고 그 내용도 그 동안 하나님이 일하시던 방식이 아니라 인간들이 요구하던 전형적인 방식 즉 송아지를 제단 위에 올려놓고 불에 태우는 방식입니다. 인간에게 전혀 도움이 되지 않고 유익이 되지 않는 방식입니다. 이와 같이 엘리야가 제안한 내용은 하나님이 일하시던 것과 순서적으로나 내용적으로 다르다고 하면 이 사건의 본질 또한 전혀 다른 차원이라는 것이 됩니다. 아합이나 이스라엘 백성들의 입장에서는 불로 응답하는 것을 통하여 누가 참 신인가를 알아보는 사건이지만 하나님의 입장에서는 정반대로 아합과 바알의 선지자들과 이스라엘 백성 모두에게 자신들이 생각하고 행동하고 의지하는 것이 얼마나 어리석고 무익한 것인가를 까발려주는 사건이 되는 것입니다. 하나님의 계시는 이미 나타났고, 계속 나타나고 있기에 이번에는 인간의 종교 행위의 무용성을 드러내는 것입니다.

이 사건의 특징 또는 차이점 또는 핵심을 점검해 보겠습니다. 첫 번째, 등장인물의 숫자에서부터 차이가 납니다. 다른 장면들에서는 주로 한 사람이나 한 가족이 등장했습니다. 그런데 이번에는 반대편의 인물이 무지하게 많습니다. 아합, 바알의 선지자 사백 오십 명 그리고 이스라엘 백성들이 총동원되었습니다. 상대적으로 하나님 편에서는 딱 한 사람 엘리야만 나왔습니다. 가능한 많은 숫자가 있으면 유익하다는 인간의 사고방식, 인간의 인식구조, 인간의 가치판단의 체계를 완전히 무너뜨리는 것입니다.

두 번째, 이번 사건에서는 예전의 어떤 사건과 비교해 보아도 사람들이 하는 일이 매우 많습니다. 우선 준비를 하는 것이 25절입니다. "엘리야가 바알의 선지자들에게 이르되 너희는 많으니 먼저 송아지 한 마리를 택하여 잡고 너희 신의 이름을 부르라 그러나 불을 붙이지 말라”이고, 드디어 인간의 행동이 등장하는 것이 26절 “그들이 받은 송아지를 가져다가 잡고 아침부터 낮까지 바알의 이름을 불러 이르되 바알이여 우리에게 응답하소서 하나 아무 소리도 없고 아무 응답하는 자도 없으므로 그들이 그 쌓은 제단 주위에서 뛰놀더라”입니다. 26절에 등장하는 것이 세 가지입니다. 하나는 바알의 이름을 부른 것이고, 또 하나는 뛰놀더라 즉 이러 저리 제단 주위를 넘어 다니며 춤을 추는 것이며, 또 하나는 계속한다는 것입니다. 바알의 선지자들은 그 동안 자신들이 해오던 것을 하는 것입니다. 자신들의 종교 양식, 종교행위, 종교의례, 종교행사를 하고 있습니다.

이때 엘리야가 하는 말이 27절 “정오에 이르러는 엘리야가 그들을 조롱하여 이르되 큰 소리로 부르라 그는 신인즉 묵상하고 있는지 혹은 그가 잠깐 나갔는지 혹은 그가 길을 행하는지 혹은 그가 잠이 들어서 깨워야 할 것인지 하매”입니다. 지금 엘리야는 바알 신이 거짓이라고 주장하는 것이 아니라 바알 선지자들의 종교 행위들이 헛되다는 것을 강조하고 있습니다. 바알을 조롱하는 것이 아니라 죄인들의 어리석은 종교 행위를 조롱하고 있습니다. 그래서 가능한 바알의 선지자들이 더 많은 것, 더 다양한 것을 더 오래, 더 열심히 하도록 부추기고 있습니다. 바알 선지자들이 할 수 있는 것을 다 쏟아내게 만들고, 그들의 바닥을 드러내게 만들고 있습니다. 이름을 불렀는데 소용이 없고, 뛰어 다니며 춤을 추었는데 소용이 없었습니다. 새로이 등장하는 것이 28절입니다. “이에 그들이 큰 소리로 부르고 그들의 규례를 따라 피가 흐르기 까지 칼과 창으로 그들의 몸을 상하게 하더라”입니다.

모든 종교의 의식에는 나름대로 명분이 있고 의미가 있습니다. 신의 이름을 부르는 것은 신에게 자신들이 왔음을 고하는 것이고, 뛰는 것은 신에 대한 경의를 표시하는 것이고, 피가 흐르기까지 칼과 창으로 몸을 상하게 하는 것은 신의 은총을 구하는 것에 대한 값을 지불한다는 의미입니다. 즉 은혜를 구하는 것이 아니라 거래를 하는 것입니다. 송아지를 예물로 드리는 것으로 시작해서 자신들의 몸을 예물로 드리는 것으로 끝이 났습니다. 더 이상은 드릴 것이 없고, 더 이상은 행할 것이 없고, 더 이상은 동원할 수단과 방법이 없습니다. 결과는 29절 "이같이 하여 정오가 지났고 그들이 미친 듯이 떠들어 저녁 소제 드릴 때까지 이르렀으나 아무 소리도 없고 응답하는 자나 돌아보는 자가 아무도 없더라"입니다. 참으로 많은 것을 했고, 참으로 오래 동안 했습니다. 그러나 아무 반응이 없습니다. 바알이 신이 아니라는 것이 입증되었을 뿐만 아니라 동시에 자신들이 행하는 모든 종교 행위가 아무 쓸모도 없고 유익도 없는 헛된 것이라는 것도 입증이 된 것입니다.

말하되

이쯤 되면 여러분은 그 다음 장면이 어떻게 대조가 될지 아실 것입니다. 많은 바알의 선지자가 다양한 방법을 오래 동안 행했다면 혼자인 엘리야는 가능한 단순하게, 가능한 짧게 할 것입니다. 엘리야는 여호와께 응답받는 방식을 제안하는 것이 아닙니다. 더 새롭고, 더 분명하고, 더 확실한 수단을 가르치려는 것이 아닙니다. 이미 인간들은 나름대로 가능성이 있어 보이는 종교 행위를 모두 동원했습니다. 그 결과는 헛수고였습니다. 하나님은 비법을 전수하려는 것이 아니라 하나님이 바알과 아세라를 비롯한 우상들과 얼마나 다른 지를 보여주려는 것입니다. 하나님이 그렇게 다르기 때문에 하나님을 만나고 하나님의 응답을 받는 것도 우상을 섬기는 제사장들이 사용하는 방식과는 원천적으로 다르다는 것을 가르쳐주려는 것입니다. 그래서 엘리야는 사람들이 생각하기에 도무지 응답이 오지 않을 것 같은 방식, 도무지 종교 의식이라고 하기에 너무나 어이가 없는 방식, 종교 행위나 수단이라고 도무지 누구에게 소개할 수도 없는 방식, 너도 한번 해보라도 권면조차도 할 수 없는 방식으로 행할 것입니다.

물론 그 전에 행여라도 사람들이 우연이라는 둥, 아까 자신들이 신을 부른 것이 이제사 응답이 왔다는 둥 어떤 핑계나 변명도 하지 못하도록 상황을 확실히 어렵게 만들어 버립니다. 그래서 33절에 제물을 올려놓고는 제물 위에 물을 부으라고 합니다. 그것도 세 번이나 부어서 물이 제단으로 두루 흐르고 도랑에도 물이 가득차게 만듭니다. 그리고 시간적으로도 저녁 때가 될 때까지 기다렸습니다. 태양 빛이 강해서 불이 붙었다는 억지 주장을 하지 못하게 만드는 것입니다. 드디어 엘리야가 하는 것이 36절 "저녁 소제 드릴 때에 이르러 선지자 엘리야가 나아가서 말하되"입니다. 끝. 엘리야가 행한 것이 딱 한 가지 즉 '말하되'입니다. 여러분, 말은 종교 의식이나 행위가 아니라 그냥 일상행동입니다. 말은 누구나 하고 언제나 합니다. 세상에 '말'이 신을 부르는 수단이나 방법으로 통용되는 곳은 지구상의 어떤 종교에도 없습니다. 엘리야는 종교 행위를 하지 않았고, 어떠한 종교 의례도 행하지 않았습니다.

어떤 번역에는 엘리야가 '기도했다'고 번역하기도 했는데 그렇지 않습니다. 성경은 의도적으로 지극히 비종교적인 용어, 너무나 평범한 행동인 '말하다'라는 단어를 사용했습니다. 엘리야는 기도한 것이 아니고, 간구한 것이 아니고, 호소한 것이 아니라 그냥 '말'을 했습니다. 그래서 36절과 37절의 엘리야의 말을 읽을 때에는 비장하게 읽으면 안 되고 가장 의미 없게, 가장 가치 없게, 가장 주목받지 못하게 그냥 읽어야 합니다. 엘리야가 하늘을 향해 두 손을 들고 간절하게 신을 찾는 모습이 아니라 아주 평범하게 옆사람에게 말하듯, 혼자 중얼거리듯 말하는 모습이어야 합니다. 주변 사람들이 모두 어이없어하는 모습, 엘리야를 보고 한심해하는 모습이 나오게 말해야 합니다. 어찌 보면 너무 무례해서 신이 기분 나빠서 오다가 도로 돌아가 버릴 정도로 의미없는 말투이어야 합니다. 그런 태도로 하는 말이 "아브라함과 이삭과 이스라엘의 하나님 여호와여 주께서 이스라엘 중에서 하나님이신 것과 내가 주의 종인 것과 내가 주의 말씀대로 이 모든 일을 행하는 것을 오늘 알게 하옵소서 여호와여 내게 응답하옵소서 내게 응답하옵소서 이 백성에게 주 여호와는 하나님이신 것과 주는 그들의 마음을 되돌이키심을 알게 하옵소서"입니다.

수단이 없는 응답

엘리야의 말이 끝나는 순간 사람들이 어떤 기대를 하겠습니까? 정답은 '아무 기대가 없다'입니다. 신을 찾을 때 이렇게 무성의하게, 이렇게 싸가지 없이, 이렇게 아무렇지도 않게 행하는 것은 들은 적도 없고 본적도 없기 때문입니다. 하나님을 부를 때는 무례하게 부르라는 것이 아니라 지금 이 사건의 의도가 바알 종교의 모든 종교 행위가 모두 헛되다는 것을 극명하게 까발리기 위한 것이라는 사실을 기억하셔야 합니다. 모두가 어떤 기대도 하지 않는 그 순간에 응답이 옵니다. 38절 "이에 여호와의 불이 내려서 번제물과 나무와 돌과 흙을 태우고 또 도랑의 물을 핥은지라"입니다. 응답이 왔습니다. 어떻게요? 수단이 없습니다. 누군가 '어떻게 했더니 응답이 왔느냐?'고 물으면 답이 없다고 해야 합니다. 그 순간에 '말하면 된다!'고 대답하면 안 됩니다. 그냥 '와~, 이 신은 완전히 다르구나!'라고만 할 뿐이어야 합니다. 타종교는 신을 배우지 않고 수단을 배웁니다. 그러나 기독교는 수단을 배우지 않고 하나님을 배웁니다. 하나님의 뜻, 하나님의 마음, 하나님의 심정 등 하나님의 성품을 알아야 하는 것입니다.

엘리야는 17장에서 하나님의 은혜를 체험했습니다. 자기가 이적을 행한 것이 아니라 하나님이 행하시는 이적을 경험했습니다. 자기가 사르밧의 과부에게 이적을 행하여 하나님을 알게 한 것이 아니라 하나님이 이적을 행하여 자기는 공궤를 받고, 하나님이 자기의 음성을 들으시고 여인의 아들을 살려주는 사건을 통해 여인에게 하나님을 알게 하는 하나님의 일하심을 체험했습니다. 그래서 엘리야는 자기가 책임을 지는 것이 아니며, 자기가 일하는 것이 아니며, 자기가 하나님을 알리는 것이 아니라 하나님이 자신을 통해 일하신다는 것을 알게 된 것입니다. 그 결과 갈멜 산에서 엘리야는 자기가 불을 내리려는 열정을 가지지 않았고, 자기가 이적을 통해 백성들에게 하나님을 알려야 한다는 사명감을 가지지도 않았습니다. 아주 단순하게 하나님에게 말하면서, 하나님이 자신을 통해 여인에게 행하셨듯 이번에도 하나님이 백성들에게 하나님을 알게 하시라고 말할 수 있었던 것입니다.

38절에서 여호와의 불이 내렸다고, 여호와가 응답했다고, 여호와가 바알을 이겼다고 좋아하시면 죄송하지만 신앙 수준이 너무 초보인 것입니다. 앞에서 그 동안 하나님이 해오시던 계시 사역과 이 사건의 차이점을 소개해 드렸습니다. 첫 번째가 등장인물의 숫자가 많다는 것이고, 두 번째가 사람들이 많은 일, 즉 다양한 종교 행위를 한다는 것이었습니다. 세 번째는 이 사건의 결과로 아무 유익이 없다는 것입니다. 즉 인간들은 하나님을 확인한다면서 늘 쓸모없는 일만 요구하였지만 하나님은 늘 과시형 쇼를 행한 것이 아니라 인간에게 유익이 되는 일을 하셨습니다. 그런데 이번에는 하나님이 제안해서 행하신 사역인데 마치 인간들이 요구하는 방식과 같은 결과가 나타났습니다. 38절을 다시 보겠습니다. "이에 여호와의 불이 내려서 번제물과 나무와 돌과 흙을 태우고 또 도랑의 물을 핥은지라"입니다. 여호와께서 응답하셨습니다. 모든 사람이 보았습니다. 그래서 결정도 내렸습니다. 39절 "모든 백성이 보고 엎드려 말하되 여호와 그는 하나님이시로다 여호와 그는 하나님이시로다 하니"입니다. 능력대결에서 여호와가 승리하였습니다. 누가 진짜 신인지도 밝혀졌습니다. 직접 백성들의 입에서 인정하는 고백도 나왔습니다. 그래서 백성들에게 달라진 것이 무엇이 있습니까? 제가 궁금해하는 것은 백성들의 태도, 백성들의 자세, 백성들의 신앙이 달라졌느냐고 묻는 것이 아니라 불이 내려서 백성들에게 무슨 유익이 있느냐는 것입니다. 아무 유익이 없습니다. 그냥 송아지만 날린 것입니다.

하나님의 은혜

18장에서 가장 중요한 계시 사건은 불로 응답한 사건이 아닙니다. 지금 백성들에게 절대적으로 필요한 것은 불이 아니라 '비'입니다. 삼년 동안 비가 내리지 않았으니 비가 와야 합니다. 정작 중요한 것은 41절 이하입니다. 41절을 보면 "엘리야가 아합에게 이르되 올라가서 먹고 마시소서 큰 비 소리가 있나이다"이고 45절 "조금 후에 구름과 바람이 일어나서 하늘이 캄캄해지며 큰 비가 내리는 지라"입니다. 이스라엘 백성 중에 하나님께 비를 내려달라고 구한 사람이 단 한 명도 없었습니다. 아합 왕도 구하지 않았고, 바알과 아세라의 선지자들도 구하지 않았고 심지어는 엘리야조차도 구하지 않았습니다. 하나님은 인간이 구하면 응답하는 정도의 신이 아니라 인간이 구하지 않아도, 찾지 않아도 친히 먼저 인간에게 찾아오시며, 친히 먼저 인간에게 필요한 것을 제공하여 주시는 은혜의 하나님이십니다. 하나님은 인간에게 아무 보탬도 되지 않는 불 쇼를 행하시는 우상 신이 아니라 인간에게 있어야 할 것을 늘 공급해주시는 사랑의 하나님이십니다.

앞에서 불이 내리자 백성들이 호들갑을 떨었습니다. '여호와 그는 하나님이시로다 여호와 그는 하나님이시로다'라고 말을 했습니다. 그런데 정작 인간에게 소중한 비를 내려주었을 때에는 아무도 반응을 하지 않습니다. 아합도 이스라엘 백성도 한 마디도 하지 않습니다. 왜냐하면 자신들이 구하지도 않았는데 비가 왔기 때문입니다. 즉 하나님이 은혜를 베풀었다는 사실을 알지 못하기 때문입니다. 하나님은 비록 그 일을 통하여 하나님이 영광을 받지 못하실지언정 인간에게 필요하다면 오직 인간을 위해서 친히 일하시는 좋으신 하나님이십니다. 인간이 어리석은 행동, 헛된 종교, 무익한 종교 행위를 하는 것을 안타까워하시면서 하나님을 알아, 하나님의 은혜를 알아 더 평안하고 자유롭고 안정되고 행복한 삶을 살도록 도우시는 좋으신 하나님이십니다. 성경을 통해 하나님을 아시고, 하나님 때문에 즐거운 믿음 생활, 행복한 교회 생활 되시기를 주님의 이름으로 축원합니다.

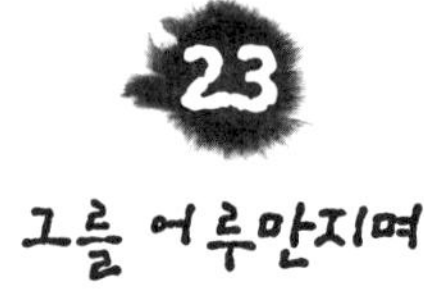

그를 어루만지며

열왕기상 19:1~8

1 아합이 엘리야가 행한 모든 일과 그가 어떻게 모든 선지자를 칼로 죽였는지를 이세벨에게 말하니 2 이세벨이 사신을 엘리야에게 보내어 이르되 내가 내일 이맘때에는 반드시 네 생명을 저 사람들 중 한 사람의 생명과 같게 하리라 그렇게 하지 아니하면 신들이 내게 벌 위에 벌을 내림이 마땅하니라 한지라 3 그가 이 형편을 보고 일어나 자기의 생명을 위해 도망하여 유다에 속한 브엘세바에 이르러 자기의 사환을 그 곳에 머물게 하고 4 자기 자신은 광야로 들어가 하룻길쯤 가서 한 로뎀 나무 아래에 앉아서 자기가 죽기를 원하여 이르되 여호와여 넉넉하오니 지금 내 생명을 거두시옵소서 나는 내 조상들보다 낫지 못하니이다 하고 5 로뎀 나무 아래에 누워 자더니 천사가 그를 어루만지며 그에게 이르되 일어나서 먹으라 하는지라 6 본즉 머리맡에 숯불에 구운 떡과 한 병 물이 있더라 이에 먹고 마시고 다시 누웠더니 7 여호와의 천사가 또 다시 와서 어루만지며 이르되 일어나 먹으라 네가 갈 길을 다 가지 못할까 하노라 하는지라 8 이에 일어나 먹고 마시고 그 음식물의 힘을 의지하여 사십 주 사십 야를 가서 하나님의 산 호렙에 이르니라

외식하는 종교

다윗, 솔로몬 시대

사람들은 대체로 과거를 그리워하거나 미래를 소망합니다. 이것은 대부분 과거가 현재보다 나았다고 생각하거나, 미래가 현재보다 나을 것이라고 생각하는 것입니다. 미래는 아직 도래하지 않았기에 막연한 기대이지

만, 과거는 사람들에게 아름다운 추억으로 기억되고, 과거의 인물은 영웅으로 기억되고, 과거는 더없이 밝고 맑고 욕심 없고 순수하고 행복했던 시절로 기억됩니다. 성경에 사람들이 생각하는 영웅이 있습니다. 뛰어난 왕, 탁월한 지도자, 덕이 있는 리더, 품위 있는 대표자로 회자되는 사람들이 있습니다. 과연 사람들이 존경하는 그 사람들이 통치하던 시대의 실상은 어떨까요?

먼저 다윗 왕 시대를 살펴보겠습니다. 다윗은 전쟁에서 골리앗을 무찌르는 것으로 등장하여 자그마치 사십년간 전쟁을 치룬 왕입니다. 이스라엘의 영토를 확장하고, 여부스 성을 정복하여 다윗 성이라고 이름을 고치고 이스라엘의 수도로 만들었습니다. 여러분, 전쟁을 사십년 치뤘으면 백성의 삶이 어떨까요? 가정마다 아들이 남아있을까요? 남자가 남아있을까요? 군대 간 사람들에게 제대라는 것이 있었을까요? 물론 다윗이 전쟁만 한 것은 아닙니다. 한 동안 전쟁을 통해 나라의 기초를 잡고 국방을 튼튼히 해 놓았습니다. 그 다음에는요? 다윗이 어느 정도 나라를 안정시켜 놓은 다음에 한 일은 나라에 문제를 만드는 것뿐이었습니다. 먼저는 다윗 자신이 우리아의 아내 밧세바를 범하는 사건을 일으킵니다. 다윗은 자그마치 이름이 밝혀진 아내만 최소한 여덟 명이고 아들이 여러 명이 됩니다. 당연히 이복형제들 간의 암투가 치열하게 발생합니다. 자녀들 중에서 암논이 이복누이 다말을 겁탈하는 사건이 발생합니다. 심지어는 압살롬이 다윗을 대항하여 반역을 일으키고, 아들도 반역을 일으키니 후에는 불량배인 세바가 반역을 일으키고, 다윗이 죽기 전에는 인구조사를 벌여서 약 칠만 명의 백성이 죽었습니다. 여러분, 다윗과 다윗의 가족들 때문에 백성들이 제명에 살지를 못합니다. 다윗은 나라의 안녕과 질서를 도모한 것이 아니라 온통 분란과 갈등과 전쟁과 싸움과 질병과 죽음을 불러들인 장본인입니다. 제가 다윗시대 백성이었다면 아마도 이민가자고 했을 것입니다.

두 번째, 솔로몬 왕의 시대를 생각해 보겠습니다. 솔로몬은 정말 공짜로 부귀영화를 얻은 아들입니다. 솔로몬은 다윗과 밧세바 사이에서 출생한 아들입니다. 다윗이 밧세바를 처음 취한 후에 낳은 아들은 태어난 지 이레 만에 죽었고 그 다음에 태어난 아들이 솔로몬입니다. 다윗과 밧세바의 입장에서는 매우 귀한 아들입니다. 금지옥엽으로 키웠습니다. 형 아도니야가 다음 왕이 자기라고 자랑할 때 다윗이 직접 솔로몬을 지명하여 왕으로 등극시켜주었습니다. 솔로몬은 어려운 시절이 별로 없이 자랐습니다. 그래서 솔로몬의 통치는 한마디로 허랑방탕입니다. 솔로몬이 사십년간 통치하는데 그 중에 절반을 성전 짓고 왕궁 짓는 토목공사로 허비합니다. 여러분, 우리나라 역사와 세계사를 배워보셔서 아시겠지만, 통치자가 자기 왕궁 짓는 일에 집중하면 곧 그 나라가 망하는 것입니다. 백성의 입장에서 생각하면 아버지 다윗 시대에 사십년간 전쟁터 따라다녔습니다. 겨우 나라가 안정되나 싶었는데 솔로몬 시대에 국가 부역으로 이십년간 일해야 했습니다.

백성이 어떻게 살까요? 왕은 날마다 호의호식하고, 온갖 이방의 잡신들만 불러오고, 백성들은 죽을 맛입니다. 그 증거가 어디 있습니까? 솔로몬이 죽었을 때 백성들의 반응을 보면 알 수 있습니다. 솔로몬이 죽자 아들 르호보암이 왕위에 오릅니다. 이때 관료들이 나아와서 왕에게 부탁을 합니다. 열왕기상 12장 4절 "왕의 아버지가 우리의 멍에를 무겁게 하였으나 왕은 이제 왕의 아버지가 우리에게 시킨 고역과 메운 무거운 멍에를 가볍게 하소서"입니다. 오죽했으면 왕과 대면하는 첫날 하는 말이 이런 말이겠습니까? 제가 만약 솔로몬 시대에 살았다면 아마도 촛불시위 했을 것입니다.

아합의 시대

세 번째 살펴볼 시기가 아합 왕의 시대입니다. 솔로몬이 죽고 나라가 북왕국 이스라엘과 남 왕국 유다로 분열되었습니다. 솔로몬이 살기 좋은 세상을 만들어 놓았다면 사람들은 나라를 나누지 않았을 것입니다. 성경에서 아합 왕의 시대를 가장 대표적으로 묘사하는 것이 갈멜 산 사건입니다. 다른 말로 표현하면 이스라엘 백성이 우상숭배에 빠진 시대입니다. 엘리야가 초청한 바알 선지자가 사백 오십 명, 아세라 선지자가 사백 명 정도입니다. 정작 여호와의 선지자는 오바댜가 오십 명씩 굴에 숨겨서 떡과 물을 먹였다고 합니다. 아합 왕의 시대를 생각하실 때 부인 이세벨을 잘못 얻었다고 하거나, 백성들이 우상을 숭배하는 잘못을 저질렀다고만 생각하시면 안 됩니다. 백성들은 왜 아합 시대에 우상숭배에 빠졌을까요? 신앙심이 떨어졌다고요? 다윗과 솔로몬 시대에 행복했다면, 다윗과 솔로몬 시대가 국태민안의 시대였다면, 그러한 행복한 시대를 만들어준 하나님을 섬기는 것을 포기했을까요? 세상에 어느 누구도 망하고 싶어서 우상을 섬기는 사람이 없습니다. 너무 평안하고 행복하니까 지루해서, 너무 부유하고 자유로우니까 심심해서, 인생 망치고 국가 부패시키고자 우상을 섬기는 사람은 없습니다. 우상숭배가 왕성했다는 것은 그럴만한 이유가 있다는 것입니다.

우상숭배가 넘쳐나는 것은 두 가지 경우입니다. 하나는 나라가 너무 피폐할 경우이고 다른 하나는 반대로 나라가 번성할 경우입니다. 나라가 피폐하면 그 동안 해 오던 것을 바꾸어 보려는 경향이 있습니다. 솔로몬이 죽자 북 왕국을 세운 여로보암이 제일 먼저 행한 것이 우상을 섬기는 것이었습니다. 그 이유는 민심을 얻기 위해서입니다. 솔로몬이 하던 방식으로는 백성들의 지지를 받을 수가 없습니다. 그래서 새로운 신상을 만들고, 새로운 절기를 만들고, 새로운 제사장 집단을 세운 것입니다. 나라가 망했을까요, 번성했을까요? 번성했습니다. 그렇게 번성하자 우상 숭배를 버릴까요, 더욱 확장할까요? 당연히 우상 숭배가 더욱 번성하는 것입니다. 나라를 이롭게 해준 우상을 왜 버립니까? 그래서 자꾸 늘어나는 것입니다. 새로운 우상도 만들도, 외국의 우상도 수입하는 것입니다. 그런데 나라가 계속 잘되는 것입니다. 그것이 아합 왕의 시대입니다.

물론 성경이 아합 왕 시대에 백성들이 행복했다고 설명하는 것이 아닙니다. 성경은 단 한 번도 외형적 상황에 근거하여 인간의 행복을 운운한 적이 없습니다. 다윗이든, 솔로몬이든, 아합이든 죄의 원리로 통치하면 백성이 곤고하고 하나님의 원리로 통치하면 백성이 평안을 누립니다. 다윗시대나 솔로몬시대나 아합시대나 모두 하나님을 떠나 죄의 원리에 빠져있기에 하나님은 다양하게 하나님을 가르치는 계시를 행하십니다.

인간이 곤고할 때

지난주에 갈멜 산 사건이 성경에 나오는 다른 사건들과 아주 다른 유형이라고 설명을 드렸습니다. 가장 빈번한 것이 사람이 하나님을 시험하는 것입니다. 사람의 입장에서는 하나님을 시험하는 것이요 하나님의 입장에서는 하나님을 계시하는 것입니다. 원래 하나님께서는 미리, 먼저, 스스로 하나님을 나타내시면서 사람들에게 하나님을 알게 하십니다. 그래서 사실 사람이 하나님을 시험을 이유가 전혀 없습니다. 만약 하나님이 숨어계시거나, 하나님이 활동을 하지 않으신다면 당연히 사람들이 하나님을 찾아야 하고, 과연 하나님이 믿을만한 능력이 있는지를 시험해야 합니다. 자신들이 요구하는 것을 해보라고 이런저런 조건을 내세울 수 있습니다. 하지만 하나님은 숨어계시지 않았고, 활동을 하지 않으신 것이 아니었습니다. 도리어 계속하여 나타나시고 계속하여 이적과 기적을 행하셨습니다. 하나님이 입증을 하지 않은 것이 아니라 인간들이 하나님을 믿지 않았던 것입니다. 그래도 하나님은 감사하게도 믿지 않는 인간들의 시험을 받으시고, 그들이 이것을 해보라고 하면 하시고, 저것을 해보라고 하시면 또 하십니다. 하나님은 자존심 상해하지도 않으시고, 모욕이나 굴욕을 당했다고 느끼지도 않으십니다. 왜냐하면 하나님은 어떻게든 인간이 하나님을 알고, 하나님의 은혜와 복을 누리기만을 바라시기 때문입니다.

하나님의 계시는 구분을 하자면 두 가지 유형이 있고 각각의 유형이 사용되는 시기나 상황이 서로 다릅니다. 하나는 말 그대로 하나님의 능력과 권세를 행하시는 양식입니다. 이런 유형이 사용되는 시기는 인간의 상황이나 입장이 곤고하거나 연약할 때 또는 인간이 신을 찾거나 구할 때입니다. 대표적으로 출애굽 시대나 사사 시대입니다. 출애굽 시대에 이스라엘은 애굽에서 종살이를 하고 있었습니다. 당연히 고통스럽고 과도한 노동에 시달려 지칠대로 지쳐있는 상황입니다. 이때 사람들이 생각하는 신의 모습은 당연히 능력입니다. 자신들을 압제하고 있는 애굽의 세력을 물리칠 수 있는 힘과 권세가 있느냐는 것입니다. 그래서 하나님께서도 이때에는 다양한 이적과 기적을 행하심으로 하나님의 위용을 드러내십니다. 하나님이 모든 우상 신들과 대적하여 능히 이길 수 있으며, 하나님이 모든 권세들 중에 가장 강력함을 친히 입증해 보이십니다. 그래서 출애굽 시대에는 열 가지 이적이 등장했던 것입니다. 동일한 패턴이 사사 시대에도 반복됩니다. 기드온이나 마노아도 하나님께서 이적을 행할 수 있는지, 신비한 능력을 행할 수 있는지 알고 싶어 했습니다. 자신들을 압제하고 있는 미디안 세력이나 블레셋 군대를 이길 수 있는지가 궁금했던 것입니다.

인간이 번성할 때

하나님의 계시 방법 중의 다른 유형이 바로 열왕기상 18장의 갈멜 산 사건입니다. 갈멜 산 사건의 특징을 세 가지만 정리해 보겠습니다. 첫 번째, 상황이 이전과는 판이하게 다릅니다. 아합이 통치하던 시기는 이스라엘이 이방의 압제를 받는 상황이 아니고, 백성들이 곤고하고 고통 받고 힘들어하는 시기가 아닙니다. 정반대로 이스라엘이 번성하여 강대국이 되었고 백성들은 나름대로 부유한 생활을 누리고 있는 시기입니다. 그래서 백성 중에 어느 누구도 하나님을 찾지도 않고 구하지도 않습니다. 자신들이 섬기고 있는 바알과 아세라 신으로도 충분히 국태민안을 누리고 있습니다. 다른 신이 필요하지 않습니다. 그래서 바알과 아세라 신 이외에 다른 신을 섬기는 것을 금지하고, 여호와의 선지자를 잡아서 죽이기도 했습니다. 왕으로부터 백성까지 아무도 하나님을 알려고 하지 않고 도움을 받으려고 하지 않습니다.

갈멜 산 사건이 독특하다고 자꾸 강조하는 이유 두 번째, 하나님이 먼저 제안하신다는 것입니다. 제물을 올려놓고 불로서 응답하는 방식은 그 동안 인간들이 제안하던 것이었습니다. 엘리야 시대에는 아합이나 이스라엘이 하나님을 찾지도 않고, 하나님에게 능력을 보여 달라고 요구하지도 않습니다. 송아지를 올려놓을 테니 불로 태워보라고 제안하지 않습니다. 하나님 스스로 예물과 확인방법을 제안하십니다. 그리고 하나님의 이러한 제안에 대해 이스라엘 백성들은 전혀 관심이 없다는 것을 생각하시면, 저와 여러분은 하나님이 왜 이런 제안을 하시는지 의아해 하셔야 합니다. 하나님이 불을 내리신다고 이스라엘이 하나님의 능력을 대단한 것으로 인정하지도 않을 것이며, 하나님을 믿을 것도 아닙니다. 삼년 동안이나 비가 내리지 않았다고 해서 바알을 버린 것이 아니고, 실제로 하나님이 불을 내리셨지만 이스라엘 사람 중 아무도 하나님께로 돌아서지도 않았습니다. 그럼에도 불구하고 하나님이 이런 제안을 하신 것이 바로 세 번째 이유로 연결됩니다.

갈멜 산 사건이 독특하다고 자꾸 강조하는 이유 세 번째, 하나님이 행하시는 것보다 바알의 선지자들이 행하는 것이 더 많다는 사실입니다. 첫 번째 유형의 계시에서는 사람들이 예물을 준비하고 지켜보고 있으면 하나님이 불을 내리는 등 하나님이 반응하고 응답하는 방식이었습니다. 하나님을 시험하는 사람들은 마치 감독관처럼 하나님이 과연 능력이 있나, 힘이 있나, 권세가 있나 보고 판단하는 방식이었습니다. 그런데 갈멜 산 사건은 정반대입니다. 아합 왕과 이스라엘이 번성함을 의지하며 도무지 하나님을 찾지 않을 때에 하나님을 계시하고 알려야 하셨습니다. 하지만 아무도 하나님을 찾지 않으니까 하나님이 스스로 계시하기로 하셨습니다. 이때 하나님이 불을 내려도 사람들이 관심 갖지 않을 것도 아셨습니다. 그래서 하나님이 행하신 방식이, 하나님의 능력이나 권세를 입증하는 것이 아니라 도리어 바알의 선지자들의 종교 양식이 헛된 것임을 입증하는 것이었습니다.

지금 당장은 번성함이 있기에 마치 바알이 참 신인 줄 알고 하나님에 대하여 무관심하고, 바알을 섬기는 자신들의 종교행위가 모두 옳아 보이는 것으로 여기고 있을 때에 그들의 종교행위, 종교 활동, 종교 의식의 허구성을 스스로 확인해보도록 하나님이 유도하신 것입니다. 하나님이 많은 능력을 보이시는 방식이 아니라 바알의 선지자들이 많은 활동, 다양한 활동, 할 수 있는 모든 수단을 총동원해보도록 하신 것입니다. 바알의 선지자들이 자신 있어 하고, 우상의 선지자들이 신뢰하고 의지하는 모든 것을 다 내어 놓도록 제안하신 것입니다. 하나님이 옳다고 말해도 듣지 않으며, 우상이 틀렸다고 말해도 인정하지 않을 것이 뻔하기 때문에 실제로 자기들의 행동을 통해 자기들의 허상을 자기들 스스로 확인하도록 만드신 것입니다. 열왕기상 18장 26절에 의하면 그들이 아침부터 낮까지 바알의 이름을 불렀고, 27절에 의하면 정오에 이르러 그들이 큰 소리로 부르고 그들의 규례를 따라 피가 흐르기까지 칼과 창으로 그들의 몸을 상하게 하였고, 29절에 의하면 그들이 미친 듯이 떠들어 저녁 소제 드릴 때까지 이르렀다고 합니다.

시간상으로 아침부터 저녁때까지입니다. 내용적으로 다양한 수단을 다 동원했습니다. 결과는 아무 것도 없습니다. 실제로 종교 의식을 행한 바알의 선지자들이나 그것을 지켜보고 있는 아합과 백성들로서는 아주 난감했을 것입니다. 자신들은 수고하고 있는데 아무 결과가 없으니 스스로 민망했을 것입니다. 그 민망함의 절정은 엘리야가 다른 일체의 행동을 하지 않고 단지 짧은 순간 하나님께 '말'한 뒤에 결과가 나타난 순간이었을 것입니다. 아무런 결과가 없는 종교행위를 신약에서 예수님은 '외식'이라고 선언하셨습니다. 기독교는 인간이 행하는 종교가 아니며, 특정한 수단이나 방법을 사용하는 종교가 아닙니다. 기독교는 하나님이 일하시는 종교요, 인간이 하나님의 은혜와 복을 풍성히 누리는 참으로 소중한 종교입니다.

그를 어루만지며

누가 승자인가

19장 1절을 보겠습니다. "아합이 엘리야가 행한 모든 일과 그가 어떻게 모든 선지자를 칼로 죽였는지를 이세벨에게 말하니"입니다. 아합은 왕이고 이세벨은 왕비입니다. 아합은 갈멜 산에서 있었던 일을 현장에서 모두 보았고, 더 중요한 일 즉 삼년 만에 여호와가 말하는 대로 비가 오는 것을 직접 맞으면서 왕궁으로 돌아왔습니다. 그러나 아합은 비에 대하여 전혀 언급하지 않고 하나님에 대해 언급하지 않습니다. 아합이 전해주는 소식을 들은 이세벨도 전혀 놀라지 않고 당황하지도 않고 두려워하지도 않습니다. 어떻게 하느냐고 발을 동동 구르지도 않고, 그 동안 여호와의 선지자들을 멸했던 일들에 대해 걱정하지도 않습니다. 이세벨은 왜 이렇게 당당할까요? 그 이유는 갈멜 산에서 불이 내려왔다고 해서 달라진 것이 없기 때문입니다. 바알을 섬기고 있을 때 삼년 동안 비가 안 온다고 해서 바알을 버린 것이 아닙니다. 마찬가지로 여호와가 불을 내리고 비를 내린다고 해서 갑자기 바알을 버리고 여호와를 섬기는 것이 아닙니다. 왜냐하면 엘리야 때문에 이스라엘이 달라진 것이 없고, 불 때문에 이스라엘이 달라진 것이 없기 때문입니다. 얼핏 생각하면 엘리야가 갈멜 산에서 승전가를 부르고, 바로 산에서 내려와 그 동안 우상숭배를 주도하던 아합 왕과 이세벨을 왕궁에서 내쫓고 온 나라에서 우상들을 파괴하고 종교개혁을 일으키고 하나님만 섬기는 새로운 세상을 만들었을 것으로 기대됩니다. 그러나 현실은 전혀 그렇지 않았습니다. 정작 이긴 것은 엘리야이고, 패한 것은 아합과 이세벨인데 상황은 전혀 다릅니다. 성경이 뭘 말하려고 하는 지를 잘 분별해야 합니다.

아합의 이야기를 들은 이세벨은 엘리야에게 사자를 보내어 당당하게 말합니다. 2절 "내가 내일 이맘때에는 반드시 네 생명을 저 사람들 중 한 사

람의 생명과 같게 하리라. 그렇게 하지 아니하면 신들이 내게 벌 위에 벌을
내림이 마땅하니라"입니다. 성경은 단지 '우상은 가짜이고 하나님이 진짜
다!' 라고 말하려는 것이 아닙니다. 성경은 산에서 불을 확 내려버림으로써
'내가 진짜인거 봤지! 꿇어!'라고 말하려는 것이 아닙니다. 왜냐하면 사람
들은 그렇게 한 방에 잘 바뀌지 않기 때문입니다. 한 대 맞았다고 쉽게 생
각을 바꾸지 않습니다. 한번 어떤 일을 겪었다고 바로 자신이 행하던 것을
변경하지 않습니다. 성경은 죄인에 대해서 너무나 적나라하게 알고 있습니
다. 그래서 성경이 죄인을 다루는 것은 매우 치밀하고 섬세하고 정교합니
다. 물론 성경은 사람의 마음, 죄인의 마음을 바꾸려고 합니다. 그 바꾸는
것을 위해 성경은, 하나님은 매우 세밀하게, 매우 배려있게, 매우 설득력있
게, 매우 지속적으로, 매우 다양하게 노력하고 있다는 것을 아셔야 합니다.
18장의 갈멜 산 사건과 19장의 엘리야의 도망사건을 통해 성경은 이방종교
의 모습을 보여주고, 하나님의 모습을 비교적으로 보여주려고 하는 것입니
다.

이방 종교의 방식

우선 바알 선지자들의 행동과 이세벨의 행동에서 이방종교의 특징을 확
인할 수 있습니다. 우상종교의 특징은 '인간이 신을 불러야 한다'는 것입니
다. 갈멜 산에서 바알의 선지자들은 신을 불렀고, 그 앞에서 뛰었고, 어떻
게든 신을 만나려고 다양한 방법을 사용했습니다. 우상종교는 인간이 신
을 불러야 하고, 인간이 신을 찾아야 하고, 인간이 신의 비위를 맞추어야
합니다. 그러나 기독교는 그렇지 않습니다. 하나님은 절대로 그렇지 않습
니다. 얼핏 '엘리야도 하나님을 불렀지 않느냐?'고 말하시면 안 됩니다. 여
러분 성경을 보시면, 인간이 하나님을 불러낸 적이 없습니다. 이스라엘이
하나님을 요청한 적이 없습니다. 하나님의 계시 사건을 제외하면 신이 인
간의 요청에 의해 나타나고, 신이 인간의 요구에 따라 행동하는 적이 없습

니다.

아담이 하나님을 부른 적이 없고, 아브라함이 먼저 하나님을 찾아 나선 적이 없고, 모세가 먼저 하나님께 도움을 요청한 적이 없고, 사무엘이 밤마다 하나님께 부르짖은 적이 없고, 다윗이 하나님 앞에서 피가 흐르기 까지 칼과 창으로 자기를 찌른 적이 없고, 엘리야가 어떻게든 하나님께 쓰임 받으려고 다양한 노력을 행한 적이 없습니다. 기독교의 신은, 하나님은 언제나 먼저 인간을 찾아오시는 분입니다. 인간이 찾기 전에, 인간이 부르기 전에, 인간이 자신의 문제를 깨닫기도 전에, 인간이 회개하기도 전에, 인간이 잘못했다고 빌기도 전에, 인간을 너무나 사랑하시기 때문에, 무조건 인간의 편을 들어주시고, 인간을 도와주시는 그런 하나님이십니다. 잠시 후에 엘리야를 찾아오시는 하나님을 확인할 수 있습니다.

또 하나 이방종교의 특징은 '신이 저주를 내린다'는 인식입니다. 이세벨은 신의 이름을 걸고 엉뚱한 맹세를 합니다. 2절 "내가 내일 이맘때에는 반드시 네 생명을 저 사람들 중 한 사람의 생명과 같게 하리라 그렇게 하지 아니하면 신들이 내게 벌 위에 벌을 내림이 마땅하니라"입니다. 이것이 이방종교, 우상종교를 믿는 어리석고, 미련하고, 바보 같은 종교행태입니다. 신이 인간에게 벌을 내릴 것 같은 생각, 신으로 하여금 인간에게 저주를 내리게 하려는 생각들이 모두 반인간적 종교입니다. 만약 하나님이 갈멜 산에서 불을 내리신 후에 곧바로 아합과 이세벨의 왕궁에도 불을 내리신다면 이세벨은 당당하지 못하고 하나님을 두려워하게 될 것입니다. 그때 이세벨은 '하나님도 인간이 잘못하면 벌 위에 벌을 내리시는구나, 이방신들과 똑같네!'라고 생각할 것입니다. 그러나 하나님은 이방의 신들과 다르십니다. 인간을 심판하시고 징계하시는 하나님이 아니십니다. 도리어 인간을 치유하시고, 회복시키시는 분이십니다. 하나님의 목적은 사람들을 죽여 버리는 것이 아닙니다.

이제부터 엘리야의 행동을 살펴보고, 엘리야를 대하시는 하나님을 모습을 확인하면서 기독교가 이방종교와 얼마나 다른지, 하나님이 사람들이 생각하는 신들과 어떻게 다른지를 확인해 보겠습니다.

엘리야의 도망

이세벨이 보낸 사자를 엘리야가 만났고, 이세벨이 한 말 즉 자기를 죽이겠다는 말, 만약 엘리야를 죽이지 못하면 '신들이 자기에게 벌에 벌을 내림이 마땅하다'고 하는 말을 엘리야가 다 들었습니다. 엘리야의 마음이 어떨까요? 당연히 두려울 것입니다. 이세벨이 눈 하나 깜짝하지 아니하고 도리어 자기를 죽이려고 덤비는 막무가내식 행동에 도리어 엘리야가 어찌할지를 모르는 것입니다. 두려움을 느꼈고 당연히 도망갔습니다. 3절 "그가 이 형편을 보고 일어나 자기의 생명을 위해 도망하여 유다에 속한 브엘세바에 이르러"입니다. 엘리야는 북 왕국에 속한 사람이고 갈멜 산도 당연히 북 왕국 이스라엘의 북서쪽 지방에 위치하고 있습니다. 엘리야가 '유다에 속한' 브엘세바로 갔으니 해외로 도망을 간 것입니다.

엘리야는 브엘세바에서 광야로 들어가서 로뎀나무 아래에서 하나님께 간청합니다. 그런데 간청하는 내용이 아주 절박합니다. 여러분, 간청은 주로 살려달라고 애원을 하는 모습을 보여줍니다. 그런데 엘리야는 전혀 방향이 다릅니다. 4절 중간에 "자기가 죽기를 원하여 이르되 여호와여 넉넉하오니 지금 내 생명을 거두시옵소서 나는 내 조상들보다 낫지 못하니이다"입니다. 본문에 나오는 '넉넉하오니'는 '여유롭다'는 의미가 아니라 '과하다'는 의미입니다. 지금 상황이 자기가 감당하기에 너무 벅차고, 견디기에 힘이 부친다는 의미입니다. 차라리 죽여 달라는 것입니다. 같은 내용을 다르게 표현한 것이 "나는 내 조상들보다 낫지 못하니이다"입니다. 자신의 인격이나 업적을 말하는 것이 아니라 '나는 살았으나 죽은 것보다 나을 것이 없다. 죽은 조상들보다 살아있는 내가 형편이 좋은 것이 아니다'라는 의미입니다. 어차피 '죽은 목숨'이라고 신세한탄을 하고 있습니다.

열왕기상 18장에는 갈멜 산에서 바알의 제사장들을 물리치는 엘리야의 영웅적 모습이 묘사되어 있습니다. 그런데 바로 다음 장인 열왕기상 19장에는 이세벨 왕비를 두려워하여 줄행랑을 치며, 이세벨에게는 한 마디도 못하다가 하나님께는 온갖 푸념을 늘어놓고 죽어라 살려라 억지소리를 해대는 엘리야를 묘사하고 있습니다. 어느 것이 엘리야의 참모습일까요? 여러분, 저는 엘리야에 대한 여러분의 존경을 깨려는 것이 아닙니다. 성경은 어떤 한 사람을 영웅으로 소개하지 않습니다. 성경이 영웅 하나를 소개한들 무슨 의미가 있습니까? 하나님이 하나님을 소개하는 대신 영웅을 소개한다면 우리는 하나님을 믿거나 의지할 필요가 없고 영웅을 의지하게 될 것입니다.

찾아 오신 하나님

본문의 핵심은 지금부터입니다. 엘리야가 무엇을 하였는가 즉 엘리야에 대해 알려고 하는 것이 아니라 하나님이 어떻게 하셨는가 즉 하나님에 대하여 알려고 하는 것입니다. 엘리야에 대해 과연 하나님은 어떻게 반응하는지를 확인해 보고, 저와 여러분이 하나님에 대하여 과연 바르게 알고 있는지, 과연 바르게 신앙생활을 하고 있는지 점검해 보려고 하는 것입니다. 본문에서 엘리야는 하나님을 찾는 것이 아닙니다. 살기위하여 하나님께 피난 가는 것이 아닙니다. 피난처 되시며 반석 되시는 하나님께 의지하려고 하는 것이 아닙니다. 4절에서 하나님께 살려달라고 간구하는 것이 아니라 죽여 달라고 억지 쓰는 것을 보셨습니다. 엘리야에게는 하나님이 자신을 이세벨로부터 막아주실 것 같다는 신뢰가 없습니다. 하나님께 피하면 천하의 이세벨도 자신을 어쩔 수 없다는 마음이 없습니다. 엘리야의 심정이 10절과 14절에 똑같이 두 번 반복됩니다. "내가 만군의 하나님 여호와께 열심이 유별하오니 이는 이스라엘 자손이 주의 언약을 버리고 주의 제단을 헐며 칼로 주의 선지자들을 죽였음이오며 오직 나만 남았거늘 그들이 내 생명을 찾아 빼앗으려 하나이다"입니다. 나만 살았다는 안도감이 아니라 살아 있는게 살아있는 것이 아니라는 공포입니다.

그러므로 19장의 상황은 엘리야가 하나님을 찾아오는 사건이 아닙니다. 도리어 정반대의 모습을 설명하고 있습니다. 엘리야는 하나님을 신뢰하지 못하고, 두려움에 사로잡혀 도망가고 있습니다. 바로 그 도망자에게 하나님이 찾아오시는 것입니다. 하나님은 하나님을 신뢰하지 못하는 자, 사람을 두려워하는 자, 하나님께 불평하는 자에게 심판과 책망과 꾸중을 내리는 것이 아닙니다. 도리어 하나님을 피하는 자, 하나님을 벗어나는 자, 하나님에게서 조차도 도망하는 자에게 친히 찾아오시는 분이십니다. 종종 상황이 너무 절망적일 경우에는 하나님조차도 찾지 못할 때가 있습니다. 염려하지 마십시오. 여러분이 하나님을 찾지 않을 지라도 하나님이 여러분을 찾으실 것입니다. 여러분은 하나님을 기억하지 못할지라도 하나님은 언제나 저와 여러분을 기억하실 것입니다. 저와 여러분은 하나님 앞에 잃어버려질 수 없으며, 하나님 앞에 버림받을 수 없습니다. 왜냐하면 하나님이 찾아오실 것이기 때문입니다.

여호와의 천사가 두 번씩이나 엘리야에게 나타났습니다. 하나님은 지금 엘리야가 도망가고 있는 것을 알고 계십니다. 도망을 다 온 것이 아니라 계속 도망갈 것입니다. 어디까지 갈 것이냐면 호렙 산까지입니다. 호렙 산이 일반적으로 시나이 산을 의미한다면 호렙 산은 유다 지역을 지나 더 남쪽으로 내려가야 합니다. 북 왕국을 기준으로 생각하면 국경을 지나 남 왕국으로 도망갔고, 남 왕국을 지나 또 다른 나라로 도망가는 것입니다. 아주 멀리 갈 생각입니다. 자신을 죽이려고 했던 이세벨은 시돈 사람이었고, 시돈은 지역적으로 북 왕국보다 조금 위쪽에 위치한 나라입니다. 그러므로 엘리야는 북 왕국을 떠났고, 이세벨의 나라 시돈과는 정반대 방향으로 멀리 멀리 도망가고 있는 중이고, 하나님은 그것을 다 알고 계십니다.

그를 어루만지며

도망가는 엘리야에게 나타나셔서 하나님이 하시는 일이 5절로 7절 "천
사가 그를 어루만지며 그에게 이르되 일어나서 먹으라 하는지라 본즉 머리
맡에 숯불에 구운 떡과 한 병 물이 있더라 이에 먹고 마시고 다시 누웠더니
여호와의 천사가 또다시 와서 어루만지며 이르되 일어나 먹으라"입니다.
두 번 반복되는 표현이 '그를 어루만지며'입니다. 하나님은 엘리야의 도망
을 막으시는 것이 아니라 어루만져주시고, 책망하시는 것이 아니라 더 멀
리 도망갈 것을 알고 계시면서 도망갈 힘을 주시는 것입니다. 여기서 성경
의 문학적 장치, 하나님의 수사학적 운치를 꼭 말씀을 드려야겠습니다. 4
절에서 엘리야가 말한 '넉넉하오니'는 히브리어 '라브'인데 7절에서 여호
와도 '라브'를 언급하십니다. 우리말로는 '다 가지 못할까'로 번역되어 있
어서 전혀 눈치를 채지 못합니다. 엘리야가 '지금 상황이 저에게 너무 과합
니다^{라브}'라고 말을 하자, 하나님은 '지금 너의 체력으로는 갈 길이 너무 과
하다^{라브}'라고 받아치시는 것입니다. 성경의 언어유희를 맛보시면 정말 재
미있습니다.

명색이 하나님의 선지자가, 바로 직전에 불을 내리시는 하나님을 체험한
선지자가 사람의 협박이 두려워서 멀리 멀리 도망하며, 협박하는 사람에게
는 한 마디도 못하고 도리어 하나님께 온갖 악담을 퍼붓는 선지자에게 하
나님은 직접 찾아오시고 음식을 주시고 힘을 주십니다. 하나님의 자상하심
이 느껴지십니까? 신을 만나기 위해 신의 이름을 부르고, 그 앞에서 춤을
추며, 자기 몸에서 피가 나기까지 찔러도 응답하지 않았던 이방종교의 신
과 비교하여, 자상하고 친절하고 고마우신 하나님을 이해하시겠습니까?

혹시 자신의 잘못된 행동 때문에, 신앙인답지 못한 삶의 모습 때문에, 행
여 하나님이 심판하시지 않을까, 하나님이 책망하시지 않을까 두려워하신
적이 있습니까? 본문을 통해 하나님에 대한 두려움이 하나님에 대한 감사
함으로 변화되시기를 바랍니다. 하나님은 나를 도와주시는 분일뿐 절대로

징계하지 않으시는 분이기 때문입니다. 성경을 읽으시고, 성경에서 소개하는 나를 찾아오시는 하나님, 나를 도와주시는 하나님, 나를 축복하시는 하나님을 알아 가시고, 하나님 때문에 자유롭고 평안하고 즐겁고 신나는 신앙생활, 믿음생활, 교회생활 되시기를 주님의 이름으로 축원합니다.

24

칠천 명을 남기리니

열왕기상 19:9~21

9 엘리야가 그 곳 굴에 들어가 거기서 머물더니 여호와의 말씀이 그에게 임하여 이르시되 엘리야야 네가 어찌하여 여기 있느냐 10 그가 대답하되 내가 만군의 하나님 여호와께 열심이 유별하오니 이는 이스라엘 자손이 주의 언약을 버리고 주의 제단을 헐며 칼로 주의 선지자들을 죽였음이오며 오직 나만 남았거늘 그들이 내 생명을 찾아 빼앗으려 하나이다 11 여호와께서 이르시되 너는 나가서 여호와 앞에서 산에 서라 하시더니 여호와께서 지나가시는데 여호와 앞에 크고 강한 바람이 산을 가르고 바위를 부수나 바람 가운데에 여호와께서 계시지 아니하며 바람 후에 지진이 있으나 지진 가운데에도 여호와께서 계시지 아니하며 12 또 지진 후에 불이 있으나 불 가운데에도 여호와께서 계시지 아니하더니 불 후에 세미한 소리가 있는지라 13 엘리야가 듣고 겉옷으로 얼굴을 가리고 나가 굴 어귀에 서매 소리가 그에게 임하여 이르시되 엘리야야 네가 어찌하여 여기 있느냐 14 그가 대답하되 내가 만군의 하나님 여호와께 열심이 유별하오니 이는 이스라엘 자손이 주의 언약을 버리고 주의 제단을 헐며 칼로 주의 선지자들을 죽였음이오며 오직 나만 남았거늘 그들이 내 생명을 찾아 빼앗으려 하나이다 15 여호와께서 그에게 이르시되 너는 네 길을 돌이켜 광야를 통하여 다메섹에 가서 이르거든 하사엘에게 기름을 부어 아람의 왕이 되게 하고 16 너는 또 님시의 아들 예후에게 기름을 부어 이스라엘의 왕이 되게 하고 또 아벨므홀라 사밧의 아들 엘리사에게 기름을 부어 너를 대신하여 선지자가 되게 하라 17 하사엘의 칼을 피하는 자를 예후가 죽일 것이요 예후의 칼을 피하는 자를 엘리사가 죽이리라 18 그러나 내가 이스라엘 가운데에 칠천 명을 남기리니 다 바알에게 무릎을 꿇지 아니하고 다 바알에게 입맞추지 아니한 자니라 19 엘리야가 거기서 떠나 사밧의 아들 엘리사를 만나니 그가 열두 겨릿소를 앞세우고 밭을 가는데 자기는 열두째 겨릿소와 함께 있더라 엘리야가 그리로 건너가서 겉옷을 그의 위에 던졌더니 20 그가 소를 버리고 엘리야에게로 달려가서 이르되 청하건대 나를 내 부모와 입맞추게 하소서 그리한 후에 내가 당신을 따르리이다 엘리야가 그에게 이르되 돌아가라 내가 네

게 어떻게 행하였느냐 하니라 21 엘리사가 그를 떠나 돌아가서 한 겨릿소를 가져다가 잡고 소의 기구를 불살라 그 고기를 삶아 백성에게 주어 먹게 하고 일어나 엘리야를 따르며 수종 들었더라

인간이 원하는 종교

엘리야의 등장

세상에 등장하는 영웅은 대부분이 자수성가형 인물입니다. 요즘은 금수저, 흙수저 논란이 말해주는 것처럼 명문가에서 명문자제가 배출되지만 예전에는 '개천에서 용 난다'는 표현이 있는 것처럼 대체적으로 가난한 가정 출신과 어려운 성정과정을 거친 사람이 나중에 영웅으로 등장했습니다. 열악한 환경에서 스스로 시련과 역경을 극복하였기에 그에게는 보상으로 성공이 주어지는 것을 당연하게 생각합니다. 동시에 그 사람의 삶의 철학과 다양한 노력들이 후배들에게 성공할 수 있는 방법론으로 제시되곤 합니다. 어렸을 적부터 들어왔던 영웅담의 패턴이고 지금도 반복되고 있는 전형적인 양식입니다.

너무나 익숙해진 이 패턴을 성경에는 적용하면 절대로 안 됩니다. 왜냐하면 성경에 등장하는 인물은 자수성가형이 아니라 100% 하나님이 키워낸 인물이기 때문입니다. 그래서 기독교에는 영웅이란 개념이 존재하지 않습니다. 신앙의 모델이라는 인물이 존재하지 않습니다. 성공이라는 인식 자체가 존재하지 않고, 성공을 위한 방법론이라는 개념 자체가 존재하지 않습니다. 그래서 성경에 나오는 어떤 사람을 존경하지 말고, 그 사람처럼 되려고 모델로 삼지도 말고, 그 사람이 행한 것처럼 따라하려고도 하지 마시기 바랍니다. 기독교의 모든 초점은 '사람'에게 맞추어지는 것이 아니고, '수단이나 방법'에 맞추어지는 것도 아니고 오직 '하나님께' 맞추어 져야만 합니다.

엘리야라는 인물이 열왕기상 17장 1절에 느닷없이 등장합니다. 성장과정이 없고 스스로 시련과 역경을 극복하는 모습이 없습니다. 대신에 하나님

이 엘리야에게 말씀하시고 친히 까마귀들을 동원하시고 사르밧 여인을 동원하시어 엘리야에게 먹을 것을 공급하시는 과정을 통해 하나님을 알리는 모습이 등장합니다. 엘리야가 하나님에게 쓰임받는 일꾼이 되기 위해 자신을 준비하는 모습이 나오지 않습니다. 엘리야가 하나님의 충성스러운 사역자로 거듭나기 위하여 지옥훈련을 받는 것이 아닙니다. 엘리야가 하나님께 시험받으며, 정금같이 되기 위하여 용광로와 같은 시련의 단계를 통과하는 것도 아닙니다.

도리어 하나님이 죄인일 뿐이요 하나님에 대하여 모르는 엘리야에게 다양한 사역을 통해 하나님으로 인정받으시는 모습이 등장합니다. 이 과정에서 성경은 엘리야의 성품, 엘리야의 기질, 엘리야의 능력, 엘리야의 독특성 등 엘리야에 대해서 말하는 것이 아니라 부르시는 하나님, 일하시는 하나님, 도우시는 하나님 등 하나님의 속성, 하나님의 성품, 하나님의 능력을 엘리야와 저와 여러분을 포함한 모든 인간들에게 알려주고 있습니다. 저의 이런 설명을 입증해주는 것이 바로 18장의 갈멜 산 사건입니다.

엘리야의 사역

대부분의 성도님들은 성경에 등장하는 인물들과 그들이 행한 대표적 사역들을 연상하실 수 있을 것입니다. 노아는 방주를 만든 사람, 아브라함은 아들을 바친 사람, 모세는 출애굽 사건에서 열 번의 기적을 행한 것, 다윗은 골리앗을 물리친 것, 솔로몬은 아이를 놓고 다투는 여인들을 재판한 것 등입니다. 그리고 엘리야는 갈멜 산 사건일 것입니다. 열왕기상 18장에는 갈멜 산 사건이라는 유명한 장면이 등장합니다. 그런데 정작 갈멜 산에서 엘리야는 하는 일이 없습니다. 만약 엘리야가 하나님께 쓰임받기 위해 준비했다거나, 하나님이 엘리야를 쓰시려고 훈련시켰다는 주장을 하려면 갈멜 산에서 엘리야가 종횡무진 활약하는 장면이 소개되어야 합니다. 그 동안 갈고 닦았던 엘리야의 지혜와 전략, 능력과 권세가 총동원되어야 합니다. 준비하지 않은 사람들은 상상도 못할 위대한 사건이 펼쳐지고, 하나님의 연단을 통과하지 못하고 강한 군사로 거듭나지 못한 사람은 꿈도 꾸지 못할 엄청난 사역이 장엄하게 전개되어야 합니다.

그런데 정작 갈멜 산에서 이런 저런 활동을 하는 사람은 엘리야가 아니라 바알의 선지자들입니다. 그들은 아침부터 저녁까지 수고를 하고, 일반인들은 흉내 내지 못하는 일 즉 칼과 창으로 자신을 몸을 상하게 하는 일도 합니다. 바알의 선지자들과 비교해 볼 때 엘리야는 정말 아무 것도 한 것이 없습니다. 달랑 '말'만 했습니다. 그것도 몇 시간 동안 자신의 진기를 모두 쏟아내는 연설을 한 것이 아니라 달랑 기껏해야 약 십초 정도 걸릴 만한 '말'만 했습니다. 엘리야가 대단하다는 생각, 엘리야가 뛰어나다는 생각, 나는 절대로 엘리야처럼 할 수 없을 것 같다는 생각이 들지 않습니다.

하나님께서 엘리야에게 미리 명령한 것도 없습니다. 하나님께서 엘리야에게 엄청난 사명을 맡긴 적도 없고, 엘리야의 행동에 대해 상과 벌을 언급하신 적도 없습니다. 만약 엘리야가 갈멜 산에서 바알의 선지자들을 전부 물리치면 상으로 이스라엘의 왕으로 삼아주겠다는 약속도 없었습니다. 북왕국의 시조가 평범한 노동 감독관 출신의 여로보암이었고, 이미 북 왕국에 네 번이나 반란이 일어나서 스스로 왕이 된 사람들이 여럿이 있으니 엘리야가 이스라엘의 왕이 된다고 해서 이상할 것도 없고 못할 것도 없을 것입니다. 그런데 하나님이 엘리야에게 어떤 상을 주겠다는 말씀이 없었습니다. 동시에 만약 엘리야가 갈멜 산에서 바알의 선지자들을 물리치지 못하면 하나님의 사역을 망친 대가로, 하나님의 영광을 드러내지 못한 대가로 벌을 내린다는 말씀도 없고, 엘리야에게 다시 더욱 강한 군사가 되기 위해 지옥훈련, 특수 훈련을 받아야 한다는 조건도 없습니다. 엘리야는 엄청난 수고를 한 것이 아니라 단지 '말'만 했고, 실제로 사역을 행한 분은 하나님이셨습니다. 엘리야가 불을 내린 것이 아니라 하나님이 불을 내리셨습니다. 엘리야가 행한 일이 없기에 갈멜 산 사건이후에 엘리야가 하나님께 받은 상이나 복이 없고 벌이나 징계가 없습니다.

19장에서 엘리야는 도망을 가는데 벌주시려는 하나님을 피해서 도망가는 것이 아니라 이세벨을 피해 도망갈 뿐입니다. 19장 5절에 의하면 엘리야는 북 왕국에서부터 남 왕국 브엘세바까지 해외 도피를 했고, 8절에 의하면 브엘세바에서부터 호렙 산까지 거듭 해외 도피를 했습니다. 브엘세바에서 엘리야가 하나님을 찾기는 했지만 하나님을 신뢰하거나 의지하는 모습이 아니라 도리어 원망하며 불평하며 모든 것을 포기하는 모습을 보여줄 뿐입니다. 혹시 엘리야를 영웅으로 생각하신 분들에게는 19장이 매우 의아할 것입니다. 차라리 19장은 성경에 기록되지 않았으면 더 나았을 것으로 생각할 수도 있습니다. 하지만 성경에는 19장이 기록되어 있고, 19장은 엘리야의 약점을 까발리는 것이 아니라 도리어 연약한 인간을 찾아오시고, 위로하시고, 격려하시는 하나님의 인자하심을 보여주는 것입니다.

열심이 유별하오니

19장 9절부터는 엘리야가 호렙에 도착한 상태에서 전개되는 내용입니다. 엘리야가 갈멜 산에서 내려왔을 때 아합 왕의 아내 이세벨이 엘리야를 기다리고 있었습니다. 이세벨이 기가 꺾인 것이 아니라 정반대로 독이 올라 있었습니다. 갈멜 산 사건이 있기 전에도 이미 이세벨은 위풍당당했었는데 거기에 독까지 올라서 아무도 막을 수가 없습니다. 이럴 때는 도망가는 것이 상책입니다. 그래서 엘리야가 도망가는 것입니다. 이때 엘리야의 심정이 어떠했는지를 아셔야 합니다. 한편으로는 이세벨이 두려웠지만 한편으로는 현재의 상황이 납득이 되지 않을 것입니다. 분명 갈멜 산에서 자기가 승리했습니다. 물론 하나님이 하셨습니다. 그렇다면 자기가 승리한 것보다 더 분명한 결과가 나왔어야 합니다. 자기가 승리했다면 이세벨이 자기를 두려워하지 않는 것은 당연합니다. 하지만 신들의 능력을 입증하는 시험에서 바알의 선지자들이 졌고 하나님이 이겼습니다. 하나님이 이겼다면 하나님의 권세가 위력을 펼쳐야 합니다. 이세벨이 아무리 독을 품고 덤벼도 하나님이 이세벨을 제압해 주셔야 합니다. 그동안 기고만장하던 이 세벨도 하나님의 능력 앞에서는 위세가 한풀 꺾여야 합니다. 그러나 결과 는 정반대입니다. 하나님이 이세벨의 기를 꺾어주지 않았습니다. 그 순간 엘리야는 이세벨에 대한 두려움이 예전보다 배가 되어버렸고, 그가 할 일 이란 줄행랑을 치는 것뿐이었습니다.

그래서 엘리야가 브엘세바에서 하나님께 4절같이 말한 것이 이해가 됩니 다. 4절 중간부에 "자기가 죽기를 원하여 이르되 여호와여 넉넉하오니 지 금 내 생명을 거두시옵소서 나는 내 조상들보다 낫지 못하나이다"입니다. 이러한 엘리야의 심정이 다시 한 번 리얼하게 드러나는 것이 10절입니다. 호렙까지 도망 온 엘리야가 하나님께 대들면서 하는 말이 10절입니다. "그 가 대답하되 내가 만군의 하나님께 열심이 유별하오니 이는 이스라엘 자손 이 주의 언약을 버리고 주의 제단을 헐며 칼로 주의 선지자들을 죽였음이 오며 오직 나만 남았거늘 그들이 내 생명을 찾아 빼앗으려 하나이다"입니 다. 엘리야의 말에 담긴 엘리야의 생각, 전형적인 죄인들의 생각이 바로 종 교심입니다. 지금 엘리야가 가장 이해하기 힘든 것, 가장 납득하기 어려운 것, 가장 견딜 수 없는 것은 자기 열심에 대한 하나님의 무반응입니다. 엘 리야의 말 중에 핵심 포인트는 '내가 만군의 하나님 여호와께 열심이 유별 하오니'입니다. 단순히 열심을 내었다고 표현하는 정도가 아니라 히브리어 로는 동사 자체를 '강조형'을 사용하였고 그 앞에 강조형 표현을 한 번 더 사용해서 할 수 있는 최대한으로 강조를 했습니다.

지금 엘리야는 하나님의 방식으로 생각하는 것이 아니라 매우 인간적으 로, 매우 죄적으로 생각하고 있습니다. 실제로는 하나님이 자신을 찾아왔 고, 하나님이 계시했고, 하나님이 일하셨는데 엘리야는 하나님이 일하신 것보다는 온통 자기가 행한 것만 생각하고 강조하고 있습니다. 하나님이 불렀어도 내가 순종하지 않았으면 그만이고, 하나님이 불을 내리셨어도 내가 갈멜 산에서 여호와를 부르지 않았으면 아예 그런 일이 있지도 않았을 것이라는 생각입니다. 그러니 내가 아합에게 말했고, 내가 바알의 선지자들을 모으게 했고, 내가 불을 내리게 해달라고 말을 했고 온통 '내가' 했다는 것입니다. 그것도 평안한 시절에 한 것이 아니라 아합과 이세벨의 살기가 등등한 시기에 했으니 자신이 행한 일이 절대로 쉬운 일이 아니며, 아무나 할 수 있는 일이 아니었다는 것입니다. 이렇게 열심을 내었다면 당연히 상이 와야 하고, 상대방을 제압하는 승리가 와야 한다는 생각입니다.

정리하면, 엘리야가 생각하는 종교는 인간이 열심을 내는 종교이며, 그 결과는 상대를 이기는 종교입니다. 엘리야조차도 극복하지 못한 신앙의 왜곡이고, 오늘날 많은 교회와 성도들이 가장 오해하고 착각하고 왜곡하는 모습이 바로 이것입니다. 인간이 신을 향하여 열심을 내고 충성을 해야 한다는 것, 그 결과 신으로부터 남을 이기고 승리하고 남보다 잘되는 성공을 상으로 받을 것이라는 아주 지독한 기독교 신앙의 변질, 여호와 신앙의 왜곡입니다. 지금 엘리야가 가장 원하는 것은 하나님의 권세, 하나님의 능력입니다. 당장에라도 불을 내려서 송아지 제물만 태우는 것이 아니라 이세벨을 태우는 것입니다. 하나님의 대적들을 모두 몰아내는 것입니다. 하나님도 승리자가 되어야 하고 당연히 자신도 승리자가 되어야 한다는 것입니다. 이제 이러한 엘리야에게 하나님이 어떻게 반응하시는지 확인해 보겠습니다.

세미한 음성 가운데

엘리야의 한편으로는 자만심 가득하고 다른 한편으로는 불평 가득한 탄식을 들은 후에 하나님이 행하신 것이 11절과 12절입니다. "여호와께서 이르시되 너는 나가서 여호와 앞에서 산에 서라 하시더니 여호와께서 지나가시는데 여호와 앞에 크고 강한 바람이 산을 가르고 바위를 부수나 바람 가운데에 여호와께서 계시지 아니하며 바람 후에 지진이 있으나 지진 가운데에도 여호와께서 계시지 아니하며 또 지진 후에 불이 있으나 불 가운데에

도 여호와께서 계시지 아니하며 또 지진 후에 불이 있으나 불 가운데에도 여호와께서 계시지 아니하더니"입니다. 처음 크고 강한 바람이 불기 시작했을 때에 아마도 엘리야는 너무나 신이 났을 것입니다. '바로 이거다! 내가 원하던 것이 바로 이거다!'라고 만세를 불렀을 것입니다. 아니나 다를까 산을 가르고 바위를 부수는데 속이 후련했을 것입니다. 그동안 이세벨이 자신을 죽일까봐 두려워했던 마음은 다 사라지고 당장에 이세벨을 만나러 되돌아가고 싶었을 것입니다. 이 여세를 몰고 가서 아합의 왕궁을 가르고 이세벨의 세력을 부수어 버리려고 계획했을 것입니다. 그런데 여호와께서 바람가운데 계시지 않았습니다.

아직 실망하지 않았습니다. 과연 바람 후에 지진이 일어났습니다. 엘리야는 다시 한 번 쾌재를 불렀을 것입니다. 지진이라면 산을 가르고 바위를 부수는 강한 바람에 결코 뒤지지 않기 때문입니다. 이제 출발하면 됩니다. 그런데 지진 가운데에도 여호와께서 계시지 않았습니다. 또 다른 하나님의 능력이 나타나기를 기대하고 있었습니다. 과연 지진 후에 새로운 일이 발생했습니다. 그런데 겨우 불입니다. 그 순간 엘리야의 모든 기대가 송두리째 무너져 버립니다. 왜냐하면 불은 이미 갈멜 산에서도 나타났기 때문입니다. 불이 나타났지만 이세벨은 전혀 두려워하지 않았고, 자기가 도망 왔기 때문입니다. 그런데 낙심을 넘어서 더 한심한 것은 그 불 가운데에도 여호와께서 계시지 않더라는 것입니다. 좌절과 낙심으로 무너져 있을 때에 또 한 가지 현상이 일어납니다. 바로 12절 후반부 "불 후에 세미한 소리가 있는지라"입니다.

여기서 정말 리얼한 것이 엘리야의 반응입니다. 13절 "엘리야가 듣고 겉옷으로 얼굴을 가리고 나가 굴 어귀에 서매"입니다. 여러분, 엘리야가 왜 갑자기 동굴에서 뛰쳐나갈까요? 그 이유는 아주 간단합니다. 들을 내용도 없고 듣고 싶지도 않은 것입니다. 자신은 산을 가르고 바위를 부수는 강한 바람을 동원하는 하나님을 기대했는데, 그것이 아니라면 지진을 일으키는 하나님을 기대했는데, 바람은 고사하고 지진은 고사하고 불 가운데에도 없고 겨우 세미한 소리로 나타나신 하나님은 만나고 싶지 않고, 세미한 소리로 하는 소리를 듣고 싶지도 않은 것입니다. 그 이유는 세미한 소리로 말씀하시는 분으로는 이세벨을 이기지 못하고, 그분과 함께 가서는 자기가 승리자도 되지 못하기 때문입니다.

엘리야의 상황판단과 하나님의 상황판단이 완전히 다르고, 엘리야의 해결방식과 하나님의 해결방식이 완전히 다르다는 것을 분별하셔야 합니다. 엘리야는 아합과 이세벨을 문제의 원인으로 삼고, 아합과 이세벨을 이겨야 한다고 생각했습니다. 이스라엘 자손이 주의 언약을 버리고 주의 제단을 헐었기에 벌을 받아야 한다고 생각했고, 자신은 만군의 하나님 여호와께 열심이 유별하였으니 당연히 승리자가 되어야 한다고 생각했습니다. 인간의 문제가 죄라는 인식, 자신도 이스라엘과 다를 바가 없는 죄인이라는 인식, 자신도 아합과 이세벨과 별 차이가 없다는 생각이 전혀 없었습니다. 그러나 하나님은 17장에서 전혀 알려지지 않은 엘리야를 불러서 하나님을 계시하셨고, 18장에서 바알 선지자들의 종교 행위들을 통하여 우상 종교가 헛된 것임을 알려 주신 것처럼 이 모든 일들은 죄인들을 심판하기 위해서가 아니라 모든 죄인들에게 하나님을 알리기 위한 것이었습니다. 그래서 엘리야가 상대를 제압하는 권세를 기대할 때에 엘리야의 기대와는 전혀 다른 모습으로 나타나신 것입니다. 지금 엘리야가 이겨야 하는 것은 아합이 아니고 이세벨이 아닙니다. 죄를 이겨야 하고, 죄를 이길 수 있는 것은 강한 바람이나 지진이 아니라 하나님이 누구이신지, 하나님의 뜻이 무엇인지, 하나님의 성품과 속성이 어떤가를 알아야 하는 것입니다.

칠천 명을 남기리니

엘리아의 종교

세미한 소리로 나타나신 하나님에 대해 너무나 실망한 엘리야가 다시 한 번 억울함과 대책을 호소하는 것이 이미 10절에 나온 것과 똑같은 말을 반복하는 14절입니다. 10절의 표현을 더하지도 않고 빼지도 않고 똑같이 반복한 것은 엘리야의 사고방식이 견고하다는 것을 보여줍니다. 그래서 엘리야의 탄식에 담겨있는 종교인식은 철저하게 인간이 열심을 내고 상응하는 보상을 받을 것 즉 죄인의 종교는 온통 인간으로만 구성되어 있습니다. 본문의 장소인 호렙 산에서 엘리야와 하나님은 서로 대화를 합니다. 재미있게도 하나님도 두 마디를 하시고 엘리야도 두 마디를 합니다. 더 재미있게도 하나님도 똑같은 말씀을 두 번 반복하시고 엘리야도 똑같은 말을 두 번 반복합니다. 그런데 그 내용이 서로 전혀 다릅니다.

하나님이 말씀하시는 것은 먼저 9절입니다. 중간부에 "여호와의 말씀이 그에게 이르시되 엘리야야 네가 어찌하여 여기 있느냐"입니다. 즉 하나님은 갈멜 산 사건 이후에도 아합이 멀쩡히 살아있고 이세벨의 기가 꺾이지 않은 것이 문제라고 여기지 않으신 것입니다. 하나님의 목적은 아합과 이세벨을 죽이는 것이 아니기 때문입니다. 하나님이 능력이 없어서 죽이지 못하는 것도 아닙니다. 하나님에게 아합과 이세벨은 엘리야와 같은 존재입니다. 즉 모두 하나님을 배워야 하는 대상입니다. 하나님이 엘리야를 위해 열왕기상 17장에서 세 번이나 다양한 계시를 베푸셨다면 아합과 이세벨과 더 나아가 이스라엘 백성을 위해서도 적어도 세 번은 계시를 베푸셔야 합니다. 하나님이 이스라엘의 왕이요 왕비인 아합과 이세벨에게 엘리야라는 무명의 선지자를 보낸 것부터가 이미 하나님의 계시의 시작이었습니다. 왕으로서는 귀족도 아니고 관료도 아닌 평범한 백성일 뿐인 엘리야에 대해 바알의 선지자들을 대적할 만한 경쟁자로 인식하지 않았을 것입니다. 여호와가 엘리야라는 무명의 선지자를 보낼 정도라면 너무나 무기력하고 나약하다고 여겼을 것입니다. 그런데 그 무명의 엘리야를 통해 하나님은 응답하셨고 바알 종교의 허상이 드러나게 하셨습니다. 하나님은 엘리야를 영웅 만들고 아합과 이세벨을 몰락시키려는 것이 전혀 아니었습니다.

이세벨이 여전히 득세하고 독이 올라 엘리야를 죽이려고 하는 것이 하나님의 입장에서는 전혀 놀랄 것이 아니고 예상치 못한 것도 아니고, 하나님이 감당치 못할 상황도 아닙니다. 문제가 될 것이 전혀 없습니다. 하나님은 도리어 줄행랑을 친 엘리야가 안타까운 것입니다. 먹을 것이 없어 죽을 것 같은 상황에서도 살려주시고, 아예 죽은 여인의 아들도 살려내는 계시를 통해 하나님을 알려주셨는데 여전히 하나님을 알지 못하고 해외로, 해외로 도망가서 죽여달라는 소리만 해대는 엘리야가 너무 안타까운 것입니다. 그래서 안타깝고 민망하고 속상해서 하시는 말씀이 '엘리아야 네가 어찌하여 여기 있느냐'인 것입니다. 엘리야가 대답할 차례입니다. 우상 숭배가 만연한 북 왕국에 속한 엘리야로서는 하나님을 알지 못하고 죄를 알지 못했습니다. 잠깐 하나님에 대해 배우기는 했지만 여전히 죄적 사고방식을 벗어나지 못했습니다. 그러니 자신이 처한 상황이 도무지 이해가 안 되고 자기를 부르고 보낸 하나님이 이해가 되지 않아서 억울해하고 답답해하며 원망하듯이 한 말이 10절 즉 자신의 열심을 강조하는 것이었습니다.

이제 두 번째 대화로 넘어갑니다. 그런 엘리야의 말을 들으신 하나님의 반응이 11절로 12절 즉 강한 바람을 일으키시되 그 가운데 계시지 않고, 지진을 일으키시되 그 가운데 계시지 않고, 불이 있으되 그 가운데 계시지 않고 단지 아주 세미한 소리로 나타나신 것이었습니다. 엘리야의 기대, 엘리야의 요구와 다른 응답이었습니다. 하나님이 능력이 없었던 것이 아닙니다. 산을 가르고 바위를 부수고 지진이 있고 불도 나타나게 하셨습니다. 그러나 하나님은 그러한 능력을 좌우에 거느리고 나타난 것이 아니라 세미한 소리로 나타나셨습니다. 이것도 엘리야를 가르치는 계시의 과정인 것입니다. 이때 하나님의 두 번째 말씀은 9절과 똑같은 말씀 즉 13절 끝에 나오는 대로 '엘리아야 네가 어찌하여 여기 있느냐'였고 세미한 소리로 나타난 나약한 하나님, 무기력한 하나님의 모습에 실망한 엘리야의 반응도 10절과 똑같은 말 즉 14절에 나오는 것이었습니다.

칠천 명을 남기리니

이제 하나님이 응답하실 차례입니다. 이세벨을 두려워하는 엘리야, 세미한 소리로 나타난 하나님을 무기력하게 생각하는 엘리야에게 하나님이 대답하실 차례입니다. 이번에는 하나님이 새로운 능력을 보여주실까요? 물론 하나님은 능력을 보여주십니다. 그런데 하나님이 보여주시는 능력은 엘리야가 요구하는 방식과는 전혀 차원이 다릅니다. 하나님의 대답이 15절로 18절인데 두 가지로 나누어 보겠습니다. 첫 번째가 15절로 16절입니다. "여호와께서 그에게 이르시되 너는 네 길을 돌이켜 광야를 통하여 다메섹에 가서 이르거든 하사엘에게 기름을 부어 아람의 왕이 되게 하고 너는 또 님시의 아들 예후에게 기름을 부어 이스라엘의 왕이 되게 하고 또 아벨므홀라 사밧의 아들 엘리사에게 기름을 부어 너를 대신하여 선지자가 되게 하라"입니다. 엘리야는 이스라엘의 왕과 왕비인 아합과 이세벨을 두려워하고 있는데 하나님은 느닷없이 다메섹으로 가서 하사엘에게 기름을 부어 아람의 왕이 되게 하고 님시의 아들 예후에게 기름을 부어 이스라엘의 왕이 되게 하라고 하십니다.

하나님의 말씀을 이해하기 위해 예를 들어보면, 아들이 기름을 많이 먹는 낡은 차를 타면서 아버지한테 기름 값 좀 달라고 했더니 아예 새 차를 뽑아주는 모양새입니다. 엘리야로서는 이스라엘의 왕을 바꾸고 주변 나라의 왕을 바꾸는 것은 아예 상상도 못하는 일입니다. 그런 식으로 문제가 해결 될 것이라고는 아예 꿈도 못 꾸고 있습니다. 그저 당장에 바람으로 지진으로 부숴버리는 것만 알고 있습니다. 그러나 하나님은 단지 바람과 지진을 주관하시는 정도가 아니라 주변 나라도 주관하시고 역사도 주관하신다는 더 큰 하나님의 일하심을 알게 하시는 것입니다. 아마 엘리야가 어안이 벙벙했을 것입니다.

하나님의 대답 두 번째가 18절입니다. "그러나 내가 이스라엘 가운데에 칠천 명을 남기리니 다 바알에게 무릎을 꿇지 아니하고 다 바알에게 입맞추지 아니한 자니라"입니다. 앞에서 엘리야가 두 번에 걸쳐 자기의 열심을 강조하고 자기만 남았다고 외쳐댄 것에 대한 대답입니다. 조용하게 엘리야의 생각을 교정해 주시는 것입니다. 엘리야는 자기만 남아있고, 그것도 자기가 노력해서, 자기가 재주껏 남아있는 것으로 착각하고 있습니다. 하나님은 엘리야를 남겨주신 것도 하나님이고, 하나님이 엘리야를 남겨 주신 것 같이 다른 사람들도 남겨 두셨다고 알려 주십니다. 엘리야는 현재 상황을 아합과 이세벨의 전성시대라고 착각하고 있고, 하나님도 아합과 이세벨의 악행에 대해 대응책이 없는 줄로 착각하고 있었습니다. 그래서 갈멜산에서 불이 나타났을 때 당장이라도 더 큰 권세로 아합과 이세벨을 제거하기를 기대했던 것입니다. 상황을 역전시키고 싶었던 것입니다.

과연 아합과 이세벨이 주도권을 잡고 있으며, 하나님은 어쩔 수 없었을까요? 전혀 그렇지 않습니다. 실제 상황은 정반대입니다. 하나님은 태초부터 엘리야가 활동하던 시대와 오늘날까지 천지를 주관하고 계십니다. 다만 하나님은 마치 하나님이 독재를 하시듯 인간을 통제하고 지배하기를 원치 않으시는 것입니다. 일방적으로 하나님의 뜻을 몰아붙이고, 인간은 어쩔 수 없이 신의 권세에 눌려 복종하게 만들지 않으시는 것입니다. 창세기부터 여호수아서까지 하나님이 먼저 하나님을 계시하셨지만 인간이 배우지 않았습니다. 그래서 하나님은 하나님이 인간을 품으시고, 인간을 견뎌 주시며 인간이 스스로 자신들의 모든 생각과 행동이 틀렸다는 것을 깨닫게 하고 계시는 중입니다. 갈멜 산에서는 아합에게, 호렙 산에서는 엘리야에게 하나님을 알리신 것입니다.

성경의 표현을 오해하면 그 내용도 오해하기 쉽습니다. 신약에서 예수님께서 '잃은 양을 찾으러 오셨다'는 표현을 합니다. 잃은 양이란 표현을 보고 마치 예수님께서 부주의해서 양을 잃어버린 것처럼, 양을 지켜야 하는 책임을 다하지 못한 것처럼 생각하시면 안 됩니다. 하나님은 잃어버린 적도 없으시고, 소홀하시거나 무책임하게 일하신 적이 없습니다. 정확한 사실은 온전히 양이 무리를 떠난 것입니다. 하지만 하나님은 양을 책망하기 보다는 스스로 부담을 지시는 것입니다. 이와 유사한 표현이 '남은 자'입니다. 성경에 하나님께서 남은 자를 구원하시고, 남은 자를 회복시키신다는 표현이 나옵니다. 그랬더니 사람들은 자신이 남아 있으려고, 어떻게든 살아남아 있으려고 노력합니다. 전혀 그런 의미가 아닙니다. 기독교 신앙의 주체는 전적으로 하나님이십니다. 어느 누구도 스스로 구원에 이르지 못하며, 스스로 신앙과 믿음을 지킬 수 없습니다. 오늘 본문에 나오는 것처럼 하나님이 구원하시고, 하나님이 지켜주시고, 하나님이 남겨 주시는 것입니다.

죄를 이기는 종교

혹시 여러분은 다른 사람을 이길 수 있는 종교를 원하시고, 다른 사람을 제압할 수 있는 능력과 권세를 원하십니까? 기독교에서 영적 전투라는 용어를 사용하고, 선한 싸움이라는 용어를 사용합니다. 그때 전투의 대상, 싸움의 대상은 다른 사람이 아니고, 타종교인이 아니라 오직 죄라는 것을 기억하시기 바랍니다. 기독교는 죄와 싸우는 것이기에 사람끼리 경쟁하지 않으며, 질투와 시기하지 않으며, 교만하지 않는 것입니다. 예수님이 사역을 시작하실 때 사단에게 시험을 받으셨습니다. 영적 전투요 선한 싸움입니다. 그때 예수님은 어마무시한 능력과 권세를 행하신 것이 아닙니다. 정작 세 번의 시험에서 예수님은 아무 것도 행하신 것이 없습니다. 사단의 미혹, 사단의 시험이 그릇되고 잘못된 것임을 아시고, 정확하게 지적하시며 오직 하나님의 기준과 마음과 원리와 개념과 인식을 유지하신 것뿐입니다. 이것이 진정한 영적 싸움의 본질이요, 선한 싸움에서 승리하는 유일한 길입니다. 하나님을 아시고, 하나님의 마음과 기준으로 행하셔서 죄를 이기고 날마다 하나님의 자유와 평안과 행복을 풍성히 누리시기를 주님의 이름으로 축원합니다.

25

여호와인 줄을 알리라

열왕기상 20:1~30

1 아람의 벤하닷 왕이 그의 군대를 다 모으니 왕 삼십이 명이 그와 함께 있고 또 말과 병거들이 있더라 이에 올라가서 사마리아를 에워싸고 그 곳을 치며 2 사자들을 성 안에 있는 이스라엘의 아합 왕에게 보내 이르기를 벤하닷이 그에게 이르되 3 네 은금은 내 것이요 네 아내들과 네 자녀들의 아름다운 자도 내 것이니라 하매 4 이스라엘의 왕이 대답하여 말하기를 내 주 왕이여 왕의 말씀 같이 나와 내 것은 다 왕의 것이니이다 하였 더니 5 사신들이 다시 와서 이르되 벤하닷이 이르노라 내가 이미 네게 사람을 보내어 말 하기를 너는 네 은금과 아내들과 자녀들을 내게 넘기라 하였거니와 6 내일 이맘때에 내 가 내 신하들을 네게 보내리니 그들이 네 집과 네 신하들의 집을 수색하여 네 눈이 기뻐 하는 것을 그들의 손으로 잡아 가져가리라 한지라 7 이에 이스라엘 왕이 나라의 장로를 다 불러 이르되 너희는 이 사람이 악을 도모하고 있는 줄을 자세히 알라 그가 내 아내들 과 내 자녀들과 내 은금을 빼앗으려고 사람을 내게 보냈으나 내가 거절하지 못하였노라 8 모든 장로와 백성들이 다 왕께 아뢰되 왕은 듣지도 말고 허락하지도 마옵소서 한지라 9 그러므로 왕이 벤하닷의 사신들에게 이르되 너희는 내 주 왕께 말하기를 왕이 처음에 보내 종에게 구하신 것은 내가 다 그대로 하려니와 이것은 내가 할 수 없나이다 하라 하 니 사자들이 돌아가서 보고하니라 10 그 때에 벤하닷이 다시 그에게 사람을 보내어 이 르되 사마리아의 부스러진 것이 나를 따르는 백성의 무리의 손에 채우기에 족할 것 같 으면 신들이 내게 벌 위에 벌을 내림이 마땅하니라 하매 11 이스라엘 왕이 대답하여 이 르되 갑옷 입는 자가 갑옷 벗는 자 같이 자랑하지 못할 것이라 하라 하니라 12 그 때에 벤하닷이 왕들과 장막에서 마시다가 이 말을 듣고 그의 신하들에게 이르되 너희는 진 영을 치라 하매 곧 성읍을 향하여 진영을 치니라 13 한 선지자가 이스라엘의 아합 왕에 게 나아가서 이르되 여호와의 말씀이 네가 이 큰 무리를 보느냐 내가 오늘 그들을 네 손 에 넘기리니 너는 내가 여호와인 줄을 알리라 하셨나이다 14 아합이 이르되 누구를 통하 여 그렇게 하시리이까 대답하되 여호와의 말씀이 각 지방 고관의 청년들로 하리라 하셨

나이다 아합이 이르되 누가 싸움을 시작하리이까 대답하되 왕이니이다 15 아합이 이에
각 지방 고관의 청년들을 계수하니 이백삼십이 명이요 그 외에 모든 백성 곧 이스라엘
의 모든 자손을 계수하니 칠천 명이더라 16 그들이 정오에 나가니 벤하닷은 장막에서 돕
는 왕 삼십이 명과 더불어 마시고 취한 중이라 17 각 지방의 고관의 청년들이 먼저 나갔
더라 벤하닷이 정탐꾼을 보냈더니 그들이 보고하여 이르되 사마리아에서 사람들이 나오
더이다 하매 18 그가 이르되 화친하러 나올지라도 사로잡고 싸우러 나올지라도 사로잡
으라 하니라 19 각 지방 고관의 청년들과 그들을 따르는 군대가 성읍에서 나가서 20 각
각 적군을 쳐죽이매 아람 사람이 도망하는지라 이스라엘이 쫓으니 아람 왕 벤하닷이 말
을 타고 마병과 더불어 도망하여 피하니라 21 이스라엘 왕이 나가서 말과 병거를 치고
또 아람 사람을 쳐서 크게 이겼더라 22 그 선지자가 이스라엘 왕에게 나아와 이르되 왕
은 가서 힘을 기르고 왕께서 행할 일을 알고 준비하소서 해가 바뀌면 아람 왕이 왕을 치
러 오리이다 하니라 23 아람 왕의 신하들이 왕께 아뢰되 그들의 신은 산의 신이므로 그
들이 우리보다 강하였거니와 우리가 만일 평지에서 그들과 싸우면 반드시 그들보다 강
할지라 24 또 왕은 이 일을 행하실지니 곧 왕들을 제하여 각각 그 곳에서 떠나게 하고
그들 대신에 총독들을 두시고 25 또 왕의 잃어버린 군대와 같은 군대를 왕을 위하여 보
충하고 말은 말대로, 병거는 병거대로 보충하고 우리가 평지에서 그들과 싸우면 반드시
그들보다 강하리이다 왕이 그 말을 듣고 그리하니라 26 해가 바뀌니 벤하닷이 아람 사
람을 소집하고 아벡으로 올라와서 이스라엘과 싸우려 하매 27 이스라엘 자손도 소집되
어 군량을 받고 마주 나가서 그들 앞에 진영을 치니 이스라엘 자손은 두 무리의 적은 염
소 떼와 같고 아람 사람은 그 땅에 가득하였더라 28 그 때에 하나님의 사람이 이스라엘
왕에게 나아와 말하여 이르되 여호와의 말씀에 아람 사람이 말하기를 여호와는 산의 신
이요 골짜기의 신은 아니라 하는도다 그러므로 내가 이 큰 군대를 다 네 손에 넘기리니
너희는 내가 여호와인 줄을 알리라 하셨나이다 하니라 29 진영이 서로 대치한 지 칠 일
이라 일곱째 날에 접전하여 이스라엘 자손이 하루에 아람 보병 십만 명을 죽이매 30 그
남은 자는 아벡으로 도망하여 성읍으로 들어갔더니 그 성벽이 그 남은 자 이만 칠천 명
위에 무너지고 벤하닷은 도망하여 성읍에 이르러 골방으로 들어가니라

하나님의 능력

전쟁하는 능력

세상에서 사람들은 능력을 좋아합니다. 능력이 있으면 입이 근질거리고
손이 근질거립니다. 어떻게든 능력을 드러낼 수 있는 상황을 기대하고, 능
력을 과시할 수 있는 사건이 터지기만을 기다립니다. 여기서 능력이 의미

하는 것은 상대방을 제압할 수 있는 힘, 상대방보다 우월하고 뛰어나서 능히 이길 수 있는 수단이나 방법입니다. 당연히 상대방보다 뛰어나야 하고 이겨야 하고 제압할 수 있어야 합니다. 기독교에서도 능력을 강조합니다. 그러나 기독교에서 가장 중요하게 여기는 것은 '무슨 능력이냐?'가 아니라 그 '상대가 누구냐?'는 것입니다. 사람들은 그 상대가 다른 사람이라고 합니다. 가장 미련한 주장은 자기 자신이라는 것입니다. 여하튼 다른 사람이든, 자기 자신이든 인간의 상대가 인간이 되는 것입니다. 하지만 기독교는 인간의 상대는 인간이 아니라 '죄'라고 선언합니다. 그래서 성경이 말하는 능력은 모두 죄를 이기는 것에 초점이 맞추어져 있습니다.

출애굽 사건도 조금만 신중하게 생각해보면 아주 이상한 사건입니다. 열 번의 이적 사건을 통해서 하나님과 애굽의 신들이 대결을 펼쳤습니다. 열 번 모두 하나님이 이겼습니다. 하나님이 열 번의 이적을 펼치는 동안 애굽의 신들은 나타나지 않았고, 애굽의 백성들이 고난을 당하고 있을 때 애굽의 신들은 구해주지도 않았고 도와주지도 않았습니다. 애굽의 가축들이 질병으로 많이 죽었고, 애굽의 백성들은 소산이 없어서 굶주렸고, 애굽의 군사들은 홍해에 빠져서 죽었습니다. 애굽이 다방면으로 초토화되었습니다. 이렇게 신들 간의 전쟁에서 이겼으면 이스라엘이 애굽을 차지하는 것이 정상입니다. 승자로서 패자의 나라를 지배하는 것이 당연합니다. 특히나 오래 동안 압제를 받았던 상황이라면 그 동안 받았던 고난을 갚아주려는 심정으로라도 애굽을 정복하고 통치하는 것이 당연합니다. 그러나 하나님은 애굽을 다 이겨놓고도 땅 한 평 차지하지 않고, 단 하루도 애굽 나라를 지배하지 않았습니다. 애굽이 이스라엘에게 능력을 행한 것과 하나님이 애굽에게 능력을 행한 것이 전혀 다른 양상이었습니다.

사사 시대에도 동일합니다. 이스라엘의 주변 나라들은 힘과 권세가 있기에 이스라엘에 침략하여 수십 년씩 지배하고 통제했습니다. 추수기에 이스라엘에 몰려와서 식량들을 약탈해 가기도 했습니다. 능력과 권세를 가진 자의 전형적인 행태입니다. 이때 하나님은 사사들을 세워서 이방 나라들을 모두 물리쳤습니다. 그런데 단지 물리치기만 할 뿐 절대로 이스라엘 영토 밖으로 나가지를 않습니다. 땅을 빼앗기지 않을 뿐 절대로 이방의 땅을 빼앗지 않습니다. 이방 나라들의 관점에서는 하나님의 태도가 신기하기도 하고 고맙기도 하고 밑져야 본전이라는 생각이 들었을 것입니다. 자기들은 이스라엘에 쳐들어갈 수 있는데 이스라엘은 절대로 자기들을 쳐들어오지 않기 때문입니다. 즉 자기들은 이기면 땅을 차지할 수 있지만 패해도 땅을 잃지 않는다는 희한한 전쟁이 되는 것입니다. 여하튼 하나님은 그렇게 하셨습니다.

논쟁하는 능력

신약의 예수님이 능력이 있었다는 것은 누구나 다 압니다. 예수를 믿지 않는 불신자들조차도 예수가 능력이 있었다고 인정합니다. 단순히 오병이어를 행하는 능력이나 바다를 걷는 능력만이 아닙니다. 예수님이 당시 최고의 지혜자들인 바리새인, 율법사들과도 논쟁을 하셨습니다. 아이러니 한 것은 예수님이 그들의 잘못을 지적하려고 일일이 찾아다니면서 그들의 거짓을 까발리신 것이 아니라는 것입니다. 도리어 예수님은 단지 예수님을 따르는 자들에게 말씀을 전하고 계셨습니다. 그때마다 찾아온 것은 바리새인들이었고, 그때마다 시험한 것은 율법사들이었습니다. 예수님이 먼저 찾아간 적도 없고, 먼저 질문한 적이 없습니다. 늘 유대교 지도자들이 자신있게 찾아왔고, 교만하게 시험하는 듯이 질문했습니다. 예수님은 질문을 받으셨기에 성실하게 반응하셨습니다. 때로는 대답을 하시고, 때로는 반문을 하시기도 했습니다. 그런데 어느 누구도 예수를 이기지 못했습니다. 어느 누구도 예수가 틀렸다고 증명하지 못했습니다.

분명 어느 누구도 예수를 이기지 못했습니다. 결과적으로 예수가 승리한 것입니다. 논쟁에서도 예수가 승리하셨고, 능력적인 측면에서도 예수가 이겼습니다. 유대 지도자들 중에 예수가 행한 일을 비슷하게 흉내라도 낸 사람이 없습니다. 예수가 삼십 팔년 된 중풍병자를 고쳤으면 바리새인들은 팔년밖에 안 된 병자라도 하나 고쳤어야 했는데 그런 사람이 없고, 예수가 열두 해를 혈루증으로 앓던 여인을 고쳤으면 율법사들은 달랑 두해동안 앓았던 사람이라도 치유해 주었어야 하는데 그런 적이 없습니다. 이렇게 예수가 다양한 방면에서 압도적인 능력을 보여줬으면 유대교를 접수하러 갔어야 합니다. 당연한 수순입니다. 패한 자들, 단순히 패한 정도가 아니라 예수에 의하여 틀린 자들로, 잘못된 자들로, 거짓된 자들로 판명이 난 자들입니다. 그렇게 거짓과 불의한 자들이 유대인들을 지배하고 있으면 당연히 예수가 거짓된 세력과 불의한 세력을 물리쳐야 합니다.

여기서 또 구약과 같은 이상한 현상이 발생합니다. 예수는 전혀 능력자의 행동을 하지 않습니다. 그들이 틀렸다는 것을 알게 할뿐 그들을 제거하지 않습니다. 그들이 잘못되었다는 것을 밝혀 줄뿐 그들을 모두 갈아 치우지 않습니다. 그들이 의롭지 못하다는 것을 드러낼 뿐 상응하는 징계를 받게 조치를 취하지 않습니다. 유대인들의 입장에서는 예수님은 참 애물단지입니다. 말과 행동만 보면 거물인데 실제적 조치를 보면 호구에 불과합니다. 하나님이나 예수님이 무능력하십니까? 절대로 그렇지 않습니다. 하나님이나 예수님이 능력을 마구 사용하십니까? 절대로 그렇지 않습니다. 하나님이나 예수님이 사람을 대상으로 경쟁하고, 사람에게 승리하여 사람을 지배하고 통제합니까? 절대로 그렇지 않습니다. 능력의 대상이 다른 것입니다.

아합시대의 하나님

열왕기상 18장과 19장에는 하나님의 능력이 강하게 나타났습니다. 18장의 갈멜 산에서는 하나님의 불이 내려 제물을 태워버렸습니다. 19장의 호렙 산에서는 하나님께로부터 크고 강한 바람이 나서 산을 가르고 바위를 부수었고, 지진이 일어났고, 불이 있었습니다. 사람들은 이것에만 집중합니다. 자기들도 이 능력과 권세를 달라고 합니다. 하지만 갈멜 산과 호렙 산에서 능력과 권세가 나타났다는 것만 보면 안 됩니다. 이렇게 능력이 나타난 후에 하나님은 아합과 이세벨을 제거하지 않았습니다. 엘리야를 이스라엘의 왕으로 세워주지도 않았습니다. 하나님은 인류 중에 이스라엘만 문제가 있는 것으로 보지 않으셨습니다. 또 이스라엘 중에 아합과 이세벨이 가장 문제라고 여기신 것도 아니셨습니다. 하나님은 인간의 본질적인 문제가 죄라는 것을 아시기에 어떤 제도를 바꾼다고, 어떤 인물을 바꾼다고 인간의 문제가 해결되는 것이 아니라는 사실을 너무나 잘 알고 계십니다.

만약 저에게 성경에서 가장 횡재한 사람, 가장 운수가 대통한 사람을 하나 고르라면 저는 아람 사람 하사엘이나 이스라엘 사람 예후를 고르겠습니다. 19장 15절에 의하면 하나님은 엘리야에게 가서 하사엘에게 기름을 부어 아람의 왕이 되게 하고 님시의 아들 예후에게 기름을 부어 이스라엘의 왕이 되게 하라고 하십니다. 실제로 하사엘은 열왕기하 8장에서 아람의 왕이 되고, 예후는 열왕기하 9장에서 이스라엘의 왕이 됩니다. 하사엘과 예후의 입장에서는 졸지에 횡재한 것입니다. 하사엘과 예후의 입장에서는 본인들이 왕이 될 것을 전혀 예상하지 못했을 것입니다. 애시 당초 엘리야라는 사람이 있는지도 모를 것이고, 엘리야가 자기들이 왕이 될 것을 예언했다는 사실도 모를 것입니다. 어느 날 갑자기, 졸지에, 홀연히, 뜬금없이 장관도 아니고, 총리도 아니고, 왕이 되었으니 아마도 인류 역사상 가장 운수대통한 사람 중에 하나가 될 것입니다.

하나님께서 하사엘과 예후를 아람과 이스라엘의 새로운 왕으로 세우셨다면 과연 그 사람들은 선대 왕인 아람의 벤하닷이나 이스라엘의 아합보다 나은 사람들일까요? 과연 그 사람들은 하나님이 보시기에 마음에 합한 사람일까요? 과연 그 사람들이 왕이 되면 아람과 이스라엘에 자유와 평화와 안식이 이루어질까요? 전혀 차원이 다른 이야기들입니다. 하나님의 관심은 인간을 징계하는 것이 아니라 구원하는 것입니다. 그리고 하나님의 구원은 죄로부터의 구원입니다. 그래서 죄로부터 죄인을 구원하기 위해서 죄인에게 하나님을 알게 하는 것이 중요합니다. 열왕기상 20장도 그런 관점에서 살펴보아야 이해가 됩니다.

여호와인 줄을 알리라

엘리야의 퇴장

성경은 사람들의 안목을 늘 바로잡아 줍니다. 성경은 창세기 1장 1절의 '태초에 하나님이 천지를 창조하시니라'로 시작합니다. 너무나 당연히 하나님의 관점은 온 인류적입니다. 모든 인간이 하나님이 대상이요, 모든 나라, 모든 민족, 모든 백성이 하나님의 주목을 받습니다. 그러다가 창세기 11장 후반부부터 아브람이라는 한 개인에게 초점이 모아지고 조금 확장해서 이스라엘이라는 부족, 집단, 무리, 공동체에 시선이 집중됩니다. 그러다가 출애굽기에서는 갑자기 애굽이라는 당대 최고의 강대국이 등장합니다. 즉 성경은 거시적 안목과 미시적 안목을 번갈아 보여주고, 국내적 관찰과 국제적 관찰을 늘 동반합니다. 물론 당연히 인간 또는 죄적인 인식과 하나님의 인식이 대조되어 등장합니다. 인간이 한쪽에 치우치기 쉬운 안목, 그래서 늘 왜곡되어 변질되어 버리기 쉬운 관점의 중심을 바로 잡아 줍니다.

사람에 대해서도 마찬가지입니다. 종종 사람들은 어떤 특별한 인물이 등장하면 온통 그 사람에게만 빠져듭니다. 그래서 흔히 유행이나 신드롬이 형성됩니다. 한편으로는 긍정적인 편견이 발생하고, 다른 한편으로는 부정적인 편견이 발생하기 쉽습니다. 그래서 성경은 인간에게 '균형을 잡으라, 중용을 지키라, 중심을 잃지 말라'는 죄인이 할 수 없는 권고, 말로 해서 될 것이라면 누구나 할 수 있지만 말로 해서 될 것이 아니기에 아무나 할 수 없는 권고를 하지 않습니다. 성경은 본문 자체가 균형을 잡아주고,

중용을 지켜주고, 중심을 잃지 않습니다. 그래서 성경만 잘 따라가면 저절로 균형을 잡고 중용을 지키고 중심을 잃지 않을 수 있습니다.

열왕기상 20장을 보시기 전에 우선 생각을 하셔야 하는 것은 성경의 이야기가 어제의 일이 나오고 오늘의 일이 나오고 바로 다음 날로 이어지는 것이 아니라는 점입니다. 19장 다음에 20장이 나오기까지 얼마의 기간이 흘렀는지 정확하게 모르고, 어떤 사정이 있었는지도 정확하게 모릅니다. 다만 일정 기간이 지났고 상황이 많이 달라졌다는 것을 전제하고 살펴보셔야 합니다. 1절을 보시겠습니다. "아람의 벤하닷 왕이 그의 군대를 다 모으니 왕 삼십이 명이 그와 함께 있고 또 말과 병거들이 있더라 이에 올라가서 사마리아를 에워싸고 그 성을 치며"입니다. 아합의 등장부터 온통 관점이 이스라엘에 모아져 있기에 성경은 아람이라는 주변 나라로 시선을 확대하고, 엘리야의 등장부터 온통 관심이 엘리야에게 쏠려있기에 성경은 슬쩍 엘리야를 사라지게 만듭니다. 열왕기상 17장, 18장, 19장에서 종횡무진 활약하는 것처럼 보이던 엘리야가 20장에서는 단 한 번도 등장하지 않습니다.

그렇다고 20장에는 중요한 사건이 없느냐면 그것도 아닙니다. 20장에는 이스라엘의 생존에 절대적 위기가 등장합니다. 아람과의 두 번에 걸친 아주 중대한 전쟁이 발생합니다. 세상에는 '난세에 영웅이 등장한다'는 표현이 있습니다. 그 어느 때보다 이스라엘에 영웅이 필요한 시기입니다. 그런데 그 중요한 사건에 엘리야는 아예 등장하지 않습니다. 아마 많은 사람들은 17장부터 19장에 나오는 엘리야의 활약상을 듣고는 '나도 엘리야 같은 사람이 되어야겠다!', '이 시대에 엘리야 같은 지도자, 리더가 필요하다!'고 강조할 것입니다. '나라가 위기에 처할 때 꼭 있어야 하는 사람이 엘리야같은 선지자!'라고 주장할 수도 있습니다. 그런데 성경은 그런 소리를 절대로 하지 않습니다. 행여라도 사람들이 그런 주장을 할까봐 아예 엘리야의 그림자조차도 등장시키지 않습니다. 엘리야의 '엘'자도 나타나지 않게 합니다. 강조점이 엘리야가 아니라는 것입니다. 중요한 것이 엘리야가 아니라는 것입니다. 우리 중에 엘리야 같은 사람이 나와야 하고, 우리가 모두 엘리야 같은 사람이 되어야 한다는 것이 절대로 아니라는 것입니다.

아람의 위용

아람의 벤하닷 왕이 아합 왕에게 사신을 보내 한 말이 3절입니다. "네 은금은 내 것이요 네 아내들과 네 자녀들의 아름다운 자도 내 것이니라"입니다. 벤하닷의 위용을 보여 주는 것이 4절 아합의 대답입니다. "이스라엘 왕이 대답하여 말하기를 내 주 왕이여 왕의 말씀 같이 나와 내 것은 다 왕의 것이니다 하였더니"입니다. 완전히 납작 엎드렸습니다. 그러자 벤하닷이 한 술 더 뜨는 것이 5절 "사신들이 다시 와서 이르되 벤하닷이 이르노라 내가 이미 네게 사람을 보내어 말하기를 너는 네 은금과 아내들과 자녀들을 내게 넘기라 하였거니와 내일 이맘때에 내가 내 신하들을 네게 보내리니 그들이 네 집과 네 신하들의 집을 수색하여 네 눈이 기뻐하는 것을 그들의 손으로 잡아 가져가리라 한지라"입니다.

성경은 인간들의 속내를 아주 리얼하게 보여줍니다. 사절이 와서 하는 말 중에 3절은 아합 왕과 관계가 있고, 6절은 아합의 신하들과도 관계가 있습니다. 그래서 아합이 7절에서 신하들을 불러서 의향을 묻습니다. 아합은 이미 4절에도 '나와 내 것은 다 왕의 것이니이다'라고 말했으니 이번에도 당연히 요구를 받아들여야 하기에 7절 끝에 '내가 거절하지 못하였노라'고 말합니다. 그랬더니 신하들의 대답이 8절인데 "모든 장로와 백성들이 다 왕께 아뢰되 왕은 듣지도 말고 허락하지도 마옵소서 한지라"입니다. 이게 너무 웃기지 않습니까! 이미 왕이 자신의 것을 다 내어줄 때에는 신하들이 한 마디도 안하다가, 그 짧은 순간에 이스라엘의 군사력이 강화된 것도 아니고 어디서 응원군이 온 것도 아니고 상황이 달라진 것이 전혀 없는데 신하들이 갑자기 자신들과 관련된 내용이 나오니까 '듣지도 말고 허락하지도 마옵소서'라고 합니다. 이게 말이나 됩니까! 진짜 치사합니다. 이게 죄인의 원천적 기질입니다.

아합이 신하들의 의견을 따라 하는 말이 9절 중간에 "처음에 보내 종에게 구하신 것은 내가 다 그대로 하려니와 이것은 내가 할 수 없나이다"이고, 벤하닷이 잔뜩 화가 나서 하는 말이 10절 중간에 "사마리아의 부스러진 것이 나를 따르는 백성의 무리의 손에 채우기에 족할 것 같으면 신들이 내게 벌 위에 벌을 내림이 마땅하니라"라고 엄포를 놓습니다. 아합이 번성하였고 강대국이었지만 언제나 그런 것은 아니었습니다. 나라나 정권이 강할 때가 있고 약할 때가 있으니 아합이 한 때는 강력한 세력을 떨쳤으나 지금은 반대로 아람이 더 강력하고 아합은 벤하닷의 위세에 눌려있는 상황입니다.

계시를 위한 전쟁

본문에는 엘리야가 등장하지 않기에 엘리야의 심정을 알 수는 없습니다. 만약 엘리야가 20장의 사정을 소문으로 들었다면 아마 아주 고소해하고 있을 것입니다. 아람의 왕 벤하닷에게 간식을 제공하면서 응원할 수도 있을 것입니다. 아합이 머리를 조아리는 것에 속이 다 후련하고, 이세벨이 쩔쩔맬 것을 상상하면서 신나할 수도 있을 것입니다. 하나님의 선지자였던 자기도 사라지고 없으니 하나님이 보낼 사람도 없어서 도와주지 않으시면 이참에 아합이 고생 꽤나 할 것으로 예상할 수도 있습니다. 그러나 실제 상황은 엘리야의 생각과는 전혀 다르게 전개됩니다. 하나님이 바알을 섬기던 이스라엘, 여호와의 선지자들을 잡아 죽이던 이스라엘, 하나님을 버리고 우상숭배에 열을 올리고 있는 이스라엘을 방치하지 않으십니다. 엘리야가 등장한 17장부터 지금까지도 하나님은 아합과 이세벨에게 단 한 번도, 단 한 가지도 징계한 적이 없으셨고, 아람이 쳐들어왔을 때 하나님은 적극적으로 개입하셔서 이스라엘을 도와주십니다.

13절을 보겠습니다. "한 선지자가 이스라엘의 아합 왕에게 나아가서 이르되 여호와의 말씀이 네가 이 큰 무리를 보느냐 내가 오늘 그들을 네 손에 넘기리니 너는 내가 여호와인 줄을 알리라 하셨나이다"입니다. 13절이 매우 중요한 구절입니다. 이스라엘이 전쟁에서 이기느냐 지느냐보다 더 중요한 구절입니다. 첫째, 한 선지자가 등장합니다. 19장에서 엘리야가 하나님께 두 번이나 강조했던 말이 '오직 나만 남았거늘' 이었습니다. 그런데 20장에서는 너무나 자연스럽게 '한 선지자'가 등장합니다. 엘리야가 자기 열심을 강조하고 자기만 있는 줄로 생각한 것이 얼마나 큰 착각이었는지를 보여주는 장면입니다. 동시에 많은 설교자들이 엘리야같은 사람이 있어야 하고, 우리가 엘리야 같은 사람이 되어야 한다고 주장하는 것이 얼마나 어이가 없는 주장인지도 증명이 되는 장면입니다.

둘째, '너는 내가 여호와인 줄을 알리라' 즉 하나님의 뜻은 하나님을 알게 하는 것이라는 사실입니다. 하나님은 이스라엘의 독립을 지켜주는 것이나, 적대 세력을 물리쳐주는 것이 목적이 아닙니다. 이스라엘은 솔로몬 이후에 나라가 북과 남으로 나뉘어져 있습니다. 그런데 하나님은 성경 전체에서 단 한 번도 나라가 다시 통일되어야 한다고 말씀하신 적이 없습니다. 나라가 통일되면 영토도 넓어지고 국민도 많아지고 영향력도 강력해질 것이라고 판단하신 적이 없습니다. 하나님은 이스라엘만의 하나님이 아니라 온 인류의 하나님이십니다. 특정한 나라, 특정한 민족을 특별하게 축복해 주시는 제한된 하나님이나 배타적인 하나님이 절대로 아니십니다. 하나님은 이스라엘이 아람에게 공격받는 것을 문제로 삼는 것이 아니고, 아람이 주변나라를 침략하는 것을 문제로 삼는 것이 아니라 이스라엘이든 아람이든 죄적 인식과 가치와 원리로 생각하고 판단하고 행동하는 것을 문제라고 지적해 주시는 것입니다. 그래서 이 전쟁은 이스라엘에게 승리를 주는 전쟁, 아람에게 패배를 주는 전쟁이 아니라 아람과 이스라엘 모두에게 하나님을 알리는 계시의 전쟁입니다.

여호와인 줄을 알리라

셋째, 이 전쟁이 계시 사건이라면 상황은 사람들의 예상과는 완전히 다를 것임을 알 수 있습니다. 1절에 의하면 아람은 주변의 왕 삼십이 명을 거느리고 왔습니다. 엄청난 군대입니다. 이때 하나님이 내보내는 대안이 14절인데 "아합이 이르되 누구를 통하여 그렇게 하시리이까 대답하되 여호와의 말씀이 각 지방 고관의 청년들로 하리라 하셨나이다"입니다. 군사도 아니고, 용병도 아니고 고관의 청년들이 무슨 전쟁을 합니까? 계속 보면 "아합이 이르되 누가 싸움을 시작하리이까 대답하되 왕이니이다 아합이 이에 각 지방 고관의 청년들을 계수하니 이백삼십이 명이요 그 외에 모든 백성 곧 이스라엘의 모든 자손을 계수하니 칠천 명이더라"입니다. 정리해보면 아람에서는 삼십이 명의 왕과 그 군대가 전투에 참여했고 이스라엘은 백성 칠천 명과 고관의 아들들 이백 삼십이 명 총 칠천 이백 삼십 이명이 전투에 참여했습니다. 이미 승패는 결정되었습니다. 아람도 아람이 이기고 이스라엘이 진다고 생각하고, 이스라엘도 아람이 이기고 이스라엘이 진다고 생각합니다. 이때 만약 아람이 지고 이스라엘이 이긴다면 이것은 이스라엘이 이긴 것이 아닙니다. 이스라엘이 이긴 것이 아니라면 바로 하나님이 이기게 하신 것입니다. 즉 '너는 내가 여호와인 줄을 알리라'가 이루어지는 것입니다.

여기에도 계시의 전형적인 패턴이 등장하는 것입니다. 가장 안 될 만한 사건이 일어나고, 가장 안 될 만한 사람이 등장하고, 가장 안 될 만한 방법이 동원된다는 사실입니다. 도무지 이스라엘이 아람을 이길 수 없는 상황에, 도무지 아람의 군대와 비교가 되지 않는 숫자의 사람에, 그리고 너무나 어이없는 승리가 나오는 것이 16절 이하입니다. "그들이 정오에 나가니 벤하닷은 장막에서 돕는 왕 삼십이 명과 더불어 마시고 취한 중이라"이고 19절 "각 지방 고관의 청년들과 그들을 따르는 군대가 성읍에서 나가서 각각 적군을 쳐 죽이매 아람 사람이 도망하는 지라"이고 결과가 21절 "이스라엘 왕이 나가서 말과 병거를 치고 또 아람 사람을 쳐서 크게 이겼더라”입니다. 결과만 보면 너무 쉽게 이겼습니다. 이렇게 이길 줄 알았으면 아람 왕이 사신을 보낼 때 쫄지 않아도 될 것을 그랬습니다.

아마 이 결과에 대해 아람의 벤하닷과 삼십 이명의 왕들과 이스라엘의 지방 고관의 청년들이 모두 어이없어 할 것입니다. 바로 이때 아람의 사람들과 이스라엘 사람들 모두가 ‘하나님의 말씀대로 되었구나!’, ‘과연 하나님이시구나!’, ‘하나님은 여호와이시다!’라는 것을 알아야 하는 것입니다. 아람과 이스라엘 모두 자신들의 사고방식, 자기들의 인식체계, 자기들의 판단근거, 자신들의 행동패턴, 자기들의 동원수단이 모두 틀렸다는 것을 배워야 합니다. 자신들이 틀렸고 하나님이 옳으시다는 것을 배워야 합니다. 그것이 하나님의 기대입니다.

여호와의 신실하심

산의 신, 평지의 신

안타깝게도 죄인들은 여호와가 여호와인 줄을 배우지 못했습니다. 아람 사람들은 여전히 전쟁은 숫자가 많은 쪽이 이기고, 무기가 좋은 편이 이긴다고 생각합니다. 지난 번 전쟁은 단지 방심했기 때문이라고, 승리도 하기 전에 미리 마시고 취한 것이 패인이라고만 생각하고 있습니다. 하나님은, 하나님만 신출귀몰하게 활약하시고 인간은 무방비, 무대책으로 오직 하나님만 의지하라는 주장이 아닙니다. 방법론에 관한 의견이 아니라 죄적 사고방식이 전부가 아니라는 것을 알게 하시는 것입니다. 하나님도 전쟁을 대비하라고 하십니다. 22절 “그 선지자가 이스라엘 왕에게 나아와 이르되 왕은 가서 힘을 기르고 왕께서 행할 일을 알고 준비하소서 해가 바뀌면 아람 왕이 왕을 치러 오리이다 하니라”입니다. 당연히 이스라엘은 전쟁을 대비해야 합니다. 그러나 동시에 자신들이 대비하면, 자신들이 더 잘 준비하면 승리한다는 생각을 가져서는 안 됩니다. 그 생각은 이미 아람이 가졌던 생각이고, 그것이 틀렸다는 것이 아람의 패배로 입증이 되었습니다. 인간이 해야 할 준비는 당연히 하고, 더 나아가 하나님의 일하심을 알고 인정하는 것이 더욱 중요합니다.

과연 아람의 왕이 다시 쳐들어왔습니다. 아람 왕은 하나님에 대해 배우지 않았기에 단지 지난 전투에서 방심하였다고 생각하고, 이번에는 긴장하고 더 많은 군사와 더 강한 무기를 동원해서 쳐들어왔을 것입니다. 아람 왕의 생각을 보여주는 것이 24절과 25절입니다. "또 왕은 이 일을 행하실지니 곧 왕들을 제하여 각각 그 곳에서 떠나게 하고 그들 대신에 총독들을 두시고 또 왕의 잃어버린 군대와 같은 군대를 왕을 위하여 보충하고 말은 말대로, 병거는 병거대로 보충하고 우리가 평지에서 그들과 싸우면 반드시 그들보다 강하리이다 왕이 그 말을 듣고 그리하니라"입니다. 지극히 평범하고 당연한 생각이고 대책입니다.

그런데 여기에 또 하나의 아주 전형적인 죄적 사고방식 특별히 우상 종교적 사고방식이 개입합니다. 바로 23절입니다. "아람 왕의 신하들이 왕께 아뢰되 그들의 신은 산의 신이므로 그들이 우리보다 강하였거니와 우리가 만일 평지에서 그들과 싸우면 반드시 그들보다 강할지라"입니다. 정말 모든 지혜를 총동원한 것이고, 모든 대책을 간구한 것입니다. 아람의 입장에서도 단순히 숫자의 많고 적음만 계산한 것도 아니고, 단지 지리적 장단점을 따져본 것도 아니고, 단지 무기의 강약만 고려한 것도 아닙니다. 이 모든 것 위에 신의 능력과 신의 기능, 신의 영역까지 고려해서 할 수 있는 모든 사항을 고려한 것입니다. 아람의 입장에서는 더 이상의 준비는 없고, 이만큼 준비했으면 절대로 패하지 않을 것이라는 계산이 나왔을 것입니다.

고대 근동의 신개념에는 신들은 특정한 기능이 있고, 특정한 영역이 있다고 생각했습니다. 이미 하나님께서 애굽에서 열 번의 이적을 행하신 것이 애굽의 각 신들이 가지고 있는 다양한 기능을 파악하신 것이고, 출애굽한 후에 홍해에서 바로와 군사들을 물리치신 것은 단지 육지에서만이 아니라 바다라는 다른 영역에서도 하나님이 활동하신다는 것을 보여주신 사건이었습니다. 또 고대 근동의 신개념에는 신의 영물이 신의 역할을 대행한다는 개념도 있었습니다. 그래서 사무엘상에서 이스라엘이 전쟁에서 패하자 여호와의 법궤를 전쟁터로 들고 나가는 장면도 소개되었고, 블레셋이 전쟁에서 승리한 후 여호와의 법궤를 빼앗아 간 것은 이스라엘의 신이 역할을 하지 못하도록 무력화시킨다는 생각이 깔려있었던 것입니다. 그와 같은 생각이 아람 사람들에게서 다시 등장합니다. 이스라엘의 신은 산지의 신이기에 이번에 평지에서 싸우면 신이 힘을 쓰지 못하기에 군사와 무기면에서 우세한 자신들이 이길 것이라는 계산입니다. 아람으로서는 최선을 다한 것입니다. 하나님을 모르는 죄인들로서는 정말 최선을 다한 것입니다.

하나님의 말씀대로

이 사건도 당연히 계시사건입니다. 계시가 되려면 죄인들의 예상과는 다른 결과가 나와야 합니다. 그래서 아람 사람들이나 이스라엘 사람들이 전쟁의 결과를 예측할 만한 상황을 아주 극명하게 대조해 줍니다. 누가 봐도 어느 쪽이 이길지 뻔히 알만한 상황이 소개됩니다. 26절과 27절입니다. "해가 바뀌니 벤하닷이 아람 사람을 소집하고 아벡으로 올라와서 이스라엘과 싸우려 하매 이스라엘 자손도 군량을 받고 마주 나가서 그들 앞에 진영을 치니 이스라엘 자손은 두 무리의 적은 염소 떼와 같고 아람 사람은 그 땅에 가득하였더라"입니다. 비교를 아주 우수꽝스럽게 해 놓았습니다. 아람은 '그 땅에 가득하였더라'이고 이스라엘은 '두 무리의 적은 염소 떼'라고 했습니다. 누가 이기겠습니까? 당연히 아람입니다. 상식이 있는 사람, 이성이 있는 사람, 계산이 있는 사람, 사리분별이 되는 사람이라면 다 아람이 이긴다고 합니다. 아람 사람도 아람이 이긴다고 생각하고, 이스라엘 사람도 아람이 이긴다고 생각하고 있습니다.

바로 그때 하나님의 말씀이 있습니다. 28절 "그 때에 하나님의 사람이 이스라엘 왕에게 나아와 말하여 이르되 여호와의 말씀에 아람 사람이 말하기를 여호와는 산의 신이요 골짜기의 신은 아니라 하는도다 그러므로 내가 이 큰 군대를 다 네 손에 넘기리니 너희는 내가 여호와인 줄을 알리라 하셨나이다 하니라"입니다. 아마도 전쟁이 끝나면 대부분의 사람은 전쟁에서 이겼다는 사실에 감격할 것입니다. 그러나 하나님의 의도는 언제나 승리가 아니고, 영토 확장이 아니라, 부국강병이 아니라 '여호와를 아는 것'입니다.

성경이 너무 재미있는 것이 전쟁에서 이기기는 이기는데 어떻게 이겼는지에 대한 설명이 없다는 사실입니다. 29절과 30절을 보시면 "진영이 서로 대치한 지 칠 일이라 일곱째 날에 접전하여 이스라엘 자손이 하루에 아람 보병 십만 명을 죽이매 그 남은 자는 아벡으로 도망하여 성읍으로 들어갔더니 그 성벽이 그 남은 자 이만 칠천 명 위에 무너지고 벤하닷은 도망하여 성읍에 이르러 골방으로 들어가니라"입니다. 이번에는 아람 군대가 술 먹고 취한 것도 아닙니다. 그런데 이겼습니다. 어떻게요? 성경은 그것을 묘사하지 않습니다. 왜냐하면 그것을 묘사해 놓으면 사람들은 그것이 승리의 비법인줄 착각하기 때문입니다. 마치 그것이 백전백승의 전략인줄로 오해하기 때문입니다. 누가 이스라엘 사람들에게 '어떻게 승리했느냐?'고 물으면 대답은 딱 하나 '여호와가 이기게 하셨다!'고만 말할 수 있습니다. 아람 사람의 경우도 마찬가지입니다. 그렇게 준비를 철저하게 하고, 누가 봐도 이길만한 전쟁인데 '어떻게 패할 수가 있었느냐?'고 묻는다면 아람 사람들의 대답도 '귀신이 곡할 노릇이다, 전쟁은 숫자나, 무기나, 장소로 하는 것이 아닌 것 같다. 여호와는 산의 신뿐만 아니라 평지의 신도 되고 바다의 신도 되고 천지만물의 신인 것 같다. 여호와를 다시 보게 되었고 이참에 아예 우리도 여호와를 믿기로 했다'고 해야 할 것입니다.

오늘날 성도들의 삶에 문제가 있을 때에 하나님이 응답하셔서 해결해 주시는 경우가 많이 있습니다. 그때 성도는 문제가 해결되었다는 것에 집중하면 안 됩니다. 왜냐하면 살면서 문제는 계속 생길 것이기 때문입니다. 하나님의 은혜가 있는 순간에 하나님을 배워야 합니다. 하나님이 나의 삶을 돌보고 계시다는 사실, 하나님이 나와 동행하고 있다는 사실을 배워야 합니다. 그래서 삶을 바라보는 관점 자체가 바뀌고, 삶을 대하는 태도와 삶을 살아가는 원리 자체가 바뀌어야 합니다. 그것을 성경적으로 표현하면 '내가 여호와인 줄을 알라'입니다. 성경을 읽으시고, 하나님을 배우시고, 하나님을 아셔서 하나님으로 말미암아 신나고 즐겁고 자유롭고 평안하고 행복한 성도의 삶을 날마다 풍성히 누리며 사시기를 주님의 이름으로 축원합니다.

26

네가 결정하였으니

열왕기상 20:31~43

31 그의 신하들이 그에게 말하되 우리가 들은즉 이스라엘 집의 왕들은 인자한 왕이라 하니 만일 우리가 굵은 베로 허리를 동이고 테두리를 머리에 쓰고 이스라엘의 왕에게로 나아가면 그가 혹시 왕의 생명을 살리리이다 하고 32 그들이 굵은 베로 허리를 동이고 테두리를 머리에 쓰고 이스라엘의 왕에게 이르러 이르되 왕의 종 벤하닷이 청하기를 내 생명을 살려 주옵소서 하더이다 아합이 이르되 그가 아직도 살아 있느냐 그는 내 형제이니라 33 그 사람들이 좋은 징조로 여기고 그 말을 얼른 받아 대답하여 이르되 벤하닷은 왕의 형제니이다 왕이 이르되 너희는 가서 그를 인도하여 오라 벤하닷이 이에 왕에게 나아오니 왕이 그를 병거에 올린지라 34 벤하닷이 왕께 아뢰되 내 아버지께서 당신의 아버지에게서 빼앗은 모든 성읍을 내가 돌려보내리이다 또 내 아버지께서 사마리아에서 만든 것 같이 당신도 다메섹에서 당신을 위하여 거리를 만드소서 아합이 이르되 내가 이 조약으로 인해 당신을 놓으리라 하고 이에 더불어 조약을 맺고 그를 놓았더라 35 선지자의 무리 중 한 사람이 여호와의 말씀을 그의 친구에게 이르되 너는 나를 치라 하였더니 그 사람이 치기를 싫어하는지라 36 그가 그 사람에게 이르되 네가 여호와의 말씀을 듣지 아니하였으니 네가 나를 떠나갈 때에 사자가 너를 죽이리라 그 사람이 그의 곁을 떠나가더니 사자가 그를 만나 죽였더라 37 그가 또 다른 사람을 만나 이르되 너는 나를 치라 하매 그 사람이 그를 치되 상하도록 친지라 38 선지자가 가서 수건으로 자기의 눈을 가리어 변장하고 길 가에서 왕을 기다리다가 39 왕이 지나갈 때에 그가 소리 질러 왕을 불러 이르되 종이 전장 가운데에 나갔더니 한 사람이 돌이켜 어떤 사람을 끌고 내게로 와서 말하기를 이 사람을 지키라 만일 그를 잃어 버리면 네 생명으로 그의 생명을 대신하거나 그렇지 아니하면 네가 은 한 달란트를 내어야 하리라 하였거늘 40 종이 이리 저리 일을 볼 동안에 그가 없어졌나이다 이스라엘 왕이 그에게 이르되 네가 스스로 결정하였으니 그대로 당하여야 하리라 41 그가 급히 자기의 눈을 가린 수건을 벗으니 이스라엘 왕이 그는 선지자 중의 한 사람인 줄을 알아본지라 42 그가 왕께 아뢰되 여

호와의 말씀이 내가 멸하기로 작정한 사람을 네 손으로 놓았은즉 네 목숨은 그의 목숨을 대신하고 네 백성은 그의 백성을 대신하리라 하셨나이다 43 이스라엘 왕이 근심하고 답답하여 그의 왕궁으로 돌아가려고 사마리아에 이르니라

아합의 조치

하나님의 기대

이스라엘이 아람과 두 번의 전쟁을 치렀습니다. 첫 번째 전쟁에서 아람의 벤하닷이 사신을 보내 아합 왕을 무시하는 말을 했습니다. 아합 왕은 굴욕을 당하면서 '나와 내 것은 다 왕의 것이니이다'라고 대답을 했습니다. 아주 희한한 것은 이렇게 굴욕을 당하면서도 아합 왕이나 신하들이 하나님께 도움을 구하지 않았다는 점입니다. 바알을 섬기고 있었으니 바알에게 의지하려고 했었나 봅니다. 그래서 하나님이 먼저 나서십니다. 그것이 13절이었습니다. "네가 이 큰 무리를 보느냐 내가 오늘 그들을 네 손에 넘기리니 너는 내가 여호와인 줄을 알리라"입니다. 하나님의 뜻은 전쟁에서의 승리도, 영토의 확장도, 경제적 번성도, 아합 왕의 명예도 아닌 오직 아합과 이스라엘이 여호와를 아는 것이었습니다.

두 번째 전쟁에서도 마찬가지입니다. 아람의 군대는 그 땅에 가득하였고 이스라엘의 군대는 적은 염소 떼 같은 모양새로 서로 대치하고 있었습니다. 그때에도 아합 왕이나 이스라엘 백성은 하나님께 구하지 않았습니다. 아합과 온 이스라엘은 이전에도 바알을 섬기고 있었고 갈멜 산 사건이후에도 바알을 버렸거나 떠났다는 언급이 일체 없습니다. 첫 번째 전쟁에서 하나님의 도움으로 승리했음에도 불구하고 하나님께 감사했다거나 하나님께 돌아왔다는 표현도 전혀 없습니다. 이번에도 하나님이 먼저 말씀하십니다. 28절 후반 "내가 이 큰 군대를 다 네 손에 넘기리니 너희는 내가 여호와인 줄을 알리라"입니다. 이번에도 하나님의 뜻은 전쟁에서의 승리도, 영토의 확장도, 경제적 번성도, 아합 왕의 명예도 아닌 오직 아합과 이스라엘이

여호와를 아는 것이었습니다.

두 번에 걸쳐 하나님은 말씀하신대로 행하셨습니다. 아람의 군대들을 아합의 손에 넘기겠다고 말씀하셨고 실제로 아람을 물리쳤습니다. 아람의 입장에서 보면 군사가 부족하거나 무기가 열세인 것이 아니었고, 전략이 부재한 것도 아니었습니다. 도무지 패할 수 없는 상황이었는데 졌습니다. 이스라엘의 입장에서 보면 모든 면에서 열세였고, 도무지 이길 수 없는 상황이었는데 이겼습니다. 아람이 생각해도, 아합과 이스라엘이 생각해도, 성경을 읽는 저와 여러분이 생각해도 이 전쟁에서 이스라엘이 승리한 것은 전적인 하나님의 은혜입니다. 하나님은 아합에게는 두 번에 걸쳐 '너는 내가 여호와인 줄을 알리라'고 말씀하셨지만 아람의 벤하닷에게는 따로 말씀하신 적이 없습니다. 그런데 아합은 두 번의 전쟁에서 아무 것도 배우지 않았고, 도리어 아람 사람들은 약간 배운 것이 있습니다.

첫 번째 전쟁이 끝난 후 두 번째 전쟁을 시작할 때에 아람은 매우 독특한 말을 했습니다. 그것이 23절입니다. "아람 왕의 신하들이 왕에게 아뢰되 그들의 신은 산의 신이므로 그들이 우리보다 강하였거니와 우리가 만일 평지에서 그들과 싸우면 반드시 그들보다 강할지라"입니다. 이 말의 의미는 아람이 이스라엘에게 진 것이 아니라는 것입니다. 벤하닷 왕이 아합 왕에게 진 것이 아니라는 것입니다. 아람의 신하들은 자신들이 패한 것이 오직 이스라엘의 신 때문이었다고 생각한 것입니다. 자신들이 이길 수 있는데 패한 것은 오직 이스라엘의 산의 신 때문이니 신만 피하면 당연히 자기들이 이길 것으로 생각한 것입니다. 비록 하나님에 대해 온전하게 배우지는 못했지만 전쟁의 승패가 하나님 때문이었다는 것을 일정부분 알아차린 것입니다. 그에 반해 아합은 아무 것도 배우지 못했습니다. 아람보다도 못한 이스라엘이고, 벤하닷 보다도 못한 아합의 모습입니다.

정상 회담

첫 번째 전쟁에서 아합이 전혀 하나님을 배우지 못했어도 하나님은 또 두 번째 전쟁에서도 아합을 도와 주셨습니다. 하나님의 도우심으로 이스라엘이 두 번째 전쟁에서도 이겼습니다. 과연 두 번째 전쟁 다음에는 아합이 하나님을 배웠을까요? 아합의 행동이 어떠했는지 본문을 통해 확인해 보겠습니다. 아람은 보병 십만 명이 죽었고 도망가던 이만 칠천 명도 성벽이 무너져 죽었습니다. 위풍당당했던 벤하닷은 아벡의 성읍으로 도망갔습니다. 그때 신하들이 하는 말이 20장 31절입니다. "그의 신하들이 그에게 말하되 우리가 들은 즉 이스라엘 집의 왕들은 인자한 왕이라 하니 만일 우리가 굵은 베로 허리를 동이고 테두리를 머리에 쓰고 이스라엘의 왕에게로 나아가면 그가 혹시 왕의 생명을 살리리이다"입니다. 적군의 왕을 '인자한 왕'이라고 평가하고 살기를 간청하려는 몸부림이 느껴집니다.

드디어 벤하닷 왕이 아합 왕에게 나아가 하는 말은 인생역전이나 새옹지마라는 표현을 떠올리게 합니다. 역시 오래살고 볼일입니다. 물론 벤하닷이 직접 한 말이 아니라 신하들이 한 말이지만 개인의 의견이 아니라 아람의 의견을 표현하고 있습니다. 32절 "그들이 굵은 베로 허리를 동이고 테두리를 머리에 쓰고 이스라엘의 왕에게 이르러 이르되 왕의 종 벤하닷이 청하기를 내 생명을 살려 주옵소서 하더이다"입니다. 그냥 들으면 실감이 안 나고 앞서 벤하닷이 한 말과 비교를 해보면 아주 리얼합니다. 전쟁이 있기 전에 20장 3절 "네 은금은 내 것이요 네 아내들과 네 자녀들의 아름다운 자도 내 것이니라"라고 떵떵 거렸는데 21장 32절에서는 "왕의 종 벤하닷이 청하기를 내 생명을 살려주옵소서"입니다.

이스라엘의 왕은 인자하다는 소문이 옳았는지 아합이 32절에서 아주 호의적인 반응을 보입니다. 그러자 33절 "그 사람들이 좋은 징조로 여기고 그 말을 얼른 받아 대답하여 이르되 벤하닷은 왕의 형제니이다"라고 합니다. 성경을 읽으실 때 작은 차이들을 눈치 채셔야 재미있습니다. 32절에서 벤하닷은 자신을 '왕의 종'이라고 표현했습니다. 그런데 33절에서는 '벤하닷은 왕의 형제'라고 표현합니다. 정치와 외교의 자리에서는 표현 하나하나가 매우 의미가 깊습니다. 죽을 것 같을 때는 '종'이라고 바짝 엎드렸다가 약간의 좋은 징조가 보이자마자 '형제'라고 살짝 자신의 신분을 격상시켰습니다. 드디어 아람의 벤하닷 왕과 이스라엘의 아합 왕이 서로 만나서 정상회담을 합니다. 아주 중요한 대목인데 성경은 달랑 한 절로 표현하고 있습니다. 34절 "벤하닷이 왕께 아뢰되 내 아버지께서 당신의 아버지에게서 빼앗은 모든 성읍을 내가 돌려 보내리이다 또 내 아버지께서 사마리아에서 만든 것 같이 당신도 다메섹에서 당신을 위하여 거리를 만드소서 아합이 이르되 내가 이 조약으로 인해 당신을 놓으리라 하고 이에 더불어 조약을 맺고 그를 놓았더라"입니다.

아합의 반응

34절에서 아합이 취한 조치를 잘 이해하셔야 35절 이하의 선지자와 아합이 주고받은 말의 의미를 이해할 수 있습니다. 하나님은 이스라엘이 이길 수 없는 전쟁에서 아합이 도움을 청하지도 않았는데 전적으로 승리하게 하셨습니다. 이 전쟁의 승리는 이스라엘의 준비나 아합의 용맹의 결과가 아닙니다. 오직 하나님이 승리하게 하셨습니다. 그래서 하나님의 기대는 전쟁의 승리가 아니고, 영토 확장이 아니고, 경제 번영이 아니고, 아합의 명예 회복이 아니라 오직 '너희는 내가 여호와인 줄을 알리라'였습니다. 이스라엘 사람들에게 여호와를 알게 하기 위하여 이 전쟁이 사람의 힘과 능력과는 아무 관계없이 전적으로 여호와가 이기게 하셨습니다. 행여라도 사람의 도움이 있으면 여호와가 이기게 하신 것이 아니요, 사람들이 여호와를 배우지 않을 것이기 때문입니다. 다시 한 번 강조합니다. 오직 여호와가 이기게 하셨습니다.

그런데 전쟁이 끝나자마자 아합은 마치 자기가 잘해서 승리한 것으로 생각합니다. 승리한 사람의 태도를 보이고, 승리한 사람의 조치를 취합니다. 먼저, 아람 사람들이 이스라엘 왕은 인자한 왕이라는 달콤한 말에 미혹되어서 벤하닷 왕을 살려줍니다. 벤하닷 왕과 정상회담을 통해 승리자로서 벤하닷의 아버지가 빼앗아 갔던 이스라엘의 성읍을 모두 돌려받고, 더 나아가 벤하닷의 아버지가 했던 대로 자기도 다메섹에 아합 왕을 위한 거리를 만드는 조약을 맺고 돌려보냅니다. 34절대로라면 아합은 아람의 항복도 받았고, 영토도 확장했고, 더 나아가 아합 왕의 명성도 떨치게 되었습니다. 아합이 이런 조치를 취하는 것은 자신이 전쟁을 이기게 한 승리자라는 생각에 근거한 것입니다. 자신이 직접 전쟁에 참여하였고, 아람의 군사들과 싸웠고, 자신이 승리했다는 것입니다. 자신이 싸워서 이겼기에 자신이 승리자이고, 자신이 승리자이기 때문에 자신은 이런 저런 조치를 취할 수 있는 자격이 있다는 것입니다.

어찌 보면 아합은 대단한 일을 한 것입니다. 그런데 하나님의 의도는 전혀 달랐습니다. 하나님의 뜻은 승리가 아니라, 영토 확장이 아니라, 경제 번영이 아니라, 아합의 명예 회복이 아니라 오직 하나 '내가 여호와인 줄을 알리라'였습니다. 아합은 다른 것은 모두 다 했습니다. 승리도 했고, 영토도 확장했고, 번영도 이루었고, 명예도 떨쳤습니다. 그런데 정작 하나님이 기대하신 유일한 한 가지, 오직 한 가지, 딱 한 가지 즉 '내가 여호와인 줄을 알리라'는 배우지 않았습니다. 하나님께서 두 번의 전쟁을 통해 아합과 이스라엘에게 가르치고자 했던 것을 아합과 이스라엘은 단 한 번도, 단 한 가지도 배우지 않은 것입니다. 만약 아합이 하나님께서 이 전쟁을 이기게 하셨다고 배웠다면, 자신이 승리한 것이 아니라고 인정했다면 벤하닷에 대한 처리를 자기 임의로 행하지 않고 하나님께 구했을 것입니다. 어차피 자신이 이길 수 없는 전쟁을 하나님이 이기게 하셨으니, 장차 나라의 안정과 번영도 하나님의 손에 달려있다고 생각하고, 모든 것을 하나님의 뜻대로 행하겠다고 하나님께 구했을 것입니다. 그런데 아합 왕은 승리하자마다 하나님의 뜻과는 아무 상관없이 모든 것을 자신의 뜻대로, 자신의 임의대로 처리합니다. 자신이 싸웠고, 자신이 이겼다고 생각하기 때문입니다. 이런 아합의 태도에 대해 하나님의 반응이 35절 이하에 등장하는 것입니다.

혹시 여기서 '아합이 뭘 그리 잘못했나?' 궁금해 하실 분도 계실 것입니다. 비록 적국의 왕이지만 용서를 구하는 사람을 살려주고, 겸사겸사 빼앗긴 영토도 되찾았으면 잘한 것이 아닌가 의아해 하시는 분도 계실 것입니다. 여기서 성경의 큰 이슈 하나를 분석해 보겠습니다.

하나님이 하신다

진멸하라

사람들이 성경에서 가장 오해하는 것, 또는 성경의 하나님이 좋으신 것 같은데 참으로 이해하기 힘든 것으로 꼽는 대표적인 것이 바로 '진멸법'입니다. 즉 전쟁에서 상대방을 모조리 죽여 버리는 것입니다. 하나님께서 이스라엘을 가나안에 들여보내시면서 하신 말씀 중에 신명기 7장에 아주 섬뜩한 내용이 있습니다. 1절부터 보면 "네 하나님 여호와께서 너를 인도하사 네가 가서 차지할 땅으로 들이시고 네 앞에서 여러 민족 헷 족속과 기르가스 족속과 아모리 족속과 가나안 족속과 브리스 족속과 히위 족속과 여부스 족속 곧 너보다 많고 힘이 센 일곱 족속을 쫓아내실 때에 네 하나님 여호와께서 그들을 네게 넘겨 네게 치게 하시리니 그때에 너는 그들을 진멸할 것이라"입니다. 진멸을 조금 더 리얼하게 표현하면 '남자와 여자와 유아들과 모든 가축을 살려두지 말라'고 나옵니다.

실제로 여호수아 10장 36절을 보면 "여호수아가 또 온 이스라엘과 더불어 에글론에서 헤브론으로 올라가서 싸워 그 성읍을 점령하고 그것과 그 왕과 그 속한 성읍들과 그 중의 모든 사람을 칼날로 쳐서 하나도 남기지 아니하였으니 그 성읍들과 그 중의 모든 사람을 진멸하여"이고, 38절 이하에

"여호수아가 온 이스라엘과 더불어 돌아와서 드빌에 이르러 싸워 그 성읍과 그 왕과 그 속한 성읍들을 점령하고 칼날로 그 성읍을 쳐서 그 안의 모든 사람을 진멸하여 바치고 하나도 남기지 아니하였으니"이고, 40절 이하에 "이와 같이 여호수아가 그 온 땅 곧 산지와 네겝과 평지와 경사지와 그 모든 왕을 쳐서 하나도 남기지 아니하고 호흡이 있는 모든 자는 다 진멸하여 바쳤으니"라고 나옵니다.

또 정반대로 상대방을 진멸하지 아니하여 하나님께 불순종한 것으로 여겨진 경우도 있습니다. 사무엘상 15장에 보면 이스라엘의 초대 왕 사울이 아멜렉과 전쟁을 했는데 진멸하지 않았습니다. 7절 이하에 "사울이 하윌라에서부터 애굽 앞 술에 이르기까지 아말렉 사람을 치고 아말렉 사람의 왕 아각을 사로잡고 칼날로 그의 모든 백성을 진멸하였으되 사울과 백성이 아각과 그의 양과 소의 가장 좋은 것 또는 기름진 것과 어린 양과 모든 좋은 것을 남기고 진멸하기를 즐겨 아니하고 가치 없고 하찮은 것은 진멸하니라 여호와의 말씀이 사무엘에게 임하니라 이르시되 내가 사울을 왕으로 세운 것을 후회하노니 그가 돌이켜서 나를 따르지 아니하며 내 명령을 행하지 아니하였음이니라 하신지라"입니다.

얼핏 생각하면 하나님과 사울이 입장이 바뀐 것 같아 보입니다. 사울은 왕좌에 욕심이 있는 사람으로서 닥치는 대로 적군들을 다 죽이려고 해야 하고, 그때 사랑의 하나님이요 긍휼의 하나님이신 여호와께서 사울에게 전쟁에서 이긴 것으로 족하게 여기고, 많은 전리품을 획득한 것으로 충분하니 괜히 사람을 죽이지 말라고 말려야 할 것으로 보입니다. 그런데 성경의 본문은 반대입니다. 사울은 왕과 짐승들을 살려 주었는데 하나님께서는 그것을 명령대로 행하지 않은 것으로 간주해서 그 후에 사울을 왕위에서 폐하여 버리게 됩니다. 도대체 누가 잔인한 것이요, 누가 온유한 것입니까? 도대체 하나님은 왜 이러시는 것일까요? 도대체 진멸법의 의미가 무엇일까요?

표현과 의미

하나 예를 들어보겠습니다. 어느 가정이 결혼 한지 여러 해가 되어도 아이가 없다가 겨우겨우 딸을 하나 두었습니다. 아버지는 딸을 지극정성으로 키웠고 세월이 지나 딸이 성장하여 아주 예쁘고 똑똑한 대학생이 되었습니다. 아버지는 딸에게 저녁 아홉시까지는 반드시 귀가하라는 말을 합니다. 일종의 통행금지를 실시한 것입니다. 이 말을 듣는 순간 여러분은 무슨 생각이 드십니까? 이 아버지가 딸에게 독재자의 횡포를 부린다고 생각하십니까? 딸의 인격을 무시하고 통제한다고 생각하십니까? 아버지의 성격이 비정상적이며 광폭하고 사이코패스 성향이 있다고 여겨지십니까? 아마도 가장 먼저 드는 생각은 아버지가 딸을 어지간히도 귀히 여긴다는 마음일 것입니다. 늦은 나이에 얻은 자식, 하나밖에 없는 자식, 눈에 넣어도 아프지 않을 것 같은 자식, 너무나 사랑하는 자식이기에 행여 밖에서 무슨 탈이라도 날까봐 걱정하는 아버지의 마음이 먼저 떠오르실 것입니다. 겉으로 드러난 상황은 딸의 시간과 행동을 제한하는 것처럼 보이지만 실상은 딸을 사랑하고 아낀다는 내용이 담겨있습니다.

다른 예를 하나 더 들어보겠습니다. 어느 가정에 아들이 있습니다. 이 아들도 아주 귀한 아들입니다. 그런데 아주 말썽쟁이고 시간만 나면 사고를 치는 애물단지입니다. 아니나 다를까 그날도 사고를 쳐서 경찰서에 잡혀 왔습니다. 경찰의 요구에 의해 아버지가 불려왔습니다. 피해자 쪽에서도 어른이 나왔습니다. 아버지를 본 아들이 이런 저런 말을 하려고 합니다. 그때 아버지가 하는 말이 '너는 아무 말 말고 가만히 있어!'입니다. 이 순간 여러분은 무슨 생각이 드십니까? 아버지가 아들의 입을 틀어막는다는 생각이 드십니까? 아버지가 아들을 옴짝달싹 못하게 학대한다는 생각이 드십니까? 아버지는 뭐든지 아버지 멋대로 하고, 아들에게는 오직 이래라저래라 명령만 한다는 생각이 드십니까? 아버지의 말이 아들을 무시하고 모욕하는 것이 아니라는 것을 모두가 아십니다. 그 상황에서 아들에게 '너는 아무 말 말고 가만히 있어'라는 말은 '이제부터는 내가 다 처리할게'라는 의미입니다. '너는 아무 걱정 하지 말고 있어. 이야기도 내가 하고, 협상도 내가 하고, 보상도 내가 할게, 혹시라도 문제가 생기면 내가 모두 책임질게'라는 의미입니다. 겉으로 드러난 말은 아들의 입을 막고, 아들의 의사표시나 행동을 제한하는 말이었습니다. 그러나 내용은 아들이 아무 것도 하지 않아도 될 만큼, 아들이 전혀 걱정하지 않아도 될 만큼 아버지가 책임지겠다는 것이었습니다.

두 가지의 예에서 사람들은 사람사이에 주고받는 대화에서 겉으로 드러난 표현과 그 안에 담겨진 내용이나 의미를 분별할 줄 압니다. 그런데 정말 안타까운 것은 사람들은 성경을 읽을 때에 하나님이 말씀하시는 표현과 그 표현에 담겨있는 내용이나 의미를 전혀 분별하지 못한다는 것입니다. 하나님에 대해 너무 경직되어 있기 때문에 하나님은 오직 곧이곧대로만 말씀하는 줄로 오해하고 있습니다. 하나님을 오해하니까 하나님의 말씀이 모두 오해되고, 왜곡되고 있습니다. 그 대표적인 것이 바로 진멸법, 또는 멸절법입니다.

취하지 말라

분명히 하나님께서 진멸에 대해 말씀하셨습니다. 아무도 살려두지 말고 모두 죽이라고 말씀하셨습니다. 남자와 여자와 어린이와 가축까지 모두 죽이라고 말씀하셨습니다. 그 말씀을 듣는 순간 무슨 생각이 드십니까? 하나님이 잔인하다고요? 하나님은 인정사정도 없다고요? 하나님이 살벌하다고요? 이러고도 사랑의 하나님이라고 말할 수 있느냐고요? 전혀 그런 의미가 아닙니다. 절대로 그런 내용이 아닙니다. 하나님의 말씀에 담긴 의미, 드러난 표현에 내포된 의미를 분별하셔야 합니다. 진멸하라는 말씀의 강조점은 모든 것을 죽이라는 것이 절대로 아닙니다. 모든 것을 진멸하라는 말씀에 이어지는 표현이 '아무 것도 취하지 말라'입니다. 즉 전쟁에서 승리했을지라도 아무 것도 전리품으로 챙기지 말라는 것입니다. 하나님 말씀의 표현을 따라가 보면, 모든 것을 진멸하라고 했으니 남은 것이 없습니다. 남은 것이 없으니 취할 것도 없습니다. 실제로 여호수아 6장 18절에서 여호수아가 백성들에게 한 말이 있습니다. "너희는 온전히 바치고 그 바친 것 중에서 어떤 것이든지 취하여 너희가 이스라엘 진영으로 바치는 것이 되게 하여 고통을 당하게 되지 아니하도록 오직 너희는 그 바친 물건에 손대지 말라"입니다. 정리해보면 '진멸하라'는 말씀의 강조점은 '죽여 버려라'가 아니라 '아무 것도 취하지 말라'입니다. 사울의 경우, 하나님께서 사울이 아멜렉의 아각과 짐승들을 죽여 버리지 않은 것을 불순종으로 보신 것이 아니라 전리품을 챙긴 것을 불순종으로 보신 것입니다. 그럼 이제 왜 전리품을 챙기지 말라고 하셨는지를 파악해야 합니다.

성경에 나타난 하나님의 사역의 가장 핵심되는 주제, 가장 본질적인 주제는 바로 계시 즉 '내가 여호와인 줄을 알라'입니다. 그래서 성경의 사건들이 모두 사람의 생각과 전혀 다른 방식으로 등장했었습니다. 왜냐하면 사람이 기대하는 방식대로 하면 사람이 했다고 할 것이기 때문입니다. 출애굽도 사람의 생각과 달랐고, 가나안 입성도 사람의 생각과 달랐고, 사울의 전쟁도 사람의 생각과 달랐고, 아합과 벤하닷의 전쟁도 사람의 생각과 달랐습니다. 하나님은 사람의 예상과 기대와 방식과 원리와 전혀 다르게, 오직 하나님이 일하시고 하나님이 역사하셔서 하나님이 승리하셨습니다. 전적으로 하나님이 이기게 하셨습니다. 그때마다 사람들에게 하신 동일한 말씀이 '내가 여호와인 줄을 알리라'였습니다.

바로 그때 사람이 '모든 것을 하나님이 하셨다'고 알아차리는 것, '모든 것을 하나님이 이루셨다'고 인정하는 것, 자신이 행한 것이 아니라 오직 하나님이 하셨다고 고백하는 방식이 '전리품을 취하지 않는 것'입니다. 왜냐하면 전리품이라는 것 자체가 승자가 승리의 몫으로 차지하는 것이기 때문입니다. 그런데 이스라엘은 자신들이 전략을 세우고, 자신들이 싸워서, 자신들이 승리한 것이 아닙니다. 그러므로 자신들이 승리의 몫으로, 싸움을 한 공로로, 수고의 대가로, 자신들의 행동의 보상을 받을 자격이 없습니다. 그래서 하나님은 너무나 당연하게 아무 전리품을 취하지 말라고 말씀하신 것입니다. 네가 싸운 것이 아니라 하나님이 싸우셨고, 네가 이긴 것이 아니라 하나님이 이기셨으니, 너는 '하나님이 이기게 하셨다'는 것을 전리품을 하나도 취하지 않는 것으로 인정하라는 것입니다. 그렇게 '아무 것도 취하지 말라'는 내용을 아예 '가질 것이 없다'는 의미로 '진멸하라'고 표현했던 것입니다.

여호수아 7장에 의하면 이스라엘 백성이 여리고 전투가 끝나고 전리품을 챙겼다고 합니다. 아간이 아름다운 외투 한 벌과 은 이백 세겔과 그 무게가 오십 세겔 되는 금덩이 하나를 보고 탐내어 가졌다고 합니다. 이 사건의 의미는 도둑질이 아닙니다. 본질적으로 하나님을 인정하지 않는다는 의미입니다. 사무엘상 15장에서 사울이 아멜렉과의 전투에서 아각을 죽이지 않은 것과 양과 소의 가장 좋은 것 또는 기름 진 것과 어린 양과 모든 좋은 것을 남긴 것은 재물과 관계된 것이 아닙니다. 원천적으로 하나님이 이기게 하셨다는 것을 전혀 고백하지 않은 것입니다. 열왕기상 20장에서 아합 왕이 아람의 벤하닷 왕을 살려두고 더 나아가 다메섹에 아합을 위하여 거리를 만들기로 하는 것은 이 전쟁을 하나님이 이기게 하신 것, 하나님이 적군을 이스라엘 손에 넘겨주신 것을 인정하지 않으며, 하나님이 여호와인 것을 전혀 배우지 않은 것입니다.

인간은 자신이 죄인인 줄을 모릅니다. 당연히 인간 문제의 본질이 죄라는 것을 모릅니다. 전쟁에서 이기면 다 인줄 알고, 영토만 넓으면 다 인줄 알고, 지혜만 있으면 다 인줄 압니다. 하지만 큰 나라 애굽도 망했고, 지혜의 왕 솔로몬 시대에도 백성들이 힘들었고, 번성을 구가하는 아합의 시대에도 백성들의 삶은 피폐했습니다. 모든 것이 죄의 원리로 행해졌기 때문입니다. 그래서 하나님은 하나님을 알아야 한다고, 하나님을 알아서 죄를 이겨야 한다고, 죄를 이겨야 모든 인간이 자유와 평화와 안식과 행복을 누릴 수 있다고 가르치시는데 죄인들은 지독시리 하나님을 배우지 않는 것입니다. 인간의 생각과 하나님의 생각 중에 누가 옳을까요? 인간의 조치와 하나님의 조치 중에 누구의 것이 옳을까요?

네가 결정하였으니

네가 결정하였으니

본문에 의하면 아합이 하나님이 이기게 하셨음을 인정하지 않았습니다. 인간의 이런 행동에 대해 하나님은 어떻게 반응하실까요? 또 인간의 이런 행동에 대해 죄인들은 어떻게 반응할까요? 인간들의 반응, 죄인들의 반응을 소개한 것이 20장 35절로 43절입니다. 간단히 살펴보면 한 선지자가 아합 왕을 만나서 이야기를 하는 것이 39절과 40절입니다. 여러분도 잘 들어 보시고 잘 대답해 보시기 바랍니다. 여러분이 대답하시는 대로 여러분을 대해드리겠습니다. 사느냐 죽느냐가 달린 문제이니 신중하시기 바랍니다. 39절 "왕이 지나갈 때에 그가 소리 질러 왕을 불러 이르되 종이 전장 가운데에 나갔더니 한 사람이 돌이켜 어떤 사람을 끌고 내게로 와서 말하기를 이 사람을 지키라 만일 그를 잃어버리면 네 생명으로 그의 생명을 대신하거나 그렇지 아니하면 네가 은 한 달란트를 내어야 하리라 하였거늘 종이 이리 저리 일을 볼 동안에 그가 없어졌나이다"입니다. 여기까지! 여러분은 뭐라고 대답하시겠습니까?

아합 왕의 대답이 40절 중간부입니다. "이스라엘 왕이 그에게 이르되 네가 스스로 결정하였으니 그대로 당하여야 하리라"입니다. 이것이 죄인의 대답입니다. 이것이 자신이 잘났다고 생각하는 사람, 자신이 의롭다고 생각하는 사람, 자신이 공평하다고 생각하는 사람의 전형적인 대답입니다. 아합 왕이 너무나 당당하게 '네가 스스로 결정하였으니 그대로 당하여야 하리라'고 하자 하나님이 아합이 대답한 그대로 아합에게 반응하시는 것이 42절입니다. 물론 42절에 대해서도 사람들이 모두 오해를 합니다. 우선 읽어보겠습니다. "그가 왕께 이르되 여호와의 말씀이 내가 멸하기로 작정한 사람을 네 손으로 놓았은즉 네 목숨은 그의 목숨을 대신하고 네 목숨은 그의 백성을 대신하리라 하셨나이다"입니다. 이 말씀은 아합이 하나님의 명령에 순종하지 않았으니 하나님이 아합을 징계하신다는 의미가 전혀 아닙니다. 42절은 하나님의 뜻이 아니고, 하나님의 성품이 아니고, 하나님의 원리가 아닙니다. 하나님은 이렇게 인간에게 보응하시는 분이 전혀 아닙니다.

42절은 앞에서 아합이 '네가 스스로 결정하였으니 그대로 당하여야 하리라'고 대답하였기에 아합이 대답한 대로, 아합이 결정한 대로, 아합의 방식을 그대로 아합에게 적용해주시는 것입니다. 그러면서 아합에게 묻는 것입니다. '이것이 네가 말한 방식이다. 이것이 네가 결정한 방식이다. 이것이 너에게 물은 사람에게 네게 대답한 그 원리 그대로다. 이렇게 하면 너는 공정하다고 하겠냐? 이렇게 하면 너는 당연하다고 하겠냐? 이렇게 하면 법이 지켜지고 질서가 서서 살만하다고 하겠냐? 네가 말한대로 너에게 이루어지면 어떠냐?'라고 묻는 것입니다. 42절은 하나님의 원리가 아니라 아합의 원리, 죄의 원리입니다. 죄인들의 주장이 얼마나 틀렸는지 직접 죄인에게 적용해 보이시는 것입니다.

그 결과가 43절입니다. "이스라엘 왕이 근심하고 답답하여"입니다. 왜 이런답니까? 자기는 다른 사람에게 너무나 당연하게 대답해 놓고, 그 일이 자기에게 닥치니까 근심하고 답답해 하는 것은 무슨 경우입니까? 그럼 아합 왕이 대답했던 것은 옳은 대답이 아니었고, 자기에게 이루어져서는 안 될 만 한 대답이었다는 것이 증명이 된 것입니다. 죄인들의 대답은 겉으로는 옳은 것 같지만 실제로는 틀린 대답인 것, 남에게는 옳은 대답이지만 자기에게는 틀린 대답이라는 것이 입증된 것입니다. 죄인들의 생각대로 돼서는 안 되고, 죄인들의 결정대로 돼서는 안 된다는 것이 판명이 난 것입니다.

하나님의 반응

본문에는 정작 하나님의 반응은 나오지 않습니다. 그러나 저와 여러분은 성경 전체에서 하나님의 반응을 확인할 수 있습니다. 잘못을 한 사람, 죄를 지은 사람에게 하나님이 취하신 조치는 그 사람의 책임을 묻는 것이 아니었고, 그 사람이 결정한 대로 그대로 당하라는 것이 아니었습니다. 죄인을 향한 하나님의 조치는 하나님이 육신을 입고 죄인처럼 되시는 것이었고, 하나님이 죄인의 모든 죄 값을 감당하시는 것이었고, 하나님이 스스로 십자가에 죽고 부활하는 것이었습니다. 하나님이 인간을 진멸하시는 분이라고요? 절대로 아닙니다. 도리어 하나님은 인간에 의해 진멸 당하신 분입니다. 그 하나님의 일하심의 결과가 바로 저와 여러분입니다. 하나님의 사랑에 감격하길 원합니다. 하나님의 은혜에 감사하길 원합니다. 하나님의 긍휼을 인정하고, 하나님의 뜻대로 살기를 다짐하길 원합니다. 하나님을 아시고, 하나님으로 말미암아 자유와 평화와 연합과 일치와 행복이 넘치는 삶을 풍성히 누리시기를 주님의 이름으로 축원합니다.

27

다스리시나이까

열왕기상 21:1~16

1 그 후에 이 일이 있으니라 이스르엘 사람 나봇에게 이스르엘에 포도원이 있어 사마리아의 왕 아합의 왕궁에서 가깝더니 2 아합이 나봇에게 말하여 이르되 네 포도원이 내 왕궁 곁에 가까이 있으니 내게 주어 채소 밭을 삼게 하라 내가 그 대신에 그보다 더 아름다운 포도원을 네게 줄 것이요 만일 네가 좋게 여기면 그 값을 돈으로 네게 주리라 3 나봇이 아합에게 말하되 내 조상의 유산을 왕에게 주기를 여호와께서 금하실지로다 하니 4 이스르엘 사람 나봇이 아합에게 대답하여 이르기를 내 조상의 유산을 왕께 줄 수 없다 하므로 아합이 근심하고 답답하여 왕궁으로 돌아와 침상에 누워 얼굴을 돌리고 식사를 아니하니 5 그의 아내 이세벨이 그에게 나아와 이르되 왕의 마음에 무엇을 근심하여 식사를 아니하나이까 6 왕이 그에게 이르되 내가 이스르엘 사람 나봇에게 말하여 이르기를 네 포도원을 내게 주되 돈으로 바꾸거나 만일 네가 좋아하면 내가 그 대신에 포도원을 네게 주리라 한즉 그가 대답하기를 내가 내 포도원을 네게 주지 아니하겠노라 하기 때문이로다 7 그의 아내 이세벨이 그에게 이르되 왕이 지금 이스라엘 나라를 다스리시나이까 일어나 식사를 하시고 마음을 즐겁게 하소서 내가 이스르엘 사람 나봇의 포도원을 왕께 드리리이다 하고 8 아합의 이름으로 편지들을 쓰고 그 인을 치고 봉하여 그의 성읍에서 나봇과 함께 사는 장로와 귀족들에게 보내니 9 그 편지 사연에 이르기를 금식을 선포하고 나봇을 백성 가운데에 높이 앉힌 후에 10 .불량자 두 사람을 그의 앞에 마주 앉히고 그에게 대하여 증거하기를 네가 하나님과 왕을 저주하였다 하게 하고 곧 그를 끌고 나가서 돌로 쳐죽이라 하였더라 11 그의 성읍 사람 곧 그의 성읍에 사는 장로와 귀족들이 이세벨의 지시 곧 그가 자기들에게 보낸 편지에 쓴 대로 하여 12 금식을 선포하고 나봇을 백성 가운데 높이 앉히매 13 때에 불량자 두 사람이 들어와 그의 앞에 앉고 백성 앞에서 나봇에게 대하여 증언을 하여 이르기를 나봇이 하나님과 왕을 저주하였다 하매 무리가 그를 성읍 밖으로 끌고 나가서 돌로 쳐죽이고 14 이세벨에게 통보하기를 나봇이 돌에 맞아 죽었나이다 하니 15 이세벨이 나봇이 돌에 맞아 죽었다 함을 듣고

이세벨이 아합에게 이르되 일어나 그 이스르엘 사람 나봇이 돈으로 바꾸어 주기를 싫어 하던 나봇의 포도원을 차지하소서 나봇이 살아 있지 아니하고 죽었나이다 16 아합은 나 봇이 죽었다 함을 듣고 곧 일어나 이스르엘 사람 나봇의 포도원을 차지하러 그리로 내 려갔더라

여호와께서

선택의 의미

성경에는 이스라엘이라는 표현이 아주 다양하게 사용되고 있습니다. 최 소한 네 가지입니다. 첫 번째, 야곱의 다른 이름이 이스라엘입니다. 이때는 개인, 특정한 인물의 지극히 사적인 이름입니다. 두 번째, 집단의 명칭으로 이스라엘입니다. 나라나 민족이나 인종이 아닌 그냥 집단, 무리, 떼, 그룹 의 명칭입니다. 야곱의 자손들이 모두 애굽으로 이주한 후부터 애굽 사람 에 의해 '이스라엘 사람'이라고 불리기 시작합니다. 세 번째, 나라의 이름 으로 이스라엘입니다. 사울이 왕으로 등극하면서 아브라함의 후손들이 드 디어 나라, 국가적 양상을 띠게 되고 '이스라엘'이 국가 이름이 됩니다. 이 때부터 성경을 읽는 사람들에게 이스라엘은 '국가'라는 개념이 너무 당연 하게 인식되고, 그 국가의 이름이 이스라엘이라고 여겨지게 됩니다. 네 번 째가 솔로몬이 죽은 후에 왕국이 분열되었을 때 북쪽에 세우진 나라의 이 름으로서의 이스라엘입니다. 현재에도 이스라엘이라는 나라가 있기 때문 에 대부분의 사람들에게 이스라엘은 아브라함을 조상으로 한 그 후손들의 나라, 유대인 또는 히브리민족으로 구성된 팔레스타인에 존재하는 국가라 는 이미지가 강합니다.

그러나 하나님은 애초에 이스라엘을 '나라, 국가'로서 언급하지 않습니 다. 또한 하나님은 이스라엘을 '민족'으로 언급하지도 않습니다. 성경에 등 장하는 이스라엘은 다른 나라와 대조되는 집단이나, 다른 민족과 구별되는 집단이나, 다른 인종과 대조되는 집단이 아닙니다. 하나님은 인간을 국가

나 민족이나 인종에 따라서 구별하지 않습니다. 하나님은 인간을 창조하셨습니다. 당연히 하나님의 대상은 모든 인간 즉 인류입니다. 하나님은 인류에게 복과 은혜를 주셨고, 모든 인류가 범죄하여 자멸하게 되었을 때 노아를 통하여 인류를 보존하여 주셨습니다. 또 모든 인류가 죄인이 되어 하나님을 모르게 되었을 때에 아브람을 통하여 모든 인류에게 하나님을 계시하여 주셨습니다. 하나님의 대상은 언제나 모든 인류이지 특정한 국가나, 특정한 민족이나, 특정한 인종만 특별하게 대하시고, 별도의 은혜나 복을 주시는 것이 절대로 아닙니다.

사람들이 가장 오해를 하는 것이 바로 '하나님의 선택'입니다. 모든 인류 중에 하나님께서 특별히 아브람을 선택하신 사실이 있습니다. 이때 선택에 대해 성경적 개념으로 이해를 하셔야 하는데 안타깝게도 대부분의 사람들이 '유대교적 개념'으로 이해를 하십니다. 하나님께 선택받은 사람이 아브람이고 그 후손이 유대인들인 것은 맞습니다. 그러나 유대인들은 아브람이 선택받은 사실, 자신들이 선택받은 사람의 후손이라는 사실에 대해 성경과 다른 엉뚱한 오해를 만들어 냈습니다. 그것은 하나님이 '자신들만' 선택했다는 왜곡입니다. 그 결과 하나님은 인류의 하나님이 아니라 '이스라엘만의' 하나님이 되어버렸습니다. 선택의 개념을 바르게 이해할 수 있는 기초가 하나님은 인류를 창조하시고, 모든 인류를 동일하게 대해주신다는 사실입니다. 그렇게 인류를 동일하게 대해주신다는 전제하에 이루어진 선택의 의미는 배타적 구별이 아니라 바로 샘플입니다. 하나님께서 샘플을 대해주시듯, 모든 인류에게도 동일하게 대해주실 것이기에 하나님은 여전히 모든 인류의 하나님이 되십니다.

백성의 의미

하나님께서 아브람을 선택하여 이스라엘이라는 집단을 형성하신 후에 그 집단, 그 그룹, 그 공동체의 성격, 의미, 속성, 개념을 설명하기 위해 사용하신 표현이 있습니다. 국가, 민족, 인종의 의미 말고 하나님이 규정한 이스라엘의 의미, 하나님이 부여한 이스라엘의 속성, 선택이라는 행동을 통해 하나님이 설명하려고 했던 이스라엘의 개념이 바로 '하나님의 백성'입니다. 하나님은 이스라엘을 하나님의 백성 즉 '내 백성'이라고 부르셨습니다. 여기서 중요한 것은 이스라엘의 특징, 이스라엘의 속성, 이스라엘의 의미는 다른 나라와 비교되는 것이 아니라, 다른 민족이나 인종과 비교되는 것이 아니라 '하나님과의 관계'에 의해 결정된다는 것입니다. 모든 인류가 죄인일 때에 하나님은 선택을 통해 '하나님의 백성'을 만들어 내신 것입니다. 애굽 사람이 아니라 이스라엘 사람이라는 국가적 분류가 아니고, 블레셋 민족이 아니라 히브리 민족이라는 분류가 아닙니다.

하나님께서 아브람을 선택하신 것은 모든 인류가 죄인으로 하나님을 모르기 때문에 하나님을 계시하기 위해서였습니다. 그래서 아브람과 그 후손인 이스라엘의 특징은 하나님을 배우는 자들, 하나님을 알게 되는 자들입니다. 그렇게 하나님과 관련되어 하나님의 계시를 통해 하나님을 배우고, 하나님의 마음과 심정을 알게 되고, 하나님의 은혜와 복을 누리며 살게 되는 사람을 '하나님의 백성'이라고 표현합니다. 하나님이 직접 지명한 명칭입니다. 가장 대표적인 구절이 신명기 7장 6절 "너는 여호와 네 하나님의 성민이라 네 하나님 여호와께서 지상 만민 중에서 너를 자기 기업의 백성으로 선택하셨으니"입니다. 이스라엘을 의미하는 기준, 이스라엘을 구별하는 기준, 이스라엘을 판단하는 근거는 국가나 민족이나 인종이 아니라 딱 하나 '하나님'입니다. 애굽인도 이스라엘 즉 하나님의 백성이 될 수 있고, 블레셋 민족도 이스라엘 즉 하나님의 백성이 될 수 있습니다.

이스라엘의 하나님

이스라엘이 하나님의 백성이면 이스라엘의 주관자, 이스라엘의 책임자, 이스라엘의 통치자는 오직 하나님이십니다. 성경에서 하나님의 선택으로 이루어진 이스라엘의 성격, 속성, 의미는 오직 하나님의 백성이라는 사실을 꼭 기억하셔야 합니다. 왜냐하면 이스라엘의 의미가 하나님의 백성이라는 것을 기억하셔야만 실제로 구약에서 이스라엘이 나라가 되든, 국가가 되든, 영토를 차지하든, 왕이 세워지든, 나라가 분열되든, 포로로 잡혀가든, 되돌아오든 아무 상관이 없다는 것을 분별할 수 있기 때문입니다. 하나님의 백성으로서 이스라엘의 가치는 이스라엘의 외형적 모습, 상황적 모습과 아무 상관이 없습니다. 다윗이 수도를 세우고 나라의 기틀을 다졌다는 업적이 하나님의 백성에게 아무 의미가 없습니다. 솔로몬이 지혜로 이스라엘 국가의 명성을 주변에 떨쳤다는 치적이 하나님의 백성에게 아무 가치가 없습니다. 아합이 번성함으로 이스라엘의 경제적 안정을 취했다는 성과가 하나님의 백성에게 아무 효력이 없습니다. 이스라엘은 하나님의 백성입니다. 어느 누구도 하나님보다 더 하나님의 백성을 위해줄 수 없고, 하나님보다 더 이스라엘을 안정되게 할 수 없고, 하나님보다 더 이스라엘을 책임질 수 없습니다.

물론 성경에 이스라엘의 흥망성쇠가 나옵니다. 그것은 하나님께서 이스라엘의 왕으로서 하나님의 백성들을 제대로 관리하지 못하고, 보호하지 못하고, 지켜주지 못하고, 책임지지 못했기 때문이 절대로 아닙니다. 태초로 지금까지 하나님은 언제나 동일하게 역사하십니다. 하나님의 능력이 발휘 될 때는 이스라엘이 번성하고, 하나님이 침체할 때는 이스라엘이 약화된 것이 아닙니다. 하나님이 지혜로울 때는 이스라엘이 강건하고 하나님이 지칠 때에는 이스라엘이 이방의 압제를 받은 것이 아닙니다. 하나님은 언제나 능력이 있었고, 하나님은 언제나 지혜로우셨고, 하나님은 언제나 강건하셨습니다. 하나님은 언제나 이스라엘을 사랑했고, 자비와 긍휼로 대해주셨습니다. 문제는 하나님이 아니라 언제나 하나님의 백성인 이스라엘이었습니다. 백성이 주인 되신 하나님을 떠났고, 백성이 보호자 되신 하나님을 부인했고, 백성이 왕이신 하나님을 버렸습니다. 백성이 하나님을 버리고 스스로 자신들이 선택한 왕을 고르고 세웠을 뿐입니다. 모두가 다 같이 죄인일 뿐인데 바보 같이 다른 사람이 있는 줄, 탁월한 사람이 있는 줄로 착각한 것입니다.

성경에 등장하는 사람

성경에 등장하는 인물들은 아담이후로 모든 사람이 죄인입니다. 아브람과 모세를 비롯한 지도자들, 다윗과 솔로몬을 비롯한 허다한 왕들, 아론과 엘리를 포함한 모든 제사장들, 나단과 엘리야를 포함한 모든 예언자들 그리고 바다의 모래 같고 하늘의 별과 같이 많은 백성들까지 모두가 죄인들입니다. 단지 이스라엘뿐만 아니라 애굽과 블레셋과 아람을 포함한 모든 이방인들까지 동일한 죄인입니다. 죄인이라는 차원에서 같은 수준, 같은 인식, 같은 원리를 행하는 똑같은 사람들입니다. 성경에 특별히 이름이 등장하고 활동이 소개되는 사람일지라도 하나님의 부르심과 세우심이 없었다면 우리에게 기억될 근거도 내용도 아예 없습니다. 핵심은 각 사람과 각 사람의 업적이 아니라 오직 그들을 부르시고, 그들을 통해 하나님을 계시하시는 하나님입니다. 각 사람의 특징, 각 사람의 통치 스타일, 각 사람의 성과를 분석하거나 연구하거나 점검할 이유도 필요도 없습니다. 나라와 민족과 인종과 직분과 관계없이, 성경에 등장하는 모든 사람은 누구든지 죄인이고, 죄의 원리로 행동합니다. 그들의 행동에 모두 죄적 교활함이 깔려 있습니다. 모든 초점은 그 사람을 통해 일하시는 하나님, 하나님의 속성, 하나님의 뜻, 하나님의 원리에 맞추어져야 합니다.

성경에 등장하는 사람들을 보면 공통점이 있습니다. 첫째, 자발적으로 나선 사람이 없습니다. 당연합니다. 하나님이 부르기 전에 죄인이 스스로 나선 적이 없습니다. 둘째, 하나님께 칭찬을 받거나 상을 받은 사람이 없습니다. 당연합니다. 왜냐하면 그들 스스로 무슨 업적을 이루어낸 것이 아니라 하나님이 그들을 통해 일을 성취하셨기 때문에 그들이 칭찬을 받을 이유도, 상을 받을 근거도 없기 때문입니다. 도리어 그들이 부름받은 것 자체가 은혜를 받은 것이고, 하나님께서 그들에게 행하신 사역 자체가 그들에게는 복을 받은 것일 뿐입니다. 셋째, 성경은 그들을 모범적인 인물로 선정하지도 않고, 후손들에게 그를 기억하라고 하지도 않으며, 그에게 배우라고 권고하지도 않습니다. 당연합니다. 왜냐하면 그들은 단지 죄인일 뿐입니다. 죄의 속성과 원리는 배우지 않아도 모든 죄인들이 동일하게 가지고 있기 때문입니다.

물론 반대의 의미도 가능합니다. 첫째, 성경은 어떤 사람도 특별히 악당이라고 정죄하지 않습니다. 종종 사람들은 애굽의 바로를 악질로 여기거나, 예수님 당시의 총독 빌라도를 아주 사악한 존재로 간주하고 싶어 하지만 성경은 그런 언급을 일체 하지 않습니다. 그래서 둘째, 당연히 성경은 특별히 어떤 사람에게 저주와 형벌을 내리지 않습니다. 죄의 원리로 행하는 사람에게는 죄의 결과가 자동적으로 따르기 때문입니다. 셋째, 또한 성경은 어떤 사람의 예를 따르지 말라고, 그 사람처럼 행동하지 말라고 권면하지도 않습니다. 왜냐하면 죄인이 죄의 원리를 따르지 않을 가능성이 없기 때문입니다. 성경은 이 나라와 저 나라를 비교하지 않으며, 이 사람과 저 사람을 대조하지 않습니다. 성경이 비교하거나 대조하는 것은 오직 하나, 하나님의 원리와 죄의 원리입니다. 본문을 통해 죄인들의 교활함과 하나님의 긍휼하심을 확인해 보겠습니다.

다스리시나이까

착한 사람들?

열왕기상 21장을 읽어보면 이스라엘 사람들이 왕으로부터 백성까지 모두 선한 사람들, 하나님의 율법에 순종하는 사람들 같아 보입니다. 2절을 보면 "아합이 나봇에게 말하여 이르되 네 포도원이 내 왕궁 곁에 가까이 있

으니 내게 주어 채소밭을 삼게 하라 내가 그 대신에 그보다 더 아름다운 포
도원을 네게 줄 것이요 만일 네가 좋게 여기면 그 값을 돈으로 네게 주리
라"입니다. 아, 왕으로서 너무나 목가적이고 자연친화적이고, 백성 우호적
인 모습입니다. 어디에도 권세자의 위세가 없고, 폭력이나 강압의 그림자
도 없습니다. 그랬더니 3절 "나봇이 아합에게 말하되 내 조상의 유산을 왕
에게 주기를 여호와께서 금하실지로다 하니"입니다. 와우, 왕의 요청을 거
절할 수 있는 이 백성의 소신, 게다가 단지 개인적 의견 때문이 아니라 여호
와의 심중까지 헤아리는 이 신중함. 게다가 4절 "이스르엘 사람 나봇이 아
합에게 대답하여 이르기를 내 조상의 유산을 왕께 줄 수 없다 하므로 아합
이 근심하고 답답하여 왕궁으로 돌아와 침상에 누워 얼굴을 돌리고 식사를
아니하니." 와우! 왕이 이렇게 새가슴이라니. 백성의 말을 듣고 전전긍긍하
는 왕의 모습은 인류 역사에서 보기 드문 명장면입니다. 왕이 이렇게 백성
을 대하고 백성이 이렇게 반응할 수 있는 나라는 필경 지상낙원이 분명할
것입니다.

성경의 앞뒤 흐름을 파악하지 못하면 이 장면은 오해하기에 안성맞춤입
니다. 하지만 불과 서너 장 앞에서 이스라엘은 왕으로부터 백성까지 온통
바알을 섬기는 일에 열성을 다했습니다. 왕은 여호와의 선지자들을 찾아
서 죽이기까지 했으며, 백성들은 갈멜 산 앞에서조차도 아합 왕과 바알 숭
배를 포기하지 못하고 안절부절 했었습니다. 하나님께서 아람과의 두 번의
전쟁을 통해 친히 하나님을 계시하면서 '너희는 내가 여호와인 줄을 알라'
고 권고하셨지만 왕도 백성도 하나님을 배우지 않았습니다. 그런데 갑자기
21장에서 백성들은 여호와를 운운하고 왕도 백성이 언급한 여호와 때문에
나봇을 제어하지도 못하고 혼자 침상에 누워 얼굴을 돌리고 식사를 아니
할 정도입니다.

5절과 6절은 독자들을 오해하도록 만드는데 부족함이 없습니다. 5절 "그
의 아내 이세벨이 그에게 나아와 이르되 왕의 마음에 무엇을 근심하여 식

사를 아니하나이까”입니다. 이렇게 세심하고 따스한 왕비일수가! 왕의 심기까지 고려하는 너무나 심성고운 국모같아 보입니다. 왕과 백성과 왕비가 혼연일체가 되어 묻고 대화하며 상대방의 의도를 친절하게 물어보고 자신의 의견을 개진하고 있습니다. 20장과 21장 사이에 저와 여러분이 알지 못하는 이스라엘의 변화, 성경에 기록되지 않은 죄인들의 변화가 있었을까요? 절대로 그렇지 않습니다. 죄인들이 느닷없이 거룩한 말, 우아한 말, 신실한 말을 할 때에는 곧이곧대로 받아들일 것이 아니라 혹시 무슨 쇼를 벌이는 것은 아닌지, 어쩌면 더 사악한 음모를 감춘 채 교활한 말장난을 하고 있는 것은 아닌 지 의심해 보셔야 합니다. 드디어 7절부터 어마무시한 반전이 시작됩니다.

이세벨의 전략

아합이나 나봇은 이스라엘 사람입니다. 실제적 내용이야 어떠하든지 외형적으로는 하나님의 백성입니다. 그에 반해 이세벨은 말 그대로 이방인입니다. 아합과 이스라엘로 하여금 여호와 대신 바알과 아세라를 섬기게 만든 장본인이기도 합니다. 과연 이방인답게, 우상을 섬기는 사람답게, 죄인의 민낯을 리얼하게 보여줍니다. 7절 “그의 아내 이세벨이 그에게 이르되 왕이 지금 이스라엘 나라를 다스리시나이까 일어나 식사를 하시고 마음을 즐겁게 하소서 내가 이스르엘 사람 나봇의 포도원을 왕께 드리리이다 하고”입니다. 이세벨의 생각에 왕은 백성을 이렇게 다스리는 것이 아닙니다. 죄의 원리, 죄의 기준, 죄의 인식, 죄의 방법에 근거할 때 왕은 백성을 이렇게 대하는 것이 아니라는 것입니다. 왕과 백성은 같은 수준이 아니며, 왕은 백성에게 부탁하는 것이 아니며, 백성은 왕에게 거부할 수 없다는 것입니다. 왕은 말 그대로 지배해야 한다는 사고방식입니다. 단지 왕만이 아니라 왕의 아내인 왕비도 마찬가지입니다.

이세벨의 통치전략이 8절로 10절입니다. “아합의 이름으로 편지들을 쓰고 그 인을 치고 봉하여 그의 성읍에서 나봇과 함께 사는 장로와 귀족들에게 보내니 그 편지 사연에 이르기를 금식을 선포하고 나봇을 백성 가운데에 높이 앉힌 후에 불량자 두 사람을 그의 앞에 마주 앉히고 그에게 대하여 증거하기를 네가 하나님과 왕을 저주하였다 하게 하고 곧 그를 끌고 나가서 돌로 쳐 죽이라 하였더라"입니다. 이것이 이세벨이 생각한 통치, 이것이 죄인들이 생각하는 왕의 통치방식입니다. 왕이 목적한 바가 있다면 백성의 눈치를 봐서는 안 되고, 백성과 타협해서도 안 됩니다. 그러면 백성들이 왕을 깐보기 때문입니다. 더 나아가 왕이 목적한 바가 있다면 무슨 수를 써도 상관이 없습니다. 조작을 해도 되고, 술수를 써도 되고, 거짓과 불의를 행해도 상관이 없습니다.

성경은 이세벨을 이방인으로서 악인으로 몰아세우는 것이 아닙니다. 도리어 성경은 이세벨을 통해 죄인들의 교활함을 그대로 드러내주고 있습니다. 본문에 등장하는 사람들 중에 그래도 가장 인간적인 사람, 그래도 가장 솔직담백한 사람, 그래도 가장 자신의 속내를 있는 그대로 드러내는 사람이 바로 이세벨입니다. 9절과 10절에 나오는 이세벨의 전략은 이스라엘 백성들의 음흉한 심보를 아주 치밀하게 이용하고 있음을 보여줍니다. 이세벨은 막무가내로 나봇을 잡아 죽인 것이 아닙니다. 이세벨은 무지막지하게 왕의 권세를 남용한 것이 아닙니다. 이세벨은 대놓고 백성의 인권을 무시하고, 마구잡이로 자기 하고 싶은 대로 한 것이 아닙니다. 이세벨은 '뛰는 놈 위에 나는 놈 있다'는 표현을 가장 적절하게 보여주고 있습니다.

죄인들의 실체

2절에서 아합 왕이 나봇에게 포도원을 달라고 요청했을 때 나봇이 반대한 명분이 3절에 나오는 대로 '여호와께서 금하실지로다'였습니다. 이세벨은 나봇의 이 대답이 너무나 어이가 없는 것입니다. 그동안 아합 왕과 이스라엘 사람들이 하나님을 믿지 않고, 하나님의 계명을 따르지 않고, 아예 하나님은 염두에도 두지 않은 것을 뻔히 아는데 갑자기 여호와를 운운하는 것이, 포도원을 왕에게 주기 싫은데 자신이 주기 싫다고 말할 수가 없으니까 갔다 붙이는 핑계일 뿐이라는 것을 너무나 뻔히 눈치 챈 것입니다. 그래서 이세벨은 자신이 직접 나봇을 죽이고 포도원을 빼앗아도 되는데 그렇게 하지 않고 나봇이 사는 지역의 장로들과 귀족들에게 편지를 써서 상황을 조작하도록 지시를 합니다. 그때 이세벨이 조작하는 내용이 이스라엘 사람들의 속셈을 이용하고, 그들의 속셈을 만천하에 드러나게 하는 것입니다. 그들이 '여호와께서 금하실지로다'라고 여호와 핑계를 댔기 때문에 상황 조작에 철저하게 여호와를 활용합니다.

장로들과 귀족들은 나름 이스라엘의 지도자들입니다. 그들에게 이세벨의 조작 지시가 떨어졌습니다. 그런데 여호와를 운운하던 사람들이 이세벨의 거짓, 불의 조작에 단 한마디도 저항하지 않습니다. 여호와 앞에서 무고한 백성을 죽일 수 없다는 의견을 내지 않습니다. 여호와의 뜻과 다른 불의한 행동을 해서는 안 된다는 저항을 하지 않습니다. 게다가 이세벨은 나봇을 죽이는 일에 여호와를 활용하라고 했습니다. 단순히 사람을 죽이는 정도가 아니라 그 명분으로 여호와를 써먹는 것입니다. 그런데 장로들과 귀족들은 전혀 망설임이 없고 주저함이 없습니다. 여호와의 이름을 망령되이 일컫는 것을 여호와께서 금하실 것이라는 의견도 내놓지 않습니다. 여호와가 주신 계명 중에 거짓증거하지 말라는 조항이 있다는 사실도 전혀 언급하지 않습니다.

그런데 더더욱 기가 막힌 것이 11절입니다. "그의 성읍 사람 곧 그의 성읍에 사는 장로와 귀족들이 이세벨의 지시 곧 그가 자기들에게 보낸 편지에 쓴 대로 금식을 선포하고 나봇을 백성 가운데 높이 앉히매 때에 불량자 두 사람이 들어와 그의 앞에 앉고 백성 앞에서 나봇에게 대하여 증언을 하여 이르기를 나봇이 하나님과 왕을 저주하였다 하매 무리가 그를 성읍 밖으로 끌고 나가서 돌로 쳐 죽이고"입니다. 이것이 기가 막히다고 하는 이유는 이스라엘의 장로와 귀족들이 여호와의 말씀을 어기는데 철저하게 여호와의 율법을 활용하고 있다는 사실입니다. 눈치 채셨습니까?

두 가지가 등장하는데 첫 번째는 금식입니다. 나봇을 죽이자고 우르르 몰려간 것이 아닙니다. 누가 봐도 조작인 것이 들통 날 정도로 뻔뻔하고 대담하게 행동한 것이 아닙니다. 우선은 금식을 선포한 것입니다. 마치 그 지역에 무슨 불의가 있는 것처럼, 모두가 회개해야 하는 악이 있는 것처럼, 여호와 앞에서 신중을 기해야 하는 것처럼 종교 행위의 하나로서 금식을 선포한 것입니다. 이미 악이 행해진 것이 아닌데, 지금 자기들이 악을 행할 것인데 그것을 감추기 위해서, 마치 자신들은 악을 행하는 것이 아니라 이미 타인에 의해 행해진 악을 슬퍼하며 치유하려는 의도가 있는 것처럼 철저하게 위장한 것입니다. 죄인을 용서하기 위해서 종교를 활용하는 것이 아니라 멀쩡한 사람을 죽이려고 종교를 활용하고, 자신들의 악과 불의를 감추기 위해서 종교 행위를 활용하고 있습니다.

두 번째가 재판입니다. 그것도 여호와의 방식에 따른 재판입니다. 신명기 19장 15절을 보면 "사람의 모든 악에 관하여 또한 모든 죄에 관하여는 한 증인으로만 정할 것이 아니요 두 증인의 입으로나 또는 세 증인의 입으로 그 사건을 확정할 것이며"라고 나옵니다. 이스라엘의 장로들과 귀족들은 여호와의 뜻과 완벽하게 반대되는 행동을 하기 위해 겉으로는 여호와의 명령과 일치되는 조치를 따르고 있는 것입니다. 여호와의 말씀으로 여호와의 말씀을 어기고 있는 것입니다. 과정만 보면 철저하게 하나님의 계명을 준수하고 있는데, 내용을 보면 여호와의 계명과는 완전히 다른 것입니다. 이것이 나봇이 살고 있는 지역의 장로들과 귀족들이 행하는 짓입니다.

같은 사람들

나봇은 여호와의 말씀을 따랐는데 장로들과 귀족들은 따르지 않은 것이 아닙니다. 3절의 나봇의 말 즉 '여호와께서 금하실지로다'는 장로들과 귀족들이 평상시 자신에게 불리한 상황이 오면 늘 둘러대던 핑계였고, 12절과 13절의 행동이 나봇과 장로들과 귀족들이 늘 자신의 안위를 위해서 써 먹던 방법들입니다. 나봇이나 장로들이나 귀족들은 애초에 하나님의 뜻에는 관심이 없고 여호와의 말씀을 지킬 생각도 없습니다. 단지 자신들의 목적이 있을 경우에만, 자신들의 의도가 있을 경우에만 여호와를 운운할 뿐입니다. 여호와께서 왜 그런 말씀을 하셨는지도 알고 싶어 하지 않습니다. 여호와의 말씀에 담긴 뜻이 무엇인지도 궁금해 하지 않습니다. 그저 자기들의 필요에 맞추어 여호와의 말씀을 왜곡하여, 자신들의 의도에 맞게 여호와의 뜻을 변질시킬 뿐입니다.

장로들과 귀족들은 종교적 행위로 금식을 선포하고, 종교적 행위로 재판을 열었고, 종교적 행위로 증인을 두 사람 세웠습니다. 저들의 종교적 행위는 모두 하나님과 무관하고, 말씀과 무관하고, 종교와도 무관한 그냥 종교적 쇼Show였을 뿐입니다. 한편의 쇼를 멋지게 행한 후에 이 모든 것을 기획한 이세벨에게 보고하는 것이 14, 15절입니다. 이 보고를 받은 이세벨이 무슨 생각이 들겠습니까? 이스라엘의 장로들과 귀족들을 존중하겠습니까? 과연 이스라엘은 여호와의 말씀을 늘 고려하고, 무슨 행동을 하든지 여호와의 계명을 따른다고 존경하겠습니까? 아니면 자기 포도원을 지키려고 여호와의 이름을 운운하고, 이방인인 자기의 지시를 따르려고 여호와의 종교행위를 조작하고, 여호와의 계명을 따르는 척하는 그들의 위선을 보고 한없이 비웃었을까요? 이세벨은 이스라엘이 말하는 여호와 신앙이 한없이 가소로웠을 것입니다. 차라리 이방인인 자기가 이스라엘보다 덜 가식적이고, 속임수를 덜 쓰는 사람일 것이라고 당당하게 여겼을 것입니다. 본문은 이방인 이세벨을 통해 하나님의 백성이라는 이스라엘의 위선과 불의를 적나라하게 까발려주고 있습니다.

아합의 꼼수

혹시 나봇의 포도원을 강제로 빼앗기를 주저했던 아합은 어떤 심정이었는지 궁금해 하실 분도 계실 것입니다. 제가 아주 자세히, 아주 리얼하게 설명해 드리겠습니다. 16절을 보면 "아합은 나봇이 죽었다 함을 듣고 곧 일어나 이스르엘 사람 나봇의 포도원을 차지하러 그리로 내려갔더라"입니다. 과연 아합이 나봇에게 무슨 일이 일어났는지 모를까요? 다 알고 있습니다. 본문에는 아합의 특별히 악한 행동이 나오지 않습니다. 도리어 나봇의 대답을 듣고는 4절에는 '근심하고 답답하여 왕궁으로 돌아와 침상에 누어 얼굴을 돌리고 식사를 아니하였다'고합니다. 그렇다고 직접 나봇을 죽이려고 사건을 조작하거나 이세벨에게 아합을 죽여 달라고 직접 사주를 한 것도 아닙니다. 6절에서도 이세벨에게 매우 심약한 듯한 대답을 반복할 뿐이었습니다. 그런데 본문 중에서 가장 악한 놈을 뽑으라고 하면 저는 아합을 뽑을 것입니다. 가장 교활한 놈을 뽑으라면 저는 아합을 뽑을 것입니다. 가장 치사한 놈을 뽑으라면 저는 아합을 뽑을 것입니다. 저는 아합이 얼마나 악하고 교활하고 치사한지가 아주 리얼하게 느껴지고 파악이 됩니다.

저는 이 본문을 읽으면서 아합과 똑같은 심보, 아합과 아주 유사한 행동을 하는 사람을 한명 발견했습니다. 평상시에 아합이 갖는 마음과 하는 행동과 매우 일치하는 한 사람을 찾았습니다. 바로 저였습니다. 저는 이 본문을 읽으면서 '제가 매우 교활하고 치사하고 음흉하고 못됐다'는 것을 깨닫게 되었습니다. 이 본문을 읽으면서 제 아내가 저에게 자주 하던 말을 이해할 수 있게 되었습니다. 종종 제 아내가 저에게 하는 말이 '당신은 선한 역할만 하려고 한다. 악역은 꼭 옆 사람을 시킨다'는 것이었습니다. 저는 그 말이 아내가 저에게 억지를 쓰는 것이라고만 생각했는데 본문을 보는 순간 완벽하게 이해할 수 있게 되었습니다. 아합은 여호와를 두려워한 것도 아니고, 여호와의 말씀을 따르려고 순종한 것도 아닙니다. 아합은 당장에라도 포도원을 차지하고 싶었습니다. 그런데 왕의 체통을 생각했고, 왕의 명분을 생각했습니다. 그래서 근심하고 답답해하는 모습을 보이고 침상에 누워 얼굴을 돌리고 식사를 하지 아니하는 모습을 의도적으로 취한 것입니다. 왜냐하면 이세벨의 성격을 잘 알고 있었기 때문입니다. 자기가 그렇게 행동하면 이세벨이 어떻게 나올지를 뻔히 예상할 수 있었기 때문입니다. 이세벨을 잘 활용하면 자기는 전혀 악역을 맡지 않아도 자신이 원하는 것을 모두 가질 수 있다는 것을 알고 있었기 때문입니다.

죄인열전

과연 아합의 의도대로 이세벨이 조작을 계획했고, 이세벨의 의도대로 장로들과 귀족들이 종교 쇼를 진행했습니다. 장로들과 귀족들이 나봇이 죽었다는 소식을 이세벨에게 전달했고, 이세벨은 아합에게 전달했습니다. 모든 것이 아합의 의도대로 되었습니다. 그래서 아합은 겉으로는 마지못해 하는 듯, 어차피 된 일이라 피할 수 없는 듯, 자기가 하자는 대로 했으면 좋았을 것 같다는 듯, 나봇의 일은 참으로 안타깝다는 듯한 표정을 지으면서 속으로는 땅 집고 헤엄쳤다는 마음으로 유유히 포도원을 차지하러 내려간 것입니다. 본문은 죄인 열전입니다. 모든 죄인들이 서로 자신의 목적을 위해 얼마나 교활하게 행동하는지를 보여주고 있습니다.

저는 평상시 종교가 왜곡되는 것이 가장 무서운 일이라고 말씀드린 적이 있습니다. 왜냐하면 왜곡된 종교는 현실만 언급하는 것이 아니라 내세까지도 언급하여 사람을 두렵게 하고, 왜곡된 종교는 자기에게는 신의 이름으로 정당함을 주고 상대방에게는 신의 이름으로 불의함을 낙인찍기 때문입니다. 저와 여러분 모두가 종교인으로 매우 신중해야 할 것입니다. 종교 활동은 죄인의 실체를 살짝 가려주는 수단이 아닙니다. 기독교라는 종교가, 기독교의 종교 행위가 죄인의 의해 교활하게 악용되어서는 안 될 것입니다. 참으로 저와 여러분이 하나님을 바르게 알기 원하고, 하나님의 말씀과 계명의 뜻을 바르게 알기를 원합니다. 종교로 인해 사람이 살아나고, 신앙으로 인해 사람이 치유와 회복이 되기를 원합니다. 인간이 죄를 이기는 것은 각오와 다짐으로 되지 않습니다. 성경을 읽어야 하고 성경을 배워야 하고, 하나님의 은혜가 있어야 합니다. 더욱 하나님을 사모하고 하나님을 의지하는 한 주간이 되시기를 주님의 이름으로 축원합니다.

28

네 자신을 팔아

열왕기상 21:17~29

17 여호와의 말씀이 디셉 사람 엘리야에게 임하여 이르시되 18 너는 일어나 내려가서 사마리아에 있는 이스라엘의 아합 왕을 만나라 그가 나봇의 포도원을 차지하러 그리로 내려갔나니 19 너는 그에게 말하여 이르기를 여호와의 말씀이 네가 죽이고 또 빼앗았느냐고 하셨다 하고 또 그에게 이르기를 여호와의 말씀이 개들이 나봇의 피를 핥은 곳에서 개들이 네 피 곧 네 몸의 피도 핥으리라 하였다 하라 20 아합이 엘리야에게 이르되 내 대적자여 네가 나를 찾았느냐 대답하되 내가 찾았노라 네가 네 자신을 팔아 여호와 보시기에 악을 행하였으므로 21 여호와의 말씀이 내가 재앙을 네게 내려 너를 쓸어 버리되 네게 속한 남자는 이스라엘 가운데에 매인 자나 놓인 자를 다 멸할 것이요 22 또 네 집이 느밧의 아들 여로보암의 집처럼 되게 하고 아히야의 아들 바아사의 집처럼 되게 하리니 이는 네가 나를 노하게 하고 이스라엘이 범죄하게 한 까닭이니라 하셨고 23 이세벨에게 대하여도 여호와께서 말씀하여 이르시되 개들이 이스르엘 성읍 곁에서 이세벨을 먹을지라 24 아합에게 속한 자로서 성읍에서 죽은 자는 개들이 먹고 들에서 죽은 자는 공중의 새가 먹으리라고 하셨느니라 하니 25 예로부터 아합과 같이 그 자신을 팔아 여호와 앞에서 악을 행한 자가 없음은 그를 그의 아내 이세벨이 충동하였음이라 26 그가 여호와께서 이스라엘 자손 앞에서 쫓아내신 아모리 사람의 모든 행함 같이 우상에게 복종하여 심히 가증하게 행하였더라 27 아합이 이 모든 말씀을 들을 때에 그의 옷을 찢고 굵은 베로 몸을 동이고 금식하고 굵은 베에 누우며 또 풀이 죽어 다니더라 28 여호와의 말씀이 디셉 사람 엘리야에게 임하여 이르시되 29 아합이 내 앞에서 겸비함을 네가 보느냐 그가 내 앞에서 겸비하므로 내가 재앙을 저의 시대에는 내리지 아니하고 그 아들의 시대에야 그의 집에 재앙을 내리리라 하셨더라

사람들의 생각

아합과 엘리야

본문을 이해하기 위해서 열왕기상에서 엘리야 선지자와 아합 왕의 이야기를 복습해 보겠습니다. 먼저 등장하는 것은 아합입니다. 열왕기상 16장에서 오므리의 아들로, 이스라엘의 일곱 번째 왕으로 등극합니다. 아합 왕에 대한 평가는 아주 안 좋습니다. 16장 30절에 "오므리의 아들 아합이 그의 이전의 모든 사람보다 여호와 보시기에 악을 더욱 행하여 느밧의 아들 여로보암의 죄를 따라 행하는 것을 가볍게 여기며 시돈 사람의 왕 엣바알의 딸 이세벨을 아내로 삼고 가서 바알을 섬겨 예배하고 사마리아에 건축한 바알의 신전 안에 바알을 위하여 제단을 쌓으며 또 아세라 상을 만들었으니 그는 그 이전의 이스라엘의 모든 왕보다 심히 이스라엘 하나님 여호와를 노하시게 하였더라"입니다. 한 번도 아니고 두 번씩이나 '그 이전의 모든 사람보다 악했고, 여호와를 노하시게 하였다'고 강조하고 있습니다. 이정도로 악하게 굴었다면 그가 어떻게 되었을까요? 곧 왕위에서 퇴위되었을까요? 얼마 지나지 않아 병이 들어 죽었을까요? 이전의 어떤 왕보다 전쟁에서 크게 패하고 포로로 잡혀서 갖은 고생을 다하였을까요? 이전의 어떤 왕보다 하나님께 크게 진노와 저주를 받았을까요? 성경을 읽어보면 사람들이 예상하는 내용이 나오지 않습니다. 그냥 별일이 없습니다. 있다면 달랑 하나 그 땅에 비가오지 않는 것입니다. 그때부터 엘리야가 등장합니다.

엘리야는 그에 대한 사전 정보가 일체 없이 말 그대로 느닷없이 17장에 등장해서 첫 마디가 왕에게 '수년 동안 비도 이슬도 있지 아니하리라'는 말입니다. 그리고는 한 번은 요단 앞 그릿 시냇가로 도망가서 숨어 지냅니다. 하나님께서 까마귀를 통해 아침저녁으로 떡과 고기를 가져다 먹여 주십니다. 성경 전체에서 하나님으로 하여금 조석으로 식사배달을 시켜먹는 유일한 인간이 엘리야입니다. 물론 하나님이나 예수님께서 사람들에게 먹을 것을 공급하신 적이 있습니다. 하나님은 광야에서 만나를 주셨고, 예수님은 빈들에서 오병이어를 행하기도 하셨습니다. 하지만 그것은 모두 많은 사람을 대상으로 한 것입니다. 엘리야는 하나님의 지시로 아합에게 말 한마디 하고, 그걸 핑계로 아주 하나님을 종처럼 부려먹습니다. 그 다음에는 시돈에 속한 사르밧으로 가서 과부의 집에 머물게 됩니다. 엘리야가 하는 일이 없습니다. 그냥 도망만 다닙니다. 그때에도 하나님께서 '내가 그곳 과부에게 명령하여 네게 음식을 주게 하였느니라'고 하십니다. 성경의 흐름을 모르는 사람이 읽으면 마치 엘리야는 주인 어른같고 하나님은 그 집의 집사같이 엘리야를 공궤합니다. 평면적인 스토리상으로 보면 아합과 엘리야 중에 엘리야가 더 못돼먹은 것 같아 보입니다. 이렇게 지낸 세월이 삼년 정도 됩니다. 여호와가 시키는 대로 말 한마디하고 삼년 동안 여호와를 울궈먹었으면 엘리야의 행동은 오늘날 고금리 사채업자보다 더 악독한 짓 같아 보입니다. 물론 엘리야는 하나님이 하라는 대로 했으니까 제가 심하게 비난하지는 않을 것입니다.

갈멜 산 사건

그 이전의 누구보다 악한 왕 아합이 통치하고 있는데 아합이 하나님께 벌을 받는 것도 없고 굳이 벌이나 진노를 찾아내고자 하면 고작 삼년 동안 비나 이슬이 내리지 않는 정도입니다. 어차피 가나안 지역이 강우량이 많은 지역도 아니었기에 약간의 불편함은 있었지만 재앙으로 여길 정도, 하늘이 벌을 내린 것으로 생각할 정도는 아니었습니다. 아합 왕이 신하와 함께 물 근원을 찾아다니는 수고를 해야 하는 정도뿐이었습니다. 아마 그 상태로 몇 해가 더 지나갔다면 정말 큰 재앙이라고 할 수 있을 것입니다. 그런데 겨우 삼년 지났을 때에 하나님은 엘리야를 통해 '내가 비를 지면에 내리리라'고 선언하십니다. 아직 아합이 하나님께 살려달라고 빌지도 않았습니다. 이스라엘의 모든 백성이 바알을 섬기다 죽게 되었으니 이제 바알을 버리고 하나님을 믿겠다고 돌아서지도 않았습니다. 여전히 아합과 이스라엘 백성은 바알을 섬기고 있고, 그 땅에 바알의 선지자 사백오십 명과 아세라의 선지자 사백 명이상이 왕성하게 활동하고 있을 때입니다.

그 누구도 반성하지 않고, 단 한 사람도 회개하지 않았는데, 왕으로부터 백성까지 어느 누구도 태도가 변하지 않았는데 딱 한분만 태도가 변했습니다. 바로 하나님이십니다. 삼년 동안 비도 이슬도 내리지 않아 이스라엘 백성이 불편한 삶을 사는 것에 대해 하나님은 마음이 불편하십니다. 그래서 하나님이 변하십니다. 하나님은 이정도로 마음이 여리신 분입니다. 하나님은 인간에게 은혜를 주시는 마음은 변하지 않는 고집불통이시지만, 인간이 고난을 당하는 것을 보고 계시는 마음은 오래 참지 못하시는 매우 긍휼이 많으신 분입니다.

하나님의 은혜는 단지 불쌍한 자를 도와주는 구제가 아니라 인간의 본질적인 문제를 해결해주는 계시가 동반됩니다. 그래서 비를 내리게 하겠다고 선언하시는 열왕기상 18장에서는 그 유명한 갈멜 산 사건이 등장합니다. 그 자리에 있지 않았던 저와 여러분은 갈멜 산에서 엘리야가 이긴 것으로 알고 있습니다. 그러나 그 자리에 있었거나 그 사건과 직접 연관된 사람들인 아합과 이세벨 그리고 심지어 엘리야까지도 엘리야가 이긴 것으로 생각하지 않았습니다. 그날 갈멜 산에서 하루 종일 종교 행위를 한 쪽은 바알의 제사장들입니다. 그들은 오전에는 신의 이름을 부르고 춤을 추었고, 오후에는 칼과 창으로 자신들의 몸을 상하게 하였습니다. 반면에 엘리야는 사람들이 생각하는 종교적 행위는 아무 것도 하지 않았습니다. 무슨 막대기를 들고 흔든 것도 아니고, 주문을 외운 것도 아니고, 기이한 동작을 취한 것도 아니고, 이상한 방언을 중얼거리지도 않았습니다. 단지 모두가 알아들을 수 있는 지극히 평범한 말을 했습니다.

잠시 후에 두 가지 현상이 일어났습니다. 하나는 엘리야가 말한 후에 즉

시 불이 내려서 갈멜 산의 번제물과 나무와 돌과 흙을 태우고 도랑의 물까지 모두 핥은 것입니다. 그 순간에 백성들이 모두 놀랐습니다. 그래서 열왕기상 18장 39절에 "모든 백성이 보고 엎드려 말하되 여호와 그는 하나님이시로다 여호와 그는 하나님이시로다"라고 말했습니다. 성경에는 백성들이 엎드려 말했다는 기록은 나옵니다. 그러나 아합 왕이 엎드려 말했다는 기록은 없습니다. 아합 왕이 이 사건으로 인해 벌 받았다는 기록은 없습니다. 도리어 정반대로 41절을 보면 "엘리야가 아합에게 이르되 올라가서 먹고 마시소서 큰 비 소리가 있나이다 아합이 먹고 마시러 올라가니라"입니다. 갈멜 산에 올라오기 전에 아합과 엘리야가 처음 만났을 때에 아합이 엘리야를 보면서 한 첫 마디가 '이스라엘을 괴롭게 하는 자여 너냐'였습니다. 그러자 엘리야의 대답이 '내가 이스라엘을 괴롭게 한 것이 아니라 당신과 당신의 아버지 집이 괴롭게 하였으니'였습니다. 서로 으르렁거린 것입니다. 이랬던 사람들이니 갈멜 산 사건 이후에는 이긴 자가 패한 자를 처단해야 스토리 전개가 어울릴 것입니다. 그런데 정작 갈멜 산 사건 다음에는 두 사람이 마치 친구같습니다. 엘리야가 먼저 곧 비가 올테니 비 맞지 말고 올라가서 먹고 마시라고 권면하기까지 합니다. 도대체 뭐하는 것입니까?

누가 이겼나?

갈멜 산 사건 이후에 두 가지 현상이 일어났는데 하나는 즉각적으로 불이 내린 것이고 또 하나는 조금 후에 큰 비가 내린 것입니다. 분명히 삼년 동안 비가 내리지 않다가 드디어 큰 비가 내렸습니다. 이때 과연 누가 비를 내리게 했을까요? 여기서 여러분은, 성도의 관점이 아니라 이스라엘 백성의 관점에서 생각하셔야 합니다. 성도의 관점에서 생각하면 당연히 하나님이 비를 주셨습니다. 모든 것이 하나님의 말씀대로 되었습니다. 17장 1절에서 '내 말이 없으면 수 년 동안 비도 이슬도 있지 아니하리라'고 하신대로 비도 이슬도 내리지 않았고 18장 1절에서 '내가 비를 지면에 내리리라'고

하신대로 큰 비가 내렸습니다. 하지만 이스라엘 사람들의 생각, 아합과 이세벨의 생각은 전혀 다릅니다.

우선 이스라엘 사람들은 17장 1절을 믿지 않았습니다. 한두 해 동안 비가 내리지 않았던 것은 그들의 삶에서 매우 일상적이었습니다. 하나님의 말씀대로 된 것이 아니라 평상시와 같았을 뿐입니다. 또 18장 1절의 말씀도 믿지 않았습니다. 왜냐하면 하나님이 말씀하신 후 당장에 비가 내린 것이 아니기 때문입니다. 18장 1절에서 '비가 내리리라'는 말씀과 45절에서 실제로 '큰 비가 내리는지라'의 사이에 갈멜 산 사건이 있습니다. 그런데 갈멜 산 위에서 종교 행위를 한 쪽은 하나님의 선지자인 엘리야가 아니라 바알의 선지자들이었습니다. 갈멜 산에서 바알의 선지자들은 다양한 종교 행위를 한 반면 엘리야는 종교 행위라고 여겨질 만 한 어떤 행동도 하지 않았습니다. 지극히 평범했고, 매우 일상적이었습니다. 그냥 말뿐이었습니다. 물론 불이 내린 것은 엘리야가 말한 직후입니다. 하지만 이스라엘 사람들의 생각에는 엘리야는 그것으로 끝입니다. 즉 엘리야는 불을 내리게 했을 뿐입니다. 우선 불이 내려서 제물을 태우고 바로 비가 내린 것이 아닙니다. 불이 내려서 제물을 태운 것으로 갈멜 산의 사건은 종결되었습니다. 그리고 조금 후에 큰 비가 내렸습니다. 이 비는 누가 내렸을까요? 이스라엘 사람들의 생각, 아합과 이세벨의 생각에는 이 비는 바알이 내린 것입니다. 왜냐하면 바알의 선지자들이 하루 종일 종교 행위를 했기 때문입니다.

지금 제가 하나님이 비를 내리게 하셨다는 사실을 부인하는 것이 아니라 이스라엘 사람들의 생각을 소개하는 것입니다. 이스라엘 사람들은 하나님을 모릅니다. 그래서 그동안 하나님을 믿지 않았습니다. 이방적 종교관, 우상적 종교행위, 죄적 종교관습만 알고 있는 이스라엘 사람들의 생각에 엘리야는 갈멜 산에서 어떤 종교행위도 하지 않았습니다. 반대로 평상시에 바알이 비를 주관하는 신으로 알고 있었고, 그날 바알의 선지자들은 하루 종일 종교 행위를 했습니다. 그러니 비가 내리는 결과가 나왔을 때에 당연히 바알이 바알 선지자들의 종교 행위를 보고 응답하여 비를 내려주신 것으로 생각한 것입니다. 다만 비가 조금 늦게 내렸을 뿐입니다. 그래서 갈멜 산에서 아합과 엘리야가 내려왔을 때에 이세벨은 전혀 기가 죽지 않고 도리어 엘리야를 죽여버리겠다고 기세가 등등할 수 있었던 것입니다. 비가 내림으로 자신들의 신 바알이 살아있다는 것이 증명된 것으로 여겼기 때문입니다.

이세벨의 이런 생각에 맞장구를 쳐준 것이 바로 엘리야입니다. 하나님이 비를 내리셨고, 자신이 이겼다고 견고하게 생각했으면 이세벨이 난리를 쳐도 흔들림이 없었어야 합니다. 그런데 이세벨이 당당하게 나오니까 엘리야가 줄행랑을 쳐버린 것입니다. 엘리야도 자기가 이겼다고 생각을 하지 않은 것입니다. 분명히 아합과 이세벨은 그 이전의 누구보다도 여호와 보시기에 악했고, 여호와를 노하시게 했습니다. 엘리야도 아합을 만났을 때에 '당신과 당신의 아버지의 집이 괴롭게 하였으니'라고 주장했었습니다. 그런데 갈멜 산 사건 이후에 아합과 이세벨은 그 어떤 징계나 형벌을 받지 않습니다. 엘리야가 아주 생각이 많았을 것입니다. 그래서 19장에서 하나님께서 엘리야를 만나서 위로해 주시는 장면이 등장합니다.

하나님의 계시

물론 이스라엘 사람들의 생각이 틀렸습니다. 그런데 중요한 것은 하나님께서 이스라엘 사람들이 오해할만하게 일을 진행하셨다는 사실입니다. 이제부터는 이스라엘 사람들의 오해가 아니라 저와 여러분이 오해하는 것을 교정하셔야 합니다. 즉 안타깝게도 많은 성도들이 이스라엘 사람들처럼, 우상종교의 방식처럼, 이방종교의 인식처럼, 죄인들의 종교의 방식처럼 생각한다는 것입니다. 하나님은 바알 종교와의 경쟁에서 바알 종교를 물리치고 여호와 종교를 강건하게 만드는 것이 목적이 아닙니다. 바알 종교의 방식이 아닌 여호와 종교의 방식을 통용시키는 것이 목적이 아닙니다. 하

나님은 아예 죄인들의 사고방식과 완전히 다른 하나님의 인식, 하나님의
사고, 하나님의 마음과 기준과 원리를 알려주시려는 것입니다. 그래서 여
호와 신앙은 죄인들이 생각하는 특정한 양식과 특정한 종교 행위와 특정한
방법으로 규정되어지지 않습니다. 그것이 하나님의 의도입니다.

　그런데 많은 신앙인들이 여호와의 종교라고 구별될 수 있는 특정한 양식
이나 종교 행위를 규정하려고 시도하는 실수를 합니다. 갈멜 산의 경우, 이
방종교들은 ‘주문과 춤과 자해’라는 방식을 사용했습니다. 엘리야는 ‘말’
을 했습니다. 그랬더니 성도들이 기독교는 ‘말씀으로 역사한다’는 주장을
합니다. 물론 하나님이 말씀으로 역사하시는 것은 맞습니다. 그러나 ‘말씀’
이 하나님이 역사하는 유일한, 특정한 방식이 아닙니다. 하나님에게는 특
정한 방식, 특정한 비법을 규정하면 안 됩니다. 하나님은 바로 그렇게 생각
하는 죄인들의 사고방식을 폐하시려는 것입니다. 특정한 종교 양식이 있다
고 생각하는 죄인들의 방법론을 고치려고, 죄인들이 전혀 종교 양식이라고
생각하지 않는 ‘말씀’을 사용하셨을 뿐입니다. ‘말씀’을 사용하신 이유가
‘하나님의 전용방식’이기 때문이 아니라 죄인들이 사용하지 않는 방식이었
기 때문입니다.

　갈멜 산에서 비가 곧바로 내리지 않았습니다. 그래서 사람들은 하나님이
비를 내린 것으로 이해하지 않고 바알이 비를 내린 것으로 착각했습니다.
만약 하나님이 갈멜 산에서 불이 내린 직후에 바로 이어서 불과 비가 연속
적으로 쏟아져 내렸다면 아주 역사에 길이 남을 명장면이었을 것이고 모든
사람이 하나님이 불을 내렸다는 것을 알았을 것입니다. 그러나 사람들은
‘여호와가 비를 내렸다’는 사실보다는 ‘하늘에 대고 엘리야가 말한 주문을
외우면 비가 온다’는 특별한 방식을 배웠을 것입니다. 그것이 죄인의 인식
방법이고, 그것이 죄인의 한계입니다. 그래서 하나님은 불이 내리고 비가
내리는 사이에 시간 간격을 두셨고, 안타깝게도 그 간격 때문에 이스라엘
은 바알이 비를 내리게 하였다는 착각을 하기는 했지만 하나님마저도 우상

적 종교 방법으로 전락하는 것을 막으셨습니다. 그리고 또 다시 20장에서 전쟁을 통해 또 다른 계시를 진행하시는 것입니다. 하나님의 계시는 계속해서 등장합니다. 그때마다 계시의 방식은 서로 매우 다릅니다. 죄인들로 하여금 특별한 종교 양식으로 인식될 수 없도록 해야하기 때문입니다. 모든 계시의 공통점은 '특별한 양식'으로 규정할 수 없다는 것이요, 결국 오직 하나님이 하신다는 것입니다. 그래서 계시의 결론은 방식을 배우는 것이 아니라 하나님을 배우게 하는 것입니다.

네 자신을 팔아

네가 결정하였으니

열왕기상 20장에서 하나님은 이스라엘이 아람과 겪은 두 번의 전쟁을 모두 승리하도록 도와주셨습니다. 이때에도 하나님은 사람들이 승리를 기대하지 않았는데 이기게 하셨습니다. 대신 이번에는 '말'로 이기는 것이 아닙니다. 하나님이 이기게 하시는 것을 직접 체험하라고 아합과 군사들을 전쟁에 참여시켰습니다. 그랬더니 아합은 하나님이 도와주신 것을 인정하는 대신 마치 자신이 승리자인 것처럼, 자신이 전략을 잘 짜고 직접 전쟁에서 수고하고 애쓴 것처럼 행동했습니다. 그것이 아람의 왕 벤하닷과 다메섹에 아합의 이름으로 거리를 만드는 조약을 맺고 그를 살려준 조치에서 증명이 되었습니다. 그때 하나님은 아합이 교만하다고 징계하신 것이 아닙니다. 하나님을 인정하지 않았다고 처벌하신 것이 아닙니다. 감히 하나님의 수고와 공로를 빼앗아 가느냐고 저주하신 것이 아닙니다.

35절 이하에 아합과 선지자가 만났고, 선지자가 39절과 40절의 예를 들면서 아합에게 어떻게 해야 할 것인지를 물었습니다. 전쟁에서 한 사람이 포로를 잡았는데 옆 사람에게 잠시 맡아 줄 것을 요청했고 만약 포로를 놓치면 대신 목숨을 잃을 것이라고 했습니다. 그런데 포로 맡은 자가 일을 보는 동안에 포로가 도망가 버렸습니다. 여러분은 이때에 어떤 조치를 내리시겠습니까? 아마도 원칙주의자들, 공의롭다고 하는 자들, 바른 생활을 하는 분들은 서로 약속한 대로, 서로 계약을 맺은 대로 행해야 한다고 말씀하실 것입니다. 물론 아합도 그렇게 대답했습니다. 그것이 40절 중간에 '네가 스스로 결정하였으니 그대로 당하여야 하리라'였습니다. 이론상으로는 맞습니다. 논리적으로는 맞습니다. 법치주의의 원칙에는 맞습니다. 아합이 너무나 당연하게 생각한대로 하나님은 아합에게 대해주셨을까요?

42절에 의하면 "그가 왕께 아뢰되 여호와의 말씀이 내가 멸하기로 작정한 사람을 네 손으로 놓았은즉 네 목숨은 그의 목숨을 대신하고 네 백성의 그의 백성을 대신하리라 하셨나이다"입니다. 그래서 어떻게 되었을까요? 아합이 당장에 죽었을까요? 이스라엘 백성들이 당장에 멸절을 당했을까요? 그렇지 않습니다. 아무 일이 없습니다. 43절 "이스라엘 왕이 근심하고 답답하여 그의 왕궁으로 돌아가려고 사마리아에 이르니라"입니다. 왕이 이렇게 근심하고 답답해 했으면 행동을 절제하고 아주 조심했을까요? 42절에서 죽임을 당할 것이라는 예언을 받았으니 매사에 신중하고 하나님의 계명대로 살려고 노력했을까요? 전혀 그렇지 않다는 것이 21장에서 증명이 됩니다.

지난주에 살펴본 대로 아합은 나봇의 포도원을 빼앗으려고 아주 교활한 삼 단계 작전을 짰습니다. 자기는 나봇과 거래를 하고 싶은 것처럼 시도하고 나봇의 반대로 어쩔 수 없어서 쩔쩔 매는 듯한 흉내를 냈습니다. 나봇의 반대에 근심하고 답답하여 침상에 누워 얼굴을 돌리고 식사를 하지 않는 쇼를 해서 이세벨이 음모를 꾸미도록 유도를 했고, 과연 아합의 의도대로 이세벨이 음모를 짰고, 과연 이세벨의 의도대로 이스라엘의 장로와 귀족들이 나봇을 잡아 죽이는 악행을 했고, 결과적으로 아합은 침상에 누워있다가 주인없이 버려진 포도원을 주으러 내려갔습니다. 16장 후반부에 아합이 등장하면서 지금까지 총 세 번의 큰 사건이 있었습니다. 본질적으로 이전의 누구보다 악을 행했다고 했는데도 별다른 벌을 받은 적이 없습니다. 갈 멜 산 사건 이후에도 별다른 징계가 없습니다. 두 번의 전쟁 사건 이후에도 별다른 고난을 받은 것이 없습니다. 나봇의 포도원 사건 이후에도 특별히 손해 본 것이 없습니다. 굳이 제목을 붙인다면 '악인의 형통함' 또는 '죄인의 번성함'이라고 해도 될 것입니다. 악을 행한 아합이 벌을 받은 것도 없고, 반대로 여호와의 뜻을 이룬 것 같은 엘리야가 받은 상도 없습니다.

나봇 사건 이후에 그 동안 두 번의 전쟁 때에는 사라졌던 엘리야가 다시 등장을 해서 아합에게 아주 살벌한 말을 합니다. 마치 하나님이 아합을 징계하는 듯한 말을 합니다. 그것이 21절로 24절입니다. 이런 구절을 읽으면 대부분의 성도님들은 하나님이 징계하신다, 하나님이 벌을 내리신다, 하나님이 아합이 행한 죄에 대한 응분의 값을 치루게 하신다고 생각합니다. 그러나 전혀 그렇지 않습니다. 지금까지 살펴본 대로 아합은 이전에도 이미 악행을 했는데 하나님은 징계하지 않았습니다. 하나님께서 참다 참다 드디어 21장에서 그 동안의 모든 참았던 것을 폭발해서 아예 아합과 그 집안을 멸절시키는 것이 절대로 아닙니다. 하나님은 그런 분이 절대로 아닙니다. 하나님은 하나님을 믿고 충성하면 복을 주고, 하나님을 안 믿고 불순종하면 저주를 내리시는 분이 절대로 아닙니다. 그런데 안타깝게도 하나님에 대해 오해를 대단히 많이 합니다. 그 오해가 그냥 오해이면 풀기가 쉬운데 성경 말씀에 근거한 오해이면 풀기가 매우 어렵습니다. 그래서 성경에 대한 일반적 오해를 먼저 풀고, 본문의 오해를 풀어보겠습니다.

한 달란트 받은 사람

마태복음 25장에는 유명한 달란트 비유가 있습니다. 성경에서 오해되고 있는 대표적 본문입니다. 주인이 세 명의 종들에게 소유를 맡겼습니다. 다섯 달란트 받은 사람과 두 달란트 받은 사람은 바로 가서 장사를 하여 각각 다시 다섯 달란트와 두 달란트를 남겼습니다. 이 두 사람에 대한 주인의 평가는 똑같습니다. 21절과 23절에 "잘하였도다 착하고 충성된 종아 네가 적은 일에 충성하였으매 내가 많은 것을 네게 맡기리니 네 주인의 즐거움에 참여할지어다"입니다. 사람들은 여기에서 두 사람이 열심히 일을 해서 주인이 상응하는 보상을 해 주었다고 생각합니다. 그럴 경우 이 비유의 주제는 당연히 '충성'이 됩니다. 얼핏 보면 지극히 당연해 보입니다. 어디에도 오해나 왜곡이 없어 보입니다. 그래서 아주 자연스럽게 세 번째 종에 대한 이야기가 등장하고, 충성이라는 주제에 비추어 해석하다보니 너무나 뻔한 내용 그러나 완벽한 왜곡이 만들어집니다.

한 달란트 받은 종에 관한 이야기에는 다섯 달란트나 두 달란트 받은 종과는 전혀 다른 장면이 나옵니다. 앞의 두 사람은 주인에 대해서는 한 마디도 하지 않았습니다. 성경의 표현대로라면 달란트를 받은 순간 '바로 가서' 장사를 하였다고 합니다. 결산할 때에도 단지 자신들이 장사를 해서 소득을 남겼다는 보고만 합니다. 그런데 한 달란트 받은 사람은 주인에게 와서 아주 의미있는 말을 합니다. 24절 "주인이여 당신은 굳은 사람이라 심지 않은 데서 거두고 헤치지 않은 데서 모으는 줄을 내가 알았으므로 두려워하여 나가서 당신의 달란트를 땅에 감추어 두었었나이다 보소서 당신의 것을 가지셨나이다"라고 합니다. 이 말이 아주 중요합니다.

이 사람은 두서없이 행동한 것이 아니고, 막무가내로 행동한 것이 아니고, 단지 안일하고 게을렀던 것이 아니고 주인의 성품, 주인의 속성, 주인의 원리, 주인의 마음에 대해 생각하고 아주 신중하게 판단하고 행동을 한 것입니다. 이 사람은 주인을 '굳은 사람'이라고 인식하고 있었습니다. 이 사람이 생각한 굳은 사람이란 '심지 않은 데서 거두고 헤치지 않은 데서 모으는 사람'입니다. 일반적인 사람이라면 '심은 데서 거두고 헤친 데서 모으는 것'이 정상입니다. 그런데 이 사람은 심지 않은 데서 거두고 헤치지 않은 데서 모을 정도이니, 만약 심었으면 심은 만큼이 아니라 더 많이 거두고, 만약 헤친 데서 모은다면 헤친 만큼이 아니라 몇 배는 더 모아야 직성이 풀리는 사람입니다. 주인에 대해 이런 평가를 내렸으니 이 종이 행동을 하기가 아주 두려웠던 것입니다. 한 달란트를 받았는데 과연 한 달란트를 남기면 만족할까, 한 달란트를 남기면 기껏해야 심은 만큼이나 헤친 만큼 밖에 되지 않는데 주인이 만족할까를 고민한 것입니다. 그래서 이 종이 내린 가장 현명한 결단, 본인으로서는 살아남을 수 있는 유일한 수단이 바로 '주인에게 받은 것을 그대로 반납하는 것'입니다.

여러분이 주인이라면 이때 어떤 결정을 내리시겠습니까? 우선 성경의 주인의 결정을 보시겠습니다. 26절 "주인이 대답하여 이르되 악하고 게으른 종아 나는 심지 않은데서 거두고 헤치지 않은 데서 모으는 줄로 네가 알았느냐 그러면 네가 마땅히 내 돈을 취리하는 자들에게나 맡겼다가 내가 돌아와서 내 원금과 이자를 받게 하였을 것이니라 하고 그에게서 한 달란트를 빼앗아 열 달란트 가진 자에게 주라 무릇 있는 자는 받아 풍족하게 되고 없는 자는 그 있는 것까지 빼앗기리라 이 무익한 종을 바깥 어두운 데로 내쫓으라 거기서 슬피 울며 이를 갈리라 하니라"입니다. 마음에 드십니까? 앞에서 다섯 달란트 받은 사람과 두 달란트 받은 사람에게는 '착하고 충성된 종'이라고 했으니 이 사람에게는 '악하고 게으른 종'이라고 부르는 것이 당연하고, 두 사람에게는 상을 주었으니 이 사람에게는 벌을 주는 것이 당연하다고 생각하십니까?

안타깝게도 대부분의 사람들, 대부분의 성도들은 이 주인의 조치를 매우 당연하게 생각합니다. 물론 주인이 그렇게 행동할 수 있습니다. 이 주인이 그렇게 행동했다고 생각하는 것에는 왜곡이 발생하지 않습니다. 그런데 이 비유를 말씀하신 분이 예수님이시기에, 이 비유에 등장하는 주인이 바로 '하나님' 또는 '예수님'이라고 설명하는 순간 아주 지독한 왜곡이 발생하게 되고, 단지 한 달란트 받은 사람에 대한 부분만이 아니라 이 비유 전체에 대한 거대한 왜곡에 빠져들게 됩니다. 그리고 여기서 본인들의 해석과 설명이 왜곡인줄 모르고, 매우 단순한 교훈 즉 잘한 자에게는 상주고 잘

못한 자에게는 벌 준다는 사고방식을 성경 전체에 적용시키는 어마어마한 왜곡의 패러다임을 만들어 버립니다. 그 결과 열왕기상 21장에서 하나님께서 아합에게 내리는 조치도 왜곡을 만들어 낼 수밖에 없는 구조에 빠져들어 버리는 것입니다.

잘못된 인식

이 비유의 핵심은 한 달란트 받은 사람의 오해와 그 오해가 만들어내는 잘못된 행동을 설명하는 것입니다. 24절에서 이 종은 주인에 대해 '굳은 사람'이라고 생각했습니다. 실제로 주인은 굳은 사람이 아닌데 이 종은 오해를 한 것입니다. 종이 오해를 했다는 증거가 주인이 다섯 달란트 받은 사람과 두 달란트 받은 사람을 동일하게 대해 준 것에서 확인이 됩니다. 만약 주인이 실제로 굳은 사람이었다면 앞의 두 사람을 동일하게 대해주지 않았을 것입니다. 아마 두 달란트 받은 사람에게 '너는 다섯 달란트 받은 사람보다 능력이 부족해서 두 달란트만 주었는데 결국 예상대로 두 달란트밖에 남기지 못했구나. 그따위로 일해서 언제 다섯 달란트 받은 사람을 따라갈래. 그래서 네가 그 수준밖에 안 되는 것이야. 나는 자신을 업그레이드 시키지 못하는 사람을 데리고 있을 만큼 너그러운 사람이 아니야. 너 나가!'라고 했을 것입니다. 굳은 사람은 그 정도 하는 것이 당연합니다.

한 달란트 받은 사람은 주인을 굳은 사람으로 오해했으니 무슨 일을 하려고 해도 두려웠던 것입니다. 만약 바로 가서 한 달란트를 남겨도 꾸중을 들을 것이고, 심지어 손해라도 본다면 정말 큰 일 날 것으로 혼자 두려워했던 것입니다. 26절 이하에 나타나는 주인의 반응은 절대로 주인의 원래의 모습이 아닙니다. 주인은 한 달란트 받은 사람이 자신을 오해했다는 것을 알아차렸습니다. 종이 마치 자신이 지혜로운 듯, 마치 자신이 현명한 듯, 마치 자신이 주인보다 더 올바르게 행동한 듯한 태도를 보이는 그 사람에게 그의 행동이 얼마나 미련한 것이었는지, 그의 오해가 얼마나 큰 잘못인지, 그의 사고가 얼마나 어리석고 한심한 것이었는지를 직접 그에게 알려 주려고 의도적으로 행동한 것입니다.

26절을 다시 보시면 "악하고 게으른 종아 나는 심지 않은 데서 거두고 헤치지 않은 데서 모으는 줄로 네가 알았느냐"입니다. 이것은 질문이 아니라 확인입니다. '네가 나를 심지 않은 데서 거두고 헤치지 않은 데서 모으는 사람으로 아는구나!'라는 의미입니다. 26절은 주인의 판단이 아니라 종의 판단을 소개하는 것입니다. 그 종이 주인을 굳은 사람으로 생각했다면, 그 종의 논리대로라면, 종의 사고방식대로라면 27절처럼 행동했어야 한다는 것입니다. 주인이 굳은 사람인데, 심지 않은 데서도 거두고 헤치지 않은 데서도 모을 정도인데 원금에 만족할 리가 절대로 없습니다. 최소한 취리하는 자들에게 맡겼다가 이자라도 남겼어야 합니다. 단지 주인이 주었던 돈을 원금대로 받는 것에 만족한다면 그 사람은 '굳은 사람'이 아닙니다. 주인은 종에게 종이 판단한 것과 행동한 것이 달랐다고 지적하는 것입니다.

그리고 '굳은 사람'은 주인에게 받은 돈을 이자도 없이 원금만 받을 리가 절대로 없으니까 그 종을 절대로 그냥 묵인해줄 리가 없어야 합니다. 그래서 그 종이 생각하는 방식대로 주인이 취한 조치가 바로 28절로 30절입니다. 지금 비유에서 한 달란트 받은 자와 대화하는 주인은 원래 주인의 모습이 아닙니다. 한 달란트 받은 사람이 왜곡한 모습을 바로 그 사람에게 재현해 보여주는 것일 뿐입니다.

하나님

그러므로 달란트 비유에서 28절로 30절의 조치를 취한 이 주인을 하나님의 모습으로 설명하면 절대로 안 됩니다. 이 주인은 한 달란트 받은 사람이 생각한 대로 행동하는 모습의 예일 뿐입니다. 아합의 경우로 예를 들면, '네 스스로 결정하였으니 그대로 당하여야 하리라'고 말하니까 '내가 멸하기로 작정한 사람을 네 손으로 놓았은즉 네 목숨은 그의 목숨을 대신하고 네 백성은 그의 백성을 대신하리라'고 말씀하신 것과 같은 것입니다. 사람들이 한 달란트 받은 사람의 이야기를 오해하니까 자동적으로 앞에서 다섯 달란트 받은 사람과 두 달란트 받은 사람의 이야기도 오해가 되어버리는 것입니다. 핵심은 '착하고 충성된 종은 상 받고, 악하고 게으른 종은 벌 받는다'는 것이 절대로 아닙니다.

가장 일반적인 경우로 설명을 하면, 다섯 달란트 받은 사람과 두 달란트 받은 사람은 착하고 충성된 종이 아니라 그냥 종입니다. 그리고 그 두 사람이 각각 장사해서 다섯 달란트와 두 달란트를 남긴 것이 상을 받을 일이 아니라 그냥 종의 본분입니다. 주인에게서 위임을 받았으면 무슨 짓을 해서라도 주인에게 손해가 나지 않도록, 주인에게 유익이 되도록 만들어 내는 것이 종이 할 일입니다. 그렇게 일을 해 놓고도 그들이 할 말이란 '저를 먹여주시고 재워주시고 맡겨주셔서 감사합니다'뿐입니다. 주인은 상을 주지 않아도 됩니다. 종은 종의 밥값을 했을 뿐입니다. 그런데 이 주인은 종을 종으로 대한 것이 아니라 어머어마하게 선대해 주었습니다. 하지 않아도 되는 칭찬을 해 주었을 뿐만 아니라, 하지 않아도 되는 보상도 해 주었습니다. 그것도 상상을 초월합니다. 자그마치 '네 주인의 즐거움에 참여할지어다'입니다. 종에 대해, 종의 행동에 상응하는 보상을 한 것이 아니라 아예 아들을 대하듯이 해 주었습니다. 종의 분깃을 받고 떨어지는 정도가 아니라 아예 주인의 즐거움에 동참하는 영광을 주었습니다. 주인은 최소한 이 정도입니다. 잘한 사람 상주고 못한 사람 복주는 정도가 전혀 아닙니다. 비유에 등장은 주인은 실제로는 굳은 사람이 아니고, 일반적인 사람도 아니고 도리어 자비로운 사람입니다. 바로 이분이 하나님이십니다.

자신을 팔아

아합의 행동에 대한 하나님의 평가는 아합이 21장 20절 '네가 네 자신을 팔아', 25절 '그 자신을 팔아'입니다. '팔아'의 뜻은 '적에게 넘기다, 포기하다, 배신하다, 자포자기하다'입니다. 아합은 스스로 자신의 삶을 적 즉 죄에게 넘겼고, 자신의 멸망을 스스로 자초한 것입니다. 하나님은 아합의 행위에 대해 징계하신 것도 아니요 '네가 스스로 결정하였으니 스스로 당하라'고 방치하신 것도 아니고 도리어 계속하여 은혜와 계시를 반복하여 주셨습니다. 하나님이 또 은혜를 주시는 것이 27절로 29절입니다. "아합이 이 모든 말씀을 들을 때에 그의 옷을 찢고 굵은 베로 몸을 동이고 금식하고 굵은 베에 누우며 또 풀이 죽어 다니더라"입니다. 이런 장면에 감동받으시면 안 되고 '또 쇼하는구나!'라고 생각하셔야 합니다. 그런데 하나님이 감동을 받아버리십니다.

아합의 속내를 모르는 것이 아니라 일부러 속아주시는 것입니다. 하나님이 속아주지 않으면 멸망당하니까 속아 주시면서 또 은혜를 주시는 것입니다. 그것이 29절 "아합이 내 앞에서 겸비함을 네가 보느냐 그가 내 앞에서 겸비하므로 내가 재앙을 저의 시대에는 내리지 아니하고 그 아들의 시대에야 그의 집에 재앙을 내리리라 하셨더라"입니다. 스스로 멸망하는 아합에게도 당대에 멸망하지 않도록 지연시켜 주시면서 아합과 그 가족이 하나님을 배우고 돌아설 수 있도록 또 은혜를 베풀어 주셨습니다. 하나님은 징계하시는 분이 아니라 은혜를 주시는 분입니다. 하나님은 인과응보, 신상필벌의 하나님이 아니라 은혜, 계속 은혜, 끝까지 은혜만 주시는 분입니다. 하나님 때문에 자유와 평화와 안식을 얻으시고, 하나님 때문에 즐겁고 신나고 행복한 삶이 되시기를 주님의 이름으로 축원합니다.

29

내게 말씀하시는 것

열왕기상 22:1~28

1 아람과 이스라엘 사이에 전쟁이 없이 삼 년을 지냈더라 2 셋째 해에 유다의 여호사밧 왕이 이스라엘의 왕에게 내려가매 3 이스라엘의 왕이 그의 신하들에게 이르되 길르앗 라못은 본래 우리의 것인 줄을 너희가 알지 못하느냐 우리가 어찌 아람의 왕의 손에서 도로 찾지 아니하고 잠잠히 있으리요 하고 4 여호사밧에게 이르되 당신은 나와 함께 길르앗 라못으로 가서 싸우시겠느냐 여호사밧이 이스라엘 왕에게 이르되 나는 당신과 같고 내 백성은 당신의 백성과 같고 내 말들도 당신의 말들과 같으니이다 5 여호사밧이 또 이스라엘의 왕에게 이르되 청하건대 먼저 여호와의 말씀이 어떠하신지 물어 보소서 6 이스라엘의 왕이 이에 선지자 사백 명쯤 모으고 그들에게 이르되 내가 길르앗 라못에 가서 싸우랴 말랴 그들이 이르되 올라가소서 주께서 그 성읍을 왕의 손에 넘기시리이다 7 여호사밧이 이르되 이 외에 우리가 물을 만한 여호와의 선지자가 여기 있지 아니하니이까 8 이스라엘의 왕이 여호사밧 왕에게 이르되 아직도 이믈라의 아들 미가야 한 사람이 있으니 그로 말미암아 여호와께 물을 수 있으나 그는 내게 대하여 길한 일은 예언하지 아니하고 흉한 일만 예언하기로 내가 그를 미워하나이다 여호사밧이 이르되 왕은 그런 말씀을 마소서 9 이스라엘의 왕이 한 내시를 불러 이르되 이믈라의 아들 미가야를 속히 오게 하라 하니라 10 이스라엘의 왕과 유다의 여호사밧 왕이 왕복을 입고 사마리아 성문 어귀 광장에서 각기 왕좌에 앉아 있고 모든 선지자가 그들의 앞에서 예언을 하고 있는데 11 그나아나의 아들 시드기야는 자기를 위하여 철로 뿔들을 만들어 가지고 말하되 여호와의 말씀이 왕이 이것들로 아람 사람을 찔러 진멸하리라 하셨다 하고 12 모든 선지자도 그와 같이 예언하여 이르기를 길르앗 라못으로 올라가 승리를 얻으소서 여호와께서 그 성읍을 왕의 손에 넘기시리이다 하더라 13 미가야를 부르러 간 사신이 일러 이르되 선지자들의 말이 하나 같이 왕에게 길하게 하니 청하건대 당신의 말도 그들 중 한 사람의 말처럼 길하게 하소서 14 미가야가 이르되 여호와께서 살아 계심을 두고 맹세하노니 여호와께서 내게 말씀하시는 것 곧 그것을 내가 말하리라 하고 15 이에 왕에게

이르니 왕이 그에게 이르되 미가야야 우리가 길르앗 라못으로 싸우러 가랴 또는 말랴 그가 왕께 이르되 올라가서 승리를 얻으소서 여호와께서 그 성읍을 왕의 손에 넘기시리이다 16 왕이 그에게 이르되 내가 몇 번이나 네게 맹세하게 하여야 네가 여호와의 이름으로 진실한 것으로만 내게 말하겠느냐 17 그가 이르되 내가 보니 온 이스라엘이 목자 없는 양 같이 산에 흩어졌는데 여호와의 말씀이 이 무리에게 주인이 없으니 각각 평안히 자기의 집으로 돌아갈 것이니라 하셨나이다 18 이스라엘의 왕이 여호사밧 왕에게 이르되 저 사람이 내게 대하여 길한 것을 예언하지 아니하고 흉한 것을 예언하겠다고 당신에게 말씀하지 아니하였나이까 19 미가야가 이르되 그런즉 왕은 여호와의 말씀을 들으소서 내가 보니 여호와께서 그의 보좌에 앉으셨고 하늘의 만군이 그의 좌우편에 모시고 서 있는데 20 여호와께서 말씀하시기를 누가 아합을 꾀어 그를 길르앗 라못에 올라가서 죽게 할꼬 하시니 하나는 이렇게 하겠다 하고 또 하나는 저렇게 하겠다 하였는데 21 한 영이 나아와 여호와 앞에 서서 말하되 내가 그를 꾀겠나이다 22 여호와께서 그에게 이르시되 어떻게 하겠느냐 이르되 내가 나가서 거짓말하는 영이 되어 그의 모든 선지자들의 입에 있겠나이다 여호와께서 이르시되 너는 꾀겠고 또 이루리라 나가서 그리하라 하셨은즉 23 이제 여호와께서 거짓말하는 영을 왕의 이 모든 선지자의 입에 넣으셨고 또 여호와께서 왕에 대하여 화를 말씀하셨나이다 24 그나아나의 아들 시드기야가 가까이 와서 미가야의 뺨을 치며 이르되 여호와의 영이 나를 떠나 어디로 가서 네게 말씀하시더냐 25 미가야가 이르되 네가 골방에 들어가서 숨는 그 날에 보리라 26 이스라엘의 왕이 이르되 미가야를 잡아 성주 아몬과 왕자 요아스에게로 끌고 돌아가서 27 말하기를 왕의 말씀이 이 놈을 옥에 가두고 내가 평안히 돌아올 때까지 고생의 떡과 고생의 물을 먹이라 하였다 하라 28 미가야가 이르되 왕이 참으로 평안히 돌아오시게 될진대 여호와께서 나를 통하여 말씀하지 아니하셨으리이다 또 이르되 너희 백성들아 다 들을지어다 하니라

누구의 선지자인가?

억울한 패배자, 미련한 승리자

우선 상황을 정리해보면 22장 1절에 나오는대로 아람과 이스라엘 사이에 전쟁이 없이 삼년을 지냈습니다. 이 말은 삼년 전에는 전쟁이 있었다는 말인데, 20장에 의하면 두 번의 전쟁이 있었습니다. 20장 1절로 21절에 한 번의 전쟁, 그리고 22절로 34절까지 또 한 번의 전쟁이 있었고, 하나님의 도우심으로 이스라엘은 두 번의 전쟁에서 모두 승리했습니다. 그때 아람의 왕 벤하닷이 항복의 조건으로 내세운 것이 20장 34절 중에 "벤하닷이 왕께

아뢰되 내 아버지께서 당신의 아버지에게서 빼앗은 모든 성읍을 내가 돌려 보내리이다"입니다. 이 말을 한지 삼년이 지났으니 약속대로 이스라엘의 성읍을 돌려주었어야 합니다. 하지만 분명히 이길만한 상황과 조건에서 억울하게 패한 벤하닷이 약속을 지키지 않았고 이스라엘의 땅, 이스라엘의 성읍들을 돌려주지 않았습니다. 벤하닷의 심정, 벤하닷의 조치가 충분히 이해가 됩니다. 왜냐하면 벤하닷은 자신들이 이스라엘보다 약하다고 절대로 생각하지 않기 때문입니다. 두 번의 전쟁 모두 군사 때문에 진 것이 아니고, 무기 때문에 패한 것이 아니고, 전략 때문에 진 것이 아닙니다. 오직 하나 이스라엘의 신 하나님 때문에 졌습니다. 하나님만 빠진다면 언제라도 전쟁에서 이길 수 있다는 자신감이 있습니다. 그러므로 벤하닷의 입장에서는 하나님께는 패배를 인정하고, 하나님께는 전리품을 제공할지라도 이스라엘이나 이스라엘의 왕에게는 패배를 인정하거나 전리품을 제공하고 싶은 마음이 별로 없는 것입니다. 억울하게 패한 사람들의 전형적인 태도입니다.

그런데 세상에서 참 재미있는 것이, 한편에서 억울하게 패했다고 생각하면 그 반대편은 운이 좋게 이겼다고 생각해야 정상입니다. 한쪽에서 당연히 이길 전쟁에서 패했다고 억울해하면, 반대편에서는 당연히 질 전쟁에서 이겼으니 운이 좋았다거나, 재수가 좋았다거나, 천만다행이라고 생각해야 합니다. 하지만 이긴 사람은 대체적으로 자신이 잘해서 이겼다고 생각합니다. 대표적인 사람이 바로 아합입니다. 아합은 아람과의 두 번의 전쟁에서 승리한 것이 자신이 준비를 잘해서, 전략을 잘 짜서, 싸움을 잘해서 이긴 줄로 압니다. 하나님이 도와주셨다는 생각을 하지 않고, 두 번의 전쟁에서 하나님을 배우지 않았습니다. 두 번이나 이겼으니 또 싸워도 언제나 이길 것으로 기고만장합니다.

아합의 속내를 보여주는 것이 22장 3절입니다. "이스라엘의 왕이 그의 신하들에게 이르되 길르앗 라못은 본래 우리의 것인 줄을 너희가 알지 못하느냐 우리가 어찌 아람의 왕의 손에서 도로 찾지 아니하고 잠잠히 있으리요 하고 여호사밧에게 이르되 당신은 나와 함께 길르앗 라못으로 가서 싸우시겠느냐"입니다. 당연히 이길 것으로 생각합니다. 자기 혼자도 아람을 물리쳤는데 이번에는 남 왕국의 여호사밧도 함께 가세한다면 무조건 이긴 싸움이라고 생각하고 있습니다. 어디에도 하나님께서 전쟁을 이기게 하셨다는 고백이 없고, 어디에도 모든 전쟁에서는 하나님을 의지해야 한다는 신앙이 없습니다. 차라리 패한 벤하닷은 하나님을 인식하는데 승리한 아합은 하나님을 인식하지 못하고 있습니다. 물론 두 사람 모두 하나님을 배우지 못하는 죄인이라는 차원에서는 동일합니다.

남북의 상황

본문의 등장인물이 북 왕국의 왕은 아합이고 남 왕국의 왕은 여호사밧입니다. 시대의 상황을 설명하면, 솔로몬이 죽고 나라가 분열된 지 약 칠십 년 정도가 흘렀고, 그 사이에 북쪽에서는 왕조가 네 번 바뀌었고, 왕이 일곱 명이나 바뀌었습니다. 남쪽에서는 다행스럽게 왕조는 그대로 유지되었고, 왕은 네 명이 바뀌었습니다. 대체적으로는 열 지파로 출발한 북쪽이 강성하였고, 달랑 두 지파만 남았던 남쪽은 쇠약한 채로 겨우 명맥을 유지하고 있는 상황입니다. 그래서 강성한 북 왕국의 아합 왕이 3절처럼 요청하자 쇠약한 남 왕국의 여호사밧 왕이 거부하지 못하고 있는 상황입니다. 여호사밧의 말은 왕이라기보다는 생존을 걱정하는 사람의 처절한 몸부림처럼 보입니다. 4절 중간에 "여호사밧이 이스라엘 왕에게 이르되 나는 당신과 같고 내 백성은 당신의 백성과 같고 내 말들도 당신의 말들과 같으니이다"입니다. 이것보다 더 심한 용비어천가는 없을 듯싶습니다.

이때 여호사밧이 정말로 용기를 내어서 하는 말이 5절입니다. "여호사밧이 또 이스라엘의 왕에게 이르되 청하건대 먼저 여호와의 말씀이 어떠하신지 물어 보소서"입니다. 여호사밧이 이렇게 말했다고 해서 여호사밧과 남 왕국이 여호와를 전적으로 의지했다는 의미는 아닙니다. 남 왕국의 신앙상태를 점검해 보겠습니다. 이미 열왕기상의 앞에서 확인했듯이 14장에 의하면 남 왕국의 첫 번째 왕이었던 르호보암 시대에 '유다가 여호와 보시기에 악을 행하였다'고 하였고, 15장에 의하면 두 번째 왕 아비얌 시대에도 '아비얌이 그의 아버지가 이미 행한 모든 죄를 행하고, 그의 하나님 여호와 앞에 온전하지 못하였으니'라고 하였고, 세 번째 왕 아사는 처음에는 여호와를 의지했으나 북 왕국과 전쟁이 있을 때에 15장 18절에 의하면 '아사가 여호와의 성전 곳간과 왕궁 곳간에 남은 은금을 모두 가져다가 그 신하의 손에 넘겨 다메섹에 거주하고 있는 아람의 왕 헤시온의 손자 다르림몬의 아들 벤하닷에게 보내며 이르되'라고 나오는 것처럼 아람을 의지했었습니다. 남 왕국의 왕 아사는 하나님대신 아람을 의지했었고, 여호사밧은 바로 그 아사 왕의 아들입니다. 첫 번째 왕부터 지금까지 남 왕국이 여호와를 잘 믿고, 신앙의 모습을 간직한 적이 거의 없습니다. 그 연장선상에서 여호사밧 왕이 있는 것입니다.

그러므로 22장에서 여호사밧은 아주 난감한 것입니다. 자신의 아버지 시대에 북 왕국 이스라엘이 쳐들어왔고 그때 아람의 벤하닷에게 도움을 청한 적이 있었는데, 지금 또 북 왕국의 왕이 남 왕국을 찾아와서 예전에 동맹을 맺었던 아람을 공격하러 함께 가자고 요청하고 있는 상황입니다. 도대체 누구를 적으로 삼고, 누구를 동맹국으로 삼아야 하는지 살아남기 위해서는 결정을 잘 해야 하는 상황입니다. 그래서 한편으로는 직접 자신을 찾아온 아합 왕에게 4절처럼 아부의 극치를 떨고, 다른 한편으로는 5절처럼 마치 여호와를 의지하는 듯한 모양으로, 여호와의 말씀이 어떠하신지 물어보자고 제안하는 것입니다. 만약 여호와가 전쟁하러 올라가지 말라고 응답하신다면 천만다행이고, 전쟁하러 올라가라고 하면 어쩔 수 없는 것입니다. 5절은 신앙의 모습이라기보다는 어떻게든 사태를 지연시켜보고, 상황이 악화되는 것을 막아보려고 하는 정치적 술책에 불과한 것입니다.

누구의 선지자인가

성도님들께서 성경을 읽으실 때에 너무 당연하게 여겨서 실수를 하는 적
이 있습니다. 바로 6절 같은 경우입니다. 6절을 보겠습니다. "이스라엘의
왕이 이에 선지자 사백 명쯤 모으고 그들에게 이르되 내가 길르앗 라못에
가서 싸우랴 말랴 그들이 이르되 올라가소서 주께서 그 성읍을 왕의 손에
넘기시리이다"입니다. 여기에 너무나 익숙한, 오해를 불러일으키기에 충
분한 두 표현이 있습니다. 하나는 '선지자'이고 다른 하나는 '주께서'입니
다. 그래서 6절을 읽으시는 대부분의 성도님들은 '주께서'의 주는 하나님
이고, 하나님을 언급하는 선지자는 당연히 여호와의 선지자일 것이라고 생
각합니다. 바로 그것이 실수요, 그 실수가 엄청난 오해를 만들어내는 것입
니다. 결론부터 말씀드리자면, 여기의 선지자는 여호와의 선지자가 아니
며, 여기의 '주'는 하나님이 아닙니다. 이 오해를 풀기 위해 북 왕국의 상황
과 남 왕국의 상황을 잠시 설명 드렸던 것입니다.

아합 왕은 여로보암의 길로 행하여 여호와를 떠났었고, 시돈 사람의 왕
엣바알의 딸 이세벨을 아내로 삼고 가서 바알을 섬겨 예배했으며, 바알 신
전과 아세라 제단을 만들었으며, 하나님께서 가뭄과 엘리야를 통해 바알
의 헛됨을 알려주셨으나 배우지 않았고, 아람과의 두 번의 전쟁을 통해 여
호와의 권능을 알려주셨으나 여전히 배우지 않았습니다. 그런 아합 왕이
선지자 사백 명을 모았다면 과연 그 선지자가 여호와의 선지자이었을까
요? 전혀 그렇지 않습니다. 18장 19절에 의하면 "온 이스라엘과 이세벨의
상에서 먹는 바알의 선지자 사백오십 명과 아세라의 선지자 사백 명"이 있
었습니다. 갈멜 산에 올라온 사람은 바알의 선지자 사백오십 명뿐이었습
니다. 아세라의 선지자 사백 명은 갈멜 산에 올라오지 않았습니다. 그런
데 지금 아합 왕이 불러 모은 선지자가 딱 사백 명입니다. 그리고 그 사백
명은 이 사건을 통해서 하나님을 배우라는 권면도 없이 무조건적으로 아
합 왕의 편을 들어주고 있습니다. 성경에 선지자라는 표현이 나온다고 해

서 모두 여호와의 선지자일 것이라고 생각하는 실수를 하시면 안 됩니다. 여기 나오는 선지자는 우상의 선지자이고, 그들이 언급하는 '주'는 그들의 '우상 신'을 의미할 뿐입니다.

　대부분의 성도님들은 실수를 하시는데 다행스럽게도 여호사밧은 실수하지 않았습니다. 7절 "여호사밧이 이르되 이 외에 우리가 물을 만한 여호와의 선지자가 여기 있지 아니하니이까"입니다. 아합은 여호와를 아예 언급하지 않습니다. 반대로 여호사밧은 계속해서 여호와를 언급합니다. 여호사밧이 여호와를 전적으로 의지하기 때문이 아니라 아합에게는 쪼임을 당하고 아람의 벤하닷과는 선대왕부터 동맹을 맺어왔기에 이러지도 저러지도 못하는 자신이 처한 상황을 벗어나기 위해 궁여지책으로 여호와를 운운하는 것입니다. 여하튼 5절에서도 '먼저 여호와의 말씀이 어떠하신지 물어보소서'라고 했고, 6절에서 선지자 사백 명이 모여 아합을 응원함에도 불구하고 7절에서 또 '여호와의 선지자가 여기 있지 아니하니이까'라고 합니다. 즉 여호사밧은 아합 왕이 모은 사백 명의 선지자가 여호와의 선지자가 아니라는 것을 알았던 것입니다. 이렇게 여호사밧이 굳이 여호와의 선지자를 고집하자 아합이 어쩔 수 없이 대답하는 것이 8절입니다. "이스라엘의 왕이 여호사밧 왕에게 이르되 아직도 이믈라의 아들 미가야 한 사람이 있으니 그로 말미암아 여호와께 물을 수 있으나"입니다. 즉 아합 왕은 여호와를 찾지도 않았고, 여호와의 선지자를 모으지도 않고 단지 바알이나 아세라의 선지자 사백 명을 모아 물어봤을 뿐이었습니다. 아합이나 이스라엘 백성이 가뭄 사건과 갈멜 산 사건과 두 번의 아람과의 전쟁에서 전혀 하나님을 배우지 않은 것이 분명합니다.

내게 말씀하신 대로

하나님의 활동

열왕기상 22장에는 사백 한명의 선지자가 등장하는데 그 중에 여호와의 선지자는 딱 한명 미가야 뿐입니다. 그런데 성경이 아주 재미있는 것은 딱 한명 등장하는 여호와의 선지자가 저와 여러분의 예상대로 엘리야가 아니라 전혀 다른 사람, 처음 등장하는 미가야라는 것입니다. 성경은 읽으면 읽을수록 매우 정교한 책이라는 것을 알 수 있습니다. 구성과 배열과 전개가 너무 멋있습니다. 우선 기억하셔야 하는 것은 성경은 전적으로 '하나님의 성품과 활동을 소개한다'는 사실입니다. 너무나 당연하지만 너무나 쉽게 잊어버리는 사실입니다. 성경은 하나님의 계시의 책이기에 모든 것이 하나님에게 집중되어 있습니다. 행여 특정한 인간에게 관심이 집중되고, 그 사람을 모범으로 삼거나 의지하려는 시도를 다양한 각도로 사전에 차단해 버립니다. 대부분의 사람들은 족장이라는 말을 들으면 아브람을 생각하고, 장군이라는 말을 들으면 여호수아를 생각하고, 왕이라는 말을 들으면 다윗을 생각하고, 예언자라는 말을 들으면 엘리야를 생각합니다. 이런 생각이 모두 성경의 의도와 다른 것입니다. 족장이라는 말을 들으면 하나님을 생각하고, 장군이라는 말이나 왕이라는 말이나 예언자라는 말이나 무슨 말을 들어도 성경에서는 언제나 '하나님'이 생각나야 올바른 것입니다.

북 왕국 이스라엘의 아합 왕 시대에 선지자들이 있었습니다. 단순히 아합 왕 시대뿐만이 아니라 왕조사 전체에, 더 나아가 성경 전체에서 성도들의 생각에 마치 엘리야가 대표적인 선지자로 간주되지만 정작 성경에는 다양한 선지자가 등장하고, 엘리야의 활약이 별로 두드러지지도 않습니다. 엘리야는 열왕기상 18장 22절에서 '여호와의 선지자는 나만 홀로 남았으나'라고 말했습니다. 그러나 20장에서 이스라엘이 아람과 전쟁할 때에는 홀로 남았다는 엘리야는 온데간데없이 사라지고 전혀 예상치 않았던 사람, 이름도 알려지지 않은 선지자가 등장합니다. 이름이 알려진 엘리야는 엄청난 사역을 행하고 이름이 알려지지 않은 선지자는 하찮은 사역을 행한 것이 아닙니다. 엘리야는 갈멜 산에서 단지 말만 하였을 뿐이고, 무명의 선지자는 이스라엘을 전쟁에서 승리하게 하는 구국의 사역을 행했습니다. 만약 나라에서 훈장을 준다면 당연히 무명의 선지자가 받았을 것입니다.

들쑥날쑥

본문 22장에서도 아합과 여호사밧이 아람과 전쟁을 준비하면서 전쟁에 대해 여호와께 물을 만한 선지자를 찾을 때에도 엘리야가 아닌 이믈라의 아들 미가야가 등장합니다. 굳이 엘리야에 대해 비꼬아서 말한다면 엘리야는 아주 얍삽한 사람으로 비난할 수도 있습니다. 엘리야는 20장에서 두 번의 전쟁이 있을 때 즉 나라가 위기에 처해있을 때에는 어디론가 사라졌다가 전쟁이 끝난 후 즉 나라가 평안할 때인 21장에서 나타납니다. 그러다가 다시 나라가 전쟁을 하려고 하는 22장에서는 또 어디론가 사라져버렸다가 전쟁도 끝나고 아합 왕도 죽은 후인 열왕기하 1장에서 다시 나타납니다. 굳이 비난을 하자면 위기 때에는 사라졌다가, 백성들이 곤경에 처했을 때에는 사라졌다가 평안할 때에만 나타나는 '양지 지향적 인물'이라고 할 수도 있습니다. 제가 지금 엘리야를 비난 하는 것이 아니라 성경은 우리가 일반적으로 인식하는 것처럼 엘리야를 집중 조명하거나, 영향력있는 선지자로 추천하고 있지 않다는 것입니다.

성경은 특정한 인물을 영웅으로 추켜세우지도 않고, 어떤 사람을 악인으로 몰아세우지도 않습니다. 성경의 초점은 사람이 아니라 하나님께 맞추어져 있다는 것을 기억하셔야 합니다. 성경이 사람을 대하는 것은 엘리야뿐만 아니라 다른 사람에게도 동일합니다. 전쟁 때에 나타났던 '한 선지자'도 자신의 역할을 행한 후에 흔적 없이 유유히 사라지고, 전쟁이 끝난 후에 아합에게 나타났던 '선지자 무리 중의 한 사람'도 자신의 역할을 행한 후에 조용히 성경에서 사라지고, 22장에 등장하는 선지가 '미가야'도 여호와의 말씀을 전한 후에 시드기야에게 뺨을 한 대 맞고는 성경에서 살며시 사라 집니다. 물론 엘리야도 자기가 임으로 고난의 상황에서는 잠적하고 평안의 상황에서는 출현하는 것이 아닙니다. 엘리야도 하나님께서 등장시키는 장 면에 등장하고 하나님이 다른 사람을 등장시키는 장면에서는 등장하지 않 을 뿐입니다.

성경이 사건을 이렇게 전개하고, 성경이 사람을 이렇게 소개하는 이유를 분별하셔야 합니다. 성경은 결국 모든 일은 '어떤 사람', '특정한 사람'에게 좌우되는 것이 아니라 모든 것을 주관하시는 '하나님'께 달려있음을 강조 하려는 것입니다. 그래서 성경은 아브라함을 본받으라, 모세를 따르라, 다 윗을 모범으로 삼으라, 엘리야의 발자취를 배우라고 말하지 않고 언제나 '하나님을 알라'고 강조하는 것입니다.

이방 선지자들

본문에는 두 종류의 선지자가 등장합니다. 하나는 바알이나 아세라의 선 지자 즉 우상의 선지자, 거짓 종교의 선지자로서 사백 명이 등장하고 다른 한쪽은 여호와의 선지자로 달랑 한명 미가야가 등장합니다. 거짓 종교와 여호와 신앙의 차이점, 우상 종교의 선지자와 여호와의 선지자의 차이점 을 분별해 보겠습니다. 먼저 거짓 종교의 특징은 신에게 의견을 묻는 자나 신의 의견을 전달하는 선지자나 아무도 신을 믿지도 않고 신의 뜻을 믿지 않는다는 것입니다. 8절을 보시면 신에게 의견을 묻지 않으려는 아합 왕의 속내가 나옵니다. "이스라엘의 왕이 여호사밧 왕에게 이르되 아직도 이믈 라의 아들 미가야 한 사람이 있으니 그로 말미암아 여호와께 물을 수 있으 나 그는 내게 대하여 길한 일은 예언하지 아니하고 흉한 일만 예언하기로 내가 그를 미워하나이다"입니다. 왕은 진심으로 신의 뜻을 알고 싶어하는 것이 아닙니다. 자기에게 흉한 일을 예언하는 사람에게는 아예 묻지도 않고 심지어는 미워할 뿐입니다. 신의 뜻을 묻고 신의 뜻을 따르겠다는 생각이 없습니다. 이것을 좀 더 확장하면 자신이 정확하게 알지 못하는 것을 신은 정확하게 알고 있다고 생각하지 않는다는 증거입니다.

이번에는 우상 선지자들의 예언을 직접 들어보시겠습니다. 10절로 12절입니다. "이스라엘의 왕과 유다의 여호사밧 왕이 왕복을 입고 사마리아 성문 어귀 광장에서 각기 왕좌에 앉아 있고 모든 선지자가 그들의 앞에서 예언을 하고 있는데 그나아나의 아들 시드기야는 자기를 위하여 철로 뿔들을 만들어 가지고 말하되 여호와의 말씀이 왕이 이것들로 아람 사람을 찔러 진멸하리라 하셨다 하고 모든 선지자도 그와 같이 예언하여 이르기를 길르앗 라못으로 올라가 승리를 얻으소서 여호와께서 그 성읍을 왕의 손에 넘기시리이다 하더라"입니다. 여기에 나온 선지자들은 여호와의 선지자가 아니라 모두 바알이나 아세라의 선지자 즉 우상의 선지자들입니다. 또는 아합 왕이 미워하지 않는 선지자 즉 진실이나 신의 참된 뜻을 말하는 것이 아니라 단지 왕이 듣고 싶어하는 말만 예언하는 선지자들입니다.

이 사람들이 여호와를 운운한다고 여호와의 선지자라고 착각하시면 안 됩니다. 이 선지자들은 이미 6절에서 예언을 했습니다. 아합 왕이 의견을 물었을 때에 대답을 했습니다. 그런데 아합 왕과 같이 있는 여호사밧 왕이 5절에서 '여호와의 말씀이 어떠하신지 물어 보소서'라고 했고, 7절에서 '우리가 물을 만한 여호와의 선지자가 여기 있지 아니하니이까'라고 자꾸 '여호와'를 운운합니다. 그러자 이미 6절에서 예언을 했던 사람들이, 11절에서 똑같은 내용을 예언하는데, 이번에는 의도적으로 '여호와'라는 단어를 사용하고 있는 것입니다. 왜냐하면, 여호사밧이 자꾸 여호와를 운운하기 때문입니다. 어차피 우상 선지자들은 진실을 말하는 사람들이 아니고, 실제로 장래일이나 발생하는 사건에 대한 신의 뜻을 알고 있는 사람들이 아닙니다. 그러니 우상의 선지자들이면서 자기들의 신이 아닌 다른 신의 이름인 여호와를 운운하는 것이 자신들의 신앙을 부인하는 것이나, 자신들의 종교를 왜곡한다는 개념자체가 없습니다. 그저 자신들에게 의견을 구하는 자들의 귀에 듣기 좋은 소리를 해 주는 것으로 충분합니다. 그래서 말끝마다 '여호와의 말씀이, 여호와께서'라고 하는 것입니다. 앞에서 이 사람들이 우상의 선지자인 사실을 파악해야, 그들이 언급하는 여호와가 실제로 여호와를 의미하는 것이 아니라는 것을 파악하실 수 있습니다.

의견을 구하는 아합 왕이나 의견을 제시하는 선지자들이나 서로 신을 믿지 않고 있으며, 서로 신의 뜻을 궁금해 하지도 않습니다. 이들의 실상을 확인해 주는 장면이 하나 더 나옵니다. 바로 미가야 선지자를 부르러 간 왕의 내시가 하는 말입니다. 13절 "미가야를 부르러 간 사신이 일러 이르되 선지자들의 말이 하나 같이 왕에게 길하게 하니 청하건대 당신의 말도 그들 중 한 사람의 말처럼 길하게 하소서"입니다. 이 신하는 선지자에게 신의 뜻을 묻는 것이 아니라 아예 선지자가 대답할 말을 가르쳐 주고 있습니다. 결국 아무도 신의 뜻을 알고 싶어 하지 않습니다. 당연히 신의 뜻을 따르겠다는 생각도 없고, 더 나아가 신을 믿지도 않고 있습니다. 이것이 이방 종교, 우상 종교, 죄의 종교의 실체입니다.

예언의 분별

선지자 사백 명이 예언한 결과까지 확인해 보겠습니다. 6절과 11절과 12절에서 모든 선지자가 왕이 전쟁에서 아람을 진멸하고 성읍을 얻는 승리를 할 것이라고 예언을 했습니다. 그러나 결과는 35절 이하 "이 날에 전쟁이 맹렬하였으므로 왕이 병거 가운데에 붙들려 서서 아람 사람을 막다가 저녁에 이르러 죽었는데 상처의 피가 흘러 병거 바닥에 고였더라"입니다. 여기서 또 한가지 기독교인들의 잘못된 상식을 점검하고 가겠습니다. 아마도 대부분의 성도님들은 예언에 대해 그 예언이 참인지 거짓인지는 예언이 성취되는 지의 여부를 통해서 확인이 된다고 생각하실 것입니다. 그리고 그러한 방식을 확증해주는 표현으로 '열매로 나무를 알리라'는 구절을 인용하실 것입니다. 그러나 결과를 통해 예언의 참과 거짓을 확인하는 방식은 정말 미련한 방식이고 어리석은 방식이고 아무짝에도 쓸모없는 방식이고, 기독교와 전혀 상관없는 방식이고 하나님의 일하심과 전혀 무관한 방식입니다.

아합 왕의 경우, 선지자 사백 명을 통해 예언을 들었는데 결과적으로는 전쟁에서 승리한 것이 아니라 패배했고 아예 죽기까지 했습니다. 그래서 결과로 보아 선지자들의 예언이 거짓임이 밝혀졌습니다. 그래서요? 그 예언이 거짓임이 밝혀진 것이 아합에게 무슨 도움이 됩니까? 아무 소용이 없습니다. 이미 아합이 죽어버렸기에 그 예언이 거짓이었든 참이었든 아무 의미가 없습니다. 결과를 통해 예언을 분별하는 것이 아무 가치가 없습니다. 행여 여러분도 결과를 통해 참과 거짓을 분별하겠다는 생각을 아예 버리시기 바랍니다.

여러분, 하나님의 말씀은 그것이 예언이든, 계시이든, 약속이든, 선포이든 어떤 양상을 띠든지 모두 전적으로 인간의 유익을 위해서 주시는 말씀입니다. 하나님의 말씀을 통해서 인간이 하나님을 배우고, 죄를 벗어나서 하나님의 은혜를 누리는 행복한 삶을 살도록 도와주시는 말씀입니다. 그래서 하나님의 말씀에는 저주나 징계가 없고, 인간에게 불행을 예언하는 내용이 없습니다. 혹시라도 불행을 암시하는 내용이 나온다면 그것은 그 인간이 불행을 당하도록 하는 의미가 아니라 그러한 상황을 미리 알려 줄 테니 하나님을 말씀을 듣고 불행을 피하도록 하는 권고입니다. 예언은 절대적으로 결과를 통해 확인해서는 안 되고, 예언을 듣는 순간 이미 확인이 되어야 합니다. 모든 상황이 끝나 버린 후에 참과 거짓을 분별해서는 안 되고, 말씀을 듣는 순간 즉시 분별을 해야 합니다. 그래서 참된 예언의 경우 예언대로 행해서 예언에 주어진 은혜를 누려야 하고, 거짓 예언의 경우 아예 그 예언을 무시해서 거짓 예언이 말하는 헛된 소망에 마음이 들떠서도 안 되고, 거짓 예언이 말하는 헛된 저주에 마음이 두려워해서도 안 됩니다.

하나님의 말씀

지금 이 순간, 예언을 들을 때 참인지 거짓인지 어떻게 알 수 있느냐고 궁금해 하실 수 있습니다. 예언을 듣는 순간에는 알 수가 없으니 결과가 나타난 후에 확인하는 것 아니냐고, 처음부터 알 수 있으면 누가 나중까지 기다리겠느냐고 질문하실 수 있습니다. 예, 대답을 해 드리겠습니다. 우상 종교의 예언과 여호와의 예언의 본질적인 차이점이 있습니다. 우상 종교 또는 우상 종교의 예언에는 그 신의 속성, 그 신의 뜻, 그 신의 섭리, 그 신의 목적, 그 신의 성품과 원리가 전혀 담겨있지 않다는 것입니다. 그러니 우상 종교의 예언은 단지 그 상황에 관련된 것일 뿐이며, 이 상황과 저 상황의 연관성이 전혀 없습니다. 그렇기 때문에 우상 종교의 예언은 듣는 순간에 참된 예언인지 거짓된 예언인지를 전혀 분별할 수가 없습니다. 당연히 모든 것이 끝난 후에, 모든 결과가 드러난 후에야 분별할 수 있을 뿐입니다. 그리고 이미 결과가 드러난 후에는 그 예언이 참이든지 거짓이든지 아무 의미가 없습니다. 이것이 우상 종교, 이방 종교, 죄의 종교의 실체입니다.

그러나 하나님은 언제나 '먼저' 말씀하시는 분입니다. 각각의 상황에 밑도 끝도 없이 툭 예언을 던지는 분이 아니십니다. 언제나 사건의 본질을 말씀해 주시고, 하나님의 뜻, 섭리, 속성, 기대, 원리, 약속, 목적을 설명해 주십니다. 하나님의 모든 말씀은 서로서로 철저하게 연관되어 있습니다. 앞의 말씀과 전혀 다른 말씀이 없고, 서로 모순되는 말씀이 없고, 서로 충돌하는 예언이 없고, 느닷없이 뜬금없이 하는 말씀이 없습니다. 그것만 들어서는 참인지 거짓인지를 분별하기에 매우 혼동이 되는 말씀이 원천적으로 존재하지 않습니다. 사람들이, 심지어 성도들조차도 하나님의 말씀을 듣고 참인지 거짓인지 분별하기가 어렵다고 하는 이유는 하나님의 다른 말씀을 모르기 때문입니다. 사람들이, 심지어 성도들조차도 하나님의 말씀을 듣고 결과가 나타난 후에 참인지 거짓인지를 확인하려고 하는 이유는 이미, 먼저, 벌써 충분하게 해 주신 하나님의 말씀을 모르기 때문입니다. 하나님은 인간을 혼란스럽게 하신 적이 없고, 하나님은 말씀을 애매모호하게 하신 적이 없습니다.

본문에서 사백 명의 우상 선지자들과는 달리 여호와의 선지자 미가야는 저와 여러분에게 정확하게 여호와의 말씀의 특징을 알려주고 있습니다. 14절 "미가야가 이르되 여호와께서 살아 계심을 두고 맹세하노니 여호와께서 내게 말씀하시는 것 곧 그것을 내가 말하리라"입니다. 미가야가 강조하는 것이 '여호와가 말씀하시는 것'입니다. 사람들은 미가야가 어떤 예언을 하느냐, 예언의 내용이 무엇인지를 궁금해 합니다. 그러나 미가야는 '누가' 예언을 주시는가 즉 '여호와가 말씀하신다'고 선언하고 있습니다. 포인트는 그때그때마다 주어지는 예언의 내용에 맞추어지는 것이 아닙니다. 어떤 상황이든, 누가 전달을 하든, 어떤 내용에 관한 것이든 모든 핵심은 '여호와가 말씀하신다'는 것입니다. 그렇다면 어떤 예언이 참인지 거짓인지를 분별하는 것은 그 예언 자체를 가지고 따지는 것이 아니라, 그 상황이 끝나고 결과에 따라서 따지는 것이 아니라 '여호와'에게 맞추어 보아야 한다는 것입니다. 이미 말씀하셨던 여호와의 성품과 같은 지, 이미 말씀하셨던 여호와의 섭리와 같은 지, 먼저 말씀하셨던 여호와의 목적과 같은 지, 전에 말씀하셨던 여호와의 원리와 같은 지, 다른 곳이나 다른 상황에서 말씀하셨던 여호와의 의도와 같은 지를 통해서 분별하는 것입니다.

여호와께서

여호와의 예언을 분별하는 것에 대하여 가장 정확한 모범을 보여준 사례가 바로 본문에 등장하는 미가야입니다. 미가야는 아합 왕에게 길한 것을 예언하지도 않았고 흉한 것을 예언하지도 않았습니다. 미가야는 오직 '여호와께서 내게 말씀하시는 것' 그것만을 예언했습니다. 물론 아합은 미가야의 예언에 대해 '여호와가 말씀하신 것'으로 받아들이지 않고 단지 흉한 것으로만 받아들였습니다. 아합뿐만이 아니라 사백 명의 선지자도 마찬가지였습니다. 그 중의 한 사람 시드기야가 미가야의 예언을 부인하며 뺨을 때렸고, 결국 아합 왕이 내린 조치가 27절 "말하기를 왕의 말씀이 이 놈을 옥에 가두고 내가 평안히 돌아올 때가지 고생의 떡과 고생의 물을 먹이라 하였다 하라"였습니다. 이때 미가야도 '누구 말이 옳은지 두고 봅시다'라고 했을까요? '나중에 내가 옳은 것이 드러난 후에 후회하지 마시오'라고 했을까요? 아닙니다. 미가야는 모든 상황이 끝난 후에, 결과가 나타난 후에 예언을 분별하는 방법을 사용하지 않았습니다. 미가야는 여호와의 예언자답게, 예언을 하는 순간 이미 예언을 분별하였습니다. 그 미가야가 하는 말이 28절 "미가야가 이르되 왕이 참으로 평안히 돌아오시게 될진대 여호와께서 나를 통하여 말씀하지 아니하셨으리이다 또 이르되 너희 백성들아 다 들을지어다 하니라"입니다. 이것이 기독교 신앙입니다. 하나님의 말씀이 진리임을 이미 아는 것입니다. 진리이기에 말씀대로 이루어지는 것을 아는 것입니다.

기독교인이 기독교의 특성을 알지 못하고 누리지 못하는 것이 참으로 안타까운 현실입니다. 성도님들은 성경을 읽고 배우시고, 하나님을 아시고 하나님의 은혜와 복을 아시고, 하나님의 진리와 원리를 아셔서 삶 가운데 날마다 하나님의 말씀대로 이루어지는 하나님 나라를 풍성히 살아가시기를 주님의 이름으로 축원합니다.

변장하고

열왕기상 22:29~53

29 이스라엘의 왕과 유다의 여호사밧 왕이 길르앗 라못으로 올라가니라 30 이스라엘의 왕이 여호사밧에게 이르되 나는 변장하고 전쟁터로 들어가려 하노니 당신은 왕복을 입으소서 하고 이스라엘의 왕이 변장하고 전쟁터로 들어가니라 31 아람 왕이 그의 병거의 지휘관 삼십이 명에게 명령하여 이르기를 너희는 작은 자나 큰 자와 더불어 싸우지 말고 오직 이스라엘 왕과 싸우라 한지라 32 병거의 지휘관들이 여호사밧을 보고 그들이 이르되 이가 틀림없이 이스라엘의 왕이라 하고 돌이켜 그와 싸우려 한즉 여호사밧이 소리를 지르는지라 33 병거의 지휘관들이 그가 이스라엘의 왕이 아님을 보고 쫓기를 그치고 돌이켰더라 34 한 사람이 무심코 활을 당겨 이스라엘 왕의 갑옷 솔기를 맞힌지라 왕이 그 병거 모는 자에게 이르되 내가 부상하였으니 네 손을 돌려 내가 전쟁터에서 나가게 하라 하였으나 35 이 날에 전쟁이 맹렬하였으므로 왕이 병거 가운데에 붙들려 서서 아람 사람을 막다가 저녁에 이르러 죽었는데 상처의 피가 흘러 병거 바닥에 고였더라 36 해가 질 녘에 진중에서 외치는 소리가 있어 이르되 각기 성읍으로 또는 각기 본향으로 가라 하더라 37 왕이 이미 죽으매 그의 시체를 메어 사마리아에 이르러 왕을 사마리아에 장사하니라 38 그 병거를 사마리아 못에서 씻으매 개들이 그의 피를 핥았으니 여호와께서 하신 말씀과 같이 되었더라 거기는 창기들이 목욕하는 곳이었더라 39 아합의 남은 행적과 그가 행한 모든 일과 그가 건축한 상아궁과 그가 건축한 모든 성읍은 이스라엘 왕 역대지략에 기록되지 아니하였느냐 40 아합이 그의 조상들과 함께 자매 그의 아들 아하시야가 대신하여 왕이 되니라 41 이스라엘의 아합 왕 제사년에 아사의 아들 여호사밧이 유다의 왕이 되니 42 여호사밧이 왕이 될 때에 나이가 삼십오 세라 예루살렘에서 이십오 년 동안 다스리니라 그의 어머니의 이름은 아수바라 실히의 딸이더라 43 여호사밧이 그의 아버지 아사의 모든 길로 행하며 돌이키지 아니하고 여호와 앞에서 정직히 행하였으나 산당은 폐하지 아니하였으므로 백성이 아직도 산당에서 제사를 드리며 분향하였더라 44 여호사밧이 이스라엘의 왕과 더불어 화평하니라 45 여호사밧의 남은 사적과 그가 부린

권세와 그가 어떻게 전쟁하였는지는 다 유다 왕 역대지략에 기록되지 아니하였느냐 46 그가 그의 아버지 아사의 시대에 남아 있던 남색하는 자들을 그 땅에서 쫓아내었더라 47 그 때에 에돔에는 왕이 없고 섭정 왕이 있었더라 48 여호사밧이 다시스의 선박을 제조하고 오빌로 금을 구하러 보내려 하였더니 그 배가 에시온게벨에서 파선하였으므로 가지 못하게 되매 49 아합의 아들 아하시야가 여호사밧에게 이르되 내 종으로 당신의 종과 함께 배에 가게 하라 하나 여호사밧이 허락하지 아니하였더라 50 여호사밧이 그의 조상들과 함께 자매 그의 조상 다윗 성에 그의 조상들과 함께 장사되고 그의 아들 여호람이 대신하여 왕이 되니라 51 유다의 여호사밧 왕 제십칠년에 아합의 아들 아하시야가 사마리아에서 이스라엘의 왕이 되어 이 년 동안 이스라엘을 다스리니라 52 그가 여호와 앞에서 악을 행하여 그의 아버지의 길과 그의 어머니의 길과 이스라엘에게 범죄하게 한 느밧의 아들 여로보암의 길로 행하며 53 바알을 섬겨 그에게 예배하여 이스라엘의 하나님 여호와를 노하시게 하기를 그의 아버지의 온갖 행위 같이 하였더라

사람의 등장

하나님의 선택

성경에는 많은 전쟁이야기가 나옵니다. 성경뿐만이 아니라 고대의 세계 역사에서 언제나 등장하는 영웅은 주로 왕이지만 동시에 장군입니다. 사회가 안정되지 않은 상태에서 시련과 역경이 발생하는 원인이 전쟁이었기에, 전쟁에서 승리하고 나라를 안정시키는 사람이 곧 시대의 영웅이 되는 패턴이었습니다. 사울이 왕이 된 것도 전쟁을 통해서였습니다. 사무엘상 11장에 의하면 암몬 사람 나하스가 길르앗 야베스를 쳐들어왔을 때 사울이 밭에서 소를 몰고 오다가 하나님의 영에 의해 감동되어 전쟁에 나가 승리하는 것으로 백성들에게 부각되었고, 곧이어 왕으로 등극하게 되었습니다. 인간의 사고방식에는 영웅은 다른 사람보다 뛰어난 행동으로 사람들의 눈에 띄고, 사람들에게 인정받을 만한 업적이 있어야 합니다. 그래서 흔히 통용되는 표현이 '난세에 영웅이 난다'입니다.

이러한 세상의 방법과 하나님의 방법은 완전히 차원이 다릅니다. 하나님의 선택은 인간의 능력과 업적과 전혀 상관없다는 것을 의미하는 표현이 '내가 너를 복중에서 택하였다'입니다. 아직 엄마의 배에 있을 때에 선택했

다면, 아직 그 사람이 세상에 모습을 보이기도 전에 선택했다면 그 사람의 행동과 선택 사이에 어떤 연결도 할 수 없습니다. 세상과 다른 하나님의 일하심을 보여주는 성경의 특징이, 성경에 하나님이 세우는 사람이 등장할 때는 '불쑥' 등장한다는 사실입니다. 어떤 사람이 등장하기 전에 그 사람에 대한 정보가 제공되지 않습니다. 일단 그 사람이 등장하고 이어 그 사람이 이런저런 탁월한 행동을 하고 하나님께서 그 과정을 눈여겨보시다가, 마침내 하나님께서 그 사람을 신뢰하여 중책을 맡기는 과정이 일체 없습니다. 어떤 사람이 불쑥 등장하는데, 등장하는 것 자체가 이미 선택을 받은 것이요, 이미 사역을 시작한 것입니다. 사전 정보, 사전 활동없이 이미 선택을 받았고, 이미 사역을 시작하였기에 그 후에 '그 사람이 선택받은 이유'를 찾는 것은 성경의 방식, 하나님이 일하시는 원리와는 아무 상관이 없습니다.

성경에 나오는 이야기이기에 모두 하나님의 방식으로 착각하는 이야기, 그러나 하나님의 방식과 세상의 방식이 가장 극명하게 드러나는 이야기가 바로 다윗의 이야기입니다. 다윗의 이야기는 전반부와 후반부로 나누어보아야 하는데 전반부는 하나님의 방식을, 후반부는 죄인들의 방식을 보여줍니다. 먼저 하나님은 다윗이 어떤 영웅적 행동을 하지 않았을 때, 즉 단지 목동이었을 때 왕으로 선택하셨습니다. 사무엘이 다윗의 집에 와서 왕이 될 사람을 고를 때 형들이 모두 탈락해서 다윗의 아버지마저 포기할 때, 사무엘의 요청으로 다윗은 양을 치고 있다가 갑자기 불려 와서 말 그대로 졸지에 왕으로 기름부음을 받았습니다. 그 장면 이전에 저와 여러분은 다윗에 대해서 아는 것이 없습니다. 있다면 단 하나 룻기에서 아직 태어나지도 않은 다윗의 이름이 등장하는 것뿐입니다. 다윗이 왕으로 기름부음을 받기 전의 행적은 성경에 전혀 없습니다. 그래서 다윗의 어떤 점이 하나님께 어필되었고, 다윗의 어떤 능력이 하나님에게 선택받을 수 있었느냐고 질문한다면 대답할 말이 없습니다. 이것이 하나님의 방식입니다. 열왕기서에 남쪽과 북쪽의 여러 왕들이 등장합니다. 하지만 그 사람이 무슨 자격이 있어서 왕이 되었는지 소개하지도 않으며, 동시에 왕에서 퇴위할 때에 왕으로서 그 동안 어떤 업적을 이루었는지도 전혀 다루지 않습니다. 이것이 성경의 방식입니다.

사람의 선택

후반부에서는, 다윗이 하나님께 왕으로 선택받았다고 해서 바로 백성들에게도 왕으로 추대된 것이 아니었습니다. 왜냐하면 백성들은 하나님과 기준이 다르고, 원리가 달랐기 때문입니다. 그래서 다윗은 블레셋의 장수인 골리앗과의 싸움을 거쳐야 했습니다. 그 싸움에서 드디어 다윗은 사울 왕과 백성들에게 알려지기 시작합니다. 그 후로도 다윗은 계속해서 전쟁에 나가서 계속해서 승리를 합니다. 점차로 '사울은 천천이요 다윗은 만만이라'고 할 정도로 백성들에게 인정을 받았고, 마침내 사울이 죽은 위기상황이 발생하였을 때, 과연 이스라엘이 난세에 직면하였을 때 이스라엘의 철천지원수 블레셋을 무찌르고 왕으로 등극하게 됩니다. 그래서 세상 사람들이나 성도들이나 대부분의 사람들은 다윗이 전쟁을 잘해서, 백성들을 곤경에서 구해준 업적 때문에 이스라엘의 왕이 된 것으로 착각합니다. 하나님의 일하심을 소개하는 성경을 읽으면서도 성경의 방식이나 하나님의 방식으로 이해하지 못하고 세상의 방식으로 오해하는 것입니다.

선지자들에 대해서도 마찬가지입니다. 물론 열왕기서 이전에도 가끔 선지자가 등장하지만 성경에 선지자가 본격적으로 등장하는 것이 열왕기서부터입니다. 다윗 시대에 활동한 선지자가 나단입니다. 그런데 저와 여러분은 나단이 어떤 사람인지 잘 모릅니다. 선지자가 되기 전에 무엇을 했는지, 어떻게 선지자가 되었는지 전혀 모릅니다. 그냥 그 사람은 등장할 때부터 선지자입니다. 성경에 선지자가 되는 기준을 제시한 곳도 없고, 선지자가 되는 과정이 소개되어 있지도 않습니다. 그래서 오늘날 어떤 성도가 선지자가 되고 싶은 비전을 가지고 준비를 한다면 도대체 무엇을, 어떻게 준비해야 할지 도무지 성경에서 발견할 수 없습니다. 열왕기의 유명한 선지자가 엘리야입니다. 그런데 엘리야도 17장에 불쑥 등장할 뿐입니다. 그의 출생도 성장과정도 업적도 전혀 없습니다.

그래도 엘리야는 성경에서 특별한 케이스에 속합니다. 20장에서 아람과의 전쟁에서 아합 왕이 이길 것을 예언한 '한 선지자'는 더 심합니다. 엘리야는 이름이라도 알려져 있지만 '한 선지자'는 아예 이름조차도 없습니다. 열왕기상 22장에 등장하는 미가야도 알려진 것이 없습니다. 결과로만 따져본다면 미가야가 엘리야보다 못할 것이 없습니다. 엘리야가 갈멜 산에서 사백오십 명의 바알 선지자들과 대결을 펼쳤다면, 미가야는 아합 왕과 여호사밧 왕의 존전에서 일방적으로 아합의 편을 들고 있는 우상의 선지자 사백 명과 대결을 펼치고 있습니다. 그럼에도 불구하고 미가야가 어떻게 선지자가 될 수 있었는지, 이 사건이후에 어떻게 되었는지 아무도 모릅니다. 저와 여러분이 알고 있는 정보는 하나님이 미가야를 부르셨다는 것이요, 하나님께서 미가야에게 예언의 말씀을 주셨다는 것입니다.

성경이 이런 방식을 사용하는 이유가 무엇입니까? 바로 인간의 차별을 없애는 것이요, 인간이 상호간에 절대 교만하지 못하게 절대 비굴하지 않도록 하기 위해서입니다. 죄인들의 원리를 원천적으로 차단해서 인간의 관계에 죄의 비교와 우열의 상태가 절대 작용하지 못하도록 막으심으로 서로 더불어 자유와 안식을 누리게 하기 위해서입니다. 하나님의 원리이어야 인간이 행복하게 살 수 있습니다.

아이러니

성경에서 정말 저와 여러분을 당황하게 만드는 아이러니한 장면들이 종종 등장합니다. 은혜 받은 사람의 대표가 은혜를 부인하는 장면이나, 오직 하나님의 방식을 드러내는 대표로 인식되는 사람이 전혀 하나님의 방식과 다르게 행동하는 경우들입니다. 열왕기서에서 가장 대표적인 인물을 고르라면 바로 다윗과 아합입니다. 대부분의 성도님들이 은연중에 다윗에 대한 절대적인 지지를 하고 있기에 제가 다윗에 대해 조금 불편한 이야기를 하려고 할 때마다 마음에 부담이 됩니다. 다윗은 하나님이 아니면 아예 성경에 등장할 수도 없었고 왕이 될 수도 없었습니다. 오직 하나님이 부르시고, 하나님이 도우시고, 하나님이 세우셔서 왕이 되었습니다. 그렇다면 성경 전체에서 가장 하나님의 뜻을 따라야 하는 사람의 대표가 다윗입니다. 혹시 다른 사람은 하나님의 뜻을 어기거나, 하나님의 의도와 다르게 행동할지라도 다윗만큼은 어떤 상황일지라도, 어떤 변명거리가 있을지라도 오직 하나님의 원리와 방식을 따랐어야 합니다. 그만큼 하나님으로 말미암아 왕이 된 사람이기 때문입니다.

그런데 성경 전체에서 하나님의 뜻을 가장 대놓고 어긴 사람, 하나님의 원리와 방식을 아주 의도적으로 거부한 사람이 바로 다윗입니다. 그것이 열왕기상 1장에서 보았던 솔로몬을 왕으로 세운 일이었습니다. 다윗이 솔로몬을 왕으로 선택한 것은 성경에서 전무후무한 일입니다. 성경의 이야기와 세상 이야기가 기준이 어떻게 다르고, 목적이 어떻게 다르고, 방법이 어떻게 다른지를 분별하셔야 합니다. 성경에 이런 저런 사건과 상황이 등장하는 것은 오직 인간문제의 본질이 죄라는 것과 죄를 해결하는 것은 하나님을 아는 것이라는 사실을 밝히기 위한 것입니다. 그러므로 성경이야기에서 이스라엘의 번성함과 강성함, 어떤 사람의 성공과 명예, 어떤 조직이나 단체의 운영 등에 관련된 교훈을 찾으려고 해서는 절대로 안 됩니다. 또한 성경은 하나님이 주체가 되어서 하나님이 일하신다는 사실을 반드시 기억하셔야 합니다. 세상은 하나님의 존재와 일하심을 전혀 고려하지 않고, 세상의 모임이나 조직 또는 공동체는 하나님이 의도하는 목적과 계획을 전혀 갖지 않습니다. 그래서 하나님의 원리와 세상의 원리는 원천적으로 다를 수밖에 없습니다.

다윗이 자신의 후계자로 솔로몬을 선택했습니다. 그 이유는 솔로몬이 '지혜롭다'는 것이었습니다. 나라를 다스리는 왕을 뽑는데 여러 아들 중에 지혜로운 아들을 선택하는 것은 당연한 것 아니냐고 여겨서는 안 됩니다. 만약 아무나 뽑아서 나라가 위기에 처하면 누가 책임질 것이냐고 물어서는 안 됩니다. 그런 이야기들은 모두 이스라엘을 하나님의 백성으로 인식하지 않는 것이며, 하나님이 일하신다는 사실을 거부하는 것입니다. 성경의 의도와 목적을 전혀 모르는 것입니다. 성경 전체에서 하나님은 사람의 기준에 비추어 지혜로운 사람, 용감한 사람, 덕이 있는 사람, 리더쉽이 있는 사람을 선택하신 적이 없습니다. 하나님을 알리기 위해서입니다. 이 원리에 근거해서 다윗도 왕이 될 수 있었습니다. 그런데 자신은 하나님의 원리로 왕이 되었음에도 불구하고 하나님의 원리를 원천적으로 거부한 사람이 바로 다윗이었습니다. 이스라엘이 국가가 된 이후에 이스라엘을 망친 원인이 된 한 사건, 이스라엘을 타락시킨 가장 문제가 되는 한 사람을 고르라면 바로 다윗이요, 솔로몬을 선택한 사건입니다. 성경에 등장하는 왕의 선출에서 인간의 기준이 등장하는 유일한 예입니다. 그 순간부터 이스라엘은 세상의 원리, 죄의 원리를 마치 하나님의 원리로 착각하게 되었기 때문입니다.

　사람들은 다윗의 실수를 뽑으라고 하면 주로 밧세바 사건을 뽑습니다. 이것이 성도들이 성경을 하나님의 의도와는 전혀 다르게 오해하고 있다는 증거입니다. 다윗이 백성들이나 성도들에게 하나님을 배우고 하나님을 의지하게 해야 하는 역할에 실패했다는 생각을 거의 하지 않는 것입니다. 단지 다윗이 남의 부인을 빼앗았다는 것, 그것도 자신의 부하인 우리아를 속이면서까지 자신의 욕망을 채웠다는 것, 즉 단지 윤리적이요 도덕적인 잘못을 중요하게 인식하고 있다는 것이 성경을 오해하는 명백한 증거입니다. 윤리적으로 사는 것은 하나님의 도움이 없어도 됩니다. 그래서 세상에는 법 없이도 사는 사람이 그렇게도 많은 것입니다. 다윗의 최고의 실수는 하나님의 원리를 거부한 것, 이스라엘에 세상의 기준을 적용한 것, 결과적으로 백성들에게 하나님을 알게 하지 못한 것입니다.

성경 전체에서 가장 대표적인 죄인을 뽑으라면 저는 두 사람을 뽑을 것입니다. 하나는 아담이고 또 하나는 바로 다윗입니다. 제가 유독 다른 사람보다 다윗을 물고 늘어지는 이유는 다윗은 하나님의 은혜를 받은 대표적인 사람이기 때문입니다. 혹시 다윗 말고 다른 사람을 하나 더 고르라고 한다면 바로 오늘 등장하는 아합입니다.

변장을 하고

아합의 전쟁

열왕기상에 의하면 아합은 총 세 번의 전쟁을 합니다. 그 중에 두 번은 공격을 받는 것이요 한 번은 공격을 하는 것입니다. 먼저 공격을 받는 것은 열왕기상 20장에 나옵니다. 아람의 벤하닷 왕이 이스라엘을 공격해 온 것입니다. 아람이 강국이었고 이스라엘이 약국이었습니다. 그래서 사실은 전쟁을 시작하기 전에 이미 항복을 결정했습니다. 벤하닷 왕이 요구하는대로 모든 조공을 다 바치기로 했었습니다. 그러다 우연하게 하나님의 선지자가 등장해서 하나님께서 이번 전쟁을 이기게 해 주실 것이라는 예언을 하였고, 정말 예언대로 전쟁에서 승리했습니다. 얼마 후 전열을 가다듬은 아람의 벤하닷이 다시 이스라엘을 공격해 왔고, 이번에도 지난번의 선지자가 등장해서 또 하나님께서 이기게 해 주실 것이라는 예언을 하였고, 정말 예언대로 전쟁에서 승리했습니다.

아합은 성경에 등장하는 대표적인 우상숭배자입니다. 단지 우상을 섬기는 정도가 아니라 의도적으로 하나님의 선지자들을 색출하여 죽이기까지 했던 왕입니다. 하나님은 그런 아합 왕을 전쟁에서 승리하도록 두 번이나 도와 주셨습니다. 그러나 하나님의 목적은 전쟁에서의 승리가 아니었습니다. 어떻게 알 수 있습니까? 전쟁을 통하여 얻은 것이 하나도 없다는 것입니다. 세상의 기준에 의하면 전쟁이 끝난 후에는 언제나 전리품 또는 보상이 주요 쟁점이 됩니다. 승리한 만큼 보상을 받아야 하고, 패배한 만큼 대가를 지불해야 합니다. 그런 것이 없다면 굳이 전쟁을 해야 할 이유가 없습니다. 벤하닷은 전쟁에서 패배하자 자발적으로 배상금을 내어 놓겠다고 말합니다. 하지만 하나님은 아합 왕이 전리품을 받는 조건으로 벤하닷을 살려준 것을 책망하셨습니다. 하나님이 기대한 것은 아합 왕이 잃어버린 영토를 회복하는 것도 아니요, 다메섹에 아합의 이름으로 거리를 내는 것도 아니요, 전리품으로 많은 금은보화를 받는 것도 아니라 딱 한 가지 아합 왕이 하나님을 배우는 것이었습니다.

　세상의 관점에서 보면 하나님의 일하심이 매우 이상합니다. 일반적으로 세상에서 전쟁을 이기게 하려면 가장 기본적인 것이 탁월한 장수와 좋은 군사를 많이 모으는 것, 좋은 무기를 갖는 것, 기가막힌 전략을 짜는 것입니다. 그러나 열왕기상 20장에 보면 하나님은 이 세 가지 중 하나도 보충해 주지 않았습니다. 두 번의 전쟁에서 장수나 군사가 보충된 것이 없고, 새로운 무기가 등장하지 않고, 모든 병법가가 놀랄만한 적벽대전 같은 묘수가 없습니다. 분명히 이스라엘은 전쟁에서 두 번이나 이겼는데 저와 여러분은 어떻게 이겼는지를 모릅니다. 하나님께서 이스라엘을 도와주시고 아합에게 은혜를 주신 것은 분명합니다. 이때 하나님의 목적은 절대로 전쟁에서 승리하는 것이 아닙니다. 만약 전쟁에서 승리하는 것, 국방을 튼튼히 하는 것이 목적이라면 하나님은 이스라엘에 군사와 무기와 전략을 주시면 됩니다. 하지만 하나님은 이스라엘에게 외형적으로, 상황적으로 강해질 수 있는 어떤 조치도 행하시지 않았습니다. 대신 하나님을 배우게 하셨습니다. 전혀 달라지지 않은 상황에서도 너무나 거뜬하게 한 번도 아니고 두 번씩이나 전쟁을 이기시는 하나님을 배우게 하셨습니다. 그 하나님을 배우고, 그 하나님을 의지하면 무기나 전략을 가지는 것보다 전쟁에서 승리할 수 있는 더 확실한 비법을 가지게 되는 것입니다. 그런데 은혜 받은 아합이 하나님을 배우지 않았습니다.

변장을 하고

열왕기상 22장에 나오는 전쟁은 성경에서는 매우 독특한 전쟁입니다. 왜냐하면 이스라엘의 왕이 주변 나라를 먼저 공격하는 전쟁이기 때문입니다. 성경에서 이스라엘이 하는 전쟁은 주로 공격을 받는 전쟁입니다. 그런데 정말 희귀하게도 아합은 자기가 먼저, 자기보다 강대국인 아람을 향해, 그것도 선제공격을 시도하고 있습니다. 불과 삼년 전에는 아람에게 감히 대항하지 못했었습니다. 벤하닷 왕이 '네 은금은 내 것이요 네 아내들과 네 자녀들의 아름다운 자도 다 내 것'이라고 할 때 아합은 '내 주 왕이여 왕의 말씀 같이 나와 내 것은 다 왕의 것이니이다'라고 했을 정도입니다. 그런데 불과 삼년 만에 상황이 완전히 달라졌습니다. 이스라엘의 군사가 늘었나요? 새로운 장수가 등장했나요? 무기가 개발되었나요? 새로운 전략이 생겼나요? 전혀 그렇지 않습니다. 달라진 것이라곤 단 하나 이스라엘이 하나님의 도움으로 두 번에 걸친 아람과의 전쟁에서 승리했다는 사실뿐입니다.

어떻게 이겼습니까? 성경은 하나님이 이기게 하셨다고 합니다. 그러나 아합은 자신이 이겼다고 생각하는 것입니다. 하나님의 의도와 다르게 아합은 하나님을 배우지는 않고 단지 간이 부었을 뿐입니다. 자신이 전쟁을 잘한 줄 알고, 또 전쟁을 하면 이길 줄로 압니다. 아합의 입장에서는 상황이 달라졌습니다. 바로 남 왕국의 여호사밧도 함께 참전한다는 것입니다. 혼자서도 이겼는데 두 나라가 합치면 당연히 이길 것으로 생각합니다. 그래서 따로 신에게 물을 것도 없고, 여호와에게는 애시당초 물을 생각도 없습니다. 이때 여호사밧의 중재로 겨우겨우 여호와의 선지자 미가야가 등장했고, 안타깝게도 미가야는 아합에게 불리한 예언 즉 아합이 이번 전쟁에서 죽을 것이라는 예언을 하기에 이릅니다. 아합이 여호와도 믿지 않았는데 여호와의 선지자의 말을 믿을 리가 없습니다. 아합이 내린 조치가 22장 27절 "왕의 말씀이 내가 평안히 돌아올 때까지 고생의 떡과 고생의 물을 먹이라"입니다.

아합은 여호와의 예언을 무시하고 전쟁에 나갑니다. 여기서 아합이 아주

기이한 행동을 합니다. 30절 "이스라엘의 왕이 여호사밧에게 이르되 나는 변장하고 전쟁터로 들어가려 하노니 당신은 왕복을 입으소서 하고 이스라엘의 왕이 변장하고 전쟁터로 들어가니라"입니다. 과연 아합은 왜 이러는 것일까요? 명색이 한 나라의 왕입니다. 게다가 약소국 유다의 왕 여호사밧까지 불러들였습니다. 혼자가 아니라 아랫사람이 함께 있는 것입니다. 자기 나라의 군사들과 남 왕국의 왕과 군사들 앞에서 지도자의 위용 특별히 전쟁터에서 장수의 용맹함을 보여주어야 하는 상황입니다. 그런데 왕복을 벗고 변장을 했습니다. '변장을 하고'에 해당하는 히브리어 단어의 뜻은 단순히 '옷을 갈아입는다'는 의미가 아니라 '덮다, 가리다, 감추다, 은밀히 행하다, 숨다'의 의미가 강합니다. 즉 아합은 전쟁터에 나가면서 자신의 정체와 신분을 의도적으로 감춘 것입니다. 이유는 아주 간단합니다. 여호와의 선지자 미가야가 한 예언이 아주 불쾌하고 꺼림직 했기 때문입니다. 비록 여호와와 여호와의 선지자를 무시하는 행동을 했지만 죄인의 특성상 자신에게 불리한 말에 신경이 거슬렸던 것입니다. 그래서 왕의 체면이 망가지는 것도 불사하고 변장을 했습니다. 과연 어떻게 되었을까요?

저주의 두 유형

처음엔 아합의 술수가 통했습니다. 32절을 보면 "병거의 지휘관들이 여호사밧을 보고 그들이 이르되 이가 틀림없이 이스라엘의 왕이라 하고 돌이켜 그와 싸우려 한즉 여호사밧이 소리를 지르는지라 병거의 지휘관들이 그가 이스라엘의 왕이 아님을 보고 쫓기를 그치고 돌이켰더라"입니다. 두 왕의 모습이 아주 가관입니다. 한 왕은 변장을 하면서 숨고, 다른 한 명은 자기가 아합이 아니라고 소리를 지르고 참 볼 상 사납습니다. 아합이 제 말을 들었다면 '전쟁에서 명예가 무슨 소용이 있고, 폼 나는 것이 무슨 소용이 있냐? 어떻게든 살아남는 것이 중요하다'고 말할 것입니다. 과연 아합의 술수는 통해서 큰 위험은 벗어났습니다. 그런데 이게 웬일입니까? 34절

"한 사람이 무심코 활을 당겨 이스라엘 왕의 갑옷 솔기를 맞힌지라 왕이 그 병거 모는 자에게 이르되 내가 부상하였으니 네 손을 돌려 내가 전쟁터에서 나가게 하라 하였으나 이 날에 전쟁이 맹렬하였으므로 왕이 병거 가운데에 붙들려 서서 아람 사람을 막다가 저녁에 이르러 죽었는데 상처의 피가 흘러 병거 바닥에 고였더라" 입니다. 이런 장면을 고상하게 표현하면 '어이없는 상황'이고 막말로 하면 '개 같은 상황'이라고 합니다. 일반인들은 이 일을 '억세게도 재수가 없다'고 할 것입니다. 그러나 성경은 38절의 중간처럼 '여호와께서 하신 말씀과 같이 되었더라'고 합니다.

제가 설교를 준비하면서 아주 고심한 것이 바로 이 순간이었습니다. 속으로 제발 38절을 읽을 때 아무도 아멘을 하지 않기를 간절히 바랐습니다. 만약 여기서 여러분이 '아멘'을 하셨다면 성경의 의도, 하나님의 의도를 바르게 파악하지 못한 것이 되는 것입니다. 열왕기상의 마지막 강해에서 하나님 말씀의 성격을 분명히 확인해보겠습니다. 먼저 아합 왕과 여호사밧 왕은 전쟁에 나가기 전에 선지자의 예언을 들었습니다. 아합 왕이 부른 사백 명의 선지자는 아합 왕이 전쟁에서 승리할 것이라고 예언을 했습니다. 하지만 여호와의 선지자 미가야는 아합 왕이 전쟁에서 패하는 정도가 아니라 아예 죽을 것이라고 예언을 했습니다. 이런 예언을, 아합 왕의 말을 빌리면 '흉한 일'이고, 일반적으로는 '저주의 예언'이라고 합니다. 혹시 38절에서 아멘을 하는 분이 있다면 아마도 그분은 '하나님이 저주의 예언을 하셨는데 아합이 변장하는 술수를 써서 피할 것 같았지만 하나님은 어떤 궁수가 무심코 쏜 활을 통해서 하나님의 말씀을 이루어내신다. 하나님의 말씀은 인간이 피할 수 없다'고 생각하셨기 때문일 것입니다. 논리적으로는 맞는 말이지만, 문자적으로는 맞는 생각이지만 하나님의 속성, 하나님의 의도와는 맞지 않는 생각이십니다. 아합이 아무리 노력했을지라도 우연한 화살에 맞아 죽음으로 하나님의 말씀대로 되었을 때에 저와 여러분은 '과연 하나님의 말씀대로 되었다'고 '아멘'을 하실 것이 아니라 '하나님이 예언하신 의도와는 전혀 다른 결과가 나왔구나!'라고 안타까워하고 속상해 하셔야 합니다.

하나님께서 아합이 죽을 것이라는 '저주 예언'을 하신 것은 맞습니다. 그러나 죄인들이 하는 '저주 예언'과 하나님이 하시는 '저주 예언'은 전혀 의도와 성격이 다릅니다. 사람들이 하는 저주 예언은 그 사람에 대한 미움이 커져서 그 사람이 망하기를 바라는 마음으로, 행여 잘되는 것이 보기 싫어서 망할 조짐이 보이지 않음에도 불구하고 의도적으로 망하는 것과 관계된 말을 쏟아내는 것입니다. 그래서 만약 실제로 망하면 자기의 말대로 되었다고 좋아합니다. 그러나 하나님의 의도는 전혀 다릅니다. 물론 하나님도 '저주의 예언'을 하십니다. 그것도 아주 신랄하게 하십니다. 감히 사람들이 흉내도 못할 정도로 살벌하게 하십니다. 하나님이 저주 예언을 하시면 한두 번 하는 정도가 아니라 최소한 대여섯 번을 반복적으로 하십니다. 대표적인 것이 '화 있을진저'입니다. 이사야 5장과 하박국 2장과 마태복음 23장에 나오는 '화 저주 선언'입니다. 성경 전체적으로 '화 있을진저'가 자그마치 수십 번이나 나옵니다.

하나님의 말씀

성경을 읽고, 하나님의 말씀을 묵상할 때에는 기본적인 내용을 한 가지 알고 시작하셔야 합니다. 그것은 '하나님은 인간을 축복하신다'는 것입니다. 하나님의 인간을 향한 마음은 두 가지가 아닙니다. 잘하면 사랑하고 못하면 미워하는 것이 아닙니다. 순종하면 축복하고 불순종하면 저주하는 것이 아닙니다. 어떨 때는 도와주고 어떨 때는 때리시는 것이 아닙니다. 하나님의 인간을 향한 마음은 오직 하나 사랑뿐입니다. 하나님의 인간을 향한 일하심은 오직 하나 은혜, 축복, 도우심 뿐입니다. 이 하나님의 마음을 알고 계셔야 하나님의 말씀을 오해하지 않을 수 있습니다.

제가 본문이 열왕기상 22장인데도 계속하여 열왕기상 20장의 전쟁을 반복해서 언급하는 이유도 바로 그것 때문입니다. 만약 하나님께서 아합의 우상숭배가 미워서 죽여 버리고 싶으셨다면 열왕기상 20장의 사건이 없어야 합니다. 이미 아합은 16장에서 왕으로 등장하는 순간부터 하나님과는 무관하였고 심지어는 적대적이었습니다. 아합은 처음에는 하나님을 섬겼으나 점점 하나님과 멀어진 것이 아니라 원래부터 하나님과 멀었습니다. 왕으로서 여호와의 선지자들을 잡아 죽이기도 했지만 그것은 더 악해진 것이 아니라 아합은 처음과 같은 일관된 모습이었을 뿐이었습니다. 아합 왕이 등장하는 16장부터 아합 왕이 죽는 22장까지 하나님은 아합 왕에게 징계와 형벌을 내린 적이 없습니다. 도리어 정반대로 계속하여 은혜를 동반한 계시를 행하셨습니다. 17장에서 가뭄 사건을 통해 하나님을 알리셨고, 18장에서 갈멜 산 사건을 통해 하나님을 알리셨고, 20장에서 전쟁 사건을 통해 하나님을 알리셨고, 21장에서 나봇의 포도원 사건과 관련한 이세벨에 대한 예언을 통해서도 하나님을 알리셨습니다.

그리고 22장에서 그동안 도무지 하나님을 배우지 못한 아합이 한편으로는 교만한 마음으로 전쟁을 벌이고 다른 한편으로는 교활한 마음으로 자신을 보호하려는 술수를 행하고 있을 때 하나님은 분명하고 단호하고 아주 상세하게 장차 아합에게 발생할 결과를 알려주셨습니다. 미가야를 통한 하나님의 예언은 내용만 보면 아합이 죽을 것이라는 ‘저주 예언’처럼 들립니다. 그러나 하나님은 아합을 죽이려고 저주 예언을 하신 것이 아닙니다. 행여 이번 전쟁에서 억수로 재수 좋게 아합이 살아날까봐, 절대로 살아나지 못하도록 아예 저주 예언으로 분명히 죽을 것을 운명처럼 정해놓은 것이 절대로 아닙니다. 아합은 전쟁에서 자기가 변장을 시도한 것이 성공하여 죽지 않을 수도 있었는데 하나님께서 예언을 하셨기에, 예언대로 이루시기 위해서 어떤 궁수가 무심코 쏜 화살을 통하여 말씀대로 이루시고 말씀대로 아합을 죽인 것이 절대로 아닙니다. 이런 구절, 이런 장면을 보고 ‘하나님의 말씀은 인간이 아무리 술수를 써도 반드시 이루어집니다’라고 말해서도

안 되고, '여러분도 하나님의 저주의 말씀을 듣지 않도록 조심해야 합니다'
라고 말해서도 안 됩니다. 그냥 안 되는 정도가 아니라 절대로 안 됩니다.

사람의 저주 예언과 비교하면 극명해 집니다. 사람은 어떤 사람을 미워
할 때 그 사람에게 일어날 가능성이 없는 일에 대해 말 그대로 악담 또는 저
주를 하는 것입니다. 상대방이 현재 잘나가는 것이 배가 아프니까, 또 앞
으로도 잘 나갈 것 같으니 억지로, 의도적으로, 악의적으로 나쁜 일에 대한
말을 쏟아놓는 것입니다. 만약 이런 방식이라면 하나님은 인간에게 '축복
의 예언'을 이렇게 하십니다. 인간이 도무지 축복받을 가능성이 없을 때, 인
간이 하는 행동, 하는 짓으로 봐서는 절대 축복이나 좋은 일이 생길 것 같
지 않을 때, 하나님은 의도적으로, 선의적으로, 일부러, 억지로, 일부러 축
복을 예언하십니다. 그렇게 축복을 해 놓으신 후에 그 말씀에 대해 책임을
지시고 진짜로 축복이 임하게 하십니다. 실제로 인간이 상 받고 축복받고
은혜 받을 만한 어떤 행동을 한 적이 없음에도 불구하고 오직 하나, 하나님
이 축복하셨다는 사실에 대해 책임을 지시고 기어코 축복을 주시고야 맙니
다. 이것이 하나님의 축복의 원리입니다.

피할 길을 주는 것

하나님의 저주 예언은 사람들의 저주 예언과는 방식과 내용과 의도가 전
혀 다릅니다. 하나님은 아합에게 저주 예언을 하셨습니다. 왜냐하면 아합
에게 일어날 일을 알리시기 위해서입니다. 절대 일어날 가능성이 없는 일
이 아니라 반대로 반드시 일어날 일이기에, 실제로 일어날 일인데 정작 본
인이 모르고 있기에 하나님은 알려 주시려고 예언을 하시는 것입니다. 아
합에게 장차 일어날 일을 알려주는 이유가 무엇입니까? 피하라는 것입니
다. 하나님은 저주가 임하도록, 저주하신 대로 이루어지도록 예언을 하시
는 것이 아니라 정반대로 제발 죽음을 피하라고, 죽음을 면하라고 알려주
시는 것입니다. 하나님의 예언을 들은 아합은 어떻게 했어야 합니까? 아합

이 전쟁에 나갈 때에 변장을 했으니 나름 죽음을 피하려고 노력했지 않느냐고 말할 수 있습니까? 그렇지 않습니다. 아합은 미가야를 통한 하나님의 말씀을 들은 후에 아예 전쟁에 나가지 않았어야 합니다.

하나님은 22장 17절에서 '이스라엘이 목자 없는 양 같이 산에 흩어졌고, 주인이 없다'고 알려 주셨으며, 20절에서 '아합이 죽을 것'이라고 분명하게 말씀하셨고, 22절에서 사백 명의 우상의 선지자들이 '아합 왕을 꾈 것'도 정확하게 알려 주셨습니다. 왜 알려주셨습니까? 이 말씀을 듣고 전쟁에 나가지 말라는 것이요, 전쟁에 나가서 죽지 말라는 것이요, 죽지 않으면서 하나님을 배우고 하나님을 알라는 것이었습니다. 하나님은 이 말씀대로 이루어지지 않기를 기대하셨습니다. 제발 하나님의 이 예언이 응답되지 않기를 소망하셨습니다. 그래서 저와 여러분도 38절에 '여호와께서 하신 말씀과 같이 되었더라'고 할 때에 아멘을 하시면 안 되고, 도리어 속상해 하고, 민망해하고, 가슴이 먹먹해야 하고, 속이 상해서 눈물이 나와야 합니다.

안타깝게도 아합은 본질적으로 하나님의 말씀을 거부했습니다. 그래서 전쟁에 나갔습니다. 그렇게 하나님의 말씀을 원천적으로 거부해놓고, 이미 자기 뜻대로 행동을 해 놓고 그 후에야 한편으로 약간 조심하는 듯한 변장 조치를 취했습니다. 하지만 이미 하나님의 권고를 따르지 않았기에 벌써 죽음의 길에 들어선 것이요, 그 이후에 취한 조치는 때늦은 조치요 무가치한 조치에 불과한 것이었습니다. 이것이 죄인의 지혜의 한계입니다. 이것이 죄인의 미련한 지혜입니다. 이것이 죄인의 어리석은 지혜입니다. 차라리 하나님의 말씀대로 하는 것이 가장 쉽습니다. 제발 성경을 읽으시고, 하나님을 아시고, 하나님의 말씀대로 행하셔서 하나님의 은혜, 하나님의 복락을 풍성히 누리며 사시기를 주님의 이름으로 축원합니다. 열왕기하에서 뵙겠습니다.